アウグスティヌスと古代教養の終焉

アウグスティヌスと古代教養の終焉

H. I. マルー 著
岩 村 清 太訳

知泉書館

目　次

序 …………………………………………………… 3

第Ⅰ部　すぐれた弁論家にして博識の人アウグスティヌス

第一章　文学的教養　文法 ………………………… 15

Ⅰ　ギリシア・ローマの伝統による弁論術中心の教養　15

Ⅱ　第一段階の教育、文法の修得　20

Ⅲ　文学の学習　25

第二章　ギリシア語の知識 ………………………… 33

Ⅰ　ローマの学校教育の伝統とギリシア語の学習　33

Ⅱ　アウグスティヌスのギリシア語の知識　34

Ⅲ　ギリシア語の知識の限界　36

Ⅳ　西方におけるギリシア語の衰退　42

第三章　修　辞　学……49
Ⅰ　第二段階の教育、修辞学とその理論的教授　49
Ⅱ　実践的教授における教条的、形式的特徴　51
Ⅲ　アウグスティヌスによる修辞学の構想と学習　54
Ⅳ　アウグスティヌスの著作と修辞学　58
Ⅴ　アウグスティヌスの文体におけるラテン的性格　71
第四章　デカダン期の教養人……78
Ⅰ　教養人の理想、弁論家　78
Ⅱ　デカダンスの結果　81
Ⅲ　社交的な側面　85
第五章　博識とその起源……93
Ⅰ　教養の第二の核、博識　93
Ⅱ　キケロ的伝統による一般教養　95
Ⅲ　弁論術の補助知識　96
Ⅳ　博識の自立と発展　101

第六章　アウグスティヌスの博識 …… 108
Ⅰ　文法に関する博識（語源による）　108
Ⅱ　神話にもとづく博識　110
Ⅲ　歴史にもとづく博識　112
Ⅳ　地理に関する博識　115
Ⅴ　自然学に関する博識　116
Ⅵ　医学に関する博識　120
Ⅶ　博物学に関する博識　122
Ⅷ　アウグスティヌスにおける博識の特徴　124
Ⅸ　思想史における博識の位置　125

第Ⅱ部　知恵の探究

第一章　哲学への回心 …… 137
Ⅰ　アウグスティヌスの哲学への回心　137
Ⅱ　古代教養史に見られる哲学への回心　142
Ⅲ　アウグスティヌスの哲学における知恵の修得と宗教的要素　145
Ⅳ　知恵の修得における道徳的要素　149

Ⅴ　知恵の修得における知的要素　151

第二章　学問の課程……155

Ⅰ　哲学に必要な知的教養と自由学芸の課程　155

Ⅱ　自由学芸の諸学科　159

Ⅲ　古代音楽と現代音楽　162

Ⅳ　古代音楽と現代音楽の区別の重要性　167

第三章　七自由学芸と、ἘΓΚΎΚΛΙΟΣ ΠΑΙΔΕΙΑ，百科全書的知識……171

Ⅰ　ヘレニズム哲学における *ἐγκύκλιος παιδεία*　171

Ⅱ　自由学芸の起源と本性　176

Ⅲ　*Ἐγκύκλιος παιδεία* の意味　182

第四章　アウグスティヌスにおける自由学芸……189

Ⅰ　文法と修辞学に関するアウグスティヌスの知識　189

Ⅱ　弁証論と論理学に関する不十分な知識　192

Ⅲ　数学的諸学科とくに天文学に関する知識の欠如　198

Ⅳ　算　術　200

Ⅴ　数意学　207
Ⅵ　幾何学　209
Ⅶ　文法における韻律と音楽におけるリズムの知識　213
Ⅷ　アウグスティヌスの教養における欠陥とその表象的意味　218

第五章　哲学志向の自由学芸　1　確実な論証……221
Ⅰ　自由学芸による知識と哲学　221
Ⅱ　ヘレニズム哲学に共通の思想　223
Ⅲ　哲学における学科内容の借用　226
Ⅳ　哲学志向の文法　231
Ⅴ　哲学志向の音楽　234

第六章　哲学志向の自由学芸　2　魂の鍛錬……240
Ⅰ　文学的諸学科による魂の鍛錬　240
Ⅱ　数学的諸学科による魂の鍛錬　242
Ⅲ　「対話編」における諸学科の役割　246
Ⅳ　「対話編」における弁証論的鍛錬　248
Ⅴ　『三位一体論』における高度な鍛錬　254

第Ⅲ部　キリスト教の教え

第一章　キリスト教的教養の始まり……267

Ⅰ　ヒッポ時代のアウグスティヌスの霊的発展と教養　267

Ⅱ　教養の宗教への従属　273

Ⅲ　文学的教養に対する批判　279

Ⅳ　「好奇心」に対する批判　282

Ⅴ　アウグスティヌス主義の否定的側面のもつ意味　283

第二章　キリスト教的教養の大枠……288

Ⅰ　キリスト教的教養の二側面　㈠　知恵の探究　288

Ⅱ　㈡　聖書注解のための知性の鍛錬　296

Ⅲ　聖書注解と神学的論争、護教学　302

Ⅳ　聖職者、俗人双方のための教養　305

第三章　キリスト教的知識人の形成……310

Ⅰ　古代教養とキリスト教的予備教養　310

Ⅱ　教父たちと古代教養　312
Ⅲ　アウグスティヌス的教養の独創性と欠陥　316
Ⅳ　キリスト教的予備教養の内容　321
Ⅴ　キリスト教的予備教養と学校教育　325

第四章　アウグスティヌスにおけるキリスト教的予備教養……331
Ⅰ　歴史と教父に関する知識　331
Ⅱ　聖書の字義的解釈への文法の応用　337
Ⅲ　デカダン期における「修正」の特徴　341
Ⅳ　寓意的解釈への諸学科とくに数意学の応用　351
Ⅴ　神学への諸学科の応用　358

第五章　聖書とデカダン期の教養……370
Ⅰ　学問の衰退と聖書学習　370
Ⅱ　聖書と修辞学　373
Ⅲ　聖書の不明瞭さ　377
Ⅳ　寓意的解釈と教養　382
Ⅴ　聖書注解と古典の解釈　389

Ⅵ　聖書の文体と古典　392

第六章　キリスト教的雄弁術 …… 398

Ⅰ　雄弁術と文学的表現　398

Ⅱ　雄弁術とアウグスティヌス　400

Ⅲ　修辞学の有用性　406

Ⅳ　キケロ的伝統とアウグスティヌス　410

Ⅴ　アウグスティヌスによるキリスト教的雄弁術　412

Ⅵ　アウグスティヌスにおける理論と実践（一）　420

Ⅶ　アウグスティヌスにおける理論と実践（二）　424

結　論 …… 428

補　遺 …… 433

A　教養の概念とラテン語の用語　433

B　アウグスティヌスの用語における scientia と sapientia　441

再考録 …… 465

訳者あとがき …… 529

文献一覧 …… 193

原　注 …… 19

索引（人名／事項／文献） …… 1

アウグスティヌスと古代教養の終焉

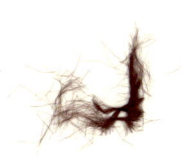

序

I

幾多の研究者の後を受けて、私もまた古代文化の終焉とデカダンスという問題に取り組むことにした。紀元三世紀末以降のローマの世界を取り扱う歴史学者は、どのような視点のもとに研究を進めて行くのか、この問題の解決から始めなければならない。実を言うと、この時期はそれ自体のもつ興味あるいはその歴史における重要性から見て、人々の注目を浴びるような時代ではない。この時期が取り扱われるのは、まず[1]、それ自体のためというよりも、それが人類の発展において占める位置、歴史の展開において果たした役割のためである。

したがってここには、対立するふたつの視点が考えられる。この時期を「古代の終焉」と見るか、あるいは「中世の始まり」と見るかということである。

古代史の研究者から見たローマ帝政後期は、まずデカダン期として映る。そこでかれらが目にするのは、遠い起源から爛熟期まで幾世紀にもわたるその歴史を学び知り愛してきた古代文明の漸進的な崩壊であり、終末である。彫刻はまずフェイディアス（Pheidias）の作品に限ると考える古代美術の愛好家から見ると、コンスタンティヌスやテオドシウス時代の皇帝の巨大な人物像には粗悪さ、蛮風だけが目に付く。キケロによって育てられた人文主義者は、小プリニウスのような人物はすでに「白銀時代」に属すると考える。シンマクス、シドニウス・

アポリナリスも、かれらから見ると、相次ぐ衰退の途上に居並ぶ人々にすぎない。

こうした見方は長いこと支配的で、人々はそれを当然のこととして受け止めてきたが、これは、本書で取り扱おうとする時代を老衰、凋落、衰退、残照といったきわめて不利な立場におくもので、その関心はまったく否定的なものである。

一方、中世史研究者たちはそれとは正反対の問題の立て方を提案する。かれらによると、中世文明は自主独立したものではない。それはかなりの部分において古代文明の継続であり、再利用である（もちろんそれに変化を加えつつ）。中世文明が発展であるか再生であるかはとにかく、中世文明のあれこれの要素の源泉を求めるとき、それはたいてい、古典古代の文明ではなく古代末期の文明に行き着く。一三世紀以前、スコラ学徒の教師であったのは前四世紀のアリストテレスではなく、それとはかなり異なるボエティウスによるアリストテレス（の翻訳、注解書）であり、さらにそれ以上に異なるアウグスティヌスであった。一二世紀にボロニャの法学者たちがローマ法を再発見するのも、ガイウスの書ではなくユスティニアヌスの法典においてであった。

こうして見ると、古代末期はもはや死の様相を示すものとしてではなく、新たな生命の開花につながるものとして立ち現れる。このころの文明の種々の要素に見られる特殊な形状は、ただ消滅の過程を示す様相としてではなく、むしろ新たな組織体が生長していく萌芽と見なすべきである。デカダンスは、文明の単なる硬直化、衰退ではなく、むしろひとつの変質（metamorphose）の条件を表している。

これが、本書で取り上げる時代を正しく評価するための唯一の視点である。もちろん古代末期の研究は、それ以前の時代を無視することはできず、古代末期が古典期に起源をもつという認識を抜きにして進めることはできない。一方、古代末期を完全に理解し、歴史におけるその役割を見究めるためには、その後に起こったこと、中世におけるその体現にまで考究していく必要がある。

こうした考え方はなにも新規なものではない。[2] しかしこれまで、その豊かな内容を極めることからは程遠かったように思われる。たしかに注目に値する多くの研究が、後期ローマ文明のいくつかの要素について人々の興味を掻き立ててくれた。フュステル・ド・クーランジュ（Fustel de Courange）からロストフツェフ（Rostovtsev）までの研究者は帝政末期の社会構造の独創的な特徴を明らかにし、ローマの小作農の制度に中世の農奴制の準備を見るなど、中世の封建制度を予見しようとして多大な努力を重ねてきた。その他、ほぼすべての分野において似たような研究が行われてきた。たとえば宗教的分野において、デルガー（F. J. Dölger）は「キリスト教的精神」（Christentum）が古代文化（Antike）、古代末期の文化（Spätantike）に負うところが大きいことを明らかにしてくれた。こうした一連の研究により研究の余地がなくなったわけではない。私はおそらくそれほど手を付けられていない知的活動の分野を研究対象として選んだ。

私は、古代末期の人々にとって知的活動とは何であったのか、より正確に理解しようと念じている。かれらは、それをどのように考えていたのか、どのような理想を求め実現しようとしていたのか、そのためどのような手段を用いたのか。また、かれらはどのような教育を受け、どのような内容を学習したのか、当時の人々にとって、精神生活とは実際的にどのようなものであったのか、その目的、方法、手段は。一言で言うと、今日のわれわれが「教養」（culture）と呼ぶものについてかれらはどのように考えていたのか、ということである。

アリストテレス、キケロ、さらにはアベラルドゥス、ダンテ時代の人々にとって教養とはどのようなものであったのか、教養人はどのような活動をしていたのか、われわれはかなりくわしく知っている。しかし四、五世紀の人々については、それほどはっきりした理解をもたないように思われる。私は本書において、古代の伝統がどのような形でかれらに伝達され生き延びたのか、またそのなかには、どの程度まで後代の中世文化の枠組みが予示されていたのかを明確にし、この分野における研究者の一助に供したいと考えた。

II

先に進むまえに、本書の主題となる「教養」（culture）とは何か、私の考えを明らかにしておくべきであろう。これは最近用いられるようになった概念で[3]、それを示す語よりもはるかに新しい[4]。それは、現代になって種々手を加えられ発展してきたもので、その成果は、もっとも権威あるフランス語の辞書にもまだ収録されていない。

Culture という語は、知的事柄を示す比喩的用語として、似通ったつまり相互補完的な種々の意味に用いられてきた。しかし、ここではそれらを分解して明確にする必要がある。まず、厳密に教養と呼びうるもの、より明確に言うならば、「予備教養」（culture préparatoire）という意味を取り上げたい。それは、元々の隠喩と密接な関係がある。その場合の教養とは、知的成果を産み出す能力を知性にもたらす活動を示し、土地を耕す農夫の活動に似ている。こうした概念は、教授、教育、形成、教養といった学校教育と深いつながりをもち、これら類似する一連の概念を峻別することは難しい。大雑把に言うなら、教養とは、豊かな成果をもたらす成熟した標準的な知的生活に向けて精神を準備する努力である。

しかし「予備教養」という概念は二通りに理解されうる。ひとつは「客観的」、「完結的な」（perfectif）意味の教養で、それは何よりもまず内容から見た場合の教養である。それは精神のなかに蓄積された一定量の知識、つまり魂が将来の総合的考察において取り出して活用する素材全体のことである（たとえば、「広い、豊かな教養」とか、「百科全書的な教養」という場合が、それに当たる）。他方これとは逆に、教養という語は主観的、活動的、形式的な（formel）意味に解されることもある。そこでは内容というよりもそれを修得するために魂に課される努力、育成的な訓練を意味している。それはいわばひとつの訓練であり、知的機能の鍛錬である（この視点をもとに、今日の教育学者は中等教育の内容を「文学的教養」と「科学的教養」とに分けて比較し、それぞれの利点について論じている）。

「予備教養」のもつこうした二面に対立するものとして、私が「一般化された教養」（culture au sens généralisé）と呼ぶものがある。ごく最近まで、フランス語で言われる教養にはこうした意味はなかった[5]。「古代教養」の発展とか「フランスの教養」の伝播という場合、そこには、精神の形成方式だけでなく、さらに、十分に発達した精神の知的生活のあり方と、その一般的枠組み、方法が示唆されている。その場合の教養は、教育、知育といった概念よりも、「精神生活」、「文明の知的側面」と結びついている。

本書において私は、以上あげた種々の側面を順に追いながら、教養について考察していきたい。しかしこれらの側面を切り離してはならない。「予備教養」をその用途、目的と関連づけることなしに検討することは、本研究の射程を著しく狭めることになりかねない。他方、（一般化されたという意味での）教養の分野はきわめて広大であるが、それを分解して考察することは全体の統一を失わせ、ある時期における文学、科学、芸術をそれぞれ独立したものに仕立てあげる恐れがある。私は、こうした知性の活動と、個人の生活、また一定の教育によって形成された個人の魂とを切り離すことのないように、物好きな詮索に歯止めをかけながら進めていくつもりである。

Ⅲ

私は、古代デカダン期の教養に関する研究において明晰さ、正確さを期するためには、この時代を代表するだけの価値のある一人物の教養をもとに検討するのが最適であると考え、アウグスティヌスを取り上げることにした。なぜこうした選択をしたのか、そのわけを手短に説明しておきたい。

まず、ラテン、ギリシアのどちらの世界を対象にするかを決める必要があった。この自立するふたつの文明は、中世においてはキリスト教ヨーロッパを二分し、それぞれの教養言語圏を形成していた。しかしラテン西方とギリシア東方という区分はずっと以前から顕在し、知的分野においては、すでに古代末期には歴然としていた。紀元一、二世紀の地中海文明は、地域間の相違（たとえば言語の視点から見て）にもかかわらず、それを問題にしない緊密に一致したひとつの全体として取り扱うことができるとしても、この文明共同体が帝政後期において崩壊しつつあったことはたしかである。[6] 以後、帝国は二分されたまま別々の発展を遂げていく。当初、東西それぞれの世界は似たような前提をもとにほとんど並行して発展している。とはいえ両者はたしかに独立していて、そこにはすでに将来の相違が予示されている。したがって別々に検討していくのが当然である。

そこで私は、西方における教養の歴史を取り上げることにした。私から見て問題の本質は、民族の大移動という危機にもかかわらず、いかにして一定の知的活動が教養の伝統を存続させ、カロリング期の入り口までルネサンスの素材をもたらしたか、換言すると、いかにして古代教養の中世への伝達（transmission）が可能であったか、それを解明することではない。[7] 私はむしろ、古代の終末のなかで中世が「準備」されたことを解明し、中世教養の多くの要素がすでに古代教養のさいごの状況のなかで芽生え自然に発展したものであったことを示そうと考えている。

こうした研究において、時代をそれほど下る必要はない。五世紀末以降、知的世界においては新たな要素はほとんど見られず、すべてがデカダンスの現象に覆われている。他方、最初の二世紀におけるラテン教養の内容と発展については十分な研究があり、それを参照することもできる。創造力に乏しい不可解な三世紀は飛ばすとして、私は、四、五世紀を研究の中心におくことにした。この時期はいわば教養の最盛期で、ラテン、ギリシア双方において、異教徒、キリスト教徒双方の多くの史料を見出すことができ、中世風のキリスト教的教養が誕生していく過程を把握するのに最適の時期である。

この時代を代表する人物を選び出すのに、長く迷うまでもなかった。この時期に君臨する人物は、「アウグスティヌス」をおいてほかにない。膨大な著作から見て、またそれがもたらす豊富な情報から見て、かれは本研究の史料探査において主導的な役割を果たしてくれる。これまでにも一度ならず指摘されてきたように、アウグスティヌスはキケロと同じくもっともよく知られている古代の人物であり、われわれはかれから多くのことを学んでいる。また本研究の主題との関連から言うと、かれが辿った知的発展に見られる豊かさと複雑さを考えるときその証言にはきわめて重要な重みがある。さらにかれの生涯は、本書で取り扱う文明の発展における主要なすべての側面をみごとに約言してくれている。

かれと同世代の、また直後に続く人々が、いかにかれの知性の偉大さを称賛したことか[8]、この事実は、かれを当時の最高の教養人と見なすことが間違いではないことを十分に証明している。しかもかれは教養の点で、他者をはるかに凌ぐ偉大な代表者であったことをはっきりと理解しておくべきである。かれは古代教養の継承者であり、少なくともアウソニウスあるいはシンマクスと同様、文学的教養に関するかれの証言は信頼するに足るものである。かれが証言してくれるのは、かれが知っている伝統の形式だけではない。かれは少なくとも修辞学教師であると同時に哲学者であり、これは、とくに当時のラテン人の間ではきわめてまれな職業であった。

アウグスティヌスはまた、キリスト教徒、聖職者、さらに司教、博士であり、その立場から徐々に古代の伝統の遺産を批判し修正していった。こうしてかれは、宗教的信仰に全面的に秩序づけられたまったく別の教養つまり素材においては古代のものであるが、発想においてはすでにまったく中世的なキリスト教的教養のかなりの部分を案出するに至っている。

この点でも、ラテン教父のだれよりもアウグスティヌスに頼る利点があると思われる。たしかにすべての教父が何らかの仕方で似たような発展を経験したが、しかしキリスト教的教養をめぐる問題の解決に、みなが同じように重要な歴史的役割を果たしたわけではない。私の考えでは、たとえばアンブロシウスははるかに古代風の人物で、余りに古代の伝統的な枠組みに囚われている。かれの知的方法にはいわゆる中世的な要素は何も見当たらない。[9] 一方、ヒエロニムスははるかにより独創的、革新的であるが、しかしかれは孤高の存在であった。かれがもっていたような聖書文献学や言語学から成る高度なキリスト教的教養は、実はかれだけが用いたもので、かれの狭いサークル以外にはあまり影響を及ぼさなかった。[10] これに対してアウグスティヌスは、中世キリスト教会の先駆者であり、それ以後の教会はかれの教えを忠実に保持していっている。

したがって私は、アウグスティヌスの教養がどのようなものであったのか、かれが継承した伝統全体に照らしつつ、また、後日かれに由来すると主張する後代の伝統の前表となるものをかれのなかに求めつつ、考察することにした。

アウグスティヌスの著作と生涯については、すでにあらゆる類の膨大な出版物があるが、[11]こうした先賢の研究を前にして私はたじろぐどころかむしろ勇気づけられた。これだけの出版物があっても、本書で持ち出される問題に正確な答えを提示し、私の研究を無用なものにするような研究書は見当たらないからである。[12]しかし私は、アウグスティヌス思想の種々の側面を明らかにする多くの先行研究と、それによって準備された素材のおかげで、かねて私が考えていた総合という仕事は容易になったと考えている。実際、読者は、私が本書において先賢の業績を多用していることに気付くはずである。[13]しかし多様な内容と高い価値をもつこれほど多くの研究書にも、私がすでに解決ずみと考えていたすべての問題について答えを見出せなかった。そのため、私は途中で立ち止まり、それらの問題を手短に検討せざるをえなかった。私の説明の過程で、若干の不釣合いがあるのはそのためである。前もって読者のご寛恕を願っておきたい。

本書は論文として書かれている。そのため文芸的表現は省略され、学問の進歩に積極的に貢献するものだけを取り入れている。私はただ、私以前にアウグスティヌスを取り上げた歴史学者たちの研究に何かを付加できれば、と念じている。かれらに取って代わろうとするのではなく、かれらを補完しようと考えているだけである。したがってかれらの研究は周知のことであると考え、ただ、必要に応じて簡単にそれに言及するだけにとどめている。

さいごに、私のアウグスティヌス研究にはもうひとつの利点があると思われる。アウグスティヌス時代の歴史に登場する人物のうち、かれほどの現実性をもってわれわれに迫ってくるものは今のところほかにだれも見当たらず、アウグスティヌスの思想は、われわれの周囲に今なお、影響を与え続けてやまない。ここに、かれの思想の誕生と射程を説明し明らかにする研究の有用性があり、本書がこうした目的に沿うものであることを願ってやまない。アウグスティヌスの知的生活の枠組みを文明の一般的発展のなかに位置づけることにより、その独創性、価値がどのようなものであったかを詳しく見ることができる。実際、本質的でありながらきわめて解決困難な問題は、ひとつの思想が、それを育んだ教養社会の思想、情熱、偏見を、往々にしてそれとは知らずに、どれほど受け継ぎ反映しているかを推断することである。[14] 知性は、それを養う文明からその枠組み、技法（芸術、科学など）を受け入れ利用するのであるが、その場合、知性の自由と能力とはこうした借り物からどれほどの影響を受けるのであろうか。この問題は、それ自体、興味深いものである。ましてアウグスティヌス思想のように、われわれに身近なものであると同時に異質な、また魅惑的ではあるが気力を失わせるような永遠の射程をもちながら「年月の確かな」思想については、いっそうその研究が必要である。

したがって本書では、古代デカダンスについて検討すると同時に、アウグスティヌスの心性の認識に貢献できればと念じている。後述するように、たしかにアウグスティヌスは古代教養の継承者であると同時に中世教養の先駆者であり、このことは今更取り立てて言うまでもない。こうした言い方そのものは、すでに人口に膾炙したもので、[15] 言い古された表現である。それでもなお、私はこの表現を自分のものとし、そこに含まれながらこれまで十分に理解されなかった真の豊かさと射程を解明していきたい。したがって私がここで書こうとしているのは、暫時、学者たちの注意を引いたあと反論の山をもって学問の進歩を妨害し、すぐに葬り去られるような奇を衒う野心的な論文ではない。

第Ⅰ部　すぐれた弁論家にして博識の人アウグスティヌス

「私たちふたりが、ただきわめて博識であるだけでなく、きわめて雄弁な、すぐれて知恵のある完全な人に、この問題（魂の力と能力）について尋ねることができますように」

（『魂の偉大』三三（七〇））

第一章　文学的教養　文法

Ｉ　ギリシア・ローマの伝統による弁論術中心の教養

時のローマ市長シンマクスはミラノ市民の依頼を受けて都市立弁論講座の教師を探し求め、一方アウグスティヌスはマニ教徒の友人たちを介してかれに働きかけ、弁論の見本を提出して待望の要職に就いた。かれはのち、「私はマニ教の虚妄に酔いしれていた人々を介して奔走し、ついに弁論審査に合格して、時の長官シンマクスにより派遣されることになった」と述懐している[1]。シンマクスとアウグスティヌス、それは滅び行く世界と発展に向かう世界とを代表し、前者は異教徒で、歴史の重荷に押し潰され衰退しつつあった文化の相続人、社交界にうまく立ち回る貴族、洗練されたしかし自惚れの強い教養人であり[2]、後者は未来のヒッポの司教、『神の国』（**De civitate Dei**）をもってローマの崩壊を平静に達観し、幾世紀にもわたってキリスト教的西方文明をリードする神学思想の形成者である。

いつもそうであるが、ここでも時代の象徴を読み取ることができるのはかれらから離れて立つ歴史家である。舞台に登場する主役はふたりとも、別になんの疑念ももっていない。アウグスティヌスはいかなる運命が自分を待っているかを知らず、シンマクスもかれを受洗させるためにミラノに送ったことを知らなかった。シンマクスはこの若い弁論教師を審査したが、異常な点はなにも見出せず、ふたりが出会った段階において本質的に両者を対立させるものはなにもなかった。審査官シンマクスから見たアウグスティヌスの知的教養には、特異なもの、期待を裏切るような欠陥、不安の種になるような新奇なものはなにも見られなかったようである。アウグスティヌスは、デカダン期の普通の教養人であったということである。たしかに、かれはのち哲学者、キリスト教博士という別人になるはずである。しかしこうした資質はアンブロシウス、ヒエロニムス、シンマクス、アウソニウスなどに見られるように、キリスト教徒、異教徒を問わず当時のすべての知識人が共通してもっていたものである。アウグスティヌスの独創的な変化は後述することにして[3]、まず、一般の水準から見たかれの知的教養について検討し、また、当時の知的教養に対するかれの考えを聞くことにしよう。哲学者、聖職者というかれ独自の立場に関することは差し置いて、一般に四世紀末のラテン知識人の教養はどのようなものであったのか、かれに訊ねることにしよう。

当時の教養を数語で要約すると、それは、「理想的人間としての弁論家の育成をめざす、文法、修辞学を基礎におく本質的に文学的な教養」であった。細かな説明に入るまえに、この表現に概観されている内容について、少々、読者の注意を促したい。こうした教養は、アウグスティヌスと同時代の知識人だけでなく、それ以前のアンブロシウス、ラクタンティウス、マリウス・ヴィクトリヌスのものでもあった。それはまたテルトゥリアヌス、アプレイウス、またフロント、小プリニウスの知的形成の特徴をなすものであり、さらに遡ってセネカ、さらにアウグストゥス、キケロといった知識人の教養でもあった。

アウグスティヌスが身につけていた弁論中心の教養は、その頃になって刷新ないし創造されたものではない。その本質的な要素は、少なくともキケロの世代以降ラテン知識人の間に受容されていたもので[4]、アウグスティヌスの時代はもちろんそれ以後も、古代およびその他の全教養を消滅させたゲルマン侵入による暗黒の時代まで、ほとんど独占的に西方全体を支配したものであった[5]。

ローマがキケロを介して学問、芸術、思想といった精神的要素に接して以来、ラテン世界においては、ある種の教養の理想とそれを実現するための教育方法とが形成されていった。こうして知的生活の伝統が確立され、その大枠が変わることはなかった。たしかに、キケロからアウグスティヌスまでの道のりは長い。この間のローマの社会と生活様式、その需要と趣味、文学的技法といったものは大きく変化し、教養の内容もまた徐々にいわば進展していった[6]。その進展の歴史を書くことは可能であり、また魅力あるものではあるが[7]、しかしこうした進展はきわめて緩慢で、変化も表面的なものであった。ごく一般的に見て、ローマ人の教養観はどの時代を取り上げてみても安定し、根本的同一性を保っている。そこにおける象徴的な存在は、キケロという偉大な人物である。私もこれまでの多くの研究者にならい[8]、アウグスティヌスが『トゥスクルム荘対談集』(Tusculanae disputationes)の著者キケロにどれほど負うところが多かったか、その教育においてキケロがどれほど重要な役割を果たしたかについて頻繁にふれることになる。これは偶然ではない。ある意味では、キケロはラテン教養全体に君臨していたと言える。古代ローマの文人はみなキケロの弟子であり、かれらは多少ともキケロを模倣しようとした。

しかしこの文学的、弁論的教養は、さらに時代を遡る。それはラテン西方本来のものではない。アウグスティヌスの知的形成は、ヒエロニムスあるいはシンマクスのそれに類似しているだけではない。それは、「当然あるべき相違は別にして」、異教徒のテミスティオスやリバニオス、またキリスト教徒のカッパドキアの大教父たちやヨハンネス・クリュソストモスといった同時代のギリシア人のそれに類似している[9]。さらに遡るとしても、同じように並行する知識人の姿があるように思われる。私は、たとえばアプレイオスの教養とアイリオスのアリステイデスのような第二ソフィスト期のギリシア修辞学者の教養との間には、本質的な違いはないと考える[10]。

このように遡ることによって、われわれはついに起源の問題に突き当たり[11]、そこで、ラテン教養は独自の創造によるものではなく、ヘレニズム文化の単なる借り物にすぎないことに気付く[12]。借り物ではあるが、しかし同化、吸収したものでもある。共和政期ローマの教養はヘレニズム教養の無分別な模倣ではなく、ローマ人はそれを自分たちの伝統[13]、社会の需要[14]に適応させることを心得ていた。しかし私の考えでは、この適応に伴う変化はそれほど根本的なものではなく、教養の本性を変えるほどのものではなかった。

こうした断定的な判断を下すことは、問題の検討を進展させるよりも、それ以上に危険を冒すことになるかもしれない。ローマの教養とギリシアのそれとの比較において、前者を低く評価するのが通常のやり方であることは私も知らないわけではない。一般に認められているように[15]、ローマの教養は不完全な模倣、退化にすぎないものかもしれない。そうしたラテン教養の歪曲は、ギリシア人を突き動かしていた非実利的な科学的知識という壮大な理想に対し、ローマ人はやや卑俗的、実際的才能しかもたなかったという理解から来ているようである。しかしこうした判断は修正すべきであると思われる。この意見の根拠としてあげられる資料[16]は、教養だけでなく学問にも関係がある[17]。ローマがアルキメデスやプトレマイオスを生み出さなかったということと、ギリシア知識人の平均的な教養が、概して当時の一ローマ人のそれよりはるかに豊かなものであったということとは別の話である。ローマの一弁論家の教養と、プラトンが弟子たちに求めていた教養とを比較することはあまりに安易なやり方である。比較するなら、マリウスやスラの時代にローマに定着した弁論家の教養と、過ぎ去った前五世紀に栄え今は消滅したアテネではなくかれらと「同時代」のヘレニズム世界の教養とを比べるべきであろう。

そうした研究はまだ、なされていないように思う[18]。しかし、これは歴史学者の気を惹くに値する問題である。

私はいまここでそれを論じようとは思わないし、またその場でもない。ただ、こうした問題の解決において提示されると思われる仮説について、少々、説明しておきたい。もしわれわれが前一世紀におけるギリシア知識人の教養によりよく通じているならば、たとえばキケロのように、アテネやロードスでギリシア人と同じベンチに腰掛け、同じ教師の教えを聞いたラテン人の教養は、当時のギリシア人のそれとそれほど違っていないことに気付くであろう。かれらは、「同時代のギリシア人と」同じく修辞学や弁論術の修得に熱心で、上っ面の哲学にすぐに満足し、（若干の専門家は別として）数学的諸学科や科学にはほとんど関心をもたなかったことに気付くことであろう。

いずれにせよ、この両者の教養にいわば絶対的な同一性を認めないものも、ラテン教養における学校教育さらに知的生活の全般的枠組みといった諸要素はヘレニズム期のギリシアから借用したものではないこと、したがってアウグスティヌスと同時代の人々の教養は、ソフィストとは言わないまでも、少なくともイソクラテスにまで遡るはるかに遠い伝統に結びつくことに異を唱えるものはだれもいないであろう[19]。イソクラテスが広めようとした、修辞学に大きく支配され弁論術の修得を目指す教育は、次世代の大方の人々によって取り入れられたようで、それは修正を加えられながらもその本質を大きく変えることなく、アウグスティヌスと同時代のギリシア、ラテンの人々にまで代々、伝えられてきたのであった。

Ⅱ　第一段階の教育、文法の修得

以上、教養の歴史を概観したあと、アウグスティヌスに戻ることにしよう。これまで要約してきた弁論術中心の教養は、あれほど長期にわたって高い人気を得たあとどのようになったのか、かれに訊ねることにしよう。まず、これまでの歴史学者たちがしたように[20]、精神をまえもって形成する予備教養と、それによって実現されるはずの広義の教養とに分けることにする。

アウグスティヌスおよび同時代の人々にとって、教養人とはいったい何を意味したのか。それはまず（そしてここに教養人の第一の特徴がある）、ある程度の教育、それも自由教育を受けた人のことである。その内容はアウグスティヌス自身の自伝的、理論的著作をもとに知ることができる。それはまさにアウグスティヌスが受け、また教えた教育だからである。

この教育の内容についてはすぐれた研究もあり、ここではごく簡単にふれるだけにしよう[21]。繰り返すようであるが、アウグスティヌスのころの教育は、クインティリアヌス、さらにはキケロのころの教育とほとんど変わらない。それは長い年月を要する学習で、二〇歳ごろまで続いた。ここでは、現代の初等教育に相当する少年期の学業（それは、読み書き、数え方を教えた）の説明は省略するとして[22]、つぎの自由教育は、二段階に分けてしかし連続的に行われた。こうした区別は実際よりも理論上のものであったが[23]、それぞれの段階に「文法教師」(grammaticus)、「修辞学教師」（rhetor）といった専門教師がいた。こうした名称はわれわれにはなじみのもので、ルネサンスに由来するわれわれの古典教育は長いことその枠組みを維持し、文法クラス、修辞学クラスといった区別はいまなおまったく廃れてしまったわけではない。

まず文法教師の教授であるが、それは本質的にはことばとその法則を説明し、また偉大な著述家たちの著作の解説を取り扱うもので、いわば文法と文学といった二面をもっていた。[24] アウグスティヌスもこうした考え方をしている。[25] それはローマの学校の伝統に沿ったもので、「文法は、おもに詩人たちの理解と、正しく書き話すための方法から成る」ものである。[26]

では、アウグスティヌスは文法をどのように学び、また教えたのであろうか。それを直接、取り扱う資料はないが、[27] 答えを出すのは容易である。かれの教師あるいは同輩の手になる学校教科書が多数、残されているからである。

実際、四世紀後半、五世紀初頭はラテン文法の黄金期で、ドナトゥス、カリシウス、ディオメデス、セルヴィウスといった、[28] 現代もっともよく知られている文法教師たちが輩出した時代である。[29] これらの著者の間には見解、特性の違いはあるが、教授の根本的な点は同一で、アウグスティヌスがかれらに共通する考え方をもっていたと仮定してほぼ間違いない。

こうした古い教科書は、たいてい「教理問答集」のように問答体で書かれ、学校教育における教授法を反映している。その調子はきわめて教条的で、教師たちは、定義、分類といった順に説明していた。例として、ドナトゥスの『大文典』における言い回し（figura, tropus）の説明をあげよう。

「言い回し（tropus）は、固有の意味から固有のものでない類似したものへの言い換えで……

——一三種類の言い回しがある。隠喩（metaphora）、転化表現（catachresis）、転喩法（metalepsis）、換喩（metonyma）……、

——隠喩はものやことばの言い換えである。

——それには、四つの方法がある。動物から動物へ……[30]。

文法教師たちの教授の中心を占め[31]、したがってすべての教科書が必ず取り扱う内容は、名詞、代名詞、動詞、副詞などの八つの品詞（partes orationis）である[32]。その学習はほとんど語の形態という視点から行われている。たとえば名詞の定義の説明も、名詞の遇有性（固有名詞、普通名詞、四つの性、単数、複数など）と、とくに名詞の語尾変化を学ぶことにあった[33]。動詞の学習は、主として活用を学ぶことにあった。動詞の分類は、活用形の視点からなされていた。たとえばドナトゥスにとって、能動形は o, 受動形は or の語尾をとり、受動形の or は能動形の o に対応する（この点で、形式所相動詞と区別される[34]）。

ごく詳しい文法提要は、こうした説明に入るまえに、いわば序としてことば、文字、綴り、脚、アクセントなど文法全体に通じる要素について説明し[35]、そのあと、「ことばの誤り」（vitia）、不純性語法、語法違反、語形変異（とくに韻律のために導入された文法規則に反する語形[36]）、また言い回しや文彩を取り扱っている[37]。

以上が厳密な意味での文法であるが、これに加えて韻律、作詩法も教えた。これは一般に独立した学問とみなされていたが[38]、しかし文法教師が教えていた[39]。

文法教授の内容についてこれ以上詳述するつもりはないが、しかしその精神についていくつかの点を指摘しておくことはためになるかも知れない。私から見て、古代の文法は古典主義（classicisme）に支配されているようである。そこで教えられるラテン語は、日常会話に用いられる生きたラテン語ではなく、古典において使用され、書籍のなかに固定され、型にはまったラテン語であった。

したがってとくに注目されるのは、「ことばの誤り」に対する文法教師たちの取り扱い方である[40]。われわれは、かれらがことばの純粋さを強調し、ことばの退廃に影響された生徒たちが話のなかに取り入れがちな新造語や俗語を禁じるであろうと予想しがちであるが、そうしたことはまったく見られない。かれらが問題にするのはヴェルギリウスあるいは大著述家（大詩人と言った方がよいかも知れない）の著作に見られる不純性語法や語法違反だけである。これは教師たちによると、詩人たちが韻律あるいは審美的理由から「詩的に許容されるものとして」、意図的に取り入れた誤りである。[41]文法教師が取り上げる「ことばの誤り」は犯してはならない間違いではなく、すぐれた著述家たちの用例をもとに使用を認められる不正確なことばのことである。

そこから、つぎのような矛盾が生じてきた。後代の、それも大抵の地方の文法教師の教授には[42]、その地方、時代の俗語よりも[43]、古代著述家のラテン語に関する説明が多いということである。これと似たような考えから、統辞論の説明はごくわずかで、しかも間接的にいわば通りがかりに説明されているだけである。[44]

したがって、こうした文法教授は過去のことに向けられ、すでに固定化されたラテン語の学習をめざしていた。かれらが教えたラテン語は死語であったということである。それは、韻律の学習において顕著である。アウグスティヌスによる韻律の方法がいかに技巧的かつ独断的であったかは後で取り上げることにするが[45]、ラテン語の詩文に対するかれの態度は、今日の文献学者ほど自然ではない。[46]かれおよび同時代（とくにアフリカ）[47]の人々は、音量に対する自然的な感覚を失い、かれらにとって古典における韻律法は、既定のもの、本で学ぶもの、固定したものであった。

したがって文法の教授は、歴史によって手渡される遺産を保存するようなものであった。[48]文法全体が、過去の書籍をもとに構成されている。[49]そのため、根本的な価値をもつ「権威」という考え方が発展し[50]、一語、一句について、古代著述家の書をもとに説明していくことになる。こうしてデカダン期の文法教師は古代の著述家の数多くの断片を今日に伝えることになり、それは往々にしてかれらの著作のなかでもっとも興味を引く部分である。これはひとつのものの見方ではあるが。

哲学者にしてキリスト教博士であったアウグスティヌスの長所も短所も、こうした文法教育から来ている。まずかれが文法教授から受けた影響の深大さを指摘しておこう。アウグスティヌスは、生涯、文法教師であった(51)。かれはつねに分類(52)や定義に興味をもち(53)、いくつかの著作にはこうした学校教科書的な特徴がよく示されている。かれにとって文法の分野はもっともなじみ深いもののひとつで、かれはそれをいわば自家薬籠中のものにしている。かれが何かの教えを裏付ける例としてよくあげるのは、韻律、調和など文法(54)、韻律論(55)から取り出したものである。

かれはまた好んで文法の内容について思考し、そこに含まれる問題について思索する。たとえばことばの仕組み、記号の概念、ことばとその意味との関係についてよく吟味している(56)。しかもそれはしばしば言語哲学といってもいいほどの深みをもっている(57)。しかしほとんどの場合、文法の伝統的枠組みに拘束されている。かれは、あることばが真のラテン語の特徴を備えているかあるいは新造語を使用してもよいかといった点に気をとられ、時には論理学者を困らせるほどの文法的知識を並べ立てる(58)。『三位一体論』(De Trinitate)や『神の国』を書いたころのアウグスティヌスには、まだマダウラの文法教師の影が認められる。言い回しや文彩の概念、また固有名詞と普通名詞の古典的な区別について述べる機会があると、とたんにかれの筆はなめらかになり、その説明も学校教授におけるような展開を見せる(59)。また当時の文法教師たちが熱中した「語の形態」についても時間をかけて得意げに説明する(60)。

たしかに、老年に達したヒッポの司教アウグスティヌスは、ドナトゥスの『文典』(Artes)や、テンレンティアヌス・マウルスの『韻律論』（De litteris, syllabis et metris）をひもとくだけの時間も余裕もなかったが、しかしかつて修得した知識を記憶に深くとどめ、韻律について易々と騙されることはなかった[61]。ある日のこと、アウグスティヌスはかつて文通したことのあるアウダクスという人物から手紙をもらった[62]。アウダクスは、飾り立てた文体をもってアウグスティヌスの知恵と才能を称賛しながらも、アウグスティヌスの返信の簡潔さに不満を述べ、より詳しい書簡を求めた。あらゆる気配りを込めたこの気の利いた書簡は、まさに教養人のそれである。この書簡の末尾には、当時の人々の好みに従って六脚詩行の詩文が書かれていたが、さいごの詩文は間違っていた[63]。アウグスティヌスはそれに答え、アウダクスに対し当然のように小言を並べ、文学よりも知恵に関心をもつように勧めている。しかしこの間違った詩行をそのままにしてはおかず、つぎのように書いている。「あなたのさいごの五行目の詩文には、脚韻がひとつ余分にある。ついうっかりしていたのか、それとも、私がまだこうしたことを判断する力があるか試そうとしたのか……[64]」。

III　文学の学習

古代の文法学校では、文法教授以上の多くの時間を文学の学習にあてていた。アウグスティヌスが『告白』（Confessiones）において文法学校の思い出を語るとき、とくに気に留めているのはこの点である。かれが「アエネアスの漂流物語」を暗記し、ディドの死に涙を流す姿を知らないものはいない[65]。

こうした学習によってアウグスティヌスの教養にどのような古典が含まれることになったか、はっきりしている[66]。『告白』では、ヴェルギリウス、テレンティウス、キケロといった主要なものしかあげられていない[67]。しかしアウグスティヌスの著作全体に散見される引用、暗示をもとに、かれの教養における古典の数を補完することは可能であり、とくに興味深いのは、古典の著者たちが果たすそれぞれの役割の重要性である。

主要な著者、最高の古典、「最大の詩人」、ラテン教養を凝縮するもの、アウグスティヌスがもっとも頻繁にまた好んで引用するもの、いつもかれの記憶と心にあるもの、それはヴェルギリウスではなかろうか[68]。「そのつぎに、しかしはるかに離れて」来るのがテレンティウスで[69]、かれの喜劇は学校において必ず学習されていたようである[70]。その他アウグスティヌスはホラティウス、ルカヌス、ペルシウス、オヴィディウス、カトゥッルス、ユヴェナリスといった詩人も引用しているが[71]、しかしかれらの役割は影が薄く、少なくともかれらのうち何人かは著作の選集をとおして学ばれたに過ぎないのではないかと思われる。

詩文学のヴェルギリウスに劣らぬ役割と重要性をもつ散文家といえば、キケロがいる[72]。ラテンの弁論術、散文作品を代表するのがかれである。キケロは四世紀のすべての教養人たちが時代を超えて畏敬する教師、模範であり、かれの主要な著作の大部分が文法学校の教材として用いられた。その学習の順序は伝統的に決まっていて、修辞学と演説に関する著作からはじめ、哲学的対話をもって終わっていた[73]。このようにかれの著作は特別扱いされ、その他の散文家は陰に追いやられていた[74]。強いてあげるとするなら、セネカとアプレイウスがいて[75]、歴史家ではサルスティウスだけである[76]。

こうした学習内容はかなり限られたものではあるが、長期にわたる伝統に沿ったもので[77]、これら一連の著述家は学校教育改革以来、ほぼすべてのラテンの知識人が文学的教育の基礎として学んでいたものである[78]。この改革には、アッティクスの解放奴隷で文法教師であったカエキリウス・Q・エピロタが活躍している[79]。かれは、アウグストゥス治世の終わりごろ、それまで事足れりとせざるをえなかった古いエンニウスに代えて、黄金期の偉大な詩人ヴェルギリウスと「その他の新しい詩人たち」を取り入れたのであった。

アウグスティヌスのころの文法学習の方法については、上記のような文法提要を著した学校教師たちによる注釈が残っており[80]、それをとおして知ることができる。ヴェルギリウスについてはセルヴィウス、クラウディウス・ドナトゥス、フィラルギリウスの大部な注釈と、ドナトゥスによる注釈の若干の部分などが伝わっている。テレンティウスについては、ドナトゥス（アエリウス）、エウグラフィウスの注釈書がある[81]。その他、種々の古典詩人の書[82]やキケロの若干の書の注解や注釈があった[83]。

こうした点にも、学校教育の伝統の活力と安定性を見ることができる。デカダン期の文法教師たちの教授方法は、最初のラテン文法教師たちがギリシア語文法の同輩からそっくり借用し、それ以来ずっとローマの学校で用いられてきた方法であるが、ギリシアの教師たち自身、ヘレニズム期における学校教育の長い経験を受け継いだのであった。

その方法は、ヴァロ以来、「朗読」（lectio）、「修正」（emendatio）、「解説」（enarratio）、「評価」（judicium）の四段階に分けるのが普通であった[84]。「朗読」は大声で表情を込めて読むことで、それは未来の弁論家にとってきわめて有用な「話し方」（dictio）につながった。「朗読」には「暗誦」（recitatio）が伴い、今日でもそうであるが、学童は学習した作品のなかの名文を暗記していた[85]。「解説」は学習内容の注釈で、それには字義的注釈と文学的注釈があった。「修正」はギリシア文法における διόρθωσις で、現代の文法教授にはこれに相当するものはない。それにはふたつの学習が含まれていた。ひとつは本文批判（正しい本文を確定するための修正、また正銘性の検討など）であり、もうひとつは文体批判（本文の長所あるいは欠陥、構想の分析、独創性など）である。「評価」は文学学習の仕上げをなすもので、説明された内容を簡潔にまとめ、全体を眺め、学習した古典についてむすびとしての審美的判断を下すことである。

文法そのものの説明と同様、文学作品の学習方法についてもこれ以上の詳しい説明は避け、いくつかの興味深い点だけを指摘するにとどめよう。まず大まかにいって、こうした学習方法は今日なお中等教育において用いられている方法で、文学作品を学ぶにあたって欠くことのできないものである。

古代の著作を学習するものが直面する文献上の特殊な問題にもふれておきたい[86]。古代の文書には句読の区切りがないか、あるとしてもせいぜいそれらしき形だけのもので、そのため文法学習における「朗読」は今日のわれわれの素読よりも複雑で、またより有用なものであった。古代の人々にとって文章を読むことは、まずその解釈に取り組むことであった。たいていの場合、読む人はことば、句、節を区切り（distinguere）、声を止めたり、抑揚をつけたり（pronuntiare）した。それらはすべて、今日の句読法で守られていることである。少し長い文章になると、当然、ことば、文章の区切り方について曖昧な箇所が多くなり、また句切り方によって意味、解釈も違ってくる。学習者はこうした問題に行き詰まり、それを解決するのが教師の役目であった[87]。

他方、写本による文書の伝達には種々の間違いが生じやすく、そこに学校教育における「修正」の役割があった。今日では、本文批判は出版に先立つ準備として専門家の手に委ねられている。そのため、印刷され頒布される文書は全く同一のもので、学校教育また文学活動における「修正」は無用である。これに反して、古代においてはまったく同一の写本などありえず、実際の教授においては、生徒たちが手にしている写本と教師の写本とを照合する必要があった。

「修正」は、さらにそれ以上の理由で必要とされていた。写本は筆写の段階で手を加えられるものもあり、それはたえず著作の内容を変更し劣化しがちであった。売り買いされるさまざまな写本にはいくつかの細かな間違いが含まれるのは当然で、著作の性質、文体、文学的価値が著しく変化し、別物になることさえあった。したがって、文学の学習において教師はしばしばいくつかの異なる写本をまえに、原文と思われるものに合致するように見える文章のどれかを選択し、限定する必要に迫られた[88]。

垣間見るところによると、かれらが取った方法は、今日の大部分の文献学者が用いる科学的な方法とはまったく違っていた。それは、写本のなかから同類のものを集めること、祖型と思われる写本を復元すること、その拠り所とするひとり（あるいはグループ）の権威ある証人を立てることなどであった。かれは一応、写本の正邪に関する知識はあり、正しいと思う写本をもとに他の写本を訂正していった。しかしこれはかなり主観的、全体的な見解に立つもので、正規の技法があったわけではない。いくつかの写本を比較するとしても、各写本の異なる読み方を照合するのではなく、むしろ各写本は単独に検討され、すぐれた内容をもつと思われるものを柔軟に選択していた。各写本はそれぞれ異なる系列に属しうることなど意に介さなかったようで、パピルス写本から判断すると、古代の人々は、混乱しあるいは種々取り混ぜた写本に対して現代の出版者たちが感じるような恐れなどもち合わせていなかったようである。こうした折衷主義的な選択は、主として好みや審美的理由、著者の文体に対する見方にもとづくもので、先述したように、「修正」において本文批判と文学批判とが混ざり合っていたとしても不思議ではない。

古代の文学学習の特徴はその他にもあるが、それをいくつかの要因にまとめることは容易ではない。できるのはそれを記述するだけで、しかしそれだけでも重要である。こうした学習方法は、アウグスティヌスのような人物の知的技法、精神的慣習に深大な影響を及ぼしているからである。文学学習の本質的な要素は「解説」である。これは、現代のわれわれから見ると著作の本文の説明とその学習である。たしかにそれは全体としては似ていても、しかしそこで古代の文法教師たちをつき動かしていたのはなにか、かれら独自の考え方を見届ける必要がある。私はここで「解説」の内容そのものについて説明しようとは思わないが、それは学習する著作の形式と内容を取り扱っていた。内容については、後でゆっくり説明することにしよう。形態について言うと、古代の教師たちは文法（語形論、言い回し、またことばや思想の修飾、韻律、修辞技法など）についてあらゆる説明を重ねていく。また不明瞭なことばや文章の意味を明らかにしようとして、解説者によっては、しばしば冗漫な言い換えをもって説明することもある。要するに「解説」とは、学習する一節を明確なことば（あるいは文章）に置き換えることであった。

しかしことばの意味を探るといっても、教師たちは学習することばを文脈から切り離して説明していた。アウグスティヌスの著作にもこうした学校教育の名残りが多く含まれ、他の資料を探す必要はないほどである。かれはかつて文法教授においてしたように、その著作においても定義、同義語の区別など、用語の問題に時間をかける。[89] 時として難解語を説明するため、日常の経験あるいは一般に使用されていることばの用法に頼ることもある。[90] しかし大抵、アウグスティヌスによる「解説」は古代の学校におけるように書籍にこだわり、古代著述家の権威、古典の慣例にもとづいている。[91] また古代の教師たちは「解説」において語源に頼ることが多かったが、アウグスティヌスもその著作において語源を多用している。[92]

古代の「解説」は、現代の教師たちの表現を借りると、文章よりもむしろ各語の説明を中心とするものであった。セルヴィウスによる『アエネイス注解』を例にあげよう。[93] かれは最初の頁に自分の「解説」の順序を記し、「著者〔著作〕の説明においては、以下のことを考察しなければならない」として、詩人〔著者〕の生涯、著作の標題、用いられた詩文の性質、著者の目的、著作の巻数、さいごに逐語的「説明」（explanatio）をあげる。そのほかの六章は、著作全体を俯瞰させる一般的な導入となっている。

セルヴィウスの「解説」を見ると、かれは三頁を用いてヴェルギリウスの生涯を取りあげ、あとの一頁で導入その他の要素を片付けている。「著者の意向はなにか」。それは、「ホメロスに劣らぬ詩文を書くこと、父祖のなかでもとくにアウグストゥスをたたえることである」。そのあと、各詩行のそれぞれの語について、いつ終わるとも知れぬ広範な「説明」を加えていく。これが当時の一般的な仕方であった[94]。古代学校の方法は、著作の総括的な理解を妨げ、著作全体が問題にする点から読者の目を逸らさせていたようである。読者の知性と思考に提示されたのはひとつの全体、組織体としての著作ではなく、次々に叙述される一連の出来事であった。広大な景色を俯瞰するようにしてヴェルギリウスの書を読むのではなく、真珠の首飾りを一粒ずつ指でつまんでその美しさを愛でるようなものであった。

このように、「解説」は詩行ごとに、より明確に言うなら、一語ずつ行われていた。セルヴィウスを例にあげると、かれは第一歌の第一行の解説において[95]、まず **arma**（戦いを）について説明し、換喩法を用いて **arma** と **bellum**（戦）を説明する。つぎに、**arma virumque**（戦いとひとりの英雄を）、つぎに **cano**（私は歌う）、つぎに **Troiae**（トロイアの）、つぎに **qui primus**（最初のもの）などと続ける。かれが一詩行全体について、あるいはそれを超えて説明することは稀である。解説者は著作のひとつの文章をばらばらの断片に切り分け、それぞれの断片に問題を探し出す。そこにはいわば心理学的原子論があり、解説者が目を上げて全体を見ることを妨げ、むしろそれぞれの語を細かく吟味してその意味を探り自己満足に走るような近視眼的な考察がある。

これがアウグスティヌスの教師たちが用い、またかれ自身も用いた方法であったことは『教師論』（De magistro）の一節が明らかにしてくれる。かれはアデオダトゥスに対してヴェルギリウスのつぎの詩文の説明を求める。Si nihil ex tanta superis placet urbe relinqui（En. 2, 655）。「この詩文に語はいくつあるかね……これらの語はそれぞれ何を意味するかね」。アデオダトゥスはこれに答え、そしてまず、Si（もし）について、つぎに nihil（何もない）、つぎに ex（から）というふうに、順を追って各語について説明する。[96]

そこには、帝政期のすべての教養人たちと同様、アウグスティヌスが身につけていた「ものの見方」がある。かれの聖書注解に見られるある種の様式はこれによって説明されるが、それについては後述することにしよう。[97]

ここではこれ以上説明する必要はなかろう。アウグスティヌスの教養が、こうした文学的教育の影響を受けていたことを否定するものはだれもいないであろう。のち司教になったかれは、余りに世俗的なこうした教養を意のままに利用することを控え、古典作家とその作品とを軽蔑するような態度さえ見せている。それは、「アエネアスとやらいう者の誤りを知らない」、「キケロとかいう人物の書」といったかれの表現に示されている。[98] アウグスティヌスはまた、キケロを知りすぎたことを恥じていた。それはちょうど、キケロがかれの『記号』（De signis）においてギリシアの彫刻家たちの名前を知らないふりをしたのと同じである。しかしこうしたアウグスティヌスの態度に騙されてはならない。かれは古典を好み、その精神は古典によって鍛えられ、慣らされていた。あらゆる機会に、キケロ的な表現あるいはヴェルギリウスの引用がかれの口から、筆から、とめどなくほとばしり出る。

第二章　ギリシア語の知識

I　ローマの学校教育の伝統とギリシア語の学習

これまで、文法に関するアウグスティヌスの教養について一通り検討してきたが、それはラテン文学の領域に的を絞ってきた。しかしこれに加えてギリシア語の知識についても一言、述べておく必要がある。

古代ローマの教育は、原則としてラテン、ギリシアの二言語によるものであった。史料によると、ローマにおける文法教授は、共和政期から帝政初期まで、ずっとギリシア語と同時にラテン語で行われていた[1]。子どもは、母国語の文法と同じくギリシア語文法も学ばなければならなかった。またラテンの古典だけでなくギリシアの古典も学び、かれらの教育においては、ホメロスがヴェルギリウスと同様、支配的な役割を果たしていた。奇異に思われるかもしれないが、子どもは先にギリシア語の文法を学び、そのあとラテン語の文法を学ぶというのが慣例であった。子どもが自国語を確実に修得するまえに外国語を学ぶのを見て驚く向きもあろう。しかしこの方法は、それほど理不尽なものではない。忘れてならないことは、教授されたラテン語は日常のことばというよりむしろ古典のなかに定着した文学的言語であったということである。それは、学校教育がすべてギリシア語で行われローマ人の知的教養がギリシア人のそれと一体化していたころの遺産であった。つまりギリシア人を模倣したラテン人は模写したものを学ぶまえにその原型を学ぶのが当然であるというのがその理由であった。

このような慣習があったことは皆が認めるところであるが、アウグスティヌスの頃はどのようになっていたのだろうか。『告白』は一度ならず、上記のような学校教育の伝統が堅持されていたことを示してくれる。少年アウグスティヌスは、苦労しながらギリシア語に取り組み、ホメロスを学ばなければならなかった[2]。かれの証言は、一個人の経験だけでなくその時代をも示している。実際これ以外にも多くの史料が、こうした教授が一般的であったことを証言している[3]。

しかし私がここで取り上げるのは、教育史ではなく教養史である。アウグスティヌスの学習内容にギリシア語が含まれていたことを確かめることも必要であるが、それにもまして重要なことは、ギリシア語の学習はかれの教養に永続的な結果をもたらしたか否かを知ることである。つまりアウグスティヌスはギリシア語を知っていたのか、ということである。

II　アウグスティヌスのギリシア語の知識

この問題については多くの議論が戦わされ、種々のしかもしばしば矛盾する答えが提示されてきた[4]。本書でもこの問題を手短に取り上げるが、しかしこの長い論争に終止符を打とうなどとは思っていない。いかに注意深く史料を収集し検討したとしても、歴史家の評価、判断にはなお物足りなさが残る[5]。

余りに割り切った表現には用心するとして、まずアウグスティヌスの書に見出される表現に騙されてはならない。かれは、ある書簡においてつぎのように書いている。「私について言えば、まったく知らないと言ってもいいほど、ギリシア語はほとんど知らなかった」[6]。これは、ことば通りに受け取ってはならない。このいわゆる無知の「告白」は、文脈からすると、冗談あるいはひとつの修辞法にすぎない。アウグスティヌスはこの書簡において、καθολικός という語の意味を取り違えたペティリアヌスの誤解を訂正しているが、そこでかれは論争相手に敗北感を味わわせやり込めるため、つぎのように言おうとしているのである。私は、ギリシア語については大して知らない。しかしカトリックという語が「唯一」ではなく「普遍的」という意味をもつことぐらいは、ギリシア語の大家でなくてもわかる[7]。

ことばのもつ意味は、実際には具体的であると同時に複雑な含みをもっている。ギリシア語を知っているとか知らないとかいうことばの意味は曖昧である。現代フランスの教養人が英語あるいはドイツ語を知っているという場合を考えて見るがよい。ドイツ語を知っているとは、必要に応じて辞書片手に、パウリー・ヴィッソーヴァ（Pauly Wissova）の論文や「文献学週報」（Philologische Wochenschrift）の記事を読みうることを指すのかもしれない。あるいは若いころボードレールと同じくらいハイネを学んだことや、ゲーテをラシーヌやヴィクトール・ユゴーと同じく古典と見なしていること、フランス語と同じくらい自由にドイツ語で思考しうることを意味しているのかもしれない。私は長いことアウグスティヌスの著作に接してきた結果、かれがギリシア語に通じていたと考えるようになった。しかしそれは、今しがたあげた後者の意味よりもむしろ前者の意味で、つまり専門分野においてギリシア語を操りうるだけの知識をもっていたと考えるようになった。言い換えると、かれのギリシア語の知識は、教養において積極的役割を果たすにはあまりに乏しかったということである。

アウグスティヌスがギリシア語をいくらかかじっていたことは確かである[8]。かれはしばしばギリシア語のことばを引用し、それを説明する。これだけでも大したものであるが、かれはそれ以上のことができた。かれはしばしばギリシア語の聖書に頼っている。たとえばラテン語訳聖書の注釈や「修正」（emendatio）においてギリシア語の聖書を用いている。かれはギリシア語の聖書をもとにラテン語訳聖書の意味を明確にし、あるいは異なるラテン語訳写本のひとつを選び、あるいはラテン語訳聖書の文章を修正し、また直接、ギリシア語聖書にもとづく新しい訳を提示することもある。[9] かれはまた、ヨハンネス・クリュソストモスの『新受洗者に対する説教』（Homélies aux Néophytes）の原文を引用し、さらにエクラヌムのユリアヌスを反駁するため、とくに重要な二文について、ユリアヌスが使用していたラテン語訳に対しギリシア語原文にもとづく新たな訳文を示している。[10] またかれは同じ論戦において、バシリウスの『断食について』（Homélie sur le jeûne）の第一説教から数行を訳出している。[11]

Ⅲ　ギリシア語の知識の限界

しかしこうした引用や訳文も大した証拠にはならない。それは、アウグスティヌスがある程度のギリシア語の知識をもっていたことを示すにすぎず、それをもとにかれがギリシア語を完全に修得しギリシア思想と文学に精通していたと結論するわけにはいかない。かれがギリシア語のことば、文章に加えた注釈にどれほどの価値があるだろうか。キケロ、さらにアウグスティヌスにごく近いところではヒエロニムスが（とくに書簡のなかで）、ラテン文にギリシア語のことばをちりばめている。かれらは、若干の思想を表明するにあたって、より豊かで正確な用語をもつギリシア語を用いることにより乏しいラテン語の知識を補完しようとしている。[12] そこには、ギリシア語に関するかれらの知識がいかに広くかつ精確であるかがよく示されている。それは、かれらがラテン語と同じくらいギリシア語を用いて思考し、ギリシア語がかれらの教養の不可欠な一部を成していたことを証明している。アウグスティヌスも時として、自分の表現力を補強するためギリシア語のことばを用いる。たとえば『三位一体論』(De Trinitate) では、vita〔生〕のもつ曖昧な意味を正確にするため、「この生をギリシア人は ζωῆν ではなく、βίον と呼ぶ」(13) といった説明をする。

しかし私が調べた限りでは、こうしたギリシア語の用法はアウグスティヌスにおいてはごくまれである。かれのギリシア語の用法は、ことばの自然さという点でヒエロニムスのそれよりはるかに劣る。それは文学的というよりも教科書的あるいは技巧的なもので、よく吟味してみると、ギリシア語の使用頻度も思ったほど多くはない。かれはしばしばギリシア語の同じことばを、同じ説明を繰り返している(14)。その大部分はつぎのようにまとめることができる。

1　最小限のギリシア語の知識を思わせるごく初歩的なことば、たとえば ἐπι=super, τὶς=quis, καί=et, ἀπο=ab, ἀγαθός, κακός など(15)。

2　典型的なことばの語源となるギリシア語の単語、たとえば philosophia など(16)。ギシリア語の語源については、その他、多くの例をあげることができる。しかしこうした説明を高く評価するわけにはいかない。現代でもそうであるが、古典教養をもたないものでも、初歩的な辞書を用いて、pétrole〔石油〕や baromètre〔気圧計〕の語源を知っている。しかも語源の説明は、古代の文法教師や教養人たちが得意にした学習法のひとつであった(17)。ノニウス・マルケルスが作成した学校教育用の語彙集やセルヴィウスやドナトゥスの注釈書には、往々にしていい加減なものではあるが、ギリシア語の語源による説明が多数、含まれている。したがって、学校教育の名残りあるいは受け売りにすぎないものを、アウグスティヌスがギリシア語に精通していたという証拠に仕立ててはならない(18)。

3　アウグスティヌスの書にはまた、文法、修辞学、哲学の専門語、たとえば αναλογία, rythmus, πατός, あるいは απαθεια などの語がある。[19] これらの専門語は、ギリシア語に起源をもちラテン化されたものであるが、しかしすでにキケロにおいて見られるように、こうした専門語をラテン語で取り上げるものも、その語意を明確にするため必ずそのもとになるギリシア語をあげている。[20]

4　さいごに、キリスト教固有の用語がある。たとえば χρῖσμα（油）, unctio（塗油）, unde（そこから）Christus（キリスト）ということばがくる；οὐσία=essentia（本質）；μαρτύρια=testimonia（証言）；αἰώνιος=aeternus（永遠のもの）；ἄγγελος=nuntius（使者）；λόγος=ratio et verbum（ことば）その他 λατρεία, εὐσέβεια, θεοσέβεια など。[21] これらの用語（その多くは教会ラテン語になっていた）の語源と意味を知るためには、ギリシア語を直接に学ぶ必要はなかった。それはキリスト教伝統の一部になっていたはずで、すべての聖職者また大部分の信徒は容易にこれらの知識をもちえたはずである。

もちろんこれで、アウグスティヌスのギリシア語全部を取り上げたわけではない。繰り返しになるが、私はアウグスティヌスがギリシア語を知っていたことを問題にしているのではない。ただ、多くは知らなかったはずだと思っている。ロイター（Reuter）は、「アウグスティヌスはギリシア語のひとつの著作全体を、苦労しながらもともかく読むことができたであろう」と述べているが、それは認めることにしよう。[22] しかし決定的と思われることは、アウグスティヌスがまえもって「ラテン語訳で読んだことのない」著作をひとつでもギリシア語原文で読んだという証拠を、これまでのところあげえないということである。[23] 先にあげた史料は、かれがギリシア語原典をもとにラテン語訳を確かめ修正することができたことを示してくれても、こうした作業を原典「だけ」を頼りに行う姿は見せてくれない。

では実際に、アウグスティヌスが手にしたギリシア語の著作はどのようなものがあったのか。少年時代のかれが文法教師のもとで学んだはずの古典については、重要な痕跡はなにも残されていない[24]。ついでに指摘すると、これはかれがそれを余りよく修得しなかったことの証拠である。

アウグスティヌスは、プラトンの著作のうち[25]、少なくとも九回、『ティマイオス』（Thimaeus）を引用している。しかしそのうちの一回はキケロの訳書から[26]、八回はカルキディウスの訳書から取っている[27]。また四回、『パイドロス』（Phaedo）を引用しているが[28]、それにはアプレイウスによるラテン語訳があったことがわかっている[29]。その他、プラトンの著作への言及ないし引用はすべてラテン語訳の受け売りで、キケロから取り入れている[30]。

アリストテレスの著作で、アウグスティヌスがたしかに読んだ唯一の書は『範疇論』（Categoriae）であるが[31]、この書にはマリウス・ヴィクトリヌスのものとされるラテン語訳と八巻からなる注釈書があった[32]。おそらくアウグスティヌスは、ヴィクトリヌスの訳書をもとに学んだのであろう[33]。アウグスティヌスは περὶ κοσμόυ（これはプラトンのものと考えた）を引用しているが、それはアプレイウスの訳書（De mundo）から取り入れている[34]。

またかれは、三八六年ごろ「プラトン学派の書」を読み、自分の回心に決定的な影響を受けたと述べているが、それもマリウス・ヴィクトリヌスによるラテン語訳であった[35]。これらの書の内容については長いこと議論されてきたが、それは間違いなくプロティノスの『エンネアデス』（Enneades）の一部であったようである[36]。

ずっと後になって、かれは『神の国』を書くためのひとつの資料として『エンネアデス』を読み返している。そして実際にそれを利用し[37]、何節かは引用している。それはたしかに短いが、そこにはかれの文学的才能の痕跡が見られるようである[38]。三八六年にもまして教養を積んだ四一五年のアウグスティヌスは、直にプロティノスの原典を読み翻訳したと結論できるであろうか[39]。それは言いすぎではなかろうか。当時のアウグスティヌスの多忙な生活から見て、(40)かれがギリシア語に再び取り組み、上達するだけの時間的余裕があったとは思われない。(41)むしろ、かれはヴィクトリヌスのラテン語訳を単に修正するだけにとどめたのではなかろうか。(42)上述したように、通常はラテン語訳の聖書を読み、時々それを「修正」するためギリシア語本文を参照するにすぎなかったアウグスティヌスが、聖書以上にプロティノスの書に力を注いだと考えさせる理由が見あたらない。

新プラトン学派のなかで、アウグスティヌスがもっとも多用しているのは、プロティノスのつぎにポルフュリオスである。(43)たしかに、かれはポルフュリオスの書をラテン語訳で読んでいる。かれは少なくとも一回ははっきりとそのことにふれている。(44)またかれが、『アエスクラピオス』（Aesclapios）を読んだのも、長いことアプレイウスによるとされてきたラテン語訳によってである。(45)『シビュラの神託』（Oracles sibyllins）については、まず最初に、不正確かつ不釣合いな詩文体をもつ訳者不明のきわめて不完全なラテン語訳でその一部を知り、のちギリシア語原文を手渡され、これらの予言のあるものは折句形式であったことを自分の目で確かめたのであった。かれはもうひとつのラテン語訳をもとにそれを引用しているが、この訳は正確な詩文体で原文のもつ特徴をよくとどめている。(46)しかしかれは、その訳者が自分であるとは言わない。さらに、かれはもうひとつのシビュラの神託を引用しているが、それはラクタンティウスによる二流の訳文で、それを再録している。(47)

ずっと以前から確認ずみのことであるが、アウグスティヌスはキリスト教著述家のうちラテン教父しか学ばず、ギリシア教父はラテン語訳のあるものだけを学んでいる。かれはオリゲネス主義論争について語るヒエロニムスに対し、アレクサンドリアの大学者〔オリゲネス〕の書を直接読んだことのない人間として答えている。またヒエロニムスに対しこの東方の異端に含まれる危険な思想について一書を著すように依頼し、その理由として、そのような著作はこうした異端を直接に知るための時間もギリシア語の知識もないすべての人（そのなかに自分も加えているようである）に有益であると述べている。[48] 実際、アウグスティヌスがオリゲネスについて知っていることはすべて、人づてに得たものである。またエウセビオスの書も多用しているが、その場合、ヒエロニムスとルフィヌスによる翻訳に頼っている。[49]

ペラギウス論争においてアウグスティヌスは、ナジアンズのグレゴリオス、バジリウス、ヨハンネス・クリュソストモスといったギリシア教父たちのいくつかの著作に注目しているが、かれがギリシア語に頼るのは短い文章を説明する特別な場合に限られ、普通、かれらの著作を読みあるいは引用する場合はラテン語訳を用いている。かれがたしかに手にして読んだ書としては、[50] ナジアンズのグレゴリオスの著作では[51] ルフィヌスが訳した『九つの説教』（Neuf sermons）[52]、ペラギウス派の助祭ケレダのアニアヌスが訳したヨハンネス・クリュソストモスの『新受洗者に対する説教』がある。[53]

これ以上、強調するまでもないであろう。アウグスティヌスのギリシア学が比較的狭い範囲に限られていたことは明らかである。もちろんかれは、短文の確認に役立つ程度のギリシア語の知識はもっていた。しかしヘレニズムの宝庫に自由に立ち入るだけの力はない。かれはギリシアの古典はまったく知らず、東方の哲学者は異教徒、教父双方とも、ラテン語訳だけをとおして知っていた。つまりアウグスティヌスの知的教養は全面的にラテン語によるものであったということである。

Ⅳ　西方におけるギリシア語の衰退

以上のことは、はっきりと認識しておくべきである。それは、「西方におけるギリシア語の忘却」という古代教養のもっとも重要な側面のひとつを見せてくれるからであり、これは、少々説明するだけの価値がある。地中海世界の一体性の崩壊、ギリシア語の東方とラテン語の西方との分離（それは相対的なもので、誇張してはならないが）という中世ヨーロッパの歴史を左右する根本的な事実は、古代末期に実現あるいは準備されたということである。それは宗教的、政治的分野に劣らず、教養の面においても歴然としている。そのもっとも際だった兆候のひとつは[54]、たしかにギリシア語の忘却であり、そこには西方の人々が徐々にヘレニズムの知性と恒常的な交流をやめていったという事実がある[55]。

かれらは、かつてはこうした交流をもっていた。その起源をたどるとして、たとえばスキピオ・アフリカヌスの世代を思い起こしてもらいたい。当時のローマ人の知的教養は、ギリシアの学問に関する知識の程度によって測られたといっても過言ではない。教養があるということはギリシア語に通じているということであった[56]。たしかに、前三ないし二世紀のローマ人の教養には民族固有の多くの要素が含まれていた[57]。そこには、市民法、宗教関係の法、政治（ギリシアの修辞学教師が教えるものとは異なるある種の弁論術を前提とする）、軍事学、農学など、「知識人階層」の基盤をなす元老院貴族階層固有の伝統に属する一切の事柄が含まれている[58]。しかしこうした伝統は長い間、たとえば年長者の生活態度、家父の権威にもとづく家庭内教育、これに続く経験豊富な「庇護者」の良識ある助言（これが「公務見習（tirocinium fori）である）といった[59]まったく実際的な方法で伝達された。したがって、とりわけ知的なまたそれと見なされるものつまり学校教育的、教科書的なものはすべて、概してギリシアのものであった。

前三世紀から前一世紀さいごの三〇年までの間に、ローマ文化はあらゆる面で目覚ましい発展を遂げた。しかしそれは創造的活動というより「すぐれた吸収力」によるものであり[60]、とくに知的教養においてそうであった。年老いた検察官アッピウス・クラウディウス・カエクスから[61]キケロに至るローマ人は、ギリシアの風物、言語に接することによって知的教養を発展させ[62]、その上昇曲線は、カエサル、アウグストゥスの時代に頂点に達する。当時のギリシア的教養がどのようなものであったかは、キケロをとおして知りうる。かれが弁論術、哲学という高度な学問に至るまで[63]、生粋のギリシア人が学びうる限りの教育を受けていたことは、その著作が証明している。かれはギリシア語で思考し、その文章にはギリシア語が使用され、ホメロスの著作がごく自然に引用されている[64]。かれは多くのギリシア語の著作を翻訳しただけではなく[65]、直接にギリシア語で演説し、著述することもできた[66]。それはキケロだけではない。当時のローマの教養人にとり、ギリシア教養の全面的な修得は普通のことであった。

しかしローマにおけるギリシアの教養はやがて衰微していく。たしかに、そうした反動は目に見えて起こったわけではない。学校教育の伝統は中断されることはなく、アウグスティヌスもまだそこで学んでいる。しかし継続されたとはいってもそれは見掛けだけで、その裏では重大な変化が徐々に進行しつつあった。人々は相変わらずギリシア語を学んだが以前ほどよく分からず、また記憶にとどめることも少なくなり、ローマ人の教養におけるギリシア語の役割は徐々に減少していった。

こうした衰退の兆候がいつ現れるのか、その確定は難しい[67]。しかし少し時代を飛び越えて何世紀かあとの人々に目を向けるとして、クインティリアヌスに注目しよう。かれのギリシア語の知識はどのようなものだろうか[68]。たしかに、かれはギリシア語を学びまたその学習を勧めている。しかしキケロとは大きく異なっている。かれの著作にもかなりのギリシア語の引用が見られるが、しかしそれは学校教育の名残りにすぎず、かれが日常、ギリシア文学に親しんでいたことを示すものはなにもない。「かれの個人的読書はほとんどすべてラテン文学に向けられ、かれが引用するギリシアの詩人、雄弁家は、かれが学校で読み暗記したものである」。「クインティリアヌスあるいは同時代の人々が、キケロのいう「高度な教養」(politior humanitas)に含まれるギリシア語の知識を修得していたのか、疑念をもたれるのも当然である[69]」。

　したがって、すでにこの頃ギリシアの教養は明らかに衰退しつつあった。その原因はわりにはっきりしている。まず、ローマの民族文学の発展がある。帝政期においてギリシア語は、ラテン語に席をゆずる。それは、丁度、近代フランスにおいてラテン語がフランス語(またその他の近代語)をまえに衰微していったのと同じである[70]。前二世紀のローマ人がギリシアの教養を必要としたのは、それに代わりうる民族の教養をもたなかったからである。当時のラテン語にはまだ古典といったものはなく、その文学は誕生したばかりで、ローマ人がギリシア人の学校で学んだとしてもなんの不思議もない。ホメロスに対してアンドロニコスあるいはエンニウスが一体、なんであっただろうか。また弁論術はギリシア語でしか学びえなかった。アッティカの偉大な弁論家たちだけが手本であった。だとすれば、まして科学、歴史、哲学についてはなにをか言わんやである。

　しかしクインティリアヌスのころ、すべては変わった。そのころ、ローマは独自の文学と民族的教養のすべてをもつようになっている。実際、教育および教養において、明らかにヴェルギリウスはホメロスに取って代わっている。すでにクインティリアヌスのころ、人々が記憶にとどめて歌い、何かにつけて引用するのはヴェルギリウスであり、それはアウグスティヌスのころも同じであった。テレンティウスはメナンドロスのあとを継ぎ、ホラティウスはピンダロスの、サルスティウスはクセノフォン、トゥキュディデスの代役を果たした。科学（あるいはそれに相当するもの）では、ヴァロ、ケルスス、プリニウスがいた。哲学さえも、キケロのおかげでラテン語で語られるようになっている。そしてこれらすべての著者たちについて教えるため、必然的に、ギリシア語の「文法教師」（γραμματιχός）の教授と並行してラテン語の「文法」（grammatica）が発展していった[71]。

たしかに、ギリシア人は依然として最高の教師であり先導者であった。したがって原理はそのまま維持され、いつもかれらの教養から始めなければならなかった。しかし人々がギリシアの書の学習にそれほど熱心でなかったとしても驚くにはあたらない。以前ほどギリシアの学問の必要を感じなかったからである。ローマ人の教養がまずラテン的であることはごく当然のことであり、またギリシア教養の学習は子どもと教師双方にとって大きな重荷になっていたことはたしかである。なぜ、ローマの学童は自分たちの古典だけでなく、すでに東方の学童たちにとっても荷物になっていたギリシアの古典まで学ぶ必要があろうか。その後の展開は目に見えている。ラテンの文学、教養は発展するにつれ、その特異性を明らかにし独自性を発揮していった。つまりラテン教養の発展に伴い、ギリシア教養は衰退していったということである。

こうした変化は徐々に進み、アウグスティヌスのころ完結するのであるが、年代を追ってこれを詳しく見るのも興味深い。これほどの変化は抵抗もなく順調に進むはずはなく、むしろしばしば「反復しつつ繰り返しつつ」（per corsi e per ricorsi）実現されていった。それも、教養の全分野にわたって均一に起こったわけではなく、教養の若干の特殊な形態は、長い間、ギリシアの伝統に連なったままであった。たとえば哲学がそうである。キケロの「対話編」は人気を博したが、しかし哲学をギリシア語以外のことばで学ぶことは不可能であったようである。

またセネカは別として、[72]ローマ社会出身の哲学者たちもギリシア語で著述した。一世紀にはセクスティウス一門、コルヌトゥス、[73]ムソニウスが、二世紀にはマルクス・アウレリウスがそうであった。注目すべきことに、アウグスティヌスは、ギリシア語で著述しなかったばかりでなく、哲学者としての教育もラテン語だけで受けた最初の思想家である。

医者も同様である。ケルススの医学書のような大衆的な著作に惑わされてはならない。帝政期全体をとおして、医学書はずっとギリシア語であった。アウグスティヌスのころはじめて（とくに、かれの周辺のアフリカで）独創的な書が多く著され、とくに医術の教師、〔君主の〕侍医たちによって[74]ギリシアの医学書がラテン語に訳出されているが、これは、長いことこの分野において堅持されてきたギリシア語がこのころ衰退したことを明示している。

こうした衰退をまえに、より長く持ちこたえた社会階層もあった。ローマの古い貴族階層の場合がそうである。かれらは伝統を重んじ、東方の社会と家族同士のつながりをもち、役人の世界に交わり、アウグスティヌスのころまでギリシア語の知識を維持していた。実を言うと、シンマクスはギリシア語は多くは知らなかったが、[75]しかしマクロビウス、[76]プラエテクスタトゥス[77]はすぐれたギリシア学者であった。またアンブロシウスや、[78]ヒエロニムス[79]の霊的娘たちはアウグスティヌス以上にギリシア語に通じていたが、それはかれらが貴族階層の出身であったからである。

こうした例外はあったが、それはかなり限られた人々で、先にアウグスティヌスについて述べたことは同時代の多数のものにあてはまった。四世紀末、ギリシア語の知識は西方では消滅しつつあった。普通の教養人の間におけるギリシア語的要素はごく希薄で、成果らしいものは何も産み出していない。かれらにとってギリシア語は異国のことばで、かれらはその読み方も知らず、その文学も翻訳をとおして知るだけであった。翻訳にたずさわる専門家の出現は、大部分の読者がギリシア語を知らなかったことを示すひとつの傍証である。そこで行われた翻訳は、キケロが勧めているような(80)学校教育における訓練としてではなく、ギリシア語に無知な人々の求めに応じて翻訳書を提供するためであった。アウグスティヌスがギリシア哲学についてキケロから学んだ以上のことを知ることができたのも、ヴィクトリヌス、アプレイウス、カルキディウスによる翻訳書のおかげであった。

同じような制約がラテン教会にも及んでいる。アウグスティヌスは『三位一体論』を書くわけを説明して、つぎのように述べている。「三位一体」に関するラテン語の書は不十分であるかあるいは入手不可能である。一方、ギリシア語による著作は完璧ではあるが、それを読み理解しうるものはなかなか見当たらない(81)。

こうして以後、翻訳者の仕事は重要になっていく。アウグスティヌスのころこの役割を担っていたのは、まずヒエロニムス、ルフィヌスであった(82)。アウグスティヌスの晩年には、マリウス・メルカトール、ヨハネス・カッシアヌスがそれを引き継いでいる(83)。それはさらに、アウグスティヌスの後継者に引き継がれていく。そして暗黒の時代に分け入るにつれ、ギリシア語の知識はいっそう浅薄なものになっていく。エンノディウス、フォルトゥナトゥスのような教養人がギリシア語について、何を知っていたといえるだろうか。セビリャのイシドルスのように広範な書を読破した知識人も同様であった(84)。

小グループあるいは個人だけがギリシア語を学び続け、専門家としての役割を受け持った。たとえばヴィクトリヌスやヒエロニムスは、その活動の大半を翻訳の仕事に費やした。六世紀には、一方ではボエティウス(85)が、他方ではカッシオドルスとかれがヴィヴァリウムに集めた団体がいる(86)。かれらの仕事は歴史的に見てとくに重要で、とりわけボエティウスの活動がそうであった。中世思想の発展にかれがどれほど寄与したか、その功績は今更述べるまでもない。そのため、ボエティウス、カッシオドルスを古代さいごの学者の世代と見るものもいる。しかし他の点でもそうであるが、古代と中世との間には截然たる断絶はない。われわれはしばしば、「それはギリシア語だ。判読できない」（Graecum est, non legitur）という格言に中世の特徴があると考えてきたが、しかし「デカダン期の教養人たち」も大抵、自分たちの無能を告白せざるをえなかったに違いない。他方、たしかに断続的ではあったが、あちこちに中世全体をとおして、天賦の才に恵まれギリシア語熱に燃える小サークルがあったことは認めなければならない。[87]

第三章　修　辞　学

Ⅰ　第二段階の教育、修辞学とその理論的教授

文法の課程を終えたアウグスティヌスは、当時の慣習に従って修辞学課程に進み、まずマダウラ、のちカルタゴの修辞学教師の学校で学んだ[1]。両親は、多くの経済的困難に直面しながらも、あくまでこの段階の教育を受けさせようとした。教養人としての教育の大部分は修辞学教師の学校において与えられていたからである。文法教師は基礎を据え材料を準備したにすぎず、修辞学教師だけが教養という建造物を完成することができた。また「きわめて雄弁な人」(vir eloquentissimus) 弁論家をめざすものも、かれの教育を受けてはじめてその目的を達成することできた。

実際、弁論術の教授は修辞学教師の専門分野で[2]、それは理論と実践双方にわたっていた。理論はずっと以前から確立され、四世紀に教えられていた修辞学はソフィストおよびイソクラテスからヘルマゴラスに至る人々がギリシアの学校において経験から編み出し、法則を定めたものであった。この同じ修辞学が前二世紀にローマの雄弁家たちの知るところとなり、やがて熱狂的に取り入れられたのである。他の場合と同じくこの分野においても、ローマの伝統的な学校は目立った修正を加えることもなくギリシアの技法をそのまま摂取したのであった。かれ

らが創作したものといえばその教授に必要なことばだけで、こうして弁論術の教授はまずギリシア語、つぎにラテン語で行われた。

弁論術のラテン化は、まずプロティウス・ガッルスの学校で試みられ、[3] キケロによって達成された。[4] キケロは、『発想論』（De inventione）から『弁論家』（Orator）に至る一連の著作をもって必要なラテン語の語彙を造り出しただけでなく、学習に不可欠な教科書を提供した。かれがのち、ラテン修辞学教師たちの師として万人に認められるようになったのも当然である。[5] かれの演説はすぐれた手本を学校教育に提供し、生徒たちはギリシアの手本に頼る必要はなくなり、[6] またかれの種々の著作は、修辞学原理の主要な典拠となった。[7] その後、時代によっては他の教師の影響もあったが、[8] アウグスティヌスのころ、キケロが最高の教師でありあるいはその座を回復していたことは確かである。[9] アウグスティヌスがカルタゴの教師たちから学び、[10] またかれ自身が教えた修辞学も、キケロの修辞学論にもとづくものであった。[11]

いまここで、修辞学教授について細かく説明するまでもなかろう。少なくともその大筋は、キケロの「修辞学」をとおして周知のことである。[12] 私はただ、修辞学教授を支配していたいくつかの考え方を指摘するにとどめよう。文法の場合と同じく修辞学でも、古代の教師たちは、われわれにとってはわずらわしい分類、区分、再区分をあげ、それぞれの定義を並べ立てている。弁論には演示弁論、議会弁論、法廷弁論の三種があり、それぞれの弁論は、発想（内的、外的場といったトピカの方法）、配置、措辞、記憶、発表の五つから成っていた。配置では、序言から結論までの演説の六部分が取り扱われ、その他、論点の三つの状態、三種の文体の分類などもある。

修辞学教授の方法は教条的、形式的で、固定化され、抽象的な規則をもとに定式化する傾向にあった。たしかなことは、古代の学校では基本的教科書としてキケロの著作を用いながら、しかしキケロの個性的、ラテン的豊かさは学ばず、むしろかれのもっとも非個性的な要素つまりギリシアの学校教育の伝統を固持したということである。円熟期のキケロが著した『弁論家論』（De oratore）や『弁論家』に含まれるその他の要素、つまりかれがラリッサのフィロンから受け継いだものをもとにかれ自身の個人的経験と考察をもって創り上げた奥深い思想は見捨てた[13]。こうしてアウグスティヌス時代の学校教育で重視されたのは、キケロがこの二書よりも早く著し、自著として認めるのを恥じた『発想論』であった。これは個性に欠け、どちらかといえば技法中心であったが、当時の人々が修辞学に期待していたものにより合致していたからである[14]。

当時の修辞学教授は形式を重視し、変化に乏しく、固定化され、そこには文学の発展に即した進展は認められない。こうして修辞学の理論と実際との間にはずれが生じ、弁論理論の教授は、厳密な意味で現実と矛盾しているとは言わないまでも、全体的に見て現実離れしたものになっている[15]。

II 実践的教授における教条的、形式的特徴

したがって理論における欠陥を補うため、修辞学教師たちは実際の訓練を重視し、より多くの成果を期待したのもこうした実践であった。アウグスティヌスが『告白』において学生時代を振り返って語るのも、とくに修辞学教師たちによる弁論術の訓練である。かれはまだ少年であったころヴェルギリウスの詩文の一節を散文に書き直し、トロイア人に対するユノーの怒りを最大限に表現しようとして文章を練り上げ、学友をまえにそれを暗誦して拍手喝采を得たのであった[16]。

実践による弁論術の教授も、理論的教授と同じく伝統に即して行われた。その伝統はラテンの学校がギリシア

の学校から借用したもので、細部にわたって規定され墨守されてきたものであった。[17] 修辞学教師のもとにくる若者は、すでに修辞学の手ほどきを受けていた。文法教師は早くから弁論学習に向けて、注意深く段階を追って訓練していったからである。この「予備訓練」（προγυμνάσματα）は種々の段階に分けられ、徐々に難度を上げて行われた。アウグスティヌスがあげる例（怒ったユノーの独白）は、この段階の第九段目「エトポイア」（ἠθοποιία）に属する。それは、寓話から始まり、叙述、訓話実習、箴言、神話に対する反論（あるいは肯定）、共通の場所、称賛（あるいは非難）[18]、比較と続き、この「エトポイア」のあと、法案の主題とその討論（このふたつはもっとも難度の高い訓練である）で終わる。[19]

私はここで各段階について詳述するつもりはないが、しかしこれらの諸段階は、古代の学校教育が硬直化し形式化されていたことをよく示している。この一連の段階は「変えてはならないもの」（ne varietur）と見なされていただけでなく、それぞれ厳格な規則によって縛られていた。つまり分類、種類、説明の方法、そうした一切のものが若者に押し付けられ、かれらは順を追ってそれを学び、その想像力も伝統の鋳型にはめて形成されていった。歴史あるいは神話における人物の称賛（ἐγκώμιον）にあたっては、序言のあとその人物の氏族、都市（祖国）、両親、教育、人物の特性、(a)魂、(b)体、(c)境遇の諸点を順に説明していった。また必ず、主題（θέσις）を正当化する四つの方法（合法性、正義、便宜、可能）を用いた。文法の説明において指摘したように、古代の教育全体が古典中心主義、規範といった考え方に支配され、今日の教育のように、独創性の育成ということにはそれほど留意していない。

「予備訓練」のさいごの諸段階が、厳密に修辞学教師の教授内容であった。まず修辞学教師による訓練は、主として演説の訓練にあった。生徒は修辞学教師から与えられる主題について、一般規則と主題の展開に関する特別の注意事項をふまえて演説を作成し、教師、学友、また外部の人々とくに親戚をまえにそれを正式に暗誦した（recitatio）。聴衆は、間違いの有無に注目すると同時に[20]、首尾よく暗誦したものには惜しみない拍手を送り[21]、そのあと教師が演説を評価し批評するのであった。

この演説を示す専門語は、「練習弁論」（declamatio）である[22]。それには二種類あった[23]。ひとつは「説得弁論」（suasoria）である。これは議会弁論の訓練で、一定の状況を想定して良心の問題、良心的な決定について論じるものであった。もうひとつは、法的主題を取り扱う「反駁弁論」（controversia）である。それは仮定の裁判における審問あるいは告発を練習するもので、そこでは、個々の事例に対する法文の適用の是非が論じられた。帝政期の修辞学教師たちがどのような主題を好んで取り上げたかは、父セネカ、偽クインティリアヌスが残した多くの演説からよく知られている[24]。数世紀後の古代末期においてもなお、こうした伝統が揺るぎないものであったことはエンノディウスの著作が教えてくれる[25]。

これらの主題はきわめて非現実的な性格のもので、現代のわれわれは戸惑うばかりである。練習弁論はたしかに学校教育における練習であったとはいえ、本来は現実生活をめざすもので、説得弁論は議会における弁論家を、反駁弁論は未来の弁護士を準備するものであった。しかし取り扱われる主題は、遭難、海賊、誘拐など[26]、不条理すれすれのとっぴな仮説、野蛮なあるいは非現実的な法律、微細にわたる良心の問題など、明らかに通常の生活からかけ離れたものであった。

昔の修辞学教師たちによるこうした主題の選択は、かれらの悪趣味、不条理を示すものとして非難されがちであるが、私はむしろ、ある程度までかれらを弁護する側に立ちたい。かれらは、自分たちの主題の不条理なことに気づいていなかったわけではない。ただかれらの教授は、明らかに今日のそれとは異なる方向を意識しめざしていた。現代の教育では（時として、幻想を取り込みながら）学校教育と生活とを近づけ、現実的、具体的なものに対する感覚を育てようとしている。これに対して古代の修辞学教師は、想像力、構想力を豊かにすることをめざし、主題が不条理であればあるほど取り組むに値すると考えていた[27]。とは言っても、私は古代教育の方法を定着させようとしているのではない。この教育が批判に値することは私も知っている。アウグスティヌスは、私に代わってその欠点を明らかにしてくれる[28]。

Ⅲ　アウグスティヌスによる修辞学の構想と学習

　アウグスティヌスは当時のすべての教養人と同じく、以上のような教育を受けた。かれが優秀な成績を収めたことは改めて言うまでもなかろう。かれはすぐれた生徒で、のち人々に教えうるほどの学識を修めた。両親はかれが法曹界に向かうことを熱望していたが[29]、アウグスティヌスは修辞学校を終了するとすぐ教職に就き、一三年間[30]、文法と修辞学をタガステ[31]、カルタゴ、ローマ、さいごにはミラノで教え[32]、その名声は高まる一方であった[33]。それは、かれが単なる一介の教師ではなく卓越した教師であったことを証明している[34]。

　しかしわれわれは、修辞学に関するアウグスティヌスの教養の深さをより直接に評価する手段をもっている。かれの著作全体がそれを証明し、また古代の学校の文学的慣習がどれほどかれの精神に浸透していたかを示してくれる。かれは、回心直後の著作を一〇ないし一二年後に読み返し、それが余りに世俗的であったことを認めている。「すでに私は学問をもってあなた〔神〕に仕えるものではあったが、しかしあたかも断末魔の息をつくように、傲慢の学派を吐いていた[35]」。注意深い読者ならば、「学校教育の傲慢と虚栄に息づいている」ように見えるのはカッシキアクムでの「対話編」だけではないことに気づくであろう。ヒッポの司教、キリスト教の大博士のなかにも、何かにつけ、いつもカルタゴの修辞学教師の態度が存続し透けて見える。

したがって、つぎにアウグスティヌスの文学的才能に対する修辞学の影響について検討することにしよう。それは途方もない研究になり、ここでいくつかの簡単な点に絞るとしても読者は許してくれるであろう。この問題についてはすでに多くの研究があり、興味深い成果をあげている。しかしそれでもなお、研究し尽くしたというにはほど遠い。

これまでの研究は、とくにアウグスティヌスの文体に対する修辞学の影響に向けられていた。実際、今日のわれわれが修辞学について語る場合、念頭にあるのはとくに文体であり、学校教育における型にはまったいくつかの技法である。しかしそれは、古代の人々が修辞学と呼んでいたもののごく一部であり、修辞学の伝統的な五区分のひとつ「措辞」を指しているにすぎない[36]。善かれ悪しかれアウグスティヌスが修辞学に負うているものを測るためには、修辞学の各区分に関する教授内容を順を追って検討していく必要があろう。

この研究に取り組み、私がなしえなかったことを補完しようと思うものは、いくつかの点に留意する必要がある。それは、古代修辞学のかなりの部分において恣意的なもの、合意によるものは何もないということである。それは、良識に従って経験から引き出され永続的な価値をもつとされる一連の考察を、合理的に体系化したものにすぎない[37]。つまり演説家が現われ、その話が人気を博して以来、意識的あるいは無意識的に一定数の規則が確立され守られるようになったということである。したがって、アウグスティヌスにおいて修辞学教師の教えと合致するものすべてがおそらく修辞学教師の教えの結果ではなく、アウグスティヌス自身の天賦の才能あるいは個人的経験から来ているのかも知れない。われわれはけっして、アウグスティヌスにおいてどこまでが修辞学の学芸で、どこまでがかれ自身の才能によるものか、またかれの才能がどこまで学校教育によって育成され発展させられたものなのか、正確に分別することはできないであろう。

しかし多くの点で、修辞学は恣意的にあるいは少なくとも伝統によって形式化された技法の集合であり、その反響を見分けるのは簡単である。今ここで発想、配置、措辞、記憶、発表の各部について、またこの五要素にかかわるすべての規則について詳述することは、私の研究の枠を超える。しかしアウグスティヌスの多様な著作をとおして、その影響を見分けることは容易である。たとえば、『キリスト教の教え』（De doctrina christiana）の結びにおいて、かれはつぎのように書いている。「〔この書が〕長すぎると思うものは、いくつかに分けて読むがよい[38]」。分かりきったことを繰り返すこの平凡なことばは、実は、修辞学における記憶術の実際的方法を示唆している[39]。

「発想」についても同じようなことが言える。これについてアウグスティヌスは多くの着想を見せてくれるが、それは単に、かれが学んだとおりの「トピカ」の方法を利用しているというだけではない。かれはこの方法に精通し、無意識のうちにそれを使用しているのである。一例をあげると、かれの著作を読むものはだれでもかれがどれほど語源にこだわるかがよくわかる。こうした例を整理してみると、その大部分は文法教師の教えを無意識に借用したものである。古代の文法教師は、語源は真実のものであれ仮定のものであれ、語の説明には本質的な要素のひとつであると考えていた[40]。しかしこうした範囲を越える語源の説明もある。アウグスティヌスが語源的説明を加えるのは、必ずしも文法に関する物知り的知識をひけらかすためではない。語源を出発点として、取り扱う問題あるいは論証を展開するためである。

たとえばかれは、宗教的論争における弁証論の利用を罪悪視していたドナトゥス派のクレスコニウスに対し[41]、語源にもとづく論証をもって反論している。文法は γράμματα に由来するが、それと同じく弁証論は議論を意味する διαλογή あるいは διάλεξις から来る。したがって弁証論は議論する術であり、弁証家は議論する人である。聖パウロは、ストア学派のような弁証論に巧みな哲学者たちに対してさえ議論を挑んでいる（アレオパギタでの説教。「使徒言行録」一七、一六―三二参照）。したがってパウロは弁証家であり、アウグスティヌスは、自分もまたかれと同じく、弁証家として振舞う権利があると主張する。[42]

ところで、そこにあるのは修辞学教師たちが類別したトピカのひとつを応用したものである。実際、トピカの「内的場所」では語源がきわめて重視されていた。語源は、語に含まれる概念の本質を明らかにし反駁不可能な論証と広範な内容を論者に提供するもので、とくにキケロはこれについて詳しく論じている。[43] トピカの技法や裁判の展開に関するキケロの教えのなかには、[44] 幅広い問題の展開を可能にし、多くの裁判において利用可能な「共通の場所」の利用がある。これまでにもしばしば指摘されてきたように、教父たちもこうしたトピカを利用している。つまり幾世紀にもわたってソフィストの練習弁論に利用され手垢のついた説明が、新たな見地から急に勢力を取り戻したのである。[45]

アウグスティヌスもこれに留意しており、その点かれは、自分の独創性よりもむしろ栄えある伝統に忠実に従う古代の教養人であった。かれは、人間の地上における生活をさいなむ悲惨さや悪に関するトピカを取り上げ、たとえばパスカルと同じように、人間の超自然的起源を評価するために用いている。その場合、かれはあえてその出典を明らかにし、説明のはじめにキケロとその『娘の死について慰める』（Consolatio de morte filiae）を名指しであげている。[46] かれは別の箇所でも[47]同じトピカをやや異なる形で用いているが、その場合かれはセネカの書を利用している。[48] 一方、人間生活の長所、善、美、天上での幸福を予想させる幸せについては、逆に「共通の場所」（κοινός τόπος）を用いている(49)。

Ⅳ　アウグスティヌスの著作と修辞学

「発想」はこれ位にして、「配置」（dispositio）あるいは構文法を取り上げよう。これについては言うべきことが多い。この「配置」でも、学校教育の慣習がその痕跡を残しているはずである。修辞学教師は演説を六部分に分け、それぞれに明確な説明を加えていた。アウグスティヌスは理論だけでなく(50)、説教、著述など実際においてもこの六区分を利用している。

まず「序言」（exordium）について。古代修辞学の導入部には、聴く人の好意、興味、注意を惹くための方法と決まり文句があった(51)。こうした修辞学教授の影響は、『ヨハネによる福音書講解説教』（Sermons sur saint Jean）のような学芸からは縁遠く、学校教育における規則とは無関係と思われる著作においてもいくらか認められる。それは、取り扱う主題の重大さを浮き彫りにする荘厳な導入に、あるいは「聴衆の好意を得ようとする」説教者の態度にも表明されている(52)。

つぎに、「陳述」（narratio）について。「陳述」には独自の規則があり(53)、学校教育の影響のもとにとくに念入りに準備され、演説においても独立した要素を構成する傾向があった。弁論家は、この部分を丹念に練り上げ、その文体に最大の動き、明瞭さ、活気をもたせようと努めた。アウグスティヌスが蘊蓄を傾けた著作のひとつ『神の国』をひもといてみよう。そこに見られる「陳述」はその文学的調子と洗練された文体をもって読者に深い印象を与え、前後の文体とは明らかに異なっている。たとえばサビナの略奪の物語(54)や、当時の多くの奇跡に関する話がそうである。かれは、奇跡は経験にもとづく事実であり聖書に含まれる奇跡に不信感をもってはならないことを証明する説明のなかに、こうした奇跡談義を挿入している。[55] すぐれた修辞学教師であったかれはこうした物語をうまく利用している。[56]

こうした例は枚挙にいとまがない。「配置」の種々の部分に関する説明は興味深いものではあるが、問題の本質から逸れることになりかねない。ここで全体的に見て、また古代修辞学の慣習と関連づけて取り上げる必要があるのは、アウグスティヌスによる構文の問題である。この問題はきわめて複雑で研究も少ないが、[57] しかし詳しい研究が欲しいところである。私としては、ここでもいくつかの簡潔な指摘にとどめざるをえない。

今日アウグスティヌスの著作に付き合うフランス人は、しばしばあらん限りの忍耐を迫られる。「アウグスティヌスは文章が下手だ」、「かれの文章は余りに冗長だ」などなどの苦情が自然に読者の口をついて出る。しかしこの拙劣に見える文章のうらに何が隠されているのか、確かめてみる必要がある。

まず、かれの著作全体のプラン、全体的な構想には時として奇妙なことが認められる。われわれから見ると、一旦、主題を選択したあと、それをしかもそれだけを取り扱うというのが当然のように思われる。ところが、アウグスティヌスはそうした法則を簡単に破棄する。

『福音書記者の一致』（De consensu Evangelistarum）がそうである。その標題が示しているように、この書はいわば共観福音書における異同一覧を示そうとしている。四福音書は外的には異なる点をもちながらも、カトリック教義の本質的要請どおりに、実質的な一致を保つはずの書である。アウグスティヌスは、第一巻のひとつの章において、[58] 福音書の権威、数、一般的性格について簡潔なしかし不可欠な導入的説明をしたあと、はっきりとこの問題を提起する。しかし問題そのものは、第二巻から第四巻において取り扱われる。第一巻の諸章における一連の説明は、[59]本書の他の部分とはそれほど関係のない長い「脱線」（excessus）を構成するもので、[60]キリストは偉大な人物ではあるが託身した神ではなく、単なる知者にすぎないと考える異教徒への反論に当てられている。[61]これは一三ないし一五年後に『神の国』の最初の諸巻において取り扱われる主題を先取りし要約したものであり、また『異教徒駁論』（Quaestiones contra Paganos）というまったく別の著作として公刊されるものである。

『創世記逐語注解』（De Genesi ad litteram）は、「創世記」の最初の二章を詳しく取り扱う注解書であるが、アウグスティヌスはそこで、大体聖書の文章を追いながら注釈を進めていく。しかしこの注解書一二巻のうち第一〇巻と第一二巻は、聖書のことばの順には従わずむしろ主題の展開に従っている。こうして、第一〇巻は魂の起源を取り扱う神学論文となっている。[62]この問題は、その複雑難解さのために幾度となくアウグスティヌスの好奇心を掻き立てていたものであり、その論述はみごとな展開を見せてはいるが、「創世記」の注釈とはまったく無縁である。アウグスティヌスはきわめて技巧的に、私に言わせると、ほとんどソフィスト的なこじつけをもって（聖書はエバの創造の叙述においては魂の問題には沈黙を守り、われわれの探究心を刺激していると、かれは言う）他の部分と関連づけている。[63]

第一二巻も同様である。「創世記」自体の注解は第一一巻で終了する。第一二巻は、[64]それまでとはまったく別の「楽園の問題」を取り扱い、聖パウロが挙げられた「第三天」（「コリントの信徒への手紙Ⅱ」12、2―4）という神秘的な概念について説明する。[65]ここでもまたアウグスティヌスは、深い関心をもっていた幻視と法悦の本性はなにか、その問題を見事に取り扱っている。[66]かれは聖パウロの書簡に緻密な注釈を加え、それを繊細な心理学的分析と重ね合わせてきわめて思慮に富む神秘神学に到達している。しかしこれは『神の直観』（De videndo Deo）という著作の内容で、「創世記」の注釈とのつながりはまったく外的なものにすぎない。

こうした例は枚挙にいとまがないが、なかでもアウグスティヌスがとくに丹精込めて書いた傑作ともいうべき『告白』、『三位一体論』、『神の国』を取り上げたい。

『告白』の構想にも奇妙な点がある。それは、この自叙伝がたえず宗教的瞑想を取り上げているということではない。実際、アウグスティヌスは『告白』の本質として記憶と祈りというふたつの主題を組み合わせ、それをとおして自分の堕落と神の栄光とを同時に告白しようとしている[67]。

しかしつぎのようなことが気にかかる。『告白』における自伝はモニカの死までで、それは全一三巻のうちの九巻を占めるにすぎない[68]。第一〇巻に入ると、歴史というよりむしろ教義的な、まったく違った様相が現われる。かれはそこで自分の過去については語らず、自分の思考の現状、執筆時の宗教的見解について説明する[69]。たしかに、これは先述された話の当然の結論であるとも考えられる[70]。

しかし、この結論はやがて予想外の展開を見せる。実際アウグスティヌスが「告白」するのは第一〇巻までで、第一一巻以降は突如として別の分野について説明する。つまりさいごの三巻（第一一、一二、一三巻）は、「創世記」第一章の寓意的注解にすぎない[71]。ここでもまたなんの前置きもなく、『告白』という同じ標題のもとに、『寓意的意味による創世記注解』（De Genesi secundum allegoriam）という別の書として刊行される独立した論文が展開されている。それは『創世記についてマニ教徒を駁す』（De Genesi contra Mnichaeos）とは別の、しかしごく自然にそれに続くはずの著作であった。もちろん、こうした『告白』の三部分の間には緊密な一致が隠されているという説明もありうる。しかしその証明に成功したと考える研究者たち自身、真っ先に、この一致は文章表現によるものではなく心理的なものであると認めている[72]。

『三位一体論』もまた、まったく別の秩序に属するふたつの部分に分かれている[73]。語意の詮索を抜きにして言うならば[74]、ひとつは厳密に神学的で、もうひとつはむしろ哲学的である。最初の八章は[75]、三位一体を誤解する論敵に対しカトリックの教義を確立し擁護しようとしている。アウグスティヌスは自分の主張を論証したあと、聖書の権威をもとに異端者を反駁する。その方法は純粋に神学的で、聖書と伝承によって明示された啓示の所与と聖書注解にもとづく理論を駆使している。

第九巻に入ると、場面が転換する。これからさいごまで[76]、アウグスティヌス固有の哲学が展開される。理性はこれまで検討されてきた三位一体信仰の内容に関する神学的説明をふまえて、独自の方法で、独自の力をもって、これまで信仰だけで保ってきた輝かしい目標に到達しようとする。信じ、また信じた内容を知ったアウグスティヌスはいま、それを理解しようとする[77]。形而上学の天才が力の限りを尽くして書いた文章を、今ここでこれ以上説明する必要もなかろう。ただ、探究の本質的な主題とその方法とを想起してもらえば十分である。つまりアウグスティヌスは、神の三一性の神秘を説明し尽くすというより、むしろ可能なかぎり明らかにしうるような三位一体の似姿と痕跡を魂の構造そのもののなかに見出そうとしているのであり[78]、ここには心理学と弁証論的な展開とを出発点とする純粋に哲学的な方法が用いられている。

したがって『三位一体論』は明らかに二重の構造をもち、置換可能で相互補完的なしかし方法と内容を異にするふたつの論文を組み合わせたものである。アウグスティヌスは、第一巻の冒頭における本書の内容の説明において、このことを読者に断っている[79]。しかし現代の読者がこうした二区分を正しく評価しうるためには、かなりの注意が必要である。私から見ると、第二部の哲学的特徴とそこで用いられるきわめて特殊な方法は前もって知らせておく方が得策であるように思われる。そうすることによって、かれが第八巻の終わりに、突如としてしかし実は少々恣意的に三位一体に関する最初の心理学的比喩を持ち出し、以後このたとえをもって説明すると宣言してもさほど驚くことはないはずである。[80] ここで言われていることは、著述におけるふたつの考え方をつなぐ「中継点」となっているからである。

周知のように、『神の国』の筋書きはきわめて複雑で濃密である。しかし大筋をあげると、大体つぎのようになる。[81]

第一部は論戦的、否定的な性格をもち、当時の異教を論駁する（第一―一〇巻）。

（a）異教の神々は、歴史の発展とくにローマ民族の発展にはなんの働きもしていない（第一―五巻）。

（b）神々は、その信奉者に永遠の生命を保証することはできない（第六―一〇巻）。

第二部は教義的、肯定的性格をもち、キリスト教的史観を示す（第一一―二二巻）。

（a）「神の国」の神学的基礎、天地創造から人祖の堕罪まで（第一一―一四巻）。

（b）地上の国と混在する「神の国」の歴史について、まずカインから現代まで（第一五―一八巻）。

（c）これからの歴史、終末について（第一九―二二巻）。

こうして見ると、本書は首尾一貫している。異教徒を論駁するためには、積極的な反対意見が必要である。[82] 第一部においては、まず政治的平面において始められた論戦をごく自然に宗教的平面に移していく。アウグスティヌスは、多くの人々がアラリクのローマ劫掠から受けた危機感から説き起こし、徐々に、世界と人類の通史という広大な情景を描き出していく。繰り返しになるが、これはまったく正当な仕方である。しかし漸進的に拡大していくこの方法は、明確に限定された「ひとつの」主題を追究することを妨げ、内的関連によって互いに序列化されている一連の主題を、次々に個別に取り扱わざるをえなくしている。アウグスティヌスのこの大著が複雑で、時として筋書きの把握を困難にしているわけはここにある。

ここでもまたアウグスティヌスは、これから読み進めていく内容について読者を準備しようとはしない。読者は、『神の国』という書の本当の規模も知らずに読みはじめる。すでに第一頁の最初の行に主題の定義があるが[83]、しかしその定義――天上の国の過去と未来――は、第二部（一一―二二巻）にしか当てはまらない。かれの説明はやがて定義からそれ、異教徒に対する論戦に入っていく。第一巻の終わりになって、同じように厳密に定義された主題が再び出てくる[84]。そこでアウグスティヌスは、ローマの不幸を神々の崇拝禁令のせいにする異教徒に対し、若干、言い足すことがあると告げる[85]。そのあと問題を拡げて第二巻から第一〇巻の筋道をあげるが[86]、しかしこれはその後に続く広範な説明への導入としては奇異なやり方である。つまりこの第一部全体が大掛かりな「脱線」であるように見える[87]。

ここには、構文に関する現代人の考え方と真っ向から対立するように思われる全体的配置と構文があるだけでなく、それ以上に、かれが自分の主題の各要素を具体化し、その説明を組み立て展開する方法が示されている。この点でとくに、かれは「文章が下手である」と批判されるのであるが、これについては少々、説明を加えておこう[88]。

たしかに、アウグスティヌスははっきりと主題の区分を知らせる。時としてこの区分は約一〇巻の説明全体にわたることもあるが[89]、大抵はかなり短い。たとえばかれは、『キリスト教の教え』の内容の説明におけるような区分を用いることがあるが、そこには学校教育における区分の特徴がよく現われている[90]。また、たとえば論争において論敵の非難に反論する場合[91]、あるいは神学において難解な論証に秩序と明晰さを取り入れようとする場合、この方法を用いている。[92]

かれは区分をあげたあと、それに従って説明するだけでなく、読者にもたえずそれを意識させようとして、各区分の説明に入るにあたっていつもそれを全体の構想のなかに位置づけていく。[93] しかもこうした構想の繰り返しには、しばしばそれまでの説明の要約が伴っている。[94] 実際かれは、一旦、説明を終わったあと元に戻り、これまで読んできた内容をできる限り簡潔に要約してその大筋を明らかにし、全体の流れと展開に注目させる。[95]

このように、アウグスティヌスは努力を惜しまない。しかしこうした配慮は、往々にしてかれに不利に働くこともある。要約を示されてはじめて読者は内容を明確に把握し、説明そのもののなかに多くの点を見落としていたことに気づく。[96] 他方、かれは提示した区分に従おうとしながらもしばしば方向を見失い、また読者も迷い、読みつつある頁がまだ第二点を取り扱っているのか、すでに第三点に移っているのか混乱しがちである。[97] アウグスティヌスの説明はやや流動的で、把握しにくい。そこには、はっきりとした稜線はない。私が先に述べた構想も著作の実体を分析し尽しているわけではない。かれの著述方式は、書類や小間物をあれこれの引き出しに仕舞い込む召使の態度を思わせる。一見したところ、すべては見事に整理されているように見えるが、しかし引き出しを開けると、すべては元のまま雑然として出てくる。[98]

つまりアウグスティヌスによる説明は幅広さ、明晰さに欠けているだけでなく、それほど整っていない。かれはひとつの考えに手をつけたあと、脇道に逸れることなくさいごまで筋を通すことができない。ふたつの主題を同時に取り扱い、分別する代わりに絡ませて説明することもある。[99] またしばしば、ひとつの考えを取り上げたあとそれから離れ、再度、取り上げる。かれの考えはたえず飛び跳ね、方々に拡散され、話も中断されたあと再開される。[100] さらに、本論に急いで戻ろうともせず脱線を続けることさえある。時には読者の忍耐を試すような脱線の趣味さえあるように思われる[101]。かれは、話の途中で興味をそそる問題に出会うと喜んで立ち止まり、徹底的に議論しないと気がすまない[102]。そのため説明の速度は遅くなり、しばしば読者は自分を見失い、話の中心が何であったかを忘れる[103]。

さいごに、以上あげた欠点を際立たせるものとして、アウグスティヌスには饒舌と言いたくなるほどの豊かな表現力、豊富な内容、少々説明を大げさにする趣味がある[104]。ただかれの場合、prolixus〔饒舌な〕ということばにはまだ悪い意味はない[105]。むしろ逆に、それは古典の慣習に沿ったもので、長く広い、いわば適切な豊饒さを意味している。アウグスティヌスは、機会あるごとに長々と心ゆくまで話を広げる。かれ自身、「より自由に、より詳しく」と言っているほどである[106]。かれが理想とする雄弁とはこの旺盛なおしゃべりを活用することで、かれが言う美文体とは、みごとに構成され飾り立てられるだけでなく、無味乾燥で貧弱な（ラテン語では jejunus）文体の代わりに自然に迸り出るような（uber）文体のことである[107]。

こうした指摘はきわめて要約的で間に合わせ的なものではあるが、アウグスティヌスの構文に関する徹底的な究明がなされ、今述べたような漠然とした批判が明確にされるまでこうした理解で十分であろう。しかし指摘した点については、それが正しいことを説明しなければならない。そこには、私がこれまで示してきた価値判断を超えるものがあるはずである。実際、アウグスティヌスが「悪文」を書くということは、現代のわれわれとは違う書き方をするということにほかならない。なぜそう言えるのか。その答えは多面的でしかも慎重でなければならない。私はいま一度、問題を要約し、こうした考察において取りうるいくつかの方向を指示することを許してもらいたい。

（1）まず、どのような場合、またどの程度まで、アウグスティヌスの構文における「欠点」は意図的なものかあるいは意図的に見えるのか、それを明確にする必要があろう。私は、カッシキアクムの「対話編」と『三位一体論』における「配置」について、それが明らかに計画されたものであったことを本書において後述することにしよう[108]。

（2）他の著作におけるこれらの「欠点」はそれとして意図されたというより、むしろより高い目的のために取り入れられたということもありうる。ヒッポの司教は、『神の国』あるいは『ユリアヌスを駁する』（**Contra Jlianum**）を書くにあたって傑作を書こうと考えていたわけではない。人々のためを思って書いたのである。かれが、話の筋道を断ち切るような脱線に走りがちなわけはここにある。もし取り上げられている問題が霊的な射程をもつならば、また実際にもっているのであるが、かれは、こうした問題に振り回されかねない読者に対し、その問題を解決するか、あるいはかれらを勇気づけることなしに先に進むことは許されないと考えているのである[109]。

（3）また、主題の要求する内容にも配慮する必要がある。そのうちあるものは、厳格な構文あるいは文芸的な構成とは相容れないように思われる。聖書の注解にせよ論敵への反論にせよ、ある文書の注釈は必然的にそれぞれ独立した「諸問題」に対応したものであり、著作の一体性は形式的、外的なものにとどまる[110]。またある神学的問題を取り扱うとしても、説明を必要とする一連の初歩的な命題や反駁しようとする異端の主張に応じて、その反論も分割される可能性が大きい。

（4）　また、アウグスティヌスはヒッポの司教として司牧の役務に忙殺されながら執筆していることも考慮すべきである[111]。こうした激務が、時として執筆に影響を与えたとしても驚くにはあたらない。ある場合は急遽、執筆を迫られ、心ゆくまで考える暇もなく思いつくままに書かねばならなかった。ほとんどすべての説教[112]や、論戦的な著作がそうであったようである。

息の長い大部の著作に取りかかろうとする場合、同じような要因が今度は逆に作用し、似たような結果をもたらす。つまり同じ著作が中断と再開を繰り返しつつ、長い年月をかけて執筆されていったということもある[113]。筋道のよく整った書はただ一回の直観で考案され、一気に書かれている。これに反して、長期にわたった書には決断の悪さ、修正、しばしば思考の紆余曲折が映し出されている[114]。こうした著作では当然その構想は拡散され、文体は漠然としている。

（5）　さらに突き詰めていくと、アウグスティヌスの著述方法は、かれの文才と感受性から来る強い欲求やきわめて個性的な性格と深く関連しているように思われる。かれの文章が悪文であると酷評されるわけは、かれが多種多様な考えをもち、しかもそれが明確に定義され判別し易い輪郭をもって表現されるのではなく、むしろ創作という神秘的なほの暗い領域から不意に生の現実として立ち現われるからである。綿密な秩序、完璧な説明と、真に斬新な思考との間には超えがたい対立があるのではなかろうか。われわれが明確に考察し表現しうる思想とは、はるか以前から流布し、やりかえ取替えあらゆる意味に解されこなされてきた思想ではなかろうか。これは広範にわたる問題で、ここではただ提起するだけにとどめたい。しかし少なくとも、創作と体系的な考え方との調和を苦手とする知識人の一群がいることは認めるべきではなかろうか。そのうちのひとりがアウグスティヌスである。

アウグスティヌスの思想においてきわめて根源的なものと思われる傾向は、一体性の感覚である。かれの内的世界は、整然と筋立てて著述するための第一の条件である分析と推論による思考を困難にするように構成されている。アウグスティヌスとパスカルを比較対照しようと考えたものはいなかっただろうか。アウグスティヌスが考えている世界は、ただひとつの概念つまりすべての光と真理の源である神の概念を中心にもち、ごくささいな魂の活動によって把握される概念も、次第にこの中心と全体をつよく意識させずにはおかないような統一された世界である。アウグスティヌスの思考が激しく揺れ動くのはそのためであり、明確な輪郭、はっきりとした構想、筋の通った展開をなしえない根本的なわけはそこにある。

（6）　それらすべてを認めるとしても、しかし必要なこと、また私が読者に知ってほしいことは、より一般的な原因である。それは、アウグスティヌス自身というよりむしろかれが受けた学校教育、かれが継承した文学的伝統と関連があるということである。

アルベルティニ（**M. Albertini**）は、『セネカの哲学的著作における構文法』（La composition dans les ouvrages **philosophiques de Sénèque**）という画期的な著作において、なぜセネカが悪文を書いたのかそのわけを究明し、それがセネカ個人の気質を考慮しつつも[115]、当時の教養人の社会にその原因があることを浮き彫りにしている。かれは、帝政期の哲学者たちが身につけていた「問答談義[116]」、「暗誦」、修辞学に対する聴衆の好み[117]、さらにより深い理由として、当時はもちろん古代全体における知的活動の様式をあげている[118]。当時の読書は声を出して行われ、大抵、だれかが読むのを聞くのが普通であったが、その場合、読者が手にしていたのは「巻物」（volumen）で、後戻りしたり先取りして読むことはできず、こうしたことはすべて、文章の流れを把握しにくいものにしていた。[119]

古代教養の伝統における継続性、同一性を考えるならば、アルベルティニがセネカについて述べたことはすべてアウグスティヌスの場合にも当てはまる。たしかに、「巻物」（volumen）は「冊子本」（codex）にとって代わられたが、こうした技術の変化もまだ十分な成果をもたらさず、長期にわたった知的慣習にはなんの変化も生じていない。

アウグスティヌスが悪文を書くわけは、一般に古代の人々は、著述にあたって現代のフランス人がするような注意を払わなかったからである。著述における混乱の原因は、問答談義だけでなく帝政期の文学全体に見られる。それは特定の一世代の文化ではなく文化そのもののせいであり、教養人、著述家、そして読者が修辞学教師の学校で受けた教育のせいである。一例をあげると、著述において分類を用いること自体すでにいくらか学校教育を思わせる。それはずっと以前から真に文芸的な講話（discours）では用いられなくなっていたが、しかし文法教師の教授内容となっていたものである。[120]

また現代の人々は主題にこだわりがちであるが、古代の人々はそれほど気にしていない。主題から少々逸れて脱線することがあっても、かれらはそれを正常な精神の営みとして受け止めていた。修辞学教師たちは、それを講話の主要な部分のひとつとして考え、序言、陳述、結語と同じように、脱線に関する規則を教えていたほどである。[121]「饒舌」（prolixus）を好都合な手段として考えていたのは、アウグスティヌスだけではない。その点、かれはまったく古代の学校の申し子である。キケロ以降、教養ある人々は何よりもまず文章が無味乾燥になるのを恐れ、普通、簡潔さは欠点であると考えるようになっている。[122]周知のように、偉大な弁論家は「ことばの豊かさ」

（copia verborum）、を好み、容易に話を拡大し、現代的な意味での饒舌へと導く危険な趣味ではあるが、「事柄を敷衍、拡充し」がちであった。[123] こうしたやや錯綜した趣味をアウグスティヌスに持たせたのは修辞学の伝統であるが、しかし判断を早まってはならない。「趣味については議論すべきではない」からである。厳密に言うならば、われわれ現代フランス人がもっている理想も同じように生半可なものではなかろうか。

V　アウグスティヌスの文体におけるラテン的性格

さいごに、「措辞」（elocutio）に移ろう。修辞学は、アウグスティヌスの文体に対してどのような影響を与えているのだろうか。先述したように、この問題については種々の側面から多くの研究がなされてきた。しかし皆が認めるように、課題が尽きたわけではない。私は先賢の部分的研究を必要に応じて一般化しつつ、その成果をまとめることにしたい。ただ、きわめて一般的な原理、文体の明晰さ、弁論の種類と主題への文体の適応といったものは除き、修正、韻律、文彩の三点に絞ることにする。

（1）　学校教育における修辞学が、「ラテン語で話す」（latine loqui（dicere））、「ラテン語で上手に話す」（bene latine loqui）ことを目標に、文体に関する文法的修正をどれほど強調したかは、キケロの著作を読むものには明白である。[124] この点でも、伝統はその保守性を発揮し、帝政期の修辞学教師もこうした修正に力を注いだ。[125]

この修正は、正確には何を意味していたのだろうか。この問題は、西方とギリシアではその問い方が異なっていた。帝政期のギリシア修辞学教師たちが、第二ソフィスト期の影響のもとに、どのような点に努力していたかは周知のところである。かれらが修正において目指した理想は、「アッティカ風の典雅さ」（atticisme）にあった。

しかしそれは、現代人が考えるような韻律、優雅さ、繊細さといった一般的な美学的なものとしてではなく[126]、厳密に文法上のこととして理解すべきである。それは、コイネという通俗の共通語（κοινή）の束縛を脱し、アテネの偉大な古典の文学的言語、アッティカ方言の純粋な意味、語形を取り戻そうとする努力であった[127]。

一方ラテン人にとって、それはキケロ時代の偉大な散文著述家たちのラテン語に反対するというよりむしろそれを維持することであった。

しかしこれは正しく理解する必要がある。キケロが同時代の人々に示した教えから見ると、かれにとって修正とは語形論や統辞論ではなく、まず用語（vocabulaire）の問題であったことがわかる。かれが勧告したのは、主としてことばの「優雅さ」（elegantia）で、新造語、擬古的なことば、専門的なあるいは平俗な用語を避け、正しいと思われるラテン語だけを使用することであった[128]。こうした狭い意味での「ラテン語で話す」ということは、統辞論を除外した文法教師たちの伝統的教授が反映されている[129]。

アウグスティヌスにおけるラテン語の修正を正しく評価するためには、以上の点に留意すべきである。かれの統辞論は、時として古典の法則から大きく逸れている。しかしそれは著作の種類によって異なり、一般に教養人の読者に対する著作においては入念に筆を進め、古典の慣例をかなり忠実に守っている。かれが古典の法則に反するとはいっても、帝政期の多くの著述家たち以上に古典から逸れることはなく、逸れるとしても同時代の人々のだれよりも少ない[130]。これに対して、説教ではむしろその反対である。かれは、言語の自然発生的な変化を受け入れ、すでに多くの点で、ロマンス語の統辞論を予知させる「五世紀に話されていた大衆的なラテン語構文法」を取り入れている[131]。

これに対してアウグスティヌスの語彙は、相変わらず古典のそれにはるかに近い[132]。新造語は少なく、新語をつくるとしてもそれはすべて語の特質にかなっている[133]。たしかにかれの語彙は純粋というには程遠く、いつもキケロの用法に合致するものではないが、それには多くのわけがある。まず学校教育や古典の伝統も文学的言語に対する当時の多少の影響力を防ぐ力はなく、キケロが自分の講話には受け入れなかったような多くの語が、時代の流れとともに教養人の間に確実に浸透していったということである[134]。

一方、キリスト教の影響もある。最初の聖書翻訳者からアウグスティヌス時代に至るラテン語圏のキリスト教徒は、典礼、神学、規律、霊的生活における新たな内容を表明するため、多くの語義解釈と新造語を含む独自の専門用語を編み出し[135]、アウグスティヌスはためらうことなく、これらの用語を使用している[136]。

しかしキリスト教的専門分野は別にして、アウグスティヌスはむしろ言語の変化を抑え、可能なかぎり古典の慣例に近づけようとしている。かれは著述においてはいつも慎重で、ごく打ち解けた著作においても文学的文体をけっして失わないように配慮している。実際、かれは「正しさ」を強制する修正の圧力から逃れようとしたがむだであった。理論上は用語における自由を認めるように見えても、実際にはけっしてそれを取り入れようとはしなかった[137]。かれはけっして、「不純性語法」にまで踏み込むことはない[138]。文学的言語とは異質のことばを取り入れて用いることもない[139]。それを自分の文章に取り入れるとしても、それは気晴らし的効果を狙ったもので、その場合でもなお、かれは読者に対し自分の責任を逃れるため必要な対策をとろうとしている[140]。

（2） すべての文学的散文は、韻を踏んでいる。しかし古代の修辞学は「雄弁における諧調」（nombre oratoire）について独自の理想をもち、いくつかの手法をとくに勧めている[141]。アウグスティヌスも、こうした手法を用いたのであろうか。ごく特徴的なものだけをあげてみよう。かれは、発明者の名をつけてゴルギアス的文彩とも呼んでもいいような構文の三つの型を多用している。それは「イソコラ」（ἰσόκωλα）、「アンティテトン」（ἀντίθετον）、

「ホモイオテレウタ」（ὁμοιοτέλευτα）で、すでにキケロが勧めていた文型であるが、[142] 帝政期の修辞学はかれ以上にそれを用い、乱用していた。

アウグスティヌスは、それほど手を掛けていない著作あるいはきわめて自発的な技法を用いる説教において、たえずこうした手法を用いている。また『三位一体論』のようなごくまじめな著作においては、当然、技巧的なものは無視するとしても、かれがどれほど修辞学教師の方法を摂取していたかを示す興味深い事実が見られる。かれの著作においては、いわば類似する脚韻をもつ、同じ長さの一連の短文（ἰσόκωλα）が頻繁に出てくる（とくに、これら三つの要素で形成されている文章。τρίκωλον）。[143] ある研究者によると、「それは、アウグスティヌスの説教であることを保証する署名のようなものである」。[144]

とくに、第三の文彩（ὁμοιοτέλευτον）を取り入れた説教、また κῶλα の対句法を半階音、あるいは脚韻をもって強調する説教がそうであり、アウグスティヌスは「民衆に対する説教」だけでも四、二五四回、[145] また種々の著作のおいてもたえずこの手法を用いている。[146] かれはまた対照法も使用し、それは単なる韻律の手法ではなく、かれの思想を表明する論理形式、本質的な枠組みを形成している。[147]

しかし古代の人々から見ると、韻律に関する文芸の極地は文章のリズムを調和的に配置することにあり、それはかれらが入念に体系化した「結句」にあった。アウグスティヌスは、こうした手法があることを知っており、それを排除するのではなくむしろ使用するよう勧めている。[148]

かれは自分が主張したことをどこまで実践したのだろうか。この問題については多くの研究があるが、[149] その答えを出すのはまだ早すぎる。この問題の解決を複雑にするものがある。[150] アウグスティヌスの時代には、主として長、短の音節の結合にもとづく古典的結句のほかに、強さのアクセントの影響のもとに、韻律によるのではなく、有アクセントと無アクセントの綴りの組み合わせにもとづくリズムによる結句が広く用いられるようになっている（それは、中世の cursus になる）。

　このふたつの文型が、アウグスティヌスにおいて出会う。中世の人々は、「イシドルス風の文体」（これはキケロにおける responsio である）が、アウグスティヌスにおいて果たした役割に注目した。それは、同じ長さとアクセントをもつ一種の韻律的 ὁμοιοτέλετον を示す均整の取れた文章の結びに示されている[151]。しかしアウグスティヌスの著作には、その他の韻律による別の形の結句も多く見られる。

　厳密に韻律的な結句は、ずっと少ない。そのわけは、おそらくこうした繊細な語の配列が特別な配慮を必要としたこと、また、ゴルギアス的文彩がそうであるが、意識することなしに実現しえなかったからであろう。ところでアウグスティヌスの著作の大部分は、その性格と書かれた環境から見て、厳密な意味での「文学」の類には入らず、またそのための努力も払われていない。しかし『神の国』は例外である。そこには、規則にもとづく多くの結句が見られる[152]。この書は文学作品であると同時に弁論である。かれはそこでとくに教養人に狙いをつけ、どれほど気難しい教養人でも喜びを見出しうるように、ことさらその文体に配慮している[153]。

　(3)　さいごに、文彩がある。この点でも、アウグスティヌスは学校のすべての手法に通じ、特別に意識することもなくたえずそれを応用している。かれの種々の著作における例文をもってその規則を説明するとするならば、それだけで修辞学の教科書が出来上がるほどである[154]。かれの著作を読むものはだれでも、音（おん）の遊び、調子のいいことば、お気に入りの「着想」（concetti）が多いことに気づくが、かれがそこで用いているのは、要約すると「ことばの修飾」という手法である。

　またアウグスティヌスは、「ことば遊び」や「駄じゃれ」を好んで多用している[155]。かれにとってこの手法はごく日常的なもので、まじめな著作や感動的なくだりにおいても用いているが、[156] これはたいてい文法教師が「類重語」（paronomasia あるいは agnominatio）としてまとめていたものである。[157]

かれはまた、「論理的文飾」や、修辞学教師が教え、[158] 分類させ、実践させていた弁論術の展開方法も多用する。こうしてかれは、感動を呼び起こすような問いかけ、活喩法、[159] 反語法、[160] 漸増法（κλῖμαξ）[161] など、学校教育で学んだあらゆる手法を繰り出す。

これらのことは周知のことであり、これ以上、述べるまでもなかろう。アウグスティヌスは、それほど意識的な努力を必要としないかぎりにおいて、これらすべての伝統的修辞学の手法を大幅に取り入れている。

現代のわれわれは、文芸の手法に対して古代の人々ほどの感性はもたず、むしろ警戒的な態度を取り、不満を述べ、厳しく責めがちである。しかしながら、自分の趣味の狭さをさらけ出さないように注意しよう。たしかにこうした手法には、技巧的、恣意的なものが感じられる。デカダン期の古代教養全体について言えることであるが、アウグスティヌスの文体においても硬直化、味気ない単調さがあることは否定できない。しかし、それ自体は起こるべくして起こったものである。[162] 詩は、作詩の技巧的な規則に従うものであることは万人が認める。だとすれば、古代の人々が似たような仕方で詩文の美に類似する美をもった技巧的散文を考案したとしても驚くには当たらない。

他方、アウグスティヌスが濫用と思われるほどにこれらの規則を活用し執拗に繰り返してわれわれを悩ますとしても、それは当時の一般的な傾向、文学的方法と比較して判断されるべきである。つまりアウグスティヌスの著作において占める修辞学の場がいかに大きいとはいえ、それは当時の教養人たちの平均的な態度に比してはるかに控え目であったことに驚かされるであろう。むしろアウグスティヌスには修辞学の支配に対する反動が見られるが、そのわけはあとで述べることにしよう[163]。そこで、この反動がそれほどでもなかったことも明らかになるであろう。したがってわれわれはかれを責めるまえに、当時の社会が押し付けようとする教養の枠組みを超えることがいかに困難なことであったかを思い起こすことにしよう。

第四章　デカダン期の教養人

I　教養人の理想、弁論家

アウグスティヌスが受けた教育は以上のようなものであり、教養として修得した要素もこうしたものであった。われわれに残されていることは、こうした諸要素がどのように集成され、知的生活を営む人々を形成していったのか、——ここでわれわれは、予備「教養」から一般的意味での「教養」に話を移す——それを検討することである。換言すると、一旦、教育を終えた人々はどのような教養を身につけ、またどのような理想をもっていたのだろうか。

よく知られているように、アウグスティヌスおよび同時代の教養人がめざした理想は、一言でいって「弁論家」であり[1]、かれらにとって教養人とは、何よりもまず「すぐれた弁論家」であった[2]。

この理想は古く、イソクラテス、さらに遡ってペリクレス時代のアテネ人が求めたものであった[3]。たしかにこれほど長く輝かしい歴史のなかで、それを実現する実際的条件に変化がなかったわけではない。この理想は、前五世紀のギリシア民主制の政治、裁判、民衆の集会においてことばが重要な役割を果たしたことに由来する[4]。それは、ソフィストとイソクラテスという二世代の努力によって人々の意識に浸透し、それを実現するための弁論術の技術が確立され、それに適合した教育と教授といった実際的手段も組織化されていった。また、裁判、議会における弁論のほかに、純粋に学芸的な面から、称賛演説あるいは演示弁論という式典用の第三の弁論術が創り出されていった[5]。

　こうした枠組み全体は古代末期まで存続するのであるが、しかしその実践は政治的変動の余波をつよく受けている。ギリシアでは、君主制という絶対主義の誕生により弁論術のもつ社会的効力はやがて低下し、弁論術の理想と教養は存続したとはいえ、付け足しの人為的なものとは言わないまでも、少なくとも人々の関心を失っていった。三種の弁論術のうち生き残ったのは、政治的に危険度の少ない演示弁論だけであった。のちローマ帝国においても、第二ソフィスト期の弁論家たちが、再びいくらか政治的役割を演じるようになったとはいえ、その弁論術はまったく間接的な機能を果たしたにすぎない。高官たちは学芸としての弁論術とその審美的価値に注目し、諸都市はローマの総督あるいは皇帝に対する代弁者として弁論家たちを用いたにすぎない[6]。

　まず共和政期ローマのフォルムでは、弁論術の教養はその誕生時と同じような政治状況のなかで重要な役割を果たした。当時の弁論家を象徴する人物はキケロである。古代ギリシアの弁論家たちと同じくかれにとっても、弁論術は何にもまして実用的な活動であった。たしかに審美的関心がなかったわけではないが、しかしそれだけをめざしたものではなかった。弁論術の第一の目的は、まず弁護士と政治家がめざすそれであった[7]。おそらくかれは、ことばの効用についてもっていた幻想をいくらか捨てざるをえなかったとはいえ（当時のローマはキケロの理想とはひどく懸け離れたもので、その共和制は雄弁なひとりの人間の助言によって動いていた）、しかし「新人」（homo novus）にして属州出身のかれは、このことばの効用をもって栄光と利益をかち取り、他に類のない輝かしい道を進み、国家の最上位に列することができたのであった[8]。

　しかしローマの帝政は、四〇〇年前のギリシアの弁論術と同じような衝撃をローマの弁論術に与えた。弁論術は公的生活の埒外に駆逐され、学校教育と文芸の領域で生き延びるしかなかった。フォルムが閉鎖されたのと同じころ、アシニウス・ポリオは最初の講演場を開いて練習弁論、公的朗唱を始め、それは弁論術の逃れ場になったが、これは時代を象徴する出来事であった[9]。

以後ギリシアの場合と同じく、狭義の弁論術と言えば、それは式典用の演説のことであった。こうして社交的な講演、公開講話（小プリニウスは、一〇〇年に称賛演説を始めた）、文学競演会における詩や講話が重視されていった。法廷弁論はたしかに生き残りいくらかその実用的機能を果たしたが、次第に教養としての価値を失い[10]、演示弁論との競争に負けやがて学芸の場を去っていった。

理論的には全教養の中心を占めていた弁論術は実際にはどのようなものであったか、それは俗人アウグスティヌスの活動によって知ることができる。優秀な成績をもって学業を終え弁論術を修得したアウグスティヌスのまえには、法曹と教職というふたつの道が開かれていた[11]。しかしそれは、大して目立つような実用的活動ではない。教養の視点から見て重視されたのはとくに演示弁論による活動で、カルタゴにいたころのアウグスティヌスは、とくに二世紀以降、東方においてまたそれを引き継いだラテン地方において大いにもてはやされた「音楽遊び」に参加し[12]、また詩の競演において栄冠を得ている[13]。のちミラノの都市立弁論講座の教師になったアウグスティヌスは、四世紀初頭エウメニウスがオータンでしたように、三八五年一月一日、若いヴァレンティニアヌス二世の御前でバウトの執政官就任を祝う称賛演説を行っている[14]。

しかしこうした弁論術による行事は教養の「極致」（summum）と見なされながらも、教養全体を表すものではない。実際、口頭による講話と並んで著述による文学、書籍といったものが徐々に重視され、支配的になっていくなかで、eloquentia は、ついに、ほとんど「文学」を示すようになり[15]、教養人は弁論家と呼ばれてはいても実は文人であった。

こうした変化は、それがいかに根元的なものであったとはいえ、人々が考えがちなほど重大なことではなく、理想の変化、教養の新たな進路を示すほどのものではない。著述による文学は、古来の弁論術の応用であり続けたからである[16]。

文芸に関するわれわれの考え方は、書かれた文学をもとにしている。裁判あるいは議会において活躍する古代の意味での弁論家を見る場合、われわれはその弁論の効果だけをもとに判断しようとはしない。無意識のうちに、「かれが残したもの」つまり印刷された演説をもとに判断しようとする。これに反して、アウグスティヌス時代の人々は書籍を片手にしながら演説会場を思い描き、そこで弁じられることを判断していた。一般的に行われていた高声での読書は[17]、この二様式の文芸をつなぐものであった。

Ⅱ　デカダンスの結果

こうした弁論から文学への移行は、古い弁論家の理想が歴史の流れのなかで見せる変容のひとつにすぎない。アウグスティヌスは典型的なデカダン期の教養人であるが、これら教養人たちの文学生活におけるふたつの側面に注目してもらいたい。それはかれらの教養に見られる学校教育的な性格と社交的な性格であり、これは古代教養組織の深刻な衰退と硬直化を明示するものである。

まず学校教育的な性格について言うと、アウグスティヌス時代の人々にとって、今日見られるような予備教養あるいは教育と成人の精神的活動としての教養との、明確なまた実際的な区別はなかった。学生の活動と教養人の活動との間には区切りはなく、練習弁論として聞かされる講話と、若い学生が限られた聴衆をまえに修辞学教師の学校で朗唱していた演説との区別はなかった[18]。

こうした考え方を示す資料は無数にある。アウグスティヌスの文通は、この点についてきわめて興味深い証拠を提示してくれる[19]。またヴォルシアヌスの書簡は、教養人たちのサークルにおける活動を伝えている。それは、職業について語ることを当然のことと考えるような「大学人の社会」ではない。かれは帝国の高官（**comes rerum privatarum**）で、当時、もっとも注目されていたカエイオニウス家に属していた[20]。その友人で、裁判官、書記であったマルケリヌスは、アフリカの前執政官の兄弟でホノリウス帝の腹心であった[21]。ところで、かれらは何をしていたのだろうか。

「われわれは、友人同士の小グループを作り、
知的事柄について好んで話し合っている。
われわれは、弁論術の「分類[22]」について議論した。
私は、それをよく知っている人に尋ねた。
あなたがそれを教えてから、それほど経っていない。
人々は「発想」の定義に努め、
それにはどれほどの洞察力が求められるかについて語り、
また「配置」に求められる努力について、隠喩の魅力について、隠喩的表現の美について、
各人の能力と取り扱われる「主題」に適応させるべき「措辞」について話し合った。
これに対して、他のものは「詩」を称賛する発言をした。

あなたは、弁論術のこの部分も見落とされなかった。
まさにつぎの詩文は、あなたにあてはまる。
『あなたの勝利を飾る月桂樹の間にキヅタを這わせる』（『牧歌』八、一三）。
このように、われわれはかれの構文に見られる美しいもの、隠喩の楽しさ、比較のすばらしさ、また彫琢された流れるような詩文、区切り、調和のとれた多様な変化など、すべてについて話し合った……」

このように、当時の教養人たちは弁論の技法について論じつつ時を過ごし[23]、また学生、教師に固有の領域の諸問題について無邪気に議論していた。このほかにも多くの例をあげることができる。このころ多くの修辞学関係の書が書かれたが[24]、その全部が学校教育用として書かれたのではなく、一般の読者、教養人のために書かれたものも少なくない。あるものは教師ではなく、ヴォルシアヌスの書簡にあるような文人たちによって書かれたものもあり、時には身分の高い人の手になるものもある[25]。

文法書についても同じことが言える[26]。知的社会において人々が好んで議論していたのは、修辞学関係の書だけではない。先に述べたように、アウグスティヌスはきわめて理論的な著作においても、過去分詞の形、語の音節の数など、ささいな言語形態に関する諸問題を好んで論じている[27]。

教養人たちが愛読書の著者と交わるその仕方にも学校の影響が感じられる。マクロビウスの『サトゥルナリア』（Saturnalia）は、アウグスティヌスの著作による証言を補足してくれる。そこでは上流社会の人々がヴェルギリウスの書について語り合っているが[28]、ここでもやはり衒学的な態度が見られる。かれらの会話は、好んで、難解な語の説明、[29] 修辞学的手法、[30] ホメロス、ルクレティウスあるいはエンニウスを模倣した詩文の出典など、[31] 純粋に文法関係の分野について展開されがちである。[32]

他の事例もある。本文を批判し原典を確立する「修正」に学校教育の特徴が見られることは先に述べたが、[33] 現存する四世紀末から六世紀初頭の写本には多くの「修正」の跡があり、そこには署名と日付が付記されている。[34] すぐ予想されるように、たしかにその多くのものは教師の手になるものであり、あるいは学校教育のためのものであるが。[35] 一方、単なる書籍収集家、[36] 役人、[37] 時には高位高官も、[38] 大抵は個人的楽しみから、時には友人のために、[39] 好みの著者の書の私版本あるいは少なくとも手もとにある写本を、余暇を利用して自分なりに校訂している。[40] まさに、かれらは文法教師の仕事をしていたのである。

こうした傾向については以上の説明で十分であり、わざわざその歴史を書く必要もあるまいが、それはかなり古い。ローマの教養は、ギリシア教養そのものの老衰を示すこうした傾向をアレクサンドリアのヘレニズム社会から受け継いでいる。それは、ローマ教養の起源においてすでに認められる。最初のラテン文法家たちは、教師ではなく物知り的な知識人であった。[41] 繰り返すまでもないが、カエサル自身、正書法の提要として『類推について』（De analogia）を書くだけの余暇をもっていた。

修辞学については、キケロをあげれば十分であろう。すでに、かれの教養には学校教育の影響が色濃く認められる。[42] かれは成人してからも毎日、練習弁論に励み、[43] 青年期の『発想論』（前八六年）から成熟期の有名な『弁論家』（前四六年）をもって、[44] 弁論術理論の構築に努めた。たしかにかれは、学校教育や教科書、また厳密な意味での修辞学といった狭い枠を超えてはいるが、しかしかれの脳裏にはつねに修辞学があった。

学校教育の影響は帝政期においていっそう強まり、絶対的なものになっていく。世代が下るにつれ、文学活動は政治的、社会的生活とはかけ離れたものになり、ますます学校教育に似たものになっていく(45)。かつてセネカが、「われわれは生活のためではなく、学校のために学ぶ」と嘆いたとおりである(46)。こうした変化は徐々に進行し、アウグスティヌスのころ文学と学校教育とはまったく混同されてしまう。

Ⅲ　社交的な側面

教養の衰退は、社交界におけるその作用にも認められる。もちろんこの徴候もかなり早くからローマに現われている。カトゥッルスの大部分の著作には、不器用で粗野な形ではあるが、社交界の生活が映し出されている。しかしサロンの精神が教養に浸透していくのは帝政期のことである(47)。

この点で、小プリニウスの著作は重要である(48)。かれの著作には、貴族社会の趣味を満足させ、かれらを熱中させるだけの文学が発展していったことが示されている。当時の貴族はたしかに教養人ではあったが、しかしそれは社会生活を魅力あるものにするためのひとつの手段にすぎなかった。それは二種類のものによく現われている。ひとつは、古くからあった（たとえばカトゥッルスの）「軽妙な詩」である。これは種々雑多なことについて取り交わす短い詩で、社会の些細な出来事を機知をもって語る。もうひとつは、「文芸書簡」である。これはプリニウスがラテン語ではじめたもので、詩と同じような内容を同じような雰囲気をもって、しかし散文体で書いたものである。

この二種類のものはデカダン期全体を通して大いに流行し、それを支える精神もまた普及している。古代の教養は主として指導者層の貴族社会のなかに深く根ざし、かれらは社交的であると同時に文学的なこのふたつの慣習を古代教養のもっとも本質的な要素のひとつとして受け留め、継承していこうとした。そのため古代生活がなんらかの形で存続するかぎり、こうした文学は社交界の人々とその「気取った考え」のなかに維持されていく。それにはシドニウス・アポリナリスの著作を思い起こせば十分であろう。[49]

四世紀末については、シンマクスが重要な文献を残している。[50] かれの書簡には古代ローマの名門の後継者、高位高官が名を連ねているが、かれらのなかに見られるのは洗練された都会風の生活、教養に対する配慮とともに、この貴族階層に存続する軽薄さ、虚栄である。[51]

この点でも、アウグスティヌスの著作は注目に値する。とくにかれの「書簡」は、この社交的要素が当時の教養にとっていかに重要なものになっていたかを教えてくれる。かれは、その生い立ちからして「社交界」とは無縁であった。かれは、身分の低いクリアーレス階級の官吏の息子として遠く離れた属州に生まれ、貧しい学生時代を過ごし、未来を求めて教師になった。しかし文人となり教養人の仲間入りを果たすにつれ、当時の文人生活の主要な側面のひとつを形成していた、練り上げられ誇張された交流の仕方を身につけていった。

かれは、先にあげた二要素にどのように対処したのであろうか。まず、折にふれて作る「軽妙な詩」にはまったく関知せず、少なくともそうした形跡は残していない。[52] しかしかれが受け取ったアウダクスの書簡は、アウグスティヌスの手紙が簡潔すぎ味気ないことを責め、さいごに、六脚詩行が書かれている。[53] またアウグスティヌスが聖職に入ったばかりのころ弟子のリケンティウスから受け取った手紙（一五四行の六脚詩）では、[54] たしかにヴァロ、哲学などまじめな問題がとりあげられているが、しかし師の不在に対する恨み言、誇張した文体など「社交的な詩」の伝統に連なる主題も見受けられる。[55]

アウグスティヌスの文通にとくに見られるのは「文芸書簡」の類である。かれはこうした書簡を数多く受け、またかれ自身も一度ならず書いている。かれがすでに生前からどれほどの名声と評判を得ていたかは先述したとおりであるが、こうした称賛は、聖職者、博士、聖人としてだけでなく、文人、著述家、知識人としてのアウグスティヌスに向けられたものであり、時として人々は、そうしたものとしてかれに接した。かれらは、単にアウグスティヌスから書簡を貰うため、あるいは長文のしかも文才の見本のような書簡を期待して文通を続けている[56]。こうした要望は帝政期の文人社会ではよく見られたもので、それはたしかに「文芸書簡」の類を形成している。その内容は本来の主題のほかに、華美なしかも受取人とその文才に合わせてやや誇張した賛辞を連ねたものになっている。

アウグスティヌスの文通相手はこうした諸点によく配慮し、書簡の目的が明白な場合でもそれを繰り返し、またかれに対する尊敬と称賛とを書きたててかれの好意を得ようとしている。たとえばヴォルシアヌスは、一団のキリスト教知識人の名においてキリストの托身の神秘に関する一連の問題について意見を求めながら、アウグスティヌスの修辞学における権威、詩作、哲学的探究に対する趣味に言及し、幾度となく、かれの教養の深さを称えている。それは、かれが意見を求める司教、神学者としてのアウグスティヌスとはまったく無関係な世俗的感性に訴え、かれの虚栄心をくすぐることさえある[57]。

アウグスティヌスの文通相手の多くのものは、これほど高名な著述家に対して筆をとるまえに、かれと同等の文学的水準に自分をおこうとしてあらん限りの努力を払い、謙虚な態度の表明、修辞学的なことば[58]、文学的気配りといったものを駆使している。こうした儀礼的な畏敬を表明する文体、文学的気配りは、とくに、アウグスティヌスが晩年に知り合ったアフリカの代理官マケドニウス[59]、伯ダリウス[60]のような高位高官と取り交わした書簡に目立つ。帝国の顕職にあったかれらは、アウグスティヌスを『告白』、『神の国』の著者として称賛し、またこれほどの著述家に対して取るべき態度を弁えた書き方をしている。

同じような特徴は、異教徒の知識人であったマダウラのマクシムス[61]やロンギニアヌス[62]がアウグスティヌスにあてた書簡にもっともよく現われている。そこには称賛の主題が見られるが、とくに注目されるのはその文体である。かれらが考えているのは、司教という以上に同輩の文人、知識人であり、かれらはそれにふさわしい書簡を書こうとしてあらゆる心遣いをしている。その文体は重苦しく仰々しいもので、学殖を衒う難解さ、文学的な気取りと示唆に満ち、現代のわれわれには実に耐え難いものである。しかしこれこそが、「文芸書簡」の精華である。

こうした書簡に対してアウグスティヌスは、教会人としての品位をもって、きわめて簡潔に返事を書いている。たぶん一度だけ、長い手紙を求めていたミレヴムのセヴェルスあての書簡において、友情のこもった冗談をもってしかしやんわりと自分に対する過度の賛辞を戒めている[63]。しかしそのかれも高位、顕職にある人々に書く場合、かれらと同様、格式ばり、文学的に飾り立てた文体を用い、称賛に対しては称賛を返している[64]。

とはいえ、アウグスティヌスはいつも流行の埒外にいたわけではない。当然のことであるが[65]、とくにキリスト教徒になった当初のかれにはこうした社交的趣味が感じられる。聖職叙階から司教職に就くまでの書簡において[66]、かれは哲学的諸問題を取り上げながらも、明らかに、当時理想視されていた文通形態に合わせようと努め、それは快活な文体[67]、序言におけるこだわり[68]、凝ったことば遣いとなって現われている。

とくに、かれが当時の文人社会と交流していることに注目すべきである。聖職に入って間もなく[69]、かれは有名なキリスト教徒の著述家、ノラのパウリヌスやヒエロニムスと付き合うようになっている。かれの友人で、より裕福で身分の高いアリピウスがまずかれらを知り、このアリピウスを介してかれらを知るようになったのであった。それを機に、アウグスティヌスとかれらの間に交わされた書簡はきわめて興味深い。

最初に文通の糸口をつかんだのはノラのパウリヌスである。パウリヌスは、アリピウスに対しかれが送ってくれたアウグスティヌスの著作の礼を述べる書簡を書くと同時に、[70]直接アウグスティヌスにも書簡を送り、その才能を称賛し、より深くかれを知り教えを乞いたい旨を伝えようとしている。[71]当然、差出人はこの賛辞とともに謙譲の態度を表明している。アウグスティヌスはこれに対し、同じ構想、文体をもって答えている。[72]もちろん、書いているこのふたりはともにキリスト教徒で、聖職者であり司祭であった。かれらの書簡の調子はまったく宗教的で、文中には聖書の引用あるいは無意識的な借用が織り交ぜられている。ふたりはまったく霊的な視点から互いの英知をたたえ、相互の交際に大きな成果を期待している。パウリヌスは、アウグスティヌスほどの価値ある司祭が教会にもたらす善を喜び、一方アウグスティヌスは、最初の書簡から友人ロマニアヌスとリケンティウスの指導をパウリヌスに依頼し、とくに回心を躊躇しているリケンティウスのことを頼み込んでいる。[73]

こうした関係に加えて、両者とも文人であった。儀礼を重んじるデカダン期文人たちの趣味はキリスト教的雰囲気をまとい、このふたりにも見られる。謙譲な態度、文通相手の才能に対する情熱的な称賛、文学的著述に対する熱狂、こうしたものはすべて当時の文人社会によく見られたものである。巧みに彫琢され、叙情的な表現ときらびやかな文体をもつかれらの書簡は、デカダン期の社交的文学の規範に適っているように思われる。文体の手法が変わり、聖書がヴェルギリウスやキケロに取って替わったあとも、こうした感性はそのまま残っている。

パウリヌスとアウグスティヌスとの文通についてこれ以上、詳述する必要はなかろう。たしかにかれらは、相互に著作を交換し、あるいはそれを依頼し、あるいは近況を伝えるため、あるいはよりまじめに聖書注解や神学上の重要な問題について意見を求めるために書簡を取り交わしている。私はただ、かれらの書簡は長いこと叙情的であると同時に儀礼的な調子を保ち、美文体をもって相手を称賛しようという気遣いに満ち、教養人にふさわしい文芸的書簡のもつ伝統的な理想に合致するものであったことを指摘しておきたい[74]。

アウグスティヌスとヒエロニムスとの文通のはじめにも同じようなことが見られる。この場合、最初に筆をとったのはアウグスティヌスである。かれは、年長のこの著名な学者との文通を求め、相次いで二通の書簡を書いている[75]。よく知られているように、アウグスティヌスは最初の書簡からアフリカの教会の名において、この気難しい言語学者による聖書の新訳と「ガラテヤの信徒への手紙」の難解な一文の注解を批判しているが、ここにはキリスト教徒、司祭としてのアウグスティヌスの態度が示されている。

しかしここでも、ひとりの文人がその仲間に語りかける態度が感じられる。そこには尊敬と謙譲の態度[76]、より深く学ぼうという願望、先に受け取った短文の書簡に加えてより長い書簡を所望する態度、格調の高い文体のための推敲、文学的な示唆、文中にギリシア語をちりばめること[77]、すべてが揃っている。

アウグスティヌスは、その後もヒエロニムスに対し文芸書簡を書く機会があった。周知のように[78]、両者の関係は当初それほど友好的なものではなかった。その原因は、アウグスティヌスがヒエロニムスのきわめて傷つきやすい感受性に十分配慮しなかったということのほかに、とくに当時の個人間の文通がそれほど保証されていなかったことに一因がある[79]。そこから誤解が生じ、アウグスティヌスはそれを打ち消すのに気を使っている。かれはこうした書簡を書くに当たって[80]、それが微妙な内容であればあるほど注意深く、また文体に配慮しなければならず、度を過ごすこともある。かれの文体は、ヴェルギリウス的表現をもって飾り立てられ[81]、修辞学から取り入れたあらゆる文彩に満たされている。情を掻き立てるような問いかけ[82]、巧みに調和のとれた対句[83]、凝った表現（たとえば語尾を揃える、ὁμοιοτέλευτα）など[84]。私は、そこに表明されている気持ちの誠実さを問題にしようとは思わないが[85]、ただ、それが社交的文学独特の形式をとっていることを確認しておきたい。

このようにキリスト教徒の知識人、聖職者は相互の交際において、デカダン期文人たちが社交についてもっていた理想をいくらか保っていた。それは、アウグスティヌスとアリピウスがのち親友、不断の支持者となるはずのカルタゴの司教アウレリウスに対し、かれの説教の原稿を求めた書簡によく示されている。[86] またアウグスティヌスがミラノのアンブロシウスの後継者シンプリキアヌスに対し、自著の検閲を求めて書いた書簡を見てもらいたい。[87] そこではややもったいぶった儀礼的上品さが、いかにも「聖職者的」なしかしそれ以上にシンマクスの社会において用いられたようないかにも威厳に満ちた、時には仰々しいほどの文体で表明されている。

著名な教会著述家として名声を博したアウグスティヌスは、当時の上流貴族社会と交わるようになったが、ここでも同じような気風が見られた。これらの貴族は、ローマ社会において享有していた名士の位置を当時の教会においても占めていた。メラニアとその子ピニアヌス、母アルビナがそうであり、アニキウス・プロブス家に属していた尊敬すべき祖母プロバ、その娘ユリアナ、孫娘デメトリアデスがそうであった。かれらは、信心深い人々で、修道者のような禁欲主義を全面的に取り入れながらも社交的な人間関係をけっして放棄したことはなかった。

もちろん、アウグスティヌスはかれらとの文通において司教らしく振舞い、それにふさわしい文体を用いている。[88] その内容はまず、霊的な話、説教であり、れっきとした論文であることもある。[89] しかし時には実質的な内容はかなり乏しく、古い文人貴族たちの慣習をキリスト教的分野に導入したような社交的書簡を書くこともある。たとえば、アウグスティヌスの健康を案じるプロバに対し礼を述べる書簡がそうである。[90]

また孫娘デメトリアデスの修道服着衣式に際して、アウグスティヌスがプロバとユリアナにあてた書簡もそうである。[91] この書簡は、自ら進んで書いたものではない。デメトリアデスの親族は、アウグスティヌスに「着衣に際しての贈り物」（velationis apophretum）を送り、書簡を貰うように仕向けたのであった。一方、かの女たちはアウグスティヌスだけを相手にしていたわけではない。ラテン教会の他の著名な文人たちにも働きかけ、ベトレヘムの隠遁所にいたヒエロニムス[92]、さらに人々の噂にのぼりはじめていたブルトン人の修道者でのち異端者となったペラギウスにも呼びかけていた[93]。これらの尊敬すべき女性たちは社交的虚栄を全面的に脱していたとは思われない。当時の君主たちの結婚が宮廷詩人たちの祝婚歌をもって祝われたように[94]、娘の神秘的婚姻が著名な著述家たちによって祝われることを望んだのであった。実際、アウグスティヌスの書簡はまさしく祝婚歌の書き直しであった。夫に対する賛辞は処女性に対する賛辞に置き換えられ、またそこにはアニキウス家に対する称賛も挿入されている[95]。

第五章　博識とその起源

I　教養の第二の核、博識

これまで雄弁家とは何かその像を描いてきたが、補足すべき点が残っている。若干のアウグスティヌスの著作には理想的教養の形成において文学的要素がいかに重要な役割を果たすかが示されているが、しかしそれだけでは不十分である。教養人は単に「文人」（λόγιος ἀνήρ）であるだけでなく、「博識」の人でもなければならない。アウグスティヌス自身が言うように、教養人は「きわめて雄弁であるだけでなくきわめて博識な人である[1]」。たとえば「キケロはすべての人のなかでもっとも博識で、またもっとも雄弁な人であったし[2]」、また「アウルス・ゲリウスは雄弁にすぐれ、広く豊かな知識の持ち主であった[3]」。

雄弁と博識という二要素は、理論的には相互補完的であるが、しかし実際には区別され、ある意味では対立する。たとえば『神の国』のある一節でアウグスティヌスが言おうとしているのは、まさにこのことである。かれはそこで自分が師と仰ぐキケロとヴァロのふたりを比較し、キケロは弁論家で文人の規範であり、ヴァロはローマの知識人の代表であると述べている。かれによると、知識の探究、知識（doctrina, eruditio）はヴァロのもので、弁論術はキケロのものである。キケロは、「豊かなことばをもつもの」（eloquentissimus, facundissimus）であり、ヴァロは「学識に秀でたもの」（doctissimus）である。ヴァロは「事物を学ぶもの」（studiosus rerum）に教え、キケロは「ことばを学ぶもの」（studiosus verborum）を魅了する。[4]

これは実に明快な証言であるが、この二要素を区別するのはアウグスティヌスだけではない。それは、かれと同時代のヒエロニムス、[5] かれ以前のアウルス・ゲリウス、[6] スエトニウス[7]といった人々の著作のほか、すでにキケロにおいても同じような用語をもって明白に表明されている。[8] したがってわれわれは、デカダン期の文人の姿を描くにあたって、「雄弁術」（eloquentia）のほかに、知識よりはっきり言うなら「博識」（eruditio）をも取り上げなければならない。

まず博識が何を意味するのか、再びアウグスティヌスの証言を求めることにしよう。かれは、同時代の人々の間では「学識ある人」（vir doctus）と見なされていたし、またかれが教養人として名声を博していたのは、雄弁に劣らずその博識が高く評価されていたからである。[9]

かれの博識の内容を検討するまえに、読者の考えを前もって準備しておきたい。アウグスティヌスを「文人」の代表として認めるだけでなく、当時の学識者として紹介したとしても矛盾しないということである。ここで言われる「学識」（doctrina）、「博識」は、われわれが今日、「科学」（science）と呼ぶものとは無関係である。アウグスティヌスが交わった教養人のなかに、現代語の意味あるいはより一般的な意味での科学的探究を求めてもむだであろう。[10] われわれはヴァロ、セネカ[11]を「学識者」として認めるとして、帝政後期においてかれらの後に続くものはだれも見当たらない。

実際、「学識に秀でた人々」が誇りとする「学問」を構成しているのは、文学的教養と対立する科学的教養が残してくれたものではない。それは、文学的教養の一側面、一要素の変化つまりデカダンス、衰退、退歩の結果であり、同時に創造的発展の結果である。アウグスティヌスのころの学問とは、「古典的伝統によって弁論家教育の基礎に位置づけられてきた一般教養」のことである。

II　キケロ的伝統による一般教養

一般教養の説明に入るまえに、その起源にさかのぼり、弁論術教養の理論家たちとくに最高の教師キケロの意見を聞くことにしよう。かれが弁論家についてきわめて高い理想を描いていたことはよく知られている。かれが、「学識ある（完璧な）弁論家」（doctus（perfectus）orator）の形成課程として考えていたものは、広範かつ多様な一般教養で[12]、それは、文法、修辞学といったローマの教育を支配する学科よりもはるかに広い内容をもつものであった。

そこにはふたつの段階がある[13]。第一段階は初歩的なもので、学校で与える「子どもの教育」（puerilis insitutio）であり[14]、第二段階は、大人が修得する「高度な教養」（politior humanitas）である[15]。

前者は一言で言うなら「自由学芸」の課程で[16]、そこには先述した文法、修辞学[17]、弁証論[18]といった文学的諸学科と、算術、幾何学、天文学、音楽といった数学的諸学科が含まれ[19]、アウグスティヌスもこうした考え方に従っている[20]。その歴史は興味深いものではあるが、それについては後述するとして[21]、ここではただ、この自由学芸の課程はキケロが創始したものではなく、かれはヘレニズム期のギリシアにおいて確立されたものを継承しているにすぎないことを指摘しておこう。ギリシア地方ではすでに幾世紀もまえから、自由学芸あるいはかれらが ἐγκύκλιος παιδεία と呼ぶものがすべての自由人の教養の基礎をなしていた。

キケロは弁論家に対し、狭義の教育が終わったあともその教養をいっそう高めることを求め、歴史[22]、法学[23]、哲学[24]といった三つの高度な学問の修得を勧めた。

かれから一世紀半後のクインティリアヌスも同じような学習課程を提示している。かれも、子どもたちに対し文法と同時に他の自由学芸諸科に取り組むように求め[25]、「ギリシア人が ἐγκύκλιος παιδεία と呼ぶ[26]」弁証論、算術、音楽、幾何学、天文学といった学科の修得を勧めている。かれはまた、学校教育を終えたあとも、文学的分野だけでなく歴史、法学、哲学に関する教養を深めるように求めている[27]。

III　弁論術の補助知識

キケロもクインティリアヌスも、理想的弁論家を思い描き、その育成の理論を述べているが、それは果たしてどのように実現されたのであろうか。

細かな説明は省くとして、キケロ自身また同時代の選良たちも、その理想を完全に実現するには至らなかったが、しかしそれほどかけ離れてもいない[28]。かれらの理想にはすぐに反動があり、はるかに偏狭な功利主義的考え方が弁論家の育成を支配するようになっていった。キケロが相手にした若い世代が、すでにかれの教えに耳を貸そうとしなかった。こうした傾向は帝政期に入っていっそう顕著になり、デカダンスが進行していく。したがってクインティリアヌスの教授は、キケロの教授の単なる延長というよりもむしろこうした反動に対抗し、一旦、断たれた絆を結びなおすためのキケロへの復帰であったように思われる。しかしかれの努力も当を得ず、欠けるところもあって永続しなかった。

こうしたデカダンスに関する説明は、すでに何度も繰り返されてきた[29]。ここでは、それが教授においてどのように現われたかを見ることにしよう。すべての教授活動は狭義のしかも教科書的な意味での修辞学学習に向けられ、若者は何よりもまず立身出世だけをめざして修辞学に期待し、こうした雰囲気が教育全体を支配していた。しかもその教授を必要不可欠な要素に限定するどころか、むしろ多くの規則を設けてその内容を拡大し複雑化しつつあった。修辞学はきわめて複雑な技術となり、修辞学教師がどれほど時間をかけたとしてもその完全な修得は望むべくもなかった。修辞学に対する評価は、文法教師が教える子どもたちにも影響を与えた。かれらは、文法教師のもとで学ぶ時間を早く切り上げ、すぐにでも修辞学教師の学校に移りたがった。一方、文法教師は子どもたちを手元に引きとめようとして、本来自分が教えるはずの自由学芸の分野をなおざりにし、修辞学教師の分野に踏み込んで修辞学の初歩を教えようとした[30]。

では、帝政ローマの学校における教授はどのようなものであったのだろうか。子どもたちが学習内容に含まれる種々の学問について正規に教えを乞いうるような専門教師は、かつていたとしても当時は存在せず[31]、修辞学以外の諸学は、文法教師が教えるはずであった[32]。しかしそのかれも、それを教えるだけの時間も専門知識ももたなかった。つまりかれは自由学芸各科を体系的に教えることはできなかったということであり、またそうした主張もしなかった。つまるところ、帝政期の学校において規則的に教えられたのは七自由学芸のうち文法と修辞学の二学科だけであった。

他の五学科は[33]、たとえ教えるにしても、間接的にいわば次元の低い瑣末的な仕方で取り上げただけである。実際、文法教師は、古典作家の書に関する説明のなかで文法以外の学科を取り上げていた。先述したように、かれは文学作品の説明において、文体だけでなくその内容、「事物」、文学書に出てくるすべてのことを教えた。つまり文学作品を注解する形で天文学、音楽、その他の自由学芸学科について若干の概念を与えようとしたにすぎない[34]。

これが、「数学的諸学科」教授の実情であった。特別の専門職でもめざさないかぎり、帝政期の文人たちはこうした表面的な教育で満足していた。アウグスティヌス自身の告白によると、かれは七自由学芸を体系的に学ぶことなく学業を終え、それで教職に就くことができた。のち二二歳で哲学への道を歩きはじめたときはじめて、かれは数学的諸学科に関する若干の書を読み、独学で修得しようと努めたという[35]。

これが普通であった。当時のローマが残してくれた文献を見てもらえばわかる。帝政期の文法、修辞学の提要が多数、伝わっているが[36]、それは、この二学科が熱心に学習されたことの証である。その他の学科については、人々が占星術と絡めて強い関心をもった天文学を除いて、証拠となるような書籍の数は少ない[37]。それらの原典になっているのは[38]、ヴァロの『諸学科』（Disciplinarum libri IX）で、そこには七自由学科と医学、建築学が含まれていた[39]。また五世紀初頭、アウグスティヌスがまだ存命中であったころ[40]、マルティアヌス・カペラが七自由学科を奇妙な物語風に取り上げ、各科にそれぞれ一章をあてて説明している。

このふたりの間には、アプレイウスがいるだけである。しかしかれは、ヴァロやカペラのように七自由学芸を体系的に取り扱っているわけではない[41]。かれは、幅広い関心をもち多様な書を著した[42]。そのなかには広義における文法のほか[43]、弁証論[44]、さらに数学的諸学科の若干の分野を含むものもあるが、それがすべてである[45]。アウグスティヌスが哲学の道に入り自分の教養に欠けるところを補おうとしたとき、かれが頼ったのはヴァロの書であったはずで[46]、それも大発見をしたような気持ちであった[47]。

一般に「子どもの教育」における自由教養全体の基礎と目されていた自由学芸がこのような状態にあったとす

れば、キケロやクインティリアヌスが夢見ていた高度な教養を構成する歴史、法学、哲学といった上級学科の状況は推して知るべしである。たしかに帝政期にも法学の学校[48]と哲学の講座は存続し[49]、規則的に教授が行われていたが、しかしだれがそれを利用できたであろうか。

法学については明白である。帝政期に入ると、共和制下の政治活動において確立された法的慣習と指導階層の教養との結びつきは断たれることになった[50]。一般の知識人は徐々に法学を学ぶことをやめ、それはアウグスティヌスの法的知識の欠如によく示されている[51]。当時の法学は医学と同じく少数の人だけが学ぶ「専門知識」で[52]、弁護士や帝国の行政にたずさわる官吏だけが学んだ[53]。アウグスティヌスの友人アリピウスの場合がそうである。かれはカルタゴからローマに出て法学を修得し、アウグスティヌスがミラノに赴任したときはミラノの参審員（顧問役）であった[54]。

哲学もまた一歩身を引き、弁論術教養とは区別され、これとかなり対立する独自の教養を形成していた。それについては後述することにしよう。アウグスティヌスはその機会を提供してくれるはずである[55]。ただ、一般教養と哲学との断絶は法学ほど大きくはなかったことを指摘しておきたい。文法教師は、哲学的分野にもいくらか踏み込む必要があると考えていたようである。かれは古典の解説において自由学芸だけでなくあらゆる学問（地理、博物学、宇宙論、自然学）にふれたが、これらの諸学は伝統的に哲学に属し、哲学の三大区分のひとつ φυσική〔自然学〕を形成していたからである。

一方、修辞学教師たちはキケロの教えにきわめて忠実で、公言するまでにはいかないがしかし少なくとも原則として、哲学は真の教養の完成であると考えていた。たとえばアウグスティヌスは、カルタゴの修辞学教師が時としてアリストテレスの『範疇論』を取り上げ得意になる様子を伝えている[56]。しかし実際にかれらが哲学について教えることはわずかなものであった。それはキケロの「対話編」を読んだあと一通り注釈し[57]、せいぜい若干の哲学の学派と哲学者の名前、特徴的ないくつかの説や逸話をあげるだけであった[58]。

歴史は、よりいっそう注目する必要がある。たしかに帝政期のローマは、タキトゥスからアンミアヌス・マルケリヌスまで歴史家には事欠かなかった。しかし歴史家になるのは、哲学者や法学者と同じくあるいはそれ以上に、例外的な使命感を感じるものだけで、文人は、現代のわれわれが考えているような深い意味での真の歴史的教養はもたなかった。ギリシアとは異なり[59]、ローマにおける文学の教授には歴史家の書は古典のなかに数えられていなかったようである。さらに言うと、サルスティウスは別として、歴史関係の書が教室において実際に学習されていたのか、疑うものもいる[60]。

普通、教養人が歴史について知っていることといえば（特別にそれを専門にするもの、あるいは個人的読書などは除くとして）ふたつのことに限られていた。ひとつは、修辞学教師たちはキケロの教えにならい、すぐれた文飾として[61]、歴史とくにローマの歴史、さらに他の異民族の歴史から取り出した事例（exempla）を学習させた。学生は、将来、必要に応じて自分の雄弁のなかに散りばめて用いるため、こうした事例を組み合わせて記憶していた。とくに道徳に関する常套句、著名な歴史的人物にまつわる徳、悪習、性格の特徴、逸話、名句を想起させるものを好んで用いた[62]。

かれらは、こうした些細な事例を集めるために歴史家の書を読み、修辞学教師たちは学生たちの苦労を省くため体系的に整理した「記憶すべき言行録」なるものを準備した。もっとも有名なのはヴァレリウス・マクシムスのそれであるが[63]、もちろんそれ以外のものもある[64]。

他方、文法教師は古典の解説において内容に関連する種々の学問にも触れ、同時に、本文の理解に必要なあらゆる歴史関係の知識を教えた。こうした文法教授における historia（歴史）には現代的意味での歴史のほかに神話が加わり、やがてそれは重要な場を占めるようになる。(65) このことは、アウグスティヌスが歴史的事例として何を考えていたかを見ればよくわかる。かれは歴史に関連する問題を説明するために、ダイダロスの飛行とエウリアルスの母の名をあげている。(66) さらに、かれが歴史の説明において用いる用語を吟味してみると、かれが historia についてもっている概念は現代のそれより広く、またかけ離れているように見える。その概念は、先に私が古典学習の説明において「内容の注釈」（commentaire de fond）と呼んだものに属する一切のものつまり歴史や神話だけでなく、地理その他 φυσική の種々の分野、果ては自由学芸から借用した一切の事柄とその説明を含んでいるように見える。(67)

Ⅳ　博識の自立と発展

このように、学校における教授全体が文学的学科に限られていったのである。断っておくが、こうした弊害はたしかにずっと以前から存在した。ローマの教養は、当初から抵抗しがたい流れによって自己壊滅へと押し流されている。すでにキケロは生涯にわたってこの流れに抗い戦っている。『発想論』は別として、かれはその教え全体をもって修辞学の支配に対して人々の注意を喚起し、その役割を抑制することによってより幅広い教養の理念を確立しようとした。しかしこうした努力もすでにやや絶望的であったようである。かれが思い描く弁論家の理想は余りに高邁で、その実現には幾多の困難と課題があることは、かれ自身、縷々告白している。その結果、かれのことばを聞くものは、こうした理想は実際には近寄りがたくまったく達成不可能なものと結論するようになる。[68]

他方、キケロもその主張を後退させていく。かれは、自分の理想をより容易に実現するため主張の射程を狭めていく。哲学の学習はたしかに必要ではあるが、しかしさほど深める必要はない。必要最小限に留めるべきである。[69]「学問は必要なものだけを取り上げるならば、学ぶのは容易である」[70]。あとになってなんらかの問題について専門家の手ほどきを受けることがあったとしても容易にそれを理解しうるようになり、[71]弁論術についてもすぐに事情を弁え、一介の弁論家以上に上手に話すようになる。[72]こうしてキケロ自身、高度な教養という理想から遠ざかり、教養はもはや大した意味のない「何でも屋の知識」に成り下がっていくのである。

ラテンの理論家たちはみな、一般教養についてまったく功利主義的な考え方をもち、「予備教養」の「学習活動そのもの」(actif)よりも、それによって「もたらされる結果」(perfectif)だけに注目した。[73]かれらにとって一般教養の機能は、魂の形成よりも弁論のための知識、材料を蒐集させることにあった。

そこから一般教養の有用性、その学習の即効性に注目する動きが生まれてくる。自由学芸について狭い考え方をもちながら、なおその枠組みを固持しようとするクインティリアヌスの態度は見るに忍びない。一瞬ではあるが、かれも自由学芸の本質を示そうとしている。かれが言うには、たとえば幾何学は合理的判断を形成するのに役立つ。[74]しかしかれはそれを立証する代わりに、数学的諸学科に関する知識が弁論家に実際にどのように役立つか、その説明に時間をかける。それによると、算術は弁論家が数の引用においてまごつくことのないように準備し、[75]幾何学は測量問題について弁ずるのに役立ち、[76]天文学は昔の弁論家が日月の蝕を予告するのに役立った。[77]

不幸にして、キケロも同じような傾向に流されている。かれは数学的諸学科に帰せられるはずの役割は明らかにせず、[78]あれこれの学科の有用性に注目させ、そのための学習を勧める。また歴史は、人類の発展に関する若干の知識の修得というよりも、著述や弁論において前例として引用するに値する「事例」（exempla）を蒐集することである。[79]哲学も同様である。そこで注目されるのは、知識の理論でも宇宙の体系でもない。弁論家にとって重要なものは、心理学、ἠθική（一般に、人間の魂全般にかかわること）である。[80]それは、「宗教、死、敬虔、祖国愛、善悪、徳と悪習、義務、苦痛、快楽など」[81]の考察において合鍵となる材料を豊富に提供してくれるからである。すでにキケロも、弁論家たちが一般教養から引き出しうる利点の方を重視している。つまり能力の鍛錬よりも、広範な知識の蒐集を問題にしている。弁論家は、博識でなければならない。話す内容が多いほど、ことばは豊かになる。「万般の豊かな知識は、ことばの豊かさを生む」[82]。かれの教えを要約するこの有名な表現には、デカダン期の有用主義の萌芽が含まれている。

後述するように、この表現は単なることばに留まらなかった。修辞学の一人勝ちは、「学識ある弁論家」（doctus orator）という理想をほぼ壊滅させた。しかしここには、デカダンスが単なる疲弊ではなく質的変化を含む興味深い現象であることが示されている。そこには、新たな関心の的となるものが出現している。先述したように、数学的諸学科の学習内容は徐々に減少し、文法教授の一手段にすぎなくなっている。しかし奇妙な反動ではあるが、これら諸学科学習の内的価値が減少する一方で、それに対する関心はますます増大していく。以後、学問は古典の解説において寄せ集めた、およそ体系化とは縁遠い事物の知識に限られていく。その一方で、人々はこうした類の知識をいっそう重視して意識的に追求し、そこに満足を求めるようになる。こうして、物知り的知識は文法教授の単なる手段である代わりにそれ自体が目的になり、真の教養に憧れるものが必ずめざす主要な目標のひとつになる。それは、教養人たちの知的活動における「雄弁」という文学的才能とは別のあるいはそれに対抗する主要なテーマとなっていった。

ところで、教養人たちの知的活動はどのようなものであったのだろうか。かれらは何に取り組み、何について語り合っていたのだろうか。かれらが興味をもったのは、単に人気のある最近の弁論家、あるいは好みの古典作家、また（厳密な意味での）文法、修辞学だけではなかった。それはまた、手当たり次第に寄せ集めたささいな一切の事柄で、それがかれらの「学問」を構成していた。マクロビウスの『サトゥルナリア』は、アウグスティヌス時代の文人たちについてきわめて重要な証言をしてくれる。かれが描く教養人たちのサークルで会話の対象になっているのは、ヴェルギリウスやその作品の文学的学習だけでない。かれらは、その作品の形式だけでなく、きわめて巧みにその内容を注釈することに熱心であった[83]。

かれらはとくに、ヴェルギリウスあるいはどの文学作品とも無関係な問題を持ち出し、語り合っていた。つまり文学作品の注釈とは関係なく、博識それ自体が追求されていた。こうした教養人たちはみな、自分の読書の成果を持ち寄り[84]、暦[85]、ローマの諸制度[86]、料理法[87]など、無数のささいな問題に関する記憶、引用、逸話を出し合い、その解決に喜びを見出していた。また、先述したような神話[88]、歴史（逸話集）[89]、自然学[90]、生理学[91]といった古代のあらゆる分野の知識を取り上げていた。

こうしたきわめて教科書的、衒学的な内容をもつ物知り的な会話は、アウグスティヌス、マクロビウスよりはるか以前の教養人社会にも見られた。二世紀のアウルス・ゲリウスは、『アッティカの夜』（Noctes atticae）において、かれがある夏の夜、友人たちといっしょにエギナ島からピレウスに渡る船上で大熊座を仰ぎ見ながら、この星座のギリシア語、ラテン語の語源を論じ合っているさまを伝えている[92]。

さらに、アウルス・ゲリウスのこの書にはすでにマクロビウスの『サトゥルナリア』の主題が見られる。かれはそこで、サトゥルナリア祭を祝うためアテネに集まった文人たちの集会について述べている。それによると、かれらはマクロビウスを取り巻いた教養人たちと同じく、物知り的な遊びに興じている。会食者に一連の質問が割り当てられ、各自それぞれの答えを出す。その質問というのは、難解な語形、まれなあるいは曖昧な語、ソフィスト的な空理空論、古い詩人あるいは哲学者の書から取り出した曖昧な意見、ほとんど知られていない古代史におけるいくつかの事柄などである。[93]

ここには、デカダンスの結果以上のものがある。たしかに、帝政期の教養人たちはキケロが掲げた理想は諦めている。しかしかれらの理想が低下したと決め付けるだけでは不十分で、それが異なっていること、ある意味ではより豊かでより多様であることも認めるべきである。かれらの理想においては弁論の才能だけが中心になるのではなく、博識が第二の核として取り入れられている。

ここには、教養における学校教育的性格の新たな側面が示されている。要するに、この教養人たちは子どものころ文法教師のもとで励んでいた学業を継続しているにすぎない。しかしこうした説明も十分ではない。この博識は、その起源と枠組みにおいては教科書的ではあるが、固有の価値を認めざるをえないほどの発展を遂げているのであって、それを文法学習の単なる付録として考えることはできない。

さらにこの博識は、一応それとして認められるにつれ、その範囲を拡大し、教養の一画を占めるまでに発展している。それは、文学的手法、文法や文学の学習における理解の仕方にまで影響を及ぼし、これらの学習の一手段として関連づけていた絆を断ち切るだけで満足せず、それらの学習を包み込みその精神を浸透させている。たとえば文法の学習は、それまでの古典語の修得という目的に束縛されることなく、アルカイックなあるいは例外的な形式、関心を引くような語源、用語の巧みさなど広範な知識にわたり、そうした知識の修得だけをめざすことになる。

さらに目立つのは、文学の学習と著作家たちの交流に対する博識の影響である。つまり文学の楽しみは、審美の領域から知識の領域に移行する。人々が古典を読むのは、それを味わうためというよりも、そこで言われていることを知るためである。古典を学ぶのは、文芸的価値のためよりも古典語の秘訣、詩的用語と文体を修得するためであり、古典における伝説、英雄あるいは神話的人物、またそこで繰り広げられる出来事を学ぶためであった。それはすぐれた逸話、引用を記憶に詰め込み、後日、著述あるいは会話のなかに器用に散りばめるためであった。[94]

かれらが詩人の書を読むのも、詩情を体験するためではなく、「事物」、出来事に関する知識、思想を取り出すためであった。これは危険な傾向であり、思いがけない結果を招くことになる。人々は、思想内容がはっきりしない著作に出会うと当初からあきらめてそれを無視したり、あるいは内容の欠如を確かめるかわりにそれを自分で作り出そうとした。ここには、本文に対する寓意的解釈の趣味が見られ、それは、後述するように、途方もない運命と予想外の展開を辿ることになる。[95]

古代末期の人々の知的教養におけるこの第二の側面あるいは第二の核の重要性については、どれほど強調してもしすぎることはない。そこにはデカダンスの要素が、見かけ以上に複雑な形で立ち現われている。つまり知的生活のあり方を大きく変えていくこの博識の発展は重大な要因によってもたらされたものであり、その結果は違った形ではっきりと出てくる。そこに見られるのは、ひとつの教養が幾世紀もの間、等質的に発展し、豊かな記憶の重荷に耐え、莫大な富を寄せ集めるごとに繰り返される不断の現象である。

われわれは、その明白な例を極東において見ることができる。中国の古典教養以上に古い教養はなく、博識がより大きな役割を果たした教養はほかにはない。しかし、それほど古く遡らなくとも、西洋の教養においても同じような変化がふたたび見え始めているのではなかろうか。われわれは、教養における歴史重視の傾向が増大しあるいは極端に増大していくことに対して、すでに異議を唱え始めてはいないだろうか。文学から文学史へ、学芸から考古学へといった移行には、以上述べたような過程が示されているのではなかろうか。

第六章　アウグスティヌスの博識

I　文法に関する博識（語源による）

ところで、この博識の内容はどのようなものだったのか。アウグスティヌスの著作をもとに、それを明らかにしていこう。かれの著作は、マクロビウスほか同時代の人々のどの著作にもまして[1]、当時の人々の学問がどのような内容のものであったかをよく教えてくれる。それを明らかにするため、先に略述した博識の伝統を引き継ぐと思われる種々の知識をかれの著作から取り上げることにしよう。

もちろん取り扱うのは、アウグスティヌス独自の知識ではなくかれの時代に属するものに限ることにする。つまりアウグスティヌスの教養のうちかれの独創によると思われるものは区別し、ここでは取り上げないことにする。したがって、アウグスティヌスが哲学の道に入ることによってはじめて学んだ自由学芸[2]つまり弁証論、数学的諸学科にはふれない[3]。また古代教養の正規の枠組みには含まれず、のちかれがヒッポの司教に叙せられ聖書とキリスト教教義の研究に没頭する段になって学習せざるをえなかった歴史、地理、言語の分野も取り上げない[4]。さらに、かれが知識の利用にあたって用いた独創的な方法も除外することにする。

ところでアウグスティヌスは、自分の学問の内容を紹介する体系的にまとめた選集のようなものは作成しなかった。[5] したがってわれわれは、かれの著作全体に散りばめられた個々の知識を拾い集めるしかない。かれによる知識の活用はきわめて興味深いもので、かれが単なる博学の徒ではなかったことをよく示している。しかし今はそれに気をとられてはならない。むしろかれの博識のもととなった資料を数え上げ、整理することだけに努めよう。

　ここでわれわれは、古代の学者が用いた分類項目に従うことにしよう。まず、「文法関係の博識」つまりことばの学習と関連をもつ知識を取り上げることにする。そこには、教養人の教養をとおして文法教師の教授のあり方が示されている。アウグスティヌスは好んでラテン語に関する正確な知識を並べ立て、古典のことばの優雅さに通じていることを示そうとしているが[6]、そこには、しばしば博識のための博識を追求するような傾向が見受けられる。一例をあげると、アウグスティヌスは語源による説明を多用する。[7] 一般に語源は語の説明に用いるものであり、かれも大抵、そうした用法に従っている。しかし時には、そうした語源の利用とは無関係に、ただ好奇心を満足させるためだけに語源を取り上げることがある。たとえば、かれはロムルスと雌狼（**lupa**）についてふれながら、正当な理由もなしに、**lupanar**（売春宿）という語の語源について説明する。[8] しかもこうした用法は、文人たちの間では高く評価されていたものである。

　アウグスティヌスが持ち出す語源は、すべてが学校教育[9]あるいはかれ個人の学習[10]に由来するものではない。こうした形の博識は広く流布し、また古代の伝統に根付いていたもので[11]、かれはキケロなど古典作家の書から集めている。[12] 実際かれが用いている語源の多くのものはわれわれでも真似しうるようなありきたりのもので、著述家の間で流行っていたものである。[13]

　しかしアウグスティヌスは時として新しい語源を持ち出すこともあり[14]、とくにこの点に注目する必要がある。これはしばしば気まぐれなものに見えるかもしれないが、しかしわれわれはアウグスティヌスや古代の伝統における語源の用法を現代人のもつ語源の概念をもとに判断してはならない。われわれは厳密な歴史的視点から、音声学、意味論の一定の発展に照らして、ある現代語の原型を見出そうとする。これに対して、古代の人々による ἔτυμον の概念は、はるかに不明確である。それはとくに、巧妙な類似関係をもって語の「真の」意味を明らかにしようとするものである。たしかにかれらも語の起源、発生を取り上げてはいるが、しかし語の変化の歴史を細かく辿る現代の音声学のような精密な技術はもたず、その概念を注意深く究明する代わりに、ふたつの語の間に見られる外的かつもっともらしい類似を検討するにとどまっている[15]。そこには、真の起源を発見したというまじめな主張はなく、かれらはためらうことなくその場に合わせたまったく気まぐれな語源解釈が提示されているまでである[16]。それはいわば博識の遊びであり、読者はそれに騙されるというよりむしろ楽しんでいたのである。

Ⅱ　神話にもとづく博識

つぎに歴史に移るとして、まず、歴史において特別な位置を占めていた神話から始めることにしよう。この点に関するアウグスティヌスの博識はことさらに広く詳しく（だれも知らないものはいないだろうが）、かれの著作は、ローマの宗教や当時の知識人の宗教思想を研究するものにとって主要な史料のひとつである。

ヴァロの『古代史』（Antiquitatum rerum humanarum et divinarum libri）の構想と大部分の内容を伝えてくれるのもとくにアウグスティヌスの『神の国』で[17]、それなしには、われわれはほとんど知らなかったかもしれない[18]。かれは、『神の国』を書くにあたってローマの異教について詳しく検討する必要に迫られ、ヴァロの学識豊富な書を精読し、執筆に必要な資料のひとつとして用いたのであった[19]。かれが『古代史』を読者に紹介する仕方から見て[20]、この書は当時あまりよく知られていなかったことがわかる。

アウグスティヌスはその他多くの箇所で、古典の読書あるいはその注釈書から取り出した神話にまつわるありきたりの博識をもとに例をあげる。[21]こうしてかれの著作には、文学作品の無意識的引用にまじって神話による例がたえず出てくる。かれは、感覚的知覚からくる像と数による図形や純粋に想像による図形とを比較するにあたって、後者の図形の例として羽をもった蛇に引きずられるアエネアス、メデイア、テレンティウスの喜劇のなかのふたりの人物、さいごに、フレゲトン（川）と「黄泉の国」をあげる。[22]また朽ちることのない肉についてはアキレウスの例をあげ、[23]きわめてよく似たふたりの人物の例としてグラウコスの双子の男子をあげる。[24]『神の国』においても、文学にもとづく博識が利用されている。悪者はひとりであることを示すため、その例として『アエネイス』（Aeneis）からカクス（Cacus κᾶκός）をあげ、また異教の神々の不滅性を論破するためペルシウス、テレンティウスを無意識裡に引用している。[25]

他方ヴァロの書からも広範な博識を得ているが、かれはそれを異教の批判に役立てるだけではない。こうした博識は、いわば「贅沢な知識」のようなもので、文人たちは宝物のようにしてそれを捜し求め誇示した。われわれは、かれもまた、しばしば当時の知識人好みの慣習に流され、[26]おそらく意識することもなく、話のなかにいくつかの内容豊富な逸話や神話に関する断片的な知識を挿入している。

たとえばかれは音楽の説明において、話にひきずられてついヴァロをもとに、九人のミューズの神々の起源について語っている。それによると、かの女たちはユピテルとムネモシュネの娘ではない。ヴァロによると、ある日のこと三人の彫刻師がコンクールに呼ばれ、どの町であったかは知らないが、それぞれが同じように見事な三体の彫像を造ったので、それら全部を神殿に安置することを決め、こうして九人の娘たちができたというのである。[27]

こうした態度は、とくに『神の国』第一八巻において顕著である。そこでアウグスティヌスは、王たちと太祖および預言者の系図とを比較対照し、地上の国と神の国の比較年代記を編み出している。その場合、かれは神話にまつわる多くのことを示唆し説明しているが、しかし取り扱う主題との明確な関連づけはない。[28] そこにあるのは博識のための博識である。

たとえば、シクオーン（Σικυών）とイナコス（Ἴναχος）のふたりの王について述べながら、後者の「娘イオはのちイシスと呼ばれ、エジプトで偉大な女神として祀られるようになった。他の人々によると、かの女は、エチオピアからエジプトに女王としてやって来たことになっている」という。[29] またアルゴスの王アピスは、海を渡ってエジプトにやって来てそこで死去し、セラピスという名のもとに神として崇められた。さらにアウグスティヌスは、これもヴァロを引用して、セラピスと呼ばれるわけを語源をもとにつぎのように説明している。セラピスは Soros と Apis が結びついたもの Σορός＋Απις であるが、セラピスはイシスと同じく、指を唇にあてて「沈黙を命ずる」神を表すからである。[30] そのあとアウグスティヌスは、やはりヴァロをもとにアテネという名前の起源、ミネルヴァとネプトゥヌスの争い、それにまつわるアッティカの慣習[31]などについて説明している。[32]

III　歴史にもとづく博識

つぎに、厳密な意味での歴史に話を移そう。アウグスティヌスの教養において歴史は重要な役割を果たし、この教養の独創性を示す特徴のひとつとなっている。かれが、人類の過去とそれに関する知識の有用性について新たな深い理解をもつようになったのはかなりあとのことで、キリスト教教義の理解とキリスト教擁護の必要に迫られてからである。しかしここでは、一般教養に関連するアウグスティヌスの歴史認識だけを取り上げることにしよう[33]。

こうした限定を設けることによって、アウグスティヌスがその歴史認識をどこから得たのか、説明しやすくなる[34]。歴史に関するかれの知識全部がかれ自身の探究によるものではない。かれの歴史関係の知識を濾過して見ると、そのあとには、当時の弁論教師たちがもっていた平均的な教養に合致するもうひとつの歴史認識がある。そこにはまず、ユスティヌスのような帝政期の歴史要約者から借用したごく簡単な概要がある[35]。しかしとくに目を引くのは歴史関係の事例集である。教養人たちがこれにとくに興味をもっていたことは先に述べたとおりで、少なくともアウグスティヌスは、道徳的主題に結びつく歴史上の有名な場面あるいは偉大な人物に関する事例を神話的逸話に劣らぬほど多用している。たとえば、レグルスの人物とその魂の偉大さ、誓約に対するかれの忠実さを伝える逸話が何度も出てくる[36]。またレグルスとともに、その他の歴史上の偉大な人物がしばしば一団となって、しかし各自の特性ともいえる固有の態度をもって次々に登場する。

またアウグスティヌスは、かつてのローマ人の質素な暮しぶりを想起させるものとして、キンキンナトゥスの犂、ファブリキウスの家庭生活、執政官ルフィヌスの重さ一〇ポンドの銀の器[37]、余りに貧しく娘の持参金を準備しえなかったアフリカ帰りのスキピオなどをあげている[38]。異教徒の良俗のうちとくに純粋なものとしてカミッルス、スキピオ、ファブリキウスの例をあげる[39]。またロムルス、ヌマ、ブルトゥスの態度がある[40]。悪にまみれた例が必要ならば、探すまでもなくカティリナがいる[41]。

アウグスティヌスの著作においてローマの歴史が最大の役割を果たすのは当然であるが、しかし影は薄いが、ギリシアの歴史も登場する。たとえばアウグスティヌスは、リュラに合わせて歌うように求められたテミストクレスが楽才の無さを理由に辞退したという逸話を持ち出す。そこでかれが言おうとしているのは、「ではお前は何ができるというのか」という問いに対してテミストクレスが答えた、「弱小な共和国を偉大なものにする」（rempublicam ex parva magnam facere）ということである[42]。さらにアウグスティヌスは、子牛を馴らす訓練に励むクロトナのミロの伝説[43]、アンブラキアのクレオンブロトスの自殺を思い出させる[44]。また、毒草を飲みなれていたため祭儀における死を免れたアテネの女のように、時として無名で出てくる逸話もある[45]。

これらの事例はすべて、デカダン期の文人たちがもっていた歴史関係の教養がどのようなものであったかを、かなりはっきりと教えくれる。その次元は低く、そこには文学中心の教育による絶対的影響が認められる。われわれはそれをもとに、アウグスティヌスがこうした歴史関係の博識をどのようにして修得したのか、その方法を正確に知ることができる。

まず、アウグスティヌスが用いる多くの逸話は、かれよりずっと以前の多くの弁論家たちが演説を修飾するため歴史上の事例として利用したものである。たとえばキケロのような古典に見られる逸話を用いる場合[46]、かれは、それを本来の歴史書から取り出したのではなくキケロの書から抜き出したと考えるのが妥当である。その他の逸話は、ヴァレリウス・マクシムスが作成したような修辞学教師用の逸話集に蒐集されていたものである。アウグスティヌスが用いている逸話で、かれ以前に使用した著述家以外から取り入れたものが何かあるとしたら、それはおそらくこうした提要から学びとったものであろう[47]。

もっとも、アウグスティヌスが歴史を学んだのは修辞学教師ではなく文法教師からである。かれはコドロス（Codrus）王の伝説を語ったあと、「コドロスの喧嘩」（jurgia Codri）というヴェルギリウスの表現はここから来ているという[48]。つまりこの歴史関係の逸話は古典詩人の詩文の注釈と結びついている。先にあげた三種の歴史資料のうち、かれが直に読んだ真の歴史書について詳しく述べる余裕はない。

ただ、厳密な意味での歴史書については、似たような展開を見せる哲学史に絡めて説明することにしよう。それによって、アウグスティヌスがどのようにして歴史を学んだのか、その判断がより容易になる。かれは『神の国』第一九巻において、幸福という中心的な問題について、それぞれ意見を異にする古典的な学派を数え上げる。そこでかれは最初から、ヴァロの『哲学』(De philosophia)を剽窃すると断り[49]、この書を紹介しその筋書きを入念に分析しているが、そこにはこうした歴史知識が当時の教養の通常の枠を超えるものであることが示されている[50]。

これ以外にも、一般史として、イタリコの木、イオニアの木、最初の哲学者たち、ソクラテスの教えにおける道徳的特徴などについて[51]、ごく簡単ないくつかの考察があるが、それは古典の著作から借用したありきたりの概念で、すべての教養人たちがキケロの「対話編」をもとに弁論教師のもとで学んだものである[52]。

しかし、とくに注意を引く逸話がある。たとえば犬と石にかけて誓うソクラテス[53]、徹夜の宴会のあと、たまたま学校で泥酔した若いポレモを哲学に引き込んだクセノクラテスの逸話がそうである[54]。これらの逸話もまた、博識の伝統に結びつく。ずっと以前から、これらの「物語」の若干のものはローマ人のもとではありきたりのもので、それをアウグスティヌスがだれから受け継いだのか、その著者を探すとなると選択に困るほどである[55]。

Ⅳ　地理に関する博識

理論から言えば、世のなかのすべての学問は哲学に結びつく。しかし帝政期の知識人にとって博物学は歴史とは別の独立した分野を形成し、そこには地理も含まれていた[56]。地理について言うべきことはわずかしかない。もちろん古代の人々にとって地理はもっぱら記述的なもので、アウグスティヌス時代の地理知識は用語集から得たものにすぎない。アウグスティヌスの著作においても地理を取り扱う箇所は少なく、きわめて初歩的な概念（世界の三部分、アジアという語のふたつの意味）以外の知識は[57]、文学的資料から取り入れている。

たとえば、かれはオリンポス山頂には雨が降らないと述べているが[58]、こうした指摘はいくらか現実に近く興味深いもので、今日の地理学者がアルプス高地における乾燥と呼ぶものを指している。それはとにかく、アウグスティヌスはどこからこうした知識を得たのであろうか。かれはルカヌスの一節を引用して「オリンポス山は雲を避ける」と述べ、説明の糸口を示している。つまりこうした知識はおそらく学校教育におけるルカヌスの詩文の注釈から学んだものであろう[59]。

たしかに、当時の人々の地理学習はこうした方法に限られていた。かれらは、おそらく学校にある壁掛け地図をもとに地理の手ほどきを受けたあと[60]、古典の書を読みながらそこに出てくる地名を確認する以上のことはほとんどしなかったようである。当時のものとして残っているもっとも特徴的な地理関係の書は、川、泉、湖、森などの項目別に書かれたヴィビウス・セクェステルの『地理辞典』（Dictionnaire geographique）で、それはヴェルギリウス、オヴィディウス、ルカヌスなどの古典詩人があげる地名を知るために不可欠な書であった[61]。

V　博物学に関する博識

厳密な意味での博物学は、それ以上の注目を集めた。当時の博物学の項目を検討するにあたってわれわれは、余りに近代的な考え方を一切、捨てなければならない。アウグスティヌスが考えている博物学は「学問」つまり一定の法則を引き出すための作業である以上に、「物語」つまりいろいろな事柄の目録、一覧表、描写である。では、「動物、草、木の特性」に関するアウグスティヌスの知識はどのようなものか。[62] それは、かなり不揃いな仕方で示されている。

「鉱物学」については、先にかなりの数の興味深い資料をあげておいた。たしかにアウグスティヌスの知識には限界がある。聖書にトパズを見つけたかれは、その説明として「きわめて高価な宝石」というだけである。[63] かれ自身は、多くのことに通じていると思い込みあるいは自信をもっているが、よく吟味して見ると、鉱物学用語に関する知識ははるかに少ない。かれの知識に含まれているのは、中世的な意味での「宝石博覧」（Lapidaire）のなかの若干の内容つまりあれこれの鉱物にまつわる奇妙な、しかも種々の点から見て不思議な特性に関するものだけである。

アウグスティヌスは、自分の体験をもとに語ることもある。たとえば、火（すべてのものを黒くする）によって白くなり、水（すべての物体を冷やす）によって暖められ、泡立つ（油はそれを冷たいままにしておくのに対し）石灰の特性を説明するにあたって、自分自身の観察をもとにしている。[64] かれはまた、磁石の引力を目のあたりにし、「私は、それを始めて見たとき、ひどく震えてしまった」と、いかにも無邪気に述べている。[65]

しかしかれにとって知識の最大の源泉は書籍である。かれは、古代の知識人たちが何世紀にもわたって集め伝えてきた「驚異譚」（mirabilia）という宝庫からその知識を取り出しているが、そうした内容はほとんど全部、プリニウスあるいはソリヌスの書にある。[66] とくに前者は、たしかにアウグスティヌスへとつながる伝統の鎖において重要な環の役割を果たしている。しかしこの両者の間には若干の中間の環があることだけは言っておこう。

たとえばアウグスティヌスによると、ダイヤモンドは壊したり溶かしたりできず、牡山羊の血によってのみ「損なわれる」[67]。ルビーは暗闇のなかでも輝きを放ち[68]、アグリジェントの塩は火のそばにおくと溶けはじめ、水に入れるとはじけるような音をたてる。アルカディアのアスベスト（石綿）は、一度、火がつくと消えない。ペルシアの黄鉄鉱は、手でもつと火傷する。また同じペルシアには、内部の輝きが月といっしょに満ち欠けする透明石膏がある[69]。このように、まったく伝説的な事柄が雑然と並べ立てられるかと思うと、他方、「火」、「水」（沸騰する塩、腐食する物体）など解明が不十分なため不思議とされるものもあげられている。

植物学については、わずかの特徴的な資料しか見出せなかった。植物に関するアウグスティヌスの知識も、同じようにふたつに分類される。まず、かれ自身の体験にもとづくごくありふれた植物に関する知識がある。たとえば椰子の木に関するかれの説明はかなり正確である[70]。かれによると、クロウメモドキは最初は草のようであるが、あとで棘をもつようになる[71]。オリーブの種子をまくと、オリーブの木ではなく実生苗つまり野生のオリーブの木が生じる[72]。かれはまた、ヒソップ[73]、クリスマス・ローズ[74]のようないくつかの植物が薬草として用いられることも知っている。

一方、読書をとおして得られた知識もある。それは先にあげた「驚異譚」から取り出されたもので、たとえば灰を含むソドムの果物、また水に入れるとまず沈みしばらくして浮き上がるエジプトの無花果の木、葉が枯れ落ちることのないティロス島の木に関する知識がそうである[75]。

その他、動物学がある。これはより正確には動物物語で、アウグスティヌスの好みの話題である。この知識は先にあげたものとほぼ同じ性格のものであるが、より広範にわたっている。先に中世の「宝石博覧」をあげたが、これにあやかって言うならば、それは中世の「動物図像集」あるいはよく言えばビザンツの「生理学」

（Physiologus）を思わせるものである[76]。

そこにはまず先に述べたような、正確なしかしありふれたいくつかの知識がある。たとえば、ペリカンはエジプトの砂漠に住む鳥である[77]。オナガーは大型の野生の驢馬である[78]。オオバンは海や沼地に住む鳥である。ノウサギは臆病である。ハリネズミには棘がある[79]。先述したように、アウグスティヌスは自分の体験をもとにそのいくつかを説明する。しかしそれは、かれの観察の目が珍妙なものに奪われがちであったことを示している。それによると、トカゲの尻尾やムカデの胴体は切られたあとも生き物のように動き回り[80]、カルタゴでは、クジャクの肉は乾燥し腐らない[81]。またブッラ・レギアでは、養魚池の魚は餌を与える養魚係の歩みに合わせて池の周囲を回る[82]。

この分野の知識も大部分は書籍から得たもので、理性の判断を超える驚異的な事柄をそこから取り出し記憶していたものである。アウグスティヌスは、大して気に留めることなく、大サンショウウオ[83]、竜[84]、一角獣[85]、大カモシカなど[86]、さまざまな架空の動物について語っているが、たしかに、こうした知識の大部分は博識の伝統のほか、はるかに高度な権威をもつ聖書から取り入れている。

実在する動物の生態についても述べているが、その大部分もやはり異常なものを対象にしている。民間伝承に含まれる蛇、鷲などの場合がそうである。たとえばアスプクサリヘビの物語によると、この蛇は、魔法使の奏でる音色に魅惑されないように（セイレーンをまえにしたオデュッセウスのように）耳を塞ごうとして一方の耳を地面に押し付け、他方の耳に自分の尻尾の先端を差し込む[87]。鷲の目は太陽を直視することができるが、雄の鷲は幼鳥たちが自分の子であるか否かを確かめるためこうした特質をもって試し、自分の子でないとわかるとそれを殺す[88]。アウグスティヌスはまた、老衰した鷲がどのようにして身の危険を避けるかその方法について、つぎのように述べる。鷲の上あごの骨は年ととも口を開けられないほどに伸び、餓死する恐れがある。しかし利口なこの鷲は、余分な骨を岩に打ち付けて自分で壊す。[89]

ここで、こうした逸話を書き立てて時間を潰すわけにはいかない。[90]それは、古代全体をとおして形成され中世においても人気のあった絶妙な民間伝承から借用したもので、今更取り立てて説明するまでもないであろう。そのうち若干のものは詩の形をとって人々の間に浸透している。たとえば蜜蜂の自然発生、[91]風に吹かれて身ごもったカッパドキアの雌馬の物語などは、[92]アウグスティヌスがヴェルギリウスから取り入れたものである。またそれほど知られていないものもある。たとえば、動物で上あごを動かすのは鰐だけである。[93]これは誤った観察によるものであるが（解釈の誤りは大目に見てもよい）、ヘロドトスにまで遡り、アリストテレスが自分の権威をもって保証した物語である。[94]

Ⅵ　医学に関する博識

動物物語のつぎに、人間に関する博物学がある。人体に関する学習は医学に属する。アウグスティヌスのころの医学は、組織化され規則的に教授されたまれな学問のひとつであったが、[95]しかし専門家だけを対象とし、その知識を利用するものは多くはなかった。[96]こうした状況は、なにもデカダンスの結果ではない。[97]医学は一般の教養とは無縁の専門知識として考えられていたとはいえ、教養人は医学に接する機会があった。文学作品の注釈においては、時として他の学問と同様、医学も参照せざるをえなかったからである。こうしてローマの教養人たちは医学にも関心を寄せ、ヴァロ、ケルスス、プリニウス、アプレイウスなど百科全書的な主題を取り扱う著述家は、その博識を集めた「総合的な著作」（corpus）のなかに医学を取り入れている[98]。

アウグスティヌスもこうした伝統に連なるようである。かれは、厳密な意味での医学は学んでいない。しかし「侍医」（comes archiatrorum）でアフリカの前執政官であり、占星術についてかれと議論したことのあるヴィンディキアヌスのような医者と交流があった[99]。アウグスティヌスは医者との会話や自分でひもといた若干の医学書をとおして[100]、また読書のなかで見かけた断片的なことばをとおして医学関係の知識をいくらか身につけている。

よく検討してみると、かれの医学知識は他の学問と似たようなものであることがわかる。かれは医学について正確な基礎知識をいくらかもってはいたが、それは当時の医学に関するきわめて一般的な知識にすぎない。かれは、解剖学と生理学の区別[101]、その方法（解剖、生体解剖）[102]、主要な医学論のいくつかの学説、つまり五感[103]、四元素の役割[104]、脳の三室の機能[105]その他を取り上げている[106]。医術、薬学についても若干の実際的な知識をもっている[107]。しかしかれがとくに関心を示すのは、そうしたものではない。

繰り返しになるが、かれがとくに記憶にとどめていたのは奇妙な特異かつ異常な事柄である。たとえば、手に六本の指をもって生まれた怪物[108]、耳、口の不自由なもの[109]、腹話術師、自由に耳を動かすことのできるもの、またカタレプシー（強硬症）[110]、異常な生殖力[111]、遺伝[112]、生得的性格の遺伝[113]などがそれである。かれは、ヒッポクラテスあるいはキプロスの無名の暴君を主人公とするごく古い逸話を持ち出し、妊娠中に母親が見た絵画が子どもに与える影響について述べている[114]。

VII　自然学に関する博識

つぎに、厳密な意味での φυσική、あるいはラテン人の言う naturales questiones〔自然学〕について検討することにしよう。これは博物学、地理、医学とは切り離され、現代の物理学、宇宙形状誌、物理天文学、地質学など広範な内容を含んでいた。アウグスティヌスのころ、これらの諸学を学習するにはふたつの方法が共存していた。哲学者が用いた方法と教養人が用いた方法である。前者は理論を組み立てるため、後者は事実を収集するために用いられた。アウグスティヌスの教養にもこのふたつの方法が見られる。

かれは著作の多くの箇所で、ヘレニズム期の哲学者たちが支持していた自然学理論に言及している[115]。それは、四元素[116]、物質の本性[117]、世界の永続性[118]、ある特定の問題の解明つまり風、雲、雨の本性[119]、月の諸相の仕組み[120]、対蹠地の問題などである[121]。

しかし、四世紀の知識人に共通すると思われる教養と、アウグスティヌス思想の特殊な側面に起因する教養とを分別することはとりわけ難しい。自然学に関するかれの知識は、一部はかれが哲学の召命のために取り組んだ学習から来ているかもしれないし[122]、またある部分は明らかに教会関係の知的活動と関係がある。実際、たとえば教義、護教のための聖書注解（とくに「創世記」の最初の諸章）において、かれは自然学に関する多くの問題を解明せざるをえなかったからである[123]。

これまでにもしばしば指摘されてきたように、こうしたかれの哲学的自然学には、事実の確認やその正確な考察以上に、定理、仮説、弁証論的論証が含まれている。これに対して同一の分野を取り上げるにしても、人々の知的好奇心を刺激し注意を引く事実を蒐集している。そこで関心の的になっているのは事実そのもので、その説明ではない。少なくとも外面的に事物の通常の秩序や一般的な説明から外れるような驚異的、特異な事実を集めたがっている。

実際、博物学や生物学の場合と同じく、アウグスティヌスの書には自然学と関連する「驚異譚」が蒐集されている。稀少であることから人々に注目される驚異的なものとして、かれはサハラ砂漠のどこかにある、日中は凍り夜は燃える泉の話を聞いている。またエピロスでは、水中に投じた松明は当然、消えるが、しかし消えた松明を入れると燃え出す[124]。かれはこの情報を確認できなかったが、しかしこのような泉はガリアでもグルノーブルから遠くない地方にあることを確認している[125]。

またかれは日常、経験する事柄で、驚くべき特性をもち自然の法則に矛盾するようなあるいは変則的な作用をもつものにも注目させる。たとえば金属は水よりも重いが、しかし金属製の器は水に浮かぶ[126]。小さな鏡は大きなものを縮小して映すが、大きな鏡は小さなものを拡大して映さない[127]。

実を言うと現代のわれわれは、もたらされる概念を十分検討することもなく無邪気に驚くアウグスティヌスの態度にいつも与するわけにはいかない。たとえばかれは、藁が雪を「冷たく」保ち、青い果物を熟させるほどに「温かく」保つこと、あるいは火は燃やすすべてのものを黒くするのにある石は「白くし」、また火はあらゆるものを破壊するのに、木（炭化された）は腐りにくいものにすることに驚いている[128]。

Ⅷ　アウグスティヌスにおける博識の特徴

以上、述べてきたことが、アウグスティヌスが身につけていた科学的教養の中身であり、このような知識が「教え」（doctrina）、「博識」（eruditio）と呼ばれていたものである。ラテン語の doctrina, eruditio はほとんど同義で、フランス語の erudition は唯一その正しい訳語である。

私は当初から、アウグスティヌスの教養に見られるもっぱら文学的な性格を強調してきたが、それによって読者を誤らせたとは思わない。実際そこには、今日われわれが科学と呼ぶ名称にふさわしいものはなにも見当たらない。

アウグスティヌスの博識はまさに文学的なもので、しかも二重にそうである。まずかれの博識は、最初にそれをもたらした学校教育に束縛されたままである。これまでにも両者の関係を指摘してきたが、たとえば語源の重視は文法学校が残したものであり、「事例」（exempla）の多用は弁論学校の名残りである。その他、しばしば（とくに神話、地理に関する）アウグスティヌスの知識は、学校教育における何人かの古典の注釈から取られているようである。当時の人々は、とくにヴェルギリウスやキケロが語ったことあるいはそれに関連する事柄に通じていた。

この博識は、その方法においても文学的である。たしかにアウグスティヌスにおいても、知識の典拠となりあるいはその真実さを保証しているのは本人による観察、体験であるが、しかしそれはごく一部の知識に限られている。これまで見てきたように、かれの知識の大部分は広範な読書をもって学習し、記憶したものである。しかもその読書の対象は、古典とその注釈書、語彙集、学校教育の種々の段階で用いられる教科書、学説集、歴史上の事例や特筆すべき事柄の選集、昔の偉大な百科全書家の広範な著作など多方面にわたっている。

したがってかれの博識は体系的な学習によって修得されたものではない。先人が方々から手当たり次第に寄せ集め後代に伝えて来たものを単に受け入れているにすぎない（通常は練り直しの博識である）。しかしこれに驚くことはない。書籍に頼るこの方法は、まだローマ的な学問あるいは少なくともこの名にふさわしい学問が存在していたころ、すでにヴァロ、セネカ、プリニウスといった生粋の「学者たち」がとった方法でもあったからである。

こうした多様な知識をより容易に修得するため、ソリヌスの提要のような使いやすく分類、整理された書が編纂され、版を重ね、要約され、普及していったのである(129)。たとえば先にあげた歴史的事例集のおかげで、人々はプリニウスの書のような膨大な著作を読む手間を省くことができた。先述したように、アウグスティヌスもその知識の大部分をこれらの書から取り入れているようである。幾分、体系的なこれらの提要に加えて、『アッティカの夜』や『サトゥルナリア』のような、博識を寄せ集めたいわゆる「雑録」（mélanges）をあげるべきである(130)。この二書は、今日に伝わるこの類の書としてはもっとも重要なものであるが、しかしそれは、根強い需要に応えて帝政期全体にわたって大量に執筆された文学作品の見本にすぎない(131)。

IX　思想史における博識の位置

以上の説明のあと、この博識の内容は文学だけではないことを再度、確認しておきたい。そこには、われわれが今日「科学」と呼ぶものではないにせよ、それらしき知識も含まれている。その本性を確定するためには、少しアウグスティヌス以前に遡る必要がある。というのもアウグスティヌスはこれらの知識を、大抵の場合かれ自身の哲学、神学を構成するための道具として取り上げあるいは利用しているからである。したがってかれ独自の知識は除くとして、当時あるいはそれ以前のマクロビウスからアウルス・ゲリウス、アプレイウスに至る学者たちのそれを念頭におく必要がある。

そうした場合、普通この博識は帝政期の教養人たちにとり、それ自体が目的であったことに気づく。そこには、知識のための知識の追究という知識に対するある種の理想がある。

帝政期のラテン語には、こうした知的態度を示す用語が見られる。Curiositas（好奇心）がそれであり[132]、それに励むものを curiosus と呼ぶ[133]。この語は、損得抜きの知識に対する好みをよく表している。「好奇心と呼ばれるものはすべて、事物を認識する喜び以外の何を求めているのであろうか」と言うのが、アウグスティヌスのことばである[134]。

Curiosité というフランス語の訳語には、ラテン語の原意が反映されている。それはたしかに、より広くより多様な知識に対する精神的渇望、不屈の熱意、飽かされることのない憧れを示しているからである。デカダン期のすべての教養人、またかれらと同様、アウグスティヌスも時として現代知識人の特徴と思われがちなこうした知識欲をもっていた[135]。

この好奇心は時にはかなり強烈で、かれらを書物から引き離し、過去を背負い込みすぎた教養による閉鎖的、技巧的世界から引き出して観察へと向かわせ、散策、観察旅行、さらには冒険へと誘い出す。先述したように、アウグスティヌスは磁石の特性、魚の習性、その他、生物学、自然学の幾多の珍しい細部など多くの事柄について好奇心をもって調べ、記録し、記憶していた。かれは、当時の人々がどれほど知識欲に駆られていたかをつぎのように書いている。「人々は、外に出かけて行き、山の高い頂、海の巨大な波、河の広大な流れ、広漠たる海原、星辰の運行などに驚嘆する」[136]。それは、当時の人々にとって目新しいことではなかった。「好奇心の塊であった」ハドリアヌス帝[137]、また『黄金のロバ』（De asino aureo）の主人公ルキアヌスを突き動かしていた精神を思い出してもらいたい。

　しかしかれらの好奇心にはたしかに独自の特徴がある。われわれは古代人の好奇心と、現代人の好奇心、少なくとも現代文明が誇りにしている好奇心とを混同してはならない。両者に共通点（発見に対するあくなき情熱、損得抜きの知識に対する好み）があることは認めるとしても、両者を分離し、区別する溝の深さを忘れてはならない。現代人のいう好奇心は科学の進歩という理想に向けて秩序づけられた体系的な探究であり、その対象はそれ自体が目的ではなく、それらを統括する法則の発見に寄与するはずのものである。探究者がその目的をすぐに達成できず、あるいは資料を集め観察を重ねるだけに終わったとしても、かれはそれが中間の行程であり、学問の仮の形態であることを承知している。

　これに対して、アウグスティヌスのようなデカダン期の知識人に見られる古代教養人の好奇心は、はるかにたやすく満たされた。どれほど些細な事物でも、それを知ること自体が目的であり、人々は知るという「目先の」喜びのために知ろうとする。そこには、集めた資料を整理しようという努力の跡は何も見られず、事物を体系あるいは法則のもとに総括することもない。「すぐれた知識の人」の知識とは瑣末な事物の粉末であり、それぞれ個別の名称をもつ知識の断片にすぎない。

　こうした知識はアウグスティヌスの著作全体において散見され、マクロビウス、アウルス・ゲリウスにおいては「大系」（corpus）としてまとめられているが、しかしどちらもきわめて雑多な知識の寄せ集めといったふうに見える。言うならば、あちこちから取り寄せた資料を書きとめたカード集である。[138] こうした好奇心は飽くことのない無限に多様なものであるが、しかしものごとを徹底的に究明しようとするものではない。したがってこの好奇心を、われわれが百科全書と呼ぶような普遍的な学問への憧れと見るのは誤りである。[139] 古代の博識者は多くのことを知ろうとしたまでで、かれらが理想としていたのは多様な主題を取り扱いうる著述家になることであった。

　かれらを突き動かしている精神は、学者ではなく収集家のそれである。したがってかれらがめざすのは典型的、特徴的な事物よりも、奇妙な異常かつ特異な事例に関する知識である。[140] 現代人の行動のなかで古代知識人の関心に対応するものが何かあるとすれば、それは長いこと「好事家と研究者の仲立ち」をして来た探究の手順ということであろうか。

　この対比について、もう少し説明しておこう。実際ここには、長いこともてはやされ、西方の教養史において例外的な役割を果したひとつの思想の流れがある。この広範な問題を徹底的に検討するためには長い論議と緻密な説明が必要であろう。したがって私がここで不正確ではないにしてもきわめて総括的、要約的な説明にとどめたとしても読者は許してくれるであろう。私の唯一の意図は、アウグスティヌスによる証言の価値と射程を明らかにすることである。

　かれの博識に伴う好奇心は、近代科学に対立するだけではない。それはまたすでに古代において見られたような、経験について思考し、感覚による無限の所与を、ごくわずかな法則とは言わないまでもひとつの体系にまとめようという努力とも対立する。たしかに、「科学」（science）は存在した。それは哲学者たちの科学であり、はるか以前のイオニアの φυσικοί 以来、アリストテレス、初期のストア学派の時代に至るまで発展し続けた科学である。しかし私は今ここで科学の発展とその経緯について検討し、その成果を詳しく見究め、現代科学の成果と比較することによって、古代の科学がどこまで近代科学を準備し予知させたのか、あるいは逆にその挫折を実証したのか検討するつもりはない。

ただ、この科学がアウグスティヌスのような人物の教養とどのような関連があるのか、その点だけに注目したい。この両者はまったく異質のものではない。先述したように、アウグスティヌスは哲学者たちが自然学についてまた医者たちが生物学についてもっていた主要な学説について若干の知識をもっていなかったわけではない。しかしかれは、それをどの観点から見ていたのであろうか。

これらの知識もまた、デカダンスの影響を受けていた。それは閉鎖的で、完結し、固定化されたもので、そこではなにも動かず、新たな発見の約束も期待もなく、未来への門戸も閉ざされたままであった。私から見ると、アウグスティヌスの考えのなかには、科学の進歩という概念はたしかに欠如しているように思われる。そのこと自体がずっと以前から忘れられている[141]。かつてギリシアの科学をもって若者たちを突き動かしていた理想は消滅し、もはや新たな発見をもって科学の進歩をめざす時代ではない。文学と同じく科学の分野においても、人々が権威として認めていたのは、昔の人々、偉大な先駆者、「年代の古さ」(antiquitas)、「利用度の高さ」(vetustas)といったものであった。つまり科学がめざすことは、昔の教師たちの考え方に通じること、かれらが知っていたことを知ること、かれらの教えの成果を減ずることのないようにすることだけであった。ここでもまた、文学的方法が影響を与え、硬直化したままの学問を伝えることに手を貸している。

他方この科学は、あまりにも性急にまたあまりにも詳細にわたってすべてを解明しようとしている。それは、元素[142]、自然[143]といった概念を適当に応用することによって、経験からくるすべての問題を苦もなく説明しようとした。自分たちの狭い表象の世界しか知らない原始人あるいは子どもは何があっても驚かないと言われてきたが、デカダン期の自然学者たちもあらゆることに対して答えをもっている以上、何も驚くことはなかったと言える。もしこの学問に何か不確かなものがあるとしたら、それはひとつの事物に等しく当てはまるような多種多様な説明が提示され、その是非は弁証論によって確認しようとしたが、こうした解答にはいつも反証が可能であり、論議は果てしなく続きうるからである[144]。

したがってこうした学問が、これ以上アウグスティヌスおよび同時代の人々の関心を引かなかったとしても無理もない。かれらは、それを博識の一部として取り入れざるをえないことは分かっていたが、しかしこの博識は、全体として見た場合、哲学者たちの学問における過度の唯言語主義、合理主義に対する反発を示していた。もし、「異常なもの」を浮き彫りにするさまざまな事物を記録し記憶することが蒐集者の単なる楽しみを越える独自の価値をもつとするならば、私に言わせると、それは自然学者の取りがちな安易な態度に対する抗議であったということである。

自然学者が掲げる理論に対し事物を重視することは、事物をとおして具体的なもの実在するものに触れる喜びを味わうことであり、同時に、学者たちの極端な合理的思考の偏重に抗議することである。私から見た知識人の好奇心は、余りにも気休め的な説明に流されるのを拒み、この広大な世界には人を困惑させ説明のつかないものがあることを、おぼろげながらしかし力強く感じる人間理性の反動であったように思われる。こうした好奇心のもたらす成果こそ、ハムレットがホラティオに向かって発する叫びである。「ホラティオよ、天、地にはこれ以上のものがある。お前の哲学が夢見る以上のもの[145]」。

アウグスティヌスは『神の国』において、長々と「驚異的なもの」を数え上げるが、こうすることによってかれは、慣習に流され説明能力を失い、日常の出来事にいささかの疑問も感じないような大衆に対し、また同時に、学説をもってすべてを解明したと考える学者たちに対して異を唱えているのである。この両者に対しアウグスティヌスは、かれらが驚かざるをえないような事物、日常経験外の事物、矛盾するような機能をもつ事物、つまり本来の自然学に収まりきれない事物もあることを指摘する。[146] かれが帝政末期の博識者たちとともに、奇妙なこと、特異なことに固執しているのはそのためである。近代の学者は理解することにこだわるが、こうした「好奇心に富む人々」(curiosus) にとってそれはあまりに安易なことのように思われ、かれらはそうした空虚な仕事を拒み、説明不可能なものとの生の接触を現実のなかにおいて保持していこうとしているのである。

　こうした視点から見た好奇心は、まったく好ましいものに見えてくる。われわれはここでも、単なるデカダンスのように見えるものの下にどれほどの斬新な発展が隠されているかに気づく。そこには、興味深い健全なあるものつまり必然的な反動があったということである。少なくとも、問題は提起されていた。不幸にしてすぐに付言しなければならないが、その問題は解決を不可能にするような仕方で提起されていた。実際、こうした反動は人間の無能、驚愕を白状させるだけのまったく否定的なものであった。それは、伝統的な自然学が人間の精神を閉じ込めていた狭隘な枠を破壊しながらも、この牢獄から脱出するために必要な力を与えることはできなかった。それは哲学者たちの学問の無能さを認めさせたが、しかしたとえその最初の基盤にせよ、よりすぐれた学問を提供することはできなかった。

　さらに言うと、結局はその効力はきわめて限られ、その方法は癒したと思われた悪を別の仕方で再生させることになった。「驚異的なもの」に関する知識の主たる役割は、ことばと書籍による知識を現実のもの経験的なものに呼び戻すことにあったと思われる。しかしこうした学問も、現実の世界から異常なもの、印象的なもの、特異なものをとくに取り上げ、一旦、人々を驚嘆させたあとは、これらの事実に取り組み、細かく検討し、より広い現実世界に組み入れることを怠り、結局は、人々に「驚異的なもの」の存在を認めさせるだけに終わった。時が経つにつれ、こうした驚異的なものに頼る手法はその効力を弱めていったが、しかしそれはいまなお、人々に驚かないことを学ばせるひとつの方法である。

　この点について、アウグスティヌスはとりわけすぐれた証人である。当時の人々のなかで、現実により強い関心を寄せ事実の分野により深く分け入り、異論の余地のない体験だけに頼ろうとしたものはアウグスティヌスをおいて他にだれもいない[147]。しかしこれほど慎重に振る舞いながらも、かれは文学的伝統によって伝達されたきわめて幻想的な「驚異的なもの」をなんの懸念もなく受け入れている。このパラドクスは、心理学的に見てどのような仕組みになっているのだろうか、その説明を試みたい。

　経験の利用という点で、アウグスティヌスと現代の学者とは大きく違っている。アウグスティヌスの場合、経験は仮説の後に続くはずの確認の手段ではない。かれが経験を取り上げるのは、現実を緻密に究明したり、現実の解明に有用な概念をより明確にするためではない。かれが求めるのは、あるがままの事物、また大衆あるいは学者が期待するものに行き当たったと思われる事物そのものの実在を証明するだけである。つまりアウグスティヌスが経験を用いるのは、現実は「驚異的なも」のであることを立証するためである[148]。

日常の経験をとおして「驚異的なもの」を見なれたかれは、書籍、伝統のなかに似たような「驚異的なもの」を発見するとき、どうするのか。こうした疑念は無駄というものである。かれには準備された答えはない。例をあげよう。かれが磁石の特性を取り上げる一文を読んでもらいたい[149]。かれはまず、自分の経験から知ったことを伝え、それに友人ミレヴムのセヴェルスの経験を信頼すべき証明として付け加える[150]。この二重の経験から何が結論されるのだろうか。

磁石は、まったく特異な性質をもつ石である。そこからあらゆることが引き出される。かれは書籍をひもとき、そこにこの不思議を読むとき、それ以外の不思議が書かれていても驚かない。たとえば、ダイヤモンドを磁石に近づけても磁力は働かない。それは、どのように説明したらよいのか。どのような原理があるのか。合理的な説明も疑わしい。経験が事実を示す。アウグスティヌス自身が自分の目で見た磁石の働き以上に不思議なものがなにかあろうか[151]。

「驚異的なもの」を軸にして働く好奇心は、再び書籍のなかにそれを求め、疑わしい伝統をたどりつつ、打つべき手立てもなくさ迷い続けるのである。

以上、私は深い興味をもって、アウグスティヌスの科学的教養における諸要素について検討してきた。われわれはここで、帝政末期のひとりの人間が実際に身につけていた科学とはどのようなものだったのか、その内容は何だったのか、どのような需要に応じたものであったのか、明確にすることができた。こうした主題の検討には意味がある。というのは、こうした科学の概念は四、五世紀といった幾世代かだけのものではない。アプレイウス、セネカ、プリニウスといった人々の科学は、実質的にはこれと大差ないのではなかろうか。このような科学は、アウグスティヌス以後も古代の伝統が続くかぎり存続した。私はここで、幅広い壮大な見解を提示しておきたい。それは、「驚異的なもの」の民間伝承とギリシア哲学の合理的学説、このふたつは、近代の経験科学の創造に先立つ最初の思想の展開に至るまで幾世紀にもわたって中世の科学を構成する二要素となっているということである。

第Ⅱ部　知恵の探究

「私たちふたりが、ただきわめて博識であるだけでなく、きわめて雄弁な、すぐれて知恵のある完全な人に、この問題（魂の力と能力）について尋ねることができますように」

（『魂の偉大』三三（七〇））

第一章　哲学への回心

I　アウグスティヌスの哲学への回心

アウグスティヌスは「すぐれた弁論家」、「博識の人」であった。しかしかれはそれで満足していたわけではなく、終生、単なる修辞学者、博学者以上のものでありたいと願っていた。「当時まだ青二才であった」(1)一九歳のアウグスティヌスは、キケロの『ホルテンシウス』（Hortensius）を読み、知的召命を意識して以来、その一生を知恵の探求、哲学にささげようと考えるようになった。

ところで、この「知恵の探究」（studium sapientiae）はアウグスティヌスの知的教養においてどのような位置を占めるのであろうか。まずわれわれは、かれが宗教的分野と同じくあるいはそれ以上に知的分野において大きく成長していったことを忘れてはならない。連続して起こるこの内的発展を年月で切り分けることは困難であるが、しかし説明をはっきりさせるためにはそれもやむをえない。こうしてかれの生涯は、回心（三八六年夏）と聖職叙階（三九一年春）というふたつの出来事を境に三つに区分できる(2)。

かれの知的生活に関する『告白』（Confessiones）の叙述から見るかぎり、「回心前」のアウグスティヌスの教養において、哲学はそれほど重視されていなかったようである。このころのかれは、何よりもまず修辞学者、教師、講演者であり、その教養はまだアウソニウスやシンマクスのそれと本質的な違いはなかった。

　そうしたかれに、心理的変化を惹き起こす機会となったのが、『ホルテンシウス』の読書であったことは疑いない。しかしこの読書がかれのなかに知恵に対する愛を芽生えさせ、その他の何巻かの書の読書[3]や瞑想に駆り立てたとしても、それが直ちにかれの知的生活全体を変えるほどの影響を与えたわけではない。『ホルテンシウス』の読書はある変化の出発点ではあったが、しかし『告白』が証言しているように[4]、当初、その変化はゆるやかに波及していった。

　アウグスティヌスが三八〇年ごろ書いたと思われる処女作の『美と適合』（De pulchro et apto）は、当時のかれの知的水準を知るのに役立ったはずであるが、残念ながら現存しない。かれが残してくれた要約によると[5]、これは哲学論文のようなもので美の基本に関する瞑想の書であった。しかし本書が、ローマの修辞学者ヒエリウスに献呈されていることは注目に値する[6]。このヒエリウスは、哲学者よりもむしろ修辞学者として知られ、また当時としては稀有なことであったが、ギリシア、ラテン両言語に精通していた。

　のちキリスト者となり司教となったアウグスティヌスは、ヒエリウスへの献辞を書くことになったわけをきびしく問い直している。属州出身の無名の知識人であったアウグスティヌスは、名声獲得に最適の場であった首都ローマで活躍するこの人物にその処女作を献呈し、それによって自著の成功を期待し、かれの庇護に頼ろうとしたことは想像に難くない。このように、名だたる修辞学者に献呈されるほどの著作が修辞学と文学（この語には、哲学者から見ると軽蔑の意味合いがある）を踏まえたものであったことは当然、考えられる。それは、第二ソフィスト期のギリシアの修辞学者、あるいはラテン地方のアプレイウスのような哲学者気取りの若者が書いた演説にやや似たものであったに違いない。

たしかに当時のアウグスティヌスは、かれ自身、マニ教の司教ミレヴムのファウストゥスとの出会いについて指摘しているように[7]、すでに、雄弁術の成功よりも、思想、真理の探究を選択していた。しかしまだ文学的教養の幻惑から抜け出せずにいた。ミラノでは回心のわずか一八か月まえ、形而上学的不安にさいなまれながらバウトの執政官任命を祝いヴァレンティニアヌス二世の御前で称賛演説をしている[8]。こうしてかれは、かつてのエウノミオス、クラウディアヌス、アウソニウスと同じく、心血を注いで純正な修辞学と世俗的名誉を得ようとしている。つまり三八六年の夏まで、アウグスティヌスの教養は本質的に文学的なものであったということである。

ところが三八六年後半における回心という事実によって、この教養は重大な影響を受け根本的な変化を遂げる。たしかに、ひとりの人間の心理的変化において截然とした断絶などありえない。それは、ずっと以前から他の多くの変化によって準備され、そのあるものはすぐには結果をもたらさない。とはいえ、この「回心」が決定的転換を明示していることはたしかである。まさに人間全体の変化を伴うこの「回心」には、分析することはできても分離してはならない多くの共通する側面がある[9]。

(a)「宗教的」側面。アウグスティヌスはカトリック教会に入信することを決心し、つぎの復活祭に受洗するため洗礼志願者名簿に登録される[10]。

(b)「道徳的」側面。同棲した二人目の女性と別れ、結婚の意志をすて禁欲生活に入る[11]。

(c)「社会的」側面（前者と密接に結合しているが[12]）。教職を辞し[13]、修辞学教師、帝政の官僚としての野望をすてる[14]。

(d)　知的生活の面では、「哲学的」側面と「教養的」側面に二分すべきである。前者においてかれは新プラトン的思想を取り入れ、それを自分で深めることによってアカデミア学派の懐疑主義を克服する[15]。

（e）つぎに、本書でとりあげる「教養的」側面では、明らかにそれまでとは異なる教養を考えている。それは、全面的に知恵の探究に秩序づけられた教養であり、哲学的教養である。実際、「回心」によってかれの知的生活は全面的に刷新され、かれの哲学的信念だけでなく教養の枠組みそのものも変化している。

かれは、文学的教養とほぼ全面的に手を切る。[16] かれが理想としているのは、これまでのような審美的な悦楽や雄弁による成功をめざす生活ではない。かれの「対話編」には、三八六年さいごの数か月間におけるカッシキアクムでの思索活動が反映されているが、そこに見られるかれは、自分の指導のもとに勉学を終えつつあったふたりの若者に囲まれている。そのうちのひとりリケンティウス（Licentius）は文学に目覚めたばかりで、ピュラモスとティスベを主題に詩作に熱中していた。[17] これに対してアウグスティヌスは、あらゆる手を尽くしてこの若者を形而上学的探究に引き込み、[18] 学校で学ぶような文学にうつつを抜かす代わりに「知恵の探究」に向かわせようとする。そしてリケンティウスがその考えに興味を示し始めると、つぎのような励ましのことばをかける。

「すばらしい。きみはいま、まるで天に到達せんばかりに懸命に努力し、
ヘリコン山の山頂をはるかに越えた[19]」。

しかしアウグスティヌス自身の思考は何に向けられていたのだろうか。同じ「対話編」によると、かれが関心をもっているのは、知識、知恵、魂の本性など、本質的に哲学的な諸問題だけである。かれは新しい門出をしている。かれはもはや修辞学教師ではなく、思想家、哲学者である。[20] まだ「知恵の人」（vir sapiens）ではないが、「知恵の探究」に一身を賭けている。したがって教養的側面から見たかれの回心は「哲学への回心」であった。

三八六年秋から、アウグスティヌスの哲学者時代とでも呼びたい時期が始まる。この間かれは、活動の大部分を重要な形而上学的諸問題の考察にあてている。[21] かれは、まず三八六年秋から三八七年春まではカッシキアクム、

つぎにミラノ、そして受洗後はローマで、親族や友人の小グループに囲まれながら学究と瞑想の生活を送っている。そして母モニカの死後（三八七年秋）、故郷のアフリカのタガステに渡り、そこで同じような共同生活を続けている。この共同体はすでに修道院であったといってもよい[22]（タガステでは、カッシキアクム以上に宗教的な雰囲気があった[23]）。ただ、その修道院は知的生活を重視する哲学者たちの修道院であった。

この哲学者時代は、かれが自分の意に反してヴァレリウス司教からヒッポの教会で叙階されることにより（三九一年春）、突如として終わる。その後かれは、三九六年から三九七年の冬の間に司教にあげられたが[24]、こうした出来事は当然アウグスティヌスの知的生活に影響をもたらし、こうして聖職者時代という新しい時期が始まる。

たしかに、アウグスティヌスは「知恵の探究」を諦めたわけではなかった[25]。かれは四〇〇年から四一四年の間に、ヒッポで哲学的名著とも言うべき『三位一体』の後半を書いている。しかし望みどおりにこの探究を続行するだけの知的余裕はなかった[26]。急遽、聖書学習を迫られたかれは、哲学的学習を中止せざるをえず、また死ぬまで聖職の役務から解放されることはなかったからである。他方、聖職の責務に追われまた宗教的体験を重ねることによって、かれの教養は哲学者時代の枠を超える新たなより包括的な視点をもつようになっている。しかし聖職者時代の検討は後回しにして（本書第Ⅲ部参照）、ここではアウグスティヌスにおける厳密に哲学的教養とはどのようなものであったのか、その究明にあたることにしよう。それも、かれが哲学者にすぎなかったころ（三八六―三九一年）の著作を中心に[27]、しかし哲学者時代の延長を示唆する後代の著作における諸点も加えつつ考察することにしたい。

Ⅱ　古代教養史に見られる哲学への回心

アウグスティヌスの哲学的教養について詳述するまえに、かれの「哲学的回心」を明確にしその重要性を浮き彫りにする視野を確立するため、いくつかの事実を大まかに取り上げておきたい。

先述したように、アウグスティヌスは「文学的」、「弁論的」教養と、哲学的教養のふたつからひとつを選択したのであるが、ここで想起してほしいのは、この二教養間の対立は古代文化の起源に一貫して見られた特徴のひとつであるということである。五世紀の偉大なソフィストたちとその後のイソクラテスの立場については先に述べたが[28]、すでにソフィストとソクラテス、イソクラテスとプラトンは対立していた[29]。

イソクラテスの「文学的」教養に対し、プラトンはそれとは正反対の哲学的真理の探究をめざすもうひとつの教養を主張し、双方がアテナイの青年たちの知的教育をめぐって争った。今日なおわれわれは、かれらの著作をとおして両者間のきびしい論戦を見ることができる。プラトンは、イソクラテスが教えていた一般教養と言われるものの幻想、けっして真理に達することのない事物の説明、「文章の愛好者たち」を満足させるだけのあまりにも文学的なこの教養を批判した[30]。他方、イソクラテスは哲学者たちに皮肉を浴びせ、弁証論をとおして真理に至ろうとするこの「議論家たち」（οἱ περὶ τὰς ἔριδας διατρίβοντες）[31]の大変な苦労を嘲笑っている。

両派の闘争は、以後も絶えることはなかった。全体としては、イソクラテス派に軍配があがった。プラトンとアリストテレスは人間性に期待をかけすぎ、歴史の上では打ち負かされた。結局は、イソクラテス風の弁論的教養は世人のほとんど一致した支持を受け、以後、八世紀の間そうした組織をヘレニズム文化、つぎにローマ文化に押し付けた。アウグスティヌス時代においてもこの教養が支配的であったことは先述したとおりである。

しかし哲学的伝統はけっして消滅したわけではない。いつの世代においても、多少の影響力をもつ少数のものが、勝ち誇る弁論的教養に対し哲学的教養の立場を主張し続けた。

もちろん、こうした対立をあまり絶対化してはならない。すでにプラトンとイソクラテスの間には多くの共通点があった。イソクラテスは哲学者のむなしい主張、「無謀な態度」を軽蔑するように見えても、その影響を避けることはできなかった。かれはその弁論的教養に「哲学」（φιλοσοφία）という名称を与え、この教養だけがその名にふさわしいと主張している[32]。実際、かれの言う教養には形而上学的知識がいくらか含まれ、また弁論術の教授においてはイソクラテス後もずっと、少なくとも原則として哲学に若干の時間が割かれていた[33]。

しかしそれ以上に重要なことは、修辞学者たちがずっといくらか哲学者をもって自認したのに対し、真の哲学者も徐々に敵対者との距離を狭めていったということである。すでにアリストテレスはイソクラテスの成功に刺激され、自分の文章に華やかさを添えようとしている[34]。こうして時代が下るにつれ、哲学に対する修辞学の影響はますます色濃くなっていく。

前三世紀以降、修辞学は哲学教授の領域に割り込んでそこに重大なレベルの低下をもたらし、思想家に代わって大衆作家や講演者が活躍するようになり、以後、哲学者を自認する修辞学者と後退した哲学者との境界はあいまいになっていく。たとえばアプレイウス、ユリアヌス、その後のシュネシオスなどはどの範疇に入れるべきであろうか[35]。

また、真の哲学者の名にふさわしいと思われるセネカ、エピクテトスなども、思想の形成、説明において修辞学的、文学的精神をとどめていることに現代の読者は驚く[36]。

しかしこうした両者の歩み寄りにもかかわらず、哲学は、低俗な弁論的教養に反対することをけっしてやめなかった。しかしここで、両者間の闘争史を詳しく語る必要はあるまい。[37] アウグスティヌス直前の先駆者たちがどのような教養をもっていたのか、かれ以前のローマ社会における「哲学への回心」にはどのようなものがあったかを語れば十分であろう。[38]

帝政期以前には遡らないことにする。[39] たしかに、そこではかつてないほど弁論的教養は優勢であったが、しかしどの世代においても、社会から離れて哲学を生業とし哲学中心の教養を確立しようと奔走した人々がいた。そこには単に知的側面だけでなく道徳的、社会的側面を変え、根本的に新たな生き方をもたらす真の「哲学への回心」があった。

先述したように、セネカは、「文学的」影響を十分に離脱できないながらも、はっきりと通常の弁論的教養に反対し哲学的教養を優先した一世紀最大の代表者である。[40] たしかに、哲学者セネカと学校教育用の選集を後代に残したその父修辞学者セネカの間には深い淵がある。セネカだけではない。かれの弟子ルキリウスは言うまでもなく、かれの「哲学者」サークルのほか、ペルシウスとルカヌスの師であったアンナエウス・コルヌートゥス、そしてペルシウス自身がいる。[41]

二世紀においては、哲学的伝統最大の代表者としてマルクス・アウレリウスがいる。かれは、その教師で生粋の修辞学者であったフロントとは反対の立場をとっている。その『自省録』(Pensées)は、かれが意識的に通常の教養を拒否していたことを明示している。[42] また、マダウラの碑銘で「プラトン派の哲学者」(philosophus platonicus)と呼ばれているアプレイウスも(条件つきではあるが)あげることができる。[43] そしてアウグスティヌスにごく近い年長者では、「文学者」シンマクスと、これに対立したプラエテクスタトゥスがいる。

こうした二類型の教養の対立はアウグスティヌス以後も続き、六世紀には、修辞学者の教養をカッシオドルス[44]が、哲学者の教養をボエティウスが代表している。こうした対立は古代の伝統にとって本質的なもので、精神形成における古典の役割が問題になるたびに立ち現われる。そして「一二世紀ルネサンス」は、新たな局面を見せてくれる。ごく最近の聖ベルナルドゥスの伝記作者によると、シトー会の霊的思想の背景には人文的教養、古典的文学的形成といった要素が垣間見られるという[45]。これとは反対に、生粋の弁証論者であったアベラルドゥスは、新たな様相のもとに古い哲学的伝統の遺産を継承している。こうした指摘を誇張するわけではないが、しかし中世思想を代表するこのふたりの偉人の対立には、少なくともそれぞれの副次的な流派における両教養の伝統的対立を見ることができる。

このように、アウグスティヌスの哲学への回心は例のないことではなく、長い伝統のなかに位置づけられるべきものである。ただ、そこに見られる特殊な形態については説明が必要である。

Ⅲ　アウグスティヌスの哲学における知恵の修得と宗教的要素

周知のように、アウグスティヌス思想の中心課題は幸福ということである。その点かれは、これをつねに基本的問題として意識してきたヘレニズム哲学の伝統に連なる。

幸福はどこにあるのか。アウグスティヌスによると、それは「知恵にある」[46]。では、その知恵とはなにか。それは、至福に憧れるわれわれの渇望を満たす知識、真理を把握することである[47]。しかし知恵は、神を示す名称のひとつである、[48]神はわれわれに幸福を保証する唯一の善である。したがって知恵とは知識であり、より正確には神を享受することである。ここでいう知識とは、単なる知性による知識ではない[49]。そのためアウグスティヌスは、『ソリロキア』において、神に対し「真理なる神よ」、「知恵なる神よ」、「至福なる神よ」と呼びかけている[50]。

したがって、われわれは知恵をめざして進まなければならない[51]。では、この「知恵の探究」をどのように組織し、そのために必要な生活をどのように整えていくのか。アウグスティヌスは、『秩序論』においておよそつぎのように述べている[52]。神に関する知識を直に得ることはできない。神の掟が命じているような厳格な手段、規律を守らなければならない。この規律には、ふたつの規定が含まれている。ひとつは生活態度について、もうひとつは必要な学問の秩序についてである。こうして知恵の探究は、道徳的側面と知的側面という二側面をもつことになる。アウグスティヌスはこの区分に固執し、幾度もそれを想起させ[53]、この二要素をもとに説明していく[54]。

かれのことばは明白ではあるが、しかしこの二側面のほかに宗教的あるいは超自然的と呼んでもいい第三の側面を加えるべきであろう。たしかに、かれはこの第三点について先の二点ほどに詳しい説明はせず、ついでに言及しているにすぎない。しかしその説明は短いとはいえ明白で、けっして無視することはできない。かれは右にあげた対話の結論として、徳と学問によって浄化され神の栄光を観想しうるまでになる魂を示してくれる。さらにかれは、宇宙における秩序の問題を解決したあと、「よく生き、よく祈り、よく学ぶもの」は、神の美を見るであろうと付け加えている[55]。話のついでに、しかも括弧に囲んで述べるこの勧告をもって、かれは過去の生活に対する悔悟と改善、また以前の生活の補完を示しているように見える。

この点は強調しておきたい。いまだに多くの歴史家は、カッシキアクム滞在中のアウグスティヌス回心が実際に宗教としてのキリスト教への改宗であったことを認めようとしないからである。

私はここでまず、いくつかの証言を上げておきたい[56]。これらの証言は、カッシキアクム隠退中のアウグスティヌスの生活が内省と哲学的省察、文学的活動であっただけでなく、祈りと償いの生活でもあったことを明らかに立証している。かれは毎朝、起床時に祈るだけでなく、[57]夜の一部も祈りにあて、[58]過去の過ちについて悔悛の涙を流していた。[59]また周囲にいるものもみな、祈っていた。母モニカはもちろん、リケンティウスのような若い弟子たちも祈った。[60]アウグスティヌスは自分のために祈ってくれるよう母に頼み、[61]またかれ自身、友人たちのために祈っている。[62]

もちろん、この祈りの性格については異論もありうる。これは果たしてキリスト教的な祈りであったのだろうか。プロティノスも祈りを薦めているからである。証拠もない推論はやめて、アウグスティヌス自身の祈りのことばに耳を傾けよう。『ソリロキア』のはじめにある、「全宇宙の創り主なる神よ」(Deus universitatis creator)という感嘆すべき祈りに注目してもらいたい。[63]私はここで、この祈りについて詳しく検討するつもりはない。ただ、簡単にいくつかの点を指摘するにとどめたい。

たしかに、この祈りは新プラトン主義的な性格がきわめて濃厚である。[64]そこには、神に向かって上昇する魂と、神の光を映し出そうとする魂が示されているように思われる。しかしそれはまた、キリスト教的祈りでもある。そこには神の恩恵としての知恵を願い求めるアウグスティヌスの魂がきわめて鮮明に現われている。[65]『ソリロキア』の書き出しの時点においてすでに、アウグスティヌスが自分の思想を確立していたことは明らかである。[66]それによると、知恵は人間的努力だけで得られるものではなく、教養だけの成果でもないこと、知恵は超自然にその起源をもつものであり、神の助け、恩恵の成果であり、だからこそ祈りが必要であるということである。[67]

これらの証言に加えて、さらにいくつかあげておこう。それはカッシキアクム時代の著作に含まれるもので、その意味するところはきわめて明確である。そこでアウグスティヌスは、弟子たちにつぎのように勧める。「富、栄誉、消滅する善ではなく、われわれを善いものにし、至福にするものを得るために祈ろう」[68]。それが知恵である。

知恵の探究にとりかかること自体、すでに神のお召し、恩恵の結果である。アウグスティヌスは、自分の「哲学への回心」は母モニカの祈りによるものであると明言する[69]。リケンティウスがかれに次いで知恵の道を歩み始めたとき、アウグスティヌスはそれを大いに喜び、自分がたどってきた歩みを振り返りつつキリストに感謝の祈りをささげている[70]。かれはリケンティウスの宗教的感動をともにし、リケンティウスが進歩したのはかれが前夜ささげた祈りのおかげであると言明する[71]。

さいごに、アリピウスも恩恵の必要性について明言している。知恵の修得は危険を伴う難事で、いわば神的な人間だけが、あるいは神の助けを受ける人だけがそれを成し遂げることができる[72]。

他方、アウグスティヌスの哲学全体が「キリスト教的哲学[73]」であることに留意すべきである。かれの哲学は、権威をとおして受け入れた真理を理性をもって再発見する努力にほかならず、すべて、信仰の内部において発展していく。周知のように、「理解するためには信ずる」必要があるという主張[74]は、アウグスティヌス主義にとって本質的な要請である。それはすでにアウグスティヌスの哲学者時代に明白に表明されたものであるが、そこには可見的な教会への入信と参加が示されている。こうした証言すべてが、知恵の探究における宗教的要素の重要性を見落としてはならないことを教えている。

Ⅳ　知恵の修得における道徳的要素

つぎに、他のふたつの側面について考察することにしよう。まず道徳的側面について[75]。魂は、知恵に到達するためには「態度を改め、秩序正しく生きなくてはならない」。日常生活において思考し行動するのは、同じひとつの魂である。魂は学問をとおして永遠の真理を修得し、これと調和して活動すると同時に、情欲の支配と悪習の反抗による実際生活（mores）の不調和を除去しなければならない[76]。知恵は最高の道徳的生活を求め、「最良の道徳的生活のためには、最高の努力を払わなければならない[77]」。アウグスティヌスは、自分の教えに聞き入る弟子たちにつぎのような生活設計を描いて見せる。「性愛、口腹の欲、身体を過度に気遣ったり飾ったりすること、つまらぬ遊びに夢中になること、惰眠や怠惰などから離れた生活をしなければならない[78]」。

かれがここで提示する道徳的状態にはキリスト教的、プロティノス的要素のほかにマニ教の残滓が含まれており、これは興味深い検討課題である。

この道徳的生活にはまず、神を礼拝し、信、望、愛をもって生きるというキリスト教的特徴がはっきりと見て取れる[79]。しかしとくに私が気を引かれるのは、栄誉に対する過度な欲望や政治的野心を避け、静寂を求めるなどといった古代の人々の態度である[80]。そこにはまた、アウグスティヌスが選んだ生活の理想、かれが「自由人の余暇」（otium liberale）と呼ぶものがどのようなものであったかも感じ取ることができる[81]。かれがあとで取り入れえないような、キリスト教に合致しないものはなにもない。しかしこの道徳的理想はやや禁欲的なものであり、これはアウグスティヌスにおける古代哲学の遺産である。

しかしこの点を強調しようとは思わない。むしろ本書の主題により直接に結びつくもうひとつの点に読者の注意を促したい。これまで述べてきたことで意外に思われるのは、アウグスティヌスの哲学的思索には道徳の場が小さいことである。たしかに知恵の探究を始めるにあたって、道徳的問題はきわめて明白に持ち出されている。しかしかれはこの問題の重要性について弟子たちの注意を惹くだけにとどめ、詳しく説明しようとはしない。ある種の道徳的理想を提示はしても、その検討に時間をかけようとはしない。それはかれにとって自明のことであり、先を急ぐ。たしかにそれは本質的な重要性をもつものであり、それを実現するためには生活におけるあらゆる努力、内的戦いが求められる。しかしこれは実践の問題であり、時間をかけて思索するまでもない。道徳はたしかに必要ではあるが、しかしそれは哲学的教養の外に位置するもので、いわば解決ずみの問題として考えられている。

ここには、アウグスティヌスの哲学的教養における主要な独創性のひとつがあるように思われる。この教養の息吹きのもとに書かれた著作に目を通してみよう。そこでは、いわゆる道徳はまったく問題にされず[82]、神の存在、魂の本性といった形而上学的問題だけが取り扱われている。その点アウグスティヌスの考えは、生活態度にかかわる諸問題、幸福の探求における「実際的」諸問題だけに関心を強めつつあったヘレニズム思想と対立する。こうしたヘレニズム的傾向はローマ社会においてさらに強調され、したがって、セネカ、マルクス・アウレリウスの思想に見られる「告白的な」あるいは「日記」のような重苦しい雰囲気と[83]、アウグスティヌスの思想とはひどくかけ離れている。こうしてわれわれは形而上学的探究を再評価し、この思索と生活との関連を保ちつつより高度な思想の展開へと導く教養をアウグスティヌスのなかに再発見するのである。

Ⅴ　知恵の修得における知的要素

さいごに、「知恵の探究」における第三の、知的側面を取り上げることにしよう。それは、「教養」そのものの本質、役割を明示する側面で、われわれにとっていっそう重要な要素である。

「よく学ぶもの」は、神を観る。恩恵と徳の果たす役割もさることながら、知恵の修得は主として理性的活動の成果であることに変わりはない。

この活動にはふたつある。ひとつは、幸福をもたらす真理を把握することである。この活動は、知恵を明確に示しその修得を予想させる。われわれは理性の創造的活動をもって、信仰の提示する諸真理の存在と内容を再発見し理解しなければならない。こうした活動は、アウグスティヌスにおいては明らかに哲学的形式をとっている。かれによると、われわれがいつか神から得ようと希望する知識は、数学的諸学科が体験させてくれるような理性的な知識よりもはるかに豊かな内容をもっている。しかし両者の知識の類型は同じで、双方に同等の確実性、同等の理解しやすさがある[84]。

したがって、知性に求められる第一の努力は、形而上学的探究、理性的真理の把握、哲学の形成ということである。こうした探究の枠組みを、アウグスティヌスは「神を知ること」、「魂を知ること」という表現をもって明示している[85]。前者は目的であり、後者は手段である。この考え方には、アウグスティヌスの思想における現実的感覚がよく現われている。われわれは信仰によらずして直接に神に到達することはできない。われわれが理性をもってじかに到達しうる唯一の実在は魂である。神に至るために用いるべきものはこの魂であり、魂から出発すべきである。

しかし知性の働きはそれだけではない。アウグスティヌスの哲学は断片を寄せ集め体系化したものにすぎないと想像するものは、かれの哲学についてきわめて貧困かつ無味乾燥な理解しかもたないことになる。かれが追究し、現世において可能なかぎり達成しようとする目的は、単に神を知ること（理性的確信を伴うという意味で）だけでなく、確実に神を所有することである

したがって、アウグスティヌスは真理を発見することを学ぶだけでは満足しない。かれは、真理を知るに応じてそれを享受しようとし、日ごとの瞑想をもって神の観想にまで自分を高めようと努める。しかし私はここで、アウグスティヌス的瞑想の方法、本性について説明しようとは思わない[86]。また哲学的な方法を用いるこの瞑想が、より広範な、神秘的とも呼ぶべき分野において――きわめて知的な神秘主義ではあるが――どのようにして完成されるのかも示そうとも思わない[87]。ただ、この瞑想がアウグスティヌスが哲学的視点から見ている精神生活のどこに位置づけられるのか、それを明らかにするにとどめたい。

アウグスティヌスが知性の活動として認めているのは、形而上学的探究と観想のふたつであるが、これはふたつとも一般化された意味での「教養」を明示している。実際、それ以外のいかなる魂の活動も正当なものではない。教養全体はこの厳正な理性的雰囲気のなかで培われ、また追求する目的に密接に添うものでなければならない。そこにはとくに、たとえば芸術的活動のように他のものに拘束されない活動は認められない[88]。

以上、哲学的教養について説明してきた。やや要約的ではあるが、これで十分であろう。私がここで意図しているのは、アウグスティヌスの形而上学と観想そのものについて、またそれぞれに固有の目的について考察することではない。ただ、それはわれわれが注目するアウグスティヌス的思想の二次的な側面にすぎない。アウグス

ティヌスの考えによると、真理の理解とその所有は、理性の働きだけに限ってみても容易なことではない。そのためには、ある種の訓練によって鍛錬され、また若干の知識を修得した知性が必要である。一言でいうと、この（広義の）哲学的教養は、一定の予備教養つまり狭義における教養の修得と活用を前提としている。

こうした思想は、『秩序論』において幾度となくきわめて明確に表明されている。とくに第二巻のはじめにある挿話から読み取ることができる。そこでは、第一の講話で提示された主題つまりこの宇宙には摂理による秩序があるか否かについて、四度目の討議が行われている[89]。この問題はまだわずかしか解明されず、対話は行きつ戻りつ、ついに行き詰る[90]。アウグスティヌスは、身動きのとれなくなった対話者をまえに、それがかれらに教訓として役立つことを念じ、すぐに助けを出そうとはしない。

やがてかれは発言し、大体、つぎのように勧告する。「あなたたちはうまく切り抜けられないようだ。あなたたちは秩序に従わず、また魂の働きに必要な方法も用いずして宇宙の秩序について語ろうとしている。いま取り扱っている問題は、適切な形而上学的準備なしに解決することは不可能である。あなたたちは、まだ文字を知らない子どもに綴りを教えようとする教師のようなものだ[91]」。それ以後、『秩序論』の内容はすべて、摂理の問題の解決ではなく、討議の順序と、哲学練成の基礎となるべき教養の説明にあてられている[92]。

アウグスティヌスはすでにその朝、先に行われた講話において同じ理論を展開しているが[93]、かれは再び著作の終わりにそれを取り上げている[94]。また『秩序論』の始めにあるゼノビウスあての序文においても、手短に同じことを指摘している[95]。

こうした同じことの繰り返しには、かれがその内容をどれほど重視していたかがよく示されている。私としては、互いに合致するこれらの箇所を順に検討することは差し控え、むしろそこに含まれる教訓を引き出すことにしたい。それは、一定の形而上学的問題を理性をもって解決するため、[96]あるいは知恵を構成する神と魂に関する知識を得るためには、[97]系統立てた準備と、[98]学問の全課程の学習が不可欠であるということである。[99]

アウグスティヌスはこの予備教養をきわめて高く評価している。それは、すべての人が修得しうるようなものではない。そこには学習に励もうという向学心、学習のための時間、精神的自由、必要な裕福さ、そしてもちろん知的努力が求められる。[100]教材に満たされたこの「広大な森」を征服するためには、子どもの時からはじめ、絶えざる努力が必要である。[101]したがって、この教養はすべての人のためのものではなく少数の選ばれた人々だけのものである。

たしかに、すでにキリスト教徒であったアウグスティヌスは、プロティノスのように、[102]こうした貴族的な手段に満足してはいない。かれによると、このきびしい方法を取りえないものにはもうひとつの道が開かれ、かれらはそれによって救いに導かれる。それが、信仰の道である。[103]ゆるやかな理性の歩みによってしか得られない知識を欠く粗野な人々に、神に至る道を示すのが権威である。しかしこうした魂が知恵に到達するのは、死後の神秘的な変化によってである。[104]現世において、知恵に到達ないしは近づく方法はひとつ、それは理性をもって知恵を所有することであり、そのためには広範な教養という代価が求められる。[105]

第二章　学問の課程

Ⅰ　哲学に必要な知的教養と自由学芸の課程

では、哲学者に必要な予備教養とはどのようなものか。これについては、この教養の内容はなにか（本書　第Ⅱ部　第二―第四章）、哲学はそれをどのように用いるのか（本書　第Ⅱ部　第五、六章）、この二点に分け、それぞれ理論と実際の両面から答えることにしよう。では早速、アウグスティヌスが理想的教養として掲げていたものは何か、またその理想に多少、欠けるところがあったにせよ、かれが実際に身につけていた教養とはどのようなものであったのか、その検討から始めることにしよう。

まず予備教養の内容について留意すべき第一点は、それはアウグスティヌスによって新規に創作されたものではないということである。かれは概して、ずっと以前から継承されてきた課程をほとんどそのまま取り入れるだけで十分であると考えていた。教育と予備教養の必要性を説くかれのことばを読み返して見ると、かれはこの教養の性質、内容について読者はなんの疑いももたないものと考えているようで、たとえそれを取り上げるにしても、周知のこととして話のついでにふれるだけである。

かれは予備教養の内容を示すため、ほとんどいつも「学科」[1]（disciplinae）あるいはより明確な「自由学科」

（disciplinae liberalse）という語を用いている。[2] 時としてそれに付加して、「すべての」（omnes）、「多くの」（tot）という形容詞を用いていることもあるが、それは、これらの学科のなかからどれかを選択するのではなく、それ全体を学習する必要があることを意味するものである。[3] 先述したように、この disciplinae は、キケロが（「学識ある弁論家」doctus orator）に求める高度な教養の基礎となる「自由学芸」課程を示すために用いる用語のひとつである。[4]

しかしこれらの学科は、正確にはどのようなものだろうか。アウグスティヌスの著作をもとに、一覧表にまとめて示すことにしよう。[5]

『秩序論』	『秩序論』	『魂の偉大』	『再考録』	『告白』
二・一二（三五）―二・一六（四四）、二・一八（四七）	二・四（一三）―二・五（一四）	四・三三（七二）	一（六）	四・一六（三〇）
文法	（文法）	（文法）	文法	語る術
弁証論	議論	推論と考案の力	弁証論	論争術
修辞学	弁論	雄弁	修辞学	—
—	数の必要性	数の学問	算術	数論
音楽	音楽	（拍子付けの巧みさ）	音楽	音楽
幾何学	幾何学	測量の緻密さ	幾何学	図形の大きさ
天文学	星辰の運動	（天文学）	—	—
哲学	—	—	哲学	—

以上の五つのリストを簡潔にそれぞれの文脈に置きなおして見ると、『秩序論』の第一のリストは、理性の活動がいかに論理的に展開されるかを説明するなかで、そこに必要とされる学習課程を「組み立て」たものである[6]。『秩序論』には、まだ十分に注目されていないもうひとつのリストがある。それは、悪はその内的醜さにもかかわらず宇宙全体の美に貢献しうることを論ずる、第三の「討論」のなかに出てくる[7]。アウグスティヌスはまず社会生活から例をとるが[8]、知的生活によりよい例を見出し、そこから次々にいろいろな「学問」を取り上げ、「秩序」の存在の証明に役立てようとしている。たとえば詩人に関する学習は、統辞誤用、不純正語法といった文法の最悪の誤りも、もっとも美しい結果をもたらす「詩法上の破格」となりうることを教えてくれる。この例は「文法」（disciplina grammatica）からとられたものであるが、かれはこれと似たような証言をもたらす弁論術をあげ、以下、順を追ってすべての学科に同じような役割をもたせている。

第三のリストは、『魂の偉大』における魂の七段階の説明に出てくる[9]。魂の第三の段階は、「学芸」（ars）である。古代の分け方によると[10]、この学芸の概念には物質的、社会的活動とともに[11]、厳密な意味での知的活動も含まれる。知的活動に関する説明をまとめると、まず美術がある[12]。つぎにことば、書籍、詩人、劇作家[13]といった学科（disciplinae）のリストがあるが、これらはすべて文法の分野に入る。そのあとかれは、修辞学的寓意を用いながらしかしはっきりと弁証論、修辞学、そして数学的諸学科をあげている[14]。

『再考録』にあるリストは[15]、アウグスティヌスが執筆を計画し、三八七年初頭ミラノにおいて書き始めたいくつかの学科のリストを伝えている[16]。

さいごのリストは『告白』から取り出したもので[17]、それは、かれが若いころ学んだという自由学芸の教科書のリストである[18]。

以上の五つのリストは、相互に類似してはいるとはいえ、完全に一致したものではない。しかしこれらのリストを比較することによって、アウグスティヌスが哲学者の知的教養として考えていた典型的なリストを推定することができる。

さいごのふたつのリストは、アウグスティヌスが「理論的」に考え出した教養ではなく、むしろ「実際に」教えられていたものであり、ここではふれないことにする。残りの三つのうち、とくに第一のリストが注意を惹く。これだけが、教養の内容に関する理論的説明のなかで取り扱われているからである。[19] 他のふたつは、それぞれ「ひとつの」リストではあるが、学科のリストとして意識されたものではない。

したがって、第二、第三のリストにおいてある学科が欠落しているとしても、それは大したことではない。ただ意外に思われるのは、他のリストでは正式にはっきりと算術があげられているのに対し、第一のリストの理論的説明では独立した学科として取り扱われていないことである。しかしこうした省略は表面的なものにすぎず、アウグスティヌスが算術を学習課程のなかに含めようとしていることは疑いない。初歩的算術は計算術の基礎として初等教育に属するものであり、アウグスティヌスはヴァロにならって、litteratio（読み書き学習）の名称のもとにこれを文法の分野に含めているのである。[20]

さらに数に関する学習は、算術以外の数学的諸学科の学習に含まれていると言える。アウグスティヌスは、これら諸学科をそれぞれ学習するにつれて、数がすべての学科を支配していることが明らかになると指摘している。[21] とくに音楽において、数は特別な学習の対象になる。[22] こうして見ると、かれは『秩序論』において算術をなおざりにするどころか、むしろ特別視していると言うべきである。[23] リストにその名称がないことはたしかに問題であるが[24]、それは学科内容の分け方とその名称の付け方の問題にすぎない。学習内容から見るなら、最初の三つのリストは完全に一致している。

したがって、つぎのように結論できる。アウグスティヌスによると、教養の基礎となる学問の課程は、文法、弁証論、修辞学と、算術、音楽、幾何学、天文学、そして哲学である。

Ⅱ　自由学芸の諸学科

ここで気になるのは、自由学芸のリストに哲学が含まれていることである。先述したように、アウグスティヌスが考えていた哲学は、「魂」(de anima) と「神」(de Deo) に関する学問であり、したがって精神生活をもって追求するはずの理想であり目的である。だとするならば、哲学者を育成する基礎教養のなかに哲学が含まれるというのは矛盾しないだろうか。

『秩序論』における哲学の説明は、実のところ複雑であるが、しかしこの矛盾を解く答えを示唆してくれる。アウグスティヌスの哲学は高等哲学と初歩哲学のふたつに分けられるようにも見える。前者の内容は右にあげたとおりである。[25] この哲学を学習するものが真の哲学者であり、その完成が知恵である。これに対して初歩哲学は高等哲学に至るための準備、基礎であり、したがって自由学芸体系のさいごにある数学的諸学科のつぎに位置し、基礎教養の仕上げをするものである。[26] つまり初歩哲学は哲学関係の用語や諸問題の手ほどきで、哲学諸派の唱える主要な説を知り、それについて討論する訓練に励む。[27]

アウグスティヌスの哲学を二分するこうした仮説は一応、理屈に合うものではあるが、しかしアウグスティヌスの章句の内容以上のことを引き出そうとしているのではなかろうか。アウグスティヌスの思想はきわめて流動的でニュアンスに富み、その説明にあたって過度の厳格さあるいは「形式主義」は危険である。予備的な哲学学習と完結的な哲学学習との区別は、アウグスティヌスの考えにおいてはそれほど目立たず、はっきりとしない。教養の概念、また予備教養と一般教養との区別はまったく現代人が用いる手法である。それは説明のためには便利であるが、しかしそうした手法とは無縁な学説にあてはめることはできない。

実際、アウグスティヌスの説明はある一面から他の一面へと無意識のうちに移行しがちである。かれは、哲学者の生涯を形成期、成熟期というように二分して考えるのではなく、むしろ理性の継続的、漸進的発展として考えている。子どもが言語能力を発揮する時期と重なる理性の覚醒期から魂が神認識を自分の目的として自覚する最高の照明に至るまで、そこにはひとつの偉大な運動、その一体性を疑いえない発育がある。(28) したがって性急に、哲学のふたつの領域を隔てる不確かな境界を明確にしようとするのではなく、(29) ただ、哲学は予備教養のなかに含まれながらそれを完成するものであり、それを超えて開花していくものであるとだけ結論しておこう。

つぎに、他の諸学科に関するアウグスティヌスの考えを簡潔に説明したい。(30) 周知のように、文法と修辞学は古典的な文学的教養の正規の枠組みを形成していた。しかしここでは、この二学科が哲学志望者に課される学習課程のなかに含まれることを指摘するにとどめておこう。

私はむしろ、かなり複雑な弁証論（dialectica）の概念を取り上げたい。他の点においても大抵そうであるが、弁証論に関するアウグスティヌスの思想はギリシア哲学の流れを汲んでいる。(31) かれが弁証論と呼ぶものはふたつの面をもっている。(32)

（a） アウグスティヌスの弁証論は、ストア学派のそれと同じく、(33) 学問を構成する方法を取り扱う学問である。学問が理性的なものである以上、弁証論は理性の働きを規制する法則の学習であり、一言でいうと論理学である。[34]

（b）かれの弁証論はまた、アリストテレスの場合と同じく、理論的な学問ではなく討論を取り扱う実際的な学問であり、論敵をやり込め納得させる術である。[35]

数学的諸学科の説明はさほどむずかしくはない。算術は、古代において一般に認められていた概念によると、数の特性を取り扱う理論的学問である。[36] それはギリシア人が λογιστική と呼んでいたものであり、現代人の概念とは違って、計算の練習や「問題」の解答を対象とするものではない。[37]

幾何学は、観念的な図形の学問である。[38] これには、平面幾何学と立体幾何学が含まれる。

天文学は、星辰の運動の法則を取り扱う学問であり、[39] 厳密に数学的な特徴をもつもので、その点で φυσική つまり哲学につながる宇宙論とは異なる。[40] 天文学は、経験的、純粋に数量的学問で、簡単な円運動の組み合わせ（その組み合わせは幾何学から借用する）をもって天体の可視的運動を説明しようとする。しかし天体の本質について論ずるものではない。こうした区別は、数学的天文学と物理的天文学を区別する現代の科学教授に若干の影響を残している。ところで、アウグスティヌスはこの学問について astrologia という語を用いているが、このことに驚いてはならない。ギリシア語でもラテン語でも astronomia と astrologia は相互に置換可能な語で、それぞれがある場合には正真正銘の「天文学」を、ある場合には迷信的な「占星術」を示していたからである。[41]

こうした用語の曖昧さは、内容の曖昧さにつながる。[42] 実際、古代の人々は用語だけでなく、現代のわれわれのように、そこに含まれるふたつの内容も峻別していなかったのではなかろうか。天体の運動に関する学問はひとつでも、その利用法はふたつあった。ある人々は数学的考察で満足していた。かれらにとって天体に関する知識そのものが目的であった。一方、他の人々にとってこの学問における数学的考察は、占いを立てる根拠にすぎなかった。アウグスティヌスも天文学を取り扱う場合、人々の間における数学的学問とその迷信的な利用との混同を懸念しているように見える[43]。

Ⅲ　古代音楽と現代音楽

つぎに音楽に移るが、音楽の定義にはいっそう注意する必要がある。アウグスティヌスの言う musica を現代語の「音楽」（musique）と訳すのは重大な誤訳である[44]。われわれの言う音楽は芸術的、審美的な活動であるが[45]、アウグスティヌスによる音楽は算術や幾何学と同じく数学系の学問であり、この違いは検討に値する。たしかに、古代の人々もわれわれが言うような音楽を知っていた。いつの時代にも声楽や器楽の愛好者はいた。とくに、アウグスティヌスは現代において見られるような狂信的な音楽愛好者を知っていて、『自由意志論』（De libero arbitrio）のなかでつぎのように述べている。

「多くの人は歌声や弦楽や笛の音のなかに幸福な生をおき、それらのものが現になければ自分は不幸だと思い、現にあれば有頂天になって喜ぶ[46]」。

さらにアウグスティヌス自身、現代的な意味での音楽を経験していた。あれほど感性豊かなかれが音楽の魅惑に無感覚でありえたはずがない。『告白』によると、かれはキリスト教に回心したばかりのころ聖歌を聞いて涙を流し、今でもそれに強く惹かれると回顧している[47]。また、「甘美な調べ」について感動を込めて語り[48]、それを光の輝き、花の香り、また「地上の食べ物」にたとえ、こうしたものは人間の心を惹き付けるが、しかしわれわれはこれにまして神に対する愛を選ぶべきであると述べている。

しかしアウグスティヌスが弟子たちに薦め、哲学的教養のなかに含めようとしている音楽は、かれが経験し、現代人が愛好するような音楽ではない。かれが言う音楽はまったく別のものである[49]。

その音楽とはどのようなものか。アウグスティヌスはこの疑問に答えるかのように、『秩序論』において音楽について手短に説明している[50]。さらに、『音楽論』の第一巻前半において詳しく取り扱い、「音楽とはよく拍子付けることを取り扱う学問である」と定義しているが[51]、これは、ヴァロから取り入れているようである[52]。そして、この定義に従って、modulandi（拍子付ける）[53]、bene modulandi（よく拍子付ける）[54]、scientia（学問）[55]の順に説明し、とくに、さいごの語について詳しく説明しているが、それこそわれわれが知りたいことである。かれは、『音楽論』において、弟子との間に大意、つぎのような質疑を交わしている。

「なぜ定義のなかに学問（scientia）という概念が含まれているのか、そのわけを探そう……春に鳴く鶯の鳴き声を聞こう。たしかにこの鳥は上手に拍子をつけているように見える（videatur bene modulari）。その歌声には調和があり心地よい（modulari）。そして春の季節によく合っている（bene modulari）。しかし鶯は、自由人にふさわしいこの学問（音楽）に精通しているだろうか。弟子は、「いいえ」と答える[56]」。

アウグスティヌスは、本能に従って歌う鳥を除外したあと、音楽の科学的法則を知らず本能のままに歌う人間も除外する。また本能をもとに音楽を聴く人も同じく排除する。かれは、音楽の知識をもたず、ただ音楽が与える休息や気晴らしのために音楽を聴く現代のいわゆる音楽愛好者をもこうしたグループのなかに入れている[57]。

さらにかれはオーボエ、キタラの奏者たちを動物と同列におき、音楽から締め出す。かれらの技芸は模倣や記憶、感覚の自然的傾向にもとづくもので、オウムのような動物でもできる下等な活動形態をとるからである[58]。

さいごに、劇場における歌手自身、自分は必ずしも音楽家ではないと確信している。かれらは名声あるいは金銭のために歌い、その技芸をこうした功利的な低い目的に位置づけているからである[59]。

これ以上、明確な説明はありえない。アウグスティヌスの言う「音楽」（musica）は、われわれの言う音楽ではない。それは学問（scientia）であり、組織化され、理性的知識を秩序よく束ねたものである[60]。アウグスティヌスは、一言でそれを定義する。それはつまりわれわれが音楽理論と呼ぶものであり、旋律（mélodie）を支配する法則に関する抽象的な知識である。これは古典的な分類にもとづくリズム（rythmique）と調和（harmonique）のふたつ[61]つまり音程（intervalles）と旋法（modes）に関する理論を含み、これが今日の物理学者たちが音響学（acoustique）と呼ぶものである[62]。

こうした説明に見られる特徴に注目したい。アウグスティヌスは、われわれが言う審美的音楽を知っているが、しかしそれを音楽愛好者や演奏者が関係する音楽のなかにおき、かれの言う「音楽」から除外している。せいぜいかれは、「上流社会の人々」（magni viri）が、無知な大衆と同じくたとえば音の快楽をもって疲れを癒すような音楽を許容するにすぎない[63]。それもあらかじめ限定した上で譲歩しているにすぎず、もちろんそうした音楽は音楽には含まれない。

こうした説明はすべて、明らかに「音楽」をより高度な教養のなかに組み入れようとする考えにもとづいている。問題は、「音楽」が「自由学芸」として数えられるに値するかどうかということである。先にあげた「学問」

の説明によってその問題が解決されるのを見たかれの弟子は、「この学科（disciplina）のなかには、下劣なもの、卑しいものはなにもないことがわかった」と叫ぶ[64]。こうした考えは、音楽の説明のなかでたえず繰り返されるが、それは、音楽の素材のなかにはなにか低俗なものが含まれ、問題はそれを浄化し高貴なものにする必要があることを力説するものである[65]。

したがって音楽が哲学的教養のなかに数えられるためには、われわれが音楽の本質と思っているもの、その「芸術的」性格をすべて脱ぎ捨て、音楽本来の理論に還元されなければならない。こうした感覚的音楽の軽視には、興味深い多くの要素が絡んでいる。「哲学者時代」のアウグスティヌスの著作に見られる音楽の軽視には、キリスト教の禁欲的要求ははっきりとは認められない[66]。私としては、ここには、主として音楽に対する古代人の考え方、偏見があると考えたい。それは、つぎの諸点から言える。

まず、ローマの社会には音楽芸術に熱中するいくつかのグループがあったが、しかし原則として[67]、上流社会の教養人はこれとは無縁であった。現代的な意味での音楽は、とくにごく卑賤な職業の人々によって行われた。これは何よりもまず道化役者や娼婦、笛吹き女（αὐλητρίς）や遊女（ambubaia）たちの芸であり、かれらに対する侮蔑の念はかれらの芸そのものにも向けられたのである。アウグスティヌスもこうした偏見を受け継いでいる。かれ自身はこうした音楽の演奏とは無縁で[68]、道化役者に対し軽蔑的な態度をとっている。かれははっきりと、「音楽」とこうした手合いとはまったく無縁であることを強調している[69]。

つぎに、これは今述べた内容と関連しているが、音楽芸術の蔑視には古代教養の本質を示すひとつの感情が明確に表明されている。周知のように、古代教養はきわめて貴族的な性格のもので、社会のエリートだけがこれを身につけ、一般大衆はそれから見放されていた。かれらは、音楽を音の快楽として理解し、鳥と同じ本能に従って歌う「無知な大衆」（imperita multitudo）を受け入れることはできなかった。[70] アウグスティヌスは日常の経験から、音楽の音を愛するものの数が多いことは知っていた。だからこそかれは、学問としての音楽に向かうのである。

さいごに、こうした考え方には当時のアウグスティヌスの思想を支配していた哲学者の社会が反映されている。[71] 現代人の意識からすると、音楽は一般的に見て芸術であり、独創的かつ洗練された行為を生み出す感性（sensibilite）の評価と密接に関連している。しかしアウグスティヌスのようなプラトンの系譜に立つ古代の哲学者は、こうした感性の概念は持ち合わせない。かれが知っているのは、魂の活動のなかでもとくに低く、体の求めに応じてよからぬ役割を果たす「感覚」（sensus）だけである。

現代の音楽のように、この水準に満足することはプラトン主義の一般方針とは相容れない。幾何学が砂上に描かれた物質的な図形に関する学問でないのと同様に、[72] 音楽が哲学者にふさわしいものになるためには、調和のもたらす感覚的魅力を超越し、むしろそこに含まれる数の法則を探究するものでなければならない。[73]

私は先に、アウグスティヌスによる教養には経験的芸術は認められないと述べたが、[74] しかしついでに言うと、古代思想は、現代の芸術の概念を否定することによって、何かを見落としていることを忘れてはならない。[75] Ars という概念はきわめて不明瞭なものであった。Ars は ars liberalis というように liberalis と組み合わされることによって disciplina と同義語になり、先にあげた諸学科を意味するようになる。これに対して ars を一般的な意味にとると、それはかなり複雑な全体を指し、単なる生物学的なものを越えた人間的活動のあらゆる表現を含むようになる。[76] われわれの言う音楽もそのなかに含まれるが、そこには同時に多くの要素が混在している。したがって musica をそのまま ars と定義するのは正しくない。[77] もし音楽になにか高尚なものを期待し、また音楽が教養の一部としてふさわしいものになるためには、ひとつの解決策しかない。それは、音楽を知性だけに帰属させることである。人間は、知性によってのみ人間であるからである。こうして、音楽は理性的な学問つまり数による学問でなければならず、音楽理論に限定されることになる。

Ⅳ　古代音楽と現代音楽の区別の重要性

この点は強調しておきたい。実際、以上の説明をもってわれわれは、アウグスティヌスが推奨する「学問的」教養のなかに音楽といっしょに芸術活動を持ち込むという重大な矛盾を避けることができたし、またこの「音楽」の概念には、これまで十分解明されていなかった古代思想の一面があることを明らかにすることができた。

一般に、古代文化における音楽の役割はかなり誤解されてきたように思われる[78]。人々は想像を逞しくして、音楽芸術、自由教養、哲学的思考が固く結びつき完全な調和を保った黄金時代を想起しがちである。そこでかれらが考えるのは、弟子たちと一弦琴を囲み、音階の構造を宇宙の構造と関連づけて説明するピュタゴラスの姿であり、また読み書き算と同じくリラと歌を教育の一部として学ぶアテナイの子どもたちであり[79]、さらに、音楽的要素をたぶんに含む大掛かりな演劇、悲劇的歌唱である。またかれらはプラトン、アリストテレスなど古典期の大哲学者が音楽の本質、国家における音楽の役割について書いた著作を感動を込めて読み返している。

しかしこうした多彩な描写には、歴史的に見て正確さに欠けるところがある。これは時代を混同し、異なる考え方にもとづくいろいろな要素をつなぎ合わせている。こうした黄金時代はたしかに存在したが、それはアルカイック期のことであり、それも考えられているよりも短期間のことであった。それはピュタゴラス以前のことではありえず、それも前五世紀の六〇年代には終わっている[80]。

はるかに古いこの時代には、音楽の演奏はきわめて単純なものであったようである。きまりきった様式と初歩的な構造をもったメロディーを声あるいはリラをもって表現していたにすぎない。アルカイック期の人々はこうした芸術におけるあらゆる問題を満足のいく仕方で解決する理論を創り上げたのであり、その努力は評価に値する。

こうしてさまざまなメロディは、曲の構造だけでなく、その体裁、表現力までも規定するいくつかの方式、典型的な音階あるいは施法に大した困難もなく要約されていった[81]。ピュタゴラス学派によって練り上げられた音程の理論[82]は同時に音楽の実践によって浮き彫りにされ、明白な特徴をもつに至った施法の理論に合わされ[83]、音楽芸術の理解を助けた。そして、ともに初歩的なものであった理論と実践は幾世代にもわたって均衡を保ちつつ、支え合っていったのである。

しかしそれも長くは続かなかった。前五世紀のさいごの三〇年代において音楽は、より早熟な発展を遂げた他の芸術の跡を追うようになった。ギリシア音楽は、伝統の足かせを払い落として長足の進歩を遂げ、いっそう複雑なものへとまったく変身していったのである[84]。

その時から、先にあげた三要素間の均衡は破られた。ヘレニズム文化の進歩は、他の分野と同様、音楽においても専門化を引き起こした。音楽芸術はきわめて洗練されたものとなり、伝統的教養の枠組みを分解させた。音楽は複雑化し、専門家以外のものの手に負えなくなったのである。音楽に関する知識は、事の成り行きで芸術家、演奏者あるいは音楽愛好者に限られたものとなり、こうして音楽は一般の教養とはかなり無縁なものとなった。

これら少数の音楽専門家の数、価値の確定はたしかにやっかいな問題である。先に述べたように[85]、そうした音楽家が存在し続けたことはたしかである。アウグスティヌス時代にも音楽の演奏者はいたし、またこれを聞く音楽愛好者たちもいた。しかしここで必要なことは、むしろ哲学者の側から見ることである。

プラトン、アリストテレスといった古典期の大思想家たちは、この音楽「革命」に立ち会っている。しかしかれらは政治と同様、音楽についても保守的で、「はっきりとそれを無視している」。かれらは、むしろ「一五歳のころ、美しいものとして学校で教えられた」古い音楽をかたくなに守っている。[86] こうしてかれらの音楽理論には音楽の演奏における急激な変化は無視され、このことは音楽を取り扱うかれらの著作の射程を大幅に狭めている。プラトン、つぎにアリストテレスが当時の科学の動向に深い関心をもちそれをつよく意識していたことを思うとき、音楽芸術に対するかれらの態度は奇異に思われる。[87]

たしかに、ギリシア思想は勝負を投げたわけではなかった。そこには、同時に音楽家、哲学者として教育され、古いピュタゴラス学派がかつて推し進めた努力を引き継ぐひとりの人物が出てきた。かれは、十分補完された理論をもとに音楽芸術を哲学の軌道に引き戻そうとした。

それがタレントのアリストクセノスである。かれの著作の内容と業績については、改めて述べる必要もなかろう。[88] ただ、どんなに贔屓目に見てもかれの努力は失敗に帰したといえる。アリストクセノスの音楽理論はいかにも独創的ではあったが、ピュタゴラス的思考の枠内に取り込まれたままで、かれもまた音程とリズムを数的要素に還元しようと努めた。かれにとっても音楽に関する哲学は、数によるものしか考えられなかったのである。しかし、音楽芸術の本質がこうした要素の枠外にあることは周知のことである。[89]

そこで、決着はついた。アリストクセノスの失敗はギリシア思想全体の失敗である。音楽家の芸術的経験と哲学者の思索とを隔てる溝は、もはや埋まることはなかった。たしかに哲学者は「音楽」について語り続け、[90] 音楽が自分たちに無縁であるとは考えていない。しかしかれらが取り扱う「音楽」はもはや演奏者の芸術ではなく、ひとつの学問であり、アウグスティヌスが定義してくれたあの「音楽」である。

それは抽象的な学問で、音楽の演奏とは無関係である。ヘレニズム期の「音楽」に関する有名な著作を読み返してみると、当時の理論家たち全部がピュタゴラスやアリストクセノスの学識をもとに考え、眼前にある芸術の現実に目を向けることなく、相も変わらず同じような考察を繰り返している。さらにかれらは、自分たちの分野の音楽を定義するにしても、「音楽はメロディに関する理論的かつ実際的知識である」という古い定義をあげるか、あるいは「音を発するもの」（matière sonore）に関する（理論的）学問にすぎないという新しい定義を加えるか、あるいはそれをもって置き換えることもある。[91]

一方、哲学者の態度は明白である。かれらが思索を重ねる音楽は、[92]音程とリズムに関する理論的知識にすぎない。[93]したがってアウグスティヌスがその学習課程のなかに「音楽の学問」（scientia musicae）を書き入れ、感覚的音楽つまり音楽芸術を哲学者の思索に不相応なものとして排除したとしても、それはけっして目新しいことではない。かれはここでもまた、かれ以降に続く伝統の鎖のひとつの環にすぎない。六世紀のボエティウスはまだ同じ雰囲気のなかに生き、そのなかで『音楽教程』（De institutione musicae）を書いている。たしかにかれは、声楽や器楽があることを思い起こさせる。[94]しかしかれが音楽論として取り扱うのは、音楽の構成、音程に関するピュタゴラス的拍子などである。つまりかれは、まったくアウグスティヌスと同じような学問としての音楽を取り扱っている。[95]ふたりとも同じような幻想のとりこになり、その幻想は、ボエティウスをとおして中世に受け継がれていく。[96]こうして中世における教養は、その学習課程のなかに相変わらず空虚で不毛な同じ音楽理論を維持していく。その間、音楽芸術は独自の道を駆け、発展していく。その一方で、多少の変化を遂げながらも相変わらず古い理論が教授されていったが、それがどれほど現代の音楽理論の障碍になったかは音楽理論家たちがよく知っている。[97]

第三章　七自由学芸と、ΕΓΚΎΚΛΙΟΣ ΠΑΙΔΕΙΑ、百科全書的知識

Ⅰ　ヘレニズム哲学における ἐγκύκλιος παιδεία

アウグスティヌスは未来の哲学者に対し、以上のような学習課程の履修を求めている。それは、文法、弁証論、修辞学、算術、幾何学、音楽、天文学、そして哲学である。哲学は予備教養の枠外にあるので省くとして、そこにあるのはいわゆる七自由学芸であり、中世教養の少なくとも理論上の枠組みである[1]。つまり中世はこの課程を創りだしたのではなく、他の多くの要素と同じく、滅び行く古代から受け継いだということである。

カロリング・ルネサンス期の教師たちは[2]、学習課程の内容をセビリヤのイシドルス[3]、カッシオドルス[4]、さらにアウグスティヌスと同時代のマルティアヌス・カペラ[5]の提要から取り入れたが、右に述べたように、アウグスティヌスもまたこの学習課程とそれを正当化する理論とを中世に残したのであった。

したがって、こうした自由学芸の伝承について少し説明を加えておく必要がある。しかし中世への古代遺産の伝達においてアウグスティヌスがどのような役割を果たしたのか、それについて述べようと言うのではない。アウグスティヌスがどの程度まで、アルクインとその後継者たちが用いた「百科全書」の典拠のひとつであったのか、それについてもふれない[6]。また、この学習課程の保持ないし再生にアウグスティヌスの権威がどのように関

与したかも取り上げない[7]。ここではただ、古代教養において中世の教養がどのように準備されたのか、この視点からアウグスティヌスの証言を求め、この教養独特の展開とかれの証言とを手短に照合することにしたい。

中世の自由学芸課程がすでにアウグスティヌスのもとで形成されていたとして[8]、かれはどの程度それ以前の課程を刷新したのか、あるいは逆に以前の伝統を継承したにすぎないのか、それを見ることにしよう。

哲学的思考は諸学の知識にもとづかねばならないというかれの原理そのものは、きわめて古くからギリシア思想にあった考え方である。それは、百科全書的傾向をもったことで知られるアリストテレスやプラトン以前にさかのぼる。その起源はさらに遠く、イオニア学派の自然学者（φυσικοί）にまで遡ることができよう。いずれにせよ、ソクラテスと同時代のソフィストの時代にはきわめて盛んであった。ヒッピアスの名は、いかなる学問的あるいは実際的知識も見落とすことのない普遍的知識欲を象徴するものとして後代に伝わっている[9]。

しかし話を具体的に進めると、アウグスティヌスの学習課程は、ヒッピアス、プラトン[10]、アリストテレスに直結するものではない。アウグスティヌスが自由学芸にもたせる役割は、ヘレニズム期の哲学者から受け継いだものである。

哲学思想そのものよりも、むしろ教養に対するその影響を究明しようとするわれわれから見ると、ヘレニズム期およびローマ時代の思想の発展において際立つひとつの事実がある。それは、前二世紀から一世紀において種々の学派を合流、混和させた一種の哲学的コイネ（κοινή）を産み出し、以後すべての学派あるいは少なくとも大部分の学派に共通する基盤を作り上げた、折衷主義的傾向の出現である[11]。

とくにアウグスティヌスは、あれこれの哲学的概念の真の典拠を知るために、頻繁にこの折衷主義的伝統に頼っている。かれの哲学的概念は、ある特定の学派というより詞華集や教科書による学校教育をとおして知られる共通の遺産から取り入れたものであった[12]。

哲学には通常のまた不可欠な準備として自由学芸が必要であるという少なくとも理論上の考え方は、まさにヘレニズム哲学のコイネに含まれる一般的な考え方のひとつであり、それは当然、多少の違いを含みながらもプラトン[13]、アリストテレス[14]、ストア学派[15]につながる大部分の哲学者にも見られた。

たしかに、これに反対する声もいくらかあった。他の点でもそうであるが、エピクロス学派は三大合理論派とはげしく対立し[16]、キニク学派[17]、さまざまな懐疑派[18]といったギリシア思想における「反逆児」がこれに加担している。しかし時代が下るにつれて、そうした反対はさほど感じられなくなっている。アウグスティヌスは「自由学芸」（discipliae liberales）を哲学的教養の基礎におくことはほとんど異論の余地のない伝統であると考えたが、まさにその通りであった。

ところで哲学を準備する学科とは、正確にはどのようなものであったのか。それを示してくれるのは、往々にして折にふれて書かれているいくつかのことばだけである。アウグスティヌスの場合、それは disciplinae あるいは artes liberales ということばであり、ヘレニズム期の著者たちにおいては ἐγκύκλιος παιδεία[19] あるいは同じ意味をもつ ἐγκύκλια μαθήματα[20], ἐγκύκλια παιδεύματα[21] ということばであるが、それはいずれも、アウグスティヌスはもちろん、読書においてたまたま目にするものはみな、すぐに理解しうるような使いなれたことばであった。

Ἐγκύκλια παιδεία の内容を確認するためには、いくつかのより明確な証言が役に立つ。アウグスティヌス以前の学者たちが哲学の予備学習と考えたものを、つぎの一覧表にまとめて示すことにしよう[22]。

(1) ポントスのヘラクレイデス[23]（前四世紀後半）	文法	修辞学	弁証論	音楽	―	幾何学	―
(2) アルケシラオス[24]（前三世紀中葉）	文法	雄弁術	弁証論	数学的諸学科	―	―	―
(3) 偽ケベス[25]（紀元前後）	文法	修辞学	弁証論	音楽	算術	幾何学	天文学
(4) アレクサンドレイアのフィロン[26]（紀元前後）	文法	修辞学	弁証論	音楽	―	幾何学	天文学
(5) セネカ[27]（一世紀前半）	文法	―	―	音楽	幾何学	算術	天文学
(6) セクストゥス・エンピリクス[28]（二世紀後半）	文法	修辞学	―	幾何学	算術	天文学	音楽
(7) オリゲネス[29]（三世紀前半）	文法	修辞学	―	―	幾何学	音楽	天文学
(8) ラオディケアのアナトリオス[30]（三世紀末）	（文法）	修辞学	弁証論	算術	幾何学	―	天文学
(9) ポルフュリオス[31]（三世紀後半）	文法	修辞学	（弁証論）	算術	音楽	幾何学	天文学
(10) ラクタンティウス[32]（四世紀初頭）	文法	修辞学	―	―	幾何学	音楽	天文学

これらの学習課程がアウグスティヌス（そして中世）の学習課程と根本的に一致していることは、一見してわかる。不一致があるとしても、それは実質的というより表面的なもので、その大部分はこの表を取り出した著書の性格から説明がつく。つまりこれらの著者は学科全部を体系的に数え上げたのではなく、たまたま例としてあげているにすぎない。したがって、私もこうした一覧表をもとに学科の存在と順序について正確な結論を出すことはあきらめる。またこの不一致は、学科の内容よりも学科の分類法から来るもので、体系化や用語をあまり重視すべきではない。要はこれらの学科の内容であり、その点での一致は明白である。

今あげた表の全部にアウグスティヌスの学習課程が見出される。それは、文学的教養と弁証論、数学的諸学科である。その根底には、周知のように、古代の教養人を育成してきた文法（ラテン語の grammatica と同じく広い意味をもつ）と修辞学がある。セネカは後者を省いているが、それは、これを無視しているからではなく、逆に哲学においてそれを特別視しているからである。実際、セネカは哲学の第一部を「論理学」（logica）とし、それを修辞学と弁証論に分けている[33]。

このことはまた[34]、他の表において弁証論が省かれている理由も明らかにしてくれる。アリストテレス以降、真実を取り扱う学問としての論理学と、本当らしいことを取り扱う論争の技術である弁証論との区別が失われて以来[35]、当然、ある種のためらいが見られた。人々は双方の学問を混同し、あるときは dialectica という名称のもとに両者を予備学科のなかに加え、あるときは logica という名称のもとに哲学のなかに位置づけている。

先のどの表でも、弁証論のあとに数学的諸学科がおかれている。その範囲はプラトンが定義したとおり[36]、算術[37]、音楽[38]、幾何学、天文学である。

こうして見ると、学科の分類におけるささいな不一致や、哲学とそのための予備課程との区別の不明確さなど、さほど問題にするまでもない。要は、アウグスティヌスが中世に伝えた学習課程は、実質的にはヘレニズム哲学のそれと同じであったということである。

Ⅱ　自由学芸の起源と本性

しかしわれわれとしては、重大な結果をもたらすはずの哲学の予備課程つまり ἐγκύκλιος παιδεία の起源についてより詳しく知りたいところである。これについて長く時間をかけるつもりはないが、しかし未だに明確な説明のないこの問題についていくつかの仮説をあげておこう(39)。

「自由学芸」（λογικαί τέχναι）という一般概念は、広範な内容をもつ τέχνη, ars が(40)、自由人の教養の一部をなすにふさわしい理性的な学問と、肉体労働者向きの奴隷的、機械的（βάναυσοι τέχναι）な職業とに分類されたことにもとづいている(41)。こうした考え方は、すでにプラトンの『国家』に見られるが、しかしその内容はまだ今日われわれが知っている内容に特定されたものではない。

したがって、ἐγκύκλιος παιδεία の誕生はそれ以降のことである。F・マルクス（Marx）の巧みな説明によると、それはアリスタルコスの弟子であったディオニュシオス・トラクス（前一七〇―九〇）以後のことであり、実際、文法が τέχνη の域にまで高められたのはこのディオニュシオスにおいてである(42)。マルクスの考察は的確ではあるが、しかしそれは自由学芸における七学科の組織化だけに注目したもので、問題の二次的な側面にすぎない。文法が学問として確立されるずっと以前に、のち grammatica という名のもとに集約される文学的学習がすでに哲学者たちの関心を惹いていたことを忘れてはならない(43)。

実際、ἐγκύκλιος παιδεία の実体はディオニュシオス以前に見られた。一例をあげると、ディオゲネス・ラエルティオスは、かれよりずっと以前のいろいろな哲学者について述べながら幾度となくこれに言及している[44]。もちろんかれのことばを鵜呑みにすることはできない。たとえば、かれは δόξα の正銘性をキレネのアリスティッポスに帰しているが、これは初期のソクラテス学派にまで遡らせることであり、信じがたいことである[45]。ディオゲネスがあげる証人で受け入れ可能と思われる最古のものは、プラトンの第二の後継者クセノクラテス[46]と、かれと同時代のポントスのヘラクレイデス[47]であるが、ふたりともアリストテレスよりも若い世代に属している。

その他の点から見ても、ἐγκύκλιος παιδεία の概念の出現は、たしかにこの時代においた方がよいように思われる。実際、ヘレニズム哲学全体を総括し分類する論理学、倫理学、自然学という哲学の三区分が現れるのもこのころである[48]。

この三つの類型は、アリストテレスが採用したものとはひどく異なっている。しかしかれの教えの大筋が認められる。すなわち論理学、「詩的」学問（修辞学、詩学、弁証論）、実践的学問（倫理学、家政学、政治学）、理論的学問（数学的諸学科、自然学、第一哲学）がそれである。

先の哲学の三区分とアリストテレスの区分との比較は多くの示唆を与えてくれる。しかしいくつか注意すべき点もある。まず、ヘレニズム期哲学の λογική と、われわれがアリストテレスの論理学と呼んでいるものとを混同してはならない。また、倫理学は実践的学問全体を含むだけでなくそれ以上のものであり、自然学も同様である。それを詳しく述べるためには、種々の学派がとっている立場を区別する必要がある。ここではただ、アリストテレスの「第一哲学」の役割は、ヘレニズム期哲学の種々の分野においていろいろな仕方で取り上げられていることを言い添えておきたい。

以上の説明を受け入れてもらえるとして、つぎに注意すべき点は、ヘレニズム期の哲学者たちはアリストテレスの莫大な遺産の一部しか継承していないということである。かれらは、当然哲学の領域に含まれるはずのいくつかの学問を取り入れていない。「詩的」学問と数学的諸学科がそうである。すなわち一方では、厳密な意味での詩学（それは文法と文学への手ほどきを前提とする）、修辞学、弁証論があり、他方では、算術、幾何学、和声学、天文学などがある。そしてこれこそ、われわれのいう自由学芸の課程でありἐγκύκλιος παιδείαである。

したがって、ἐγκύκλιος παιδείαとは、アリストテレス以降もはや哲学者は教えず[49]、むしろ哲学学習の前提として要求される学科全体のことである[50]。

こうした考え方を正しく理解するためには、この学習課程に関心をもっていたのは哲学をめざすものだけでなかったこと、キケロとかれに続くクインティリアヌスも理想的弁論家を育成するための基礎教養として自由学芸を求めていることを思い起こすべきである[51]。

ヴィトルヴィウスもまた、完全な建築家はまず、これと同じ一連の学科つまりかれが encyclios disciplina と呼ぶものを学習すべきであるとしている[52]。

医者について言うと、教養人であった医者ガレノスは文法と論理学に取り組み、若いころは数学的諸学科を学んでいる[53]。

こうしてローマ時代の ἐγκύκλιος παιδεία は、少なくとも理論的には文学的、技術的、科学的そして哲学的教養といった、さまざまな形の高度な教養を準備する不可欠な要素として考えられている[54]。これは現代のいわゆる一般教養（culture générale）で、知識人に求められる最低限の教養であり、めざす「専門」が何であるにせよ、その基礎をなすものである。この学習課程はすべての高等教育を準備するもので、現代のフランスの中等教育にあたり、いわばバカロレア（baccalauréat〔大学入学資格試験〕）に相当する理想的な学習課程として考えられていたものである。[55]

したがって教養に対する考え方には、ヘレニズム期の初めに重大な変革があったと見るべきであろう。それより一世代か二世代まえの、アリストテレスやプラトンの系列に連なる学校に学んだ若者たちはかなり限られた教育しか受けていない。芸術的な要素（リュラ、笛、デッサン）を除くと、かれらが受けた教養は、ラテン人が「文法」と呼ぶ枠を超えない程度の文学的教育に限られていた。

アリストテレス後の世代には、より多くのものが求められるようになる。以後、貴族の若者たちはみな、文法と文学だけでなく、ソフィストからイソクラテスに至る間にみごとに確立された修辞学、また豊かな内容をもつようになった弁証論、さらにヘレニズム文明の誇りである数学的諸学科も学ぼうとしたようである。

実際、疑問の余地のないところであるが、こうした関心の変化は、古典時代の終末からヘレニズム期初めに見られた、全分野にわたる知的活動の発展と関連がある。つまり個人の教養は、一種の内的需要に押されて周囲の豊かな文明を取り入れ、ともに発展をしていったということである。今日でも、似たようなことが起こっているのではなかろうか。近代文明がより豊かになるにつれ、教養はその欲望を刺激する莫大な富を吸収しようとして、苦労しながらもその枠を拡げ自己拡張を図っているのではなかろうか。[56]

私は先に、ἐγκύκλιος παιδεία は教養の理論上の理想であると定義したが、では、それはどれだけ実現されたのであろうか。われわれはこれを「中等教育」と関連づけることができるであろうか。この新たな理想の出現により、教授、学校教育はどのように改革され刷新されたのであろうか。

これまでのところ、史料不足から十分な答えはまだ出されていない。私は、これについてただふたつの史料を知っている。ひとつはビオンの生徒テレスが残した断片で、それはストバイオスが伝えている。もうひとつは偽プラトンの対話『アクシオコス』（Axiochos）の一節である。[57]

この類似するふたつの史料は、「人間の生活は、子どもの時から悪で織り成されている」というトポス（τόπος）を取り扱っている。ふたりの著者はそこで、子どもや若者に対し暴君のように振舞ういろいろな教師たちを列挙しながら教育を粗描している。それによると、教育は三期に分けられる。第一期は「初等」教育[58]、第三期はエフェベイアの教育で、両者の間に「中等教育」と名づけてもよい中間期がある。つまり子どもは「大きくなってから」、算術教師（ἀριθμητικός, γεωμέτρης）、文学教師（κριτικός[59]）といった専門教師の教えを受ける。そこで教えられるのは文学的教養、数学的教養であり、これがまさに、上述した ἐγκύκλιος παιδεία の全本質である。

このように、ふたつの史料は学校教育改革の実際について証言しているようであるが、しかしそれはいつごろのことであろうか。その点に関する『アクシオコス』の証言は大して重要ではないように思われる。これは哲学を少しかじった前一世紀のある修辞学者がプラトンの名を使って書いた模作であるというのが、今日の学者の一致した意見である。[60]さらにこの著作の性格そのものが、その歴史的価値を不確かなものにする。著者はソクラテスの口を借りて当時の社会の無意識的な影響、歴史の想起、教科書の記憶といったものを伝えているが、それぞれの要素が占める部分をだれが正しく推断できようか。しかし、とくに教科書の記憶の影響は大いにありうることである。実際、ここで取り上げた史料は決まり文句を展開するにすぎず、テレスとのつながりがきわめて強いようである。

では、そのテレスの証言を検討することにしよう。かれは、自分の話はビオンの教師であるキニク学派のクラテスを引用したものであると書いているが、もしそうだとするならば、この史料は前四世紀後半のものということになる。しかしこの年代のものとするには困難な点もあり、テレスが書いたのはむしろ前二四〇年ごろとした方が賢明なようである。[61]

残念なことに、これ以外の証言はない。ἐγκύκλιος παιδεία が、どの程度、学校教育に具現されていたかを推定するためにはヘレニズム期の教育に関する今後の研究に待たねばならず、いまそれについて意見を述べるのは早すぎる。

一方われわれは、ローマ時代とくに帝政期におけるその実情はよく知っている。[62] 私は先に、当時の自由学芸課程は遠くから眺めるだけの実現不可能な理想にすぎなかったことを示した。それはもはや正規の教育の対象ではなく、各人が個人的に多少とも修得しようと努める物知り的知識の集合にすぎなかった。学校教育における自由学芸の脱落は、この「一般教養」という概念から「準備教育」（προπαιδεύματα[63]）という側面を消し去ることになった。すなわち自由学芸の知識はそれ自体が目的となり、「博識の人」（vir doctissimus）になるために博識をめざす人々の目標に成り下がった。

こうした推移についてはすでに説明したが、それは歴史家たちを悩ませてきたひとつの事実の解明に役立つ。すなわちローマ時代の「自由学芸」の概念に見られる流動的、弾力的な性格がそれである。教養のまだ初歩的な基礎としての ἐγκύκλιος παιδεία と高度な学科の学習とは、実際の学校教育では区別されずむしろ混在する傾向にある。キケロは、ギリシアの伝統に忠実で、自由学芸に限定される「子どもの教育」（puerilis institutio）と、法律、哲学、歴史といったより高度な学問を対象とする「高度な教養」（politior humanitas）とに分けている。[64] しかしすでにかれの周囲においても、この区分の範囲はわからなくなっている。

かれと同時代のヴァロは、諸学科に関する教科書的なものを集めて『諸学科』（Disciplinarum libri）を編纂したが、かれはそこで七自由学芸に加えて医学と建築学をあげている。[65] ヴィトルヴィウスもその encyclios disciplina のなかで、ヴァロが加えた二学科のほかに、デッサン、法学、さらに重大なことであるが、哲学を加えている。その他、二世紀のガレノス、三世紀のフィロストラトス、四世紀のマリウス・ヴィクトリヌス、あるいはビザンツのある古典学者が提示した自由学芸のリストにはその他の学問が含まれている。[66] これに対して、もっとも不適切なリストをあげているのはティベリウス帝のころのコルネリウス・ケルススで、かれは農学、医学、修辞学、軍事学の四つだけを集めて『学芸』（Artes）を著している。[67]

こうした自由学芸における混乱は、学校教育が衰退し、自由学芸という表現が「一般教養」という漠然とした価値をもつようになったと考えるとき、ごく自然に説明がつく。各人はそれぞれ自分なりに、この一般教養に含まれるものの範囲と構成を決めるようになったのである。しかしすでに見たように、こうした自由な態度に対して、哲学者たちは、一方では ἐγκύκλιος παιδεία の準備的、予備教育的な性格を維持し、他方では特定の内容つまり中世において、trivium, quadrivium という語で示されるものとを考えていたのであるが、こうしたかれらの態度は、以下の説明で納得してもらえるであろう。[68]

III　Ἐγκύκλιος παιδεία の意味

そろそろアウグスティヌスに立ち戻るときであるが、そのまえに、ἐγκύκλιος παιδεία の名称について説明しておきたい。

中世精神の独自性を明確に打ち出そうと思う人々は、中世の百科全書的傾向と呼ばれるものにとくに注目し、今われわれが問題にしている哲学の準備課程をまさに百科全書主義のひとつの現われとして見ている[69]。そして自由学芸から成る「百科全書」（encyclopédie）について語り、さらにマルティアヌス・カペラの教科書やアウグスティヌスが計画した『諸学科』をためらうことなく百科全書と見なしている。

これは、誤解のもとである。現代人はたいてい、ἐγκύκλιος παιδεία に現代語の「百科全書」という語をあて、それとなく、ことばの矛盾を犯している。ことばの書き換えは翻訳ではない[70]。

「百科全書」という語そのものは、われわれが考えているよりも時代は新しい。現代フランス語における「百科全書」の意味は、ダランベールやディドロによる語の用法と深い関係がある。

フランス語の encyclopédie（百科全書）は、われわれには円環を想像させるが、それにはふたつの意味がある。それはまず、各部分は互いに依存することによってひとつの全体を構成するという「学問の一体性」（unité de la science）を意味し、つぎに、とくに「知の全体性」（totalité du savoir）を意味している。すなわち百科全書的教養は、ある時代、ある文化における修得可能な人間的知識の全円環を含むということである[71]。

ところで、ἐγκύκλιος παιδεία にはこうした概念はあてはまらない。Ἐγκύκλιος が当初、「円環を成す」という意味をもっていたかも疑問である。辞書編纂者はそうした意味を認めているようであるが、しかしこの意味が、ビザンツ人は除くとして、ラテンの著者や後代のギリシア人の間にしか見られないということはわれわれに不安を与える[72]。Ἐγκύκλιος〔普通の、日常の〕は、時として、まったく別の仕方で κύκλος〔円、環〕と結びつき[73]、ἐγκύκλιος παιδεία が単に「普通の」、「通俗の」教育を意味したということもありえないことではない。

とにかく古代の人々が ἐγκύκλιος παιδεία を、相互に関連をもち、ひとつの全体を構成する知識の「円環」

（cycle）として見るとき、かれらはそれをきわめて教科書的な意味に受け取っていたのである。つまりかれらが考えていたのは学習課程であり、通常の教育課程を構成する内容全体である。かれらはけっして、人間が知りうる限りの知識全部を網羅する「完全な」課程（cycle complet）とは考えていなかったと思われる。

それにはわけがある。Ἐγκύκλιος παιδεία とは、学問全体を網羅しようという試みを示すものではない[74]。それを具体化した学習課程（文学的、数学的諸学科）は、ギリシア文化が開発した広大な領域のごく一部にすぎない（ギリシア文化では、φυσική つまり自然学、宇宙論、地理学、生物学、博物学といったものは哲学の領域に含まれていたことを忘れてはならない）。しかもそれは特定された内容全部を学ばせるのではなく、基本的なものだけを対象にしたものであった。これはまさに、フランスのバカロレアに相当するもので、学問というより教育の分野から言われたものである。

このように、「百科全書」という語を無分別に用いるときものごとは曖昧になる。これまでのことばの説明から、つぎのような重大な結論が引き出される。「アウグスティヌスが思い描いていた哲学的教養は、けっして現代的な意味での『百科全書的なもの』ではないということである」。少し説明を加えておこう。百科全書的傾向つまりすべての知識を修得しようという願望はヒッピアスおよびソフィストたちの間で出現し、プラトンやアリストテレスの教えに影響を与えた。しかしアリストテレスの後継者たちにはそうした願望が認められないことは歴史家のよく知るところである。

たしかに、ヘレニズム期における哲学者の教養（ἐγκύκλιος παιδεία, λογική, ἠθική, φυσική）はアリストテレスの教養と同じ広がりをもっているように見える。しかしそれは外見にすぎない。一方、自由学芸はもはや徹底的に学習されず、ただ一通り、それも若者だけが学んだ。他方、ヘレニズム期のすべての哲学が論理学、自然学、倫理学を含んでいたとはいえ、理論的にこの三学の下におかれる知識全部を完全に学習したとはとうてい考えられない。とくにキリスト紀元以降、哲学はますます人間の目的の問題、知恵と幸福を実現するための条件の追究に限定されていく(75)。こうしてアリストテレス以降、哲学者と学者は区別され、知恵と学問との間には対立が生じている。

こうした対立は歴史的に見てきわめて重大であるが(76)、その原因ははっきりしている。そこには科学の進歩がある。ギリシア文明の知的分野は拡大されて豊かになり、アリストテレスが詰め込もうとした枠組みを瓦解させるほどの発展を見せた。この事実は、あえて言うなら、純粋に量的視点から見ても明らかである。それぞれの学問は一生をかけても究めえないほどに発展した。他方、現代と同じくヘレニズム期においても、科学の発展は専門化をもたらし、学者よりも測量士、医者などが求められた(77)。

このように、それぞれの学問は発展することによって多くの専門分野を確立していく。たとえば医学は、プラトンにとっては自然学の一分野にすぎなかったが(78)、以後は独立していく。また一連の生産活動（建築学、法学、農学、軍事学）は、単なる経験から合理的秩序にもとづく理論的原理をもつ独立した「学問」に発展していった。

ギリシアの学問が個人の知性の限界を超えるほど複雑化するにつれ、教養の百科全書的理想は破滅することになる。アリストテレスはすべての知識を教養として吸収することのできたさいごの人で、かれに続くものはだれもいない(79)。

しかしこうした説明も外面的なものにすぎない。それ以外の多くの理由で、哲学者は学問のそとに追い出されたのである。ヘレニズム期の学問の進展について語るとき、つぎのことに留意すべきであろう。すなわち数学的諸学科の発展がいかに真実で根本的であったにせよ、多くの分野においてそれは文献調査の発達によるものであったということである。とくに気象学、地理学、植物学、動物学などのように、φυσική に関する諸学においてそうであった。知識の領域は広がり、観察、事実の確認は驚くべき分量に達し、それを少数の原理、均整のとれた合理的な体系、一言でいうと、学問の理想を構成するものに還元することは困難になり、不可能になっていった。

それに加えて、文学的精神によってもたらされた荒廃にも注目すべきである。数学的諸学科は少数の専門家にまかされ、基礎教育においてさえ無視された結果、教養における文学的学問の独占を許してしまった。こうして多くの分野において、学者に代わってわれわれが知っているような「好奇心に富むもの」（curiosus）つまり「博識者」が幅を利かせ[80]、学問とは事例の収集ということになる。それも、事例の類型的価値よりも好奇心をそそるもの、驚異的なものに注目し、しかも自然や原典からではなく先達の著者たちの書の内容を受け売りするだけの学習が行われるようになった。そこには、哲学者をひきつけるものはなにもない。こうした物知り的知識は、どう見ても哲学者の教養にはふさわしくない。単なる事例の集積は、思考にはなんの役にも立ちえないからである。

近代科学の起源だけに注目しがちな歴史学者は、しばしばギリシア思想に対しては不公平で、そこに放棄と衰退しか見ようとしない。かれらは、こうした学問の展開（進歩と退歩という二面で）によって、古代思想はそれまで併せ持っていた人文主義と百科全書主義というふたつの方向あるいはふたつの傾向のうちどれかを選ばざるをえなくなったことに十分留意していない。

十全な学問という理想は、アリストテレス以降、人文主義の理想つまり調和的な完全さを実現した個人という考え方とは相容れないものになっていた。学問の隆盛につれ、教養のなかには無限の醜悪さ、無制限などといった考えが持ち込まれ、選択を迫られたギリシア思想は人文主義の方を選び、徐々に科学的理想とは距離をおくようになっていったのである。かれらの態度を非難することはたやすい。しかしわれわれは、ますます複雑に発展する現代文明がわれわれの良心に投げかける似たような問題を、より納得のいく方法で解決する自信があるだろうか。

複雑な問題をあまり簡単に取り扱ったようであるが、私はただ、自由学芸の歴史を概観しようとしたまでである。というのは、この流れの末端にアウグスティヌス思想の本当の場があるからである。アウグスティヌスが求める教養はギリシア哲学を継承する教養であり、さらに言うなら新プラトン主義の教養である。かれの言う教養は、ただ ἐγκύκλιος παιδεία だけにもとづき「至福の生」（vita beata）を追求するもので、百科全書的なものはなにもない。人間の魂の本性とその欲求を知り、その欲求を満たす神を知ること、これがアウグスティヌスの知りたいことのすべてである。

こうした視点に立つと、宇宙とそれを解明する学問のための場はない。アウグスティヌスの哲学は、「魂と神について」（de anima, de Deo）の哲学であり、「宇宙に関する」（περὶ κόσμου）哲学ではない。哲学者時代のアウグスティヌスは、友人ネブリディウスにあてた書簡のなかで、自然学に関する質問に答えることを拒否している。かれが言うには、こうした探究は幸福という中心的な問題とは直接、関連がないからである。「なぜならこの宇宙について探究する問題は、至福の生を獲得することとは関係がないように私には思われるからである[81]」。そうした学習は悦楽をもたらすかも知れないが、時間の無駄である。ほかに為すべきことがある。

聖職者時代に書かれながらしかしまったく哲学的な内容をもつディオスコロスあての書簡において、アウグスティヌスは哲学の三分類という伝統的な類型に従って自分の考えを説明しようとしている。Λογικὴ あるいはかれが言う rationales quaestiones（「理性的な諸問題」）は、かれの「認識論」に示されている。つまり人間は、感覚的なものではなく知的なもののなかに探究することによってはじめて、誤謬を含まない真理を獲得することができる。[82] つぎに ἠθική であるが、これは、幸福、最高善、知恵、至福をもたらす神認識に関する教えである。[83] そして φυσική（naturales quaestiones）に関するアウグスティヌスの説明は簡潔で、自然は神の知恵によって創造されたものであると要約するだけである。それ以上なにを探究するというのか。たとえばエピクロス、アリストテレスあるいはストア学派のうちだれが物質の秘密を深く探りえたか、またそれを知ったとしてなんの役に立つのか、というのがかれの考えである。[84]

たしかにアウグスティヌスは、この原理をつねに厳密に固持したわけではない。哲学的召命の最初のころ、かれは自然学の種々の問題に専心し、[85] またこの分野に関するかなり広い知識を身につけていた。[86] しかしそれは一貫した行動ではなく（一体、だれがいつも自分の原理に照らして首尾一貫して行動したと自慢できようか）、無意識のうちに古いギリシアの伝統に従ったまでである。実際、自然学関係のかれの探究と知識は、かれの哲学を積極的に構成するうえで実際的にはほとんどなんの役にも立っていない。

このように、文学的教養とそれに必要なだけの最小限度の物知り的知識、それが唯一の正当な知識の領域であり、数学的諸学科の領域である。プラトンの教えによると、これらの諸学科は人間の魂だけを働かせるからである。数学的諸学科の学習はまったく知的な活動であり、感覚と混ざることなく知性のなかだけで展開される。[87] 単なる事実とその経験を排除することのできない感覚的な自然学は、この厳密な合理主義とは相容れない。[88] つまり哲学者の教養は理性だけによる、理性の訓練である。

第四章　アウグスティヌスにおける自由学芸

Ⅰ　文法と修辞学に関するアウグスティヌスの知識

つぎに、理論から実際に移ることにしよう。以上のような学問的教養をアウグスティヌスはどれほど修得していたのであろうか。

先述したように、かれは天文学を除く自由学芸各科の「提要」の編纂に取り掛かっていた[1]。それが完成され写本によって伝えられていたならば、右のような質問をする必要はなかったろう。しかしかれが完成したのは『文法論』（De grammatica）だけで、『音楽論』（De musica）は予定していた一二巻のうち約半分を書き上げ、その他の学科は手をつけただけであった[2]。

書かれた「提要」も写本の運命にもてあそばれ、われわれが手にしうる資料はいっそう限られてくる。完全な形で伝わっているのは『音楽論』六巻だけで、その他は、『文法論』の残滓と見られるわずかの章句と、弁証論、修辞学に関する未完の要旨が残されているにすぎない。これらの著作の正銘性は、それぞれの書によってその可能性があったり、疑わしかったり、本当らしかったりするが、どれも魅力ある情報はほとんど与えてくれない[3]。

したがって、それ以外のものを探さなければならない。私は、アウグスティヌスの著作とくに哲学者時代の著作に散在する自由学芸関係の章句を集めることにした。これらの資料はあれこれの学科について単に言及するだけでなく、かなり詳しい説明を加えるもので、アウグスティヌスが企画した「提要」がどのようなものであったかをある程度、教えてくれる。

こうして蒐集された章句は、アウグスティヌスの学問的教養を知るのに十分であろうか。私はそう思いたい。たしかに、そこから得られる情報は断片的で、分散している。しかしそこにおける「沈黙による論証」も注意深く操作することによって役に立つ。さらに、アウグスティヌスが自分の思想を実践に移したとした場合、かれの哲学は自由学芸から取り入れた要素によって構成されているはずであり、哲学のなかに示唆される学問的要素をもとにかれが実際に修得したはずの知識を割り出すこともできる。

まず文学的学科からはじめるとして、中世の「三学」（trivium）を構成する文法、修辞学、弁証論に注目することにしよう。

そのうち文法と修辞学は簡単に済ませる。先述したように、このふたつはアウグスティヌス時代の標準的教養の根本を成すものであり、両学に関するかれの専門知識は疑いないところである。

しかしアウグスティヌスが哲学的著作において、明確にこの二学科に言及する章句だけは指摘しておきたい。かれは他の学科よりもこの二学科について比較的ひんぱんに言及しているかどうかを確認しておくことは、有用であるかも知れない。

修辞学ははっきりとした形で利用されることはほとんどない。『秩序論』（De ordine）において二度、言及されているだけであるが[4]、それは驚くにはあたらない。学問体系の理論的説明において、修辞学は哲学的教養のなかにやむなく取り入れられているにすぎない。実を言うと、修辞学はアウグスティヌスが言うような意味での学問ではない。修辞学に認められるのは実用性だけで、真理をありのままに把握しえない弱い魂にそれを魅力的に提示する役割をもつにすぎない[5]。

　これに対して、文法の立場はより多様である。一方において、文法には修辞学と同様、実用的な側面もある。文法教授はまず最初の知育であり、それによって全教養の土台をなす読み書きを知り、また、著者たちの作品にふれることによって得られる知識、文学的博識を身につける。他方、それはことばや表現、思考の法則に関する理論的学習であり、真の「学問」、合理的学問へと発展していく[6]。この側面から見た文法は、他の諸学科と同じ立場に位置づけられるべきである。

　アウグスティヌスは哲学的対話編において、文法から多くの例文や論証を借用している。それは、とくに『教師論』（De magistro）において顕著で[7]、そこではまさに文法の教授が行われている。かれは、むすこのアデオダトゥスにヴェルギリウスの詩の一節を「解説させ[8]」、幾度となく用語について質問し[9]、また折にふれて代名詞などについて教科書的な定義を言わせる[10]。

　文法はまた、『教師論』と同じころ書かれたその他の著作にも見られる。たとえば『至福の生』（De beata vita）には、用語に関する質問がある[11]。『ソリロキア』（Soliloquia）では比較級の概念が取り扱われ[12]、ネブリディウスあての書簡では語形論が取り上げられている[13]。さらにアウグスティヌスは、宇宙の秩序を取り扱う『秩序論』において詩人たちがあえて用いた不純正語法や統辞誤用を例にあげ、それによって文章全体の美が高められると説明しているが[14]、このさいごの例はとくに重要である。この章句は「摂理」（Providentia）に関するプロティノスの論旨を模倣したものであるが[15]、しかしプロティノス自身のギリシア語の本文には文法による例文は見当たらない。むしろそこには、絵画師や演出家の技法から取り入れたふたつの例がある。このことは、アウグスティヌスの教養において文法の問題がどれほど強く意識されていたかをよく示している。[16]

II　弁証論と論理学に関する不十分な知識

弁証論に移ろう。これにもまた、ふたつの側面がある。ひとつは思考の法則に関する知識であり、もうひとつは討論の術である。

先にあげた修辞学と同じ理由から、実用的な後者の側面に言及する章句はわずかである。[17] 前者の理論的側面は、形式論理学に関する初歩的説明に出てくる。『魂の偉大』（De quantitate animae）においてアウグスティヌスは、エヴォディウスに正しい定義の法則を示したあと、換位法をもってそれを確認する方法を説明する。[18]『教師論』では、概念構成の原理をアデオダトゥスに発見させる。[19] 似たような指摘は、たとえば『音楽論』における論理学と文法との境界の説明にも出てくる。[20]

これらの章句だけで、弁証論（disciplina dialecticae）に関するアウグスティヌスの知識の幅を判断することは困難である。残されている手段は、かれがこの学問を実践に移すことができたかどうかを見ることである。かれの著作から見て、それに対する疑問の余地はなく、いちいち出典をあげて立証するまでもない。[21] 哲学的対話編だけでなく著作全体が、かれが推論の法則に関する深い知識と同時に討論の術を身につけていたことを証明している。[22]

かれがこれらの知識を修得するためにどのような著作あるいは提要を用いたのか、その確定はかなり困難であるが、しかしこれらの知識の特徴は十分明白で、とくに取り立てて言うほどのものはなにもない。かれの論理学はアリストテレスに由来し[23]、弁証論はストア学派の流れを汲んでいるように思われる[24]。こうしたことはすべて、帝政期における哲学の折衷主義的な伝統をよく示している[25]。

むしろここでは、アウグスティヌスの知識に欠けているものに注目した方がより興味深いように思われる。かれの知識がいかにすぐれ、また多岐にわたっているとはいえ、そこには限界と呼ぶべきものがないわけではない。

アウグスティヌスの著作を注意深く読む哲学者は、ある種の失望を味わうのがつねである。かれはアウグスティヌス思想の偉大さ、独創性に感嘆しながらも、純粋に技術的な観点から見てかなりの欠陥を指摘せざるをえない。そこには、いつも明確に批評されているわけではないが[26]、しかし私以前に多くの読者が経験したはずの一種の気まずさ、遠慮がある。

よりはっきり説明しておこう。まず弁証法について。われわれはアウグスティヌスの討論に耳を傾けるとき、すぐにその進展の遅さ、冗長な回り道、目標を見失うほどのさまざまな余談に驚かされる[27]。

討論の技法そのものも物足りない。この点で、アウグスティヌスを詭弁家として見るのはたしかに行き過ぎであろうが、ソクラテスなら言うかもしれない、かれはメガラ学派〔論争好き〕であるという批判は、私からすれば当たっているように思われる。「対話編」においてかれが問題にしているのは、真理を引き出すというより論敵をやり込めることではないかという印象を受けることさえある。かれは発見から発見へと進むというより、妥協を重ねながら進んでいく。概して討論の構想全体は、最初に提示され相手が大して吟味することもなく受け入れた定義にもとづいている[28]。

そのため、内容よりもことばについて討論しているような印象を受ける。もちろんアウグスティヌスはこうした討論には反対しているが、[29]しかしそうした欠陥を避けえないでいる。かれは、厳密な意味での討論ではなく、追い詰め打ち負かす相手がいない場合でも、ことばだけの架空の問題に取り紛れることがある。かれは表現にこだわり、求めてきた実体を忘れ、突然、自分自身さえ見失う。かれの眼前にあるのは、まったく内容のない見せ掛けの問題にすぎない[30]。

こうした欠陥はすべて、とくに初期の著作、「哲学者時代」の著作において目立つ。それを著者の若さ、未熟さのせいにしたい気持ちもあるが、しかし実を言うと、それは成熟期の著作、最高の傑作とされる著作にも見出され、それも厄介な一、二の章句にとどまらない[31]。

以上の考察から、どのような結論を引き出すべきであろうか。われわれは早まって、それをアウグスティヌスの無知、無能のせいにしてはならない。かれの著作が、一定の読者にあてあるいは一定の成果をめざして書かれていることも考慮に入れる必要がある。こうした欠陥の大部分は、まさにアウグスティヌスの脳裏には哲学者の育成における弁証論の教育的役割があったと推定するとき、説明がつく。これについては、折を見て詳述することにしよう[32]。

他方カッシキアクムでの「対話編」は、まだ文学的性格を色濃くとどめていることにも留意すべきである[33]。これらの著作は、純粋な哲学と一般の読者のための「文学」との中間に位置している。そのころアウグスティヌスが考えていた一般の読者は、日常の軽薄さを超越し哲学にある程度の関心をもちながらも[34]、専門の哲学に徹し得ない人々であった[35]。かれが、過度の専門性を嫌う読者の気持ちに配慮せざるをえなかったことは確かである。

こうした説明が先に指摘した事柄の解明にどれほど役立つか明言するのは困難であるが、しかしそれが影響していると考えるのは間違いではなかろう。私はあえてこれ以上の説明は避けたい。しかし時としてこれは、挫折し自分の落ち度を告白するときのアウグスティヌスの弁証法でさえあるように思われる。

論理学についても、似たようなことが言えよう。読者は、アウグスティヌスによる理論的論理学の説明すべてに初歩的な内容やさほど専門的ではない言い回しが見られることに驚く[36]。たしかにここでもまた、アウグスティヌスの準備不足のせいにするまえに、とくにかれの教育的配慮に留意しなければならない。かれはエヴォディウス、アデオダトゥスを介して無教養な読者を相手にしている。かれは、当時の人々にとり純粋論理学の知識ほど欠けているものはないことを知っていたのである[37]。

しかしそれを認めたとしてもなお、かれには専門の論理学者として話すだけの力が不足していたことを示す多くの欠陥がある。私は、アリストテレスを取り扱うギリシア人の注解者あるいはボエティウスと比較して言っているのではない。この専門分野において、アウグスティヌスはマリウス・ヴィクトリヌス[38]、エクラヌムのユリアヌスといった当時の何人かのラテン著述家にさえ及ばない[39]。

こうした批判は、より広い範囲にあてはまる。かれの形式論理学の説明だけでなく著作の哲学的部分全体にわたって、思想の表現形式にはある種の厳密さが欠如し、抽象的概念の操作においてはやや自信の無さが目立つ。それをなによりもよく示しているのは、かれの用語が一定していないことである[40]。アウグスティヌスは専門用語を創り出すことはできず、またアリストテレス、トマス、カントのように、独自のアウグスティヌス的用語といったものももたない。

真に独創的な哲学者と同じく、かれは新しい概念を表現するため、すでに確定した語意をたえず歪曲せざるをえなくなっている。しかもこうした操作は一回限りのものではない。こうしてかれの著作においては、同じ語が以前とは違う意味に用いられることもある。この点について読者はどれほど用心してもしすぎることはない。アウグスティヌスのある著作の文章、用語を、それ以外の著作の文章、用語をもって説明することほど危険なことはない。それらの著作が、時間的にまた性格的にかけ離れたものである場合、とくにそうである。さらに重要なことは、かれの考えはきわめて流動的で、時として概念そのものよりも概念のもちうる相互関係をもとに構成されていることである。たとえば対照法（antithèse）においてそうである。対照法という語だけははっきりと定義されているが、そこに用いられるふたつの用語は漠然として流動的で、つぎつぎに異なる意味に用いられている。[41]

　アウグスティヌスは、同じひとつの語を多様な意味に用いることにより読者に不安を与えながら、その不安を解消するどころか、逆に、この不安を多少のニュアンスを介して巧みに操作し、同じひとつの語に含まれるすべての概念をつぎつぎに引き出していく。他方かれはことばに対して、数学的諸学科によって形成された哲学者のような反応は見せない。かれにとってことばは、完全に自由な語による定義と任意的な記号との集合である。[42]かれが必要と思われる新造語をあえて創りだそうとしないわけは、大体ここにある。[43]他方、もっぱら文学的な教養を身につけていたアウグスティヌスにとってことばは古典と学校教育の伝統によって慣用化されたものであり、かれはこうした権威からけっして完全に抜け出すことはできなかった。[44]

　学校のベンチで身につけたこうした態度は、「聖職者時代」における聖書の文字に対する畏敬の念によっていっそう強化されている。こうしてかれは、自分の用語をラテン語訳の聖書のそれに合わせようと努める。[45]ところが、聖書においてきわめて専門的に見えることばはさまざまな意味に用いられているが、それをアウグスティヌスが独自のことばを用いて説明することによって、[46]読者はいっそう苛立ち不安に陥る。

　私から見ると、アウグスティヌスにおけるこうした欠陥はかれが受けた教養の結果である。少々、無理して表現するならば、つぎのように言えるかもしれない。アウグスティヌスに欠けているのは、かれが専門の哲学者ではないということである。私は、それがかれに対して礼を欠くことになるとは考えない。これは、アウグスティヌスを大哲学者たちと競わせようというのではない。哲学には多くの住まいがあり、すべての思想家をアリストテレス、カントのような「学問の体系化を図る大家」に合わせて判断しようとしてはならない。私のこうしたやや流動的でいわば未完成の表現はアウグスティヌス主義に通じるものであり、内々の絆によってその独創性と結ばれていることは、アウグスティヌスのすぐれた注解者たちの意見でもあると考えている[47]。しかしそれにしても、かれはやはり最初の教育によって形成されたままの教養をもつという点で苦しんだことであろう。実際にかれが哲学を学んだのは、プラトンやアリストテレスからではなくいわば素人のキケロからであった。

哲学者アウグスティヌスは独学によって育成されたが、そこにはたゆまぬ努力と同時に癒やしがたい不完全さが伴っていた。かれは独自に自己を形成し、たとえばアプレイウスがアテネである教師から受けたような最初の手ほどきを欠いていた[48]。それは、アウグスティヌスのころでもまだアテネのほかコンスタンティノープル、アレクサンドリアで受けることが可能であったが[49]。

かれは読書と瞑想を重ねることによって、初期の教養に欠けていた哲学的探究の訓練を積んでいった。しかし教育というものは消しがたい痕跡を残す。アウグスティヌスのなかには、当初かれを形成したものがつねにいくらか残ったままである。つまりわれわれがかれに非難したことは、学校、文法教師、「論争」（controversiae）の教師、修辞学教師が継承していた慣習によって説明がつくということである。

Ⅲ　数学的諸学科とくに天文学に関する知識の欠如

つぎに、数学的諸学科に関するアウグスティヌスの知識について検討することにし、[50]「四学」（quadrivium）の各科について順を追って見ていくことにしよう。

まず、天文学からはじめよう。これはそれほど手間取らないであろう。実際、意外なことに、アウグスティヌスは天文学についてごくわずかしか言及していない。哲学者時代の著作にはまったく見られず、その他の著作においてもごくわずかに触れるだけである。著作から見る限り、かれは数学的天文学の法則について深い知識をもっていたとは思われない。またそれについて述べる箇所もごくわずかである。[51]天文学に関するほとんどすべての章句で言及されているのは宇宙論であり、[52]あえて言うならば、自然天文学である。しかし周知のように、この自然天文学は天文学というよりむしろ「自然学」（physica）を取り扱うもので、哲学に属する。

他方、アウグスティヌスが手がけた『諸学科』（Disciplinarum libri）では、ἐγκύκλιος παιδεία の各学科にそれぞれ一書を当てる計画であったが、天文学だけが欠けていた。[53]とすれば、天文学はかれの教養とは無縁のものであったと結論すべきではなかろうか。

こうした結論は重大である。それは、アウグスティヌスにおける教養課程の学習と実践に重大な欠陥があったことを認めることになる。

おそらくこうした結論を受け入れるまえに、幾分、それに手を加える必要があろう。実際、右のような推測は『告白』（Confessiones）の一文と矛盾する。『告白』によると、アウグスティヌスのマニ教信仰を最初に揺るがしたのは、ひとつには、マニの途方もない宇宙開闢説よりもより真実らしく思われた「哲学者たち」の天文学理論との出会いがあった。とくにマニの教えには、学者たちが厳密な観察にもとづき、月や太陽の蝕とその度合いについて何年もまえから望みうる限りの正確さをもって算出することのできる、数学的法則に比較しうるようなものはなにもなかった。[54]

しかし私から見ると、この証言は、時として考えられているほど重要なものではない。[55] それは、アウグスティヌスがこのころ科学的天文学の存在とその経験的価値とを発見したことは教えてくれるが、しかしかれが直接、この学問に取り組んだとは言わない。換言すると、かれは蝕の計算を可能にする法則の存在は知っていたが、しかしかれ自身その計算方法を修得したとは言っていない。

かれは、哲学者たちの書を読んだとしても、[56] 数学的秩序の正確さについてそれほど学ばなかったはずである。それは哲学者たちの専門外のことだからである。

たしかに、天文学（**astronomia**）は、**mathematici**〔数の学者〕と関係があり、とくにこの語によって示される占星術師たちと関連があった。[57]『告白』によると、アウグスティヌスは占星術に興味をもち、それに関連する書を読み、[58] 少なくとも星占いの大まかな図表を描くだけの力はもっていた。[59] しかしどこまでこの学習を進めたのか、またそれによってどれほど真の天文学知識を得たのか、それはわからない。現存する占星術関係のラテン語文献の水準から見て、アウグスティヌスが修得できた知識がそれほど高いものであったとは考えられない。

私は、こうした証言に加えて「沈黙による論証」が強い力をもつと考える。かれは哲学的著作において自由学芸諸学科を利用したが、天文学だけには言及せず、またかれが企画した『諸学科』においても他の学科と同等に天文学に一章があてられていない事実は否定しようがない。したがって、アウグスティヌスは天文学を深くは学ばなかったと考える以外にない。その形跡が残されていないからである。いずれにせよ、天文学はアウグスティヌスの哲学的教養において他の学科と同等の役割を果たしていないことだけは明らかである。

Ⅳ　算術

数学的諸学科のうち、アウグスティヌスがもっともひんぱんに言及しているのは算術である。それは、哲学者時代の著作に多く出てくる。しかしそこに示される算術の知識はどれほど正確なものだろうか。

若干の章句は、ごく簡単な概念しか取り上げていない。アウグスティヌス自身指摘しているように、それはまったく初歩的な取るに足りない知識である。たとえば、２＋２＝４、２＋４＝６、７＋３＝10[60]、また数全体は偶数と奇数に分けられることなどである[61]。その他、整数の系列は無限であるというような[62]、またすべての数においても、数の最初の対をなす１と２の間にある関係が見られ、こうしてある数に続けて数をかぞえていくと、全体はもとの数の二倍になるなど[63]、いくつかの理論的考察もあるが、大して詳しい説明はない。

しかし『音楽論』によると、アウグスティヌスがより詳しく学習しようとしたことがいくらかわかる。『音楽論』第一巻の後半全体が、リズムの学習に対するいわば算術による手ほどきにあてられている[64]。それは二部に分けうる。第一部は、数の関係の分類にあてられ[65]、第二部は、10の位の発生の説明にあてられている[66]。この両者について、手短に説明しておこう。

アウグスティヌスによる数の関係の分類は、つぎのようにまとめられる。

持続

- Ⅰ　比で表現可能な持続（ratrionabiles）
  - Ⅱ　平等な持続（aequales）
  - Ⅱ　不平等な持続（inaequales）
    - Ⅲ　通約的持続（conumerati）
      - Ⅳ　倍数比による持続（complicati）
      - Ⅳ　部分的付加数比による持続（sesquati）
    - Ⅲ　非通約的な持続（dinumerati）
- Ⅰ　比で表現不可能な持続（irrationabiles）

これらの用語はなにを意味するのか。アウグスティヌスによる説明は、時には混乱しているが、それを解きほぐしていくことにしよう。[67] 他方、私はかれが提示する分類の範囲と学問上の価値がどのようなものかも探りたい。そのため、かれの『音楽論』と、エウクレイデスの『幾何学原論』（Elementa）二、七―九、一〇巻、ゲラサのニコマコスの『算術入門』（Arithmetica introductio）、スミルナのテオンの『音楽論』（Musique）と『算術論』（Arithmétique）といったギリシアの算術関係の書における古典的な説明とを対照することにしよう。[68] もちろん、アウグスティヌスの算術に関する知識はこれらの書から直接、学び取ったものではない。しかしアウグスティヌスの知識の出典を確定することはまったく異なる次元の問題であり、ここではそれを無視しても許されるであろう。[69] アウグスティヌスの知識の心理学的形成について説明するよりも、その知識が四世紀の教養の水準について証言してくれることに注目したい。

先述したように、アウグスティヌスは数の関係を分類して見せる。実を言うと、かれは運動だけを取り上げ、しかもその持続だけを考察する。[70] その持続は、数によって測られ示される。他方、かれはこの持続を単独に取り上げるのではなく、二つずつつまりその関係について考察する。現代の読者は、こうした説明に気を悪くし、説明全体の基礎となる関係の概念を明確にしていないことについて苦言を呈したくなる。しかしこうした欠陥はかれのせいではない。ニコマコスの説明に見られるように、ヘレニズム期の算術は、ずっと以前から数の関係の学習と数自体の学習とを切り離すことはない。[71] アウグスティヌスの『音楽論』をもとに、説明を続けよう。

I　アウグスティヌスは、共通の基準（数比）をもつふたつの持続を「比で表現可能な持続」（motus rationabiles）と呼び、この特徴をもたないものを「比で表現不可能な持続」（motus irrationabiles）と呼んでいる。[72]

一見したところ、こうした定義は、現代数学が合理性（rationalite）と呼び慣わしているものにあたる。むしろ共通の数比（基準）をまったくもたないふたつの持続の関係を対比する数は、非合理的な数であるといった方がよいかもしれない。もともとこれは、古典ギリシア数学にはおなじみの概念であった。[73] しかしここには注意を要する。この概念は、エウクレイデスが適切な記号の欠如を補うため、数（ἀριθμοί）ではなく大きさ（μεγέθη）について用いたものである。ギリシア人は数（ἀριθμός）を、一（単位 monades）の集合として定義し、[74] そのため、厳密な意味での算術は整数だけを対象にしていた。

アウグスティヌスは、こうした数に関する狭い概念を知らなかったわけではない。きわめて明白なかれの一文から、かれにとって「数」（numerus）とは「整数」を意味していたことが分かる。[75] ところで、先にあげた「比で表現可能な数」の定義を注意深く読み返してみると、共通の数比の概念は、一般的意味にとられているのではなく、数（numerus）つまり整数の概念にかかっていることがわかる。そこで取り扱われているのは、dimensio numerorum, numerosa のことである。換言すると、整数をもとに得られる限りの共通の数比のことである。だからこそ「比によって表現可能な持続」（motus rationabiles）は、整数を測定する持続だけに限られ、「比によって表現不可能な持続」（motus irrationabiles）は、現代語の意味での分数、無限数を測定するすべての持続について言われている。(76)

したがってアウグスティヌスによる定義は、かなり乱れている。かれは、合理性の概念を介入させる必要はないことに気づいていない。かれは整数のより狭い概念のなかで考察しているからである。かれは、μέγεθος σύμμετρον と、ἀριθμός というエウクレイデスのふたつの定義をかなり不器用に融合させているという印象を受ける。

Ⅱ　整数によって測定される持続は、平等な持続と不平等な持続のふたつに分けられるが、この考え方は明白で、説明するまでもない。私はただ、それはニコマコスとテオンの古典的教科書で取り扱われていることを指摘するにとどめたい。(77)

Ⅲ　つぎにアウグスティヌスは、不平等な持続をふたつに分ける。かれは、ふたつの持続を測定する数が（a）相互を倍加する、あるいは（b）相互の差異をもって相互を倍加する数を「通約的持続」（motus connumerati）と呼び、これらふたつの特徴をもたない持続を「非通約的持続」（motus innumerati）と呼ぶ。(78)

Ⅳ　さいごの区別は、「通約的」（connumerati）という名称で統合されるふたつの範疇を分離する。ひとつは、幾通りもの持続が構成する「倍数比による持続」（motus complicati）であり、もうひとつは、その数は、それぞれの差異によって倍加されるもので、「部分付加数比による持続」（motus sesquati）と呼ばれる。(79)

さいごのふたつの区別は、不器用な印象を与える。それは、誤った相似の一方に偏った、技巧的な説明にすぎないように見える。このふたつの二分法による区別は、実際には、三つの用語をもつただひとつの区別になる。

「通約的持続」は、実際はなにも限定的なものは意味せず、「倍数比による持続」と「部分的付加数比による持続」とを集めた技巧的な区別にすぎない。

私はこうした事柄を説明する理由がなにかを探した。例の「多数の」しかし「倍数比による持続」が何であるかはよく分かるが、アウグスティヌスは、この奇妙な「部分的付加数比による持続」をどこからもってきたのだろうか。

この問題は、ニコマコスとテオンとを比較することによって解ける。このふたりは、不平等の関係を、注目すべき関係をもつ五種類に分け、説明している。(80)

1「倍数」(numerus multiplex : πολλαπλάσιος) と「約数」(submultiplex : ὑποπολλαπλάσιος) との関係約数として、a : b = m とする。

2 残余分だけの過剰な数 (superparticularis : ἐπιμόριος) と「残余分だけ過剰な数の部分となっている数」(subsuperparticularis : ὑπεπιμόριος) との関係を a : b = m + 1 : m として、

3「部分だけ過剰な数の部分となっている数」(superpartiens : ἐπιμερής) と「部分の複数倍過剰な数」(subsuperpartiens : ὑπεπιμερής) との関係を a : b = 2m + n : m + n として、

4「部分の複数倍過剰な数の部分となっている数」(multiplex superparticularis : πολλαπλασιεπιμόριος) と「部分の複数倍と複数の単位分過剰な数」(submultiplex superparticularis : ὑποπολλαπλασιεπιμόριος) との関係を a : b = mn + 1 : n として、

5「部分の複数倍と複数の単位分過剰な数」(multiplex superpartiens : πολλαπλασιεπιμερής) と「部分の複数倍と複数の単位分過剰な数の部分となっている数」(submultiplex superpartiens : ὑποπολλαπλασιεπιμερής) との

関係は、$a : b = p(m+1) + m : m+1$ となる。もちろん $p > 1$ として。

この表をアウグスティヌスによる「通約的持続」の区分と比較してみよう。「倍数比による持続」は、πολλαπλάσιοι / ὑποπολλαπλάσιοι であり、「部分的付加数比による持続」は、ἐπιμόριοι / ὑπεπιμόριοι にほかならないことは容易にわかる。[81] こうして、「通約的持続」は、古典算術が不平等な数の関係のなかから維持した注目すべき五つの関係のうちの最初のふたつを示している。

とすると、すべての説明がつく。われわれは、アウグスティヌスがあげる「通約的持続」の実際的な意味についてかれを責めるわけがなくなる。この欠点は（それが欠点のひとつであるとして）、互いにいかなる共通の性格ももたないいくつかの限定された関係をもつ数を取り上げ、特別の学習の対象としていたギリシア数学全体の欠点であるということになる。

アウグスティヌスが五つのうちふたつだけを選んだとしても、それは当然である。この説明は『音楽論』に含まれ、かれがそこで取り上げるのはリズムに利用される数的関係だけだからである。[82] 実際、かれは文法教師たちが韻律において区別していた「平等な持続」、「通約的持続」、「部分的付加数比による持続」の三種類を説明するために、「平等な数」（numeri aequales）、「倍数比による数」（numri complicati）「部分的付加数比による数」sesquati の概念を必要としたのである。

以上、まことに奇妙に見えるこの分類に関する説明はこれで十分であろう。これまで説明したことは、つぎのようにまとめることができる。

Ⅰ　Ⅱ　Ⅲ　Ⅳ

- 測定された持続
  - 整数による
    - 平等な数
    - 不平等な数
      - 特徴ある関係
        - 倍数
        - ἐπιμόριοι
      - 非限定の関係
  - 非数学的大きさによる

以上の考察から結論として何を引き出すべきであろうか。われわれはここに、アウグスティヌスが、かなり初歩的なものではあるが、学問的算術に関する一定の知識を実際に修得していたことを垣間見ることができよう。要するに、アウグスティヌスの説明には厳密な意味での誤謬は見当たらないとしても、しかし稚拙な点も残る[83]。かれの著作における混乱は、確信のない専門分野にあえて「文学的」な態度をもって踏み込んだことから来ている。

私は、アウグスティヌスをエウクレイデスと比較しかれをやり込めようとは思わない。しかしニコマコスとテオンとは比較しておこう。もちろんかれらもやはり欠陥がないわけではない[84]。しかし少なくとも、かれらの説明はアウグスティヌスのそれよりもはるかに満足のいくものである。アウグスティヌスの説明はぎこちなく、その筋立ても明確ではない。それは、あとでボエティウスがニコマコスについて与える説明だけでなく、カッシオドルスがボエティウスをもとにまとめる要約に比べてもはるかに劣っている。

以上、説明してきた『音楽論』の章句について、さいごに指摘しておきたいことがある。現代の読者は、算術における分類に審美的判断が介入していることに不快感を覚える。アウグスティヌスは、関係を区別することで満足せず、これらの関係を完全さの度合いに従って分類している。最初の分類は、つぎのような見地から導入されている。「すべての尺度は……非限定に優先させられるべきである」。したがって、「比で表現可能な」数は、「比で表現不可能な」数に優先させられるべきである。[85] 同様に、不平等よりも平等な数を優先する。両者の数の間には、より大きな「調和」が支配するからである、など。[86]

これは、アウグスティヌスの関心がどこにあるかをよく示している。かれはリズムを数意学に結びつけ、審美的判断を数学的条件に限定しようとしている。[87] しかし美が数にあることを立証しうるためには、前もって数のなかに質的要素を設定しておく必要がある。その手法は、われわれの目にはかなり奇妙なものに映るが、しかし古代の人々がそれに躓くことはありえなかった。数の学問は、ピュタゴラス学派が最初に与えた質的特性をまったく振り払うことはできなかったからである。[88]『音楽論』におけるその後の説明は、こうした考え方について新たな証言を与えてくれる。

V　数意学

実際、『音楽論』第一巻をしめくくる算術に関する第二の説明は、10の数（numerus denarius）の構造を取り扱う。[89] アウグスティヌスは、整数とそのさまざまな関係の無限系列を秩序づける法則はなにかを探索しながら、ラテン語による10という数の特徴を明らかにする。しかし、かれはなぜ10という数を特別視するのか。ここでアウグスティヌスは、その特徴の説明と価値判断に専念する。

かれは、1からはじめて3の数の説明に入る。そしてこの3の数に「ある完全さ」を発見する。3は、それぞれ1をもって、全体の始まり、真ん中、終わり（principium, medium, finis）を形成するからである（3＝1＋1＋1[90]）。つぎに、これもまた「全体的かつ完全である」（totus atque perfectus）偶数を探す。それにはまず、4という数がある。それは、4＝1＋2＋1だからである[91]。1と2という数に完結した構造はなく、そこには同じ完全さもない。これらの数は、数え方の原理として考えられている。これを聞いた弟子はこれほど簡単な事実のなかに含まれる多くの美に驚嘆し、アウグスティヌスは、「これらのことは、数に関する学問においてより精密にまたより専門的に探究される」と重々しく答える[92]。

しかしアウグスティヌスは、最初の三つの数の検討を続けていく。そして、これらの数の間に、「大いなる調和」（magna concordia）があることを指摘する。弟子は、これらの数によって示される統一性に感嘆すると同時に、愛着を感じる[93]。しかし、1、2、3というように、始まり、真ん中、終わりによって構成される連結に注目すると、両端の和つまり1＋3は、真ん中の2の倍に等しい4という数になることがわかる。そしてここには、最初の三つの数の連結には見られない見事な調和がある。したがって最初の四つの数の間には、「もっとも正しい前進」（justissima progressio）がある。驚嘆する弟子をまえに、アウグスティヌスは、これほどすぐれたこの四つの数がまさに10を生むことを説明する（1＋2＋3＋4＝10[94]）。

以上が、かれの数に関する説明の概略であるが、これは現代の読者にはきわめて奇異なものに思われる。しかしわれわれはそれに驚いてはならない。まず、こうした説明は『音楽論』によく似合っている。アウグスティヌスがこれら最初の数の特徴を取り上げているのはリズムに関する説明を納得させるためである[95]。またとくに、こうした説明は古代においてはなんら特異なものではなく、学問のある一面を形成していた。古代においては厳密に数学的な算術のほかに、数の特徴を幅広く解釈し、質的比喩と審美的比喩を組み合わせた、「数意学」（arithmologie）と呼ばれるようなものもあったからである。

帝政期には、こうした知識（数意学）を取り扱う提要が多数あったことが知られている。ゲラサのニコマコスは、厳密な意味での算術を取り扱う『算術入門』とは別に『算術神学』（Theologumena arithmetica）を著して[96]数意学を説明したが、その内容はアナトリオス（三世紀後半）の小著『10の単位について』（Sur la décade）と[97]、スミルナのテオンの算術論[98]に含まれていると考えられている。なお、ニコマコスの『算術神学』と同名で、ヤンブリコスのものとされるより詳しい著作も伝えられている。ところでこれらの書をひもとくものはすぐに、アウグスティヌスが利用した諸要素がそこにあることがわかる[99]。また最初の数の特徴に関するアウグスティヌスの説明が、数意学に関する著作のなかでもっとも簡潔かつ合理的で[100]、またもっとも初歩的な説明であることに気づく。

Ⅵ　幾何学

アウグスティヌスの哲学的著作には幾何学も出てくる。まずかれは、いくつかの断片的な章句で幾何学の初歩的な要素にふれている。たとえば、かれは話のついでに直線[101]、無限の可分性[102]、角、四角[103]、円の概念[104]、中心[105]や半径[106]、球の特性[107]、空間のもつ三次元[108]に言及している。しかし算術の場合と同じく、より詳しく取り扱う著作がある。それが『魂の偉大』である[109]。

幾何学が哲学的著作に含まれるわけは後述するとして[110]、まずこの書に含まれる幾何学関係の知識を取り出すことにしよう。まず、空間の三次元、長さ（longitudo）、幅（latitudo）、高さ（altitudo）がある。これらは感覚的、物質的事物ではなく、理性をもって理解される事柄である[111]。ごく細い蜘蛛の糸は、純粋な長さではない。それはまた、若干の幅と厚みをもっている。線はまったく純粋な長さであると定義されるが、これはひとつの次元（dimensio）しかもたない理性による存在である[112]。線の特徴は無限であることである[113]。

アウグスティヌスはつぎに図形を定義する。「なんらかの空間がひとつの線あるいはいくつかの線によって囲まれている場合、私はそれを図形と呼ぶ[114]」。この図形は、一本あるいは二本の直線で描くことはできず、少なくとも三本の直線が必要であり、それが三角形である[115]。

そのあとアウグスティヌスの説明は、急にまったく別の方向に向かう。対話の相手エヴォディウスは、三角形を描きながら、それを正三角形にすることを「選んだ」。アウグスティヌスはかれにその本質的特性を明言させるが、しかし証明はさせない。辺の平等は角の平等を伴い、またその逆のことも生じる。そこでアウグスティヌスは弟子につぎのように質問する。「たずねるが、どちらの図形が『よりすぐれ、より美しく』見えるか、答えよ。同じ長さの線によって成り立っている図形か、それとも長さの等しくない線によってできている図形の方か[116]」。

したがって正三角形が他のすべての三角形よりすぐれているとはいっても、もっとも完全な図形ではない。それは、ある「不平等」を含んでいるからである。つまり角は辺に対立しているからである。われわれはむしろ、二等辺から成る――辺と辺、角と角が対置されている――図形を好む。そうした図形は存在する。それは、菱形である[117]。しかしここでは、角はみな同等ではない。したがって角と辺、辺と辺とが同等である正方形を菱形よりも好む[118]。

しかし正方形自体も、最高に完全なものではない。そこにもやはり不平等が含まれている。角の存在は、辺の連続を断ち、対角線は垂直二等分線と同じ長さをもたないからである。したがって、正方形よりも美しい図形があるはずである。それが円である。そこでは、すべての半径が平等で、曲率は不変である[119]。

そこで、種々の図形に関する説明は終わる。アウグスティヌスは、三次元の説明に戻る。かれは、「分割できないものは分割できるものにまさる」という原理をもとに、面よりも線により多くの美があるとする。しかしより単純なものつまりより完全なものがほかにある。それは、厳密に分割不可能な点（signum）である[120]。そして点でも、図形の中心を占める注目すべき点（円の中心、正三角形の高さの交わる点）があり、アウグスティヌスは、それを punctum と名づける。かれは、signum と punctum の長所を説明したあと、第三の次元「高さ」の概念について数語の説明を加え、説明を終わる[121]。

私は、アウグスティヌスの幾何学的教養を示す以上のような章句に若干の説明を加えてきた。現代の読者は、10の数の説明と同じくここでも幾何学学習とは無縁に思われる質的、美的概念が取り入れられていることに不快感を覚えることであろう。この「よりすぐれた図形」（figura praestantior）の説明には、独りよがりの子どもじみたものがないわけではない[122]。しかし数意学の場合と同様、まったく異なる文明をたてにアウグスティヌスを責めてもはじまらない。われわれは、算術の学習についてもそうであったが、帝政期の幾何学学習についてはいっそう知るところが少ない。しかしそこで美的関心が似たような役割を果たしていることは垣間見ることができる[123]。

以上のことから見て、幾何学に関するアウグスティヌスの説明は、『音楽論』における算術の説明以上に満足すべきものであるように思われる。まず、そこに見られる定義は明晰かつ的確で、説明の段取りもはっきりしている。ただ、かれの説明の流れはかなり特異なものに見える。空間の三次元の説明の途中で、なぜ完全な図形について長々と寄り道をするのだろうか。しかしわれわれは、アウグスティヌスに厳密な構想を要求してはならないことも知っている。

つぎにやや稚拙な表現も目につくが、それはとくに、専門用語をもたないラテン語の不完全さのせいである。アウグスティヌスは、latitudo（広さ、つまり第二次元の幅、と面）、あるいは altitudo（高さ）といった曖昧な用語の使用に戸惑っているように見える。かれは、altitudo という語は「垂直線によって測られる高さ[124]」という経験的な意味ではなく、第三次元の抽象的な意味にとるべきことを説明するために、章の一節全部をこれにあてている。

では、アウグスティヌスはすぐれた幾何学者であったと結論すべきであろうか。それは言い過ぎであろう。幾何学に関するかれの説明は全体として満足すべきものではあっても、この学科のごく初歩的な資料しか利用していないことをしかと認めるべきである。要するに、アウグスティヌスの幾何学論には、三次元（dimensions）、線、面といったごく一般的な定義に関する、幾何学的というよりそれ以上に哲学的な知的探究が見られる。なおこれらの定義は、エウクレイデスの『幾何学原論』のはじめに出てくるごく初歩的な定義にすぎない[125]。

図形に関する考察にも、それほど精密な知識は含まれていない。先述したように、アウグスティヌスが話を三角形に戻したとき、エヴォディウスは正三角形を選んだ。これはまったくの気まぐれによるものであろうか。そのわけは簡単で、エウクレイデスの第一巻の第一命題は、まさに正三角形を描くことにあてられているからである。正三角形の特徴（辺の平等と角の平等）について言うと、それは、同じ第一巻の第五命題の直接的結論である（二等辺三角形の特徴）。その他の図形（四辺形、四角形、円）についてアウグスティヌスは、ごく単純な定義と特性だけを取り上げているが、それにはそれほどの専門性はなく、初歩的教養に属するものである。こうした幾何学的説明においてアウグスティヌスが必要としたのは、エウクレイデスの書の第一巻にある初歩的な定義と最初の諸命題における知識だけである[126]。他方、これまで取り上げてきたアウグスティヌス自身の説明にも、それ以上の深い知識は含まれていない。要するに、アウグスティヌスは幾何学について、正確ではあるが、しかしきわめて狭い知識しかもたなかったということである。

Ⅶ　文法における韻律と音楽におけるリズムの知識

さいごに、音楽について検討することにしよう。アウグスティヌスの音楽理論については『音楽論』六巻が残されており、かれの音楽知識に対する評価はたやすいことのように思われるが、しかしそれが当て外れであることはすぐに分かる。かれの『音楽論』の内容は標題から予想されるものとは異なっている。この書は、つぎのような筋立てになっている。

第一巻　音楽学習への一般的導入
　（a）音楽の定義
　（b）音楽の学習に有用な数学的要素[127]
第二―五巻　リズムについて
第六巻　哲学的注釈[128]

このように、この書の本論（第二から第五巻）では、普通、音楽が分類されるリズムと調和のうちリズムだけを取り扱っている。アウグスティヌス自身、この不備を指摘している。かれによると、さらに六巻（第二部）を加えて旋法（modes）、音程（intervalles）を取り上げ、本書を完成させる予定であったが、それを実現するだけの時間的余裕がなかったという[129]。

さいごの六巻を見ることのできないわれわれとしては、調和に関するアウグスティヌスの知識の範囲、程度を直接に知ることはできない。それはとにかく、ひとつの仮説を提案しよう。『音楽論』の第二部を書こうとするアウグスティヌスには、おそらく執筆する時間だけでなく必要な知識を蒐集する時間もなかったのではなかろうか。実際かれの著作には調和に関する知識がほとんど見当たらない[130]。これに反して韻律に関する言及には事欠かない[131]。このことから、アウグスティヌスは音程、施法などに関する知識を持ち合わせていなかったと結論できるのではなかろうか。

『音楽論』の構想ははっきりしている。かれが本書で取り扱っているのはリズムだけである。それは、かれの音楽知識がそれに限られていたからであろう。天文学の場合と同じく、これほど重要な断定を下すからには当然その根拠を明示すべきである。私はここでも、「沈黙による証明」（a silentio）という微妙な方法を用いることにしよう。アウグスティヌスが音響学（théorie acoustique）に関する知識をまったく欠いていたというのは、おそらく言い過ぎであろう。『告白』によると、かれは若いころたしかに音楽に関するいくつかの著作を少なくともひもといている[132]。しかし天文学の場合と同様、そのごくわずかな痕跡しか残されていないところから見て、この学問をそれほど深く追究しなかったと言っても差し支えない。

一応このような説明がつくとはいえ、その結論は重大である。それは、アウグスティヌスの学問的教養に新たな欠落があることを示すことになるからである。そこには、より詳しい検討が必要である。『音楽論』第二巻から第五巻の少なくともリズムに関するかれの「音楽」的知識は、厳密に言ってどのようなものであろうか。これらの巻に関する研究はかなり多く、それをもとに正確な答えを出すことは可能であると思われる[133]。

この四巻を一通り見るとして、要するに、そこでなにが言われているのだろうか。そこで検討されているのは、詩的韻律と、その種々の要素つまり脚韻[134]、連続するリズム[135]、韻律[136]、詩文[137]であり、それは古代とくにアウグスティヌスのころの多くの文法教師たちが書いたような[138]簡単な韻律論を思わせる[139]。

こうした印象は、内容を検討することによっていっそう深くなる。実際アウグスティヌスの説明は、ローマの学校において教授されていた伝統的な韻律論を反映している。さらに、かれの説明にはこうした伝統のもつ特殊な面のひとつが示され、より明確にされている。換言すると、かれはローマの音楽理論家たちが分かれていたふたつの学派のひとつ古代学派と呼ばれるもののなかに加えうるということである。この学派はヴァロにまで遡るもので、カエシウス・バッスス、テレンティアヌス、アッティリウス、フォルトゥナティウス、またある程度までマリウス・ヴィクトリヌスもこれに属する[140]。

こうした見方に対してアメリオ（Amerio）は、はげしく反対している。かれによると、アウグスティヌスの『音楽論』を文法教師の知的教養に属する韻律論と見なすことは重大な誤解である。それはむしろ音楽に属するリズム論であり、これがアウグスティヌスが意図したものである[141]。

しかし私から見ると、実はアウグスティヌスの説明にはより広い射程があるように思われる。かれの説明が、ラテン詩の作詩法だけにもとづくものであったするならば[142]、それは、かれが語の意味、韻律法には関心をもたず、ただリズムだけに関心があったことを強調することになる[143]。つまりかれは、「音楽論」（de arte musica）ではなく「リズム論」（de rythmo）を提供しようとしていることになる。

しかしアメリオは自信をもって反論する。かれによると、『音楽論』の精密な分析を進めていくと、この書は韻律とはまったく無関係な要素を含み、むしろ厳密に音楽の分野について説明している。たとえば、(a)休止の果たす役割、(b)リズムの均質性に関する説明がそれである。[144] この二点について検討することにしよう。

アウグスティヌスの『音楽論』で驚くのは、休止（silentia）の役割の重視である。かれは頻繁に一拍から四拍の休止を援用する。それは、(a)ひとつの韻律あるいは詩文のさいごの音節の無差別を正当化するため、[145] (b)同じ音節のさいごの脚韻を補うため、[146] (c)韻律あるいは詩文の冒頭にある最初の脚韻を補うため、[147] (d)さいごに、これらの韻律的な一連の詩文の内部において、もっとも自由な仕方で区切って発音するためである。[148] そしてこのうちのどれも、アウグスティヌスのようにアディアフォロス（ἀδιάφορος）、カタレクティコス（καταληκτικός）、アナクルーシス（ἀνάκρουσις）などの概念を用いて問題を解決する韻律論者（metriciens）には見当たらない。

むしろ反対に、アウグスティヌスはリズム論を実践するための具体的諸条件を考慮しつつリズム論を説明していると考えるとき、すべてに説明がつく。かれは、韻律論者のようにラテン語の詩文だけを音節の単なる集合として考えるのではなく、むしろ実際のまた具体的な音楽のリズムとして、音だけでなく休止から成る朗誦あるいは歌唱におけるリズムとして考えている。実際、この休止の概念（χρόνοι κενοί）は、ギリシアの音楽的リズムの分野に属するもので、それは、アウグスティヌスの説明といくつかの接点をもつ音楽理論家に見出すことができる。[149] その点、アメリオの説は正しい。つまり『音楽論』には、韻律以上のもの、厳密に音楽的ななにかがある。

他方アメリオは、かれがリズムにおける等質性の法則と呼ぶものを明らかにしている。それは、アウグスティヌスがつぎのように表明しているものである。つまり同一の一連のリズムにおいて、まして同じ韻律、同じ詩文には、同じ長さをもつすなわち全体として同数拍をもつ脚韻しか結合することはできない。[150] ピリキウス（短短脚の詩文）は、他のどの脚韻とも混ぜることはできない。またイアンブス（短長脚の詩文）、トロカエウス（長短脚の詩文）、トリブラクス（三短脚の詩文）は互い結合させることができるし、また、スポンデウス（長長脚）、ダクテュルス（長短短脚）、アナパエストゥス（短短長脚）、プロケレウスマティクス（四短音節脚）も同様である。[151] 以後、アウグスティヌスはつねにこの法則に頼り、散文詩体の詩文の脚別の発音において休止をあえて増やすのも、この法則を維持するためである。[152] 詩人たちの一般的な慣習から長短脚あるいは短長脚の詩文において四拍の脚韻を認めざるをえない場合、アウグスティヌスは不本意ながらこの「改悪」と「破格」について説明している。[153]

この法則は、「リズムの転調」という古代のリズム論におけるもっとも難解な問題のひとつを提起する。どのようにすれば、音域と性質の異なる基本的な拍節は同じ一連のリズムにおいて結合しうるのだろうか。この難問に関する古代の証言は少なくしかも不明瞭で、現代の音楽家たちの間でも意見の一致は程遠い。[154]

ここで問題にされるのは、古代のリズム論の構造全体である。それは、現代のそれのように、強拍の厳密な「等時性」にもとづくものであったのだろうか。そこにはより多くの柔軟さと多様性が認められていたのだろうか。私は、議論百出のこの問題にここで決定的な答えを出そうなどといううぬぼれはない。

しかしアウグスティヌスが提示した「鉄則」は技巧的な手法であり、問題の解決にまったく無力であることに気づくには、この複雑な問題を一瞥すればすぐにわかる。この法則は誤りであり、それは、独断的な仕方でリズムに関する基本概念をくつがえすことによってはじめて、休止に利用しうるものである。私はここで、アメリオの主張に反対せざるをえない。かれはたしかに、そこに問題があることをアウグスティヌスは見抜くことができたと主張したが、しかしそれによってこの問題が解決されたと納得させることはできないように思われる。

実際この問題を検討すればするほど、アウグスティヌスによるリズムの説明は、不揃いで不完全であることに気づく。かれは、リズムについて純粋に量的な考え方をしている。かれにとってリズムとは、一連の平等あるいは不平等な持続のことであり、そこには、アクセントや純正さといった考え方の介在する余地はない[155]。

アウグスティヌスは、「上拍」(levatio, ἄρσις) と「下拍」(positio, θέσις) について、その本質的な概念の意味をはっきりと意識していないようである[156]。たしかにかれは「上拍」、「下拍」について述べてはいるが、しかしそれらは、純粋に量的分類における脚のふたつの部分にすぎないと考えているようである。かれは、そのひとつの部分は他の部分よりも強く、はっきりしているとは思っていない。かれにとって、アナパエストゥスとダクテュルスは、同数の拍をもち、等しいふたつの部分に区分されたまったく類似したものである[157]。

この奇怪な命題にこれ以上、取り組んでも無駄である。アメリオは、アウグスティヌスの『音楽論』は韻律の狭い限界を超えようとするひとつの試みであったとするが、私としては、その試みは失敗に終わったと言わざるをえない。アウグスティヌスはリズム論を書こうとしたが、しかしそれだけの力量がなかった。かれの著作を注意深く読んで見ても専門的な知識はほとんど見当たらない[158]。かれは、いわば韻律に関する間に合わせの知識を利用しているにすぎない。それも、かつて文法教師、修辞学教師としての経験から得た文学的教養から韻律に関する知識を利用しているだけである。

VIII　アウグスティヌスの教養における欠陥とその表象的意味

この『音楽論』の説明をもって、哲学への予備課程となる諸学科の検討を終わることにし、この一連の考察から結論を引き出すことにしよう。その成果は、かなり予想外のものであった。アウグスティヌスが身につけていた学問的教養は、かれ自身が計画していた学習課程による教養とはかなり違っていた。要するに、かれの教養は若いころ修得した文学的教養に支配されているように思われる。かれは哲学者時代においても、依然としてまず文法教師であり修辞学教師であった。

それまでの通常の教養にかれが実際に付け加えた学問といえば、それは弁証論だけである。先述したように、弁証論に関する専門知識は本物であったが、そこでもなお文学的精神は持続され、かれ自身に帰せられるような若干の欠落あるいは不完全さが見られた。

数学的諸学科については、以上の検討からはわずかな成果しか得られなかった。アウグスティヌスは天文学、音楽についていくらか学んだとしても、その知識を記憶しているようには見えない。かれは算術について、たしかにいくらか理解している。しかしこれも先述したが、その知識は混乱し、ごく基本的な概念以上のものを取り扱うとなると、要領をえない。幾何学については、それとしてかれに咎めるべきことはなにもないが、それはかれがこの学問の敷居をほとんどまたいでいないからである。幾何学に関するかれの知識は、すべてエウクレイデスの第一命題に限られている。

以上のように、アウグスティヌスの知的欠落を指摘したからといって、かれを責めているわけではない。われわれが参照した哲学的著作は、アウグスティヌスの生活全体とともにその知的生活を急変させた決定的な危機〔回心〕のあと、程なくして書かれたものである。そのうちのいくつかはもっとも重要な著作に数えられるが（カッシキアクムの「対話編」）、これらの著作もいわばこの危機と時を同じくしている。当時のアウグスティヌスは、自分の知識を補完し、有用と気づいたものを修得するだけの時間的余裕がなかったということである。かれは昔の教科書を取り出し、記憶を呼び起こすのがやっとであった。実際、かれの学問的知識の最大の部分は、若いころの読書からきている。『ホルテンシウス』（Hortensius）の発見のあとと思われるが、かれは『告白』において、論理学その他の自由学芸の学科に関する種々の著作を学習したと語っている。[159]

より後代の著作が[160]、この三八六年秋の時点以上の知的発展を見せないのは、「百科全書的」学習課程を修めることのできた「哲学者時代」がきわめて短期間であったからである。それは、五年たらずであった。聖職に入ってからのかれには、もはやこうした知的活動のための時間と精神的自由はなかった[161]。たしかに、かれがキリスト教的生活の最初の数年間に享受したような「自由人の余暇」（otium liberale）をもっていたならば、かれの博識と教養はあるいは完結されていたかもしれない。極言すれば、二世紀後のボエティウスが見せるような知的レベルに到達していたかも知れない。

しかし可能性を論じても仕方がない。アウグスティヌスの学問的知識は、これまで見たとおりのものである。この教養は初歩的なもので、数学的視点から見て欠落が多い。それは文法教師と修辞学教師によって形成されたデカダン期の文人の教養で、それに弁証論を加えただけのものである。

文法と弁証論、しかしここにスコラ学の実際の基礎がある。たとえ七自由学芸という学習課程が中世の哲学的教養の枠組みを示すとしても、実際に後代の哲学的教養の基礎となった学科は、概して、この文法と弁証論であった。[162]

ここには、アウグスティヌスによる知的試みの歴史的価値を引き立てるものがある。少なくともかれの学習課程に見られた野心とその実現における欠陥は、中世における教養を先取りしたものである。[163]今一度、中世的教養は、古代の伝統というよりそれがデカダン期に帯びた特殊な形の教養に接合されているように見える。[164]

第五章　哲学志向の自由学芸　1　確実な論証

Ⅰ　自由学芸による知識と哲学

以上の説明をもってわれわれは、学問的予備教養とはなにか、その全体を明らかにしてきた。つぎは、アウグスティヌスはこうした教養を哲学的教養としてどのように役立てたのか、それを見ることにしよう。こうした学識を修得することは、哲学者にとってどのような利点があるのだろうか。それは、理性的な真理の発見と知恵の獲得にどのように貢献するのだろうか。ここで明らかにすべき点は、まず自由学芸による教養とそれが準備するはずの哲学的探究との密接な結びつきである。

自由学芸の学習はそれ自体が目的ではなく、哲学という目的に秩序づけられるべきである。アウグスティヌスは、在り来たりの文学的教養には反対であった[1]。かれは、修辞学、芸術的、審美的要素だけでなく、われわれが先に指摘した物知り的教養、好奇心もまた批判している[2]。

実際、それは、真理の探究において何の役に立つのだろうか[3]。アウグスティヌスの哲学的教養の形成においても、かれの思想全体を支配する有用性重視の精神が現われている。かれは、「円環的な学科」の学習をきびしく見張り、追求するに値するただひとつの目的を見失うことのないよう配慮している。

かれが「諸学科」の学習を奨励する文章をもう一度、読み返してみよう。アウグスティヌスは、自由学芸学習の有用性、必要性を強調する同じ文章において、それにきびしい限界を設け、「自由学芸による教養は有用ではあるが、それは控えめで手短な方がいい」と言い[4]、また別のところでは、数学的諸学科は「何にもまして過度になりがちであるが、節度をもってそれを利用するかぎり哲学に有用である」と述べている[5]。

数学的諸学科であれ文学的学芸であれ、それによって得られる知識それ自体が目的であってはならない。アウグスティヌスは、自由奔放に知性を働かせるすべての人を非難するにあたって同じひとつのことばを用いた。これが、「好奇心の強い人」（cuiosus, curiositas）である[6]。かれが言う「好奇心の強い人」は悪い意味に用いられ[7]、知識それ自体に満足してそこに立ち止まり、知識には目的があることを忘れている人々を指す[8]。

自由学芸による知識が真理をもたらすとはいっても、それはアウグスティヌスにとって言い訳にはならない。それは細切れの個々の真理であり、われわれが探究しなければならない唯一の「真理」つまり至福を保証する「真理」ではない[9]。この「真理」にこそ魂の健全さがあり、他の一切のものはそれを変形させ、奇形化するにすぎない。

こうした表現も、言い過ぎではない。アウグスティヌスにとって、至福の獲得をめざして知識を学ぶ魂は正常に健やかに育っていくのに対し、単なる好奇心をもって学ぶものはちょうど六本の指をもって生まれたものがいびつに育っていくようなものである[10]。

こうした欠陥はわれわれに責任がある。理性を正しく用い、空しい好奇心に惑わされないようにするのはわれわれの役目である[11]。ここにはアウグスティヌスの思想を把握する上できわめて重要な教えのひとつがあり、それはかれの気性をもっともよく示す特徴のひとつでもある。峻厳な論理、一旦、認知した最高の目的に自分のすべてを服属させずにはおかない厳しさがそれである。

キリスト教的展望をもつ聖職者時代の教養において、かれがこうした特徴をどのように展開させていくのか、それについては後述するが、[12] すでに〔聖職叙階以前の〕『真の宗教』（De vera religione）には、のち〔聖職者時代に書かれた〕『告白』、『三位一体論』（De Trinitate）における内容が示唆されている。[13] そこでかれは、聖書の権威をもって好奇心を批判し、情欲、「欲望」（cupiditas）に関する理論をもってそれを強化している。

これらの著作に関する説明は一応、差し置くとして、そこから引き出される実際的な結論だけをあげておこう。自由学芸による教養は、絶対に予備教養として位置づけられるべきである。アウグスティヌスの弟子は、自分の召命は物知り的な学者、文法教師、弁証論者あるいは専門の数学者ではなく哲学者にあることを片時も忘れてはならない。自由学芸の学習は至福をもたらす真理の獲得に向けられるかぎり、またその度合いに応じて正しい。中世におけるアウグスティヌス主義の大家のひとり一三世紀のボナヴェントゥラは、「神学志向の自由学芸」（reductio atrium ad theologiam）という言い方をしたが、[14] それにあやかって、アウグスティヌスによる哲学的教養は「哲学志向の自由学芸」（reductio ad philosophiam）であると言ったとしても、かれの考えを歪曲することにはならないであろう。

Ⅱ　ヘレニズム哲学に共通の思想

この点でも、アウグスティヌスはたしかにヘレニズム期の哲学を継承している。知識のための知識の探究に対する疑念、すべてを魂の解放と進歩をもたらす真理に秩序づけようという願望、一言でいうなら知恵と学問との対立、そうしたものはすべて、先述したようにすでにアウグスティヌス以前の哲学者たちにも見られた[15]。知識万能主義に反対するかれらは自由学芸のいくつかの学科を放棄させ、たとえ保留した学科でもその取り扱い方を変えている。実際、ἐγκύκλιος παιδεία を自分たちの教養の基礎として位置づける哲学者はみな、その枠を制限し予備教養として位置づける点でアウグスティヌスと同じ考えに立っている。

ポルフュリオスによると[16]、プロティノスは数学的諸学科を学んだが、しかしそれを習熟する気はまったくなかった。マルクス・アウレリウスは、文学の誘惑からまた科学的学問における迷いから自分を守ってくれたことを神に感謝している[17]。

セネカは、哲学的教養における自由学芸の役割について注目すべき書簡を書いているが[18]、そこでかれがとっている立場はまさにアウグスティヌスのそれである[19]。かれは[20]、文学的博識や科学的好奇心に対し[21]、アウグスティヌスと同じような批判を加えている。たしかにかれは「諸学芸」(artes) の学習を容認しているが、しかしそれには、哲学への準備としてのみ学ぶという条件が付されている。かれはそれぞれの学科を次々にあげているが、それはそのどれも探求するはずの本質的な成果つまり真理を魂にもたらしえず、ただ哲学だけがもたらしうることを論証するためである[22]。

このように、セネカから見た自由学芸の学習は、明らかに現代の中等教育のような役割を果たしている[23]。それは教育の一段階、一局面にすぎず、有用でありあるいは必要かもしれないが、しかしそれ自体に価値があると考えてはならない。それはより高度な領域に至るための一段階にすぎず、それを目的にしてはならない。自由学芸を学ぶのもよいが、しかし長々とそれにかかずらうことは許されない。セネカは、自分の考えをつぎようにまとめている。学ぶのではなく、学んだものとしての知識をもつ」ことである[24]。

つぎにフィロンがいる。私は、これ以上、遡るつもりはないが、かれもまた、物知り的な好奇心を批判している。かれは、アウグスティヌスと同じく「円環的知識」(encycliques) を受け入れているが、しかしそれはただ哲学に至る手段として考えている。かれが表現力豊かなたとえを用いて説明するところによると、学問はあたかも都市の郊外あるいは家の玄関のようなもので、人はそこにたたずむのではなく、通り越して進むべきである。哲学に対する学問の関係は女主人に対する下女のそれでなければならない[25]。

現代人は、こうした考え方にはいささか抵抗を感じる。われわれは、当時の人々を学問に連れ戻そうとするアウグスティヌスの態度に共感するだけに、かれが学問に限界を設け過度の学習もありうると述べ、即効的効用だけを主張するのを聞くと反発さえ感じる。アウグスティヌスの論敵マニ教徒が誇りにしていた学問が摑み所のない夢物語のような宇宙論でなかったならば、われわれは、ややもするとアウグスティヌスに反対し、マニ教徒に軍配をあげたくなる[26]。しかし歴史家たるもの、こうした第一印象に抵抗するのは当然である。アウグスティヌス（また一般にヘレニズム期の人々の場合も同様であるが）と近代の実験科学とを対立させるのではなく、むしろそれぞれの学説が形成された環境のなかに置きなおして見る必要がある。

自由学芸のなかで、とりわけわれわれの興味をひくのは数学的諸学科の占める場である。しかしギリシア、ローマ時代のこれらの学科はひじょうに影が薄く、「自由学芸」というとき、人々が考えるのはまず文学系の諸学科であった。哲学者が好奇心を批判せざるをえなかったのも、そのためであった。もしすでに、ἐγκύκλιος παιδεία の分野をきびしく限定し、弟子の教育にきびしい監視の目を向けなかったならば、ἐγκύκλιος παιδεία を学ぶ弟子たちは月並みな教養にうぬぼれ、弁論教師の思い上がりをまね、さらに「物好きな人々」のこれ見よがしの博識にのめり込む危険があった。

したがって古代の哲学者たちによる批判は、近代の学者よりもむしろ特異な事柄を寄せ集める物知り的な博識者に向けられている[27]。また数学的諸学科の学習が批判されているのは、人々がこれらの諸学科について歪曲した考え方をもっていたからである。これについてアウグスティヌスがなにを経験していたかは、先述したとおりである。かれにとって数学的諸学科は、エウクレイデスによる一連の厳密な証明というだけのものではなく、たとえば数意学、数の特徴に関する無意味な詮索あるいは幾何学の図形における種々の不平等な「完全さ」の考察といったものであった。また時間的余裕のあるものはピュタゴラスの音程全部を暗記していたかもしれず、ここでもまた、空疎な好奇心は排除すべきであった。

Ⅲ　哲学における学科内容の借用

では、アウグスティヌスは自由学芸の哲学への位置づけを具体的にどのように考えていたのだろうか。われわれは先に現代の「教養」（culture）という語の意味について検討し明らかにしたが、それをいま一度、思い起こしてもらいたい。そこでわれわれは、魂を形成するものとしての予備教養には、思考内容を提供する一定量の知識を示すという完結的な意味と、将来に向けて魂を鍛錬する準備活動としての行動的な意味があることを指摘した。ここで注目したいのは、アウグスティヌスが同じような区分を用いて右にあげた問題に答えていることである。

かれが幾何学について説明するところによると、「こうした類の学問は、一方ではより繊細な事柄を識別するよう魂を鍛錬し……また、私の考え違いでなければ、もっとも確実な論証を提供する[28]」。ここでかれは、幾何学あるいはより広く自由学芸による教養は、哲学的思考において「もっとも確実な論証を提供し」(**affert argumenta certissima**)、またより一般的、形相的に「魂を鍛錬する」(**exercet animum**)という二種類の有用性を認めているようである。

「もっとも確実な論証の提供」。アウグスティヌスの「哲学者時代」の著作をひもといてみよう。明らかに、かれはしばしば自由学芸を利用し、思考の一次資料になる多様な事柄を大量に取り入れている。

しかし自由学芸は、いつも同じような仕方で哲学のために利用されているわけではない。かれは、自分の考えの単なる例証、実例として、また時にはそれほどではないが、比喩、隠喩として利用している。たとえば幾何学的図形のなかでもっとも完全で、すべてが中心に向かう円を例にして、方々に気を取られ散漫になることなく注意力をまとめ集中する知者の魂を説明している[29]。

さらにアウグスティヌスは、悪さえも宇宙における秩序の美を浮き立たせるのに貢献する例として、自由学芸を用いることもある。そこでかれは例をうまく配合し、段階を追って、よりすぐれた非物体的秩序を発見させようとする。まず、社会生活における事例(強制労働者や娼婦の例)をあげ、つぎに文学的学科(詩人が用いる統辞誤用、討論における技巧)から例を引き、さいごに、内容そのものからして内的論理、完全な秩序を示す数学的諸学科にまで例を求める[30]。

時には、厳密な意味での例から類比による推論に移ることもある。つぎのような場合がそうである。魂は、理性から目をそむけるとき無に向かうと認めざるをえない。ということは、魂は滅びうるということにはならないだろうか。これに対してアウグスティヌスは、否という。無に向かうものすべてが滅びるのではない。かれは、古いエレア学派の「二分割」のパラドクスを例にあげて、それを説明する[31]。

こうしたことは、どちらかというと外的なことかもしれない。しかしアウグスティヌスの哲学は、その実質的な素材として自由学芸から「もっとも確実な論証」を取り入れている。

かれはカッシキアクムにおいて、アカデミア学派の懐疑主義に対する反駁、またアウグスティヌス哲学の本質的な土台のひとつである知恵に関する教えの中心概念とその基礎をなす真理の概念の合理的立証という、大きな成果を収めることができたが[32]、こうした決定的な進歩を遂げるにあたって重要な役割を果たしたのは自由学芸であった。

アウグスティヌスは、アカデミア学派をかれら独自の領域において追究し、かれらの主張における矛盾を証明したあと、積極的な反論を展開していく。かれは懐疑主義者たちに対し、多くの絶対的に確実な真理が存在すること、人間はそれに到達する能力をもち、しかもその真理には疑念がありえないことを立証していくのであるが、そうした真理は、とくに[33]、自由学芸の学習によって得られる。

まず、数学的諸学科がある。算術は6＋1＝7、3×3＝9といった真理を提示するが、この真理に対してアカデミア学派はどのような論証をあげうるのか。それは、空想あるいは気違いじみたことであるとでも言うのだろうか。こうした定理は確実なものであり、たとえ私が夢のなかでそれを見たとしても、また私が狂人であったとしてもやはり確実なものである[34]。幾何学においても同様である。われわれが直線や球の定義をあげるとき、あるいはその定義からそれぞれの特徴を引き出すとき、その確実性を疑う余地はまったくない[35]。

アウグスティヌスは、数学的諸学科に加えて弁証論からも例をあげる。弁証論もまた、いかなる批判にも耐えられる真理を提示してくれる。たとえばわれわれが矛盾原理をもとに選言的命題を提示するとき（たったひとつの世界しかないのかあるいは多くの世界があるのか、もし多くの世界があるとすれば、それは限られた数だけあるのかあるいは無数にあるのか、もし四つの元素があるとすれば五つはないのか、など）、果たしてカルネアデスはわれわれが間違っていると非難しうるであろうか。[36] アウグスティヌスは、真理の学問である弁証論が提示するこうした論証の重要性を強調する。[37]

実際、弁証論はすべての学問の根底にあって、諸学問によって得られる真理を保証する。正規の学問はすべて、文法のように最下位に位置するものでも、真の知識によって構成されている。文法教師のもとでダイダロスの神話を学び、それが神話であることを知っている子どもは、それが作り話であるという真の知識をもっているが、そこで思考の一貫性、規則正しさ、命題や論証の正当性などを保証するのは、弁証論あるいは「論理学」（vis peritiaque definiendi）である。弁証論は学問のなかの学問であり、われわれのすべての知識に絶対的真理としての要素をもたらすものである。[38]

自由学芸がわれわれを扶けてくれるのは確実性の問題においてだけではない。その諸学科は、真理の概念を追究し深めさせることによって、神の存在、魂の本性といった問題にも解答を与えてくれる。数学的諸学科あるいは論理学による真理は、単に確実であり必然的であるだけでなく、不変、永遠であるからである。2＋2＝4、直径はどの弦よりも長いというような真理は、果たして変えることができるであろうか。「円の理念ほど永遠なものがほかになにかあるだろうか」とかれは言う。[39]

アウグスティヌスは、『自由意志論』（De libero arbitrio）において真理のもつこうした特性について考察するように薦める。真理の超越性は、真理の特性を知る理性との関連において明らかになる。それは、われわれの理性そのものを越えてわれわれのなかに内在する何かである。こうしてアウグスティヌスは徐々に、神以外のものではありえないきわめて崇高なものの実在という結論に導いてくれる。[40]

しかしこうした実在の認識を自分のなかにもちうる魂とは、いったい何なのか。魂とそこに内在する真理との間には、本質的な類似関係があるはずではなかろうか。[41] アウグスティヌスは『ソリロキア』（Soliloquias）においてプロティノスの論証を借用しながら、永遠の真理に関するこの理論を推し進め、魂の不滅性を証明しようとしている。[42]

さらに、数学的真理は魂の霊的本性を立証するのに役立つ。先述したように、アウグスティヌスは『魂の偉大』（De quantitate animae）において魂に関する質問に答えるため幾何学について長々と説明する。[43] 魂は広がりをもつのか、つまり物体的なもの、物資的なものなのか。[44] 要旨をあげると、ここにあるのは点、線、面などの一般概念の説明である。アウグスティヌスはつぎのような問答をもってそこから哲学的結論を引き出す。

アウグスティヌス　「では、あなたは身体の目をもって、われわれがいま定義したばかりのそうした点とか、線とか、面とかを見たことがあるのかね」。

エヴォディウス　「いや、まったく。それらは物質的なものではありませんので」。

アウグスティヌス　「では、物質的事物が、ふしぎな類似関係によって物質的目をもって見られるとするならば、われわれが非物質的なものを見る魂は、それ自体、物質的なものでも物質でもないはずである[45]」。

これ以上、なにも付け加える必要はないであろう。こうした章句は、自由学芸が形而上学的思索にどれほど積極的に寄与し、とくにどれほど効果的な論証を提供するかを十分明示している。したがって私はむしろ、哲学と自由学芸との協働におけるもうひとつの面に読者の注意を引きたい。それはより独創的ではあるが、おそらくそれほど容易に把握できない面である。

IV　哲学志向の文法

先述したように、帝政期の哲学者たちは教養人の物知り的な態度に反対するあまり、哲学に対する ἐγκύκλιος παιδεία の立場を低く見ようとした。フィロンによると、ἐγκύκλιος παιδεία は哲学の下女にすぎない。セネカはさらに輪をかけて、その素材にすぎないという。そして皆が口をそろえて、ἐγκύκλιος παιδεία は哲学への単なる準備にすぎないという。

奇妙なことに、アウグスティヌスはかれらと同じく物知り的な教養人の態度を嫌悪しながらも、それほど軽蔑的な表現は用いていない。かれは、教養を構成するこの二要素を簡単に二分するのではなく、両者がともに理性の発展に寄与する点を示そうとする。[46] つまり理性はいろいろな学問を経て文法から哲学へと漸次上昇していく。それはなにものによっても中断されない同じひとつの運動である。

こうして、予備学問と哲学との区別は徐々に希薄になっていく。Philosophiae disciplina〔哲学の学科〕の概念そのものが曖昧である。ある面から見て、それは自由学芸に対立するどころかその課程のなかに位置づけられる。この点、アウグスティヌスは先賢とは対立する独自の見解をとっている。他と異なるかれの態度はどのように説明すべきであろうか。

私の考えでは、ここにこそデカダンスという厳しい現実を引き合いに出さなければならない。四世紀の著述家アウグスティヌスが相手にする読者の教養は、古代文化の全般的なデカダンスの影響を受け、数学的諸学科を含む自由教育の理想からは大きくかけ離れている。アウグスティヌスの『秩序論』も、まだ哲学のための予備課程全部を修了していないものを対象にしている。だとすれば、アウグスティヌスが哲学の卓越性を説くだけでなく、それに劣らず予備学問の必要性を指摘したとしても不思議ではない。

デカダンスの結果、四世紀の新プラトン主義者〔アウグスティヌス〕は、八〇〇年前のプラトンがおかれていたような状況に立たされている。この哲学者〔アウグスティヌス〕は、ごくわずかな文学的教養しかもたない学生を迎え、自分で、ヘレニズム期のことばにおける厳密な意味での哲学だけでなく、そこから分化していった他の学問をも教えなければならなかったのである。(47)

しかしかれは、この新たな状況をうまく利用している。かれの学生たちは、かれ自身の教授によってあるいは少なくともその監督のもとに自由学芸に取り組むのであるが、かれはこれを好機に、最初からかれらの学習に哲学的関心を吹き込んでいく。デカダンスという不幸のおかげで、「百科全書的知識」はふたたび哲学の分野に導入されようとしているのであり、かれはそれらの諸学科を哲学の水準にまで引き上げようとする。こうして、自由学芸は厳密に哲学的な練磨、探究、そして理論構成をもたらすような仕方で学習すべきであるというのが、アウグスティヌスの考えである。

その点、アウグスティヌスのことばは明白である。かれは、ほとんどいつも同じことばを用いて、(48) 自由学芸は、精神を徐々に「物体的なものから非物体的なものへ」(a corporeis ad incorporalia)、より低い、物質的、可変的な実在から、より高い不可視的、非物質的、不変不滅の実在へと導くような仕方で学習されるべきであると、絶えず繰り返す。

ということは、かりそめにも学問はそれ自体を目的として学習してはならないということになる。われわれは学問の内容を理解するにつれ、学問について熟考を重ね、本来、学問が哲学的精神に投げかける諸問題を検討していかなければならない。われわれはこうした諸問題について段階的に考察を深めていくことにより、徐々に、もっとも重要な観念と真理とを見出すようになる。

アウグスティヌスが自由学芸をどのように哲学に向けて学習させていくのか、とくに分かりやすい文法と音楽を例にあげて説明することにしよう。

われわれは、アウグスティヌス自身の『諸学科』（Disciplinarum libri）に加えられるはずであった哲学志向の『文法論』は持ち合わせていないが[49]、しかし『教師論』（De magistro）をとおして、かれがどのようにして自由学芸課程のうちもっとも低いこの学問（文法）に形而上学（哲学）を浸透させていったのか、その手法を垣間見ることができる。

先述したように[50]、アウグスティヌスと息子アデオダトゥスの対話は文法の学習から始まる。まず、ヴェルギリウスの詩の一節が説明される。アデオダトゥスは、その一節にあるいろいろなことばの意味を丹念に取り出す。そのあとアウグスティヌスは、かれの説明の仕方そのものについて考えさせる。子どもは、ひとつのことばの意味を説明するために他の多くのことばを使用しなければならない。ひとつの記号は、他のいくつかの記号によって説明される。寄り道をしながら対話はゆっくりと続けられ、記号の概念、記号とそれによって示される事物との関係が説明されていく。

われわれの認識は果たして、外部からくることば、記号によって発展していくのだろうか。まず、経験によってまえもって事物を知っていない限りことばが意味をなさないような物質的事物の場合は省くとして、概念だけにしぼって考えてみよう。概念は、ことばの記号によってしか伝えられない。しかし、ことばの記号が理解されるためには、この記号の意味、記号の意味する実在が、ことばを聴く人によってすでに知られていなければならないのではなかろうか。だとすれば、ことばは実際にはなにも知らせないことになる。ことばは、われわれの内部における内的教師、われわれの魂の奥深くに隠れている「真理」に耳を傾けるよう促すのである。そしてこの内的教師、「真理」とは、周知のようにキリストである。こうして、親子の対話はまったく宗教的な展望をもって終わる。

私はわざと、こうした説明を素描するだけにとどめた[51]。アウグスティヌスがとった方法だけを見てもらえばよいからである。われわれは文法から徐々に哲学へと移行していく。しかし文法に注目し、文法特有の技法のもつ学習条件に反省を加えることにより徐々に形而上学者へと変化していったのは、文法教師自身である。

V 哲学志向の音楽

同じような方法は、リズムを取り扱う『音楽論』、とくにさいごの第六巻においてより広く用いられている。先述したように、『音楽論』第一巻から第五巻は技術面を取り扱う。第一巻は、musica〔音楽〕の定義、算術の初歩を取り上げ、第二巻から第五巻は、韻律、それもリズムについて説明し[52]、そこまでは厳密に形而上学的なものはなにもない。たしかに哲学者らしさは認められる。たとえばアウグスティヌスは、韻律という経験的な学芸を数学的学科の名に値する理性的なリズム論に変えようと大いに苦労している。かれが音楽論の冒頭において算術の初歩を取り扱い、韻律をもつもろもろの事実（かれはそれを、経験とは無関係に数という点から並べ立てている）の説明に用いる方法を取り上げているのはそのためである。[53] とはいえ、アウグスティヌスの音楽論は、教養人の読者が詩的リズム論の知識を補完するために用いるような提要にすぎない。

ところが、第六巻になると内容は急変する。[54] そこでは、形而上学そのものが論じられている。序文ともいえる第一章はとばすことにしよう。これは、後代の加筆であると私は考える。アウグスティヌスは、すぐにはっきりと問題を提起する。それは、「物体的なものから非物体的なものへの」移行、哲学志向のリズムの学習ということである。かれは、「万物の創造主なる神よ」（**Deus creator omnium**）という詩文を例にあげて説明する。この詩文には、四つのイアンブスと一二の拍、ひとつのリズムがあるが、その本性はなにか。[55] そこには、検討する対象つまり詩文のリズムに思考を集中させ、形而上学的考察を深めていく必要がある。

こうした考察の過程をたどって見ることにしよう。序文と結論は別にして、第六巻は二部に大別され、[56] 第一部はリズムの知覚そのものに当てられている。

右にあげた詩文には、まずリズムの要素あるいは数があり、その説明は入門者向けの対話つまり教科書で用いられるような問答形態で進められている。リズムの要素である数は多くの仕方で存在する。物質的な空気の振動である音のなかに、それを受けとめる人の耳のなかに、また話す人の声のなかに存在する。数はまた、われわれがそれを聞いてそれとして判別することからも分かるように、記憶のなかにも存在する。さらに別の仕方で、受け取ったリズムについて是非の判断を下す理性のなかに存在する、などなど。こうして討論は続く。そして数を五つの類に分け、それが相互にどのように秩序づけられるかを知ろうとする。

こうして見ると、アウグスティヌスの思考がどこに向かっているかが分かる。かれは、リズムの考察に前提となる基本的な心理学的経験から出発する。つまりわれわれはリズムを構成する数の要素は知覚することができる。

かれは、こうした知覚に含まれる物質的、心理学的要素を取り出し、分離し、分類しようとして、忍耐強く分析を重ねていく。

こうして徐々に、厳密に哲学的な諸問題が浮かび上がってくる。まず感覚的認識の問題つまり音に関する感覚の働きの問題がある。しかしこの働きの問題を考察することによって、より複雑な魂と体との関係の問題があることに気づく。というのも空気の振動としての物体的な現象が非物体的な魂に働きかけるとはどのように考えたらよいのだろうか。

アウグスティヌスは、考察の過程で持ち上がってくるすべての難問に大胆に取り組み、徐々に、かの有名な感覚知の理論を打ち立てていく。それは一見したところ矛盾しているようであるが、実は微妙な心理学的考察に支えられている。知覚つまりこの精神活動の初歩的な形は受動的な魂に対する物質の働きかけのように見えるが、そうではない。それは逆に、魂自身の自らに対する働きかけの結果である。魂は体に生命を与え、たえずその要求を満たそうとして配慮しているのであり[57]、知覚は体の動きに対する魂の配慮の結果である。こうした説明のもつ射程はきわめて広い。知覚に関するまったく精神主義的なこの考えは、マニ教徒であったころのアウグスティヌスをとりこにしていた物質主義に対する決定的な答え、反論ではなかろうか。

韻律法や短長六脚詩行（イアンブス）における脚韻の置換といった具体的な問題から遠く離れているわれわれは、リズムの概念そのものを段階的に深めることにより、驚くべき高みにまで引き上げられる。こうした考察は、哲学に対しどれほど実質的な貢献をもたらすことであろうか。さらに、『音楽論』第六巻の第二部は、これまでの考察にもうひとつの方向を指示し、先ほどの内容に劣らぬ貴重な発見をさせてくれる。

実際、第二部は、審美的悦びの説明とその哲学的観想への方向づけにあてられている。そこでアウグスティヌスは、哲学者時代の他の著作で話のついでに取り上げた美の説明を、音楽における知覚という特殊な場合にあてはめてくわしく展開する。[58]

美しい詩文あるいはかれが言う「判断する数」（numeri judiciales）におけるリズムについて判断するというさいごの作業を、審美的判断（このリズムを心地よいものと見なす判断）と理性的判断（リズムの本性について下す判断）とに分ける。

ところで、リズムの知覚について下される判断とはどのようなものであろうか。その場合の理性の働きはどのようなものであろうか。それは、審美的悦びの条件となる諸要素を評価し、理解し、説明することにほかならない。こうした考察の到達するところが理性的な知識つまり「学問」（disciplina）であり、われわれはそれを「音楽」（musica）と呼んでいる。アウグスティヌスは、審美的悦びの問題に理性を介入させることによってどのような成果が得られるのかそれを示す最良の方法として、リズムに関する理性的分析から得られた主要な結果を簡潔に思い起こさせる。われわれは、そこでなにを見出したのであろうか。それは、われわれを魅了するこのリズムは、詩文、韻律、脚韻、持続、数などに分解できるということである。アウグスティヌスはピュタゴラスの審美学を取り入れ、それにもとづいて音楽における悦びは数学的関係の知覚に要約されると言う。

このように、物質的、肉体的音楽を検討することにより、そこにより完全な音楽つまり感覚的印象ではなく、数学的、絶対的な、永遠の価値から成る、まったく理性的な音楽を発見するに至った。こうした音楽は、物質的な音楽が不完全にしか実現できないものである。ただ、不完全ながらも、音楽の美をもたらすもとにはなりうるが。[59]

こうした成果を達成したあと、アウグスティヌスはすぐにそこから実際的な結論を引き出す。すべての魂の務めは、自分に対する愛のために自分にふさわしい対象を選択することである。というのも自分の幸、不幸は、この選択にかかっているからである。われわれはどのような音楽を選ぶべきであろうか。完全なまた理性的な美をもつ数による音楽、天界の運動における調和の源泉であり基礎であるこの卓越した音楽以外に選ぶべきものはない。

こうして、音楽の学習がわれわれをどこに導いていくかが明らかになる。それは音楽固有の対象を超越させてくれる。われわれは自分の耳に歌いかける美しい詩文の音楽、物質的音楽を通り越して、永遠の真理、数学的美の峻厳な観想へと移っていく。

第六巻のさいごは、こうした主題にはるかに深い響きをもたせつつ、それについて詳述している。一切の感覚的美は低次元の美である。それでもなおわれわれが関心をそそられるのは、それが数のもつある特性（numerositas）を示し、数の美を分有しているからである。

ここでアウグスティヌスは、第六巻の前半における考察の成果を思い起こさせる。こうした美の知覚は、あらゆる知覚においてそうであるが、魂がそのしもべである体に対して注いだ配慮の結果にすぎない。われわれは、こうした低次元の事柄にのめり込まないように注意しなければならない。時がたつにつれて、それは魂を汚し弱らせるだけである。われわれは不完全な美、音楽の音色、声音、甘ったるさに対する愛着から魂を浄化しなければならない。

むしろそれらに代えて、神における完全な美を選ぶべきである。こうした美を愛することが困難なように見えても、それは外見にすぎない。たしかに、感覚的な美はマニ教徒が主張するように悪いものではない。悪いのは魂の過度の愛着である。それは、いわば荒海に漂う板切れのようなものである。われわれは、それを無視してはならず、かといって絶望的にそれにしがみついてもならない。ただ溺死しないために、それをうまく利用することである。

アウグスティヌスの勧告は徐々に宗教的、キリスト教的な調子を帯びていく。われわれは、数学的諸学科の神、哲学者、学者の神から福音の神、われわれの愛を待つ神へと移っていく。したがって地上の事柄ではなく、唯一の確実かつ不動の善である神を愛することにしよう。肉体の復活後、なんの支障もなく地上の事柄を楽しむことのできる日がいつかやってくる。しかし今はキリスト教的徳を修得することによって、われわれ自身のなかに必要な秩序を確立するように努めよう[60]。

これが『音楽論』のみごとな結論である。この書はまったく教科書的な雰囲気ではじまり、そこで、「modus の脚は」(modus, qui pes est)、「ピュリキウス(Pyrrhichius.)です」と質疑していたのは文法教師であった。そして長いこと神学者の声と混同されていた哲学者の声が沈黙するとき、神秘家の祈りがそこに現われる。

第六巻の後半は、前半以上に、アウグスティヌスが用いた学習方法の成果をよく示してくれる。哲学的総合に材料を提供するだけの自由学芸学習に満足するのではなく、自由学芸そのものをこの総合のなかに組み入れなければならない。自由学芸の内容を学習するにつれて、自由学芸諸学科の存在そのものが問いかける問題が徐々にあらわになってくる。このリズムの学習は、文法教師の教授においては単なる物好き、物知り的な知識を満たすためのものであったが、いまは、空しい感覚的悦びを超越させ二段階にわたる修正によって魂を「物体的なものから非物体的なものに」導き、感覚的楽しみから数学の実体の認識に移行させ、さらにこの実体の観想から神の至福の愛へとわれわれを引き上げていくのである。

第六章　哲学志向の自由学芸２

魂の鍛錬

Ⅰ　文学的諸学科による魂の鍛錬

自由学芸学習は「物体的なものをとおして非物体的なものへ」（per corporalia ad incorporalia）と導くのであるが、それにはもうひとつの方法がある。それについてアウグスティヌスは、『魂の偉大』（De quantitate animae）においてつぎのように述べている。「この類の学問は、より繊細な事柄を識別するよう魂を鍛錬し、その結果、それらの光によって幻惑され、その光に耐えることができなくなって、ついには逃げ出すことを願っていたまさにその暗黒のなかに喜んで隠れ家を求めることのないようにさせる[1]」。

このように、自由学芸は哲学の成立に寄与するだけでなく、さらに、それを受け入れうるだけの能力を魂にもたらす。われわれはここに、教養という複雑な概念のもつもうひとつの面を見出すのである。つまり自由学芸は、魂を満たす有用な知識の集合という完結的な意味での教養であるだけでなく、魂を鍛え思考の組織を柔軟にする活動的、機能的意味をもも合わせもつ教養である。

なぜそうなるのか。簡単なものから複雑なものへと順を追って説明していこう。まず自由学芸を学習することにより、魂はより高度な思考活動に必要な最小限の訓練を課される。つまり自由学芸は、われわれが今日「一般教養」と呼ぶものに相当する。したがってフランスのリセの学生が教養課程の終わりにはじめて哲学に取り組むように、アウグスティヌスの弟子たちも、ἐγκύκλιος παιδεία の内容を修得してはじめて哲学学習に進むことが認められる(2)。

こうした考えは、とくに、哲学の学習を準備する上で自由学芸がどのような役割を果たすかを明らかにしてくれる。たしかに、哲学者はこれらの学芸の有用性を理解していた。修辞学はあまり役に立たないように見えるが(3)、逆に、文法の有用性は大きい(4)。

しかしこれらの学科の本質的な機能は、初歩的、一般的な知識をもって魂を準備することである。だれも、読み書きを知り文章作成の能力がないかぎり、また種々の分野（古典、一連の逸話や主張など）にわたる読書をもって十分な知識を貯えていないかぎり哲学に取り組んではならない。こうして見ると、哲学者は通常の文学的教養を無視できないことがわかる。アウグスティヌスは弟子たちに対し、こうした教養を放棄するよりむしろそれを超えるように求める(5)。それはより低い位置にありながら、より高度な教養の基礎を成すものだからである。

こうしたアウグスティヌスの主張は、それ以前に確立された伝統の受け売りにすぎない。実際ほとんどすべての古代の哲学者は、当時の知的若者たちに一般に与えられる教育を教養の基礎として考えていた。

まずプラトンがそうである(6)。かれは、自分の理想主義を思いのままに表明する『国家』において、前五世紀のアテネにおける通常の教養の、少なくともその全体的な枠組みをそのまま取り入れている。かれによると、「体のための γυμναστική（スポーツ、衛生）、魂のための μουσική（文学とリュラの技芸）のような、幾世代もかけて確立された παιδεία にまさる παιδεία を見出すことは困難である」。先にも述べたように(7)、修辞学の圧倒的な影響を受けたヘレニズム期の哲学者たちは、プラトンと同じような態度をとった。

今ここでこの点を強調したわけは、こうしたごく簡単な事実が必ずしもよく理解されていないように思われるからである。たとえば、『告白』であれほど文法を嫌悪するアウグスティヌスが、カッシキアクムでは若い友人リケンティウス、トリゲティウスにそれを教え続けたことに驚くものがいる。(8)

私から見れば、その時のアウグスティヌスは、われわれがいま述べたばかりの理論を実践しているにすぎない。かれは、若者たちの魂を自分の理想とする哲学に合わせて形成し、かれらを形而上学的探究に引き込もうとしている。しかしそのためには、かれらはまず予備学習として自由学芸の課程(9)、とくに通常の文学学習を終了していなければならない。アウグスティヌスがヴェルギリウスの詩を説明させ(10)、若者たちの情熱を抑え、本来の学業に押し戻すのはそのためである。(11)

同じような一般教養、魂の形成といった観点から、弁証論にはより重要な役割が与えられている。文法、修辞学が魂に一定の文学的能力をもたらすとするならば、弁証論は、思考し、論理を操り、誤謬をあばく方法を教え、論理の厳しさ、思考における統合力を修得させる。アウグスティヌスが、自由学芸のなかでもとくにすぐれ、理性に固有の能力を発揮させるこの弁証論に対し、これ以上ありえないほどの賛辞を呈したわけもよく分かる。(12)

II　数学的諸学科による魂の鍛錬

しかし「魂の鍛錬」という考え方には、より微妙なより深い意味がある。再び『音楽論』（De musica）をひもといてみよう。概して、哲学に対する音楽の役割は『音楽論』第六巻にまとめられている。しかしそれまでの五巻は音楽専門の知識を取り扱っている。もし第六巻で主張されているように、音楽による形而上学的成果の達成ということがアウグスティヌスの唯一の目的であったとするならば、なぜこれほど細部にわたって音楽について説明する必要があったのだろうか。第六巻がそれまでの五巻全部の内容を利用し、またある程度それを必要としたとはいえ、しかしそこに含まれる音楽の一般的な概念とそれに伴ういくつかの例で十分ではなかっただろうか[13]。音楽を専門的に取り扱う部分と哲学を取り扱う部分とは不釣合いである。

実際、第六巻における哲学関係の説明の結果、それまでの五巻において苦労して得た音楽関係の知識は低次元のもので、超越され排除されるべきものとなる。そこには矛盾がある。なぜかれは、すぐに排除するはずの内容を委細にわたって学習させるのだろうか。

たしかにアウグスティヌスはそのわけを仄めかしている[14]。かれが語りかけている相手を考えてみよう。ことば中心の教養に熱中するデカダン期の教養人たちは、形而上学的思考には大した熱意は示さず、むしろ伝統的に教養の基礎とされてきた自由学芸に興味をもっていた。したがってかれらを惹き付け高く引き上げるためには、その関心事について詳しく論ずることから始める必要があると言えよう。

こうした説明には一理あるとはいえ、私が取り上げた問題に全面的に答えるものではない。というのはアウグスティヌス自身、認めているように[15]、リズム論はまず、かれが主張しているほど読んで楽しいものではない。たしかに当時の人々にとってリズム論は理解困難な学問であり、アウグスティヌスも長い説明を加えているが、しかしそれは読者の労苦を軽減するものとはなっていない。

私が思うには、ほかにもわけがある。自由学芸の学習は魂を「物体的なものをとおして非物体的なものへ」導くというとき、かれはこの学習によってもたらされる実証的な真理だけでなく、もうひとつの効用を考えていたはずである。魂を鍛錬し、純理論的な思想、霊的事柄に親しませ、その取り扱いに慣れさせるという利点である[16]。

「魂の鍛錬」という視点は、アウグスティヌスが考える哲学的教養においてとくに興味深いもので、教養のもつ豊かな価値を示すものである。この点で、かれの言う教養は往々にして、当時の弁論術中心の教養人に見られるような諸学科の直接的利用だけを考える上っ面だけの教養とは対立するものである。[17] アウグスティヌスは、永遠の真理の観想に備えて魂を清め整え、「知性を呼び覚ます」（τὰ παρακλητικὰ τῆς διανοίας）学問という、もっともすぐれたプラトン的概念のひとつに到達している。[18] アウグスティヌス以前にも多くの哲学者がこうした概念を取り上げたが、[19] しかしかれの場合、そこにはかれ自身の個性がはっきりと浮き彫りにされている。

観想をめざす魂は、その準備運動とも言うべき知的訓練に励み、自分を鍛えなければならない。アウグスティヌスが強調するように、知恵、神的真理は、慣らされていない目には耐えられないほどの輝きをもっている。そのため魂は、健全で鋭い目を必要とする。

ここに、自由学芸の果たすべき役割がある。われわれは、目も眩むような太陽を直視するまえに目に見える物体に反射する太陽の光線に目を慣らさなければならない。魂の目は理性であり、太陽は神である。そして永遠の光を和らげ反映するのが理性的学問である。[20]

そこには、プラトン哲学とアウグスティヌス自身の個人的体験とが合一し、アウグスティヌス思想の本質的要点のひとつとなっている。[21] 神は、魂が総力をあげて志向すべき最高の目的である。しかし神は感覚的な存在ではなく、魂と同じように、知性によってのみ把握される知的世界に属する。問題は、不可視的実在を取り巻く神秘的領域を把握する能力をどのようにして身につけるかということである。それが容易でないことは、だれよりもアウグスティヌス自身がよく理解していた。かれは『告白』において、マニ教の物質主義がいかにかれの思考を妨害したか、人を感動させるような語り口で教えてくれる。[22] かれは何年もの間、物体的なもの以外の実在を考えることはできず、これがかれの回心にとって重大な障害であった。そこから抜け出す鍵を与えてくれたのは新プラトン主義で、それによってかれは、実在に関するもうひとつの考え方が理性的に見て正しいことを教えられた。

こうした解決を見出したあとも、そこから一歩踏み出すのに苦難がなかったわけではない。そうした悩み、苦しみに満ちた内心の展開について、カッシキアクムにおける「対話編」とくに『ソリロキア』（Soliloquia）はその歩みを生々しく伝えている。それによると、アウグスティヌスは全存在をあげて真理の探求にあたり[23]、快楽、名誉、野心、その他一切を犠牲にし、真理の探求に伴う道徳的要求に応えようとした[24]。かれは、「門をたたく人には、開かれる」と言われたお方に熱心に祈り[25]、心からの熱意をもって真理に向かい、信仰の鏡をとおして見るだけでなく、直観することを望んだ[26]。かれは突進し、倒れ、目標を再び見失い、望みを果たしえぬまま苦しみ、身の不幸に泣いた[27]。

弟子たちにはこうした失敗を繰り返させたくないというアウグスティヌスの気持ちは、よく分かる。そこに、理性的な学問の重要な働きがある。文法、弁証論、数学的諸学科は、魂が概念の世界において自由に活動し、可知的実在の本性を理解しうるよう慣れさせる。これらの学問は、一般の人々の感覚的経験に加えて、よりはるかに高い価値をもつひとつの経験を体験させようとする。それは徐々に魂を超感覚的実在の雰囲気にふれさせ、そこで自由に、のびのびと活動しうるように仕向けていく。

Ⅲ 「対話編」における諸学科の役割

私の考えでは、当初、奇異に思われた『音楽論』の構成を解明する鍵がここにある。算術のリズムへの応用に関するアウグスティヌスの説明は極端に長く矛盾するように見えたが、それは外見にすぎない。たしかにその説明全部が第六巻の構成に直接、有用であったわけではないが、しかし魂の哲学的形成にまったく無縁なものはなにもなかったのである。

やや抽象的な説明を順を追って理解したり、文法教師の目にとまった多様な事柄を数学者の簡潔な原理にもとづいて分類する訓練を重ねることによって、魂は、一見、通常の実在とはひどく異質なものに見える事柄を取り扱うことに慣れていく。こうして魂は、外的なもの感覚的なもののうらに隠され、それを支え、その存在を説明する可知的実在を探求し、徐々に発見するようになる。

アウグスティヌスがカッシキアクムから戻ったあと著した哲学的著作には、一見、不当に思われる算術の説明があるが、これもいまあげたような配慮から来ている。また、『音楽論』第一巻の算術に関する部分には[28]、厳密には主題に不要と思われるほどの詳しい説明があるように思われる。完全さの度合いに応じた数の分類や最初のいくつかの数の長所に関する説明が、第一巻のあとに続く韻律の説明に必要であることはわかるが、しかしアウグスティヌスはわざと説明を緩慢にし、訓練に役立てようとしているように見える。

同様に、『魂の偉大』[29]における幾何学の説明が、アウグスティヌスが実際に利用した以上の内容にわたっているのもそのためである。魂の不滅性を論証するためには、せいぜい線、点などの基本的な概念に関するごく簡潔な説明で十分であった。かれは、たしかにそうしながらも、他の多くの説明をこれに付加している。「よりすぐれた図形」（figura praestantior）について、つまり種々の幾何学的図形の卓越性、相対的な価値について長々と述べるところなど、まさに「脱線」（excursus）のように見える。アウグスティヌスも、それを隠そうとはしない。かれは、内容の構成におけるこうした欠陥を取り上げ、その冗舌な説明を正当化しようとして、先にあげた「魂の鍛錬」といった考え方をはっきりと打ち出している[30]。

　こうした利用法は、すべての学科について可能であった。とくに『教師論』第一部では文法に関する説明が多用され、対話の展開を複雑にし後らせがちである[31]。こうした不都合は余りに明白で、第七章においてアウグスティヌス自身、読者が脱線に惑わされ道に迷うのではないかと懸念しているほどである[32]。そのため、かれはアデオダトゥスにそれまでの討論の要点をまとめるように求めているが、こうしたことはすべて知的な鍛錬であり、訓練である。

　これは単なる推測ではない。アウグスティヌス自身は、自分の方法を明確に説明してくれる。かれは、「益することのきわめて少ない、子どもじみて見える多くの些細な問題で手間取り」、討論が遅れたことを認める。しかしこれは、「ばかばかしい」、「いやしい遊び」であると考えてはならない。かれによると、こうした長い「前置きは遊びではない」。それは、「至福の生が約束されているその領域の熱さと光に耐え得るだけでなくそれを愛することのできる、魂の力と鋭敏さとを可知的世界をとおして訓練すること」をめざしているのである[33]。

しかしアウグスティヌスがこうした教育的役割つまり、魂の柔軟化をもっとも期待したのは、たぶん弁証論であろう。私の考えでは、こうした視点からしか説明のつかないような要素が、とくにキケロ風のかれの「対話編」に多く見受けられる。したがって、カッシキアクムでの「対話編」の構成に注目する必要があるが、これは、それだけでも長い説明を要する複雑な問題である。カッシキアクムで書かれたキケロ風の「対話編」が、ミラノ、ローマ、タガステで書かれた「入門的な」（isagogiques）あるいは「問答形式の」（diatribitiques）「対話編」と違うのは、前者が、科学的というよりむしろ文学的な言い回しを用いているということだけではない。それに加えて、前者においては、討論術がはるかに興味深い重要な役割を果たしている。

これに対し後者の「対話編」では、討論術はそれほどの役割を果たしていない。対話の形はとるものの、それはほとんど単なる形式にすぎない。『教師論』のアデオダトゥスを除いて、対話の相手は目ぼしい役割はなにも果たさず、またその姿も見せない。『魂の偉大』のエヴォディウスは、好んでばかげた役割に徹し、アウグスティヌスが仕掛ける罠に必ず掛かる。かれは、推理小説における警官の下役のように、教師にその教えを開陳する機会を提供するにすぎない。極言すれば、『音楽論』の場合、対話形式を維持するため名ばかりの「弟子」を登場させているにすぎない。

これに対し、カッシキアクムにおける著作は性格を異にしている。そこでは、アウグスティヌスが友人や弟子たちと実際に交わしたばかりの討論がまだその余韻を残している[34]。登場人物にははっきりした特徴があり、各人の役割は明確で、一言でいうならドラマ的な要素がきわめて大きい。

現代の読者がこれらの対話編を注意深く読むとするならば、本音はとにかく、多大な忍耐力を必要とし、厳密に弁証論的な要素が過度に頻用されていることに狼狽する。そこで展開されるのは細々とした点をめぐる討論にすぎず、しかもその歩みは停滞しがちで繰り返しが多く、加えて何時果てるとも知れない脱線がある。

より詳しく説明すると、すべての対話はつぎのような仕組みになっている。第一部はもっとも長く、そこでアウグスティヌスは対話の相手と言い争いを始める。主導権をとるのは相手で、教師は短いことばを差し挟む程度である。第二部は、概してはるかに短い。そこでは逆に教師が発言し、一連の説明を述べ、相手はほぼ完全に姿を消す[35]。この二部のうち、内容からいえば第二部がもっとも重要である。問題を取り扱うのは第二部だけとは言わないまでも、その解決に最大の役割を果たしているのはこの部分である。

実際、第一部はかなり否定的な要素を含んでいる。この部分は、いわば幅広くとめどなく続く序文のようなものである。たしかに、当初から問題ははっきりと提示されている。しかし討論はすぐに脇道にそれ、種々の些細なことにこだわり、なかなか進まない。読者は、第一巻の終わりに来てはじめてアウグスティヌスの声を耳にし、かれが討論の主導権をとるとき安堵の胸をなでおろす。つまりこうした対話の利点は、さいごに出てくる説明にあるといっても過言ではない。

もっとも広範な内容をもつ『アカデミア派駁論』（Contra Academicos）を例にあげよう。この著作は、アカデミア学派の懐疑主義を反駁する書であるが、実際にその問題を取り扱うのは第三巻の後半と最終巻だけで[36]、全体のほぼ五分の二にすぎない[37]。対話は中断され、アリピウスは討論を投げ出す。そこでアウグスティヌスは発言し（ほとんど雄弁家のような重々しい序言をもって）筋立てを明確にする[38]。その後かれは語ることをやめず、そこではじめて、それまで空回りに終わっていた問題解決を示す。

たぶん現代の読者は、ほとんど『アカデミア派駁論』のさいごの説明だけに注目する。[39] 実際それ以前の内容は、問題解決にはまったく役立っていない。「討論」のはじめから、アウグスティヌスは当の問題を離れてかなり遠くまで引きずりまわされている。[40] むしろかれは、問題の討論を若い弟子たちに任せている。リケンティウスはアカデミア学派を擁護し、トリゲティウスは攻撃する。ふたりの若者の討論は、善意はあるにせよ、ことばだけの表面的なものとなり、問題の核心にふれえないままである。

実際、第一巻全部に見られるのは単なる弁証論にすぎない。討論全体は、アウグスティヌスが提示し吟味することもなく受け入れられた至福の定義をめぐって戦わされ、対話者は互いに相手に譲歩を求めて議論する。[41] これは、真摯な真理の探究というよりも弁論試合といったものである。

第一巻を締めくくるアウグスティヌスのことばもそうした性格を浮き彫りにしている。[42] かれは、リケンティウスを追い詰めたトリゲティウスに対し、「リケンティウスは必ず反論を見つけ出すだろう」と述べたあと、それまでの討論を要約し要点を明らかにする。そこでかれは自分が考える構成を明かしているが、それはかれの論争の特徴をよく表わしている。[43] かれが一時的に討論を終わらせるつぎのことばに注目しよう。

「この当面の課題については十分に論じてきた。私が君たちを訓練し、君たちの能力と熱意を試そうと欲しなかったならば、これはわずかなことばで片付けるのは造作もないことであった」[44]。

このように、アウグスティヌスは明確なことばをもってつぎの点を強調している。やや空回り気味の弁証論の展開ではあったが、それはアカデミア学派の問題の解決をはかるというよりも弟子たちの魂を鍛え、また読者の魂を鍛えるためであった。この「対話」は、実際に交わされた会話の記録である。しかしアウグスティヌスはその写しを必要としていたわけではなく、またカッシキアクムでの討論を全部、公刊する義務もなかった。かれがあえてそれを全部、公表したのは、それがかれの若い弟子たちだけでなく読者にとっても、思考の操作、抽象的な論証に向けて魂を訓練し、形而上学的探究の技法に徐々に慣れさせるという、教育的価値があると考えたからである。

こうした見方は第二、第三巻によっても確認される。つまり第二巻全部と第三巻の初めの部分も同じような立場をとっている。アウグスティヌス自身指摘しているように、これもやはり予備訓練にすぎず、かれはトリゲティウスに対し逃げ出さぬように励ましつつ、つぎのように言う、教育的価値があると考えたからである。

「君は、自分の主張を取り下げる必要はない。とくに、私たちの間の討論は君を訓練し、君の知性を柔軟にするためになされているのだから[45]」。

あとでアリピウスがリケンティウスに助けを出しかれに取って代わると、アウグスティヌスは当初、同じ水準で討論を続けることを拒む。

「私は、この討論が討論のためにのみなされることは望まない。哲学が私たちと戯れるように見えるこの討論の冒頭から、私がこの若者たちとともに参加したことで十分である[46]」。

しかしなにも変わらない。アウグスティヌスが自分ひとりで考察し討論を締めくくるまで、問題はそのまま残る。この対話を注意深く読む読者はだれでも、私と同じく、このきわめて奇妙な構成はアウグスティヌスが意図したものであったと結論するであろう。問題自体について検討し解決する実際的な部分のまえに弁証論的論戦から成る長い序言がおかれ、魂を訓練し鍛錬する役割を果たしている。アウグスティヌスはそこで、われわれが先に詳しく取り上げた諸学科に関する説明と同じ成果を期待している。

私はとくに『アカデミア派駁論』を例に上げて説明してきたが、他の「対話編」においても、似たような弁証論の役割が認められる。たとえば『秩序論』は、第一部と第二部の間にある対立を限界まで突き詰めていく。[47] 第一部は不釣合いなほどの広がりをもつが、しかしそれは弁証論への序論を構成するにすぎず、関連する概念について検討し論議しつつも大した具体的な成果は見られない。そこで取り上げられる摂理と宇宙の秩序に関する討論も行き詰まる。第二部に入るとアウグスティヌスが発言し、もうひとつの主題が「専門的に」(ex professo) 取り扱われる。その主題は、学問の秩序と哲学に対する学問的教養の貢献であり、たしかに第一部に似てはいるが、しかしそれと混同してはならない。[48] アウグスティヌスが全体として失敗に終わっているこの長い討論を読者に提示したのは、それが読者の知性の柔軟化に有用な訓練であると考えたからではなかろうか。

『至福の生』(De beata vita) における展開には、それほどの混乱はない。ここでは、アウグスティヌスが討論を準備し、[49] 注意深く誘導していく。しかしかれはそのなかに、脱線の形で激しい弁証論的討論を織り込んでいる。[50] そこにおける諸問題の検討は往々にして詭弁を弄し空虚なものに見えるが、しかしそれも、われわれの仮説に従えば容易に納得がいく。

これらの対話に『ソリロキア』を加えるべきである。この書をアウグスティヌス自身の内部における内的対話と見るのは誤りである。これは、個人的な覚え書きでも形而上学的日記の断片でもない。むしろ十分な時間をかけて書かれた著作で、その内容はすべて読者を意識して配置されている。[51] アウグスティヌスが自分のためだけに書く場合は、これとはまったく違った方法を用いる。『魂の不滅』（De immortalitate animae）がそうで、その数頁を読むだけで十分わかるように、そこにあるのは緻密なしかも明快な討論と厳密で的確な論証である。[52]

これに対して『ソリロキア』における弁証法と構成は、カッシキアクムの他の「対話編」と同じ性格をもっている。討論は緩やかに進められ、アウグスティヌス自身それを指摘している。[53] そしてここでも、対話は内容に取り掛かる準備の段階で力を失い、探究は失敗に終わる。討論は討論するだけのために続行され、大して実質的な成果はない。真理の実在によって魂の不滅性を証明するというのが本書の主題であるが、それが実際に検討され展開されるのは第二巻においてである。[54]

討論がこうした展開を見せるのは、アウグスティヌスの不手際、技法の不完全さのせいであると決め付けるのは見当違いも甚だしい。そこにあるのは、ことばのあそびや駄弁ではない。アウグスティヌスはさいごになって、自分の方法の秘密を明かし、理性に対してつぎのように言う。

「君が質問していることとは、まったく純化されたものによってのみ理解されるのであるが、君は、こうした真理を観想するためにはまだわずかしか訓練されていない。いまわれわれが長い回り道をしてきたのも、君の柔軟さだけを目指したもので、君を真理の観想にふさわしいものにするためである[55]」。

V　『三位一体論』における高度な鍛錬

アウグスティヌスが弁証論のもつ利点をどれほど活用したかを知るためには、カッシキアクムの「対話編」の検討だけでは足りない。まだ哲学を探求していたころの哲学的著作に加えて、成熟期のアウグスティヌスの傑作で、とくにかれが円熟した研究方法を見せる『三位一体論』（De Trinitate）の第二部（九—一五巻）も検討する必要がある。われわれはそこに、弁証論の根本的役割に関する「対話編」以上の、またより詳しい説明を見ることができる。

一見したところ、この著作も「対話編」に似ている。『三位一体論』のさいごの七巻の構成は、『アカデミア派駁論』のそれと同じものとして受け取られかねない。実際、現代の読者を驚かせ戸惑わせるのは、この膨大な著作が哲学と神学とを並置するという構想をもっていることだけではない[56]。その哲学的部分の構成そのものが、読者をひどく当惑させる。全体の構想を把握しそれに従って読み進む苦労は、この難解な著作の読書に伴う苦労のなかでも小さい方ではない。

その内容は濃密で、ゆっくりと行きつ戻りつ幅広く展開されていく。周知のように[57]、問題は、自然とくに人間の魂の構造のなかに三位一体をいくらか反映する似姿を探し出し、その説明をとおして人間理性に可能な限りの三位一体に関する理解をもつことである。

アウグスティヌスは、第八巻のさいごの節から[58]この問題に取り組む。読者の眼前には、三位一体により似通った一連の比喩が次々に提示される。しかしその説明がなんとのろく、また少なくとも不揃いであることか。

後から見ると、すでに第一〇巻後半においてかれは根本的な比喩を取り上げている[59]。記憶、知性、意志という、たしかに魂が一であると同時に三であることを示す三つの能力がそれである。これはアウグスティヌスが最終的に支持する比喩であり、かれは観想をもってその理解を深めていく[60]。しかし、それをすぐには徹底的に検討しようとはしない。

かれは、ひとつの比喩をあげたかと思うと、すぐにもうひとつ比喩をあげる。しかしそれを検討するわけではない[61]。ややあってかれは先の比喩に戻りその説明をはじめるが[62]、やがてそれもやめる。かれは第九巻と第一二巻をとおしてまた第一四巻のはじめにおいて、三位一体の比喩になりうるものを種々取り上げ時間をかけて検討するが[63]、これも次々に放棄していく。問題解決ははかどらない。こうしたすべての比喩は、先にあげた比喩に劣るからであり、アウグスティヌスもたえずこの点についてわれわれの注意を喚起していく[64]。明らかに説明は足踏みし、それはかれが本気でそれに取り組むまで続く[65]。

読者は、かれが批判するためだけに取り上げた誤った比喩について長々と説明し時間を浪費することに驚き、苛立つ。少なくともアウグスティヌスは、われわれを向かわせようとした目的を忘れ、しかもどれほどの道のりが残されているのか、気にも留めていないように見える。

少なくとも、まだかれが三位一体の比喩探しに徹底してくれたらとも思う。しかしかれは脇道に逸れることを止めず、主題の説明はそれとは余り関係のない余談でたえず中断される[66]。たしかに、これはしばしばアウグスティヌスに見られる欠点であるが、とくに『三位一体論』において顕著である。かれは何にでも興味を示し、始終、付随的な問題を持ち込み長々とそれについて論じながら、しかしそれが実際に中心的主題の説明になにか寄与するのかまったく考慮していない。

厳密に言って、第一二、一三巻は、脇道の連続である。たしかに、第一二巻の初めにおいてわれわれは探究の中心に立ち、外なる人が提供する比喩よりも三位一体により類似する純粋な比喩が内なる人に見出すことはできないか、それを知ろうとしている[67]。そのため、内なる人と外なる人について検討をはじめる[68]。やがてある比喩を発見するが、それは排除するために発見したようなものである[69]。しかしその排除を正当化するため聖書の権威に頼らなければならず[70]、その聖書注解のためには特有語法について説明する必要がある[71]。そして内なる人の考察に戻ってくる。しかしここでも、男と女の本性を対立させるように見える聖書の章句を解明するために立ち止まる[72]。そのあと再び出発し、さいごに、内なる人のなかに探していた三位一体ではなく、後になってアウグスティヌスにかの有名な知恵と知識の区別を明言する機会を与える一種の二元性を発見することになる[73]。そしてこの巻は、提起された問題（内なる人のなかに三位一体の比喩を探す）を繰り返して終わる。つまりそれは、問題解決にはなんの役にも立たなかったということである。

第一三巻も同様に、余談の積み重ねからなる脱線である。それは、問題を解決したあとの補遺のようなものである。そこでアウグスティヌスはただ、知恵と知識（sapientia-scientia）の対比関係について述べた説明を補完するため、聖書の章句をあげるだけである[74]。かれは、「ヨハネによる福音書」（一、一―一四）を引用し、さらにそれを注解する[75]。その注解のなかで、かれは信仰の概念を取り上げ[76]、信仰に関する余談から、『教師論』において述べた主題を再び取り上げる[77]（またついでに、『至福の生』の主題についてもふれる）[78]。さらに、そこから托身の問題へと移り[79]、こうして、余談に余談を重ねて、第一三巻の巻末になる。アウグスティヌスは、それまでの余談を終わり[80]、第一二巻末尾で取り上げた三位一体の比喩に話を戻して[81]、第一三巻を閉じる。こうして、全一五巻のうち、この二巻では問題はまったく動いていない。

三位一体の説明はつぎの二巻で再び取り扱われているが、その進め方もやはり緩慢で、余談が相次ぐ。ここでそれを数え上げ、読者の疲れを誘うことはやめるとしても[82]、ただこれらの余談は時として、問題にされている主題とはまったく異なる分野にまで及ぶことは指摘しておきたい。さいごの第一五巻における哲学的説明は二度にわたって中断され、第一部の終わりに取り上げた方がよいと思われる聖霊の本性とその発出（filioque）という、純粋に神学的なふたつの問題を取り扱う[83]。

しかもそれはきわめて要約的なもので[84]、なんの予想もしていない読者を困惑させるような広範な学習内容が複雑かつ特異な仕方で配列されていることを、ごく大まかな仕方で示そうとしているにすぎない。これはどのように考えるべきであろうか。

たしかに、こうした方法に対するわれわれの答えは決まっている。『三位一体論』は構成が悪く、古代の弁論教師であったアウグスティヌスはいつも文章が下手で、内容を詰め込みすぎているということである[85]。たしかに、それは間違いではない。しかしそれだけではないように思われる。執筆上のこれらの「欠点」は、無意識のうちになされたものにしてはあまりに明白で、しかも数が多すぎる[86]。他方、こうした脱線はおしゃべりにふけったために生じたものではなく、むしろかれがそれとして意図し、明確な計画のもとになされているという証拠がある[87]。古代修辞学には「締りのない」配置を甘く見る慣習があり、それをもとに考えるとき、アウグスティヌスが理解困難なしかし根本的に欠陥と思われない作品をあえて読者に提供したわけも説明がつく。問題は、なぜ意図的にいわば好んで種々異なる討論を寄せ集めたかということである。

それに答えるためには、哲学者時代の著作と比較するだけで十分である。人間の生命や魂に関する問題つまり認識、幸福、不滅性といった諸問題の解決のために、感覚的体験とは無縁な、概念だけの操作に向けて魂を鍛錬する必要があるとするならば、『三位一体論』におけるような信仰の問題についてはどれほどの「魂の鍛錬」が必要であろうか。

『三位一体論』で取り扱われるのは、もっとも高度なまたもっとも秘められたふたつの哲学的課題のうち、もっとも理解しやすい形而上学的実在である魂の問題ではなく、アウグスティヌスが『秩序論』において「学習しつつあるもの」（discentibus）ではなく「すでに学習を終えたもの」（doctis）だけに保留した、[88]神が問題である。神を認識することは深淵の中心にまで分け入ることであり、理性が現世において決して完全に精査することのできない神秘を探ることである。

アウグスティヌスはカトリックの信仰にまったく忠実で、三位一体の神秘を理解しうるなどという自惚れはない。自分が探求する対象は、自分が到達しうる限度をはるかに超えるものであることを知っている。[89]しかし少なくとも可能なかぎり、深くまた高く進もうとする。そこで問題になるのは、理性の飛翔力の許す限りその努力を推し進め、人間が踏み越えることを許されない限界にまで到達することである。そのためにはこれまでになく理性を鍛錬し、魂を最高に研ぎ澄ます必要がある。

したがってわれわれが、実在するものをその存在の内面において把握しようと努める場合の思考の緩慢さ、絶えざる説明の繰り返し、また理性を真理の識別に慣らしていく討論といったものはすべて、理性を純化し、到達しようと欲するこの無限のお方にふさわしいものにするための手段にほかならない。それは、「対話編」がわれわれに明示したことから考えて、疑問の余地はない。ここでもまた、アウグスティヌスは同じような弁証法を用いている。一見したところ、不注意な読者を苛立たせるものはすべてかれが意図したものであり、魂の上昇を準備するのに役立っている。

こうした説明は単なる推測以上のものである。ここでもまた、アウグスティヌスは自分の方法の秘密を明かし、われわれの驚きを静めてくれる。かれはこの大著のはじめから、この仕事の困難さを強調し、神の偉大さを理解しうるためには魂の浄化が必要であることを指摘する。

「そのため、神の実体を……直視しかつ十全に知ることは困難であり、この言い表しえないものが言い表しえない方法で見られるためには、われわれの魂の浄化が必要である」[90]。

理性が必要とされる浄化と成熟の段階に達しないかぎり、われわれは信仰の光だけで満足せざるをえない。そのため、最初の八巻において長い神学論が展開されている。

それ以後の七巻においてアウグスティヌスは厳密な意味での哲学的探究について説明し、それをとおしてわれわれは絶えず注意力を研ぎ澄まし内的な眼差しを鍛錬する必要があることを指摘する[91]。

では、アウグスティヌスはそうした努力をわれわれにまかせ、自分は働きかけようとはしないのだろうか。実はかれの著作の構成全体つまり説明と討論を織り交ぜた内容そのものがそうした目的に向けられている。かれは説明した内容を振り返る度に、自分の意図するものを明らかにする。たとえば第一三巻を終わるにあたってかれは、このより低い段階においてわれわれの魂を鍛錬しいわば階段を上がるようにして三位一体の検討に達しうるようにしてきたと説明する[92]。

また、別の箇所では、「第一一巻は、鈍い読者を訓練する目的をもっている」[93]と言い、また、「私は読者が創造主を認識しうるよう、創造された事物においてかれを訓練しようとした」[94]と書いている。

私は先に、アウグスティヌスは第一二、第一三巻において三位一体のきわめて純粋な比喩を排除してより劣る比喩を取り上げ、それによって全体の説明を停滞させ後退させていると指摘したが[95]、こうした遅滞や後退は意図的なものであった。かれは、つぎのように言っている。「私は、感覚的実在の領域において三一性を探すため三位一体の説明を後らせた。それは、感覚的実在において、読者の注視力がよりはっきりと訓練されるためであった」[96]。

つぎのことばは決定的な証言である。アウグスティヌスは、さいごの力を振り絞ってこの大著の最終巻に取り掛かりつつ、それまでの探究の成果を総括し、それを読者の魂に吹き込む必要を感じている。かれは、読者がこの著作の内容の多さに振り回され注意力が散漫になるのを恐れ[97]、それまでの一四巻の成果を巻ごとに要約する[98]。かれはそこで、独自の直観をもって厳密に哲学的な探究を導いた流れをまとめようとする。また第八巻の巻末では、愛するもの、愛されるもの、愛、という最初の三一性の表現が、それまでの重大な転換点を示すことを指摘している。

「しかしあのことばで言い表せない光がわれわれの眼差しをくらませ、われわれの魂の弱さがまだそれに到達しえないことが確かになったので、われわれは探究者の注意力を休ませるために、神の似姿として造られた（「創世記」一、二七）われわれの魂そのもののより慣れた考察へと戻ったのである。したがってわれわれは、われわれ自身がそうである被造物について考察し、造られたものの知解をとおして、造り主に到達できるように、第九巻から第一四巻で、留まったのである。そしていま、必要であったかぎり、あるいはおそらくややそれ以上に、より低い事物においてわれわれの知解力を鍛錬したあと、われわれはこの至高の神なる三位一体の直接的観想に移ることにした[99]」。

このように、アウグスティヌスのことばは、『アカデミア派駁論』と同じく『三位一体論』においても、討論における緩慢さ、脇道が意図されたものであったことが明示されている。そこに見られるのは、より高く上昇させるために知性を訓練し鍛錬するもの、アウグスティヌスが好んで用いる表現によると、「より低いものからより高いものへ」(ab inferioribus ad superiora)、「外なるものから内なるものへ」(ab exterioribus ad interiora) とわれわれを導く弁証論的鍛錬である[100]。

以上の説明はいかにも要約的なものであるが、これで十分であろう。ただ、『三位一体論』においてアウグスティヌスが「魂の鍛錬」という考え方を実践に移し、一歩前進させていることに読者の注意を促したい。つまりヒッポの老司教は、かつてのカッシキアクムの洗礼志願者と同じように弁証論の助けを借りている。しかし弁証論に対する理解ははるかに深くなっている。

『三位一体論』には、「対話編」におけるような駄弁、ことばの偏重、「論争癖」はもはや見られない。アウグスティヌスは概念を自由に取り扱い、純粋に形式的価値をもつ弁証論を駆使している。たしかに『三位一体論』には、多くの余談や、三位一体とは直接には無関係と思われるような問題が多々、取り上げられている。そうした諸要素の存在を正当化すると思われるのは、鍛錬という概念だけである。しかしカッシキアクム時代の著作に見られた似たような論争と違って、『三位一体論』における論争はまったく固有の価値をもち、論争ごとに積極的な成果をもたらしている。

そこにはもはや、論争のための論争はない。その弁証論は、リケンティウスやトリゲティウスが全力をあげて戦わせていたような、純粋に学校教育の領域に属するものではない。『三位一体論』の流れを中断させる余談はすべて、形而上学から見た男女の平等、知恵と知識の対比など、深い宗教的な価値をもっている。アウグスティヌスは、何よりもまずわれわれを鍛錬しようと考えながらも、なお知識を与えようとしている。

しかし真の進歩はそれ以外の点にある。『三位一体論』と「対話編」とを比較した場合、明らかに前者における脱線の役割ははるかに希薄になっている。現代の読者は驚くかもしれないが、先述したように、『アカデミア派駁論』の内容の五分の三は弁証論への広大な序文であり、本論の問題とはまったく無縁なものであったが、『三位一体論』ではこうした奇妙な構成は見られない。

『アカデミア派駁論』における弁証論は、厳密な意味での哲学の成立とは無縁なもののように見えた。もちろん、弁証論はいわば最高の目的としての哲学に秩序づけられ、それを準備しながらも、それに組み込まれてはいなかった。それはいわば家の玄関、女主人に対する下女のようなものであり、哲学に対する予備課程である自由学芸の一学科、ἐγκύκλιος παιδεία の一部門にすぎなかった。

ところが、『三位一体論』における弁証論は、アウグスティヌス思想にとりきわめて本質的な一体性に即して機能することによりますます形而上学に統合されているように見える。弁証論は、もはや予備訓練、精神的作用に利するだけの探究ではない。それは、それ自体において豊かな成果をもたらすものであり、魂の内奥において展開され、徐々に真理を発見していく運動そのものである。

実際、三位一体に関する哲学的探究においてアウグスティヌスが用いた方法は、どのようなものであったのだろうか。神の実在は、われわれの貧弱な地上の経験を超越するものであり、われわれは死後、至福の観想に入るのを許されるその日まで、「鏡をとおしておぼろに」[101]、間接的にそれに近づいていかなければならない。したがって、われわれは経験をとおしてつまり被造物から得られる知識のなかに、造物主の本性を啓示する痕跡としてのなんらかの類似、似像を見ようとしているのである

　三位一体の説明において取られた方法は、われわれがよく知っているアウグスティヌス的宇宙の類比的構造を認め、とくに、われわれの魂が神の似像として造られたということにもとづくならば[102]、まさに当然の方法である。『三位一体論』のさいごの六巻のおもな説明はすべて、われわれの内奥において探究され発見されるこうした似像の検討にあてられている。そのなかには、アウグスティヌスがすぐにその不十分さを指摘するごく表面的な似像もあるが、しかしこうした似像の検討も無用なものではなかった。それは、神の実体における三一性の構成の手懸りを至るところに発見することにわれわれを徐々に慣れさせ、他方、その似像を否定する説明のなかには神の真実の姿を示す一定の肯定的な知識が含まれているからである。

　より純粋な似像がある。それは、とくに内なる人に見られる似像である。アウグスティヌスは最終的にこの似像に注目する。かれは、似像について考察することによりそれを純化し、それが思い起こさせる神の実在により近いものにしていく。こうして最高の段階に達し、不可視的な実在にそれ以上似たものを考えることができなくなっても、さいごの否定をもって、それがまだ神と同じでないこと、その三一性はまだ比喩、似像にすぎず、同一のものではないことを認める。そこには、超えることのできない限界を超え、さらにより高く上昇しようとする目も眩むような努力がある。

　他方、そこには似像に関する同じように入念な分析と、対象によりよく似た似像に徐々に近づこうとする運動とがあり、これこそまさに先述したとおりの魂の純化、鍛錬という弁証論の本質を具体化するものである。

　アウグスティヌスが自分の方法を説明することばを読み返してみよう。そこには、かれが「鍛錬」の概念と知

識の蒐集とを密接に結びつけていることが明らかに見て取れる。かれは同じひとつの弁証論的作業に、真理の獲得とそれを把握しうる能力をもった魂というふたつの成果を期待しているのである。

> 「いまわれわれは、人間の精神においてなんとか探索しようと努めている。つまりより低い似像――この似像においてわれわれの本性そのものがいわば訊問されて、より親しく答える――から出発して、よりよく訓練された精神の眼差しを、照明された被造物から不変の光の方に向けようとしているのである[103]」。

ここで思い出されるのは、『プロタゴラス』から『メノン』、『メノン』から『パイドロス』、『パルメニデス』へと、似たような展開を見せたプラトンの弁証論である。かれは、ソクラテス的弁証論、それによって得られる実際的な成果以上にそれ自体価値のある討論の技法から出発して、徐々に、弁証論についてより深くより豊かな理解をもつようになったのであり、それはまたかれの独創的な探究方法ともなったのであった。アウグスティヌスはプラトンの影響のもとに『アカデミア派駁論』から『三位一体論』へと似たような思索をたどりつつ、プラトン的弁証論の本質的な要素を再発見したのであった[104]。

第Ⅲ部　キリスト教の教え

「主よ……わが神よ、子どものころ学んだすべての有益なことがお役に立ちますように。私が語り、書き、読み、数えることがお役に立ちますように」。

（『告白』一、一五（二四））

第一章　キリスト教的教養の始まり

Ⅰ　ヒッポ時代のアウグスティヌスの霊的発展と教養

つぎに、聖職叙階から死去するまでのアウグスティヌスにとって（三九一―四三〇）教養とはどのようなものであったのか、その検討に移ることにしよう。このころのアウグスティヌスの教養については、これまでの時期にはなかったような多様な資料が豊富に存在する。アウグスティヌスの膨大な著作の一五分の一四までが、この「聖職者時代」に書かれている。さらに、アウグスティヌスの教養観そのものを伝える著作がある[1]。実際、かれは『キリスト教の教え』（De doctrina christiana）四巻をもってキリスト教的教養を専門的に取り扱っている[2]。この著作は長期にわたる熟考のすえ刊行されたもので[3]、かれが最終的に自分のものとした視点から、知的教養について、生活におけるその位置、目的、内容、方法について要点をまとめたものである。

この時期のアウグスティヌスの教養についてはそれに取り組むだけの価値があり、その成果も期待できる。かれの聖職者時代は長く、その間かれの教養観は大きく進展し、独創性を確立し、他に例を見ないほどの歴史的重要性をもつようになっている。

当然のことであるが、アウグスティヌスが実際に身につけていた教養は、かれが理想として描いていたものと大差ない。三六歳で司祭、四二歳で司教になったアウグスティヌスは、すでに成熟しきった知能をもち、その精神を白紙に戻すことも、初期の教育においてかち得た知識、知的習慣から脱却することも不可能であった。むしろかれは新たに描いた理想に近づくため、八方手を尽くして初期の教育に手を加え、修正し、補完しようとしている。

こうした態度の変化は、この時期における霊性の進歩と結びつけないかぎりその射程を完全に把握することはできない。したがって、ここでその主要な点だけを取り上げることを許してもらいたい。もちろん私はここで、根本的にはまだあまりよく知られていないヒッポ時代のアウグスティヌスの内的生活のすべてを取り上げ解明するつもりはない。[4] ただ、ごく一般的ないくつかの点を指摘するにとどめよう。

まず基本的なことは、アウグスティヌスはヒッポにおいて、全世界の教会が記念する「聖」アウグスティヌスになったという事実である。ミラノで回心し、カッシキアクムで洗礼志願者となり、「学校教育を鼻にかける」弁論教師、新プラトン主義を詰め込んだ哲学者であったかれは、以後、ラテン教会の偉大な博士、神学、霊性上の伝統を支える柱石のひとりとなったのである。

しかしいまここで、そうしたアウグスティヌスの霊的道程を詳しく説明するわけにはいかない。[5] ただそれが、かれの教養観にどのような影響を与えているのか、それだけを見ることにしたい。

こうした発展を一言で言うとすれば、それは、かれがキリスト教をより深く理解していったということであろう。かれはキリスト教信仰の豊かな内容を漸次、身につけていく。信仰に徹した生活を送り、深い瞑想を重ねることによって、かれにとってキリスト教はしだいにいっそう避けがたいもの、明確なもの、深遠なものとなり、その生活全体を支配するようになっていった。こうしたキリスト教的要求は、当初その影響が感じられなかった分野とくに精神面に浸透していった。カッシキアクムでキリスト者になろうと望んだアウグスティヌスは、ヒッポではそのとおりになっている。

私はこうした単純な表現をもって、当初のアウグスティヌスのキリスト教的生活においてキリスト教が正確にどのような役割を果たしたのか、これまで多くの議論を呼んだこの複雑な問題を一挙に解決しようなどとは考えていない。ただ、明白な事実をひとつ指摘しておきたい。カッシキアクム時代のアウグスティヌスのキリスト教は、かれの内的世界に対し、ヒッポにおいて徐々に見られるような支配的役割をもつまでには至っていない。やがて洗礼をもってかれを受け入れようとする教会に対する、私から見て完全で全面的かつ真摯な帰依も、すぐにかれの教養という建物を土台から覆すことはできなかった。アウグスティヌスは、全存在をあげて神に向かったとはいえ、その魂はまだ異教的、世俗的な教養の枠に束縛されたままであった。

これは別に驚くほどのことではない。そこには、だれも抜け出すことのできない心理学的あるいは技術的と言ってもいいような仕組みがあり[6]、カッシキアクムでの哲学的雰囲気が、キリスト教信仰と矛盾するものではなく最終的にはそれと完全に合致するとしても、やはり異質な過去の残滓に満たされていたことは言うまでもない。

これに対しヒッポでは、アウグスティヌスの魂はついに統一されている。キリスト教の光はかれの魂をくまなく照らし、その主権の及ばないものはなにもない。当初、その支配を受けるはずはないと思われた多くのこと、とくに教養に関する事柄も、ヒッポでは間接的なしかし本質的な絆をもってキリスト教に支配されている。

この簡潔な説明に、ひとこと書き加えておこう。ヒッポにおけるアウグスティヌスのキリスト教はかれの生活全体にいっそう浸透し、それを完全に生かしていたと言うだけでは不十分である。それはいっそう強烈で、厳格なもの、独占的なものに変わっていったことを忘れてはならない。アウグスティヌスの心理状態は、まさに「回心者」のそれであった。

これは、いくらかでも宗教生活を体験したものならだれでも知っていることであるが、回心者、とくに単なる無信仰者でなく罪人でもあった回心者の魂のなかには、時が経つにつれ、不安を伴う一種の狂信的な気持ちが広がっていく。過去の過失や誤謬の思い出は消え去るどころか、いっそう募っていく。道を踏み外すことのひどかったものは、それだけしっかりとこの道に踏みとどまろうとするのである。

回心直後、カッシキアクムの心地よい隠退生活のなかでアウグスティヌスの魂を包み込んでいた楽観主義、甘美さ、病み上がりのか弱さといったものはヒッポでは見られない[7]。それはあったとしても、束の間のことであった。アウグスティヌスにおける宗教上の進展は急速かつ激烈で、それについてはこのあとすぐに確認することにしよう。聖職活動の当初から、アウグスティヌスの考えはひとつの主要な関心事、永遠のアウグスティヌス主義の主題となるものに支配されていたように見える。それは、神に対しては出し惜しみをしないこと、「お前を造ったお方は、お前のすべてを求めている」(Totum exigit te, qui te fecit)ということであった。

ヒッポにおけるアウグスティヌスの教養観は、単に熱心なしかも厳格なキリスト者のそれではない。それはまた、司牧者の教養観でもある。アウグスティヌスは心ならずも司祭にされたが、しかしヒエロニムスのように[8]、あくまで学問三昧の余暇(otium)を確保しようという知識人としての反応は示さない。かれは、自分の自由、孤独、日ごとの観想に固執しようとはせず、新たな職責によって課される義務をしかと受け止めている。司祭そしてまもなく司教に挙げられたかれは、この崇高な使徒職を高く評価し、それに全存在を捧げたのであった[9]。

かれは、聖職関係の役目、仕事がいかに報われることが少なくあるいは辛く厄介なものであっても、けっして拒否したことはなかった。あれほどの観想者でありながら、司牧者としての立場から必要とされるときはいつも

「俗っぽい活動のざわめき」のなかに身をおいた[10]。かれは、教会の必要をさし措いて自分の安息つまり観想生活の第一条件である余暇を求めたことはない。「もしこの母〔教会〕に奉仕する善意の人がいなかったならば、どうしてかの女は子どもたちを生むことができようか」と言うのが、かれの考えであった[11]。

　これほど完璧な献身が、教養の枠組み全体に大きく影響しないはずはない。アウグスティヌスの生活全体がそうであったように、その知的生活は聖職の使命に支配されている。かれは司祭叙階後すぐに、ヴァレリウス司教に数ヶ月の猶予を願い、俗人時代の教養に欠けていた聖職専門の知識を修得しようとして大急ぎで聖書の学習に取り掛かっている[12]。

　こうした影響は、新規の学問あるいは新規の知識の修得やその方法にかぎられていたわけではない。かれの知的生活全体が方向転換を迫られた。時として、こうした宗教的転換がかれをアフリカの一隅に押し込め[13]、その活動を単なる一司教の分野に制限し、本来開花したかもしれない天才を押し潰したとして残念がるものもいるが[14]、率直に言って、その意見には賛成できない。

　アウグスティヌスがカルタゴの首都座司教あるいはミラノのアンブロシウスの後継者となることによって何を得ることになったか私には分からないが、しかし託された霊的群れがどのようなものであったにせよ、それを司牧したことがかれの思想の発展と解放にどれほどの影響を与えたかは容易に察しがつく。ヒッポにくるまでのアウグスティヌスはひとりの知識人にすぎず、書籍とかれと同類の文人のなかに生きていた。しかもデカダン期の教養人であり、時代おくれの知的枠組みと不毛な先入観に支配されていた。

　司教になったアウグスティヌスは、この狭隘な社会を出てキリスト教徒の大衆と出会い、かれらの必要、問題を見て取った。以後かれは、知識階層よりも民衆のために生き、考え、行動する。かれの関心事となったのは、自分の内的完成だけでなく、それ以上に信徒の救霊であり、託された群れの信仰を養い守ることであった。

民衆の生活との親密な接触がどれほどかれの霊的生活を拡大し深めていったかはよく指摘されるところであるが、それはかれにとって、「キリスト教神秘の究明」を意味し、「最低の無教養なもの（rudes）から最大の哲学者を含むヒッポの兄弟たちの間に現存するキリストを理解」させるものであった。[15]

一方、それは宗教的生活に劣らず知的生活、教養にも進歩をもたらした。たしかにかれが、今日のわれわれから見れば取るに足らないような多くの問題に没頭せざるをえなかったことを思うと、時として心苦しく感じることもある。厳密な意味での雑用、金銭の問題[16]、教会における規律の問題[17]、あるいは宗教上の論争がそうである。たしかにこれらの問題は差し迫って重要ではあるが、より実りある行動をなしえたはずの知的能力を余りに長いこと引き止めている。とくに延々と論争を挑むドナトゥス派、同じ質問を繰り返し取り上げる偏狭で頑固な敵対者がいた。

しかしこうした労苦をいとわなかったことから得たものもある。それは、人間の現実世界に対する全面的かつ徹底した意識、学校と書籍からの離脱である。衰退していく教養はすべて（現代の教養においても同様であるが）、現実の生活から離れ、社会の現実に耐えるだけの強さ、逞しさを欠き、したたかな生活を送る一般大衆との接触を失い、一部のエリートだけの、しかも技巧的、形だけのものになりかねない。

ところでこうした衰退を辿った教養があったとしたら、まさに古代末期の教養がそうであった。帝政期の教養人が打ち興じていた娯楽がいかに不毛なものであったかは先に述べたが、そうした教養人のひとりがアウグスティヌスであった。また、哲学への回心によって示された教養の刷新も、古代教養における貴族的慣習によってきわめて限られたものであった。

司教、司牧者となったアウグスティヌスは、こうした無気力な伝統から脱出した。かれは創造力に欠ける自由を放棄し、知識階層の傲慢と手を切り、その心、思考を、素朴で粗野な人々の時には俗っぽいしかしきわめて現実的なあらゆる関心事に向けていった。

Ⅱ　教養の宗教への従属

こうした一般的な考察をもとに、聖職者時代のアウグスティヌスは知的教養についてどのような考えをもっていたのか、つまりそれはどのようなものでありうるのか、どのようなものであるべきであると考えていたのか、その検討に入ろう。

それは、この問題を「専門的に」(ex professo) 取り扱う「キリスト教的教養」つまり『キリスト教の教え』に要約されており、この表題もアウグスティヌス自身が選んだものである。

まず、「キリスト教的教養」という表現の射程はなにか。それはキリスト教的生活の諸条件に真正面から反しないばかりか、むしろこれと合致し、その発展をもたらすような知的生活の見本を示しているだけではない。アウグスティヌスは、それ以上のことを意図している。かれが考える教養は、キリスト教に密接かつ直接的に従属し、知的生活の全活動は宗教生活に奉仕すべきものであり、またその働きのひとつにすぎない。

まず、これがアウグスティヌスが自分のために描き実現しようとした理想である。全面的にキリスト教的であるはずの生活において、かれは魂のすべての意図的活動を神に向けようとしている。かれは『告白』において、生徒であったころの記憶を辿りつつ、つぎのように叫んでいる。「主よ、わが王よ、わが神よ、子どものころ学んだすべての有益なことがあなたのお役に立ちますように。私が語り、書き、読み、数えることがお役に立ちますように」[18]。なお、このことばには、予備教養（「子どものころ学んだすべての有益なこと」quidquid utile puer didici）と一般的な意味での教養（「私が話し、書き、読み、数えること」quod loquor et scribo et lego et numero）とを区別する当時の慣習が示唆されている。

そして何世紀も経ったいま、われわれはかれが残してくれた膨大な著作をとおして、かれが実際にまた可能なかぎりその偉大な知性を主なる神のために役立てようとしたことを見て取ることができる。たしかに詳しく検討してみると、神への献身という根本的な行為とは無縁な点も多く見受けられる。人間の行動は必ずしも全面的に意志のままに動くものではない。また先述したように、アウグスティヌスはしばしば「デカダン期の教養人」としての反応を示すこともあるが、それもかれが意図したものではない。それはむしろ、かれが非難した過去の教養の残滓であり、無意識的な反応である。

アウグスティヌスが身辺に広めようとし、また指導する若者たちに求めた理想もこうしたものであった。それは、聖職者時代の初めのころかつての弟子リケンティウスにあてて書いた書簡を読んでもらえばわかる[19]。読者は憶えておられるであろうが、カッシキアクムにいたころのこの弟子は神話を題材にした作詩に若い情熱を傾けながらも、アウグスティヌスの指導のもとに哲学的生活のすばらしさに徐々に目覚め、知恵の探究（studium sapientiae）へと回心しつつあった[20]。

あれから八年後[21]、かれはどうなっているのか。当時のかれの魂の状態は、かれがイタリアからアウグスティヌスにあてて書いた長文の書簡に示されている[22]。それによると[24]、かれはたしかにキリスト教的精神を保ちつつも[23]、カッシキアクムで学びはじめた自由学芸をまだ放棄していない。その学習は知恵に導くはずのものであるが、しかしかれはほとんど進歩していない[25]。

　かれは、それに心を奪われてはいないが、しかし完全に放棄したわけでもない。六脚詩行のその文体から見ると、かれはまだ文学的道楽から抜け出せず、途中で立ち止まっている。かれはヴェルギリウス風の気の利いた詩文をもって、かつてアルプスのふもとのカッシキアクムでともに過ごした楽しかった日々を思い巡らしている[26]。この思い出にひたるかれにとって重要なことは、そこで語られたことよりも楽しかった日々の追憶の方であるように思われる。

　これに対してアウグスティヌスにとってすべては変化した。かれは重々しく厳しい口調でリケンティウスに答え、あまりにも優柔不断なかれの態度をきつく咎める。リケンティウスは、世俗的価値の魅惑から抜け出すべきである[27]。「神に捧げることのできないような魂を満たしているこの詩など、どうでもよい[28]」。これこそまさにアウグスティヌスが求めることであり、リケンティウスもその審美的な態度をすて、魂の全力をあげて神に奉仕すべきである。

　リケンティウスは、飾り立てた文体で「私に駆けつけるように命じてください。私は、世界の果てまであなたに付いて行きましょう」と書いたが、これに対してアウグスティヌスは、「私があなたに望むことは、こうである。あなたを私に与えよ。われわれすべてのものの主である神にあなたを与えよ。あなたが自負する知性を与えた神にあなたを与えよ」と応じている[29]。

　書簡の末尾になると、アウグスティヌスの態度はいっそう厳しさを増す。かれにとって妥協的な、ありふれた解決策はない。詩文や知性の洗練に対する余りに肉的なリケンティウスの好みは偽りにすぎず、死をもたらす危険なもの、悪魔の誘惑にすぎない。「悪魔はあなたに飾られたがっている」。「あなたは金の器を見つけたならば、神の教会への贈り物とすべきである。あなたは霊的金というすぐれた知性を神から与えられながら、この器を情欲のために用い、そのなかに飲み物としてあなた自身を注ぎ入れ、悪魔に捧げている」[30]とアウグスティヌスは言う。

全面的に神に捧げられた教養というこの理想は、アウグスティヌスがずっとあとになってギリシア人の学生ディオスコロスに書き送った書簡にも見られる。[31]アウグスティヌスは、リケンティウスの場合と同じくかれに対しても、すべての学問、活動を緊密にキリスト教の要求に従属させるよう求めている。

こうしたアウグスティヌスのことばや態度をイエズス会風にあるいはトマス主義的に理解するのは大きな間違いである。かれのことばは、すべて厳密な意味にとらなければならない。アウグスティヌスによると、知的生活を神に捧げるとはいっても、一般的な仕方であるいは外的につまり単なる献呈、意向の刷新、奉献や感謝の祈りをもって捧げるだけでは足りない。[32]俗学は宗教生活に直接に役立ち貢献するものでなければならない。そこには、超自然的秩序と人間的、自然的秩序といった区別（少なくとも理論として）はない。[33]すべては、きっぱりと唯一の必要事に帰せられている。

私はここで、自分の個人的印象を読者に押し付けようとしているのではない。アウグスティヌスは、この点に関する自分の教えを望みうるかぎりの正確さ、厳密さをもって表明している。それはとくに、キリスト教的教養を取り扱う『キリスト教の教え』に見られる。その第一巻は著作全体への導入のようなもので、キリスト教的生活全体における知的活動の位置、役割について明確に説明し、第二巻から第四巻はその実践を取り上げる。

この書の内容を掻い摘んで述べることを許してもらいたい。アウグスティヌスによると、あらゆる学問的知識は「もの」あるいは「記号」を取り扱う。[34]「もの」は、「享受する」（frui）ものと、「使用する」（uti）ものとに分けられる。[35]かれはこのふたつの概念を明確にし、かれのいう幸福と最高善に関する教え全体を「享受する」ものに分類する。したがって、所有することによってすべての願望が満たされるような善があるとするならば、それ以外の善に向かうことは許されない。他のすべてのものは、この目的を達成するための手段にすぎない。われわれは至福に満ちた祖国に向かう旅行者であり、経由していく国々の美しさや旅の愉しさに引かれて道草を食うことは許されない[36]。そして、こうした善は存在する。それはわれわれがよく知っているように、ことばに尽くしえない最高の善、不変、永遠の知恵である至聖なる三位一体である。かれだけが享受されるべきである[37]。

アウグスティヌスはこのことを強調し、たえずそこに戻ってくる[38]。福音書が、「レビ記」、「申命記」にもとづいて言うように、「われわれは心を尽くし、魂を尽くし、霊を尽くして」神を愛さなければならない。われわれは、「どれほど小さな小川に対してもほかに向かい本流を減ずることを許さない神の愛にすべてを向けなければならない[39]」。

私はここで、「秩序づけられた愛」（ordinata dilectio）[40]に関するアウグスティヌスの説明を繰り返そうとは思わない。ただ、知的生活、教養について、かれがはっきりと取り出すその結論だけに注目したい。それが福音的原理であり、つぎのようなものを含んでいる。

> 「われわれのすべての「思考」、すべての生活、すべての「知性」は神に向けられるべきである。われわれは、神に向かわせるこれらすべてを神から与えられたからである。神がわれわれに対して「お前の心を尽くし、魂を尽くし、霊を尽くして」と言われるとき、われわれにはかれ以外の存在を享受できるような生命のかけらも自由もない。それ以外のものがわれわれの思いに浮かびわれわれの愛を求めたとしても（真の）愛の奔流のなかに投げ込むがよい[41]」。

これは、実に明確である。神に対する最高の愛とそれに伴う隣人愛を育むことに専念する知的生活以外にまともな知的生活はない(42)。アウグスティヌスは、ヤヌアリウスあての第二の書簡を終わるにあたって、今一度、この点について自分の考えを表明している。

「親愛なるあなたには、何を読み、何を学ぶにせよ、『学問は高ぶらせるが、愛は造り上げる』（「コリントの信徒への手紙 I」八、一）と言われていることを思い出してもらいたい。霊的な愛は、『妬まず、高ぶらない』（同上書、一三、四）。したがって知解の能力は、「知識が廃れても」、「決して滅びない」（同上書、一三、八）はずの愛を造り上げるための道具として用いるようにせよ。学問は愛の目的に従属することによってはじめて有用である。愛に従属しない知識は余分なものであるだけでなく、有害でさえある(43)」。

アウグスティヌス的教養は、その対象、修得方法だけでなく、それを生かす精神においても宗教生活に従属していなければならない。われわれは、知性の働きを聖書学習のような宗教的対象に向けるだけでは不十分である。学習そのものがそれ自体を目的とせず、むしろ完全さをめざす魂の発展に正しく向けられなければならない。「主の啓示のみことばを探ること」に時間をかけるとしても、「聖性よりも学問を求める」ならば、「不義を行うもの」になりうる(44)。

アウグスティヌスは、かれが好んで注解する「知識は高ぶらせ、愛は造り上げる」という聖書の一句を引用し(45)、取り扱う対象を間違えて退廃した偽学問だけでなく、宗教的事柄を取り扱いながらも霊的愛の進歩に直接つながらない学問にもそれをあてはめ、「その学問が神の掟に関するものであっても、何か愛に欠けるものがあるならば、それは高ぶらせ害を及ぼす(46)」と結論する。

Ⅲ　文学的教養に対する批判

では、キリスト教的教養の内容はなにか。まず間接的、逆説的に示すとして、その内容にそぐわないものの説明からはじめることにしよう。アウグスティヌスから見たキリスト者の知的生活は、当時の教養人たちの伝統的教養と根本的に対立するものでなければならない[47]。

かれがこれほどきびしい態度をとったわけは、まずこの文学的教養がデカダンスによる空しさ、味気なさにもかかわらず、当時の知識人によって高く価値され、地上において人間が所有することを許されるもっとも貴重な善であるとされていたからである[48]。

そこからして、この教養はキリスト教にとって危険な競争相手であった。それは最高の目的、唯一崇高な善である神を相手に人の心を奪い合う世俗的な価値、地上の善である。したがって当時の教養は、古代の神々への執着と同様あるいはそれ以上に、異教徒の教養人たちの回心を妨げ、また受洗したかれらの完徳への進歩を阻む重大な障害であった[49]。そのため、かれらに自分たちの教養の空しさに気づかせ、真の理想は聖性にあることを認めるだけの謙遜な態度をとらせる必要があったが、それはまたとくに困難なことでもあった。

アウグスティヌスの考えを理解するためには、かれがある人を教養人としてたたえながらも、すぐに、「魂の救いはそこにはない[50]」と付け加えることに注目する必要がある。

聖職者時代のかれが古典の著述家たちに対し、ある種の軽蔑、無知を装わざるをえなかったわけもここにある[51]。時として、こうした態度の真意を疑問視する学者もいた[52]。改めて言うまでもなく、たしかにかれは心の底からキケロやヴェルギリウスを軽蔑したのではなく、むしろこれらの著述家をあからさまにたたえることによって、かれらが象徴していた教養に対し当時の多くの人々と同じく偶像崇拝的な態度をとったと見られるのを恐れたのであるという。

老年期の司教アウグスティヌスは、『再考録』（Retractationes）中の『秩序論』（De ordine）の項において、かつて自由学芸を称賛しすぎたことに不安を感じている。「というのは、多くの聖人は自由学芸にまったく通じておらず、またそれに通じている人が聖人であるわけでもない」からである。[53] これもまた、分かりきったことの繰り返しであろうか。否、ここでもやはりかれは、地上的な価値しか認めない教養人に加担するのを恐れているのである。[54]

しかしアウグスティヌスは、当時の文人たちの教養を否定しようとしているわけではない。かれは、一方では教養を深め、それをキリスト教の教えや聖書の掟と関連づけつつ「哲学者時代」の教養に対する批判を繰り返し、他方、キリスト教伝統が古典教養に対し二、三世紀前から繰り返してやまなかった古い論証を自分のなかに見出し、それを自分のものとして持ち出しているのである。[55]

こうした批判にはふたつの側面がある。それはまず、古典教養のある特殊な面を非難している。アウグスティヌスはすべての先賢にならい、古典教養が異教に染まった文学に基礎をおいていること、またそれがつねに神話に依存し偶像崇拝と不可分であることを批判しているのである。[56]

この教養は、異教的であるだけでなく不道徳である。それは感覚の楽しみ、性欲を大いに称揚している。[57] また、ギリシア哲学の遺産を伝えることによって誤謬と冒瀆の教師となり、あらゆる異端と不信心の泉となっている。[58]

また、この教養の個々の面ではなく、本質そのものに対するより重大な批判もある。伝統的教養は根本的な空しさをもっている。それはことばの形式、優雅さを重視し、魂を道徳的、宗教的な事柄から逸らさせる。

上手に話すという虚栄よりもキリスト教的生活の諸問題の追究を優先すること、これが教養人の洗礼志願者に対しアウグスティヌスが与えようとした第一の教えであった[59]。かれは自分の学校時代のことを苦々しく思い出しながら、けっして魂について配慮しない古代教育の空しさと[60]、道徳生活の危機よりも雄弁術の進歩に気を取られていた父親の軽薄な態度をきびしく断罪している[61]。

「ことばではなくものを」（res non verba）というのが、以後、アウグスティヌスがとる基本的な態度である[62]。かれはことばのなかに、思考の伝達に有用かつ必要な記号としての役割しか見ようとしない。ことばは単なる伝達手段にすぎず、長々と熟考するほどの内的価値はもたない[63]。

アウグスティヌスは、感情の昂ぶりを抑えつつ、読み書き教師（litterator）の教授内容よりも文法教師（grammaticus）による文学教授を高く見ようとする人々の考え方に意識的に反対している。ディドの運命、アエネイアスの過ち、トロイアの炎上、「クレウサの影」（atque ipsius umbra Creusae）など、どうでもよい。それらは空しく無用なものである。これに対し、読み書きは少なくとも何かの役に立つ。しかもだれもがそれを単なる道具として受け止め、誤った価値判断をする危険もない[64]。

かれは、伝統的教養全体（物知り的教養に浸透されていない限りにおいて）に審美的傾向があることを知っており、かれが攻撃するのもこの点である。かれは文学的教養だけでなく他の学科も批判する。とくに、哲学者アウグスティヌスが芸術生活に対してどれほどきびしい態度をとったか、今更言うまでもない。ヒッポの司教にとって、音楽、キタラや楽器の演奏は、「くだらない」（nugas）[65]もので、絵画、彫像は「余分なもの」（superflua）である[66]。

美のために神をたたえよう。しかし一瞬たりとも、肉感的な愛をもって美に捉われることのないようにしよう。

それは、神に至るために「使用する」はずのものを「享受する」ことになる。(67) 文学的美についても、同じような厳しさが必要である。すぐあとで見るように(68)、アウグスティヌスはキリスト教的真理を伝えるための雄弁術は排除しない。しかしそれをいったん受容したあと、急いで制限しようとする。聖なる雄弁家は、文学的効果をそれとして求めてはならない。ここでアウグスティヌスはこうした手段をもって、追い出そうとする芸術の悪魔を再びキリスト教的教養のなかに取り込むのを恐れて興奮し、声を張り上げている。(69)

Ⅳ 「好奇心」に対する批判

したがって、かれがキリスト教的教養を示すために doctrina（教え）、scientia（知識）という語を用いたとしても、驚くにはあたらない。この教養は、何よりもまず知識だからである。しかしその知識はある目的に固く結びつき、一定の分野に限られている。またこのキリスト教的教養は、文人の審美主義、物知り的教養人のもつ好奇心と対立する。

先述したように、ヒッポ時代のアウグスティヌスの著作は、カッシキアクム時代の著作以上に(70)、知識欲という複雑な形の誘惑、魂を唯一の必要事から逸らさせる空虚な好奇心とをはげしく断罪している。(71) かれによると、使徒ヨハネが堕落した人間性の傾向として断罪した三つの欲のうち「目の欲」と表現したのが、これであった。(72)

好奇心は精神を根本的な退廃へと導くものであり、とりわけ危険である。実際、精神の唯一の正しい良い使用法は、それを存在の最高点にまで高め、神の認識へと向かわせることにあるが、好奇心は魂をその目的から逸らさせ、より低次元のものの認識へと駆り立てて堕落させ、徐々に退廃させていく。(73)

アウグスティヌスによる断罪は、われわれを「楽しませ」、神に関する思考から遠ざける一切の知識にも及ぶ。とかげやくもを追いかける子どもらしい遊び[74]、「驚異的なもの」に対するデカダン期の教養人の趣味のほか、数学的正確さをもって星辰の運動を確認する天文学のようなはるかにまじめな学者の活動も排除される。かれは真の知識を知り、その価値を熟知し高く評価しただけでなく、それに劣らず、救いに無用なその他の知識も見抜いていた。かれは神に向かってつぎのように祈っている。「これらのことを知らなくとも、あなたを知っているものは幸せです。あなたを知りまたこれらのことを知っているものは、これらのことによって幸せではないからです[75]」。

このことばをとおしてわれわれは、神と宗教的生活に向けるはずの意識をたとえわずかでも逸らさせるように見えるすべてのことに対し、アウグスティヌスがどれほど警戒していたかを押し測ることができる。私は、かれの厳しさを読者に隠すつもりも弁護するつもりもないが（こうしたかれの教えは等しく有用である）、しかしかれの態度の真価を明らかにするため、いくつかの特徴をあげておきたい。

V　アウグスティヌス主義の否定的側面のもつ意味

アウグスティヌスが厳密に人間的な価値をもつ教養に対してとった非妥協的な態度、永遠なるものの要求に応じようという執念は、かれが生き思考していた時代の歴史、また文明の射程を超えている。そこには、永遠のアウグスティヌス主義がある。つまりアウグスティヌスは、終始一貫した伝統をつなぐひとつの環である。すでにかれ以前の多くのキリスト者が神と救いの探求に専念したが、それがアウグスティヌス以後、かれの偉大な権威をもって武装し各世代のキリスト教において息を吹き返してきたのは、この教えが宗教的魂に見られるいくつかの根本的な選択のひとつを表明しているからである。

かつてクレメンス、オリゲネスの論敵に対し、またかれらに次いでテルトゥリアヌスに霊感を与えた同じ精神が、一一世紀のペトルス・ダミアヌス、一二世紀のベルナルドゥス、そして一七世紀のランセ、ポール・ロワイヤルの人々、ボシュエといった改革者たちを突き動かしたのであった(76)。

しかし私がここで書こうとしているのは霊性史ではなく(77)、教養史であり、そこで重要なことは、各時代に亙って継承されるこうした態度が実際にはどれほどの射程をもち、また具体的にどのような内容をもっていたのかということである。ボシュエから見たアウグスティヌス主義は、主としてモリエールと一切の古典劇を排除することにあった。

しかしアウグスティヌスは一体、なにを排除したのだろうか。ヴェルギリウスか、それともキケロか。たしかにそれもある。しかしとくに、シンマクス、マクロビウス、バウト称賛の演説、気取った文体をもつ「文芸書簡」、衒学的なあるいは子どもじみた注釈、鶏が先か卵が先かといった問題ではなかったか(78)。アウグスティヌスは天文学、数学的諸学科も断罪したではないかというものもあるだろう。しかし問題を具体的に検討してみよう。アウグスティヌス時代の天文学とはどのようなものであったのか、それはプトレマイオスの天文学ではなく、フィルミクス・マテルヌスの天文学〔占星術〕であった。

しばしば多くのものが、アウグスティヌスの教えを現代に合わせて判断しがちである。かれらは、アウグスティヌスからわれわれに至るまでの間に人間精神が実現した優れた成果に対し、かれの有用性重視の悲観主義がどれほど障害となったか、また障害でありえたかという反啓蒙主義的立場から判断し、怯えている。

しかし、アウグスティヌス主義が実際に果たしたあるいは果たしたであろうと推定される役割をもとにアウグスティヌス主義を判断してはならない。より冷静に、かれが生きていた文化的環境にかれをおきなおしてみることにしよう。そうすることによって、当時の教養に対するこれほど強固な拒絶がどれほどの現実的な価値をもっていたのか、またどれほど人間的な要求であったかが見えてこないだろうか。

外観はとにかく、このころ人文主義の不変的価値を代表していたのは、シンマクス、アウソニウスの柔弱な都会風ではなく、アウグスティヌスとその地味な禁欲主義であった。かれの態度にどれほどの宗教的内包があったにせよ、そこには、古代世界の退廃に対する積極的、実効的な意識と、非現実的な幻想に生きる世界からの脱出が示されている。

私は、アウグスティヌスの教えの核心に迫ろうとしてかれの態度に共感するあまり、他の古代キリスト教博士たちの思想を軽く見ているわけではない。しかしアウグスティヌスによる教養批判には、新たな特徴があるように思われる。

たしかに、ごく大まかな筋に絞って言うならば、アウグスティヌスの説は教父たちの伝統に連なるものである。教父たちはみなアウグスティヌスと同じく、キリスト教徒はその知性を神と神に対する信仰に役立てるべきであると主張する。かれらはまた、異教文明の遺産である一般教養とキリスト教的信仰とが両立しえないことも一致して認めている[79]。

しかしあえて言うならば、アウグスティヌス以前の人々における教養の問題には、アウグスティヌスにおけるほどの広がりと深さは認められない。かれらは、異教的教養を批判し非難しながらも、心の底から「本当に自由になって」いないと、私には思われる[80]。一定の原理をもとにあれこれの点で自由になったとはいっても、それは一部のものの、それも知性の上でのことで、古代の教養はかれらのなかに根強く生き続けている。

　実際、アウグスティヌスまでのすべての教父は、古代文化のなかに生き、それと手を切ることもできず、かれらにとってローマ帝国以外の政治形態がありえないのと同じく、もうひとつの型の文明がありうることなど考えられなかった。そのため、かれらは新規の教養を確立しようという直截的な問題提起はせず、新しく創り出すというよりもむしろ既存のものを批判し、調和を図り、修正する態度をとった。

　バシリウス、ナジアンズのグレゴリオス、ヨハンネス・クリュソストモス、アンブロシウス、パウリヌス、ヒエロニムスといったギリシア、ラテンの教父たちはみな、古代の伝統に連なる知識人であり、またずっとそうであった。しかしかれらの態度をそのままアウグスティヌスにあてはめることは許されない。先述したように、たしかにアウグスティヌス自身もある意味でデカダン期の文人であったが、しかしそれは技術的分野においてであり、かれは、当時の文人と同じような仕方で書き、論じ、かれの記憶にはかれらと同じような知識が詰め込まれていた。しかし他の教父たちにおいては、その教養の本質そのものが古代の教養であり、この点は明言しておきたい。かれらは、イソクラテス、ソフィストに遡る幾世紀来の伝統を余すところなく受け継いでいた。

　しかしアウグスティヌスはかれらとは異なり、『神の国』の著者である。かれは、ローマの崩壊を目の当たりにし、それに耐えた人物であった。たしかにかれは衝撃を受けたかもしれないが、しかしかれの思考はそれに対応するだけの準備を整えてあり実際に覆されることはなかった。[81] 古代教養の技術をなお保持していたとしても、それと深く連帯していたわけではない。両者の紐帯は切断され、かれの心は離反していた。

　アウグスティヌスの言うところを聞こう。かれは、内的体験をもって自ら確認した真理を周りの人々に知らせ納得させようとする。かれの声は力強く、反論を許さない。しかしそれは、熱に浮かされたようなものではない。

またそこには、ローマの危機に際してそれまでのすべてのキリスト教思想家たちが議論し、ヒエロニムスの魂さえも引き裂いたような騒がしさはない[82]。たしかにかれもこの危機を体験したが、しかし克服した。もちろん、それはかれが回心したその日に達成されたものではない。しかし、問題は最終的な解決を見、心底からの断絶が実現されたのである。

それ以降、いったん拒絶したこの教養になおなんらかの善あるいは建設的なものがあるかもしれないという考え、迷いはもはや感じられない。アウグスティヌスは、デカダンスが何を意味するかを意識した最初の人物である。かれは古代教養の根元的な衰退を自らの経験をもって実感し[83]、そこにはいくらかの要素、素材以外に期待すべきものは何もないことを理解していた。かれは残されているのは廃屋にすぎないことを理解し、決然として未来を指向し、新たな構想をもとに教養の全面的な再建に立ち向かった最初の教養人である。

第二章　キリスト教的教養の大枠

I　キリスト教的教養の二側面

(一) 知恵の探究

つぎに、キリスト教的教養の具体的な説明に移ることにしよう。ここで最大の難点は、ヒッポにおけるアウグスティヌスの教養観といわゆるカッシキアクム時代の教養観との関係を明確にすることである[1]。私は先に、この両者は同一でも対立でもなく部分と全体との関係にあることを示唆しておいた。

実際、教養に関するアウグスティヌスの最終的な視点にはふたつの側面があるように思われる。かれは一方では、われわれが先に検討した哲学的教養の類型を保持し、他方、その例外的な特徴をいっそう意識することにより、もうひとつの知的生活と形成の類型を考えるようになっている。そしてこれこそかれにとって正規のキリスト教的教養と思われたものであり、一定の知的発展を実現しうる大多数の信徒に適した教養であった。

第一の側面について考えてみよう。アウグスティヌスはヒッポに移ってからも「知恵の探究」（studium sapientiae）を断念していない。自分で実践するだけでなく周囲のものにもそれを勧め、つねに自分の思考において重視している。

かれが「知恵の探究」を排除していないことは、『再考録』にその十分な証拠がある。老年の司教アウグスティヌスが過去の自著をいかにきびしく批判したかは人のよく知るところであるが、[2]「哲学者時代」の著作を取り上げる『再考録』の諸章を読み返してみよう。[3] かれはそこで、異教に汚染された表現、[4] 文学的風俗の受容、[5] さらに審美的に洗練された文体、詩に対する関心など、[6] 古来の文学的教養にわずかでも譲歩し妥協した自分をきびしく責めている。また無意識的なものであったとはいえ、初期の著作全体にわたって古代文人の考え方が残っていることを恥じている。[7]

もちろん、哲学的観点から見て真のキリスト教的思想と相容れないように見えるすべてのもの、新プラトン主義哲学から借用した思想や表現[8]も細部に至るまできびしく指摘している。[9]

もし思想の発展に伴い哲学的教養を全面的に放棄せざるをえなかったとすれば、かれはこうした教養を含む著作を徹底的かつ正式に排除したことであろう。ところが、そうした非難はどこにも表明されていない。[10] かれは洗礼志願者のころ著した「対話編」の細かな点は批判しながらも、臆することなく著作全体の読書を勧めている。「だれか知らない人がいるならば、（私が洗礼志願期に書いたものを）読むのもためになる」[11]。

さらに言うと、アウグスティヌスはけっして哲学的教養を放棄しなかった。たしかに、ヒッポに移ってからのかれの知的生活は教会の役務に過酷なほどに振り回されていた。かれはさまざまな所用に取り紛れ、思索のための静寂など持ち合わせなかった。[12] 他方、その教養も聖書注解、神学、説教、論争といった新たな職務に適合させる必要があった。またカッシキアクムにおいて「知恵の探究」に有用であると認めていた特殊な研究についても、もはやそのための時間的余裕はなかった。かれは論理学、数学的諸学科に関する教養を補完することもあきらめざるをえず、ミラノで取り掛かった『諸学科』（Disciplinarum libri）を仕上げることもできなかった。それは、これらの学問が以後かれにとって無用あるいは危険であったからではない。そのための時間と閑暇がなかったたまでのことである。かれは四〇八、九年ごろ、ある種の郷愁を込めてつぎのように書いている。「しかし聖職の重荷が私に課せられてからは、そうした楽しみは私の手からこぼれ落ちた」[13]。

しかしかれは学問的教養の欠如にも拘わらず、ヒッポにおいてもカッシキアクムにいたころと同様、哲学上の諸問題について思索し、根本的に哲学的特徴をとどめる神秘的思考と探究に専念した。それを知るためには、かれが「知恵の探究」の続行を表明するすべての文言を拾い上げる必要はなく、ただ『三位一体論』のさいごの数巻にあるものを指摘するだけで十分であろう[14]。

アウグスティヌスはこの哲学的教養を自分で利用するだけでなく、成果を期待できそうな周囲のものにも勧めている。かれがヒッポに移った当初リケンティウスあてに書いた書簡は先に取り上げたが[15]、そこでかれはかつての弟子に対し、カッシキアクムで受けた授業を忘れず歩み始めたばかりの道を一途に続けるよう熱心に勧めている。アウグスティヌスは、最初の教授を見直そうとか、別の学習課程を提示しようとしているのではない。

それから二〇年後のかれは、ラテンの学問の仕上げをするためローマからカルタゴにやってきたギリシア人の若者ディオスコロスから一通の書簡を受け取った。名門の出で、自分にはだれも何も拒みえないと思い上がったこの青年は、積極的なしかし無遠慮な態度で、自分が学びつつあったキケロの「対話編」について一連の質問をアウグスティヌスに投げかけた[16]。

これに対して、アウグスティヌスは長い返事を書いている[17]。かれは、機知を織り交ぜながらこの倣岸な若者をたしなめ、しかし提示された主題を取り扱うことをいとわない。注目すべきことに、かれは修辞学を取り扱う『弁論家』（Orator）、『弁論家論』（De oratore）に関する質問は拒否しながらも[18]、『神々の本性』（De natura deorum）のような哲学的著作に関する問題は引き受けている[19]。しかしこの書簡が格別に関心をもたれるのは、アウグスティヌスが、この若者を取り巻く背景のなかに置き直してその答えを論じているためである。アウグスティヌスは、かつてリケンティウスが抱えていた同じ問題を二〇年後のディオスコロスのなかに再び見出している。それは、キリスト教徒の若者が文学的教養の魅力つまり教養によって得られる栄誉、富、名誉といったかなり不純な社会的利点に捉われていることである[20]。

アウグスティヌスは、同じ危険に対し同じ対策を講ずる。まず、この空虚な教養に対し緻密なきびしい批判を加え、そこに見られる物知り的知識、審美主義、形式主義を非難する。その一方で、唯一の真理を追究する全面的にキリスト教的な教養の必要性を説く[21]。

その教養はどのようなものか。アウグスティヌスは迷うことなく、ひとつの実際的な学習計画をかれに提示する。それは、若干の相違はあるが、かつてカッシキアクムにおいてリケンティウス、トリゲティウスに提示し実践させたものと同じである。われわれが修得すべき唯一の知識は至福を保証するそれである。では、至福をもたらす最高の善とはなにか。そこでアウグスティヌスはディオスコロスに対し、ヘレニズム期学校教育の伝統的鋳型をもとに倫理学、自然学、論理学といった[22]ひとつの哲学体系を描いて見せる[23]。

つまりアウグスティヌスはディオスコロスが哲学者になることを望んでいる。かれは、話の途中でディオスコロスにエピクロス学派やストア学派の奇怪な誤謬を反駁させ、その一方で、キリスト教信仰と合致しキリスト教啓示によってはじめて豊かな実りをもたらすプラトン哲学を取り入れるように勧めている[24]。もちろんディオスコロスは、信仰の掟に従うキリスト教徒の哲学者になり、信心と謙遜とをもって[25]真理に到達するだろうし、また真の哲学者プラトンとプロティノスの正真正銘の弟子となるはずである[26]。

さらにアウグスティヌスは、人間精神が選びうる最高の知的生活として知恵の探究を提示し、多少の相違はあるが、先に述べた「知恵の探究」（studium sapientiae）という考えを維持している。

実際、アウグスティヌスはたえずこの同じ「知恵」（sapientia）という語をもって自分の理想を定義する。かれにとって知恵とは真理の観想、神についての知識であるが、その知識はまた神の直観、触れ合い、愛、参加、しかし何よりもまず確実性でもある。「知恵、それは真理の観想であり、人の全体に平和をもたらし、神の似姿とする」ものである[27]。

たしかにこの理想は、天使たちがすでに天国で所有し、選ばれた人々の魂が天国においてはじめて到達できるもので、「肉体をもつこの地上では」達成できない。しかしかれがたえず言明するところによると、もっとも完全な少数の魂には、部分的ではあるがしかし真正な神に関する知識が与えられている[28]。かれによると、永遠の事柄の観想に専念する生活以上に気高く優れた生活はない。それはたしかに未完成ではあるが、すでに永遠の真理によって眩いばかりに輝いている。

観想生活は、修徳と善業に励む活動生活の上に（それを軽視するのではなく、むしろそれを前提とし超越する）置かれるべきである[29]。前者はヤコブのふたりの妻のひとりでもっとも美しくもっとも愛されたラケルで、後者はリアである[30]。前者は最良の部分を選んだマリアで、後者はマルタである[31]。アウグスティヌスは、この種の魂の活動を高く評価し、用語の混乱の危険はあるが、ためらうことなくすでにこれに「知恵」という語をあてている[32]。

ここで重要なことは、アウグスティヌスが「知識人」[33]の生活として考えているのは可能な限りの観想生活であるということである。それは、理性をもって上昇し、信仰によって知られている神の真理の把握に至る生活である。こうした哲学的神秘思想こそが、アウグスティヌスがカッシキアクムですごした秋以来はっきりとその特徴をとらえ、またその条件を把握していたものである。四一八年に書かれた『三位一体論』（De Trinitate）の終わりおいて、かれは三八六年に書かれた『秩序論』（De ordine）と同じようなことを述べている。「かれらがたしかに聖書をこの上なく真実な証人として堅く信じるなら、祈り、探求、良い生活によって、言い換えると見られうるかぎり、信仰によって保持されているものを知解するように努めなければならない」[34]。

きわめて濃密なこの文章には、信仰の必要性、信仰の真理の理解に向かって上昇する努力、観想、地上における観想の限界、さらに祈り、学習、道徳という観想生活の三つの側面、こうした知恵に関するアウグスティヌスの教え全体が要約されている。

たしかにアウグスティヌスがヒッポで語る「知恵の探究」と、カッシキアクムで体験したそれとは微妙に違っている。かれは内的経験を重ね人間をより深く知ることによって、当初考えていた以上に道徳と超自然というふたつの要素を強調するようになっている。

アウグスティヌスは、道徳生活のもつきわめて複雑な性格に気づいている。カッシキアクムでは、回心直後の熱意に燃え、すべてを楽観的に単純に考え、また禁欲生活に入ることによって道徳的問題は解決されていた。そこにはたしかに哲学者の態度がある。かれはもっとも下劣な悪習を放棄し、そうした努力を重ねたあと思索に集中していったのである。

これに対しヒッポにおけるアウグスティヌスは、人間の魂の浄化にはより多くの時間が必要であり、より多くの要素が関連していることを知っている。人は一日で、堕罪した本性の欲望を克服できるものではない[35]。「姦通するな、殺すな、盗むな」という掟を守ることは必要である。しかし、それが全部ではない。より困難なことがある。それは、至福に導く福音的勧告がなにを意味するかを知り、それに伴う道徳的完全さを実現することである[36]。

この道徳的浄化は、『秩序論』のころのかれが言っているように見える、「知恵」に向かって歩むための一種の手掛りでも知恵を得るための前提条件でもない。この浄化は、微妙な細い絆によって魂の上昇の各段階と結ばれ一体をなしている[37]。

ヒッポでは、「知恵」のもつ宗教的要素が道徳以上に浮き彫りにされている。『アカデミア派駁論』（Contra Academicos）あるいは『秩序論』におけるいくつかのなにげない叙述を全面的に評価するためには、よくよく注意する必要がある。先述したように、当時のアウグスティヌスはいくつかの文学的偏見を含む一種の恥じらいから恩恵、祈り、信心の重要性の認識を妨げられていたとは言わないまでも、少なくともそれを明言することを妨げられていたからである。しかしヒッポではまったく逆である。

このふたつの時期の相違を知らせる一文がある。アウグスティヌスは『キリスト教の教え』（De doctrina christiana）において、魂が知恵に向かうことを可能にする内的浄化の説明にあたって、『秩序論』によく似た視点に立ってその教えを繰り返し、先述した三つの要素をあげている。しかし『キリスト教の教え』では、道徳と学習は「すぐれた熱意とすぐれた生き方（道徳）」という一言で表明されているにすぎない[38]。そしてかれはすぐに、つぎのようにことばを継いでいる。「それは、知恵ご自身が、われわれのこれほどの弱さに等しくなることをよしとされないかぎり、われわれには不可能である[39]」。そして、知恵に至るための超自然的条件としてキリストの托身、受難、復活、教会とその秘跡の役務者などについて詳しく述べている。

『秩序論』において祈りの必要性について述べたのは話のついでにすぎなかったが、ヒッポではそれを強調しすぎることはないと考え、キリスト教的知恵への勧誘にあたってはほとんど祈りだけを取り上げて説明している[40]。

そこで話しているのは、もはや洗礼志願者ではなく司祭であり司教である。「知恵」（sapientia）に向かうために必要な宗教的要素は、祈り、信仰宣言だけでなく、信心、神に対する礼拝、より明確に言うと、秘跡による教会の生活に参加することである。[41]

しかし道徳と信心は、徳の完成度に関係なくすべての信徒に求められている。以後、この二要素について若干の説明があるが、しかし知恵と特殊な関係をもつのはやはり第三の知的要素であり、その実体は、私が先に定義したとおりのものである。

多少の違いはあるが、アウグスティヌスは以前ほど学問的教養の有用性を強調しない。たとえばディオスコロスあての書簡には、『秩序論』におけるような七自由学芸学習の勧告は見当たらない。

こうした考え方の変化には、かれ自身の経験が反映されているように思われる。アウグスティヌスの学問的形成（教育）における欠陥についてはすでに検討したが[42]、かれは、ヒッポでそれを補完することを断念せざるをえなかった。先述したように、アウグスティヌスの哲学は実際的には文学的教養と弁証論にもとづいたものであり、かれは〔ヒッポでの〕日常の思索に不可欠でもないこれらの知識を勧奨しつづけるわけにはいかなかったのである。[43]

とはいえアウグスティヌスが求める知恵はかつての知恵と同一のものであり、しかしその探求と瞑想の内容、方法は厳密に哲学的であったと認めざるをえない。それは「魂」（de anima）、「神」（de Deo）という同じ対象をもち、『秩序論』にあるように、前者に関する知識は後者の知識に上昇するための手段である。これに対し『三位一体論』においてアウグスティヌスが言うところによると、われわれは弁証論をもって被造物、人間、魂、上級の理性といった神にもっとも似たもののなかに「神のしるし」を徐々に識別し、現世において達しうるかぎりの最高の神認識にまで到達できる。[44] かれは、この認識の本性を明確にしようとして、理解することのできる実在、

「知性による認識」（cognitio intellectualis）について述べ、理性的学問（「魂が教育される学問」disciplinae quibus eruditur animus）があることを想起させ、幾何学や音楽から例をあげている[45]。

II　キリスト教的教養の二側面

(二)　聖書注解のための知性の鍛錬

このように第一の視点から見た場合、アウグスティヌスは依然としてそのキリスト教的教養の枠組みにおいても哲学的教養つまり知恵を重視している。しかしそこには、重要な刷新の手が加えられている。この教養は、かれにとって考えうるかぎりの唯一、正当な教養ではない。われわれは、哲学に回心したばかりのアウグスティヌスがカッシキアクムにおいてもっていた視点が、どれほど狭かったかを知っている[46]。当時、かれがとりうる態度はふたつあった。かれがめざしていた哲学者としての態度と、かれの身辺でモニカが代表していた単純な人々の態度である。前者は信仰から出発して理性をもって神にまで上昇しようとするものであり、後者は信仰だけで満足するものである。

たしかに、宗教的視点から見た場合、後者の態度には単純な人々を軽蔑するものは何も含まれていない。アウグスティヌスは母親をとおして、単純な人々がどれほどの霊的偉大さをもちうるかを知ることができた[47]。しかしかれらの聖性は認めるとしても[48]、かれらに教養があるとは思わない。かれにとって、一連の学問的探究をとおして知恵に至る教養以外の教養はありえない。かれは、「あるいは学習の秩序によるか、あるいはまったくそれに関係しないか」という[49]、きびしい表現をもってその考えを表明している。

つまり当時のアウグスティヌスは古代文明の枠組みのとりこになっていたということである。そのため、かれが可能な知的生活の型として考えていたのは、古典的伝統のもたらす修辞学教師と哲学者の生活、このふたつだけであった。前者を排除したあと残るのは後者だけであったが、ヒッポにおけるアウグスティヌスはあまりにも硬直したこうした古来の枠組みを打ち破っている。

新たな視点をもっともよく示してくれるのは『三位一体論』である。その第一二巻から第一四巻には、知恵に関するかれの最終的な考え方が表明されている。そこでかれはたえず「知恵」（sapientia）の定義をあげ、かれが「知識」（scientia）と名づけるもうひとつの知的活動と対比させている。しかしかれが言う scientia とは何か、その説明はかなり困難である。アウグスティヌスの考えはしばしばそうであるが、ここでもそれは流動的で不安定である。はっきり言われているのは、ふたつの概念の対立と相関関係である。これに反して scientia の本性と定義は一定していない。アウグスティヌスの視点はつぎつぎに変わっていく。かれは、自分の教えを漸進的に展開していくが、その利点はやがて明らかになる[50]。

アウグスティヌスによると、理性と人間知性はひとつの全体を形成しているが[51]、しかしそこにはふたつの側面、ふたつの機能（officia）あるいは二通りの用法がある[52]。ひとつは上級の、よりすぐれた機能である。これが知恵であり、これをもってわれわれは神、魂、また神の観想に秩序づけられるかぎりの理性的学問の真理といった永遠の真理の観想に専念する。もうひとつはより低い機能で、それが「知識」である。これは感覚的経験の所与に対する魂の適用であり、活動の領域に存在する地上的事物の知識である。つまり「この人生の営為を配慮するのに必要な時間的、可変的なものの認識」である[53]。

大まかに言って、それは技術、社会生活、世界と歴史に関する知識、宗教（観想生活は除く）、道徳など、人間が思考するすべての分野に亙っている[54]。

しかしアウグスティヌスはここで、「知識」そのものについて考察させようと言うのではない。かれはそれを一連の道徳的、宗教的価値体系のなかに組み入れ、それによって制約されそれぞれ異なる射程をもつものとして提示しようとしている。まずかれは、あきらかに「知識」（**scientia**）を悪い意味にとっている[55]。つまり「知識」は理性をより低級なものに使用するだけでなく、退廃した罪深いものに使用することから来る。それによって魂は神に関する考察から逸れ、地上の事柄の知覚に固執し、神に至るための段階として利用する代わりに、それに魅惑され目的とする[56]。

かれは説明を続けるうちに、やがて、感覚的事物の知識全部がこうした有害な性質をもつものではないと言い始める。たしかに、それを悪用することはありうる。こうした知的機能の悪用は、われわれが知識を享受し、「あたかもそれがわれわれの幸福を保証するかのように、これらの善の所有のなかに安らぐことにある」。こうした退廃した利用について使徒パウロは、高ぶらせる知識と育て上げる愛との対比をもってわれわれに忠告したのである（「コリントの信徒への手紙 I」、八、一参照）。

しかし、知識の善用もある。「知識はまた、その良い方法をもつ[57]」。それは、すべての地上的事物をその善さに応じて利用することであり、すべてを神への愛と永遠の事柄を愛する愛、最高の目的にして最高の善である神に向かわせることである[58]。

アウグスティヌスは、こうした修正をもって（この規範的なものへの移行は、たしかにかれのやり方である）、**scientia** という語を悪い意味に解釈することをやめ、人々が用いるとおりの良い意味にかぎって用いる[59]。かれは、「ヨブ記」の一節に示唆を得て[60]、まず、とりわけ倫理的な価値をそこに見ようとしているようである。それによると、**scientia** は道徳的生活を指導する魂の活動を指すようである[61]。

しかしそれは、まだ暫定的な視点である。アウグスティヌスは、それを道徳的活動の分野から認識の分野に移し、そこにおける**scientia**はいっそう明確に知的なものに戻る[62]。かれは、『三位一体論』第一三巻の冒頭で、第一二巻で語り尽くしたと思われた「知識―知恵」（**scientia-sapientia**）という平行するふたつの概念を再び取り上げて新たな説明を加え、意外な仕方で**scientia**という語の射程と価値を一新する[63]。かれの新たな視点は徐々に明らかになり明確になっていくのであるが、そこには、ふたつの基本的な要素が認められる。ひとつは、**scientia**は永遠の真理に関わる**sapientia**とは反対に、経験的な時間のなかに現われるもの、人間の歴史において経験されたものをその内容としているということである。それが「歴史に関する知識」（**cognitio historica**）である。他方、こうした知識が善く有用なものであることは当然で、アウグスティヌスのきびしい見解によると、救いに有用で宗教生活に役立つものでなくてはならないことを意味する。

こうした原理から、やがて結論が引き出される。真理でもとくに有用な真理があり、それは神の啓示によってわれわれの信仰に提示される。ところでこの啓示は歴史のなかで行われ、ことば、書籍、聖書による経験的手段をもって教えられ伝達されているのであるが、そこに含まれる信仰の内容を認識させるのが知性の活動としての**scientia**である[64]。

アウグスティヌスにおいてしばしば見られることであるが、かれは教えを漸進的に説明したあとはじめて、教えの真の内容を明確に示す。かれは、第一四巻において**sapientia**の説明を展開するまえに、その冒頭で、第一三巻において述べた**scientia**に関する説明をいくつかの明確な表現で要約する。

「しかし私は、多くの無益な虚栄や危険な好奇心が入り込む人間的事物に関する人間の認識全部ではなく、真の幸福に導くきわめて有効な信仰を生み、養い、擁護し、強めるものだけをこの知識に帰するのである。大多数の信徒は信仰そのものにおいては非常にすぐれているが、この知識はもたない。人間が信じなければならないものだけを知ることと、信仰はいかに敬虔な人々に有益であり不敬虔な人々に対して弁護されるべきか、ということを知ることとは異なる。われわれは、使徒パウロと同じように、（「コリントの信徒への手紙Ｉ」一二、八参照）後者の点についてのみ scientia という語を保留すべきである[65]」。

右にあげた文章には、新たなキリスト教的教養に関するアウグスティヌスの決定的な視点が要約されており、文中のすべての用語を吟味する必要がある。この視点は、かれがカッシキアクムにおいて取っていた視点と矛盾するものではなく、むしろそれを充実させるものである。つまりかれの思想の大枠は依然として「権威」（auctoritas）と「理性」（ratio）から成り立っているが、しかしもはや理性だけが教養を育むのではない。カッシキアクム時代のアウグスティヌスにとって信仰は、手を加えないままの所与であり、かれはそれとして受けとめ、さらにはそうしたものを要求さえしていたが、しかしそれは出発点にすぎず、それに気を取られてはならないと考えている。

かれは信仰の概念を究明することによって、魂の活動にはひとつの秩序があり、信仰を中心に信仰のために組織すべき正当かつ可能でまた必要な教養があることを発見した。

かれは、すべての信徒に対し、心から真摯に教会の信条（Credo）と教えに同意するように要求した。しかしキリスト教徒の知識人、知性の活動を信仰のために役立てることのできる人には、それ以上のことが求められる。つまり「それによって信仰が生み出され、育まれ、守られ、強められる」のである。

あの高名な修辞学教師マリウス・ヴィクトリヌスは受洗時に朗唱を義務づけていたローマの慣習に従い、公衆の面前で信仰宣言をしなければならなかった。かれは、一介の信徒と同じように「定式化され記憶された一定のことばをもって[66]」それを暗誦するだけで満足しただろうか。すべてのキリスト者まして知識人にとって信仰を受け入れることは、信仰を理解し、その真理の意味と範囲を究明する誠実な努力を尽くすことであった[67]。つまり「信仰は生み出される」（fides gignitur）のである。

こうした努力は決して中断されることはなく、より深い探究はより多くの光、より深い教えを魂にもたらすのではなかろうか。つまり「信仰は育まれる」（fides nutritur）のである。

他方、理性は信仰を築き上げるだけではない。疑問をもち、否定することさえある。「信仰に反する誘惑」を経験したことのないものがいるだろうか。真の信仰に対し隠然とあるいは公然と敵対するものが多数いる。異端者、異教徒は、信仰に対する攻撃を繰り返していく。信仰者とくに知識人は、かれらの異議、非難を意識しないわけにはいかない。自分の信仰が当初どれほど強力なものであっても、それが動揺し消滅することのないようにするためには、魂の活動をもってこれを論駁し拒絶しなければならない。つまり「信仰は守られ、強められる」（fides defenditur, roboratur）のである。

こうした努力は、一個人としての知識人に必要なことは言うまでもないが、かれが教会と兄弟たちの集団のなかに身をおくとき、その必要性はいっそうはっきりと見えてくる。それだけに、かれはどれほど信仰の真理をよりよく知り、理解し、広め、擁護しなければならないだろうか。どれほど多くの魂が、真の宗教とはなにかを説明してくれるものを求め、また不信仰者の無遠慮な批判によって困惑していることか。「信仰は熱心なものを豊かにし、不信仰者から守られるべきである」（（fides） et piis opiletur, et contra impios defendatur）。

Ⅲ　聖書注解と神学的論争、護教学

つぎに、この「知識」（scientia）つまりキリスト教的教養は、具体的にどのようにして実現されるのだろうか。その究明は、内容の説明につながる。信仰の内容を深く知ろうと思うものは、その源泉に遡らねばならない。その源泉とは聖書、伝統、教会の生きた権威、この三つである。[68] 教会の教えは、それが依拠する伝統のそれと同じく、厳正に継承された啓示の所与に他ならない。ところで啓示は、それ全体が聖書に含まれている。教会は、その内容を明らかにし説明するのであるが、しかしすべての信仰の究極的根拠は、結局は聖書そのものである。したがってすべてのキリスト教的教養、知識の中軸になるのは聖書であり、厳密に言うと、この教養独自の対象となるのは聖書学習であるということである。[69]

こうした説明は、一見したところ偏狭なものに見えるかもしれないが、しかし長いこと、これで十分と考えられてきた。一二世紀においてもなお、すべての高度な教養は「聖書」（sacra pagina）の注解を中心に組織されていた。最初に広範な神学的総合を試みたアベラルドゥスは、それをあえて「聖書入門」として提示している。[70] そこにあるのは、教授や学問の実際の内容とはおよそ不釣合いな学問の残滓、伝統的な説明にすぎない。たしかにすでにアウグスティヌスの頃、キリスト教的学問は厳密な意味での聖書注解つまり聖なる書の単なる説明の枠を超えていた。それについては、ここで簡単にふれておく必要がある。

アウグスティヌスにおける神学は、理論としてまた実際に、一三世紀に認められるような自立性をまだ獲得していない。しかし教義に関する思索、啓示された所与を合理的に組み立てようとする努力は、たとえばオリゲネス以上にアウグスティヌスにおいて進歩し、聖書注解とは切り離されている。『創世記逐語注解』(De Genesi ad litteram) 一二巻をひもとくものは、厳密な意味での聖書注解が多くの神学的「諸問題」(quaestiones) によってたえず中断されていることに気づく。これらの諸問題は聖書の本文と関連してはいるが、しかしそれを離れて教えの一項目として独自に討議されている。[71]

たしかにそこにおける諸問題と聖書注解は、少なくとも潜勢的な絆によって結ばれている。しかしこの絆は場合によっては切断されうるものであり、アウグスティヌスはそうした意識のもとに、純理論的な神学書をいくつか書いている。かれはまた、あえて信仰の内容全体についてかなり短く初歩的なものではあるが、体系的な論述を下書きしている。[72]

しかし特殊な問題については深く掘り下げて検討することもある。その例として、『神の国』(De civitate Dei) のさいごの数巻と『三位一体論』の最初の八巻をあげておこう。これらの書は、その次元の大きさ、説明の力強さ、とくに一切の偶発的な論戦と直接かかわりのない純粋に思索的な性格から見て、教父文学における記念碑的な書となっている。[73]

そこで取り扱われているのは教義神学であるが、また倫理神学も展開されている。たしかに、すべての道徳的掟は一読して分かるほど明瞭に聖書のなかに書かれている。しかしその実践となると無限に複雑な問題が生じ、それぞれに関する検討が必要になる。哲学においてはすばやく素通りしていた実際的倫理問題について、魂の牧者となったアウグスティヌスは熱心に取り組まざるをえなかった。こうしてかれは、聖書的知識をもとにしかし厳密な意味での聖書注解とは別の、一連の著作を書くことになったのである。[74]

とくに教義神学の場合、神学的説明の主要な動機がどのようなものであったかは、はっきりしている。[75] 異端が多発し、論争が激化するにつれ、キリスト教徒たちは徐々に聖書の本文を離れて思考し、いくつかの問題を独自に取り上げ、それとして解決せざるをえなくなった。たとえば『三位一体論』は、アリウス主義をめぐる激烈な教義論争のあとはじめて書かれたものである。

しかし、異端はたえず再燃する。実際アウグスティヌスの活動の大半は、正統信仰に敵対するマニ教、ドナトゥス派、ペラギウス説などとの論争に費やされたのであった。またかれの神学的著作の大部分は論争書で、攻撃、反撃、反駁、論争にあてられ[76]、静かな瞑想のなかで書かれた『三位一体論』のような書は例外である。

さいごに、厳密な意味での神学のほかに護教論がある[77]。そこでかれは、科学、文化、歴史に関する教養を駆使して、異教徒あるいは信仰に不安を抱くキリスト教徒に対し教義を擁護している。

このように、かれの著作はかなり広範な内容にわたっている。しかしこれらの活動のどれも、固有の対象と方法をもつまったく異なるものとして受け取ることはできない。それらはすべて聖書注解に緊密に依存し、またこれによって養われ、たえずそこに戻ってくる。どの著作においても、その説明はすぐに聖書の本文の注釈に取って代わられ、すべての問題において、かれが根本的な証拠としてあげるのは聖書の引用である。

神学、論争、護教、それらすべては聖書注解あるいは聖書擁護の一作業にすぎない。聖書注解は、たしかに本質的要素であり中心である。だからこそアウグスティヌスは、付帯的な内容は無視して、その大部分を聖書注解にあてた著作にきわめて総括的な『キリスト教の教え』という標題をつけたのであり、それは矛盾していない。

Ⅳ　聖職者、俗人双方のための教養

このような内容をもつ教養は、おそらく単なるキリスト教的教養ではなく、むしろ「聖職者的」教養であったと思われるかもしれない。たしかに、この教養がアウグスティヌスの聖職者としての立場からどれほどの影響を受けたかを指摘するのは、私が最初である。この教養には、この偉大な司教の使徒的精神、護教的関心、徹底した有用主義が認められると、私は理解する。しかしだからと言って、この教養が聖職者だけのものであったと考えるのは誤解というものであろう。

アウグスティヌスにとって教養は聖書注解を中心に機能するものであり、かれがキリスト教徒の知識人に認める唯一の教養であった。私が言いたいのは、例外はあるにせよ、これが平均的なキリスト教徒の知識人の教養であり、アウグスティヌスはこれによって、哲学的教養つまり「知恵の探究」をめざすことのできる最高の魂たちがいかに例外的であるかを指摘しているということである[78]。

アウグスティヌスにとって、それ以外の正当な教養はない。しかし誤解してはならない。かれは、都市の仕事に従事する人々がその仕事に必要な知識を修得することについて、その正当性を否定しているわけではない。テルトゥリアヌスがモンタヌス主義を掲げ、キリスト教徒に対し地上の都市への協力を拒否させた時代は過去のものになったのである。

アウグスティヌスは、社会が正式にキリスト教化されたテオドシウス帝の世代に生き、思考している。かれは未来の高官、医者、役人などに対し、それぞれの職務に必要な専門教育を禁じることなどまったく考えていない[79]。

しかしこれはアウグスティヌスが考える教養の射程外のことであり、かれはそれを取り扱う余裕はない。こうした学習は、厳密な意味での教養を構成するものではない。もしそうした学習が発展していったならば、アウグスティヌスは容赦なくそれを断罪したことであろう。

この点に関するかれの考えは明白である。聖書には、俗人であれ聖職者であれ、すべてのキリスト教徒が知らなければならないすべての要素が含まれている。聖書は、異教的教養に含まれるもののうち邪悪なものは断罪し、有用なものは取り上げている。聖書はさらに、他所に見出すことのできないその他多くのことを含んでいる。[80] したがって、その他の学習対象は聖書をよりよく理解するための手段として役立つものでないかぎり、キリスト教徒は学んではならない。

だとするならば、『キリスト教の教え』は単に『聖職者の教育』（De institutione clericorum）〔ラバヌス・マウルスの著作〕のような提要ではない。そこには、聖職者だけに留保された内容は何もない。アウグスティヌス自身、ヒッポの聖職者になる以前にすでにこうした教養の必要性を実感していたというのが何よりの証拠である。実際、かれはまだ観想生活に魅せられ哲学的教養に専念する俗人でありながら、すでに自分の信仰に関する知識を深める必要を感じ、そのために不可欠と考えていた聖書学習に取り掛かろうとしていた。かれが不意に司祭に叙階されたのは、まさにこの時であった。[81]

他方、かれはすでに使徒職への使命感をもっていた。かれは熱心な観想者であったとはいえ、俗人信徒は教会に加わり、教会になんの返礼をすることもなく所属するだけで満足してはならないことを知っていた。

はっきり言うならば、自分の知性と文才を信仰のために役立てようというかれの情熱のなかには、やや自分を不可欠なものと思い込み自分が提供しうる奉仕を決して過小評価しない、いつの時代の知識人にもつきものの自己充足の自惚れがいくらか紛れ込んでいたということもありうる。[82]

かれの激烈な魂は、この使徒職への召命をつねに意識していた。アウグスティヌスは、かつてマニ教のために情熱を浪費したことを苦々しく思い返し、[83]この過去の悪を償おうと燃えていた。

こうして、タガステ時代（三八七—三九一年）のアウグスティヌスは論争や護教に関する書を多数、著している。それが『カトリック教会の道徳とマニ教徒の道徳』（De moribus ecclesiae catholicae et Manichaeorum）、『マニ教徒駁論と創世記注解』（De Genesi contra Manichaeos）であり、さらに『自由意志論』（De libero arbitrio）の一部であり、自分に続いてマニ教の誤謬に迷い込ませたロマニアヌスに献呈した『真の宗教』（De vera religione）である。[84]

これらの著作の調子には、当時のアウグスティヌスを活気づけていた精神に疑念を抱かせるものはなにもない。『マニ教徒駁論と創世記注解』は見事な宣言で始まっているが、そこにはすでに素朴な人々の救いに深い関心をもち、すべての人に働きかけようとする著者の態度がはっきりと表明されている。[85]また、『カトリック教会の道徳とマニ教徒の道徳』では、隣人愛の掟には兄弟たちに真理を教える義務が含まれることが明言されている。愛は病人の苦痛を和らげ、貧者を助け、一語で言うなら、隣人の体を救うことを求めているとするならばなおのこと、かれらの魂の健康にいかほどの配慮を払い、神ご自身が聖書をとおして人間の手のとどく所におかれた救いの真理をかれらに提供すべきではなかろうか。[86]

さいごに、聖職者だけに保留された宗教的教養と俗人に認められる世俗的教養との区別はきわめて現代的な考え方であり、教父時代の人々のあずかり知らぬことであったように思われる。

また聖職者は世俗的教養とは無縁でなければならず、その品位にふさわしいのは聖なる学問だけであるという考え方が広まっていたように思われるかもしれないが[87]、しかしあるのはキリスト教的理想だけで、今日と同じく四世紀においても、民衆は、司祭が自分で教える理想を自ら実践するよう求めた。しかしそれはけっして聖学は聖職者だけに保留され、伝統的教養は俗人に許されているという意味ではない[88]。

私としては、俗人が現世的な独自の価値秩序を独占しようと考えていたとはけっして思わない。むしろ逆にかれらの教養には宗教的要素が広く受け入れられている。それはたしかにデカダンスのひとつの結果でもあり、世俗的教養にはデカダンスに対抗しうるだけの十分な活力、人間的現実性がもはやなかったということである。

さらに、まだ俗人であったころのアウグスティヌスが『マニ教徒駁論と創世記注解』のような大著を書いたことに驚くものはだれもいなかった。かれ以前にも多くの俗人が聖書注解、論争、神学に取り組んでいる。護教派の教父たちに遡るまでもなく、ラクタンティウス、フィルミクス・マテルヌスあるいはヴィクトリヌスといったものがいた[89]。またアウグスティヌスに近いところでは、宗教的諸問題に深い関心をもった代表的な教養人としてドナトゥス派のティコニウスがいる[90]。

アウグスティヌスが交流をもった社会だけに話を絞るとして、かれの文通、また著作に添えた献呈文を見るだけで十分である。どれだけ多くの俗人（ここでは、「特別に修道誓願を立てることもなく世俗に生きるキリスト教徒」という現代的な意味にとる）、それも高い教養をもつ社会階層の俗人たちが、神学、聖書注解に関するごく専門的な諸問題についてアウグスティヌスに説明を求めていたことか。たとえば近衛長官ダルダヌスは、「あなたは今日、私と一緒に楽園にいる」（「ルカによる福音書」二三、四三）ということばについて[91]、あるいは、「胎内にいる」（in matris utero）（「ルカによる福音書」一、四一―四四）洗礼者ヨハネに対する神秘的な賛辞について質問している。護民官で書記であったドゥルキティウスは、八つの神学的な問題をかれに持ち掛け、その答えは一巻の書となっているほどである[92]。かれの兄弟で、「長官」（primicerius）であったラウレンティウスのたっての願いに応じて、アウグスティヌスは『エンキリディオン』（Enchiridion）を著したのであった[93]。

その他、一官吏であったヴォルシアヌス、また護民官であったマルケリヌスの場合もよく知られている。後者は、新約時代における旧約聖書の価値について、またエジプトの災害、自由意志について質問し[94]、アウグスティヌスは『神の国』のほかに[95]、ペラギウス派駁論のために著した多くの書、『罪の報いと赦し』（De peccatorum meritis）、『霊と文字』（De spiritu et littera）をかれに献呈している[96]。

ヴォルシアヌスの書簡は、キリスト教文人たちのサークルの様子をわれわれに見せてくれる。かれらは、教科書に出てくるような、修辞学、文法に関する問題について討論し[97]、つぎに哲学の問題に移り、やがて托身とそれに伴う純粋に神学的な問題について討論している[98]。

ペラギウス論争が持ち上がったとき、少なくとも聖職者、修道者と同じくらいの俗人がこの問題に熱中し、マリウス・メルカトール[99]、アクイタニアのプロスペル[100]、ヒラリウス[101]、あるいはラヴェンナの宮廷の重要な人物でアウグスティヌスから『結婚と情欲』（De nuptiis et concupiscentiis）を贈られた伯ヴァレリウスといった人物がアウグスティヌスと論争している[102]。

第三章　キリスト教的知識人の形成

I　古代教養とキリスト教的予備教養

アウグスティヌスから見たキリスト教的教養は、厳密に宗教的な所与から必然的に導き出される。キリスト教は信仰、信条、教義、つまり神とその本質、人間とその本性、救霊、世界と創造、その未来などに関するいくつかの根本的な概念を前提とし、それを信徒に伝え、提示し、ある程度の説明を加えていく。一方キリスト教の教義は、もっぱら神の霊感のもとに書かれた聖書に啓示されている。誕生期のイスラムがみごとに言い当てているように、コーランから見たキリスト教徒（またユダヤ教徒も）は、偶像崇拝の蛮族とは違ってまさに「書物の人々」（ahl el Kitâb）である[1]。こうしてキリスト教は本質的にある程度の知的要素を含み[2]、いくらかの教養を必要とする。

しかしこうした教養が必要であったとはいえ、それだけで特定の時期、知的社会に生きる人々のキリスト教的教養がどのようなものであったか、十分に描き出すことはできない。それはきわめて大まかな領域を漠然と示すだけである。その場合のキリスト教的教養は読み書きの力を身につけ、信経の条項を知り、その明白な意味を理解するという最小限の範囲にとどまるもの、あるいは反対に、委細にわたる注釈のおかげで思想、学問、芸術のすべての分野における人間精神のもっとも広範な成果を得るものもありうる。

歴代の教養を見ても、それぞれ幅がある。フランスに限っていうと、メロビング期聖職者の「キリスト教的教養」[3]と、一三世紀のロージャー・ベーコン、ボナヴェントゥラ、トマスのころパリ大学で教育された学生のそれとを比較してもらえばわかる。[4]

実は、キリスト教的教養の実際の内容は、文明社会における知的発展の度合いにかかっている。不寛容な勢力が追放しようとする世俗的価値が、再びこの教養に導入されることがあるのはそのためである。アウグスティヌスは、その証拠を見せてくれる。かれがキリスト教的教養をどのように考えていたかその概念を究明していくと、かれが自分の思想を形成した古代教養を排除しようとしながらもその影響をとどめていることが分かる。こうした影響はまず、かれがキリスト教的知識人には一定の予備教養が不可欠であると考えていたことに現われている。つまりかれは古代の伝統による文人たちの豊かで複雑な教育を知っていたからこそ、こうした考え方をしたのである。

こうしてかれは『キリスト教の教え』という専門書を書くことになったのである。この書は技術的な提要として書かれたもので[5]、その主要な部分（内容の約五分の四）は、予備学習の内容とその方法の説明にあてられている。

こうしたかれの態度は正当かつ当然のことのように思われる。しかし、それは必要不可欠なものではないことを知っておくべきである。実は、こうした教養はキリスト教徒には無用であると主張する反対者もあり、アウグスティヌスはかれらに反論し、この著作の正当性を立証するために、論戦的な調子をもつ序の大半をこれに当てている。

その要旨をあげると、つぎのとおりである。「あなたたちは聖書の理解を助けてくれるのは霊感であり、それだけで足りると考えている。しかしあなたたちにも一定の準備が必要であったことは認めるべきである。少なくとも、あなたたちは読み方を学んだではないか。耳から聞いただけで（a orecchio）聖書を暗記した聖アントニウスの奇跡や、あるいはそれ以上に不思議な（かなり疑わしい）ことであるが、蛮族の奴隷に主ご自身が聖書の内容を明かしたという出来事を原則と見なしてはならない。たとえそうした例外があったにせよ、聖書の内容は人間のことばという既得の手段を介して表明されたのであり、聖書の学習には必然的にことばの技術的な学習が含まれる[6]」。

こうしてアウグスティヌスは、本質的に可変的かつ相対的な要素を受容したのであり、これは決定的なことである。つまり準備の有用性を認めた以上、それがどのようなものかをはっきりさせるべきであり、また学習者はそれぞれ自分の知的能力と知的活動の方法に対する考え方にしたがって結論を出さなければならないことは明らかである。

II　教父たちと古代教養

この点でも、アウグスティヌスが古典教養の影響を受けていることがわかる。かれが古代の伝統から取り入れているのは、予備教養という考え方だけでなくその内容もそうである。

これはもはや単なる無意識的な借用ではない。これはキリスト教思想がずっと以前から取り上げ議論してきた問題でもあり、アウグスティヌスもこの問題を意識して取り扱っている。

実際、この問題はごく早くから明白な形で取り上げられていた。キリスト教はギリシア・ローマ文明のなかで発展してきたが、しかしこの文明にはキリスト教と根本的に対立する要素があることに気付いていく。そこでこの文明は、それ全体としては断罪せざるをえないことは明白であるとしても、しかしその個々の要素全部を排除すべきであろうか。とくに教養という視点から見た場合、学校教育、文学、科学、哲学における方法を放棄し、またその書籍に含まれるもの、教師たちが教えるすべてのことを排除し、聖書だけを手にしてゼロから始めるべきであろうか。むしろ有用な要素をいくらか借用してもよいのではなかろうか。

周知のように、これはわれわれが先に取り上げた問題とは別の問題である[7]。キリスト教と全体として見た場合の古代文化とが共存不可能であることの確認と、その不可能は認めつつもキリスト教徒の知識人が古代文化のなかから有用な要素を見出し、自分の教養に摂取しうるということは別のことである。

この問題は、理論的には区別できてもその結びつきは深く、歴史においては一般に混在し一体化している。この問題を区別しなかったため、多くの非妥協的なあるいは小心なキリスト教指導者は、古代文人の生活態度は危険であり不敬虔であるとして教徒たちにこれを禁じ、同時に知的教育全部を放棄させようとした[8]。

こうした混同を咎めることはできない。古代文明の精神に染まることなしに古代の伝統から技術的要素だけを取り入れることは、実際的にはきわめて困難であったからである[9]。アウグスティヌスが、巧みにふたつの分野を区別し、また最高の厳格さと最大の包容力とを併せ持つことができたのは、かれの才能がきわめて好都合な状況におかれ、それを利用することになったからである。この問題については多くの激論が戦わされたあと[10]、徐々に、もっとも権威あるものの賛同によって解決されていった。たしかに、全員一致というわけにはいかなかった[11]。その後も厳格主義者は残存し、アウグスティヌスがかれらと戦ったことは先述したとおりである。しかし卓越した多くの知識人は、古代教養は全体として退廃していてもなお優れた要素を豊富に保持していること、また信仰に忠実な魂は賢明さと明晰な宗教的感覚とをもって武装するかぎり良い麦と毒麦をよりわけることができることを一致して教えた。

これは、理に適った必然的な解決策であった。実際、この問題の射程を正しくはかることのできるキリスト教思想家たちはみな、宗教生活と相容れない要素は排除し、なんらかの仕方で信仰の理解に役立ちうる要素は選り出して保持し利用するという原理において一致していた。

これは、二世紀後半以降クレメンス、オリゲネスが教えていたアレクサンドリアのキリスト教学校が公然と提示していた解決策であった。テルトゥリアヌスは原則的には非妥協的な態度をとったが、しかしそれを貫徹するには悧巧過ぎた。時代が下るにつれて、より多数の権威ある人々がこの解決策を勧告するようになる。アウグスティヌスと同時代の多くの教養人やかれ直前の年長者たちのうち、東方ではナジアンズのグレゴリオス、バシリウス、ヨハンネス・クリュソストモスはこうした理論を唱え実践したが、エピファニウスはこれに強く反対した。西方には厳格主義者たちもいたが、アンブロシウスの実践やヒエロニムスの明白な教えに異を唱えうるほどのものはいなかった。

こうした解決策は、キリスト教的知識人の間に広まっていったが、それは単に時間の経過によるものではない。後代の幾多の世代が努力を重ねつつ、その実践と具体化に大いに貢献している。混乱や失策、修正、後悔もなかったわけではないが、人々は徐々に古代教養の内容を分析し、そこに含まれる諸要素を選り分け、異教的要素を純化し再利用することを学んだのであった。こうした判断はやや楽観的すぎるかもしれない。古代文化全体はやはり手に負えず、キリスト教徒が利用したのは予備教養、古典教育であった。[12]

アウグスティヌスが『キリスト教の教え』においてしたことは、こうした長期にわたる努力の成果を収穫し、集約することであった。そしてかれなりに、世俗的教養に含まれる学識、教育方法が聖書学習に取り組むキリスト教的知識人に効果的な援助をもたらしうることを示そうとしたのであった[13]。

かれはその教えを立証するために、オリゲネスからヒエロニムスに至るまで、伝統的にこの考えを示唆するものとして理解されてきた聖書の章句を取り上げている。それによると、エジプトとその偶像から逃げ出したイスラエルは、神の明確な命令のもとに金銀の器、装飾品、衣服を異教徒の隣人たちから集めて持ち出したが[14]、それと同じく、異教徒の社会から逃げ出すキリスト教徒は、かれらがしたように教養を不信仰な用途にあてるのではなく、かれらが悪用していたすべての技術、学問、貴重な知識を奪い取り、それを唯一の善い用途つまり福音の説教に役立てるべきである。

モーセ自身がその模範を示してくれている。聖書によると、かれは「エジプト人のすべての学問を身につけていた[15]」。ここでアウグスティヌスは、自分一個人としてだけでなく教会全体の伝統を代表して語ろうという明確な意識をもっている。

> 「ところでわれわれの多くの高貴で、信仰に忠実な人々がやったことも、これ以上の何であろうか。雄弁な学者で至福な殉教者であるキプリアヌスが、いかに多くの金・銀や衣装を背負ってエジプトから逃れたかを見ないであろうか。ラクタンティウス、ヴィクトリヌス、オプタトゥス〔ミレヴィスの〕、ヒラリウス〔ポワティエの〕は、どれほど背負って逃げたことか。存命中の方々についてはふれないことにしよう。またギリシア人の間でも多くのものが……[16]」。

Ⅲ　アウグスティヌス的教養の独創性と欠陥

しかしかれは、単に先賢のことばを繰り返すだけではない。世俗的伝統の内容をキリスト教的教養に適用するという問題は、アウグスティヌスにおいて一歩、前進している。この解決策は一般原理として確立されただけでなく、その具体的な実践においてかつてなかったほどの進展を示している。

要するに、オリゲネスからバシリウス、テルトゥリアヌスからヒエロニムスといったアウグスティヌス以前のすべての先賢は、異教的学校の伝統において培われてきた予備学習と、それによって形成されたキリスト教知識人の活動との結びつきを強調した。しかしそれは単に前者が後者の構造に重大な影響を及ぼすというようなものではない。もともとそこには、前もってキリスト教的教養を指向し準備するはずのキリスト教の息吹を受けた教授、学習課程をもつキリスト教的教育が想定されているわけではない[17]。プラトン、イソクラテス以来、古代の知者たちが育ててきた学校教養を前にして、最初のキリスト教博士たちは自分たちの宗教の需要に合わせてこの伝統に手を加え、修正し、その方向転換をはかろうとはしていない。かれらは、この尊重するに値する強力な組織をまえに自分たちの無力さを感じ、キリスト教徒が取りうる可能な解決策を見出そうとしただけであった。それは、世俗の学校の正規の教育を受けつつも信心と超自然的生命を保つことによって免疫性を身につけること、一旦、教育を終了し教養人になったあとは、修得したあらゆる知識のなかから聖書の理解と完徳への進歩に寄与しうるものを選り分け、保持し、利用するということであった。

たとえば、『ギリシアの学問の利用について、若者たちに与える』（Aux jeunes gens sur la manière de tirer profit des lettres helléniques）というバシリウスの有名な小著を読み返してみよう。かれがそこで取り上げる問題の「範囲、重要性が」[18]、「期待されるほどの広さと正確さをもって」[19]取り扱われていないことにしばしば驚かされる。それはおそらくわれわれが、著者が言おうとしたこと、述べたこと以外のものを求めているからであろう。

厳密に言って、バシリウスはキリスト教的教養を取り扱おうとしているのではない。かれは、若者が通常の古典中心の学習課程を学ぶのは当然であると考えている[20]。キリスト教は、まだ独自の教育課程を編み出していない[21]。バシリウスのなかでは、ふたつの秩序はまだ分離されたままである。かれが眼中においているのは典型的なキリスト教的教育ではなく、むしろ伝統的教育のキリスト教的用法だけである。

これが、古代教会全体に共通する態度であった。そこには、これまでおそらく十分に注目されてこなかった特異な欠陥が見られる[22]。それは、キリスト教の息のかかった、信徒の子どもたちのための教育制度つまりキリスト教的学校の欠如である。

キリスト教徒の教師たちは、かなり早くから多数、存在した[23]。しかし、かれらは伝統的な型の文法教師、修辞学教師で、新規の教育を創り出そうとはしていない。その例外が、ただ一例だけ歴史に残っている。それは、ソクラテスとソゾメノスが伝えるラオディケアのアポリナリス家のふたりの例である。このふたりは、背教者ユリアヌスがキリスト教徒に対しヘレニズム文学の教授を禁じた勅令に対応して[24]、急遽、「キリスト教的」文法の提要を書き、また聖書をもとにその説明書を書いた。こうしてかれらは、モーセの五書を叙事詩体の六脚詩に、旧約聖書を悲劇の詩文に、福音書と使徒言行録をプラトン風の対話の形に書き改めたのであった[25]。

この試みはお門違いの、それも一時的な必要から取られた例外的な対応で、永続しなかった。というのも、純粋にキリスト教的な教育の必要性などだれも実際に感じていなかったからである。それはむしろ、ユリアヌスの勅令を屈辱的な迫害の手段として受け留めた人々が取った激越な反動、見解を示すものであった[26]。キリスト教徒に古典教養を拒否することは、かれらを蛮風に追い返すことであったからである。

ラテン人たちは長いこと、それ以外の考え方はもたなかった。これまでしばしば注目されたのは、一見、矛盾するように見えるテルトゥリアヌスの態度である。かれは当時の学校教育をきびしく断罪し、キリスト教徒が教師職に就くことを禁じながら、他方キリスト教徒の子弟には古代の学校に通うことを許した[27]。かれはキリスト教徒が無教養であることを望まず、必要悪としてこれを許容したのである。

この態度は明らかに間違いで、そうでなくとも実行困難なことであった。当時のキリスト教徒はまだ異教支配の帝国の組織に包み込まれた小集団にすぎず、テルトゥリアヌスの主張も無理からぬことであった。しかし驚いたことに、キリスト教が国家宗教となりキリスト教精神がすべての制度に浸透しこれを動かすようになっても、キリスト教徒はこうした態度を取り続けている。たとえばヒエロニムスによると、世俗の教養は不安な要素を内包し、少なくとも全体としては不可避的な悪ではあるが、「子どもたちには必要である」(in pueris necessitatis est)[28]。

この問題は、アウグスティヌスの『キリスト教の教え』によって決定的な一歩を踏み出す。この書においてはじめて、精神の完全な形成をもたらしキリスト教が知的生活に求める宗教的目的だけをめざす高等教育の課程が提示されたのである。それまでのキリスト教的知識人は、古代文明の強固な組織にいわば接ぎ木されることによってこの文明の生命にあずかっていたが、以後かれらはこの親木から離れ独自の組織を構成していく。

『キリスト教の教え』第二巻は、この問題を全面的に取り扱う。そこで問題になるのは、キリスト教徒は自由教育を受ける受けないに関わらず、そこからなにを保持しあるいは放棄すべきかを知ることではない。アウグスティヌスは古代教養のすべての面を数え上げ、分類し、キリスト教的視点からこれを判断し、こうした予備作業をもとに、信仰の宝を掘り出す聖書学習に役立つものだけを含む教育計画を明らかにしようとしている。[29] ここには、真の知識人で熱心なキリスト教徒の理想像が描かれている。その教養は、異教徒の学校から諸要素を取り入れながら、しかし異なる次元にもとづいて組織されている。こうしてアウグスティヌスは古代の伝統と手を切って未来を指向し、中世教養となるものの基礎を築いたのである。[30]

しかし、アウグスティヌスの教えにおける限界も指摘しておかねばならない。まず、かれは宗教高等教育だけを取り上げ、初歩教育の問題はまったく埒外においている。現代風に言うならば、かれの教育計画には「中等教育」、「高等教育」の領域だけが含まれ、「初等」教育は取り扱われていない。当時のかれは、ヒエロニムスがしたように子どもの教育に取り組み、[31] キリスト教的発想による初歩教育計画を立てる状況にはない。[32] 当時、かれの周囲にはいぜんとしてキリスト教的学校は存在せず、[33] またそれを開設する必要もさほど感じていなかったようで、この欠陥を埋めるために何もしていない。

実は、先に指摘したように、古代生活がいくらかでも残存している間、伝統的な学校はずっと存続した。[34] 後になって、キリスト教的学校として誕生したのは、ひとつは修道院学校であり、もうひとつはそれより遅れて組織された司祭学校あるいは司教学校である。[35] 前者は、ベネディクト会則のもとに修道生活をめざして「子どもたち」（**pueri**）の教育にあたり、後者は、世俗の学校の消滅により在俗の聖職者による聖職遂行に必要な最低限の教養が修得困難になったため、それを補うために設置されたのであった。

つぎに指摘しておきたい点は、アウグスティヌスは教養のための制度をまったく無視していることである。かれは、教育計画、学習内容は提示する。しかしこの理想を実践に移し組織化しようとはしていない。実際、かれ以前の西方には高等宗教教育のための正規の組織は見当たらない。東方は、西方と同様、キリスト教的学校（初等、中等）を知らなかったが、しかし少なくとも恵まれた若干の社会では、聖なる学問を専攻する「高等」教育施設に似たものをもっていた。クレメンスやオリゲネスで有名なアレクサンドリアの学校（διδασκαλεῖον τῶν ἱερῶν λόγων）を思い出してもらいたい。こうした知的活動は、それ以後にも見られた(36)。四世紀から六世紀には、興味深い「ペルシア人の学校」もあった。この学校はエフレムのころエデッサで開設され、サザン朝ペルシア帝国のキリスト教会と地中海地方のキリスト教会との交流に長いこと貢献し、のちニシビスに移され、そこで長期にわたって栄えた(37)。

アウグスティヌスがキリスト教的学校の欠如を憂いながら、その対策をなにも取らなかったわけははっきりとしない。『キリスト教の教え』から一世紀以上経っても、アフリカにおける状況はそのままであった。五五一年、ハドゥルメトゥンのプリマシウスはアレクサンドリアとニシビスの学校の存在を聞き、「われわれのもとにおける世俗の学校で文法、修辞学が規則的に秩序正しく教えられているように、かの地の学校では神の掟が公の教師たちによって教えられている(38)」ことに驚いているからである。

五三四年ごろ、のちの教皇アガペトゥスとカッシオドルスがローマに高等宗教教育の中心を創設しようと計画し、その手本として考えていたのはアレクサンドリアとニシビスにある東方のふたつの中心であった。イタリアの政情の激変により、立ち上げたばかりのこの計画は実現されなかった(39)。ただ、カッシオドルスがカラブリア地方のヴィヴァリウム修道院に設置した有名な図書館と、かれの著作『聖・俗学教範』（De institutione sacrarum et saecularium litterarum）はその名残りであり、この夢の一端を実現したものであった。しかし、それも束の間のことであった。ヴィヴァリウム修道院は間もなく衰退していったようである。キリスト教的高等宗教教育を規則的に与える制度が確立されるのは、それ以後のことである。それは、七世紀のアイルランド、八世紀のイギリスにおけるような、「カロリング・ルネサンス」を生み出す最初の知的運動のなかに探さなければならない[40]。

Ⅳ　キリスト教的予備教養の内容

『キリスト教の教え』に話を戻そう。アウグスティヌスが触れていないことを詮索するのは諦めて、むしろ提示している予備教育の内容を見ることにしよう。それは聖書に含まれる真理を深く理解し、理解した真理を説明し教えることである[41]。それは要するに、ある書を理解することと、それを説明して人々を納得させ激励することの二点で、これはまさに古典による文学的教養が幾世紀にもわたって発展させてきたふたつの大枠である。

しかし世俗の教養と、アウグスティヌスがわれわれに与えようとする新しい教養との間に深い溝があることはたしかである。キリスト教徒の雄弁家（説教者）は、自分の成功や聴衆の気晴らしをめざすのではない。かれは、神のことばの伝達者であり、救いの真理の役務者である。アウグスティヌスは、「聖書の注解者にして教師」（divinarum scripturarum tractaor et doctor）に負わされる役割を全面的に説明しようとして、つぎのように言う。「かれは善いことを教え、悪いことを捨てさせなければならない。また、敵対するものを和解させ、弱いものを立ち上がらせ、無知なものに教えなければならない。必要ならば、まず聴く人の好意、注意、従順を取り付けることからはじめ、そのあと『必要に応じて』（sicut postulat causa）、主題を取り扱い、取り扱うことを明確に説明し、疑わしいものを立証し、ためらう人々を動かすために感動させねばならない[42]」。

しかしこれは、八世紀前から学校教育において理念として掲げられ伝えられてきた教育内容ではなかろうか。雄弁術の内容は変わっても、その方法はおおよそそのままであった。

たしかに、以後、教養においてよりどころとされる書籍は、もはや文学的、人文主義的なものではない。それは、神ご自身がわれわれに語りかける最高の書、聖書であり、人生の目的を達成するために知らなければならない一切のものを含む生命の書である。しかしこうした見方は、書のなかでもとくに評価の高い書だけに頼ろうとする古代教養全体に見られたものではなかろうか。ギリシア人にとってホメロスが、ラテン人にとってヴェルギリウスがどのようなものであったか、考えてもらいたい。キリスト教徒にとって聖書は、異教徒がホメロスやヴェルギリウスに期待した以上に「すべてを含む書」を求める古くからの人間の願望を満たす書である。キリスト教徒の知識人に突きつけられたこの重複する問題は、文法教師や修辞学教師が幾世紀にもわたってその解決に取り組んだ課題であった。

したがってアウグスティヌスが提示する学習計画は、当時の文人たちが文法教師や修辞学教師のもとで学んだ予備教育を聖書という特殊な対象に適用しただけのものにすぎない。

われわれは、アウグスティヌスが取り入れた区分に従ってまず聖書注解に必要な学習について検討し、つぎに聖書を教える説教者の形成については後述することにしよう(43)。

まず、文法がある。神は、人間のことばで書かれた書を介して啓示を与えようとされた以上、まず、この書が翻訳されたことばのひとつを話すことを学ばなければならない。それは、五世紀初頭のアフリカにいるアウグスティヌスから見た場合、ラテン語ということになる(44)。もちろん例外は別にして、聖書の読書は「朗読者」(lector)に頼らず自力でなすべきで、そのためには読み書きを修得していなければならない(45)。

文法教師による伝統的教授の内容には、読み書き以外の多くのことがある。そこには、言い回し、詞姿、成句といったものがあり、それを無視することは聖書注解者にとり大きな危険を犯すことになる。そこにあるのは人間のことばの法則にもとづく専門知識で、聖書記者たちもこれを用いている[46]。

ラテン文法に加えて、外国語の学習が必要である。ラテン語の聖書は翻訳にすぎず、多くの難問を解決するためには七十人訳、その他『ヘクサプラ』のようなギリシア語訳聖書や新約聖書のギリシア語の知識が求められる。しかしギリシア語の知識だけではまだ不十分で、ヘブライ語の知識も必要である。それは、旧約聖書の本文を確認するため、また翻訳者が翻訳するのを諦めたラカ、ホザンナ、アレルヤといった不思議なことばや、アダム、エバ、アブラハム、モーセといった固有名詞を理解するためにも必要である。これらの語には比喩的意味が含まれ、それを知ることは聖書注解にはきわめて重要である[47]。

また文法そのものに加えて、種々の分野の知識も学ぶ。まず歴史がある。これについては後述するので、ここでは、アウグスティヌスによる歴史の重視と視点について一言、述べるだけにしておこう。歴史は、本質的には、「過ぎ去った時の秩序」（ordo temporum transactorum）であり、それを伝えるものとしてオリンピア記、執政官年代記など、種々の算定法による比較年代記がある。そこには、人類の宗教史の重要な日付が書き込まれ、それは護教論争において確実な論拠を提供する[48]。

つぎに、地理と博物学がある。これによってわれわれは聖書に出てくる場所を知り、動物、草木、鉱物などの特徴を知る[49]。博物学は、世界の構成に関する古代の「自然学」（φυσική）、天文学を指す[50]。しかしアウグスティヌスは、天文学をあえて強調しようとはしない。聖書がそれをとりあげることは稀であり、またそれは占星術師の危険な迷信に深く関連しており、浄化する必要があると考えていたからである[51]。

また機械術（arts mécaniques）についても、まったく無知であってはならない。聖書には、機械術の知識だけが説明しうるような事物あるいは行動をもとにした喩え、比喩が用いられているからである[52]。

つぎにアウグスティヌスは、時間、空間とは無関係な分野の知識に移り、参考までに修辞学を取り上げる。実を言うと、これは厳密な意味での聖書学習には直接的にはほとんど無用である。修辞学は、発見というより表現の問題を取り扱うからである。[53] アウグスティヌスはむしろ、とくに理論面から見た弁証論（disputationis disciplina）を強調する。それは、推論の形式に関する法則を取り扱う学問であり、論理学である。それは、聖書注解におけるすべての疑問を厳密に吟味し、思想の推移における一貫性を保証し、聖書注解者がひどい間違いを犯すのを防ぐ。[54]

つぎにかれは、数学的諸学科（numeri disciplina）の学習を勧める。それは、伝統的な区分に従って算術、幾何学、音楽（musica）、（天体に関する）力学（つまり数学的天文学）に分かれている。[55] とくに注目に値いするのは、伝統的にある数に認められている質的特徴を取り扱う算術つまり数意学（arithmologie）である。この知識は、聖書記者が比喩的意味を込めて多用する数を解釈するためにきわめて有用である。[56] 学習内容のさいごに、哲学がある。こうして見ると、キリスト教徒は古典時代の思想家が発展させた思想で真の信仰に合致するものはすべて修得すべきである。[57]

以上が、聖書学習から最大限の成果を引き出そうとするキリスト教的知識人に対し、アウグスティヌスが求める予備教養の内容である。[58] この教育課程は、これまでしばしば指摘されてきたように、歴史的に見て注目すべき重要性をもっている。[59]『キリスト教の教え』におけるこれらの規定に守られ、またアウグスティヌスという偉大な権威の庇護のもとに、キリスト教的教養の内部から、厳密に人文主義的な価値と科学的探究に対する意欲、あらゆる秩序にわたる知的好奇心、一言で言うならわれわれの近代的教養が中世において誕生していくのである。

しかしこのアウグスティヌスの教えにはこれほどの異例の豊かさがあるだけに、当初、その教えはどのようなものであったのか、かれはどれほどの確実な価値と直接的射程を考えていたのか、はっきりと見極めることが肝要である。

V　キリスト教的予備教養と学校教育

とくに印象深いのは、それが古代の学校教育の伝統に依存していることである。そこには、「知的浸透」（l'osmose intellectuelle）とも呼びうる特異な現象を示す最高の一例を見ることができる。個人の教養は、それを取り巻く周囲の技法から無意識のうちに影響を受け、それによって育まれ、それから解放されることはありえないという事実である。

実際われわれは、アウグスティヌスが列挙した世俗的教養の内容に見られる理性的、先験的な側面に騙されてはならない[60]。実際、その内容を一覧したわれわれは、このキリスト教的教養のなかに、「古代末期の教養人たちの教養の基礎を成していた通常の学習課程」を見て取らざるをえない。ここでわれわれが目にするのは、本書の第一部でくわしく検討したものと同じ内容ではなかろうか。ここにあるのは、文法理論の実践、古典の注釈のなかで教えられていた歴史、地理、博物学、自然学といった諸学科であり、さらに自由学芸の他の六つの学科、修辞学、弁証論、数学的諸学科、さいごに全体の仕上げとしての哲学である。

たしかにアウグスティヌスが、この教育内容のある部分に多くの手を加えていることは認めよう。かれは、ギリシア語にヘブライ語を加え、歴史の定義を変え、とくに古典の学習を排除している。しかしこうした修正は教育内容全体の配置、構成を変えるものではなく、全体としては、たしかに古代の文学重視の学校教育のままである。
　それが学校教育の伝統から影響を受けていることは、かれが聖書注解にとってほとんどあるいはまったく用途のないものと決め付けた修辞学、天文学、幾何学、音楽といった諸学科を参考までに取り入れていることに示されている。この影響はまた、アウグスティヌスの教育課程のもつ欠陥をも説明してくれる。聖書注解では音楽以上に用途の多い法学が、この教育課程のなかに含まれていないのはなぜか[61]。そのわけは先述したように、法学はアウグスティヌス時代の文人たちの通常の教養には含まれていなかったからではなかろうか。

　この教育課程に含まれる諸学科のリストを見るだけでなく、その学習を支配するはずの精神、方法に目を向けるとき、古代の学校教育の影響はいっそう深かったことがわかる。アウグスティヌスによると、これらの諸学科のどれも徹底的に学習すべきではない。かれが弟子たちに言うところによると、「これらすべてにおいては、『行過ぎてはならない』という根本原理を守ることである[62]」。そこには、アウグスティヌス的な厳格さと、物知り的好奇心に対する警戒心が認められるが、他方、デカダン期の文法教師の教授における考え方が反映されている。つまりかれもまた、諸学科の体系的学習に時間をかけることなく急いで駆け抜け、古典の注釈に直接、役立つものだけを保持しようとしたのであった[63]。

　アウグスティヌスによる予備教養は、古代文人の教育と同じく、「完結的な」(perfectif) 性質のもので、知性の形成よりもむしろ有用な知識の蒐集にあった。したがって、『キリスト教の教え』[64]における学習内容は、『秩序論』におけるそれとは対立する。たしかに、双方ともほとんど同じ項目をあげているが、しかしそれを生かす精神はひどく異なっている。『秩序論』はヘレニズム哲学の伝統に連なるものであるが、『キリスト教の教え』の教育課程には、当時の文学系の教授における方法が用いられている[65]。

より正確に述べると、アウグスティヌスが直接につながるのは、デカダン期の文法教師の学校つまり四ないし五世紀のラテンの学校である。かれは「行過ぎてはならぬ」（ne quid nimis）と言いつつ、キリスト教徒の知識人が聖書注解に有用な種々の知識をいかに急速に蒐集しうるか、そのことに配慮している。諸学科の学習そのものには関心はなく、「キリスト教徒が多くの点で、わずかなことのために苦労しなくてもすむように」と言うのが、かれのことばである。[66] こうしてかれは、ヘブライ語の学習は簡単にあきらめているようである。かれにとってとくに大事なことは、ラテン語訳聖書のなかに翻訳されないまま残されている固有名詞といくつかの用語の注解である。しかしそのためには、聖書における固有名詞を取り扱う提要が多数存在し、それを使用すれば事足りる。歴史についても同様である。たとえばエウセビオスの『年代記』（Chronicon）は、聖書における歴史と一般史との比較年代誌を提供してくれる。

アウグスティヌスはさらに、これに似たような一連の提要を参照するように勧める。聖書地理辞典、聖書に出てくる動物、草木、石、鉱物の特質を調べるための博物誌一覧、さいごに、神秘的な特質をもつ数だけを取り上げる数意学関係の簡単な提要など。[67] これらの提要は、『キリスト教の教え』における一般教養の水準を示す重要な資料である。アウグスティヌスによる学習内容は、それ自体としてまたその適用範囲から見て、「百科全書的」であるとも言えよう。たしかにそれは、中世文化の開花において普遍的な知識を擁するものとして役立つ時が来るが、しかしそれは既存の伝統を忠実に継承しているということだけで注目されたのであった。中世の百科全書が現代人の呼び名に値するものであると認めたうえで言うとすれば、その実際の起因となっているのはアウグスティヌスではなく、さいごの万学（πολυμαθία）の徒アリストテレスであり、その伝統がほぼ一千年にわたる中断のあと再生することになったのである。[68]

以上が、『キリスト教の教え』においてアウグスティヌスが考えた予備教養である。これは、徹底的な学究とは対立するもので、古代末期の文法学校がおかれていたきわめて低い水準にあった。要するに、文法、修辞学とともに弁証論だけがこうした衰退に持ちこたえ、アウグスティヌスもまたこれをより深く学習せざるをえなかったように思われる。[69] それ以外のものについては、いくつかの事典や提要を取り急ぎ参照するだけで十分であるとされた。

ここでアウグスティヌスが表明しているのは、当時のすべての人に共通して見られた傾向である。キリスト教徒の知識人はだれもが、聖書注解の予備学問は最小限度に絞る必要を感じ、それに合わせてあらゆる分野の提要が多数、著された。アウグスティヌス自身、エウセビオスの『年代記』を参照するように勧めているが、[70] それはヒエロニムスの翻訳によってラテン人の間に広まっていたものである。かれはまた聖書固有名詞の提要をいくつか知っており、たとえばヒエロニムスがフィロンやオリゲネスに倣って著した書を知っていた。[71]

しかしアウグスティヌスが知らない、似たような多くの書がすでに存在していた。[72] たとえば地理については、地図による説明と同時にパレスティナの地名に比喩的解釈を加えたエウセビオスの字引があり、これはヒエロニムスによって翻訳されていた。[73]

ギリシア語では、同じころ、サラミスのエピファニウスが『大きさと重さ』（De mensuris et ponderibus）という興味深い書を著したが、この標題は内容を十分に表明していない。これは聖書注解のための提要で、聖書注解に必要な多くの事柄（すべての事柄と言えるかもしれない）を、順不同に並べたものである。こうした配置には、技量の無さよりむしろ複雑な編纂と思想の混乱をもって人を戸惑わせるようなデカダン期文人たちの好みを見るべきである。そこにはオリゲネス以降ギリシア語聖書の写本に多数、記入されていた言語学的説明やアクセント、句読、韻律の記号、また預言書の本文の特質や、種々の翻訳とヘブライ語本文との関連を示す略号が取り混ぜて含まれている。さらに、ギリシア語による六つの翻訳の起源とオリゲネスの『ヘクサプラ』に関する資料、またプトレマイオス朝とローマ皇帝を列挙する年代記の資料、さらに、聖書に出てくる大きさと重さに関する説明と、アウグスティヌスに見られたように、多くの人々の興味をひく神秘的数意学に関する資料が含まれている[74]。

しかしこうした提要や概説書に対する好みはキリスト教徒の知識人だけがもっていたわけではない。アウグスティヌスの周辺でも、このころ多くの概説書、一覧書が著されている。本書の第Ⅰ部において取り上げたユスティヌスの『要約』（Epitomata）を思い出してもらいたい。当時の文人たちは、ここから歴史に関する物知り的な知識を汲み取っていた。また『ヴァティカン版神話学』（Mythographi Vaticani）のような神話関係の提要や、ヴィビウス・セクェステルの地理一覧のような地理書もあり、これらの書は、エウセビオスやヒエロニムスの著作が聖書注解において果したような役割を古典学習において果たしていた[75]。そして、アウグスティヌスが『キリスト教の教え』を著したころ、あるいはややあとにマルティアヌス・カペラは『メルクリウスと言語学の結婚』（De nuptiis Mercurii et Philologiae）を著したが、それはヴァロ以後、自由学芸全体を取り扱う最初のラテン語の提要であった。

そこには注目すべきひとつの事実がある。つまり種々の提要が多数著されたのは、新たな需要に応えるためであったということである。先述したように、たしかにこうした二流の物知り的教養はローマの文人たちの間ではすでに長い伝統を形成していた。『アッティカの夜』のような「雑録」が多用されたとはいえ、その知識の大部分はまだ広範な読書をしたあとの成果であり、莫大な書籍の要約が行われていたことを意味している。そこには、進行していくデカダンスの影響のもとにこうした方法を取ることがますます困難になり、真の教養をもつ人々が憧れた「学問」を構成する種々の知識を、こうした体系的な集成のなかに求めようという願望が現われている。

こうして見ると、『キリスト教の教え』は、単にキリスト教的教養の基本憲章であるだけではない。それは、学問に限界を定め、知識を要約する提要の役割を強調することによって、デカダンスの歴史について語る興味深い証人でもある。この書はまた、たしかにマルティアヌス・カペラと同時代の著作として、のちカッシオドルスやセビリャのイシドルスが著す書を予告するものであり[76]、消滅しつつある文化の残照を中世に伝える古代教養の遺書でもある。

第四章　アウグスティヌスにおけるキリスト教的予備教養

Ⅰ　歴史と教父に関する知識

これまで、アウグスティヌスがキリスト教的教養の基礎として位置づけた予備知識の内容を検討してきた。つぎは、先に哲学的教養についてしたように、アウグスティヌスがこの予備教養をどのように、またどの程度、キリスト教的教養に役立てたかを見ていくことにしよう。そのため、この予備教養の修得とその活用、この二点に分けて順に検討していくことにしよう。

第一点は、余り時間をとらない。大まかに言って、アウグスティヌスによるキリスト教的教養は世俗の学校教育において伝統的文学教養の基礎とされていた課程を利用しているにすぎない。かれは、若いころ修得したこの世俗的教養を活用するだけで、大体、事足りた。しかし先に確認したように、聖書学習には、文法教師が教授しなかった知識も必要であった。そのためアウグスティヌスは最初の教育に欠けていたものを補充しようと努めたが、成功したのであろうか。以下、言語、文法、歴史の三分野に分けて見ることにしたい。

先述したように、かれは『キリスト教の教え』において聖書の言語に関する学習を勧めている。かれのギリシア語の知識は不十分で、ヘブライ語はまったく知らなかった。またその言語知識を補完するために何もしていないと言わざるをえない。ただ、すでに修得していた知識を最大限に活用したにすぎない。

ヘブライ語については、まったく異論の余地はない。アウグスティヌスはヘブライ語を学習しようとはしなかった[1]。時として聖書注解書のなかでヘブライ語を取り扱うこともあるが、それは他者からの受け売りにすぎない[2]。場合によっては、田舎でまだ話されていたヘブライ語に近いポエニ語から得ることのできた若干の知識を利用することもある[3]。

ギリシア語についていうと、先述したように[4]、聖職叙階後のアウグスティヌスがギリシア語の学習を再開し、学校で学んだわずかな知識を補完する時間と意志をもっていたという確証を見出すことはできなかった。ありそうなことは、学校教育において修得した知識をもとに、ギリシア語の文章を流暢に読解できないにしても、少なくとも必要に応じてラテン語訳をギリシア語原文と比較することによってその訳を確認し、修正することができたということである。

つぎに文法に関する教養について。聖書注解には、古典の著述家が言及しなかったため文法教師も教えることのなかった多くの知識が必要であった。アウグスティヌスは、こうした知識の欠如を補おうとしていくらか努力している。たとえば、かれの地方ではかなり珍しいマンドレイクの実をもって来させ、その形、匂い、味を確かめて喜んでいるが、それは、この果物がヤコブのふたりの妻の口論の種であったという「創世記」の文章を説明するためであった（三〇、一四―一六[5]）。

かれは聖書に出てくる植物、動物のほかに、パレスティナの地理や東方の制度についても知っていた。かれは、有用な知識としてある場所の位置、エジプトの境界、ベトサムの町つまりスキトポリスの存在を指摘している[6]。また（オリゲネスから学んだものであるが）、長さの尺度には、普通のクデの六倍の長さにあたる幾何学的と言わ

れるクデがあることも知っており、折にふれて取り上げている。(7)

しかしこうした種類の知識は、多くの観察あるいは読書から学んだもののようには思われない。(8) つまりかれの聖書注解には地方色はきわめて希薄で（現代の読者はこれに抵抗を感じるようであるが）、こうした細かな物知り的な知識はそれほど利用されていない。

歴史については、はるかに深い関心を寄せている。かれの著作には、当時の教養人が通常、関心を示さないような、しかしキリスト教教義あるいは護教という知的作業に直接結びつく広範な読書の跡が認められる。したがって歴史に関する知識は、かれが聖職者時代に補充した教養のひとつに数えても差し支えない。

ここでは、主な標題をあげるだけにしよう。『神の国』（De civitate Dei）における歴史の役割については、すでに述べたとおりである。『神の国』の資料に関する多くの研究から、アウグスティヌスがこの大著を準備するために読破した著作についてはかなり詳しくわかっている。キリスト教擁護の部分（一―一〇巻）にはローマ史への言及が多数見られる（とくに一―五巻）が、かれはそこでティトゥス・リヴィウス、フロルス、エウトロピウスの書を手元において執筆している。(9) またローマの諸制度については、主要な資料としてヴァロの『古代史』（Antiquitatum rerum hamanarum et divinarum libri）を用いている。(10)

第一八巻においては、アブラハムの誕生からキリストの死に至るまでの人類の歴史を取り扱っているが、そこでかれはヴァロの歴史書をもとに、聖書の歴史におけるすべての重要な出来事を主要な王国の年代記のなかに位置づけている。(11) しかし実質的な資料は、かれが手に入れることのできたヒエロニムスの訳によるエウセビオスの『年代記』である。(12)

アウグスティヌスが読んだのは、この種の歴史書だけではない。教会史、異端史についても資料を集める必要があった。かれは、ルフィヌスによってラテン語に訳され補完された[13]エウセビオスの『教会史』（Historia ecclesiastica）を注意深く読んだと言い、またフィラストリウス、エピファニウスによる異端一覧を知っていると述べている[14]。さらに、分野は限られているが、かれ自身ドナトゥス論争のおかげで現代的、学術的な意味での歴史家になっている。P・モンソー（Monceaux）の説明によると、アウグスティヌスはミレヴィスのオプタトゥスの著作を利用し補完することによってアフリカの離教とその果てしない論争の歴史について自説を明確にしているが、それは正式文書をたえず発掘し補完しながら書き上げたきわめて正確な歴史である。その資料となっているのは、法、裁判記録、高官や司教の文通、議事録などもっともすぐれた資料で、かれはそれらの文書を選別し、批判を加え、厳密に年代順に配列している[15]。

『キリスト教の教え』の教育課程から判断すると、歴史はアウグスティヌス的教育課程において唯一、キリスト教の影響のもとに入念に取り扱われた要素かもしれない。しかしこの教育課程は、実質的に重要なもうひとつの要素にはふれていない。それは教父文学である。

実際、『キリスト教の教え』においてアウグスティヌスは弟子たちに対し、伝統に頼ることの有用性を教えることなく直接に聖書に取り組ませている[16]。しかしアウグスティヌスによるキリスト教的教養全体を判断するためには、かれが与える規則を字義通りに受け取ってはならない。かれの読書と瞑想において、世俗の書に取って代わったのは聖書だけではない。かれはまた、多くのキリスト教著述家からも学んでいるのである。

回心時のアウグスティヌスがかれらについて知っていたことは、ごくわずかなものであった。何を読んでいたのだろうか。おそらくアンブロシウスの聖書講解説教に魅了されるままに、すでに刊行されていたかれの著作には目を通していたことであろう。アウグスティヌスの教育はすべて学校の世俗的雰囲気のなかで進められ、現代の古典文献学者にとっても長い間そうであったが、キリスト教的文学はかれにとって無縁なものであった。

これに反して、聖職者時代の著作はかれが大部分の教父文学に親しんでいたことを証明している。そこには、当初の知的欠如を補おうとする長期にわたる努力が窺われる。長々と述べるまでもないと思うが、しかしかれが手にした著作を簡単に数え上げることにしよう[17]。

アウグスティヌスは、たしかにギリシア教父はあまりよく知らなかった。先述したように、ギリシア語の原書を読むことはほとんど不可能で、ラテン語の訳書もまれであった。かれがギリシア教父の書を知ったのはほとんど間接的に、それもラテンの伝統に及ぼした影響あるいは惹起した論争の範囲内で知ったのであった。

かれがもっともよく知っていたのはオリゲネスであるが[18]、それに驚くことはない。ギリシア教父のなかで教会の伝統にもっとも深い影響を与えたのはかれだからである。他方、ルフィヌスとヒエロニムスが西方に持ち込んできた「オリゲネス主義論争」（三九三―四一〇年）は、アウグスティヌスの存命中から人々の関心の的であった。かれはオリゲネスの多くの意見を取り上げ論じているが、それもやはり間接的に知りえたものであった[19]。

アウグスティヌスが直接的に知っていたのは、バシリウス、ナジアンズのグレゴリオス、ヨハンネス・クリュソストモスであった。アウグスティヌスが、かれらの「ホミリア」をいくつかラテン語訳で読んでいたことはよく知られている。時として原典を参照することもある[20]。しかし、それは敵対するペラギウス派のあとを受けてしかもかれらとの論争に迫られてそうしているだけで[21]、したがって原典との接触はまったく限られている。

アウグスティヌスのキリスト教的文学の教養は、世俗的教養と同じく主としてラテン語中心である。ギリシア教父の場合とは異なり、ラテン教父に関するかれの知識はきわめて広範にわたっている。アフリカの教父たちではテルトゥリアヌスによく通じていて、この疑義の多い大家を引用しすぎるほどである。またアフリカの偉大な司教で、とりわけ尊敬されていたカルタゴの殉教者キプリアヌスに親しみ、かれの著作全体によく通じていたことはたしかである。アウグスティヌスはまた、ドナトゥス論争においてかれを最初に指導してくれたミレヴィスのオプタトゥスとも交わりがあった。「海の向こうの」教会著述家では、ポワティエのヒラリウスの著作も読んでいる。しかしキプリアヌスは別として、アウグスティヌスのお気に入りの著述家でもっとも強い影響を受け、またもっとも頻繁に引用する教父はもちろんかれの師アンブロシウスである。

つぎにアウグスティヌスと同時代の著述家としては、今さら言うまでもないが、パウリヌス、ヒエロニムスといった当時のキリスト教最大の思想家たちと交際し、かれらの著作を読み、瞑想し、当時の写本の売買と郵便の条件を考慮に入れての話ではあるが、少なくとも可能なかぎり、かれらが上梓する著作を逐一、知ろうと努めた。

かれは正統信仰の教父だけでなく異端者とその著作にも関心をもち、その内容を吟味し、必要に応じてそれに反論しようとした。こうしてかれは、マニ教、ドナトゥス派、のちにはペラギウス派、アリウス主義、ミレヴムのファウストゥス、パルメニアヌス、ペティリアヌス、クレスコニウス、ペラギウス、エクラヌムのユリアヌスなど、手のとどくかぎりのものを容赦なく論破していった。

アウグスティヌスの広範な読書について簡単にふれてきたが、さいごにそれを補うものとして、厳密な意味での著作のほかに、かれが歴史研究とは別に精読した司教たちの書簡、集会の記録、宗教会議の議事録といった教会関係の種々の文書もあげねばならない。こうした資料の読書はかれの教養を豊かにし、同時に変容させていった。こうして、かれは単なる一介の修辞学教師、教養人ではなく聖職者、キリスト教徒の知識人となり、同時に、歴史的資料に裏づけられたかれの知識は独自の性格をもつことになったのである。

Ⅱ　聖書の字義的解釈への文法の応用

ではつぎに、かれはこうして得られた知識をどのように用いたのだろうか。仕事中のかれの姿を思い浮かべてもらいたい。かれの仕事は、聖書注解、護教、神学、論争など多岐にわたっているが、個々の内容はさしおいて、ただかれの知的方法をごく簡潔に検討することにしよう。換言すると、私はここで聖書注解者あるいは神学者としてのアウグスティヌスについて述べるのではなく、どちらかと言うとその外的な視点に立ち、ただ教養人、知識人としてのかれの活動を見ることにしたい。その知的方法でもより外形的なもの[22]、仕事への取り組み方、予備教養のあれこれの要素の利用法について検討したい。しかしこうした活動の結果そのものに関する説明は省く。

まず、厳密な意味での聖書注解を取り上げるのがよかろう。『キリスト教の教え』（De doctrina christiana）におけるアウグスティヌスは、『秩序論』（De ordine）において哲学的教養についてしたように、予備学習、一般的な教育課程を提示するだけでは満足しない。むしろ細部にわたってその適用を説明し、聖書注解法の理論を説明する[23]。したがって、ここで私はかれに従うとはいえ、たえずかれの理論と実践とを比較し、必要に応じて前者を後者をもって補完しつつ説明していくことにしたい[24]。私の視点から言えば、アウグスティヌスによる聖書注解は、次々にいくつかの水準にわたっている。かれが[25]『キリスト教の教え』においてしているように、狭義の聖書注解、聖書本文そのものの直接的説明だけに限るならば、それはふたつに区別される。ひとつは字義による初歩的注解、もうひとつは比喩的意味にもとづく注解である[26]。

前者は後者とは対照的に、語の用法、ことばの規則から引き出される自明の意味をもとに、ごく直接的、物質的な射程において本文を理解することである。それ以降の注解は、まずこの第一の意味の確立を前提とする。聖書注解の方法は、文法教師による古典の説明と格別な違いはない。したがって、この第一段階におけるアウグスティヌスの聖書注解が、本質的には文法における本文注釈のように見えるとしても驚くにはあたらない[27]。実際は、この段階におけるアウグスティヌスの聖書注解は「朗読」（lectio）、「修正」（emendatio）、「解説」（enarratio）といった古代の学校における伝統的な方法の応用にすぎない[28]。

第一段階は、まず聖書を手にとり聖書全体を読むことから始めなければならない。その場合、意味のくわしい究明は考えない。聖書に慣れ親しみ、その内容を把握するようにする。聖書を繰り返し読み、古代の隠遁者がしたように全体を暗記しないとしても、少なくとも記憶にとどめるように努めるべきである[29]。

この最初の読書は、いろいろな学識を必要とする「朗読」とは異なるもので、まだ言語学的作業には関係なく[30]、むしろそれを準備する。アウグスティヌスの説明によると、最初の読書は読者を聖書のことばに慣れさせ、少なくとも、すぐには説明を必要としない明白な文章と注解を必要とする不明瞭で難解な文章とを見分けさせる。

読者はこの読書によって、多くの類型の表現、ことばの類似、比較、権威ある先例といった聖書関係の物知り的知識を身につけ、必要に応じてそれを用いることによって多くの問題を解決できるようになる。実際、聖書に関する物知り的知識は、教父たちの教養においてもっとも目立つ特徴のひとつである。かれらはその記憶をもとに無数の章節を巧みに取り扱い、現代のわれわれが苦労して聖書用語索引（concordance）で探すようなことを難なく提供してくれる。つまり教養あるキリスト教徒とは、伝統に連なる教養人たちがホメロスあるいはヴェルギリウスの書についてしていたように、まず聖書を自分の血肉とした人のことである[31]。

アウグスティヌス自身、この点から始めている。かれは、司祭叙階後すぐに自分の教養が余りに世俗的であることに気づき、聖書の読書に専念し聖書関係の必要な知識を得るため、司教に数か月の猶予を願い出たのであった[32]。やがて、その成果は明らかになる。以後かれの著作には、それまで稀で意識的であった聖書の引用が自由自在に取り入れられ増えていく[33]。かれがどれほど聖書を身につけていたか、それ以後の著作全体が証明してくれる[34]。

第二段階に移ろう。読者は、第一段階の読書においていくつかの難解な箇所に出会ったはずで、つぎにそれを解釈する必要がある。聖書には、満足のいく意味を見つけにくいことば（**obscura signa**, 不明瞭な記号）がある。また逆に、いくつかの似たような意味に解釈できることば（**signa ambigua**, 曖昧な記号）もある。

聖書注解者が文法教師としての手腕を発揮するのはここである。まずこうした難解な箇所のいくつかは、学校教育における「朗読」の仕方と関連がある[35]。たとえば、語と語の切り離し方[36]、文章の区切り方[37]、対話における文章と話し手との結びつき[38]、ある文章における否定、肯定の調子[39]などの問題がそれである。アウグスティヌスはしばしばこうした不明瞭な章句の解釈に取り組み、『キリスト教の教え』においてそのための規則を明示し、応用している。それは信仰の規則に合致する説明だけを保持し、その他のものについては文脈と思想の流れを考慮して判断するということである[40]。

しかしたいていアウグスティヌスが聖書注解者に求め、またかれ自身実施する作業は、古代の文法教師がしたように「解説」（**enarratio**）の本質とも言うべき「説明」（**explanatio**）を用いることで、それは今日「字義的注解」（**commentaire littéral**）と呼ばれているものである[41]。

それは、実際にはどのようなものだろうか[42]。聖書には、読者を混乱させるような不確かな構文、未知で難解な語や表現がある。聖書注解においては、言語とその法則に関する知識、文脈の検討、文体の分析をもってそれらを明らかにしなければならない。注解者の役割は、こうした微妙な諸点に読者の注意を向けさせ、かれらに必要な知識を提供することである。

実際、アウグスティヌスの注解書はこうした指摘に溢れている。[43] かれは、構文の曖昧さを取り上げ検討する。[44] また稀なあるいは他民族の言語から取り入れたことばに「説明」を加え、[45] 用い方によっては混乱を招くようなことばの意味を明確にし、[46] 比喩的表現の意味を明らかにする。[47] また、聖書特有の文体、ことばがあることも弁え、[48] 聖書に関する深い知識をもとに、一連の類似関係をもって聖書における特有語法を説明する。[49]

こうした説明は、文法教師アウグスティヌスを想起させる。[50] たとえば、聖書特有のことばの説明は、文法教授における「特有語法」(idiomata) の説明の応用にすぎない。また、「説明」のすべての面においても同様である。こうして見ると、幾度となく聖書注解者アウグスティヌスにはかつての文法教師の姿が重なって見える。[51] かれは、動詞の形態を正確に分析し、半過去形、現在形の意味を指摘し、[52] また用語のニュアンスについて時間をかけて説明する。[53] 時にはかつての文法教師に戻って、その説明は長引き、拡大され、より文学的になり、そして詩編注解の途中で、突如ヴェルギリウスの引用が飛び出してきたりする。[54]

古代文法教師の手法は、事細かにアウグスティヌスの説明の進め方に出ている。それは、かれが好んでことばを言い替えたり、不明瞭な文章を明瞭な表現に改めることにも現われている。[55]

いっそう注目に値することであるが、かれはヴェルギリウスの注解者たちと同じように、「解説」において著作全体に関する概説的な説明に代えてことばの字義的説明を取り入れている。[56] またしばしばかれらと同様、一語ずつではないにせよ一句ずつ注解し、まず文章全体の展開を概観しようとはしない。[57] 思想の連結、筋道は、後でそれが明らかになるにつれてはじめて指摘する。かれは、多少は以前の注解との連結に努めながらも、たいていはあとに何が続くかは考慮することなく、自信をもって章句の注解にあたる。[58]

もちろんかれは文脈を考慮する利点は知っていて、しばしばそれに頼っている。[59] しかしそれはかれが一般に用いる方法ではなく、ただいくつかの難解な問題から抜け出すための手段にすぎない。

結局、各節は個別に注解され、それぞれの意味が示され、個々に価値づけられていく。極言すると、アウグスティヌスから見た聖書は、それぞれ個別の教えと権威をもち意のままに移動させたり組み替えたりすることのできる独立した節、短文から成る、広大なモザイク細工のようなものである。[60]

こうした注解方法は聖なることばに最大の効力をもたせ、啓示されたものをいささかも失わせまいとする配慮から最小の部分にまで意味を見出させ注目させようとするもので、そこに純粋に宗教的理由があることはよくわかる。[61] しかしこうした聖書注解法は、デカダン期の文人たちが古典の学習において用いていた方法とよく似ているといっても差し支えない。セルヴィウス、ドナトゥスによるヴェルギリウスの注釈は、その説明の順序、方法において、同じように近視眼的で「原子論」的である。[62]

Ⅲ　デカダン期における「修正」の特徴

つぎに、文法で教えられた「修正」（emendatio）についてはこれまで取り上げてこなかったが、これは、ことばの役割に関する説明と切離すことはできない。

アウグスティヌスは聖書の原文批判において、かつてヴェルギリウスの注釈において遭遇した問題よりもはるかに複雑な問題に突き当たった。かれは、『キリスト教の教え』においてその内容を詳しく説明している。かれの聖書注解は、ラテン語訳聖書つまりギリシア語原文や（直接あるいは間接に）ヘブライ語原文から翻訳された訳文にもとづいて行われる。この翻訳は、時として凡庸で（もともと完全な翻訳などあるのだろうか）、しばしば文字通りの訳にこだわり不明瞭であるだけでなく、多種多様であった。流通していた種々の写本は、単一の伝統に属するものではなく、多くの独立した異本に由来していた。こうしたあらゆる理由から、「修正」つまり本文の確立のためには、ラテン語写本の照合だけでなく、頻繁にギリシア語あるいはヘブライ語の原典を援用する必要があった[63]。

アウグスティヌスが実際に聖書注解に用いた聖書本文には、以上のような手が加えられていたはずである[64]。かれがもっていた聖書本文は、これまでしばしば指摘されてきたように、折衷的で不確かなものであった。たしかに、かれは当時アフリカの教会で使用されていた「古ラテン語訳」（vieilles latines）を用いているが、しかしこの聖書の本文自体がきわめて複雑な性格のものであった。それは多様な要素を重ね合わせたもので、テルトゥリアヌス、キプリアヌスが受け入れていた古い訳に、四世紀になって徐々に取って代わったものであった。こうした混乱は、とくに新約聖書において顕著であった。

他方、アウグスティヌスはイタリアで回心し、そこで聖書学習に取り組んだことを忘れてはならない。したがってかれはとくにミラノからまたおそらくローマからも聖書の写本を持ち込んでいる。大陸から持ち込まれた写本の重要性を指摘し、アウグスティヌスが古いアフリカの聖書にそれを重ね合わせたものを使用したとする点では、学者たちの意見は一致している。さいごに、ヒエロニムスによる聖書訳も考慮すべきである。三九四年から四〇〇年にかけてアウグスティヌスは、徐々にかれの福音書の翻訳を取り寄せている。たしかにずっとあとのことではあるが、かれはヒエロニムスによる「ヨブ記」の「ヘクサプラ」の校正が届いたとき、これを承認している。かれは理論的には反発しながらも、ヘブライ語原文から訳した「モーセ五書」、「詩編」、預言書などを利用しないわけにはいかなかった。

つぎに、時として矛盾を含むこれらの多種多様な聖書本文にアウグスティヌスはどのように取り組み、聖書注解の規則を確立していったのだろうか。しかしアウグスティヌスは聖書注解の厳密な方法や規則は知らないのであるから、むしろ「かれの態度の説明」というべきかもしれない。

ここで再び、古代の文法教師が姿を現わす。先に述べたように、かれらは「修正」にあたって経験に頼る面があった[65]。実際、アウグスティヌスの著作全体に目を通して見ると、そこには体系的な本文批判がなされていないことがわかる。かれの聖書注解書のどれを見ても、綿密に本文を批判し確立するための予備作業は見当たらない。かれは、読書を進めていくなかで難解な箇所を指摘し、その都度ひとつずつ解明していく。そこには写本の伝承、多様な写本のもつ明確な価値、写本間の相互関連、派生関係の説明といった準備作業は見当たらない。アウグスティヌスは入手できるかぎりの写本を机上に並べ、写本間の大多数の異文は、注釈のなかで取り上げ検討している[66]。しかしかれがすべての写本を同等に取り扱っているというのは、おそらく言い過ぎであろう。かれは、写本のなかでももっとも正しいもの（emendatiores codices）を取り出してそれをより重視し、間違いだらけの写本の使用は時間の無駄であることも承知している[67]。

他方かれは、「より古い写本」（antiquiores）を優先したり、ごく少数の（paucissimos）写本よりも多数の写本（plures codices）の読み方を取り入れることもある。しかし古代の学校におなじみのこうした考え方はすべて主観的なものであり、厳密な知的作業の基礎にはなりえない。

アウグスティヌスがとくに頼りにしていたのもこうした考え方ではない。かれによると、本文批判は本来、原文に依拠すべきであり、原文だけがラテン語写本に見られる種々の読み方の価値を判断させるものである。ギリシア語、ヘブライ語原文に依拠するという問題は、「修正」という狭い枠組みを超えてそれ全体として考える必要があり、「説明」もまた、理論的にはそれを援用するのが当然である。ではかれ自身、それをどのように用いたのだろうか。

ヘブライ語の場合は、問題はかなり微妙である。かれがヘブライ語に直接、接したということは問題にさえなりえない。アフリカでヘブライ語を知っているのは「裏切り者のユダヤ人たち」だけであった。[68]ヒエロニムスが「ヘブライ語からの諸訳」(ex hebraeo)〔ヴルガタ訳〕を公刊することによって間接的な利用が可能になったが、アウグスティヌスが当初どれほどの反感をもちつつそれを手にしたかは、人のよく知るところである。かれは言語学者ではなく、まず聖職者であり、多くの点で神聖な「七十人訳」と異なっていた新訳の権威を認めるにあたって躊躇しないはずがない。キリスト教は原始教会、新約聖書の時代からその信心、典礼、教義の発展において「七十人訳」に頼ってきたのであった。[69]

たしかにかれは、ついには「七十人訳」を放棄することなく、首尾よくヒエロニムスの「ヴルガタ訳」の正当性を認めるようになり、[70]時としてそれを参照し、若干の章句に関する議論においてその証言を考慮に入れている。[71]

しかしこれらの箇所を詳細に検討してみると、アウグスティヌスが厳密な意味での「修正」や原文の確立においてこれを大して利用していないことがわかる。かれは、「ヘブライ語からの諸訳」と「七十人訳」が対立する場合、[72]たとえ全体から見て前者が優れているように見えても、それを認めることにいつも躊躇している。[73]むしろギリシア語訳〔「七十人訳」〕による読み方を支持するために、その権威を援用するにすぎない。[74]

このように、ヘブライ語からの訳の利用には限界があり、大した成果はあげていない。この訳はあまりにも遅れて出現し、規則的に利用されることもなかった。こうしてアウグスティヌスによる旧約聖書の注解は、その本文批判がヘブライ語原文に依拠していないところから、しばしば基礎がもろいという弱みがある[75]。

　原文の援用は本文の確定に必要であるだけでなく、「説明」にも影響をもたらす。アウグスティヌスは、ラテン語訳聖書がヘブライ語原文から余りにも逐語的に訳された結果、そこにはヘブライ語に置きなおすことによってしか理解されない多くのことばが含まれていることを承知していた[76]。

　実際、アウグスティヌスは「ヴルガタ訳」も若干、参照しているが、それは伝統的な翻訳を「修正」するためではなく、ヘブライ語からの最近の翻訳ほど明白ではない従来の翻訳における種々の章句を説明するために用いているにすぎない。

　他方、アウグスティヌスは、若干の語の正確な意味の手懸りをつかむためあるいは推測するため[77]、さらに、ラテン語訳聖書に残されたヘブライ語特有の語法の意味を見極めるため[78]、知っているかぎりのヘブライ語を最大限に活用しようとしている。しかしこうした知的手段は余りにもかぎられていて、かれは、ヘブライ語の正確な知識をもち聖書の文体に対するヘブライ語の影響を知っているものならば苦もなく解きえたはずの問題にしばしば立ち往生している[79]。

　一方ギリシア語の利用は、ヘブライ語の場合とはかなり違う。アウグスティヌスによるギリシア語の利用には、条件が揃っていた。かれは新・旧約聖書のギリシア語本文の権威を認め、掻い摘んで言えば、十分なギリシア語の知識をもちギリシア語の文献も手元においていた。かれは、幾度となくさまざまな形で「ギリシア語写本」(codices graeci) に言及しているが、それは、かれの蔵書のなかに聖書の諸書のギリシア語写本が含まれていたことを証明している。

　アウグスティヌスは、オリゲネスが集めた六通りのギリシア語訳〔『ヘクサプラ』〕のうち五つの存在を知っている[80]。かれは時として、そのうちのシンマクス訳とアクイラ訳を参照しているが、しかしそれは第三者からの受け売りにすぎないようである[81]。したがって、かれの手元にあった写本とは、相互に多少異なる「七十人訳」の種々の写本 のことであった。かれはまた、それぞれ価値を異にする新約聖書のいくつかの写本ももっていた。

かれはこれらの写本をどのように、またどの程度、利用したのであろうか。かれの『詩編注解』（**Enarrationes in Psalmos**）の数ページを読むだけで、かれがそこで用いているのは「ギリシア語写本」であることがわかる。アウグスティヌスは、これらの写本をまず「修正」に効果的に用いている。かれはラテン語写本における種々の読み方の価値を判断するにあたってギリシア語写本を規準にしている。読み方の違いは、原文の曖昧さ、難解さから来ることもあり[82]、その検討は、しばしば本文批判に行き着く。こうして種々のラテン語訳のうち原文に合致すると思われるものを選び出す[83]。訳本のどれにも満足できない場合、かれはためらうことなく、直接に自分でギリシア語写本から新しい読み方を取り出して提示する[84]。

「説明」においても、こうした比較を用いている。文法から言うと、ギリシア語はラテン語の不明瞭さ[85]、ラテン語の構文あるいは[86]用語の曖昧さ[87]を解明することによって、多くの誤解を避けさせる。アウグスティヌスは、独自の権威はもたずギリシア語聖書の代わりをするだけのラテン語訳の本文をギリシア語本文をもって再検討しようとしている。つまりギリシア語聖書は、ラテン語聖書においては予想だにされない誤った神秘的意味解釈に向かわせるような特異性に気付かせてくれる[88]。さいごに、ギリシア語聖書はラテン語聖書のことばの真の意味を発見させ、予想以上の豊かさと深さをもたせる[89]。

以上が、アウグスティヌスによるギリシア語の用法である。しかし、かれがギリシア語の知識を利用できたことを確認するだけでは不十分である。問題は、かれがそうした方法を規則的、体系的に、また必要に応じて用いたかということである。ここで、歴史家は驚くことになる。かれらはすぐに、アウグスティヌスの種々の聖書注解書においてギリシア語はきわめて異なる仕方で利用されていることに気づかされる[90]。

私が読者にまず『詩編注解』を見てもらったのは、思うところがあったからである。この膨大な注解書は、共通する特徴をもとにかなり多様な注解書から寄せ集めたものである[91]。アウグスティヌスは、『詩編注解』を著すにあたって「七十人訳」の詩編集を手元におき[92]、ほとんどすべての節の「修正」、「説明」においてたえず参照している[93]。では、「詩編」以外の書の注解においても同じ方法を用いたのであろうか。

アウグスティヌスが『詩編注解』に次いでもっともギリシア語を多用したと思われるのは、『モーセ五書の問題』（Questiones in Heptateuchum）である[94]。しかしその利用は、『詩編注解』におけるほど規則的でも体系的でもない。「創世記」の注解になると、ギリシア語聖書の援用の痕跡を見出すのにひどく苦労する。そこでは、利用されてもごく例外的である[95]。

『ヨブ記注記』（Adnotationes in Job）では、まったく見られない[96]。その意味するところは大きい。これらの「短い注釈」（glose）は、かれが私的用途のために書きとめたもので、そこにはいわばかれの日常の知的生活が垣間見られるからである。それによると、かれは普通ラテン語訳だけをもとに聖書を学習していたことがわかる。

新約聖書についても、ギリシア語の利用は限られている。膨大な『ヨハネによる福音書講解説教』（Tractatus in Joannis Evangelium）ではギリシア語聖書をいくらか利用しているが、しかしそれは恒常的ではなく、かれは幾度となく、原文を援用することができず混乱している[97]。また『福音書記者の一致』（De consensu Evangelistarum）のようにまじめに準備された著作においてもギリシア語聖書の利用は不規則で、必要とされるはずの若干の箇所では欠如している[98]。『福音書の諸問題』（Questiones Evangeliorum）、「マタイによる福音書」の注解にはまったく見られない。パウロの書簡の注解でもギリシア語聖書を利用しているが、[99] しかし規則的ではない。[100]

このように全体を見渡して見ると、裏切られた気がする。[101] アウグスティヌスはギリシア語聖書を利用することはできたが、思われるほどの成果はあげていない。かれの知的方法はその適用において甘さが認められるが、それはかれがデカダン期の影響を受けている証拠であり、そこには知的活動における衰退、水準の低下などが見られる。

重大なことは、アウグスティヌス自身この事実に気づいていながら、抵抗することなくそれを受け入れていることである。実際、かれは『キリスト教の教え』において聖書の原文に依拠することの利点を言明しながら、すぐにそれに伴う困難を予見し、逃げ道を用意している。

もちろん、ことばの知識は役に立つ。したがって言語の学習は必要である。ただし時間と能力があれば、の話である。[102] こうした条件がしばしば満たされえないことは十分、[103] 考えられる。そのため、つぎのような救済策がある。つまるところ、権威ある専門家にたずねることで満足するか、正確な訳として保証されている翻訳をもってなんとか原文に代えるかである。[104] さいごにまたとくに、巧みな注解者は種々の異なる翻訳を比較することによって、それらの訳文の由来する「原文」(Urtexte) の価値を推測し再構成することができるであろう。[105]

しかしこうした方法は危なげで、不完全である。アウグスティヌス自身、かれが同世代の人々にあまり頼らない方が正しかったことをその実践をもって証明している。かれは、幾度となく率先してこうしたぞんざいな方法を用い、ラテン語訳の読み方を比較するだけで原文批判の問題を解決しているからである。[106]

アウグスティヌスの「修正」で驚かされるのは、これだけではない。ある章句に関する多くの議論は、ギリシア語聖書を援用しつつあるいはそれなしに展開されるが、それは、原典の選定あるいは形成に到達することなく終わっている。つまりアウグスティヌスは種々の異なる読み方のどれかを選択することなく、むしろ併記している。このことは、それらの読み方はいわば相互補完するものであり、多様な読み方は原文のもつ複合的な価値のいろいろな側面を反映していると考えるとき、納得がいく[107]。

アウグスティヌスは、聖書の刊行者ではなく注解者である。かれの考えでは、注解者の仕事は必ずしも刊行者のそれとは関係しない。注解者が「写本」（codices）を照合するのは、ラテン語訳聖書の劣化を正す最良の本文を確立するためではなく、啓示の内容を完全に把握するためである。中間の目的は気に留めないというのがアウグスティヌスの考え方の特徴である。かれは、ラテン語訳聖書の問題をそれ自体のために考察しようとするのではない。かれから見れば、最良のラテン語訳聖書といえども、それは霊感を受けた聖書記者（あるいは翻訳者）の手を離れたばかりの原典と同等の価値を決してもつものではない。ラテン語訳はその基本的本文に近づくための手段にすぎず、注解者がめざす本質的な目的はこの本文の説明にある[108]。

しかし併記された読み方が、相互補完の働きをしないこともある。その場合、かれはそれぞれを同時に説明し、それぞれが別の仕方で同じ目的に貢献していることを示そうとする。かれは、読み方のうちどれかを選ばせる技術上の理由がある場合でも、念のため他の読み方についても説明する[109]。たしかにそうするだけの宗教的、教義的、護教的理由がある。そこには啓示の豊かさを減少させまいとする配慮がある[110]。かれが用いる訳文がどのようなものであれ、教義がそれとして明示されていることを示すべきであり、真理は、それを含む聖書本文よりも重要である。

しかし私がここで強調したいのは、こうした見方に予想されている前提である。実は、アウグスティヌスは文献学者ではなく、文献学的作業の価値は大して認めていない。かれから見ると、本文批判はあらゆる論議に終止符を打つような決定的な成果をもたらしうるとは思われない[111]。

かれは、正確な本文を確立するための方法や、それ以外の作業の確かな基礎になるような本文など存在しえないと考えているようである。たとえばヒエロニムスのようなかれ以上に経験豊富な教養人による業績を最大限、利用しようとしなかったのはそのためである[112]。

ここにはまず、アウグスティヌス自身の教養におけるひとつの傾向が出ているように思われる。かれは、文献学者であるためには哲学者でありすぎた。かれは弁証論に強い関心をもち、事実の確認だけに頼る方法には不安を感じている。

とくにここで示されているのは、かれが受けた教育は余りにも文学的なもので、科学的方法の厳格さには順応しえなかったということである。アウグスティヌスは、古代の文人である。たしかにかれは文法教師であったが、しかしごく平凡な文法教師であった。つまりかれにとって、文法は依然として中等教育の最初の課程における初歩的な手段にすぎないものであった。かれはヒエロニムスのように、ヘレニズム期の偉大な教養人たちが利用しまたオリゲネスがキリスト教的注解に適用したようなより高度な文献学の領域には達していなかった。

こうしたアウグスティヌスの態度には、デカダン期の影響が見られるようである。全面的に衰退していく文明は、科学的作業の区分、専門化による利点というわれわれにお馴染みの考えとは相容れない。かれが、ヒエロニムスのような文献学専門家の仕事の価値や有用性をそれほど認めようとも信用しようともしなかったわけはここにある。

アウグスティヌスのような知識人は、やや「何でも屋」である。専門知識に応じた研究の分化、協力といったものはかれの眼中にはない。暗黒時代の闇は濃くなる一方である。かれが生きた時代は、教養のさいごの代表者たちが自分自身に頼るほかなく、各自の能力のままに孤立して働く時代から遠くない。

Ⅳ　寓意的解釈への諸学科とくに数意学の応用

つぎに、聖書注解の第二段階に移ろう。かれは、原義的記号（signa propria）の究明のあと、転義的記号（signa tranlata）、つまり字義的あるいは寓意的比喩の検討に入る。[113] 前者は本来、文法教師が取り扱い、後者は物知り的教養における知識を利用して行われる。

たしかに、アウグスティヌスが推奨し、また自分でも用いる方法は[114]、単に物知り的な知識の利用だけではない。聖書に関する深い学識、「聖書用語索引」（concordances）も利用している。多くの比喩的表現は、文脈から見て明瞭な意味を確定できる同じような比喩と比較することによってはじめて説明がつく。[115] これはいわば聖書そのものによる説明で、もっとも確実な方法である。[116] しかし学問的知識もまた、しばしば重要な役割を果たす。したがって、アウグスティヌスが利用しようと考え、また実際に利用した種々の学問を見ることにしよう。

文法と言語の知識は、この段階においても利用されている。文法では、言い回しその他の「文彩」に関する知識は、精神が字義によって示される卑近な事柄を超えて上昇するために必要である。寓意、隠喩など、こうした比喩を区別できない場合、馬鹿げた結論に至る危険がある。[117]

アウグスティヌスの聖書注解では、これらの比喩はその都度、指摘されている。[118] こうした指摘はたいてい型どおりの、時には衒学的な調子を帯び、「予弁法」（prolepsis）、「くびき語法」（zeugma）、冗語法（pléonasme）、「誇張法」（hyperbole）、「転置法」（hyperbaten）、とそのまれな形の「倒置法」（hysterologie）といった専門語を用いている。このように、ヒッポの司教になってもなおかれには文法教師の姿が見られる。しかしかれがそれにこだわっていないことは言い添えておきたい。かれはけっして言い回しの説明を聖書注解の体系的方法としては考えていない。その点かれは、時としてそれを乱用する中世の注解学者たちとは大いに異なっている[119]。

言語とくにヘブライ語の知識は、固有名詞の寓意的解釈において重要な役割を果たしている[120]。聖書における固有名詞の解釈方法はわれわれには奇妙なものに思われるが、しかしそれはキリスト教徒だけが用いたものではない。ヘレニズム化されたユダヤ人、とくにアレクサンドレイアのユダヤ人の間で発達していたものであり、それはフィロンを読めば明らかである[121]。かれらから見るとこの方法はギリシア人には耳障りではあっても、神秘的な響きをもつ名詞を理解するための当然の方法である。聖書に散見される固有名詞の語源的価値は、多くの場合ヘブライ語では明白であり文脈によって強調されている[122]。

聖書における固有名詞の解釈方法は、オリゲネスがフィロンから取り入れたもので[123]、すべての教父たちがこれに熱中した。それはアウグスティヌスにおいても無視できない役割を果たしている[124]。かれにとって、こうした注解方法は疑う余地のないものであった。それは伝統が一致して伝えるところであり、聖書もその権威をもって明白に保証している。こうして旧約聖書と同じく新約聖書においても、いくつかの名詞の原義が強調されている。たとえばヨハネは、生まれながらの盲人が癒された「シロエ」という池の名前には「遣わされたもの」という意味があると教えようとしているが、これは無意図的であったと言えようか[125]。もちろんアウグスティヌスはヘブライ語に無知であったことから、こうした語の注解においては、伝承をもとにあるいはヒエロニムスが作成した語彙集による注釈を受け売りするしかなかった[126]。

アウグスティヌスは、言語の知識（linguarum notitia）のほかに事物（rerum）の知識をもたらす他の学問も取り上げている。[127] こうした学問の対象は多様ではあるが、かれは、そのどれにも同じような役割を求めている。つまり聖書のことばの示す事物の意味を比喩的に再解釈することによって教義的あるいは道徳的注解を可能にすることである。[128]

種々の学問の果たす役割は相対的なもので、聖書の本文における事物の位置と、アウグスティヌスがそれぞれの学問についてもっている知識というふたつの変数にかかっている。

ここでは、φυσική（世界の組織、自然学など）については、大して言うことはない。[129] しかし興味深いいくつかのことは取り上げておこう。たとえば風の本性に関するすぐれた説明がある。アウグスティヌスは風に関する隠喩のなかに、風と同じく目に見えない精神や魂のたとえを見ようとしている。[130] また月の満ち欠けは、正義の太陽である神の光をさまざまな仕方でつねに映し続ける人間の精神あるいは教会の比喩として見ようとする。[131]

博物学は、より重要な役割を果たす。[132] 聖書は頻繁に動物、植物、鉱石について述べているが、アウグスティヌスはその機会をとらえて、物知り的好奇心から寄せ集めた知識をもとにそれぞれの本性について考察する。私が先に、アウグスティヌスの知識として取り上げた大部分のものは、[133] まさに聖書の比喩的あるいは寓意的解釈において取り扱われたものである。したがってここでは、現代人を困惑させるようなこれらの注釈方法を強調するのではなく、その参照を勧めるだけにしておこう。

現実の出来事や伝説的な物語もまた、時として道徳的なしかしたいていは神学的な比喩的解釈に役立つ。「詩編」では、「義人は椰子のように茂る」（「詩編」九一、一三）と言われているが、アウグスティヌスはこの比喩を説明して、椰子の木は地中に固い根をおろして天に向かって伸び見事な羽飾りをつけるが、同じように、義人はキリストに根ざしかれとともに天に昇り、さいごにその美を実現するという。[134]

また他の詩編では、「涸れた谷間に鹿が水を求めるように、私の魂は神を求める」（「詩編」四一、二）と言われている。アウグスティヌスは動物誌を利用して、この有名な一節の意味を無際限に拡げていく。われわれは、鹿のように素早く神のもとに駆け寄らねばならない。鹿は蛇を殺すと言われるが、それは結果として渇きを倍加させる。同様に、われわれは不義の蛇である自分の悪習と戦うとき、神に対するわれわれの渇きも倍加する。また、鹿は川を泳いで渡るとき、自分の角を先に渡る鹿の臀部にかけると言われているが、われわれも鹿をまね、「互いに重荷を負え」（「ガラテヤの信徒への手紙」六、二）というパウロの勧めに従わねばならない[135]。

こうした例は、比喩的字義の解釈に属するものかもしれないが、しかしこの方法は体系的に利用することによって寓意的注解にも役立つ。たとえば、アウグスティヌスは、「創世記」におけるノアの箱舟の大きさは、伝統的に人間の体について言われているものを何倍かしたものと同じであることに気づき（人間の身長は横幅の六倍、厚みの一〇倍である）、それをもとに、箱舟は最高の人キリストの象徴であると結論する[136]。実際、ノアが木の箱舟で救われたように、キリストが木に架けられることによって教会に救いがもたらされたという。

周知のように、この象徴は幾世紀にもわたって利用されるという幸運に恵まれた。すべての教父たちがアウグスティヌスと同じ説明を繰り返し[137]、ビザンツ、ラテン中世に熱狂的に取り入れられた[138]。

こうした注解方法はアウグスティヌスの権威によって保証され、『キリスト教の教え』においてその明白な原理が提示されたこともあって、人気を博していった。しかしかれ自身は博物学の逸話の利用においてはかなり控え目で、何百ページ読んでも一度も目にしないこともある。また用いるとしてもその種類はかなりかぎられ、同じ例が繰り返されている[139]。こうした態度は、単にアウグスティヌスの個人的趣味から来ているように思われる。かれが当時の大方の物知り学者たちのように動物誌を所有していなかったとするには、かれは余りに教養があった。ただ、それに格別の興味をもっていなかったということである。プラトン哲学によって感覚的世界、物質的実在から離脱することに慣れたこの哲学者は、天地万物に関する知識、「自然に関する諸問題」には大して関心がなかったのである。

これに反して、自分の教養の傾向に従い数学的諸学科には注目している[140]。われわれは、これらの諸学科がどのようなものであったかはよくわかっている。比喩的意味の注解において役立ちうるのは、近代的な意味での数量的学問ではなく、かつてピュタゴラス学派が数と空間に関するかれらの学問から除去することのできなかった質的要素である。それは、古代の人々がけっして手放すことなく、むしろ新ピュタゴラス学派の影響のもとに新たに人気を回復した少々子どもじみた擬古主義的な思索による学問であった。これについてはすでに、アウグスティヌスの哲学的著作に関する説明においてふれておいた[141]。

アウグスティヌスが聖書注解において利用しているのは、もちろんかれが修得したとおりの知識である。先述したように、算術は別にして、アウグスティヌスにおける数学的諸学科の知識は、算術は別にしてきわめてかぎられ、天文学、幾何学はほとんど見られない。

厳密な意味での音楽は[142]、せいぜい『三位一体論』（De Trinitate）の一箇所に出てくるだけである。それによるとキリストは一回だけの死をもって、罪のために受けるはずの二重の死からわれわれを解放した。アウグスティヌスはこの一と二の関係にはオクターヴを特徴づける完全な調和があると述べ、この不思議な「一致」に感動している[143]。

しかし算術、数意学はある。算術は、聖書注解においていくつかの簡単な要素が利用されているにすぎない。『音楽論』（De musica）に示されているように、かれはこうした要素を知っており意のままに利用することができた。実際、かれが数に関する寓意的考察をどれほど多用しているか、注解書を読むものにはすぐにわかる。比喩的注解に利用された学問のうちとくに数意学は、もっとも頻繁にまた系統立てて利用されている(144)。それは種々の著作において、さらに学問的特徴の目立つ著作においても出てくる(145)。アウグスティヌスにとって数意学は豊かな示唆を与える泉であり、かれはこれを高く評価している。そこには、ピュタゴラス主義に染まった新プラトン主義哲学者の姿がある。フィロン、オリゲネスに続いて多くの教父がこうした注解方法を知り用いたが、アウグスティヌスほど情熱を傾けたものはいない。

これほどの特徴をもち、時代の古さとデカダン的性格をもつこの知的方法について、少し説明を加えておこう。これは、ゲラサのニコマコスあるいはヤンブリコスの『算術神学』（Theologumena）に見られるような、ピュタゴラス学派の方法に直接につながる(146)。しかしアウグスティヌスと教父たちの数意学は、ピュタゴラス的数意学の単なる借り物ではない。異教的要素は排除され、キリスト教的教義、聖書の教えに適応することによって大きく変化している(147)。

私はここでいろいろな数を取り上げ、アウグスティヌスによるその意味解釈について検討するつもりはない。それを望む読者は、すでに作成されている数字録を見てもらい(148)、ここでは、この方法の拠って立つ原理を明らかにするだけにとどめたい。かれがピュタゴラス学派の教師たちと同様、多くの神秘的な要素を読み取ろうとしたこの学問〔数意学〕は、実は、単純な概念の組み合わせに根ざすかなり子どもじみた技法から来ているように思われる。

その手法は、主としてふたつの様式にまとめられる。まずたいていの場合、数はそれと密接に関連する実在を思い起こさせる。要するに、これは一種の代喩であり、その場合、数はそのいくつかの用法のうちのひとつに用いられている。一は、神を示す。神は唯一だからである。三は三位一体を示す。一二は使徒たちを示す。二は愛を示す。愛はふたつの掟に含まれているからである。一〇は、十戒と関係があり、神の掟を示す。四は普遍性を示す。世界は四つの部分から成り、一年には四季があり、空間には四つの風が吹くからである。時としてこうした関連づけは少々、凝りすぎている。たとえば五はモーセの律法を示す。律法は「モーセ五書」に含まれているからである。

第二の様式は、古いピュタゴラス学派が自分たちの数解釈にもとづいて完全、過度、欠如といった定質的概念を示すために用いた、いくつかの数を利用するものである。たとえば六は完全な数であり（1＋2＋3は6になる）、完成、成就、充満を示す。七は最初の奇数と最初の偶数との集合であり、普遍性を示す。一一は、一〇という数を超えるもので、罪を意味する。一〇は法を示し、したがって法に「違反する」ことは罪になるからである。[149] 三八は病気を示す。三八は四〇―二で、二つの愛が欠けることによって、四かける一〇という法の全体を満たすことができないからである。[150]

もちろん、あらゆる組み合わせが可能で、一二は、時として七と同じく、多数、普遍性を示す。七は四＋三であり、三かける四は一二だからである。[151] 数が大きくなるにつれ、その象徴も広くなるが、そこには小さな数の象徴が基本になっている。たとえば四〇は、時として、四と同じ価値をもつ。四〇は四かける一〇で、一〇自体は最初の四つの数（1、2、3、4）の和だからである。[152] このように数はいつも同じ基本的な概念をもとに用いられている。

V　神学への諸学科の応用

以上で、厳密な意味での聖書注解の説明を終わり、つぎに聖書注解以外の神学、護教学、論争術における予備教養の利用について検討することにしよう。アウグスティヌスの場合、これらの諸学は、とくに私の説明がきわめてかぎられていることもあって、個別研究を必要とするほどの相互間の区別はない。したがって、ここではこれらの諸学を哲学、自然学、論理学、弁証論、歴史といった学問領域にまとめて総括的に検討していくことにしよう。

先述したように、アウグスティヌスは『キリスト教の教え』において、異教徒の哲学者が提示する思想や論証で真理と信仰に合致するものは恐れることなく利用するように勧め[153]、かれ自身それを実践している[154]。これらの要素は、聖書の原文注解には大した影響は及ぼさないが、キリスト教的教養の他の分野においてすぐれた役割を果たす。

これまで繰り返し述べてきたように、アウグスティヌスはつねに哲学者であった。これほど個性の強い人物には種々の知的分野間の間仕切などあろうはずはなく、かれは「知識」(scientia)に没頭しながらも「知恵」(sapientia)を忘れることはなかった。実際、かれが書くことはすべて、かれの哲学的経験から示唆を得たものであり、またそれをもとにしている。またわれわれが先に定義したようなかれ独自の哲学にはない、多くの古典思想家から集めた多くの物知り的知識も利用しようと考えている。たとえば、かれは「知恵の探究」(studium sapientiae)において帝政期の哲学者たちが重視する実践道徳の理論を貶しながらも、倫理神学の考察に用いている[155]。かれが、古典哲学から借用した要素を数え上げるとしたらきりがない[156]。実際、奔流のようなアウグスティヌスの思考に伴うこれら一連の哲学的起源をもつ理論、論証を抜きにして、かれの思想の個々の側面を論ずることはできない。

しかしこうした哲学的教養で、特別に考察に値する一面がある。それは、自然学である。「創世記」の最初の数章の注解、とくに『創世記逐語注解』（De Genesi ad litteram）一二巻において、理論的自然学とくに天文学に関する諸問題がどれほど多用されていることか、驚くほどである。

かれはこれらの諸問題について論じながら、主要な異教的哲学から借用した、正確ではあるがかなり初歩的な種々の概念、たとえばアリストテレスによる四つの要素、元素（ここには、新プラトン主義の深い影響がある）、永遠の回帰といった諸説を持ち出している。また潮汐、天の形、星辰の本性と運動など、一定の問題について、種々の学派による説明も取り上げている。

今ここで、それを詳しく取り扱うわけにはいかないが[157]、取り扱う範囲だけは決めておかねばならない。かれにとって「これらの自然的諸問題」は同じ章句の注解の埒外で、並行して検討される神学的諸問題とは違って思索的性格のものではなく、ただ護教学との関連をもつにすぎない。

アウグスティヌスは、その諸問題を必ずしもそれとして提起しようとしているわけではない。かれには、そうした学問的な野心はまったくない。「事物の本性」に関する知識は救いには無用なもので、したがってキリスト教徒にとって不可欠なものではなく教養に取り入れてはならないものである[158]。実際、かれは、こうした諸問題を積極的に議論しようとしているのではない。かれが取り扱うのは、それがかれ以前に問題にされていたからであり、それらの諸問題について不安な魂あるいは悪意のある異教徒が、「創世記」の物語とそこから引き出される教養を批判したからであり、信仰を危険に陥れる不明瞭さがそこにあるからである。実際、これらの諸問題の大部分は、「討議されるのが慣わしとなっている」、「かなりの兄弟たちが問題として取り上げている」、「読者に無駄ではないので」、「再び問題にされている」、「またかなりの問題がある」といったことばで始まっているが[159]、これは単なる説明の書き出しではない[160]。そこには、護教学の経験からくるかれなりの問題意識があり、それが著作の枠組みを決めているのである。

こうした独自な問題の立て方は、これらの諸問題の重要性を強く意識しながらも、何ごとも軽はずみに肯定しようとしないアウグスティヌスの思慮深い方法を示している。つまりそこには、早まった推測をもって聖書の権威を損ねることがあってはならないという配慮がある[161]。一方、アウグスティヌスは解決を急ぐような態度は取らない。かれは仮説を出すだけにとどめ、それもひとつだけでなく、同じくもっともらしく思われるふたつの仮説を立てる。

かれの目的は自然学を樹立することではなく、むしろ哲学者たちが学問の名において展開するキリスト教信仰への非難を排除することにある。重要なことは、聖書の物語は矛盾するものでも不条理なものでもなく、事物の本性について一般に認められている知識に合致するものであり、したがって信仰の可能性は残されていることを示すことである。アウグスティヌスはこうした結果が出たならば、それで満足する。それ以上の説明、探究は空虚な好奇心にすぎない[162]。

しかしアウグスティヌスはもうひとつの自然学も考えている。それは文学的教養における自然学であり、合理的理論によって確立されたものではなく、実在のあるいは寓話にある事柄のうち特異な価値をもつものを集めた自然学である。つまり「驚異的なもの」(mirabilia)を取り扱う自然学である[163]。この自然学もまた、護教学において果たすべき役割がある。こうした類の知識は、見かけは空虚なものに見えても効力がないわけではない。それは、古代哲学が造り上げていたような合理性という狭隘な枠組みを取り払い、現に実在するものは、古代の学校で教えていたような単純な形にはまったく納まらないことを指摘し、そこから異教徒たちが不可能と主張する教義も存在可能であることを示すものであった。

アウグスティヌスは『神の国』（De civitate Dei）において、たとえば地獄に落とされた罪人の体は地獄の火で焼かれ灰になるとして地獄の永遠性を否定する人々に対し、つぎのように答えている。神が罪人の体を不滅のものにしうるとしてもなんら驚くべきことではない、神はあらゆるものにさまざまな特徴を与えていると言明して、先に取り上げたような「驚異的なもの」を長々と列挙する。

かれはつぎのように考えている。キリスト教徒は啓示された「神的不思議」（divina miracula）を説明することも「正当化」することもできないという口実のもとにそれを否定する異教徒に対し、アウグスティヌスは、われわれは説明はできなくともしかしまったく確実な多くの事実を知っていることを日常の経験に訴えて示そうとする。こうしてかれは神秘的、思考不可能な実在のなかに合理的なものを取り込んでいく[164]。

いま、ここでアウグスティヌスの論証の価値について議論しようとは思わない。ただ、「物知り的な」（curiosus）教養に含まれる、一見もっとも無用に見えるものを見事に利用していることだけは指摘しておきたい。

古代の合理主義を継承するペラギウス派が持ち出す純粋に弁証論的な論証に対しても、アウグスティヌスは同じ方法を用いている。かれはここでも物知り的な知識をもとに、経験、あるがままの事実、特異なしかし確実な事実をもって敵対者の空疎な論証を粉砕する[165]。こうしたアウグスティヌスの態度には、きわめて現代的な色合いをもつ経験主義が見られる。

つぎに、「弁証論」（disputationis disciplina）を取り上げるが、これには論理学と弁証論というふたつの側面があり、分けて考えるべきである。前者の影響は見極めにくい。アウグスティヌスが論理学の知識から、推理における厳密さ、思考の展開、問題のまとめ方などを学んだことをだれが知りえようか。

ここでは、より技術的な側面について述べよう。アウグスティヌスにおける論理学は、神学の本質的な道具として用いられている。出発点には権威が用いられている。そこには、まず聖書があり、つぎに教父たちの主張から成る伝統、宗教会議の決定、そしてさいごに、教会の規律や典礼に見られる「神の民〔教会〕の慣習」（mos populi Dei）がある。神学者固有の努力は、これらの諸要素をもとに合理的に推論し結論を導き出すことにあるが、その推論の手段として用いられるのは、いくつかの資料、文書、命題をもとにした論理学であり、しかもそれだけである。

それは、『三位一体論』の最初の八巻によく示されている。アウグスティヌスはこの長い説明において、信仰の偉大な神秘を理解可能なものにするため、より明白に言うなら合理的に提示するため、その手段として論理学を用いている。

まず第五巻を見てもらいたい。かれはそこで、アリストテレスの「実体」と「関係」の範疇を利用している。神のペルソナの区別は「実体」ではなく「関係」にかかっている。「関係」の範疇をもとにひとつのペルソナについて否定できることは、「実体」の範疇のもとに三つのペルソナについて肯定することとは違う[166]。

第七巻では、論理学のあらゆる手段を尽くして三位一体の神秘に関する説明がみごとに展開されている。神の本質と三つのペルソナは、ひとつの類と三つの種、ひとつの種と三つの個、またひとつの存在と三つのあり方などとして受け留めることはできない[167]。要するに（調整役としての伝統の働きに留意するとして）、『三位一体論』における方法の要点は、文法を用いて聖書から取り出した資料を論理学によって解明することにある。このことは歴史的にきわめて重要なことである。そこにはすでに実質的にスコラ神学の方法となるものがあり、またその最初のそして長いこと唯一の師であったアウグスティヌスは、ここにその先駆的な姿を現わしているのである[168]。

一方、アウグスティヌスによる弁証論の用法については、くわしく説明するまでもないであろう。論争における弁証論の幅広い役割について、かれほど上手に教えてくれるものはいない。かれが長期にわたる異端論争においてあれほどの勝利を収めえたのは、だれにもまして弁証論に精通していたからである。弁証論のおかげでかれはマニ教徒やドナトゥス派を苦もなく論破し、論争に長けていたペラギウス派をも受けて立つことができたのである[169]。

論争家としてのかれの評判は高く、その余りに巧みな弁舌に対して、論敵も苛立ちを隠さなかった。かれらは臆することなくアウグスティヌスを詭弁家扱いしたが、かれらの批判そのものがかれに取るべき方法の筋道を教えてくれた。かれは弁証論の乱用を責めるドナトゥス派のクレスコニウスに対し、聖書の権威をたてに弁証論の利用の正当性、必要性を立証し、また「真の論争者」（verus disputator）、「真理と誤謬の弁別者」（veritatis et falsitatis discreditor）をもって自認している[170]。かれによると、弁証論は真理の闘士にとり誤謬に打ち勝つための重要な武器であり、論争の方法そのものを指示してくれる。

かれが弁証論を行使した手法については、今更、説明するまでもないであろう。弁証論は、論理学と修辞学という相接する学問を次々に組み合わせ、いかなる手段も疎かにしない。しかしこうした方法に絶対的な信頼を寄せることから来る難点も指摘しておかねばならない。私は先に、アウグスティヌスは論争に熱中するあまり往々にしていくらかことばが過ぎることを指摘しておいた[171]。実際、宗教的論戦においてはしばしば、講堂あるいは学校における「反駁弁論」（controversiae）のような雰囲気が見られる。議論が昂ずるにつれ、アウグスティヌスは理論の重々しさを忘れ、一介の修辞学教師になってしまう。

　われわれは、かれが巧みに論敵の弱みに付け込み、論敵が自ら否定せざるをえない論理的な結論をその命題から引き出してかれを追い詰め[172]、また軽率にも自分の敵に回る権威を称賛するのを見て、困惑させられる[173]。しかし論敵に譲歩することは最大の弱みであり、それを避けるため強硬な態度を取り、自分の退路を断つため自分のあるべき立場を超え、最小のものを確保するため最大の主張をする[174]。

　こうしたことはすべて、それ自体正当ではあっても、方法の乱用である。アウグスティヌスの考えは、誇張されることによって変形、変質し、時にはそれを表現する論戦の様式に従って歪曲されている。そこから、かれの記憶や教えを混乱させ、かれが仕える教会の平和を乱すような多くの誤解と誤謬が生じている。

　つぎに、歴史がある。その役割はきわめて重要かつ多様で、おそらくキリスト教的学問全体においてもっとも独創的なものである。先述したように[175]、デカダン期の教養人にとって歴史は修辞学の下女にすぎず、その役割は文体を飾るための事例（exmpla）を提供するだけであった。

　アウグスティヌスはこうした用法に通じ、その著述において歴史上の逸話を自由に取り入れているが、それはたいてい読者を魅了しくつろがせるためである[176]。しかし、いつもそうだとは言い切れない。歴史への言及は、「驚異的なもの」と同じ利用価値をもつこともある。

　伝統的な逸話は、事実であるかぎりにおいて現実的なもの具体的なものと関連をもち、とりわけ説得力のある論証になりうる。そのためアウグスティヌスは、護教学において歴史を利用する。異教徒は聖書のなかにあらゆる奇跡の叙述があるのを見て、聖書を信じようとはしない。しかしアウグスティヌスは誇らしげに答える。キリストのものとされる奇跡で、理屈ぬきに（a priori）信じられないものが何かあろうか。現にわれわれの眼前で、キリストの名において、秘跡、祈り、聖人たちの聖遺物によって「今日なお、奇跡が起こっている」（Nam etiam nunc fiunt miracula）と言い、当時の二〇の奇跡について詳しく説明している[177]。

論証の筋道は、はっきりしている。かれは、純粋に理論的な異論に対しては歴史的に確認された事実をもって答える。この事実をまえにして、理性は同意するしかない。そのためかれは逸話に関する正確な時、場所を明示し、関係する証人を立てることによってその歴史性を確立しようと努める。

たしかに、こうした努力にもかかわらずかれの主張は現代の読者には必ずしも受け入れられない。われわれから見ると、かれはしばしば十分、批判することなしに鵜呑みにしがちである。とはいえ、かれは真理を確立するためできるかぎりの努力を払っている。かれのように「驚異的なもの」に関する知識をもって現実のものを見るのに慣らされた人間にとって、哲学者たちが合理的なものとして提示することを否定する方が[178]、「驚異的なもの」の魅力に比べていかにたやすいことであったかを忘れてはならない。かれにとってすべては可能であったし、また真正、真摯な証言をまえにしてあえて反論できたであろうか。かれは歴史重視の立場から過度に反応し、間違ったといえるかもしれない[179]。

他方、アウグスティヌスにおける歴史は、より技術的な側面を見せてくれる。歴史は時として、異端者との論争において果たすべき役割をもっている。それはとくにドナトゥス派との論争において著しい。アウグスティヌスは、ミレヴィスのオプタトゥスが残してくれた前例を重視していた。つまりドナトゥス派の質問全部は教えの点では取るに足らないものであるが、しかし議論の的になっているのは事実ということである。ドナトゥスは、カエキリアヌスのカルタゴ司教選出の正当性を否定するだけの証拠をもっていたのか、否か。かれの支持者たちが純粋な規律の遵奉者をもって自認し、カトリックは「裏切り者」と手を組んでいるとして非難したのは、証拠があってのことか。これらは、歴史によって裁かれるべき事実の問題である。

先述したように、アウグスティヌスはこの分野においてきわめて正確かつ綿密な考察を重ね、また第一級の公的資料をもとに厳密に学問的な離教史を編み出し、それをもとにカトリックの立場を擁護している[180]。

しかし、歴史がとくに重視されるのは護教学においてである。アウグスティヌスは歴史の必要性について、やや不器用ではあるがしかしはっきりと『キリスト教の教え』において認めている[181]。かれによると、年代に関する知識は多くの難解な問題を解決するのに役立つ。たとえば、かれはパウロやペトロあてに書かれたとされるキリストの書簡について、それは年代的に見て不可能であるとしてその正銘性を否定している[182]。

しかしそれは、外的な側面にすぎない。つまりキリスト教護教学は、単に折にふれて歴史を援用するだけではない。キリスト教は、教義、啓示の内容そのものにおいて歴史を必要とする[183]。異教とユダヤ・キリスト教との間には本質的な相違があるが、その相違は神話ではなく歴史にもとづいている。イエスは処女マリアから生まれ、ポンショ・ピラトの治下に苦難に会い、死に、葬られ、三日目に復活したなど、信仰のすべての本質的な要素は、こうした一連の歴史的事実にもとづいている。われわれの信仰が空虚なものでないのは、これらのことがこの地球上のパレスティナにおいて、アウグストゥスとティベリウス帝のころ実際に生起し、オリンピア祭と執政官の名の連なる実際の歴史上の一時期に根ざしているからである。

しかしキリストの生涯そのものは、長い歴史の到達点にすぎない。かれは預言者によって予告され、太祖、王たちの子孫でなければならず、キリスト教の前提となっているのは人類の創造と堕罪以来のイスラエルの歴史である。

このような教義上の考察から、二種類の歴史研究が必要になってくる。まず、悪意による反対あるいは疑問に対しては、たしかに聖書と福音書の歴史があり、聖書の教えはこの点で首尾一貫していることを確証する必要がある。

だからこそ、アウグスティヌスは旧約聖書の注解において、とくに「創世記」が太祖たちの生涯に関連してあげる数字をもとに、聖書に関する年表の作成に取り組んでいる[184]。たとえば大洪水の物語を史実として受け取るためには、マテュサレムは大洪水以前にたしかに死去したとしなければならず、こうして『福音書記者の一致』が書かれたのである。つまり四福音書記者たちの記述は、互いに矛盾するものではなく、かれらはひとつの結果を認知しているにすぎない。

こうした研究の正確な射程については、先に自然学の問題について述べたような点に注意する必要がある。アウグスティヌスが自問する問題は、科学的というより護教的であるということである。かれはこの問題の検討にあたって、聖書の内部に自分をおき、聖書が霊感によるものであるか、厳密に真実なことを伝えるものであるかといったことは問題にしない。かれの唯一の目的は、聖書に含まれる一見、矛盾するように思われるものも解明可能であり、われわれの聖書に対する信仰はいかなる不可能なことにも妨げられないことを示すことにあった。かれは、共観福音書から信ずるに十分な理由を取り出そうとしているのではない。かれの著作は、異教徒ではなくキリスト教徒に向けて書かれている。かれの唯一の望みは、四つの物語は正確であるということのほかに、四福音書の間には、その文学様式においてまたごく詳細な部分においても解明不可能なもの、矛盾するものは何もないことを明示することにある。かれは、提示する解決が巧緻にすぎるか否かは気にしない。解決が外面から見て真実らしくないとしても、それはなお可能なものであり、それが信仰に向かわせるものであるならば、それで十分である[185]。

これに対してもうひとつの歴史研究は、客観的な学問の領域に関するものである。われわれは聖書のおかげで、人類の起源の歴史、選民の歴史、メシア到来への準備、メシアの生涯の歴史を知っている。この物語は、首尾一貫したものとして明示されているとはいえ、われわれがそれを一般史に取り込み諸帝国の比較年代記のなかに位置づけないかぎり、それはまだ神話にすぎない。

アウグスティヌスは、ごく早くからこうした必要を意識し[186]、『神の国』においてそれを実現しようとしている。とくに第一八巻は全部、アブラハムの誕生から聖霊降臨つまりキリスト教の草創期に至るまでのイスラエルの宗教史に当てられている。そこには、聖なる歴史があり、すべての出来事は、年代順に、諸民族の歴史と比較対照して忠実に記されている。アブラハムが生まれたのはニヌスがアッシリアの第二代目の王であったころ、アエギアレウスの後継者エウロプスがシキュオン（Sicyone）を支配していたころである[187]。イエスは、ふたりのジミヌスが執政官であったときの四月の第一日の八日前に死んだ。そして聖霊降臨と教会の創立は同じ年の五月の第一五日であった[188]。

アウグスティヌスがこうした説明に用いた資料は、ヒエロニムスが翻訳したエウセビオスの『年代記』（Chronicon）である。これは、長期にわたる研究の成果をまとめた膨大な著作である。早くから、アンティオキアのテオフィロスやユリウス・アフリカヌスのころからすでにキリスト教思想家たちは、こうした一般史との調和の必要性を感じていたのである[189]。アウグスティヌスがこれらの歴史書に寄せる子どもじみた信頼を見て、現代人は時として微笑を禁じえない。しかしアウグスティヌスは果たしてエウセビオスの仕事をやり直し、同じように徹底したしかもより確実なものを創り出すだけの余暇と手段をもっていただろうか。いずれにせよ、アウグスティヌスは専門の歴史家ではなく神学者、護教家であった。かれが必要とする道具を専門家に頼み込むというのはまったく正しい。そしてエウセビオスの年代記は、物知り的知識の分野において当時の人々が手にしうる最良のものであったのである。[190]

さいごに、歴史に関するアウグスティヌスの教養がいかに深く広かったかを示さずして、この項を終わるわけにはいかない。かれによると、聖書は一般史の一部を成すものであり、そのなかに組み込まれている。他方、聖書の教えは、歴史全体について思考し、理解し、その意味を見出すための原理を示している。

啓示のおかげで、キリスト教徒は世界の歴史全体を思い描くことのできる指導原理を所有している。かれはまず、世界は創造にはじまりさいごの審判で終わる歴史を有していることを知っている。人祖の堕罪、神の子の托身を待つ長い待望の期間、地上におけるキリストの生涯、可見的な教会の発展、教会がキリストの再臨を待望しつつ捧げる果てしないいけにえ、こうしたものが歴史の枠組みとなっている。神の摂理、地上の国と神の国というふたつの国に象徴される善と悪との争い、こうしたものが、混迷のうちに展開される出来事を解明するためのキリスト教徒の原理である。

こうして見ると、キリスト教の教義を取り扱うアウグスティヌスが、どのようにして歴史哲学を素描するに至ったかがわかる。[191] 人類の発展に関する現代人の思想がどれほど『神の国』の著者に負うていることか、今更、繰り返すまでもないであろう。[192]

第五章　聖書とデカダン期の教養

I　学問の衰退と聖書学習

ここで今一度、先にあげた「教養の浸透」という現象に注目してもらいたい。アウグスティヌスは特定の文化社会のなかで生き、思考し、その知的生活、教養は、この文化社会における知的方法のあり方に大きく依存していた。われわれは先に、こうした影響のもつ第一の側面に目を通した。そこで明らかになったのは、アウグスティヌスが規定し実践した聖書学習は、かれを取り巻く世俗的教養の伝統を反映し適用したものであったということである。

さらに、文化社会は知識人が利用する基礎原理、材料を提供するだけでなく、漠然とはしているが、かれらの知的活動に一定の方向を指示し、たいていは無意識のうちにしたがってそれだけ抗しがたい力をもってきわめて多様な需要、要求を教養のなかに創り出す。

アウグスティヌスはキリスト教的教養を宗教生活の諸要素に完全に服属させ信仰に役立つ、「ひとつの道具」(machina quaedam) にしようと努めたが、むだであった。実際かれは、この原理を徹底させることはできなかった。古代の教養人の好みと慣習は、聖書に対するかれの考え方、その学習方法のなかに持ち込まれている。時としてかれはそれを意識し、戦おうとする。しかしたいてい、こうした影響は無意識のうちに浸透し、それに抵抗する間も与えず作用している。

　こうした現象は、これまで検討してきたものとはきわめて異なっている。それは、一旦キリスト教特有の学習課程が決定されたあと、それを補完する手段を世俗的伝統から借用するということではない。以後、教養に見られる宗教的性格は、宗教とは無関係な願望を実現するためのひとつの仮面にすぎなくなる。聖書の学習はキリスト教徒の魂を養うためのものではなく、厳密な意味での文化活動のための口実であり機会となる。

　先述したように、世俗的教養は文学的精神と「好奇心」（curiositas）というふたつの面で影響を与えている。まず好奇心であるが、これも先に述べたように、護教に必要であるという理由から、聖書の逐語的（ad litteram）解釈のなかに学問的探究と思索が再び導入されている[1]。たしかにアウグスティヌスは、この種の学習を信仰の擁護というひとつの枠内にきびしく限定しようとしている。しかし正当な学習と、非難されて当然の、何でも寄せ集める好奇心との区別はきわめて難しい。どこまでが厳密な意味での聖書注解で、どこから純粋な学問つまりアウグスティヌスが「自然学者」に委ねようとした「宇宙の知識」が始まるのか。アウグスティヌス自身、自分の厳しい原理にもとづいて行動し、けっして押し流されることはなかったとだれが言いえようか。

　この不確実な限界を確定することはあきらめよう。アウグスティヌス自身の態度よりも同時代の人々の態度の方が、聖書学習への好奇心の浸透をはっきりと示してくれる。実際、かれが取り上げた自然学の諸問題はいわばかれ以外の人々から持ち込まれたものである。では、それはどのようなものであったか。

　要するに、信仰の内容に無関係な宗教的問題などありえない。しかし、宗教的諸問題が提起されるうらには、純粋な思索と同時に、微妙なしかし奇妙な問題や複雑で例外的な事例に対する趣味が示されている。たとえば天地創造の四日目の月は満月であったのか上弦の月であったのか[2]、アダムとエバは創造されたとき大人であったのか[3]。聖書がhomoというとき、それは男性と同じく女性についても言われているのか[4]（ここにはのちメロビング期の宗教会議が多数決で解決した女性の霊魂の問題が示唆されている）など[5]、アウグスティヌスはこうした問題の解決に引きずり込まれている。『神の国』だけでも、こうした珍妙な問題はありすぎるほどである。太祖たちのおそい思春期[6]、島に棲む動物（ノアの箱舟で救われた動物は外に出たのか、どのようにして出たのか）[7]、復活について（死んだ子どもは大人として復活するのか、流産した胎児（foetus abortivi）はどうか。聖書に書かれているように人の髪の毛が一本も失われないとしたら、そり落としたひげ全部を身につけて復活するのだろうか。また切り取った爪は。人食い人種に食べられた人の体はどのように栄光に包まれるのだろうか）など[8]。

　こうした問題提起は、先述したようなデカダン期の文人たちの教養を支配していた「好奇心」の現われであると見るのは間違っているであろうか。明らかに、かれらはキリスト教に回心したあともその知的傾向を失うことなく、聖書の学習、教養の思索にこうした珍妙な問題や「驚異的なもの」など、取り留めのない話題を持ち込んでいる。

　その決定的証拠となるのは、貴族の教養人を代表する俗人たちがアウグスティヌスに投げかける諸問題である。護民官マルケッリヌスは、つぎのような質問を持ち出している。「出エジプト記」（七、二二）によると、すでにモーセがナイル河の水を全部、血に変えているのに、ファラオの魔術師たちはどのようにして水を血に変えることができたのか[9]。またかつて親衛隊長官であったダルダヌスは、胎児は母親の胎内でどのような神認識をもちうるのかとたずねている[10]。まさにこうした問題提起には、『サトゥルナリア』（Saturnalia）の対話者に見られる特異な好奇心をキリスト教的領域に移入するデカダン期教養人の姿があると見てもよいのではなかろうか。

少なくともここでアウグスティヌスはそこに潜む危険に気づき、あらゆる手を尽くしてこうした好奇心が聖書注解や神学に侵入するのを防ごうとしている。

かれはまったく予期しなかったような問題を引き受けることもあるが、それはこれらの問題が信仰を危険に陥れるからであり、またそれを取り上げない方がより賢明であるとしてもその解決が信仰のためになるからである。少なくともかれは必ず機会をとらえて自分の不満を表明し、無分別な好奇心のままに解決不可能な遊びのようにして諸問題を持ち出す人々を非難している[11]。またたとえかれらに応える必要があるとしても、論議が長引き複雑化するのを避けさせるような解決策をもって、できるだけ簡潔かつ効果的にこれに応えようとしている。かれが言うには、「不明瞭でしかも不必要な問題で煩わされてはならない」[12]。かれは議論が長引くのを嫌い、すべての探求を不可欠かつ不可避的な最小限の要素に絞り[13]、「それ以上のことを知る必要はない」（『シラ書』三、二二）という聖書のことばを引用している[14]。

II　聖書と修辞学

「好奇心」以上に、聖書学習に影響を与えたのが文学的精神である。先述したように、教養人たちの回心を阻んでいた最大の障害はかれらの教養そのものからくる偏見、歪曲であった[15]。かれらにとって重大な悩みの種は、聖書の文学様式、その異常さ、無教養さを克服することであった[16]。これは信仰に対する大きな躓き、本質的な難点であり、聖書の歴史的批判が近代の多くの人々にもたらしたような重大なものであった。

教養人を相手にする要理教授者に対しアウグスティヌスは、まずこの問題を解決するように勧めている。「何よりもまず聖書の学び方を教え、雄弁術に欠けるとして聖書を軽視すべきでないことを教えるべきである」[17]。

アウグスティヌスは、かれ自身キケロその他の美文体に慣れ親しんでいた若いころ、聖書の卑俗な文体に接しどれほど困惑したかを想起している[18]。かれだけではない。これが一般的な反応であった。ヒエロニムスもまた、同じような失望を味わったことを告白している[19]。さらに、ラテン人だけにとどめておくが、かれ以前のアルノビウス[20]とラクタンティウス[21]も同じような困難に出くわしたのであった。

われわれから見て、こうした認識は想像しにくい。現代の多くのものにとって聖書はもはや聖なる書ではなく、かれらがそこに求めるのは文芸的価値だけである。ロマン主義の洗礼によって自由の身となったわれわれは、もはや古典主義とはなにか、また一定の基準や限定された枠組みのもつ絶対的な価値はなにかを知らず、聖書のもつ異国情緒、東方的な色彩に魅了され感動している。

しかしこうしたことは逆に、キケロやヴェルギリウス、修辞学によって教育されてきた読者を当惑させた。かれらにとって、精神生活はこの伝統的な鋳型によるものしか考えられなかったからである。

われわれはすでにラテン語を知らず、聖書も現代語で読む。たしかに、なかにはラテン語で読むカトリック教徒もいるが、しかしかれらが標準的なラテン語として考えているのは教会ラテン語である。

しかし、ドナトゥスの文法書で教育され、「ラテン語を上手に話す」（bene latine dicere）という文法を純粋な形で受け継ごうと心がけていた教養人たちは、神のことばを逐語的に書き写すことによってラテン語のあらゆる慣習つまり用語、構文、形態などを混乱させた聖書の翻訳をまえに、何を感じ取っていたのであろうか。「七十人訳」と新約聖書のギリシア語がアッティカ風の洗練された文体になれたギリシア人を驚かせたとするならば、民衆の間から生まれ、半ば無教養な訳者の手になるヒエロニムス以前のラテン語訳聖書が、どれほど当時の人々に衝撃を与えたことであろうか。[22]

もともと聖書と古典文学の伝統との対立はきわめて根深く、ルネサンスにおいて古典が教養の基礎となるに及んで教養人は再び同じような対立を経験し、キリスト教護教学も、これから見るようなアウグスティヌスをも巻き込んだ論争を繰り返さなければならなかった。[23]

こうした対立にアウグスティヌスがどのように応じたかは、ことに興味深いところである。かれは、『教えの手ほどき』（De catechizandis rudibus）において断固とした態度を示している。それによると、教養人に対してはその偏見を克服するように説得すべきである。かれらが固執する形式重視の教養は幻想であり、非難されるべきものである。重要なのは表現形式ではなく、その内容である。「魂が肉体より上に置かれるように、文章のなかの思想も文体より上に置かれるべきである」[24]。実際、この問題に対する真の解決、唯一の答えはここにある。しかしアウグスティヌスはこれだけでは満足しない。

古典拒否のこの結末は、古典からの批判はそのままに残し、教養と人間的価値の面から見た聖書は世俗の文学に劣ることを認めたことになり、それはアウグスティヌスには受け入れがたいことである。かれは、『キリスト教の教え』第四巻において[25]、あえてキリスト教的雄弁術に関する説明を中断し、長い補注をもって聖書文体の美しさを取り上げている。[26]

かれは、とくにパウロから取り出した例文をもとに、聖書は言われるような非難に当たらないばかりか、その文体は内容と同じく称賛に値すると強調する。聖書はたしかに古典とは違う「ある独自の雄弁術」（alteram quondam eloquentiam suam）をもっている。その雄弁術は、古典に劣らぬ効力をもち、霊感を得た著者の例外的な性格に見事に適合している。[27]

さらにかれはパウロの文体に説明を加え、聖書における雄弁術は修辞学の手法を無視したものではなく、学校教育における「効力と文彩」（virtutes et ornamenta）をすすんで活用していることを示す。「たしかにパウロは、ギリシア人がクリマックス（κλῖμαξ）と呼び、われわれが gradatio と呼ぶ文彩を用いている。その他、「コリントの信徒への手紙 II」を分析すると、そこには、コーラ（κῶλα）、コンマタ（κόμματα）、ペリオドン（περίοδος）と呼ばれるものがある」。

かれはこうした点を強調する。[28] こうした議論の進め方は、しばしば現代人を当惑させ、[29] その証明力は最初の論証よりはるかに弱いように思われる。[30] 繰り返すことになるが、アウグスティヌスはここでも、「最高の証明」をしようという願望と論争に混乱しているというべきだろうか。[31] そうだと断定するだけの自信はないが、忘れてならないことは、論争のこの側面はおそらく古代の読者にとってもっとも印象深いものであったに違いないということである。つまり聖書は古典に比べて何も劣るものはないことを証明することにあった。

この問題については、もうひとつの展開がある。アウグスティヌスは、やはり『キリスト教の教え』において聖書のラテン語訳には韻律による区切りがないことに気付いている。かれは、とりわけ高く評価されるこの文彩が聖書記者の文章にないことを認め、すぐにそのわけを説明し弁解している。[32]

アウグスティヌスは、文彩は別にして、聖書には文法学教師、修辞学教師が教える学芸の他のすべての手段が利用されていることを急いで付け加える。そしてこの引け目を穴埋めするため、碩学ヒエロニムスの権威を借りて、少なくとも聖書には韻律学（musica disciplina）のすべての原理にもとづく正規の詩文があると言明する。[33]

こうしたことはすべて、キリスト教徒の知識人がどれほど文学的偏見に凝り固まっていたか、まずアウグスティヌス自身がどれほどその被害者であったかを証明している。しかしそれ以上にわれわれの注意を引くのは、かれが聖書に見られる難解さに教育的価値を認めていることである。

Ⅲ　聖書の不明瞭さ

聖書は、理解困難な書である。われわれ以上にアウグスティヌスにとりまた当時のキリスト教徒の知識人にとって聖書は難解な、アポリア〔理論的難点〕、神秘に満ちた書であった。

まずわれわれと同様かれらにとっても、聖書には字義不明で、著者が何を言おうとしているのか（scribentis intentio）、不明瞭な箇所が多数あった。しかしかれらにとって聖書の難解さはより全般的でいわば常態的なものであった。それは何よりもまずいくつもの霊的、神秘的意味が字義に秘められていたからである。したがって、アウグスティヌスの聖書注解におけるこうした意味のもつ重大な役割について、少々考察しておく必要がある。

その説明は『キリスト教の教え』において展開され[34]、つぎのようなひとつの原則に要約されている。聖書に書かれていることで、信仰と道徳に直接に関係しないものはすべて、比喩として理解すべきである。（「神のことばとして述べられていて、倫理的正しさにも信仰の真実にもかかわりを持ちえないときは、それは比喩的表現であると知るべきである」[35]）。アウグスティヌスはこの命題の説明のなかで、オリゲネスと同様、まず神秘的意味の探究を優先すべきことを指摘している。旧約聖書におけるすべてのどぎつい文章、神について用いられる擬人法、ある規則あるいは物語に見られる不道徳、旧約と新約の間の矛盾は、このように解釈すべきである。マニ教徒の批判に対する反論[36]、自分の古い友人たちとの論争において、アウグスティヌスがどれほどこうした寓意的解釈を多用したかは、今更、言うまでもない[37]。

さらに、この基本原理における用語の意味について吟味したい。アウグスティヌスは、聖書に見られる信仰、道徳に「反する」ことだけでなく、信仰、道徳に直接に関連のないすべてのことも寓意的に解釈すべきであると述べているが(38)、これが聖書における神秘と不明瞭さを増幅させることになる。

聖書には、明らかに宗教的射程をもつ箇所がいくつかある。「神ははじめに天と地を創った」、「みことばは人となり、われわれの間に住まわれた」、「けっして殺してはならない」、「心の貧しい人は幸いである」など。すべてこれらの文章は、信仰と道徳の基礎を表現するものであり(39)、自分の道を探す魂にとって明確な価値を教示するものである。

しかし、聖書のすべての文章がこうした特徴をもっているわけではない。「レビ記」や「申命記」における儀式に関する規定、「民数記」のはじめにあるイスラエルの人口登録に含まれる一連の固有名詞、「ヨシュア記」の終わりにあるパレスティナの地理の説明など、それが字義だけのものであるとするならば、それはキリスト教徒にとり一体なんの役に立つのだろうか。ところでパウロが言うには(「テモテへの手紙Ⅱ」三、一六)、聖書全体は神の霊感によって書かれ、有用である。したがって、字義どおりの解釈で有用性を見出しえないすべての文章については、そこに隠されている意味を探すべきである(40)。

これは、なにもアウグスティヌスだけの意見ではない。すべてのものが聖書について似たような考え方をしていた。かれ以前の有名な寓意的解釈の理論家であったドナトゥス派のティコニウスは、聖書の深みに隠されている宝物を掘り出し、あえて言うならば聖書の霊的効率を拡大するものとして、つぎのような有名な規則を提示していた。それによると、聖書は「膨大な預言の森」(prophetiae immensa silva)であるが、それは無用で空虚なものとしてとどまる危険がある(41)。ここには、ひとつの基本概念が示されている。つまり聖書には無用なものあるいは有用性において劣るものはなにひとつない。すべては霊感のもとに書かれたもので、霊感は同じ強さをもって全体に及んでいる。

こうした考えは聖書を神秘に満ちた書にするものであるが、しかしそれを理解するにはたゆまぬ努力が必要であり、さもないと閉じられた書になる。しかし一方では、注解者は霊感による文章に対する敬意、その内容を矮小化しないかという恐れから、目にする語の意味を次々に取り替え、預言的な意味を加えて、聖書を重苦しいものにしかねない[42]。

こうした傾向は、世俗の文法教師から受け継いだ慣習によっていっそう増幅されていく。かれらは、文章を節ごとに区切って読み、さらにそれぞれの語、句を他から切り離して、一語一句ごとに細かく解釈を加えていくのであった[43]。

アウグスティヌスが文法教師から引き継いだものに、文学的手法に対する過度の信頼、解釈する文章に対する絶対的な確信がある。かれはすべてを知りすべてを理解しようとする。つまり先述したような詩文の範疇と知識の範疇を取り替えるというヴェルギリウスの注釈者に見られたような歪曲の危険が、アウグスティヌスにもしばしば見られるということである。

たとえば、ヘブライ語あるいはヘブライ語化されたギリシア語から逐語訳された旧約聖書のラテン語は[44]、アウグスティヌスにとって絶えざる驚異のもとであった。かれがそのラテン語における特有語法を理解しようとどれほど努力しても、原語を知らないかれは弾き返された。もしかれが聖書の文章について全体的印象を得ることで満足し、たとえばイギリス人が『欽定訳聖書』（Authorized version）を読むようにしてラテン語の聖書を読み、合理的説明に合わない箇所の解明などおかまいなく神秘的、詩的傾向に身を任せていたならば、不都合なことはあまり起こらなかったことであろう。

不幸にして、アウグスティヌスは仔細にわたる解釈の趣味、理性による推論といったデカダン期文法教師の慣習を聖書注解に持ち込んでいる。こうしてかれは、ラテン語では特異なものに見えてもヘブライ語の単なる訳語で格別の意味もない表現に神秘的価値を見出すべきか否か迷っている[45]。

かれは、現代の読者が判断を保留せざるをえないような点に疑念を抱くこともなく、また聖書における難解さが、実は文学史、ユダヤ文明史、考古学に関する自分の無知から来ていることに気づいていない。かれはギリシアの文法教師たちがホメロスを取り扱うような仕方で、あたかも聖書が自分と同時代の人によって書かれた書であるかのように取り扱っている。ラテン詩文には無縁であるがユダヤ人著述家にはまったくおなじみの比喩や[46]、古代パレスティナの典礼慣習を暗示するある表現のなかに隠された意味を読み取ろうとしている[47]。われわれは、若干の詩編にある副題には単に音楽上の指示や作詩者の名前を読み取るが、アウグスティヌスはそこにも神秘的意味を見ようとしている[48]。たしかに、当時の学問の水準から考えて[49]、こうした無知に惑わされるかれを責めることはできないであろう。しかし強調したいのは、かれがある資料については問題がありうること、そこには探究が必要であること、十分な探究なしの結論は早計であるということに気づかなかったことである。

しかしアウグスティヌスがわれわれの指摘や批判を知りえたとしても、かれは苦もなくそれに反論したことであろう。かれは、聖書のあれこれの文章がイスラエルの歴史のある時期について字義的にはきわめて正確な意味をもっていることに気づいていたからである（それを証明する文章は多数ある）。しかし強調すべき点は、それは、かれから見て十分な説明ではなかったということである（もしそれを認めるとすれば、すべてこれらの文章は以後、無意味で、われわれにとっては時代遅れのもので通用しないものになる）。これらの文章は、字義的にはかつてのユダヤ人には意味のあるものであったが、キリスト教徒にとっては、さらに永久的な価値のある神秘的意味を秘めているのである。[50]

また、叙述の部分について言うならば、ある出来事が実際に聖書に語られているとおりに起こったのか（アウグスティヌスが聖書物語の正確さにいかにこだわっていたかは周知のとおりである）、またそれは歴史においていかなる役割を果たしたのか、その説明だけでは不十分である。聖書におけるすべての歴史的事実は、それぞれ固有の重要性をもつだけでなく神秘的な価値と意味をもっている。それらは、「まず歴史に従って、つぎに預言に従って」考察すべきである。[51]

それは事実を全体として見た場合だけでなく、事実の細部についても言えることである。アウグスティヌスによると、全能の神が他の方法ではなくこの方法で物事が起こることを望み、聖書記者が他ではなくこのことの記憶を述べたとすれば、そこには秘められた意図があり、あることをわれわれに啓示しようとしているからである。[52]

聖書には、楽しむためだけに語り伝えるものは何もない。そこには、すべて意図されたものが記されている。ここには、アウグスティヌスがとくに高く評価していた数と固有名詞に対する寓意的解釈を正当化するための論拠がある。[53]

こうした理論は、難解な箇所を無限に作り出していく。厳密に言うならば、聖書には、当初意味がはっきりしている文章でも難解さを含まないものはないと言える。[54]さらに（デカダン期の教養人たちは理屈をこねる趣味があったことを指摘しておきたい）、文章が明瞭であるように見えれば見えるほど、実は不明瞭である。というのは、最初、理解困難な文章においては少なくとも難解な点ははっきりしているが、しかしもっともらしい最初の意味が読者の魂にすぐに思い浮かぶ場合、かれはそれに満足し、第一の意味に隠されている神秘的意味を発見するまで探究を続けようとしないからである[55]。

このような聖書の読み方、解釈、理解に対し、四、五世紀の知識人が少々、戸惑いを感じたとしても不思議ではない。さらに、アウグスティヌスがこうした特徴を正当化しようとした仕方は奇妙というしかない。神は、われわれにご自分を啓示しようと望みながら、なぜ、その手段としてこれほど難解な書を選んだのであろうか。

Ⅳ　寓意的解釈と教養

まず、こうした考え方がある。聖書における不明瞭さは、聖書の文章にはより豊かな内容が含まれていることを保証するものである。実際、文章が理解困難であることによって、さまざまな読者（熱心に学習するかぎりの）は、信仰、道徳に関する教会の教えに反しない、いずれも正当な種々の解釈を引き出すようになる[56]。

こうしたことは、聖書記者が望んだ意味がわれわれの注解から洩れ、もっともらしい仮説を立てることで満足せざるを得ないような章句の字義解釈においても起こる[57]。さらに、字義を一旦確立し、霊的意味の探究に移るときより頻繁に起こる。そこでは注解者による裁量はより大きく、ほとんどいつも、同じ文章についてまったく受容可能なふたつあるいはそれ以上の寓意的解釈が重なることもありうる[58]。たしかに神は、われわれが聖書から引き出すことをすべて予見しているのであり、多くの魂がこうした多重の解釈、多くの意味から引き出されるすべての恵みを受けるよう、このような特殊な文体をはっきりと聖書記者に示唆されたと考えることもできる[59]。

しかしアウグスティヌスがもっとも頻繁に利用したのは、こうした論証ではない。かれは、聖書の難解さは何よりもまずわれわれの怠惰に対する有用かつ健全な手段であると考えている[60]。かれが、こうした手段に期待するものはなにか。ここで重要なことは成果そのものではない。そこには、グノーシス主義、秘教といったものとの関連はまったくない。

ここでわれわれは、どのような神秘的啓示にもとづいているかはわからないが、アウグスティヌスが寓意的解釈をもってより深遠な知識、真理のより純粋な理解を得ようと期待しているなどと考えてはならない。なぜなら、難解な文章に秘められているものの内容は前もって知られているからである。そこにあるのは純粋かつ単純な信仰による教義と、神と隣人への愛というふたつの規定に要約される掟の実践だけである。われわれはまさに、この信仰の規則と、聖書の明晰な章句における明瞭な意味に従う教会の教えと合致するか否かをもとに、提示される解釈が受容可能か否かを判断するのである[61]。

したがって聖書注解の価値は、それによってもたらされる発見とは無関係である。アウグスティヌスが関心をもっているのは、文章の難解さが魂に求める注解の努力そのものであり、そこに固有の価値があるのである。

このことを示すためアウグスティヌスは絶えず「鍛錬」（exercitatio, exercere）という語を用いる。その正確な意味は、アウグスティヌスの哲学者時代の著作に示されている[62]。自由学芸の学習が哲学者の理性を鋭敏にするように、聖書に秘められた意味を理解しようとする努力は魂を試し、鍛えるというのである。「聖書の雄弁に不明瞭なものが混ざっているのは、それによってわれわれの魂のためになる真理が発見されるだけでなく、さらに、それに至るための鍛錬をするためである[63]」。聖書の不明瞭さは、「われわれを鍛錬するため[64]」、われわれの魂を鍛え、いわば「信仰者の知性を磨くために[65]」、神が望まれたのである。

しかし、「鍛錬」とは正確には何を指すのか。この語には、時として道徳的な意味合いがある。その場合、ある文章における不明瞭さは、パスカルが考えたように、神がある者を盲目にし、ある者を照らすために望まれたもののようにも思われる[66]。この場合の不明瞭さはわれわれの怠惰に課される救いのための鍛錬であり、それは怠け者を締め出し、不信心な者を神秘から遠ざけ、傲慢な者を矯正し、忍耐強く探究しようとしない自信過剰のものを抑え、迷わせる[67]。

しかしそれは例外的な意味である。この鍛錬という概念は、ほとんどいつも哲学的著作におけると同様、純粋に知的な意味を保っている。ただ、その意味する範囲は異なる。それは、『秩序論』におけるように純粋に理性的な分野において理性の活動を容易にさせるものではない。アウグスティヌスは、はるかにより低い、まったく文学的な水準から見ている。

聖書の不明瞭さと、秘められた意味探究の努力は、われわれの注意力を鋭敏にし、熱意を高め、願望を掻き立て、より積極的に真理の探究に取り組ませ、魂が退屈し挫けるのを防ぐ[68]。

ここには、教養史において無視できない重要性をもつ興味深い考え方が示されている。つまり表現の難解さと、いわばその概念を取り巻き覆い隠す神秘は、この概念にとって最高の装飾であり、最大の魅力を生み出す強力な要因である。つまり探究しようという願望を掻き立てること、そこに秘密の有用性がある。「お前がまだ理解していないことを尊重せよ。それが覆われているなら、なおさらそれを尊重せよ」。そしてアウグスティヌスは、民衆の目から隠されていた帝政末期の皇帝たちの神秘性に言及している。「だれかが尊いものであれば、それだけその人の家には多くの幕がかけられている。幕は、隠されたものの尊さを増す[69]」。

神秘は、秘密であることを喜ぶ。ここに主題の本質があり、これによって聖書における不明瞭さは正当化される。余りに理解しやすい文章、発見しやすい真理、それらはやがて平凡なものになる。「容易に探し出されたものは、たいてい興味のないものになる[70]」。これに反して理解するのに苦労すればするほど、発見する喜びは大

き い[71]。こうした喜びはつねに斬新である。発見した概念がすでに他の方法で知られていたとしても、覆われたままのその真理を再発見する喜びには新たな新鮮味がある[72]。

ごく簡単で平凡な概念も、一旦、神秘の魅力を帯びると輝き出す。たとえば、すべての誤謬を放棄し洗礼によって再生し、以後、霊によって豊かにされ教会に栄誉をもたらした魂が神と隣人に対する愛の二重の成果をもたらすと聞いても、われわれはなんら格別の反応を示さない。それはすでに周知の信仰の内容である。これに反して、巧みな注解者が、単なる女性の美をたたえるように見えるサロモンのつぎの文章に秘められた同じ信仰の内容を明かすとき、われわれはそれに魅了されてしまう。「歯は、毛を刈られた雌羊のようだ。洗い場から上がってくる雌羊の群れ、対になってそろい、連れ合いを失ったものはいない」(「雅歌」四、二)。

アウグスティヌスはそれ以上の説明を避けているが、しかしだれもこうした特別な悦びをあえて拒もうとはしない。「すべてのことを比喩を用いることによってより大きな悦びをもって知られ、なんらかの苦労をもって探求されたものがそれだけ発見の魅力を増すことは、だれひとりとして疑うものはいない[73]」。

右の引用においてアウグスティヌスは、libentius(より大きな悦びをもって)、gratius(より多くの魅力をもって)と言い、さらにそれ以前には delectat audientem(聴く人を楽しませる)、suavius(より甘美に)といった語を用いているが、ここで言われているのは、たしかに悦びであり、文学的水準の悦びである。そして『キリスト教の教え』の著者は、自分の説明をいっそう掘り下げて、無意識のうちに審美学的説明を加えている。

中世文学にいくらかでも親しんだものはだれでも、そこに中世詩学の一面を示唆する象徴的な審美学があることを容易に見抜くことであろう。吟遊詩人が多用する衒学的な難解さ(trobar clus)の説明に予想されているのはこれであり、それをみごとに実践したダンテが定義づけたのもこれである。これは、「表象という美しいヴェールをもって真理を隠す」術という表現によくまとめられている。[74]

このように、聖書の難解な章句の注解に求められる作業は、結局は、純粋に宗教的領域というよりも人間的価値、教養の領域に属するように思われる。

こうした作業の成果は、たしかに霊的射程をもっている。それはいつもわれわれのなかに神と隣人への愛を掻き立てる。しかし先述したように、隠された意味の探究を価値あるものとするのはこうした成果ではない。それは、精神活動そのもののなかにとどまるものであり、先に確認したように、ダンテが、またかれとともにトマスを含むすべての中世の理論家たちが詩のなかに認めようとしたものと実質的には同一のものである。

ここにはたしかに、今日もてはやされているものとは大きく異なる詩に対する考え方が示されている。当時の象徴による表現と現代のそれとの間には大きな差異がある。前者における比喩は理性に働きかけ、現代のそれは感性に働きかける。その象徴は、推論をもって働く理性の対象にはなりえないいわば「独自の」〈sui generis〉啓示を表明するのものではなく、むしろ、完全に定義され明瞭なことばで表現しやすい真理を単に覆うものである。

たしかに、ここにあるのは寓意的解釈における思索というより[75]むしろ詩である。[76] こうした叙述様式をとる聖書は、神の子羊、犠牲の雄牛、ユダのライオン、隅の親石といった一連の見事な比喩を連ねた書ということになり、われわれはこれらの語の固有の意味を超えて、そこにキリストの表象を発見するのである。[77]

これらの比喩をこのように理解していくと、聖書に見られるものはもはや語ではなく自然のなかに見られる事物であり、われわれの心に永遠の事実を想起させる事物そのものである。こうして世界全体は、やがて象徴の集合にすぎないものとなる。[78] これこそ、最高の詩ではなかろうか。[79]

こうした経路を経て、世俗的価値は宗教的生活に密接に結合するキリスト教的教養のなかに再び浸透していくのである。つまり寓意的解釈は、詩といっしょに文学的、芸術的とも呼ぶべき活動を再び取り込むのである。

だからこそアウグスティヌスは、かれが世俗的教養の魅力から引き離そうとする知識人たち、また学習課程のきびしさを一見しただけで逃げ出すような教養人たちに、この新たな興味の中心に注目させようとするのである。

再び、『教えの手ほどき』（De catechizandis rudibus）にあるかれのことばを聞こう。ここでアウグスティヌスはキリスト教を教えるデオグラティアスに対し、聖書の粗野な文体に躓く教養人をまえにして取るべき態度を指示し、聖書の神秘的性格にどれほどの利点があるかを説明するように勧めている。じかに告知されればそれほどの感動をもたらさない真理も、謎めいた表現で示されることによってどれほどの感動を誘うかを、いくつかの寓意の説明をもってかれらに示すべきである[80]。

アウグスティヌス自身、教養人を相手にする場合、必ずこの方法を用いている。かれはヴォルシアヌスに対し自分の主張を説明するにあたって、難解な章句の注解が「偉大な魂を魅了する」ためのものであることを強調する[81]。かれは長々と、聖書は神秘に満ちた書であり、才能に恵まれ熱心に探究する人が全生涯をかけたとしてもなお汲み尽くすことのできない深い内容をもつ書であると説明する[82]。

しかしこうしたかれの方法を単なる聖書擁護の手段として、あるいは教養人の偏見を利用してかれらを聖書学習に引き付けるための手段として受け取るのは間違いである[83]。文化的現象というものは、人が思うほど単純なものでも意欲をそそるものでもない。私から見ると、アウグスティヌスはこうした神秘を含む詩に気づき、その発見の仕組みを感じ取った最初の人物である。アウグスティヌスが、今日の読者を落胆させるような難解な文章の解釈をいかに楽しんだか、それはかれの思想を研究するすべての歴史家が指摘するところである。さらにかれはそれ以上の悦びをもって霊的、寓意的意味の解釈に取り組んでいる[84]。

たしかにアウグスティヌスは、西方のすべての正統派の聖書注解者と同じく、字義的解釈を重視することをアンティオキア学派から受け継ぎ、それを軽々しく無視することのないように配慮している。かれはそれを維持すべきことを主張するだけでなく[85]、それを確立し、第一に取り扱うよう声高に求めている。字義的解釈は堅固な基礎であり、それなしには、すべての比喩的解釈は架空の話に終わる[86]。実際、かれの聖書注解のかなりの部分は、聖書の種々の部分の逐語的注解（ad litteram）から成り立っている[87]。

要するに、アウグスティヌスの態度はすべてのラテン教父たちのそれであるが[88]、しかしかれは真のアンティオキア学徒ではない。かれから見ると逐語的注解は信仰の要求、必要性から来るもので、かれ自身それを誠実に行使したとはいえ、それはかれの好みの分野ではない。

性格から言うと若干の違いはあるが、かれの聖書注解はオリゲネスやアレクサンドリア学派のそれにはるかに近い[89]。かれ自身の言明にもかかわらず、厳密に学問的な注解は別として、アウグスティヌスは字義的注解には大して注目せず、手早く取り扱うかあるいはまったく無視している。かれがはるかに深い興味を示し、待ちかねたようにして飛びつくのは神秘的解釈である[90]。

こうして見ると、秘められた意味の探究に固有の価値があるという考えは、アウグスティヌスの知的構造のごく内密な一面を表明しているにすぎない。かれがそうした価値を引き出したのは、自分の経験、日常の聖書の読書をとおしてであった。しかし、きわめて奇妙なことであるが、アウグスティヌスはそれを意識していなかったようである。その証拠に、聖書における不明瞭さに教育的価値があるというこの説は、中世盛期においてトマス・アクイナスが取り上げ[91]、それを正当化し、聖書の権威をもって確立しようとしているが、アウグスティヌスには、こうした配慮はまったく見られない。かれは、自分の視点を正当化する必要があるなどとは全く考えていない。かれにとって、それは当然のことと思われたのである。

Ｖ　聖書注解と古典の解釈

こうした見方は、われわれから見るとき、奇妙ではあるが興味深いものである。それはのちの中世教養をはっきりと指向するものであるが[92]、他方、すでに古代の伝統に深く根ざしたものであった。アウグスティヌスと多くの教父たち、さらに当時の教養人たちがこうした特異な作業に多大な幸せを見出したとするならば、それはかれらが古典解釈に用いた慣習をそこに認め、またホメロスやヴェルギリウスの書に見出していた最高の価値を聖書のなかに発見したからである[93]。

聖書の章句における奥義、寓意的解釈に対する趣味は、実はデカダン期教養の特徴である。とはいえ、それはきわめて古い伝統の到達点にすぎない[94]。ここでホメロスの書の象徴的解釈の歴史を語る必要はないが、前六世紀中葉あるいは末期において、ホメロスについて最初に筆をとったとされるレギウムのテアゲネスは寓意的解釈を用いている[95]。

こうした方法は、プラトンの世代に確立された[96]。つまりそれを宣伝し理論づけたのは、キニク学派のアンティステネスであったようである。ホメロスの寓意的解釈は、まず哲学者たちの間で発展していったらしい。それは当然のことである。ギリシアの教師ホメロスは、すべての教養の基礎を成していたからである。しかし哲学者たちは、ホメロスには自分たちの道徳も教説も見出しえず、ふたつの態度のうちどれかを選択することになった。ひとつは急進的、極端なもので、プラトンが選ぼうとしたのはこれである[97]。それは自分たちの教養にはホメロスをまったく受け入れないということであった。もうひとつは妥協的で、巧みな本文解釈をもってホメロスのなかに自分たちの教え、道徳、心理学、さらには自然学さえ見出そうとする態度である。

これが、とくにストア学派がとった態度である。かれらは、宗教や伝統的神話に対して敵対者エピクロス学派のような偶像破壊者的な態度はとらなかった。クリュシッポス以降、ホメロスの書の寓意的解釈はかれらの間に広く普及していった。[98] しかしそうした態度を取ったのは、かれらだけではなかった。たとえばセネカによると、そのころの古典的四大学派の支持者たちもまた、ホメロスの文章をそれぞれ自分たちに引き寄せて注釈していた。[99]

こうした注釈法は、徐々に哲学者以外にも広まっていった。キニク学派はその訓話のなかにオデュセウスという象徴的人物像を大いに取り入れ、寓意的解釈を広めることになった。[100] また文法教師たちもこうした注釈法を熱狂的に取り入れ、ホメロスを道徳の教師に仕立てて『イリアス』と『オデュッセイア』を寓意的に解釈し、若者たちの知力に合わせて理解させることができた。

ラテン地方では、ヴェルギリウスが同じように取り扱われている。ここでもヴェルギリウスの書の寓意的解釈の歴史を書く必要はなく、ただ、アウグスティヌスのころその慣習が確立されていたことを確認するだけで十分であろう。[101]『サトゥルナリア』によると、マクロビウスのサークルでは、ヴェルギリウスは、ずっと以前からギリシア人のもとで「もっとも賢い詩人」（ὁ σοφώτατος τῶν ποιητῶν）とされていたホメロスと同じように取り扱われていた。人々はかれの知識を称賛し、異教の神学における権威としてこれに頼り、かれの聖なる詩の難解な内容、その奥義、神秘的意味を究めようと励まし合った。[102]

厳密な意味での寓意的解釈がマクロビウスに見られないとしても、こうした解釈が慣習となっていたことについては別の証拠がある。たとえばアウグスティヌスは、ヴェルギリウスの『牧歌、第二歌』（Eclogae II）の象徴的解釈についてふれている[103]。かれによると、異教徒たちは『牧歌』あるいは『農耕詩』（Georgica）のなかに自分たちの神的エーテルに関する観念を見出そうとしていた[104]。

セルヴィウスとドナトゥスは、その他の自然学的あるいは道徳的寓意解釈の例を提供してくれる[105]。五世紀末の神話学者フルゲンティウスの著作は、ヴェルギリウスの著作について道徳的解釈を体系的に述べ、中世の人々は熱心にこの書を求め、そこから深い影響を受けたのであった[106]。

概して世俗の文学にはあれほど厳しかったアウグスティヌス自身、『告白』においては、哲学者たちの誤謬よりも詩人の寓話はまだましだと述べている。これらの寓話（寓意を暗示していることは明らかである）は、魂の真実の食物を示しうるからである[107]。カッシキアクムでは、それ以上に踏み込んでいる。かれは、余りにも早くまた徹底して哲学に回心し詩を軽蔑する弟子たちに対して詩を擁護し、リケンティウスに対しては中断していた「ピュラムスとティスベ」の詩の学習を勧め、この両者の名を借りて純粋な愛をたたえ、この愛において魂は哲学をとおして知性と結合されると説明している[108]。

詩に対するこのような考え方はすべての人の心に深く根ざすもので、キリスト教徒もまた、ヴェルギリウスの詩に強い関心を示し自分のものにしようとした。かれらは『牧歌、第四歌』におけるメシア思想について語り、これらの詩は処女マリアとその子を連想させ、終末論的見解の息吹を預言するものとして感じ取っている[109]。この危険な試みを見て、ヒエロニムスは憤りを顕わにしているが、かれの気持ちはわかるような気がする[110]。とはいえ、こうした試みは『牧歌』の象徴的解釈がどれほど人々の心に深く刻み込まれていたかを示していることに変わりはない。したがって、かれらが最高の書である聖書について寓意的解釈を取りがちであったとしても別に驚くこともなかろう。

Ⅵ　聖書の文体と古典

さいごに、伝統的教養がキリスト教的教養に及ぼした無意識的な影響について、もうひとつの形をあげておきたい。それは、キリスト教的文体に対する聖書の影響ということである。実を言うと、これは「表現」〔説教〕を取り扱う本書の終章にとっておくことにしたが、以上の説明を完結するため、ここで続けて取り上げることにする。

ラテンのデカダンスは、その主要ないくつかの側面から見て、過激な古典主義の様相を呈している。当時の人々にとって教養を身につけ文学に通じているということは、キケロとヴェルギリウスを学び、深く理解し、ずっと記憶にとどめていることであった。

著述家の書からすぐれた表現を取り出し巧みに引用することが、かれらにとってどれほど魅力的であったかは先に指摘したとおりである。人々は自作の書において多くの古典に言及し、それを応用、引用することによって文学的文体を作り上げていた。

こうした方法は、悪趣味も加わり過度なものになっていった。屑屋が布切れを選り分けつなぎ合わせていくように、人々は、ヴェルギリウスの著作のあちこちから取り出した片言隻句をもって自分の詩を作り上げていた。こうしたつぎはぎの文学[111]（ギリシア人もホメロスをもとに同様にしていた）は、テルトゥリアヌスのころから古典的主題について行われ、四世紀のキリスト教徒の間ではひとつの流行になっていた。こうしてかれらは、福音書を含めて聖書物語全体をヴェルギリウス風の表現をもってひとつのモザイクに仕立てていた[112]。

これは、寓意的解釈をもってヴェルギリウスをキリスト教化しようとする態度と同質のものである。つまり文人たちの趣味とキリスト教の宗教的教養とを調和させようとする軽率な子どもじみた試みであった[113]。しかしこうした趣味や試みを克服することは至難なことで、聖書の知識を取り扱うキリスト教著述家の書のなかにも、その影響は目立たないながらも色濃く残っている。

キリスト教徒は「書の人」（gens du livre）であり、キリスト教的教養全体が書にもとづいている。キリスト教徒の教養人は、かつてヴェルギリウスの書についてしたように、たゆまぬ読書と瞑想をもって聖書を身につけていた。たしかに、かれらの聖書学習の理由はより複雑、根源的なものであり、かれらの教養における聖書の役割を異教徒の教養人たちにおけるヴェルギリウスのそれと同一視するわけにはいかない[114]。

いずれにせよ、異教徒が著述にあたってヴェルギリウスを思い描いていたように、キリスト教徒は聖書を思い起こしている。キリスト教徒の著述家は、宗教的性格を保持すると同時に文学的格調の高い文体を書くために聖書を利用した。アウグスティヌスは『キリスト教の教え』において聖書を雄弁の手本として見るわけを説明しているが、しかしかれよりはるか以前に、キリスト教徒の著述家たちは聖書を古典として取り扱い、聖書の比喩的表現や文言を引用し、文脈に合わせて自分たちの著作にちりばめていた。

注目してほしいことは、こうした手法と聖書の寓意的解釈との間に関連があることである。双方とも同じような方法を用い、ことばと比喩との組み合わせをもって、原文の文脈においてはまったく予見されていなかった、一見きわめて異質な考えや状況を聖書の章句から読み取ろうとしているのである。

教父たちの文体が聖書的性格を帯びていることは、しばしば指摘されてきた。それは現代の読者に強い印象を与え（やがてうんざりさせ）た。ギリシア人の教父たちには言及しないとして、アウグスティヌスと同時代のヒエロニムス、ノラのパウリヌスといった人物については研究も容易であり、また数多くなされてきた。[115] しかしこうした特徴は、アウグスティヌス自身においてもはっきりとしている。

かれがどれほど聖書の表現を取り入れているかを示すため、とくに際立った例を左にあげることにする。『告白』の本文を中央に、その上側には、文脈に合わせて書き換えられた聖書の箇所、下側には聖書の引用箇所をあげる。

適用	『告白』13, 13（14）	引用
「コリントの信徒への手紙Ⅱ」5, 7	Et tamen adhuc per fidem, nondum per speciem.	
	Spe enim salvi facti sumus. Spes autem, quae	
	videtur, non est spes.	「ローマの信徒への手紙」8, 24
	Adhuc	
	abyssus abyssum invocat	「詩編」41, 8a
	sed jam	
	in voce cataractarum tuarum.	「詩編」41, 8b
	Adhuc et ille qui dicit:	
	non potui vobis loqui quasi spi-	
	ritualibus, sed	
「フィリピの信徒への手紙」3, 13	quasi carnalibus,	「コリントの信徒への手紙Ⅰ」3, 1

	etiam ipse nondum se arbitra-	
	batur comprehendisse et quae retro oblitus, in ea,	
「コリントの信徒への手紙Ⅱ」5, 4	quae ante sunt, extenditur et ingemiscit gravatus,	
「詩編」41, 3	et sitit anima ejus ad deum vivum, quemadmodum	
	cervus ad fontem aquarum, et dicit: quando veniam ?	
「詩編」42, 2	Habitaculum suum, quod de caelo est,	
「詩編」41, 3	superindui cupiens, et invocat inferiorem abyssum	
	dicens: nolite conformari huic saeculo; sed reformamini	
	in novitate mentis vestrae.	「ローマの信徒への手紙」12, 2
	et	
	nolite pueri effici mentibus sed malitia parvuli	
	estote, ut mentibus perfecti sitis,	「コリントの信徒への手紙」3, 1
	et	
	O stulti Galatae, quis vos fascinavit ?	「ガラテヤの信徒への手紙」3, 1
	Sed jam non in voce sua: in tua	「知恵の書」9, 17
	enim, qui misisti	
	spiritum tuum	「詩編」37, 19
	de excelsis per eum qui ascendit	

in altum et aperuit cataractas donorum 「マラキ書」3, 10「詩編」45, 5
suorum
ut fluminis impetus
laetificaret civitatem tuam.

ここでは、アウグスティヌスが加えたいくつかの語を下線で示した。それ以外は、聖書からの借用である。見ての通り、ここで取り上げた『告白』の文章はほとんど聖書のことばの継ぎ合わせである。しかしこうした書き方は限られたもので、かれの著作全体ではむしろまれである。

たいてい、アウグスティヌスの著作における聖書の影響はそれほど目立たない。アウグスティヌスは聖書から比喩的表現、隠喩、韻律（かれの対照法、対句法には聖書の名残りがある）、またある種の一般的な色合いも取り入れている[116]。たしかに、聖書の模倣もある。しかしそれは巧みな仕方でなされ、原典の性格を消し去ることはない。引用も無数にある。しかしそれは、どれも思想の内容から必要とされるもので、単なる文体の飾りとしてではなく、文章を権威づけ論証するものとして引用されている。

右にあげた『告白』の例文に見られるような継ぎ合わせは例外である。しかし、それはつねに意図されたもので、若干の表現力の強化、高度な叙情的高揚を表明するものであり、最高の宗教的感動を吐露するのに役立っている[117]。

アウグスティヌスの好みには、他の著者には見られなかった一定の節度が保たれている。聖書から取り入れた要素は、しばしばヒエロニムスにおけるよりもずっと明白であり、パウリヌスよりはさらに明白である。とくに、かれらふたりが時として楽しんだちょっとした文学的遊びは、アウグスティヌスにはまったく見当たらない。はじめてアウグスティヌスに書簡を送ったパウリヌスは自分の年齢を明かすにあたって、「私は、四〇歳を超えている」とは書かない。これは余りに平凡な言い方である（周知のように、第二ソフィスト期の影響のもとに、すぐれた文体では数字を剥きだしにすることは避けていた）。かれは、「私の年は、使徒たちが、神殿の入り口でみことばの力をもって癒した病人と同じである」（「使徒言行録」四、二二参照）[118]という持って回ったような言い方をする。

こうした表現は、「ことば当て遊び」（charade）に行き着く。ヒエロニムスは時として文学の域を出て、いわば「グループゲーム」（jeu de société）の領域に入っていく。それはたしかに、思いやりのある教養人らしい遊びではあるが、余りにも子どもじみている。ローマやベトレヘムにいたヒエロニムスの霊的娘たちは、「粗品」（munuscula）として、奇妙な仕方で取り合わせた品々をかれに送って楽しんだ。そしてそれらの品々に聖書による注釈を加え、霊的価値を引き出すのが師ヒエロニムスの役目であった。

たとえばエウストキウムは、腕輪と、一通の書簡、一羽の鳩をヒエロニムスに届けさせた。博学な師ヒエロニムスは、それに戸惑うこともなく、エルサレムはエゼキエル書では腕輪をつけて現われていること、バルクはエレミアから一通の手紙を受け取ったこと、聖霊は鳩の形をとっていることを指摘し、つぎのような注釈を加えている。すぐれた作品を装う真の腕輪をないがしろにしないこと、あなたの心に記された手紙を破り捨てないこと、預言者オセアの言うばかな鳩として取り扱われることのないように注意せよ、と[119]。こうして見ると、私は先にキリスト教徒の教養人が当時のデカダンスの考え方、精神状態から抜け出すことは困難であったと言ったが、それは果たして間違っていただろうか。

第六章　キリスト教的雄弁術

I　雄弁術と文学的表現

つぎに、キリスト教的教養の第二の面を見ることにしよう。一旦、真理を把握したならば、つぎはそれを人々に知らせ、教え、説明しなければならず、そこには表現の問題がある。それについてアウグスティヌスは、『キリスト教の教え』第四巻の冒頭でつぎのように述べている。「発見〔聖書注解〕については、すでに多くのことを述べたので……神のお助けのもとに、わずかではあるが「表現」〔説教〕について論ずることにしよう[1]」。

問題の検討に入るまえに、前提としてつぎの二点を指摘しておきたい。まず、先のアウグスティヌスの文章で言われている「表現」（de proferendo）はきわめて一般的な意味をもつということである。私が本章の冒頭であげた伝統的な標題も、帝政期におけるラテン語の eloquentia（雄弁術）と同じようなきわめて総括的な意味に理解してもらいたい。つまり狭義における雄弁術ではなく、ごく一般的な文学的表現として受け留めてもらいたい[2]。

これから取り上げるキリスト教的雄弁術は、一般に説教術として理解されているが、実はそれよりはるかに広い射程をもっている。実際、『キリスト教の教え』第四巻も単なる説教論と受け取られがちであるが、これはよくある誤解である。説教がキリスト教的雄弁術全体ではないにしても重要な場を占めていることは確かであり、人々が誤解するのも無理はない。しかし古代においては、文章による文学とことばによる雄弁という現代的な区別は、今日ほど明確ではなかったことはすでに指摘しておいたとおりである[3]。

ここで注目してほしいのは、アウグスティヌスはこの文学的表現をあらゆる面から取り上げようとしていることである[4]。著作と話はきわめて近いとはいえ、かれは場合によっては両者を区別している。かれが与える勧告のあるものは書かれたものだけに当てはまるものであり[5]、ある勧告はより広く説教や私的な講話のほか、著作、簡単な書き付け、あるいはれっきとした論文調の書簡など、あらゆる形態の文学に向けられている。そこでは、書面による表現と口頭による表現は結びついている[6]。

指摘しておきたい第二の点は、こうした実際上の問題は、アウグスティヌスにとり二次的、副次的なものにすぎなかったように思われることである。かれにとって根本的なことは聖書の学習ということであった。聖書を読み、研究し、理解することは、知的能力に十分恵まれたすべてのキリスト教徒にとり本質的な義務である。これに対して聖書学習から得た真理を教え周囲に広めることは、それほど直接的、一般的な必要事であるとは思われない。たしかに、愛はそうした義務を課す。しかし厳密に考えた場合、そうした義務は、教会において教導の使命を与えられている聖職者だけに課せられている。

『キリスト教の教え』第四巻のいくつかの表現から推察すると、第四巻は他の三巻とは異なり、宗教教授を身分上の義務とする聖職者だけではないにせよ、少なくともまずかれらを対象とすると言うのがアウグスティヌスの考えのようである[7]。いずれにせよ、価値の順序から言えば、真理の発見はその伝達よりもはるかに優先されるべきである。そのためアウグスティヌスはまず最初の三巻において真理の発見について述べ、さいごの一巻だけを、「少し述べる」（**pauca dicemus**）という形で真理の伝達にあてたのである。

ところで、キリスト教的教養と伝統的な世俗の教養とは対立する。[8] 両者は、同じ構造、同じふたつの要素つまり文学の学習と表現の技法をもちながらも、二要素のどれを重視するかによってまったく異なっている。古代の教養人はまず雄弁家であり、子どもは文法教師のもとで過ごす年月を短縮して修辞学学習により多くの時間をかけたのに対し、キリスト教的教養はかれらの価値順位を覆したのであった。

II　雄弁術とアウグスティヌス

まず、問題の技術的な面からはじめよう。この問題は、聖書注解者の場合と同じことばで説教者に提起されている。聖書注解者が文法教師の教えから得ることがあるとするならば、説教者も弁論教師の教えから同じ程度の利点を引き出すことができるのではなかろうか。この新たな問題に対してアウグスティヌスが提示した解決は、聖書注解者に与えたものと似通っている。とはいえそこにはより複雑な要素があり、その射程を正確に把握しておくことは、これから述べることを理解するうえで重要である。

雄弁術の伝統に対していかなる態度をとるべきか。ここには、相互に連結しながらもそれぞれ異なるふたつの問題があり、明確に区別しなければならない。[9] ひとつは雄弁家の理想に関するもので、キリスト教的雄弁家には文章表現の洗練が許されるのか、説教者はことばに巧みな雄弁家をめざしてもよいのかという問題である。もしそれが妥当であるとするならば、つぎの第二の問題が出てくる。雄弁家の理想を実現するため、伝統的な学校では一連の手順や規則、訓練つまり弁論家になるための技術が教えられていた。そこで取り扱われているのは雄弁術というより修辞学であるが、果たしてそれを説教者に勧め、押し付けるべきであろうか。

まず最初の問題について、アウグスティヌスは自分の考えをきわめて明白に述べている。かれによると、雄弁術は良いものでも悪いものでもなく、すべてその利用の仕方にかかっている。アウグスティヌスは、『ペティリアヌスの書簡への反駁』(Contra litteras Petiliani) においてかれが雄弁術を用いたとして非難したドナトゥス派の文法教師クレスコニウスに対し、雄弁術が悪用されることがあるからといってそれを断罪すべきではないと反論している。雄弁術はひとつの武器のようなもので、兵士も用いれば反逆者も用いる。また、癒すことも殺すこともできる薬剤のようなものである[10]。

アウグスティヌスは、『キリスト教の教え』においてこの考えを再び取り上げ、そこから実際的結論を引き出している。雄弁術は人々の心に強力に働きかけるものであり、誤謬を説くものがそれを利用しているからと言って、真理を説くものがそれを利用してはならないという法はない。「真理は虚偽に対し、何の備えもなしに座して待つべきであるなどと、だれが主張できようか[11]」。

それは当然のことである。キリスト教的雄弁家は人間的技芸のあらゆる手段を真理のために役立て、真理をより効力あるもの、より理解しやすいもの、いっそう喜んで受け入れられるもの、より人々を駆り立てるものに仕立てるべきである。キリスト教的文学のめざすところは知恵と雄弁との結合であり、救いの真理という内容と、あらゆる魅力と優美さをもつ効果的な形式とを結合させることである[12]。こうした理想は、すでに多くの教会著述家が実現しようとしたものであるが[13]、実は、聖書そのものが独創的なしかも他の追随を許さぬほどの有効な手本を示している。実際、聖パウロの文体以上に雄弁なものはどこを探しても見当たらないのではなかろうか[14]。

このように、真理の伝達において正当化される雄弁術も誤謬のために利用することは許されない。しかし、雄弁術を悪用するもうひとつのやり方がある。それは、雄弁術がひとつの手段に過ぎないことを忘れ、それ自体を目的とすることであり、それを単に利用する代わりに楽しむことである。アウグスティヌスは、キケロが雄弁術の完全さのみを追求する雄弁家を非難するのを聞き、喜びを禁じえない[15]。

アウグスティヌスはキケロの非難を再び取り上げ、自分なりにそれを突き詰めていく。かれによると、美だけを求める文学的技法は不道徳なものであり、排除されるべきである。そこには、精神を伝えるすべての活動は、宗教的目的に厳密に秩序づけられるべきであるというアウグスティヌスの教養観が示されている。

かれは、キリスト教的雄弁術に関する一般的な説明において、キケロが雄弁家の目標としてあげる、教え、喜ばせ、動かすという三つを取り上げる。宗教的雄弁術の目的がまず教えることにあることは、説明するまでもない。またキリスト教的雄弁術は、時として決断しかねている人々の同意を得るため動かすことも必要である[16]。では、喜ばせることも必要であろうか。それは聴衆の注意を引きつけ飽きさせないために役立つかぎり、たしかに必要である[17]。

アウグスティヌスのこうした説明を見ると、かれはこれらの目標の受容に当たってその有用性だけを考えていたことがわかる。形式への配慮つまり文学的美がそれ自体において正当なものであり、ひとつの長所であることなどまったく考えていない。あるいはそうした考えに思い当たったとしても、すぐにはげしく嫌悪して払いのける。かれは、キケロ的な魅力ある文体をもってエレミアの荒々しいまでの神託を巧みに説明しながらも[18]、これほどの労力を、このような目的のために費やさせるあらゆる雄弁術、文学を呪う。こうした陰鬱な狂気じみたことを神がその教会から取り去ってくださるようにというのが、かれの願いである。

アウグスティヌスは、当時の教養を取り巻く雰囲気全体に意識的に反対している。それは、美的悦楽の追求に走る文学一般の思想、また、こうした文学が第二ソフィスト期の影響のもとに取ることになった特殊な面つまり過度な形式の重視と、微細にわたる説明、「文彩」の濫用、派手なことばづかい、誇張した表現、称賛演説その他、儀式向きの演説に対するかれの批判によく示されている。[19]

こうした批判に見られる激しさ、執拗さは、この問題がアウグスティヌスにとっていかに重大なものであったかをよく表している。そこには見逃すことのできない本質的な点があった。たしかに、キリスト教的教養は重大な危機にさらされていた。この教養は、世俗的教養に対抗してその理想を確立することに成功したとたん、徐々に勢力を盛り返してくる世俗的教養に再び支配されかねなかったのである。

このキリスト教的教養における技法が、デカダン期教養人たちが常用していたものといかに似通っていたかは先述したとおりである。だとすれば、説教は口頭による教えを強調することによって、いま一度、古来の雄弁家の理想を復活させることはないだろうか。

それにつながる多くの手懸りがある。あらゆる文学形態は、その細かな点に至るまでキリスト教の説教に受け継がれている。異端との論争は反駁弁論を生き返らせ、殉教者や聖人たちに対する崇敬は称賛演説や追悼演説に主題を提供していた。

こうした類似は余りにも明らかで、著者や読者は自分たちの趣味や習慣を教会内部に一括して移入し、原則として神に捧げられる知的活動をまったく世俗的なものにしようという誘惑に駆られがちであった。周知のように、そうした危険は単なる想像にとどまらず、現に実在した。ギリシア地方における説教がいかに世俗的詭弁に支配されていたか、これまでにもしばしば立証されてきたところである。

まさにアウグスティヌスのころつまり四世紀末から五世紀初頭にかけて、この地方には奇妙ないかがわしい売れっ子の説教者がいて、第二ソフィスト期の弁論教師たちと同じく主だった都市にでかけ、自分たちの説教に拍手を求め、あるいは弁証論を自在に操って神学論争を挑み、あるいは宗教的主題にかこつけて文体の練習に終始するような著作を書いて運試しをしたりした。アリウス派の連中のなかにはそうした人物が多く見られた。たとえばアエキウスがいる。その他、ガバラのセヴェリアヌス、プトレマイスのアンティオコス、アマセアのアステリオスなどを思い起こしてもらいたい[20]。

一方、これも強調しておくべきであるが、ラテン人もこうした悪弊に侵されていた。かれらが説教に文学的言い回しをつけようとしてどれほどの悪習に染まっていったか、またアウグスティヌスと同郷で同時代の著述家の作品にどれほど風変わりな例が見られるか、折を見て取り上げることにしよう[21]。

話をアウグスティヌスに戻そう。かれのもとに押し寄せてその説教に耳を傾け、これを称賛した聴衆や、かれのごく些細な著作までも奪い合うようにして読んだ読者が、いつも超自然的な動機だけで動いていたわけではない。かれらの熱意には多くの世俗的な関心も混入していた。かれらにとって、アウグスティヌスは単に聖なる司教であっただけでなく、時にはとりわけ著述家であった。たしかにアウグスティヌス自身、人々の募り行く逸脱を気に留めていたが、かれの警戒心や行動もそれを消滅させるまでには行かなかった。つぎのような具体的な証言をあげておこう。

アウグスティヌスはキルタに行こうとしてトゥブルシウムを通った。その町には評判の高いフォルトゥニウスというドナトゥス派の司教がいて、これを好機に、アウグスティヌスを自派に転向させようとした。そのことはすぐに町中に知れ渡った。そうでなくともアウグスティヌスの到着が人々に知られないはずはなく、すでに一群の人々がかれの後につき従っていた。人々はこの偉大な人物がフォルトゥニウスと論争することを伝え聞いて、口々に騒ぎ立て興奮しながら教会に集まってきた。これについてアウグスティヌスは、物憂げにつぎのように指摘している。「あそこに集まった群衆のうち、自分の魂のためを思い、救いを求めて来たものはごく少数にすぎなかった。その他のものはあたかも観劇でもするかのように、討論するわれわれを見て楽しもうと考えていた[22]」。したがって、アウグスティヌスが『キリスト教の教え』において説教者に雄弁術の利用を勧告しつつも、どれほどの配慮を払ったか理解に難くない。かれは、自分が認めた雄弁術利用の射程をなんとしても限定し、きびしく制約せざるをえなかった。

要するに、物知り的教養について述べたことは雄弁術についても言える。アウグスティヌスは雄弁術、物知り的教養双方の濫用を批判し、キリスト教徒の知識人が両者のもつ危険を克服しキリスト教的生活と教養のもつ超自然的目的を達成するための手段として用いる限りにおいて、両者の受容を認め奨励するのである。

大まかに言って、物知り的教養、少なくとも最小限の教養は聖書学習にとって有用であるだけでなく不可欠であったが、しかし雄弁術にはそれと同じような必要性はない。たしかに有用ではある。しかしアウグスティヌスは、不可欠であるとまでは言わない。キリスト教の説教者は、自分の力だけで説教するわけではない。かれには聖なることば、聖書があり、この聖書自体、独自の効力をもち、ある意味ではそれだけで足りるような超自然的雄弁を秘めている。

説教者あるいは論争者は、聖書をもって自分の力不足を補うことができる。たとえ雄弁に欠けるとしても知恵に満たされた聖書のことばを適宜引用することによって、文芸をもって作成された説教ほどではないにせよ、大きな成果をもたらす[23]。

さらに、より根本的な解決策がある。教える任務を託されながら、わずかな説教さえ作成できないものがいるならば、かれは、知恵と雄弁とを兼ね備えた他の説教者が作成したものを暗記すればよい。だれも、それを咎めてはならない。聖なる雄弁家がめざす唯一の目的は魂の救いを確保することであり、文学的栄誉を勝ちとることではない。そこでは、だれが説教を作成したかは問題ではない。[24]『キリスト教の教え』の巻末には、こうした宗教的雄弁術と空疎な世俗的文学との決定的な違いが誇り高く宣言されている。

Ⅲ　修辞学の有用性

以上で雄弁術に関する説明を終え、つぎにキリスト教的雄弁術と修辞学との関連について述べることにしよう。この問題は、キリスト教的教養の内容を決定すると同時に、修辞学によって規定された通常の教養とキリスト教的教養との関係を明確にしてくれる。アウグスティヌスは、読者の関心もそこにあることを十分弁え、『キリスト教の教え』第四巻の冒頭から、できるだけ明確に自分の答えを示そうとする。[25]

その答えは、雄弁術がそれとして形成されまたその効力を発揮するためには修辞学が有用であること、しかし不可欠ではないこと、このふたつに分けて、順に説明されている。

まず、修辞学は有用である。アウグスティヌスは自分の経験をもとに、学校で教授される修辞学の規則はたとえ世俗的起源をもつとはいえ、キリスト教的教養に受容しうる技法のひとつであることを認め、若者たち（adulesctuli）の学習課程のなかに修辞学学習の場を設けた方がよいと考えている。もちろんそれだけの能力と手段を持ち合わせていればの話であるが。

つまりこうした教育は不可欠なものではなく、アウグスティヌスはキリスト教徒の知識人全部に修辞学を学ばせようとしているわけではない。これは私から見れば、きわめて重要な点である。アウグスティヌスは、雄弁術を習得するためのもうひとつの方法を知っている。かれによると、必要な能力さえあるならば、日常、聖なる雄弁術の手本や教師に接し注意深く学習するだけで十分である。それにはなによりもまず聖書があり、また著名なキリスト教著述家のなかでもとくにすぐれた著述家の著作がある。

真の雄弁家になるには、修辞学教師たちが体系化した修辞学の理論を知らなくてもこれらの書を熱心に学習し、たとえその表現形式よりも内容を学んだとしてもそれで十分である（もちろん、これに訓練、文章作成と雄弁の練習を加える必要があるが）。

これが、アウグスティヌスの主張の要約である。かれは、こうした内容をきわめて明確に説明している。しかしこれまでの研究でその射程がただしく評価されてきたか、確信はない。実を言うと、この射程は明らかに革新的で、教養史を書き換えさせるほどのものである。それは、この教養がきわめて近代的な着想のもとに何世紀にもわたる伝統と手を切り、これまでのアウグスティヌスの学習課程に見られたようなデカダン期の通常の枠組みから脱却したことを明示している。

しかし、すべてが新たに導入されたものではない。雄弁術は何よりもまず天賦の才能を前提とすること、いかなる理論的な規則も才能の欠如を補いえないこと、真の雄弁家はそれとして意識することなく規則を適用すべきこと、理論の学習に終始するよりも実際的手本にもとづく学習が優ること、こういった思想はすべてこれまでしばしば指摘されてきたことであり[26]、古代の学校で教えられ、少なくとも最高の教師キケロが指摘し教えたことであった。

こうした思想は、見る目をもったものならばだれでも気づくありふれたもので、キケロよりずっと以前のイソクラテスはすでにこうした考えを表明している[27]。しかしアウグスティヌスが引き出した実際的結論は、かれ独自のものである。たしかにキケロは、雄弁術は修辞学教師たちが集成した「規則」（praecepta）の機械的な適用とは似て非なるものであることをたえず言明したが、そのかれも雄弁術の教授においては雄弁家の教育の枠組みを拡大し、厳密な意味での τέχνη の補足を図っている。かれは決してこの τέχνη なしの雄弁など、まったく考えていないようである。かれは弁論術を教授するだけの修辞学教授には反対したが、所詮かれもやはり修辞学教師であった。キケロは、『弁論家』（Orator）の著者であると同時に、『発想論』（De inventione）、『トピカ』（Topica）の著者でもあったことを忘れてはならない。キケロにとって修辞学は満足すべきものではなく、アウグスティヌスにとって修辞学は不可欠なものではなかった。

こうした言明の斬新さを理解しておく必要がある。アウグスティヌスの言明は、とりもなおさず八〇〇年にわたる伝統と手を切り、当時の人々が教養の核心と考えていたものに反対することにあった。このように雄弁術と修辞学とを分離したこと、幾世紀もの間あれほど注目されてきた学芸を意識的に除外した雄弁家の育成を考案したことは、まさに革新というべきものであった。

こうしたアウグスティヌスの教育論は、二重に革新的であった。まず、それは厳密に宗教的性格のものであった。聖書と教父、これだけが聖なる雄弁家を育成する「古典」である[28]。つぎに、その方法はきわめて近代的なもので、要するに今日われわれが用いるそれであった。天性の能力を信じ、著名な弁論家の書を読むことによって文学的学芸の感覚を発達させ、またかれらが用いた技法の修得よりもその精神の把握に努め、その後、かれらを手本に自由に練習に励むことである。

これらのことはすべて、万人が認め受け入れている理論と規則にもとづく雄弁術の仕組みを意識させ、すべての人に同じ枠組み全体を押し付けた古代の修辞学教育とは対立するものである。

こうした近代的な性格は、それほど強調するまでもないであろう。しかしあまり性急に、アウグスティヌスの学習課程はひとつの前進、現代教育法の先駆であったと考えないようにしたい。むしろそこには、まずデカダンスのひとつの結果が認められる[29]。アウグスティヌスは、古代修辞学の技法を無視するような素振りはまったく見せない。かれの考えでは、人々がそれを学び利用するなら、それに越したことはない。かれが他の方法を提案するのも、それが最良のものであるというよりむしろより簡便で実際的であり、手っ取り早いと考えているからである。修辞学教師の教授がいかに複雑で微細にわたるものであり、その修得にどれだけの歳月がかかったかを思い起こしてもらいたい。それを完全に修得したものはいなかった。四世紀の教養人たちは、すでにかれらの教師キケロがそうであったように、「生涯にわたって修辞学の学習者であった[30]」。

アウグスティヌスが、何よりもまず避けたかったのはこの点である。かれは短期間に修辞学を学びうるものにだけその学習を認め、成年に達したものがなお修辞学学習に取り組むのをどうしても許せなかったのである。そこには、デカダン期の教養における学校教育的な性格とその幻想に対する反動がはっきりと示されている。われわれはさらに、それ以外の重要な事柄に注目すべきである。つまり修辞学は教養や生活の目的ではなく単なる手段（表現を創り出すための手段であり、またその表現自体が他の目的に向けられている）としての本来の位置に、断固、戻さなくてはならない。

デカダンスは、もうひとつの仕方でかれの考え方に影響を与えている。必要な知識を最小限度にとどめようとするアウグスティヌスの執念がそれである。これはかれのなかにたえず見られるものであるが、それは、全教養を唯一の必要事つまり宗教的目的に秩序づけようという配慮だけでは説明のつかないものである。

そこにはまた、学問の全般的な衰退、文化の全面的な下降が反映され、影響を与えている。それは、すでにアウグスティヌスの周辺に蛮族時代が到来したことを告げるものである。アウグスティヌスは、弟子たちが課せられた課業に取り掛かるまえから気弱になっているのを見抜いている。ただでさえこれほど複雑なしかし必要な聖書に関する知識を修得しなければならない聖職者、キリスト教徒の知識人に対し、世俗の教養人たちの学習活動の大半を占めるほどの修辞学学習を求めることはできない。

　アウグスティヌスが奨励する方法の大きな利点は、まさに「学習内容の軽減」であった。キリスト教徒は聖書、教父たちの著作に取り組み、たとえそこに救いの教えを探るだけにせよ、ほとんど無意識のうちにそこから雄弁の手本を学び取り、こうして「内容」（res）に関する知識だけでなく、さらに「ことば」（verba）の習熟という一石二鳥の成果を収めるのである。

Ⅳ　キケロ的伝統とアウグスティヌス

　したがって『キリスト教の教え』には、それまで古代の学校で教えられていたこととはきわめて異なり、アウグスティヌスの鋭敏な才知とデカダン期の必要事を明示する新たなにかがある。アウグスティヌスが通常のこととして考えていたのは、たしかに第二の解決策つまり自由な模倣という方法であった。かれによると、修辞学教師の教えを受けたものでそれ以外の方法を実際に用いることのできるものは少ない。

　第四巻を見ると、アウグスティヌスが、何よりもまず別の仮定に立って新たな教育論を書こうとしていることは明らかである。すでに第一章において予告しているように[31]、かれがめざしているのは τέχνη つまり厳密な意味における「修辞学」（ars rhetorica）ではない。したがってこの第四巻に、修辞学の古典的教科書が取り扱うような発想とそのトピカ、配置とその六部分、措辞、記憶、所作などを探してもむだである。そこで用いられている専門語からもわかるように、かれがそこで相手にしているのは、むしろ伝統的な学業を終え修辞学の規則を実践に移そうとする若者である。[32] 脇道や偶発的な討議は別にして、そこにあるのはごく一般的な勧告、いくつかの例、それだけである。

その勧告は古典とくにキケロから借用したものが多いが、[33] それは、古代の雰囲気のなかで育ったアウグスティヌスにとっては、当然のことである。かれが、かつて受けた教育のなかから真実かつ有用であると信じたものを取り入れたとしても不思議ではない。[34]

ではより詳しく見るとして、かれはどのような要素を取り入れたのであろうか。明晰さの必要性、例における道徳的価値など多くの付随的な説明があるが、これは大して重要ではない。これはかつてキケロが述べた経験による真理であるが、しかしアウグスティヌス自身が考案しえたものあるいは考案したかもしれない程度のものである。

アウグスティヌスが取り入れた要素でとくに目立つのものとしては、相互に関連するふたつの理論がある。それは、雄弁の三つの目標（教え、喜ばせ、動かす）と、[35] それぞれにふさわしい三種の文体（簡潔な、生き生きとした、感動的な文体）と、その用法である。[36]

ここには明らかに、すべての雄弁に当てはまるごく一般的な要点が取り上げられている。そこにはまた、人間のことばに求められる要素について、要約的ではあるがしかし正確な分析にもとづくいくつかの指摘がなされている。アウグスティヌスはこれらの要素をもとにキリスト教的雄弁術の理論を展開しているが、それが冒頭に述べた前言に矛盾しているとは考えていない。かれが取り上げようとしているのは、修辞学（それは発想、配置などに関する明確な規則の集合である）ではなく、せいぜい可能なかぎりの修辞学的なものの基礎である。とくに、アウグスティヌスのような古代の人の目には、これらの基礎知識は必要な真の「範疇」を形成するものとして、しかも形式論理学における「範疇」と同じく絶対的な射程をもつものとして映ったはずである。

アウグスティヌスがこうした「範疇」をどれぐらい不可欠なものとして考えていたか、『教えの手ほどき』が教えてくれる。これは、要理教授にたずさわる一助祭のために実践的な目的をもって書かれた提要である。それはきわめて簡潔、直接的で、あらゆる学問的要素は一切、抜きにして書かれている。とはいえ、アウグスティヌスはここでも雄弁術の三つの目的に関する勧告をキケロの枠組みに従って取り入れている。ただ、古典的順序ではなく、『キリスト教の教え』において述べた優先順位に従って、教える、動かす、喜ばせるという順に並べている。[37]

V　アウグスティヌスによるキリスト教的雄弁術

実は、アウグスティヌスによるキリスト教的雄弁術は古代雄弁術の諸要素を取り入れているとはいえ、規則を編み出した世俗の学校の雄弁術とはひどく異なっている。[38] それはまず、宗教的雄弁術である。その対象、目的はともに超自然的なものである。そこで取り扱われるのは、「われわれを永遠の悪から解放し、永遠の善に導く」崇高な真理である。[39] また聖なる雄弁家がめざすのは魂をキリストにおいて再生させることで、[40] アウグスティヌスはその説教においてしばしばこの思想を取り上げる。[41] こうした明確な意識は、ことばの巧みさのみに走りがちであった雄弁術を、真摯で重厚な雄弁術に引き戻すだけではない。たしかに、福音を教えることと薔薇や月桂冠目当ての称賛演説を書くこととは、別ものである。[42] さらにアウグスティヌスは、こうした意識をもとに、宗教的要素がキリスト教的雄弁術において果たすべき本質的役割を明らかにしている。

実際、キリスト教的雄弁術はあらゆる面で厳密な意味での技法の分野を超えるものであり、説教者は、どれほど巧みにことばを配合したとしてもそれだけで目的を達成しえないことを悟るべきである。

聴衆は、説教の魅力、迫力以上に、説教者自身の生活の模範によって動かされる。説教者は、徳を積み、自分が教える信仰に従って生きなければならない。[43] とはいっても、これはありふれた勧告である。カトー以来つねに、雄弁家は「よい人」でなければならないと繰り返されてきた。しかしこうした勧告も、ここではより新たなより深い価値をもっている。そこで言われているのは、聴衆の賛同を得るために説教者に対するかれらの好意を利用するということだけでなく、ことばによる雄弁術以上の効力をもつ、沈黙による雄弁術としての「模範」そのものの価値である。[44]

それでもまだ、不十分である。説教者がいかに有徳な人物であっても、その教え、勧告が成果をもたらすためには自分の力だけに頼ってはならない。「そのみ手の上に、われわれとわれわれの話がおかれている」神だけに頼らなければならない。[45]

恩恵の博士であるヒッポの司教は、すでに『教師論』（De magistro）においてつぎのように述べている。「あなたたちはみな、ただひとりの教師しかもたない。それはキリストである」[46]。「話すのは私であるが、あなたたちに教えるのは神である」[47]。したがって、キリスト教の教師は語り書くまえに、潜心し祈らなければならない。神に対し、自分に霊感を与えてくれるよう自分のために祈り、自分の教えることばが無駄にならぬよう聴衆のために祈らなければならない。説教者は、エステルが民衆に語りかけるまえに祈ったように祈らなければならない。説教者にとって祈りは最良の準備である。[48] アウグスティヌスはこの点を重視し、『キリスト教の教え』の末尾において再度、これを繰り返している。[49] つまりこれはかれが説教者に与える最高の勧告である。

また、アウグスティヌスは本質的に宗教的なこの特質から美的要素を引き出す。上述したように、たしかにキリスト教的雄弁術に関する理論は、大筋において三つの目標と三種の文体に関する従来の説明の繰り返しにすぎない。それによると、キリスト教的雄弁術は、教え、動かし、喜ばせるという目標に合わせて、それぞれ平淡体、荘重体、中庸体といった文体を用いなければならない。[50] しかし説教においては、こうした用法に若干の変更を加える必要がある。説教では、教えることはほとんどつねに必要であり、動かすことは時として必要である。しかし喜ばせることは不可欠なものではない。せいぜい時として有用であるにすぎず、往々にして余分なものである。したがって、とくに文芸的配慮を凝らして聴衆を魅了することを狙う「飾り立てた文体」（**temperatum genus**）は、原則として多用してはならない。

すべての分野について言えることであるが、一般に、アウグスティヌスは弁論家が多用しがちな気取った文体や、とくに目立つ表現、要するに「手の込んだ技巧的な文体」には反対する。

こうした批判を裏付けるためアウグスティヌスはキプリアヌスの文章を引用して、文彩に凝り流麗な弁舌を用いがちな説教者たちを批判し、むしろキリスト教的雄弁術の理想は簡潔さ、節制、荘重さにあると強調する。[51] 説教にも技巧がないわけではないが、あってもそれは控え目にとどめるべきである。アウグスティヌスは見事に調和のとれた結句を好んで用いるが、それは、こうした形式が特別に注意をひくこともなく聴衆に影響を与えるからである。[52]

文体に対する過度の配慮は真理に対する配慮を疎かにする。アウグスティヌスが鋭く見抜いていたように、多くの人は練り抜かれた文体によって説得されるどころか、むしろ警戒心を強め、信用しようとしない。[53] アウグスティヌスは説教の文体と目標との適合について述べたあと、そこから、説教者が留意すべきもうひとつの特性として「明晰さ」をあげ、詳しく説明する。かれによると、「われわれの言うことを理解してもらうように努めるべきである」（ut intelligamur instandum est）。また学者を対象に神学上の難問題について論文を書くにしてもあるいは知的能力の低い民衆に説教するにしても、まず第一に考えなければならないことは、教養の低い相手にとって難解なあるいは不明瞭な「気取った文体」（verba cultiora）は避けなければならない。

アウグスティヌスによると、たとえ文法の規則にもとり、古典的用語の純粋さを欠き、世俗の伝統が高く評価する「ラテン語の純粋さ」（latinitas）を犠牲にしても、「明晰さ」を求めるべきである。もともと人が話し書くのは、理解してもらうためである。たとえ文法的、文学的にすぐれていたとしても、相手が理解しないならばそれは何の役に立とうか。[54]

これは周知のことで、いまさら言うまでもない。かれが与えた勧告は、さいごのものは別としてすべてかれ以前に指摘されたもので、[55] 古典伝統の著者とくにキケロにおいて見られる。アウグスティヌスはこれらの古典の書に依拠しているのであろうか。文体における「明晰さ」、目標と文体との適合の必要性はだれでも気づくことではなかろうか。

たしかにこれらの勧告は単純なものではあるが、その時代の教養に照らして見るときそれほど凡庸なものではなく、むしろ健全かつ独創的な反応を示していると思われる。文体を簡潔、素朴な形に戻し装飾を抑制することは、聴衆に対して効果的な表現を選ぶことであり、また美文調に満足しようとする悪弊と戦い、当時の人々の趣味、流行に反対し、抵抗することではなかったろうか。

たしかに、これまでにも指摘されてきたことで今更、繰り返すまでもないが、アウグスティヌスの『キリスト教の教え』は、クインティリアヌスの『弁論家の教育』（De institutione oratoria）のように、古典主義とキケロの教えに復帰するための理論を述べたものではない[56]。しかしわれわれは、この復帰ということの明確な意味を十分、理解しているだろうか。それは、どのような堕落、退廃からの脱出をめざしていたのだろうか。クインティリアヌスからアウグスティヌスまでは三世紀以上の隔たりがあるが、それは、学芸にとってはデカダンスの三世紀であり、趣味にとっては退廃の三世紀であった。

この期間の特徴として、雄弁術はより不毛なもの、より技巧的なもの、より教科書的なもの、より飾り立てたものになったと言うだけでは不十分である。それぞれの特徴が、どの程度まで進んでいたかを認識する必要がある。人々は、「文芸的散文」（prose d’art）を書こうとするあまり混乱し、現代の読者を戸惑わせる。デカダンス末期の著者たちは、文体を引き立てるため過度の「文彩」を用い、向こう見ずの悪趣味から、ことば、脚韻、半階音、対句、比喩といったものを際限なく組み合わせていった。

他方、文学的散文は発達するにつれ、ますます本来のラテン語から掛け離れていく。学校で自分たちの言語を死語として教えられたデカダン期の文人たちは、「教養」を産み出すような構文、用語を技巧的に創りだそうと大いに苦労した。こうした努力は、実際は気取ったことばに満ちた、持って回ったような文体、アウグスティヌスが純化に努めた「気取った文体」を産み出すに至った。当時の著述家の苦労を知る一例として、マダウラの異教徒で文法教師であったマクシムスが、アウグスティヌスの書簡に応えて論争を挑んだ書簡の冒頭を読んでもらいたい[57]。かれは、高度な教養をもつアウグスティヌスに引けを取るまいとして学識を衒い、美文体を求めた結果、意味不明なことばを並べ立てている。

当時の人々はこうした道を辿り、ついに常識のさいごの一線を超えてしまっている。六世紀末、蛮風のさなかにあったトゥールのグレゴリウスは、天真爛漫に、自分のラテン語はつたなく、言いたいことを表現できないと嘆いている[58]。当時の衒学的文芸の最たるものは、「文法教師」ヴェルギリウスの著作に見られる。かれのラテン語は、故意に読者を惑わせるような文体で書かれ、辛うじて理解できるほどに捻じ曲げられている[59]。こうした変化は、当然、種々のまやかしを生み出したが、その傾向はすでにアウグスティヌス時代にも目立っていた。

宗教的雄弁術もこうした文学の流れに影響されている。どれほどの影響があったかは、リスボンのアリウス派の司教ポタミウスによる「ラザルス」（De Lazaro）のような支離滅裂な説教や[60]、あるいは無名ではあるが、明らかにアウグスティヌス時代のアフリカ人が書いた『カナの婚姻[61]』（Noces de Cana）といった説教を読んでもらいたい[62]。こうした文体を見たものは、アウグスティヌスが説教における簡潔さ、明晰さ、荘重さなどを強調するのを見てもさほど驚くことはないであろう。

しかしそれらはすべて、まだ外的なことである。キリスト教的雄弁術の真の独創性はべつのところにある。それはアウグスティヌスによると、キリスト教的雄弁術は霊感による聖書をもとにしているということである。そもそもキリスト教的教養全体がこの聖なる書を中心にしている。その学習がどのようなものであるかについてはすでに述べたが、キリスト教的雄弁術はこの聖書の学習にもとづいているのである。

ただひとつの点で、キリスト教的雄弁術は聖書学習の埒外にある。それは、説教が道徳的題材を取り扱う場合、それも道徳の内容を説明するのではなく、ただ信徒が実践すべきこととして知っていることを実践させ、また禁じられていることとして知っていることを避けさせる場合が、そうである。一言でいうと、ためらう人々に忠告を与え、励まし、動かすときである。

その場合のキリスト教的説教は、哲学者、古代社会の道徳主義者たちの領域に立ち戻り、かれらの経験を活用し、かれらの実践方法を借用する。ヘレニズム思想において道徳の実践がどのような役割を果したかは、人のよく知るところである。ストア学派あるいはキニク学派のような傾向をもつ人気の高い一群の哲学者たちは説教を得意としていた。歴代のキリスト教説教者は、かれらが用いた道徳的、宗教的談義から多くの内容、主題やその説明、月並みなしかし確実な内容をもつ話題を取り入れ[63]、架空の対話あるいは聴衆への親しげな呼びかけといった構文法を借用した[64]。

とはいえそうした分野はかなりかぎられ、全体から見てキリスト教的雄弁術の二次的な側面にすぎない。それ以外の分野において、キリスト教的雄弁術は形式にせよその内容にせよ、すべて聖書にもとづいている。

まず形式において。先述したように、説教者は、修辞学教師や異教徒の古典から学ぶのではなく、聖書記者、教父たち、とくに聖書そのものから学ばねばならない。アウグスティヌスは、『キリスト教の教え』において提示する文体の模範文の大部分を聖書からとっている[65]。また、かれが推薦する聖なる著述家たち自身、聖書をもとに著述している。

したがって、キリスト教的文体とは聖書の文体のことである。アウグスティヌスはその模倣を強く提起しながらも、ひとつの条件をつける。つまり聖書に倣うという口実のもとに、その謎めいた不明瞭さまで真似てはならない[66]。

つぎに内容であるが、著作にせよ説教にせよ、一切のキリスト教的作品の内容は聖書にある。先述したように、説教固有の任務は信仰の内容を広め、知らせ、伝えることにある。

そして信仰の内容は聖書のなかにあり、聖書を熱心に読み、それについて瞑想し、根気強く学習することによって引き出すことができる。このように、すべての教えの教材を提供するのは聖書である。すべては聖書から出発し、それにもとづくべきであり、説教者のことばに説得力と、価値、影響力を与えるのは、あらゆる人間的論証にまして聖書である。

要するに、「ホメリア」(homélie) はすべて、聖書のいくつかの節の説明にほかならない[67]。「解説」(enarratio) あるいは「聖書論」(tractatus de Scripturis) ではなく、たとえば殉教記念日のような機会に応じた説教であっても、それは真理、信仰と関連があり、したがって明白にあるいは暗黙裡に聖書からその宗教的内容を汲み取っている。

したがって、キリスト教的著述家、雄弁家の務めはひたすら聖なることばに奉仕することにあり、かれは聖書に示された真理の運び手にすぎない。かれは啓示の伝達者にすぎず、神の啓示はかれの声、筆をとおして働きかける。アウグスティヌスはカルタゴの民衆に対し、「使徒言行録」の表現をもとに[68]自分の考えを巧みにまとめ、「われわれは神のみことばの種を蒔く」(verba Dei seminamur) と述べている[69]。

こうして見ると、キリスト教的説教はその形式、内容においてきわめて独創的なものであり、世俗の伝統における一切の文学的表現とは異なる。アウグスティヌスがその弟子を世俗の伝統から引き離し、聖パウロに始まり、キプリアヌス、アンブロシウスへとつながるもうひとつの伝統つまり教父たちによるキリスト教的伝統に従わせようとするのは、先にあげた実践的な理由のためばかりでなく、こうした他のものとは一線を画する独創性をはっきりと意識していたからである。

Ⅵ　アウグスティヌスにおける理論と実践（一）

これが、とくに『キリスト教の教え』第四巻に述べられている文学的表現つまりキリスト教的雄弁術に関するアウグスティヌスの理論である。つぎに、かれ自身その理論をどの程度まで実践したのか、それを見ることにしよう。そのためには、「聖職者時代」の著作全体をくわしく検討する必要がある。たしかに、こうした設問の一部あるいはある視点からかれの著作を取り上げた研究は多いが、しかしとくに目ぼしいものはない[70]。ここでは、そうした研究の単なる剽窃に終わる危険を避けるためにも、いっそう詳細なまたより広範な検討を加えることにしよう。

とはいえこの作業はきわめて複雑で、概して、私は先賢の研究から導き出される結論をいくつかの細かな点で修正し、より明確にしつつ参照するにとどめたいし、先の設問に答えるにはそれで十分であろう。

この問題を全体として見た場合、歴史学者の意見は一致している。それによると、アウグスティヌスは力の及ぶかぎり、自分が構想していたとおりのキリスト教的雄弁家の理想を身をもって体現した。それに対し異を唱えるものはいない。かれの文学的才能のどれかの面を直接に取り上げるものはみな、そこに教会博士、聖書注解者、神学者、司教、司牧者にふさわしい文芸があることを認めざるをえない。アウグスティヌスはその心、思想と同じく、その声もまた正しく規制し、キリストと教会に役立てることができた。かれの話（説教）は、多様な手法、ニュアンスに富み、さまざまな状況に対応するものであった。

私もここで、キケロがあげたような古い分類に従い、またアウグスティヌスが聖パウロについてしたように、種々の文体についていくつかの例をあげることにしよう。そこには、教義的説教、聖書注解や神学関係の著作における簡潔な文体、『告白』に見られるような詩や文学のあらゆる手法をもつ気品のある文体、またそれ以外の説教、論戦的、護教的論争において民衆や異教徒に語りかける荘重な文体がある。

たしかにアウグスティヌスの文学は、世俗的文学の慣習と修辞学校の技法から強い影響を受けている[71]。先述したように、かれがけっして修辞学を断罪せず、むしろ反対に説教におけるその有用性を明言していることから見ても、それは驚くにはあたらない。

したがって唯一、問題になるのは、アウグスティヌスは果たして、説教あるいは著作において意のままに、目標と文体とを適合させることができたかということである。

この点について、現代の学者たちは一般にかなりきびしい評価を下している。たしかにアウグスティヌスの著作を読むものはかれの雄弁に魅了されながらも、過度の修辞学技法の借用にはやはり不快感を抱く[72]。

今日のたいていの学者たちは、アウグスティヌスの説教に関する理論とその実践とは対立し矛盾すると指摘しがちである。しかもアウグスティヌスがそれについて無頓着であったことに驚く[73]。しかしこうした指摘あるいは非難は、少々、割り引いて聞く必要があるように思われる。

みなが指摘するのは、アウグスティヌスがその作品に修辞学の方法、あらゆる種類の比喩を、ごく自然にまた無邪気に取り入れていることである[74]。かれは、ジュールダン（M. Jourdain）が散文においてしたように、大して意に介することなく、また介することもできないままに修辞学を取り入れ、みごとな構造に仕上げている。

ここでわれわれは、帝政期の知識人がわれわれには技巧的に見える修辞学の手法をどれほど深く身につけ、当時の若者が学校においてどれほど徹底した訓練を受けていたかを忘れてはならず、また、三二歳で回心したアウグスティヌスには二〇年間の修辞学学習と一三年間の教授経験があったことを思い出すべきである。教養の浸透における複雑な仕組みや、個人の知的活動とかれを取り巻く社会の技法との緊密な依存関係とを思うとき、アウグスティヌスが修辞学教師の習癖からこれ以上脱皮できなかったからといって、あえてかれを非難するものはいないであろう。

かれは、少なくともできるだけのことはしている。かれの散文を読むと、そこにはより簡潔、率直な、文彩の少ない文体にしようという努力が認められる。アウグスティヌスの文体とキケロに見られるような節度をもった古典の文体とを一部始終、比較するのは余りに不当である。むしろデカダン期のラテンの著述家とくにアフリカの著述家と比較すべきである。かれらの間に、「新」文体や、第二ソフィスト期の手法を取り入れた文彩がどれほど流行していたかは周知のことである[75]。アウグスティヌスの周辺における聖職者、俗人がともにこうした悪弊に流されていたことは先にふれたとおりである。最高に「飾り立てられ」、「気取った言い回し」（concetti）や母音類似語の反復を取り入れすぎるアウグスティヌスの文章と、先にあげた著者不明の『カナの婚姻』の説教とを比べて見ると、それでもなお、アウグスティヌスの文章にははるかに節度が保たれていることがわかる[76]。

さいごに、アウグスティヌスがそれほど反対しようとしなかったのは、おそらくその必要を感じなかったからであろう。現代の読者とくにフランス人がアウグスティヌスを非難するのは、何よりもまずかれが「ことば遊び」（Wortspiel）を多用し、ゴルギアス的な文彩（対句法、母音類似語の反復、対照法）を濫用していることである。しかし私は、アウグスティヌスがこうしたことばの濫用に明らかに反対し、それなしに済まそうとしていると思いたい。

過度の文彩を非難する『キリスト教の教え』の文言を注意深く読み返してみると、たしかにそこには文彩の濫用も暗示しているが、[77]しかし主文では、今しがた述べたような文飾に反対するというより、わざとらしい表現、まれな凝りすぎた用語、難解な文章構成、一言でいうと、当時の文人たちが鼻にかけていた学者ぶった支離滅裂な文体に反対している。[78]

こうした批判のもとにある原理を思い出してもらいたい。アウグスティヌスは、まず明晰さ、表現の価値（表現力）、荘重さという三つの目標を追求している（聴衆にはこれ見よがしに映り、雄弁家には意識的な努力を求めるような文芸の追求は、取り扱われる内容のまじめさとは相容れない）。

これらの目標は、意味不明な隠語か混成語になりかねない、複雑な表現をもつ衒学的な文体とは相反するものである。したがって、こうした文体の追求が、アウグスティヌスが喜んで用いる考え方や用語における文彩のもとになっているとは思われない。

むしろ「ことば遊び」、対句、韻を踏んだ平衡する文章は、明晰で表現力に富み、読者あるいは聴衆に強い印象を与え、かれらの記憶に深く刻み込まれる。[79]こうした手法は、何世紀もまえから著述家たちによって利用され、通俗化し日常化され（たしかにアウグスティヌスにおいてそうである）、日常ラテン語の不可欠な一部を形成し、ごく自然に用いられていたのである。経験を積んだ著述家は、とくに意識することもなくそれを使用し、また読者や聴衆も苦もなく理解したはずである。それはきわめて簡潔な、明らかに大衆的な手法であり、民間伝承がそれを証明している。[80]

現代人の趣味には合わない、悪趣味、文章作成における行き過ぎ、ことばの偏重などと思われるものをアウグスティヌスが用いたという非難は、文学批判という視点から見れば、たしかに正しい。しかし私の意見を聞いた歴史家は、かれが掲げる原理の名において、全面的とまでは言わないまでもかなりの程度までアウグスティヌスを許してくれるであろう。

Ⅶ　アウグスティヌスにおける理論と実践（二）

批評家たちがアウグスティヌスを批判するもうひとつの点がある。それは、かれが明確さのためにすべてを犠牲にし、とくに難解さ、不明瞭さを避けるためならば不純正語法さえあえて辞さないということである。[81] こうした批判はきわめて明白で、しばしば人々の注意を引いてきた。それによると、アウグスティヌスは古典の伝統ときっぱりと手を切り、専門家のいう文体の真髄のひとつでもある「ラテン語の純粋さ」（latinitas）を無視したというのである。では、アウグスティヌスが実際にこうした手法をどこまで取り入れているかと言えば、驚いたことに、実際にはそうした考えさえ見られない。上述したようにかれのことば遣いはまったく正確で、これまでしばしば指摘されてきたように、当時としては比較的純粋なものであった。アウグスティヌスはけっしてラテン語ではない用語あるいは表現を直接には用いないし、また自分のものとすることもない。上述したように、かれは卑俗なことばあるいは新造語は「括弧で囲み」、また使用したとしてもそのまえに必要な注意を払っている。[82] では、この点でもかれの理論と実際とは矛盾しているのだろうか。あるいは一般に言われているように、このような理論は意味のない宣言であり、教会著述家たちの常套句にすぎないと理解すべきであろうか。[83]

私は、そうは思わない。問題をもっと詳細に検討すべきである。これまでにも指摘されてきたように、たしかに、ラテン語の正しさを軽視する似たようなことばは、『キリスト教の教え』以外にもホミリア関係の書の多くの箇所に見られる。「私にとって、文法教師が何だというのか。私が雄弁に語りあなたがたが理解しえないよりも、むしろ私が今犯した不純正語法の誤りに気づく方を好む」[84]。また、別の箇所では、「それ〔不純正語法〕によって揺るぎない確かな真理を知ることになるなら、私は文法教師の鞭を恐れることなく、あえてそれ〔不純正語法〕を用いよう」[85]。また、つぎのようにも言う。「説教のなかで私はこの誤り〔不純正語法〕を犯したかも知れない。私は頻繁にあなたがたをまえに不純な語法を用いるが、それはあなたがたがよりよく理解するためである」[86]。これらの文章のほかにも似たような章句があるが、ここで注目してほしいのは[87]、アウグスティヌス自身の一語、一表現ではなく、「ラテン語訳聖書」に見られる不純な要素である。『キリスト教の教え』において、不純正語法を正当化するものとして引用される用例はすべて、聖書から取られている。

このことはすでに指摘されたことであるが[88]、しかしそこから当然、帰結されるはずの結論は出されていないように思われる。私が考えるには、アウグスティヌスが追求したのは聖書の方法をもって聖書を伝えることであり、少なくとも自分から[89]、これ以外の自由な態度をけっして取ろうとしなかったということである。

要するにアウグスティヌスによると、内容の明晰さのために必要ならば、不純正語法の使用は正当であるということである。かれのようにラテン語に精通しその豊かさを知り尽くしていた人物にとって、不純正語法に頼らずとも、明晰で、すべての人に理解可能なことばを語り書くことは容易なことであり、また事実、そうしている。「無知な人々」(imperitiores)に理解してもらうためには、「過度な文彩を用い凝りすぎた文章に頼らず、日常用いられていたごく簡潔な語や言い回し」を使用するだけで十分であった[90]。アウグスティヌスほどの人物が、類義語を知らず、あるいは文章の構成に難渋したと考えられようか。

作詩するとなると、かれもことば、文章の選択に苦労したかもしれない。韻を踏むためには、ある用語、言い回しを用いざるをえなかったことであろう。しかし、その場合でも、かれが実際に何をしたかはわかっている。

かれは粗野で無知な民衆のためにドナトゥス派を反駁する歌を書いたが、そこでは、古典作詩法の規則に縛られることなく自由な韻律を用いている。かれが言うには、「韻律の必要から、民衆が用いていないなんらかのことばの使用を強制されないようにした[91]」。

しかし作詩から離れると、文法を犠牲にする必要はない。残るのは聖書の場合だけである。そこで唯一、問題になるのは、あるいは無知な民衆の信心を尊重し、不純ではあるが典礼のなかに根付いている古いラテン語訳聖書の使用を受け容れるか[92]、あるいは遠回しな表現、大体の意味しか伝えない表現を禁じる聖書の態度を尊重して、誤解や不明瞭さを避けるため不純性語法を用いるかということであった[93]。

いずれの場合にもことばが不純になることは避けがたく、アウグスティヌスはそれを受け入れる。しかしかれは真の教養人であり、その場しのぎの手段、必要悪ではあるがしかし悪に違いないものは、ごく狭い範囲内に留めようとしている[94]。

もし読者がこうした見方を受け入れてくれるならば、すべての問題は解決されると私は考える。そこには、もはや理論と実際との矛盾はない。こうした考え方は、きわめて特殊な場合に限られているとはいえ、共通のトピカ以上のものであり、アウグスティヌスの知的容貌の興味深いいくつかの面を説明してくれる。それは、一方では古典ラテン語（latinitas）の枠組みに忠実な教養人の姿を示し、他方、尊大な古代教養の貴族的性格とは相容れない、無知で素朴な大衆信徒に対するアウグスティヌスの尊敬の態度をよく表している[95]。

とはいえ、私は以上の考察が決定的なものであるとは考えていない。アウグスティヌスが自分の厳格な原則を忠実に守ることを止めたのは、正確にはどの時点においてであったのか、またかれは古代の学校教育から受け継いだ偏見を克服するどころか、どこまでその犠牲になっていたのかという議論は、これからも続くと思われる。

しかしひとつの点だけは異論はありえない。アウグスティヌスはある程度まで依然として修辞学教師であったが、それだけではなかったし、またとくにそれでもなかったということである。かれの文体は、世俗の伝統以上に、何よりもまず自分の魂の情熱を込めて合流しようと努めたキリスト教的伝統に負うところが大きいという点で、すぐれた批評家たちの意見は一致している。[96]

かれの雄弁は力強く、効力に富み、その文体は意図的かつ緊密に内容と目標に合わせて作成され、きわめて宗教的な特徴をもっている。かれの雄弁は、聖書と聖なる著述家たちの書に培われ、かれの記憶によって美しく飾られ、時として他の教会著述家がしたように、過度に走ることもなかった。[97] たしかにアウグスティヌスは、弟子たちに提示した学習課程をまず自分で履修している。ラテン語、ラテン文学の歴史家は、文学形態の視点から、当時の文人たちがもてはやした種々の文体論を取り扱うなかでかれに言及できるし、またしなければならない。[98] また文化史に取り組む歴史家は、アウグスティヌスが、聖パウロに始まりテルトゥリアヌス、キプリアヌス、アンブロシウスを経てかれをラテン教会に導いたこの偉大な系譜に望みどおりに到達しえたことを認めるべきである。かれは、多面的な内容をもつ膨大な著作をもってこの伝統を継承しただけでなく、他の人々以上にそれを豊かにし、輝きを与えている。教義神学、倫理神学、論争その他あらゆる類のかれの主要な著作は、幾世紀にもわたってラテン西方における宗教文学の理想を確立したのであった。

結論

以上、さまざまな点について考察してきたが、ここで少しまとめて見たい。これまで、アウグスティヌスの知的活動がどこまで当時の知的方法を反映しているかを明らかにしようとしてきたが、こうした努力がかれの思想と著作の独創性に関する今後の研究にどの程度、役立ちうるかは、私は言う立場にはない。少なくとも、私がこうした研究に提示した射程を誤解しないでもらいたい。私は、アウグスティヌスの独創性がどのような条件のもとに現われ、どのような滋養に養われていたかを明らかにしてきたが、それはかれの独創性を減ずるものではない。

私は広範かつ複雑な分野にわたって説明してきたが、ここでその全体的な感想を述べておきたい。私は果たして望みどおりに、デカダンスの問題にいくらか光をあて、古代文化から中世キリスト教への移行を実情に即して把握することに成功したであろうか。

たしかに、アウグスティヌスの知的枠組みは、さまざまな形で、西方中世の教養を規定する枠組みの「前表」(préfiguration)となっている[1]。

アウグスティヌスのキリスト教的教養は、その全般的な着想、宗教的性格から見て、また知的活動全体の信仰への依存という点から見て、中世的である。キリスト教的中世の教養は、それを代表する人々の間に意見の対立があるとはいえ、全体としてこうした特徴を保っている。楽観的なトマス主義は一三世紀の成熟期において厳密に人間的な価値の自立を要求したが、現に中世の教養が全面的にキリスト教の庇護のもとに生き続けるかぎり、それは当然のことを要求したにすぎない。

アウグスティヌスの教養は、その学習課程と方法の点でもやはり中世的である。哲学による「知恵の探究」（studium sapientiae）にせよ、あるいは聖書注解によって狭義に限定され神学において開花する「学問」（scientia）にせよ、あるいはキリスト教的雄弁術にせよ、そこには中世の高度な宗教的教養が姿を見せている。

知的作業の仕組みそのものが、中世のそれにまったく似通っている。それは、同じような教育をもって物知り的、文学的教養を形成するものであった。その教養は、理論的には七自由学芸によって枠づけられていたが、しかし実際には、主として文法、ラテン古典の学習、弁証論と若干の物知り的知識から成り立っていた。

アウグスティヌスの知性はその欠陥、変形に至るまで、中世の知識人を予示しているように見える。ギリシア語の忘却、数学的諸学科と科学的精神の喪失、当ての無い推測、「驚異的なもの」（mirabilia）に対する趣味、意味のない理論や書物による伝承への過信など。しかしこうしたことを、これ以上羅列しても無意味である。中世史を研究する者は、これと類似するものを本書のなかに見出すからである(2)。

＊　＊　＊

一方、アウグスティヌスの教養はその素材、方法においてたしかに古代に属する。先述したように、かれの教養は、古い伝統の遺産と同質のものであり、それを継承し、固定化したものである。かれは古代の教養人であり、キケロの弟子であり、イソクラテスのはるか後代の生徒である。かれはまた典型的な文法教師、修辞学教師、博識者であり、あきらかに帝政期のすべての知識人と同型の人物である。

哲学者としてのアウグスティヌスは、ヘレニズム期、ローマ時代の合理主義的な哲学者の系譜に立っている。この伝統にはたしかにプラトン的要素が顕著であるが、しかし他の諸学派の実際的な影響も多々、ある。

私は、このふたつの伝統の流れを辿ろうと努めてきたが、両者が発展しつつもその一貫性を保ち続けたことを十分明らかにできたであろうか。古代から中世へ、その間に断絶はない。そこには同じ人間の活動が続行され、われわれの西方文化、地中海文化の一体性が確保されている。

＊　＊　＊

こうしたなかで、デカダンスという概念はなにを意味するのだろうか。たしかにそれが実在したことは、問題にするまでもない。アウグスティヌスが受け継いだ古代の伝統に見られる疲弊、老化現象は覆うべくもない。私は、アウグスティヌスを「デカダン期の教養人」として取り扱ってきた。かれは、学校教育からくる多くの偏見、ばかげた習癖に囚われ、すでにかなりの無知にも侵されている（かれが詳しく知っているのはキケロ、ヴェルギリウスだけであり、その科学的知識もつまりはヴァロの剽窃である）。かれのなかには、ほとんど哲学の手法を知らない素人の哲学者、注解者、安請け合いの言語学者としての姿が認められる。

アウグスティヌスは、無の淵に流れ込む急流にいわば押し流されているように見える。かれは教養を規定するごとに、それを哲学と関連づけるにせよあるいは聖なる学問と関連づけるにせよ、妙にためらいがちになり、また自分以下の知識しかないと思われる弟子に対しては学業を最小限に制約し、より低い水準の逃げ道を準備する。

したがって人々が長い間、抱いていた「古代世界の終焉」（fin (fall, untergang) du monde antique）という単純な考え方はまったく間違っていたわけではない。たしかにアウグスティヌスにおいて何かが死滅しつつある。かれの教養を構成するものがすべて、そのまま中世に伝えられ取り上げられるわけではない。たとえば修辞学は、かれの教養における優位な場をもはや占めることはない。

暗黒時代の暗い世紀にはふれず、ルネサンス、種々のルネサンス（カロリング・ルネサンス、一二世紀ルネサンス、そして大ルネサンス）に移ろう。ここでも、一旦、衰滅した多くの要素が再生することはない。学校教育の伝統、古典、ドナトゥスの文法書、修辞学を取り戻そうとしても、その努力は徒労に終わる。人文主義者たちは、古代の人々を模倣することはできても、そのうちのひとりにはなりえない。かれらが、古代の人々と直接的なつながりをもち、同一家族を形成するということはありえない。それは私が先に、キケロとアウグスティヌスとのつながりについて述べたとおりである。

私は文化の変遷における文化の継続性を指摘したが、それは技術的視点から見た場合にのみ存在する。古代から中世へと継承されたのは教養の若干の要素だけで、教養の組織全体ではない。

実際には、たしかに古代教養と中世教養というふたつの教養があり、両者ともアウグスティヌスのなかに共存していた。かれは、世俗的修辞学からキリスト教的哲学、そして聖なる「学問」へと回心したが、これによってかれはふたつの教養のひとつを選択したのではなかろうか。かれのなかにおいて、この二教養間の闘争はその後も継続されていった。かれは、キリスト教的博士でありながら依然として教養人、修辞学教師、博識者であり、そうした要素を幾たびとなく暴露している。

ここには、教養という問題のもつ難しさが窺われる。この問題をより深く検討していくためには、その内容となる素材とそれに形を与える指導原理に分けて考える必要があろう。ただ、こうした考察によって古代教養と中世教養とを結合させる複雑な関係は明確にされるとしても、デカダンスという事実は解明されないまま残る。実際、まずある文明における一形態から他の形態への移行、枠組みの変化、素材の組み直しと、デカダンスとの間には必然的な関係は認められない。しかも、同じひとつの魂のなかには、老化現象と新たな青春に向けて突進する創造的飛躍とが共存するという、痛ましい矛盾があるように思われる。

アウグスティヌスの哲学を例にあげよう。かれの哲学の所与は、当初きわめて貧弱なものであった。かれはプラトンについてほとんど知らず、アリストテレスについては『範疇論』を読んだだけで、プロティノスについてはごくわずかの著作（vix paucissimos libros）を読み、その他いくつかの教科書レベルの書を読んだ程度であった。しかしこのわずかな遺産について思考を重ねることによって、それを変容させるほどの最高の知性のひとつとして歴史に現われたのである。

どう考えたらよいのだろうか。歴史の巡り合わせを認め、アウグスティヌスのような人物が不毛な時代に生まれ生きたことを悔やむべきか、あるいは反対に、デカダンスは根本的な革新思想の発展に好都合な状況を提供したと認めるべきか、視野の転換、新たな文化の出現が可能になるには、少なくともある程度まで、古代文化の遺産を忘却する必要があるのではなかろうか。ここには歴史哲学が必要であるが、私は歴史家としてとどまりたい。

補遺

A　教養の概念とラテン語の用語

最初に述べたように（本書六頁参照）、教養という概念が近代の語彙と思想に導入されたのが最近のことであるとするならば、アウグスティヌスの考えにはなかった概念を過去に位置づけ、かれにとってそれが何を意味していたかを探ろうとするのは理に反することではなかろうか。たしかに、こうした非難はいかにももっともらしく思われるが、見せ掛けにすぎない。「経済」（économie）の概念もまた近代のものであり、現代になって豊かな内容をもつようになったものであるが、だからと言ってローマ時代の「経済史」を専攻するフランク（J. Frank）やロストフツェフ（M. Rostovtseff）の研究を非難することができようか。

ことばや概念は説明の道具である。それは近年、考案されたものであるかもしれないが、しかしそれによって特定される事実ははるか以前から存在しえたものである。古代文明は精神の分野においてかなり豊かな内容をもち、それを代表する人々に、現代人に劣らぬ明確な知的教養の理想を与えるものであったことは今更、立証するまでもないであろう[1]。

しかしここで問題にされるのは知的分野に属する事柄であり、それが古代の人々に意識されることなく保持されていったとは考えにくい。実際かれらは、現代のわれわれと同じように明確な教養の概念をもつことはできなくても、多少とも間接的にそれに気づいていたことは立証できる。

I

Culture（教養）という語自体は、ラテン語にまったくなかったわけではない。現代のわれわれにこの語をもたらしたのはラテン語である。現在の「教養」（**culture**）という語は、**culture des arts**（「芸術の素養」）、**culture de l'esprit**（「知的教養」）といった表現によって準備されてきたものであり、それはたしかに一七世紀には存在したし[2]、おそらくそれ以前の例をあげることもできよう。ところで、この **culture**（それは、**cultivé**（耕された）、**cultiver**（耕す）と対応する）という語は、古典ラテン語の **cultura, colere** とその派生語における意味のひとつを示しているにすぎない。**Colere** と **cultura** は、厳密にはぶどう畑の手入れや家畜の世話を意味する農事関係の用語で、隠喩によってその意味は拡大されていった[3]。こうして **cultura animi**（魂の **cultura**）あるいは **cultura ingenii**（才能の **cultura**）として用いられるようになる。キケロは、これ以上、望むべくもないほど明確にこうした比喩を説明してくれる。

「（アッキウスの）喩えを続けて言うならば、『いかに肥沃な畑でも、耕されなければ豊かな実りを結ぶことはできない』。同じように、魂も学ばなければ豊かにならない。どちらが欠けても無力なのだ。魂の耕作とは、哲学のことである。哲学は悪を根こそぎにし、種を受け入れる魂の下地を作り、種を魂に委ねる。これは、あるいは『蒔く』と言うべきかもしれない。成長して豊かな実りをもたらしてほしいと願う点では同じだからである[4]」。

したがってラテン人は、われわれの **culture** という語をもとにした概念の組合せがあることをはっきりと認識していた。しかし古典ラテン語（**latinitas**）の時代から[5]古代末期のデカダンスまでの間には[6]、今あげた引用に似たような例が見られるとはいえ、フランス語におけるように、culturaと知的発展という考えとを本質的に結び付けるような変化は見当たらない。変化があるとすれば、それは語の専門化というより意味の減少である。こうしてエンノディウスのような後代の著述家の著作では、culturaはたいてい比喩的意味に用いられ、ついには単にある徳あるいは芸術の実践、訓練の意味に用いられるようになっている。(7)

似たようなことは、これと同じ語族に属する他の語についても指摘しうる。それらの語は厳密には農耕について用いられているが、しかし比喩的に、とくに精神的活動について用いられ、たとえばcultusは単独に用いられる場合、時として教育を意味することもある。(8) また「友情、信仰、徳を育む」（colere amicitiam, fidem, virtutes）、「雄弁術、哲学に専心する」（colere dicendi artem, studium philosophiae）と言われたが、(9) それはわれわれが今日、cultiver l'éloquence, la philosophie（「雄弁術、哲学に専心する」）というのと同じである。(9) 人々が知的活動について用いたのは、colere, cultusといった単純な語形よりも、excolere（熱心に働く、仕上げる）、excultus（その過去分詞）といった複合形の語である。(10) しかし今日われわれが示そうとする概念にもっとも適合するのはこうした語根をもつ語ではない。

Ⅱ

たしかに、ギリシア語では教養の概念を示す語として、たいてい、παιδεία が用いられている。(11) Παιδεία は、厳密には子どもの成長に必要な世話全体を指すことばであるが、とくに人間形成における知的、精神的要素を強調している。したがって παιδεία とは教育のことで、養育つまり幼少の子どもに対する世話を示す（ἀνά） τροφή（これに対応する動詞は τρέφω, ἀναρέφω, ἐκτρέφω である）とは違う。(12)

このように、παιδεία は厳密な意味における教育のことである。しかし、この語はまた、教育の成果、目的、実現すべき理想を示す語でもあり、これはまさにわれわれが教養と呼ぶものである。[13] しかもここには、現代語で言う教養よりもはるかに内容の濃い、きわめて包括的な概念がある。Παιδεία は、生まれのよい（εὐγενής）、才能に恵まれ（καλοκάγαθός）よく教育されたギリシア人と、粗野なもの、無知なもの、また一般の人々とを区別する一切の要素を意味していた（周知のように、古代教養は貴族的な性格のものであった）。したがってこの語は知的要素だけを示すことばではない。忘れてならないことは、われわれが「体育」と呼ぶ γυμναστική は、ギリシア人から見ると、「教養」と言われるものの不可欠な一要素をなしていた。さらに、この語には精神的、宗教的、道徳的要素も含まれている。フェステュジエール（P. Festugière）は、παιδεία の不可欠な一部を成す αρετή という「ギリシア的理想」について、すぐれた著作を残してくれた。[14]

Ⅲ

ラテン人は教養の概念を表明するのにいっそう苦労している。教養そのものが、原始のローマ社会には存在しなかった。教養という概念は、各人が精神的活動をもって自己を確立し表現しうるだけの知的要素をもつ、十分に発達した文明社会においてはじめて発展するものである。古いローマはそうした社会ではなかった。

教養という外来の概念がラテン語に認められるまでには、ギリシア教養がローマ人の頭脳にはじめて持ち込んだ他の知的概念と同じような障害に出会った。ラテン語固有の educatio には、ギリシア語の παιδεία のもつ豊かな内包はなく、また決してもつこともなかった。Educatio は、ギリシア語の ἀνατροφή（養育）にかなり近く、おそらくより道徳的な意味をもっている。もちろん道徳的意味が ἀνατροφή にまったく欠けているわけではないが。Educatioとは子どもを育てることで、それはまず子どもに食物を与えることである。[15] しかしより広い意味では、ローマ人の子どもが家庭内で幼少期に受けていた一切のものがeducatioであった。その場合、子どもの身体の発育に配慮するだけでなく、それ以上に、しっかりした道徳上の仕来りつまり「父祖の慣習」（mos majorum）の手ほどきが行われていた。こうした概念には、古いローマの雰囲気が反映されている。そこには、いわば教育の知的要素は含まれず、[16] 荘重さ、厳格さといった面が重視されている。

Ⅳ

キケロは教養の概念を表明するため、きわめて表現力に富む新造語を用いている。それは、人間をより根本的に人間らしくするという意味のhumanitas（人間的素養、人間らしさ）という語で、[17] 以後、多用されていく。[18] しかしその意味をラテン語に定着させるまでにはいかなかった。興味深いアウルス・ゲリウスの一文によると、[19] 二世紀以降、この語はπαιδεία の意味を失い、φιλάνθρωπία（人類愛）の意味を保持するだけになっている。

Ⅴ

キケロはhumanitasのほかに他の語も用いたが、それらは以後ずっと使用されている。そのうち、doctrina（教え、教義、教授、知識、学問）、disciplina[20][21]（教え、教育、学習、学識、課題、学科、学問、規律、行動）の二語はとくに注目に値する。この二語は、その起源と用法においてきわめてよく似ている。まずこの二語は、doctrina, disciplina, docere, discere, doctor, discipulusといった具合に、共通の語源をもっている。これらの語はみな、教授、学校を連想させ、つねに、[22] 学校教育の特徴（つまり教師たちが苦労して教えるもの）を示している。[23] 私は先にアウグスティ

ヌスの例をあげて、こうした特徴がデカダンスとともにますます顕在化していくことを説明しておいた。(24)

Doctrina と disciplina はひじょうに近い意味をもち、しばしば同義語として用いられるほどである。しかし、両語が「教養」を意味するようになったのは、同じ経過によるものでも同じ意味合いをもっているからでもない。Disciplina は、doctrina と違って純粋に知的な事柄を示す語になったことはなく、つねにその意味する範囲もより広い。

Disciplina は educatio の意味に用いられ、その場合、παιδεία の内容をかなりよく伝え、doctrina 以上に παιδεία の複合的な意味を示している。それは、単に知的教授だけでなく、教育のもつより豊かな概念を含んでいる。そこには道徳的要素も含まれ、生活の方法、規則、掟といった概念も見られる。キケロはクセノフォンの『キュロスの教育』(Cyropaedia) の表題の訳語としてこの語を用い、(25) スエトニウスはセネカがネロに与えた「教育」を示すために用いている。(26) またタキトゥスは、昔のローマ人が父親の監督のもとに受けていた教育を domestica (家庭における) disciplina と呼んでいる。(27) 同じタキトゥスによると、この語はまた παιδεία に見られる原因から結果への移行を示している。つまりそれは、教育という意味から「教育」によって得られる「成果」つまり「教養」の意味に移行している。別言すると、「教養」は精神の準備、形成といった能動的な意味にとられている。(28)

VI

一方、doctrina はより特殊な意味、つまり先述したように、より厳密に知的な意味をもつようになっている。それは能動的な意味では、学問の教授における知的、体系的、規則的な学習を示す。(29) この語はしばしば、「自分の知識と魂の豊かさを発展させる活動」というきわめて一般的な意味に解され、(30) 現代の「教養」と同じ意味をもっている。またこの語には、先に disciplina について指摘した原因から結果へという同じような移行も認められる。こうして、この語もごく自然に学習（学問）の意味から「学習（学問）によって修得された知識」の意味に移行している[31]。Doctrina は、「勉学」（studium）によって、魂のもつ自然的特性（natura, ingenium）に付加されるものだからである[32]。また Doctrina は、たとえば雄弁術のような特定の形式をもつ知的活動について言われる場合、経験的知識とは対立する学問的知識を指すこともある[33]。しかしほとんどの場合、doctrina は一般的な意味にとられ、魂が修得した知識一般を示す。またしばしば把握することも説明することも困難なことであるが、「知識」の意味から語の十全な意味での「教養」の意味にたやすく移行している[34]。

Ⅶ

この doctrina, disciplina の二語は[35]、複数形の場合、間接的にではあるが教養を示すようになっている。この二語は同義語として用いられる場合もあり、たとえば「教えられる」μάθημα を指す場合がそうである。この二語はあらゆる種類（農事、軍事など）の知識の意味に用いられているが、しかしたいていは厳密に知的な内容つまり規則的、体系的な教授の対象となるもの、一言で言うなら、客観的に思考された学問としての「自由学芸」disciplinae（doctrinae）liberales（altiores, maximae）を指すために用いられている。

一般的に見て複数形の disciplinae と doctrinae は、古代の教養を形成していた高度な知識全般を意味している。先述したように、そこにはやはり知識の意味から十全な意味での教養という意味への移行があるように思われる[36]。

Ⅷ

Doctrina, disciplina の用途に近いものとして、studia, litterae という語をあげることができる。[37]

周知のように、studia は「専心、熱意」、とくに学習、知的活動における勤勉さを意味する。そこから、studium は知的活動、学習、知識、文学の対象となる内容を指す。ごく広義に理解した場合、この語もまた、教養を身につけた人、教養の中身を示すようになっている。[38]

Litterae も同様である。この語は、ギリシア語の γράμματα（文字）のように、必ずしも初等教師（litterator）が教える初歩的知識を示すものではない。また必ずしも、われわれが科学と対比して考える文学を意味するものでもない。[39] この語は広義には、（知的）教育、知識、教養を示すこともある。[40]

Ⅸ

Eruditio は、これまでの語とは異なる語根から来ている。しかしその意味は拡大され、これらの語に似たものになっている。Erudire は、厳密には「荒削りする」（dégrossir）という意味であるが、普通は魂について用いられ、「形成する、形作る、教える」という意味をもっている。Eruditio は教授、知育を示し、例外的ではあるが、disciplina と同じく教育をも意味する。[41] しかしたいていは disciplina とは異なり、むしろ doctrina に近く学問的、知的ニュアンスをもっている。

この eruditio もまた、原因から結果に移行し、教授の成果、学習によって修得された知識を示すようになっている。そして doctrina と同じく、急速に教養の意味へと移行している。[42]

以上が、教養の概念を示すためにもっとも多用されている文学的用語であるように思われる。[43] こうして見ると、**παιδεία** の代役を果たすラテン語の語彙はかなり多いことがわかる。こうした語彙の数はラテン語の不完全さを示している。これらの語のうち、どれもギリシア語のもつ表現力、豊かな内容をもつことはできなかった。ラテン人はそれを明確に意識し、キケロは、**παιδεία** の一語が意味する内容を示すために、それに近い意味をもつ **humanitas, studia, artes, doctrinae** などのことばを用いている。[44] かれから四世紀後のルフィヌスは、バシリウスの書のなかで **παιδεία** という語に出会い、あえてそれを一語で訳そうとはせず、「**disciplina** あるいは **institutio**」と訳しているが、これは賢明なことであった。[45]

B　アウグスティヌスの用語における scientia と sapientia

私は先に、アウグスティヌスの用語の複雑さについて述べたが（本書一九五―九七頁参照）、今ここでその具体例として、かれの著作に見られる **scientia, sapientia** という二語を取り上げ、その意味について手短に説明しておこう。こうした説明はまた、この二語が繰り返し用いられ、また教養についてアウグスティヌスが自分の考えを示していると思われる多くの箇所について（本書一四五―四六、二九二―九三、二九七―三〇一頁参照）私が下した解釈が誤りでなかったことを立証することにもなる。

Scientia

1　**Scientia** はまず、哲学的専門語として用いられ、理性的知識つまり理性にもとづくしかも理性だけにもとづく確実性を示す。（例）De quantitate animae, 26（49）, PL 32, c.1063では[46]、「あるものが確かな理性によって把握され、承認されないかぎり scientia（知識）は存在しない」と言われている。De musica, 1, 4（6）, c.1087 参照。

Scientia はまた（scire（知る）あるいは intellegere（理解する）が credere（信じる）と対立するように、あるいはそれ以上に）、権威による確実性つまり fides（信仰）と対立する。（例）De libero arbitrio, 2, 2（5）- 2, 3（9）, c.1243-1245 参照。

またこの語は、感覚をとおして得られる、つまり人間独自の経験的知識とも対立する。（例）De quantitate animae, 29（56）- 30（58）, c.1067-1068 ; De civitate Dei, 11, 27, 2 参照。

2 （特殊な場合）。特定の種類の事物に関する、組織化され体系化された一連の理性的知識のまとまりを指す（その場合、disciplina と同義）。たとえば、musica は scientia であるという場合がそうである。（例）De musica, 1, 4（5-9）, PL 32, c.1085-1088.（本書一六二―一六六頁参照）。

学問は、感覚的なものを含まない純粋に理性的な知識であるというアウグスティヌスのプラトン的考え方からして（本書、第II部第三章、注（87）参照）、scientia は、数学的学科の四科と弁証論（論理学の意味で）、そして言語哲学としての文法だけに適用されることがある。

3 Scientia はまた、共通基語として（sermo usitatior, verbis consuetudini aptioribus）、ごく一般的な意味での知識を指す。地上、天上の事柄、われわれ人間、神などに関する知識として。（例）De Trinitate, 40, proem.（1）, PL 42, c.885-887 参照。

神について、また人間についても用いられる。（例） De diversis quaestionibus ad Simplicianum, 2, 2, 2, PL 40, c.138-139 参照。

これまでとは反対の意味に用いられ（大部分の人にとって、その知識全体において理性的知識の果たす役割はほとんど皆無である）、時として、先にあげた第一の意味とは矛盾する意味をもつ。（例） Epistola, 147 (De videndo Deo), 3, (8), PL 33, c.600 ; De civitate Dei, 19, 18, PL 41, c.646 参照。

アウグスティヌスはたしかにこうした対立に気づいているが、しかしこれらの用語の問題については特有の態度をとり、専門的意味を取り入れながらも、伝統的に容認され聖書にも用いられている通俗的な意味を排除しようとはしない。（例） Retractationes, 1, 14, 3, PL 32, c.607.（ここでは、動詞 scire が指摘されているが、もちろんそれはこの動詞に対応する実詞にも当てはまる）。

4　**Scientia** の独創的な用法は、『三位一体論』一二―一四巻に出てくる。アウグスティヌスがこの用法を徐々に練り上げていった過程と、この用法の価値については先に説明したので（本書二九七―三〇一頁参照）、ここでは、その結論を要約することにしよう。**Scientia** は、永遠の真理の観想と定義される **sapientia** と違って（本書四四六頁参照）、知的能力のより地味な利用を示す。それは、地上の事柄に関する知識、地上の生活のための知性の活動、また神から離反した人における知性の悪用でありうるし、反対に、教義あるいは道徳的視点から見た場合の知性の善用でもありうる。アウグスティヌスが注目しているのは、後者である。その場合の **scientia** は、信仰について学び、理解を深め、擁護する知的活動を示す。そこには、哲学的教養ではなく、キリスト教的教養そのものの定義があるように私には思われる。

ここには、先述したようなアウグスティヌスにおける概念の移行が見られる。つまり scientia は、sapientia との対比関係だけはとどめつつ、たえず変化し移行している。これはアウグスティヌスにおける語法が流動的なものであることを示す好例である。指摘しておきたいことは、アウグスティヌスはこの独創的な概念を練り上げていく過程において、scientia と sapientia を同義語として理解する一般的な用法から離れえずにいることである（De Trinitate, 12, 14（22）, PL 42, c.1009; 13, 19（24）, c.1034; 14, 1（3）, c.1037）。

その後かれは、scientia の第一あるいは第三の意味（De Trinitate, 15, 6（10）, c.1064）を手直ししたり、同じ箇所で、第四と第三の意味を混同することもある（De Trinitate, 15, 10（17）, c.1069-70）。

5　つぎにアウグスティヌスは scientia を神学の専門用語として用いることがある。たとえばかれは、scientia を聖霊の第三の賜物として用いている。こうした考えは、山上の説教における至福と比較対照する形で進める（「マタイによる福音書」、五、三―八）、有名な「イザヤ書」（一一、二―三）の注解にある。「知識」の賜物は、「悲しむ人々」（beati lugentes）に対応する。それはわれわれの罪に関する、またそれ以上に地上における人間の憐れむべき状況に関する知識であり、自分自身について嘆かせ永遠の生命に憧れさせる知識である（Sermo 347, 2（2）- 3（3）, PL 39, c. 1524-25 ; De sermone Domini in monte, 1, 4（11-12）, PL 34, c.1234-35 ; De doctrina christiana, 2, 7（10）, c.39（1））。

さいごのふたつの参考箇所におけるこの意味は、先にあげた（第四の）意味と区別しにくい。聖霊の賜物としての scientia は、聖書学習から霊的成果を引き出させる恩恵と、またその成果そのものを示すのではなかろうか。

Sapientia(47)

Sapientiaの第一群の意味（以下の1―3）は、神の知恵を示す。

1　Sapientiaは 神を示す名称のひとつである。（例） Soliloquia, 1, 1（3）, PL 32, c.870 ; De civitate Dei, 8, 1, PL 41, c.225（「知恵の書」7, 15-27の引用）; De Triniate, 14, 1（1）, PL 42, c. 1035 ; Enarratio in Ps. 146, 14, PL 37, c.1908.

2　Sapientiaは神の三位について等しく言えるとはいえ（De Trinitate, 7, 3（4-5）, PL c.937-38 ; 15, 7（12）, c.1066）、とくに三位の第二のペルソナ、みことば、キリストを示す。（例） De beata vita, 4（34）, PL 32, c.975（「コリントの信徒への手紙Ⅰ」1, 24の引用）; Contra Academicos, 2, 1（1）, c.919; De libero arbitrio, 2, 15（39）, c.1262 ; Epist. 14, 4, PL 33, c.80 ; De diversis quaestionibus LXXXIII, qu., 11, PL 40, c.14 ; De vera religione, 16（30）, PL 34, c.134 ; cf. 5（8）, c.126 ; Enarratio in Ps. 103, 3, 25, PL 37, c.1376 ; in Ps. 135, 6, c. 1759 ; De doctrina christiana, 1, 11（11）-1, 14（13）, PL 34, c.23-24.

3　神の実体の属性のひとつとして。（例） De Genesi ad litteram lib. imperf. 16（59）, PL 34, c.242-243; De sermone Domini in monte, 2, 3（12）, c.1275 ; De Trinitate, 15, 7（13）, PL 42, c.1066 ; Enarratio in Ps. 103, 4, 2, PL 37, c.1378.

『詩編注解』では、同じ箇所に以上の三つの意味がそろって出てくる。（例） Enarratio in Ps. 33, 2, PL 36, c. 310-

12. Sapientia の第二群の意味（次の4—13）は、「人間の知恵」（sapientia hominis）を示す。しかしそれは、神の知恵への参与であり（De Trinitate, 14, 12（15）, PL 42, c.1048）、両者間に関連があることは明らかである。

4　少なくとも、積極的な意味をもつものとして用いられている。たとえば、聖書はしばしば、偽りの知恵、世の知恵、不信の知恵、罪人の知恵を示すために sapientia を用いている。しかしアウグスティヌスは、これに関する聖書の章句を説明するときだけこの語を使用し、自分の名において語る場合、決してこの語は用いない。したがってここでは、この意味は参考までにあげておこう。（例）Epist., 149, 2（30）, PL 33, c.642-43; De civitate Dei, 14, 28, PL 41, c.436; De doctrina christiana, 1, 11（11）, PL 34, c. 23; De natura et gratia, 17（18）, PL 44, c. 255 ; Sermo 46, 12（28）, PL 38, c.286; 240, 5（4）, c.1132.

5　またごく一般的に、至福をもたらす真理の把握という意味で用いられている。その真理とは神に他ならず、神の観想こそが人を幸せにする。この知識は同時に愛、理性にもとづく確実性であり、直接的な理解、接触である。（例）Enarratio in Ps. 135, 8, PL 37, c.1760 ; De sermone Domini in monte, 1, 3（10）, PL 34, c.1234.

Sapientia はアウグスティヌスが一九歳以降、生涯をあげて追求した理想であり（本書一三七—一三八、一四〇—四一頁参照）、かれは終生、それから逸れることはなかった（本書二八八—九六頁参照）。先に見たように、この理想は、哲学的であると同時に神秘的なものであり、アウグスティヌスの宗教的変化に伴い、次々に種々のニュアンスをもつようになったが、この点は無視してもよかろう。反対に、sapientia のいくつかの側面はこの一般概念のもつ若干の特殊な側面を示すもので、取り上げる必要がある。そこには sapientia の多様な意味が示されている（次の6—9）。

6　Sapientia は、至福をもたらす真理つまり神というよりも（第一から第三の意味）、むしろ人間によって所有される「最高の善」を示す。（例） De libero arbitrio, 2, 9（26）, PL 32, c.1254; Soliloquia, 1, 13（22-23）, c.881.

7　これとは違って、真理を把握し完全さに達した魂の状態（modus animi）を示す。（例） De beata vita, 4（33）, c.975.

厳密に言うならば、この完全さは、この地上に生きている間に達成されることはありえない。（例） De beata vita, 4（35）, C.976（本書第Ⅱ部第一章、注（51）参照）; De civitate Dei, 19, 20, PL 41, c. 648 ; Contra Faustum Manichaeum, 22, 52, PL 42, c.433.

しかし広義における sapientia は、とくにきわめて高い資質をもつ魂が現世において到達しうる相対的な完全さを示す。（例） Contra Epistulam Manichaei, 4（5）, PL 42, c. 175; Epist., 167, 3（13）, PL 33, c.738 ; De doctrina christiana, 3, 22（32）, PL 34, c.78 ; De civitate Dei, 18, 39, PL 41, c.599 ; Sermo, 179, 6（6）, PL 38, c.969 ; Enarratio in Ps. 103, 4, 2, PL 37, c.1378.

8　Sapientia はまた、目的を達成するための手段としての意味をもつ。Studium sapientiae の場合がそうである。そこでは、活動生活に対する観想生活、あるいはわれわれが理性によって把握する若干の真理を深める努力といった、知恵を獲得するための生活形態を示す。一言でいうと、それは、アウグスティヌスにおける哲学的教養の説明において取り上げた精神の活動である（本書第Ⅱ部参照）。Scientia に対比するものとして見た場合の sapientia の意味は、まさにこれである（scientia の第四の意味参照）。このことはとくに、『三位一体論』一二―一四巻において示されている。したがって、sapientia は理性を用いるふたつの方法のうちのひとつで、「永遠の事柄の観想」（contemplatio aeternorum）に用いるより上級の方法である（本書、二九二頁参照）。（例）De Trinitate, 12, 4（4）, PL 42, c. 1000 ; 12, 14（22）, c.1009; 12, 13（33）, c.1010 ; 13, 20（26）, c.1035 ; 14, 1（3）, c.1037 ; 14, 19（26）, c. 1056; 15, 10（17）, c.1069 ; Contra Faustum, 22, 54, PL 42, c.434 ; 22, 56-58, c.436-37.

9　もっとも狭い意味での手段としての sapientia は、「哲学」と同義語になる。（例）De civitate Dei, 11, 25, PL 41, c.338.

アウグスティヌスは、この問題を取り上げ検討する。しかし結局は、「知恵＝哲学は、人間的かつ神的事柄に関する知識である」（sapientia=philosophia rerum humanarum divinarumque scientia）という古典的な定義を拒否する。[48] この定義には、アウグスティヌス哲学の方向性とは相容れない百科全書的知識（現代的な意味で）が含まれるからである（本書一八六―一八八頁参照）。（例）Contra Academicos, 1, 6（16）, PL 32, c.914 ; De Trinitate, 14, 1（2）, PL 42, c.1037.

10　しかし sapientia は、アウグスティヌスにおいては必ずしも哲学の概念には属さない。時として、とくに宗教的な側面を示している。それは、やはり魂の完全さではあるが、しかし「最高のキリスト教的徳による超自然的完成」として現われる（C. Cayré, Contemplation Augustinienne, p.110 参照）。（例） Contra Faustum… 22, 52, PL 42, c. 433.

それはまた、天国における至福の生活を意味する。（例） De civitate Dei, 11, 11, PL 41, c. 327.

11　**Sapientia** はまた、「ヨブ記」の影響のもとに（28, 28a.「七十人訳」による）（Ecce pietas est sapientia）、信心、神への礼拝、教会の秘跡的生命への参与の準備を示すようになる（本書第Ⅲ部第二章、注（41）参照）。先述した意味に関連づけて言うと、第八の意味で考察した目的から手段への移行がここでも見られる。

12　知恵はまた、神の賜物でもある。時として **sapientia** はこの賜物そのものを示し、厳密には、聖霊の七つの賜物のうち最高の賜物を示す（本書四四四頁における scientia の第五の意味の説明参照）。

13　さいごに注意しておきたいことは、こうしたすべての専門的な解釈もあるが、その一方でアウグスティヌスは、場合によっては **scientia** と同じく、一般の用法に従い、賢慮つまり善良な生活態度という意味で **sapientia** を用いることがある。（例） De libero arbitrio, 2, 9（25）, PL 32, c.1254.

C　アウグスティヌスが手がけた自由学芸の提要

伝えられている写本のなかには、アウグスティヌスが執筆を計画した「諸学科」（disciplinarum libri）とも受け取れるものが、若干、含まれている。その正銘性について、どのように考えるべきであろうか。問題を究明する手懸りともなることばが、『再考録』にある。

「ミラノで受洗しようとしていたころ、私は一緒にいたこうした学問を嫌悪していなかった人々に質問しながら、自由学芸の諸書を書こうとした。私は、物体的なものをとおして、いわば確実な段階を踏むようにして非物体的なものに到達し、また（他のものを）導こうとした。しかし、完成することができたのは『文法論』だけであった。それは私の書庫にあったが、散逸した。また韻律と呼ばれる部分を取り扱う音楽論六は、受洗後、さらにイタリアからアフリカに戻ったあとも書いた。ミラノでは、この学問について書き始めたばかりであった。弁証論、修辞学、幾何学、算術、哲学といった他の五学科についても書き始めたが、それらの書のはじめの部分だけが残っていたが、これも失ってしまった。しかしだれかが所有していると思う」（Retractationes, 1, 6, PL 32, c.591）。

このことばに対応するものとして、ポシディウスの「目録」（Indiculum）には、つぎのような記述がある。[49]

「3　文法書一巻、4　音楽論六巻、5　他の学問つまり弁証論、修辞学、幾何学、算術、哲学の書き出しの部分」。アウグスティヌスの自由学芸に関する著作については、『文法論』と『音楽論』、その他の五つの学科の三つに分けて考えるべきである。『文法論』は一巻、『音楽論』は六巻という形で一応書き上げられたが、その他の学科には手をつけただけで終わっているからである。

『音楽論』（六巻）については、まったく問題はない。正真正銘のアウグスティヌスの書が今日に伝わっている。

1　『文法論』（De grammatica）

これには、ふたつの校訂版がある。ひとつは長く、[50] ひとつは短い。[51] ふたつとも八つの品詞の語形論を取り扱う簡単な提要で、写本ではアウグスティヌスの著作とされている。しかしそのどちらも、『再考録』で言われている『文法論』（De grammatica）でないことは確かなようである。そのわけは、

（a）二書とも、対話の形式をとっていない。しかし『諸学科』（Disciplinarum libri）は、『音楽論』がそうであるが、対話形式をもって書かれている。アウグスティヌスも「私といっしょにいるものに質問しながら」（interrogans eos qui mecum erant）書いたと述べている。

（b）これらの二書には、この対話に大きな独創性をもたせるはずの「哲学志向」の形跡が認められない（これに対して、『音楽論』第六巻においてはそれが見事に表明されている）。また、この『文法論』の二書には、『教師論』（De magistro）における文法論にみられるような形而上学的探究に相当するものが見当たらない。二書とも純粋に技術的な分野を取り扱うにすぎず、古代の学校教育と同じく、名詞、代名詞の変化、動詞の活用、副詞、前置詞、接続詞、間投詞、数の呼び方といったごく初歩的な内容の説明に終始し、それもただ語形論の視点から取り扱っているにすぎない。それは教科書としては通用するが、哲学者の手になることを示すものは何もない。[52]

（c）このふたつの校訂版は似通っていて、そのどれかをもって他の正銘性を立証することはむずかしい。実際、短い方は長い方を短縮したにすぎず、しかし一方では、短いように見えても長い方には見られない文章を多く含んでいる。[53]

サン・モールのベネディクト会士がしているように、写本による証言を否定し、偽書であると結論すべきであろうか(54)。あるいは、無名の文法教師がアウグスティヌスの名を借りて書いたのだろうか(55)。より巧みなもうひとつの解決法が案出された。それは、このふたつの校訂版はアウグスティヌスによる『文法論』の原本ではなく、ふたりの文法教師がアウグスティヌスの書を要約したものであるというのである(56)。この仮説は、それ自体としてはたしかにもっともらしく見える。

(a)この説によると、ふたつの校訂版における全体的な類似と細部における相違の説明はつく。

(b)両校訂版の技術的な性格も説明される。つまり両書は哲学に関心の薄い文法教師の手になるものであるからこそ、「文法」の教授に無関係なものはすべて削除されたと言える。

(c)両書を注意深く読むと、そこには対話の形跡が認められる。それは、無味乾燥な内容を真の対話として見せるにはたしかに不十分ではあるが、しかし原典における文学形態の名残りであるとも考えられる(57)。

(d)さいごに、カッシオドルスは当時アウグスティヌスを著者とする文法書の要約があったと伝えている(58)。

ここで私は、これまでまだ取り上げられていないが、しかしこの仮説の傍証となるもうひとつの証言に注目したい。それは、正銘性を立証する決定的な証明にならないにせよ、少なくともその不確実性がどこにあるのかそのわけを説明してくれる。

2 『音楽論』(De musica)

われわれは、『音楽論』六巻だけでなく、そこから抜粋され、それとは無関係に現代に伝えられている韻律に関する小著をもっている(59)。この『韻律論の要約』(Epitome artis metricae)が、『音楽論』五巻の多少とも文字通りの要約であることは、両者を比較することによって確認できる。
　第一章を例にあげよう。

Epitome artis metricae, c. 1, p.116. Mai.	De musica, l. 1, PL 32, c. 1081 ss.
Musica est scientia bene modulandi.	Defini ergo musicam? —— Non audeo. —— Potes saltem definitionem meam probare? —— Experibor si dixeris. —— Musica est scientia bene modulandi; an tibi non videtur?（2,（2）, c. 1083）.
Igitur modulatio a modo est nominata.	Igitur quoniam fatemus modulationem a modo esse nominatam, numquidnam tibi videtur metuendum ne aut excedatur modus, aut non impleatur nisi in rebus quae aliquo motu fiunt? aut
Modus ergo non erit, nisi in rebus quae motu aliquo fiunt.	

Et ideo modulatio non incongrue dicitur movendi quaedam peritia.	si nihil moveatur possumus formidare ne praeter modum aliquid fiat?___ Nullo pacto.___ Ergo modulatio non incongrue dicitur movendi quaedam peritia（2（3）, c. 1084）.
Ergo scientia modulandi, scientia est bene modulandi.	Ergo scientiam modulandi jam probabile est esse scientiam bene movendi（ibid., c. 1085）.
Bene moveri dicitur quidquid numero, servatis temporum atque intervallorum dimensionibus movetur:	Musica est scientia bene movendi. Sed quia bene moveri jam dici potest, quidquid numerose servatis temporum atque intervallorum dimensionibus movetur（3（4）, c. 1085）.

	4（5), c. 1085 のそれほど逐語的でない要約
qui motus nonnisi animi rationalis scientia congrue fieri possunt, quod solo tribuitur animo, et sedula compratur meditatione sive imitatione.	cf.: quod scientia potius quam usu et sedula imitatione ac meditatione fieri putemus（4（9), c. 1088).
Qui vero ea carent, nonne tale aestimandi sunt qualis est luscinia et ceterae aves qui sensu quodam ducti bene canunt hoc est numerose et suaviter id faciunt, quamris interrogati de ipsis numeris vel de intervallia acutarum graviumque, vocum respondere non possint? Sed et hii qui illos sine ista scientia libenter audiunt, cum videamus	Nonne tales tibi omnes videntur qualis illa luscinia est, qui sensu quodam ducti bene canunt, hoc est numerose id faciunt ac suaviter, quamvis interrogati de ipsis numeris vel de intervallis acutarum graviumque vocum respondere non possint? Simillimos eos puto.——Quid? ii qui illos sine ista scientia libenter audiunt, cum videamus

elephantos, ursos alique nonnulla genera bestiarum ad cantus moveri, avesque ipsas delectari suis vocibus (non enim nulla extra proposito commodo tam impense id agerent sine quadam libidine), nonne pecoribus comparandi sunt?

Nisi quia in hominibus ars quaedam est sive a se ipsis inventa aut ab aliis accepta, in avibus vero sola natura.

elephantos, ursos, aliaque nonnulla genera bestiarum ad cantus moveri, avesque ipsas delectari suis vocibus (cum enim nullo extra proposito commodo tam impense id agerent sine quadam libidine), none pecoribus comparandi sunt? (4 (5), c. 1085-1086).

Sed quid tibi videtur? qui vel tibiis canunt vel cithara, atque hujusmodi instrumentis, numquidnam possunt lusciniae comparari?.____ Non.____ Quid ligitur distant?.____ Quod in isti artem quamdam esse video, in illa vero solam naturam (4 (6), c. 1086).

この比較から、『要約』の著者がその第一章においてどのような方法を用いたかが明らかになる。概して、かれは『音楽論』の若干の文章を単に切り抜くことによって内容を要約し、ほとんどアウグスティヌスの『音楽論』の順序通りにそれを配列している。[60]『要約』の他の章も、同様にして『音楽論』第一巻から第五巻までのいくつかの文章をつなぎ合わせ、まれに要約して作成されている。[61]

『音楽論』の『要約』で取られているこうした方法は、『文法論』の二校訂版の起源に関する仮説を立証するのに大いに役立つ。『要約』は、『文法論』の二校訂版と同じく原典における対話の痕跡をほとんどとどめず、『音楽論』第六巻に見られる哲学的要素も全部、削除している。

われわれは、『文法論』と同じく『音楽論』の真正の写本を失っていたとしたら、『要約』のアウグスティヌス的起源についても結論を出せぬまま果てしなく議論していたことであろう。現存する『要約』を見る限り、それは全くありふれたもので、著者を特定しようがないからである。それは、古代末期の他の多くの文法教師でも書きうるような見劣りのする韻律書である。

こうして見ると、『文法論』のふたつの校訂版は、無名の著者がより豊かな内容をもつアウグスティヌスの対話を要約したものであるとする仮説は、真実味が高いように思われる。しかし写本の性格そのものからして、いつの日か原文が発見されない限りその確定は不可能であろう。

こうした『要約』の内容は問題にならない。それは、ドナトゥスが確立したような文法書の内容を反映している。[62]

しかし私は、これらの『要約』に関する問題をあえて細かく検討したが、そこから引き出される結論に利点がないわけではない。たとえば、もしアウグスティヌスの『文法論』と『音楽論』の『要約』を読んだものがだれかいたとすれば、その読者は衒学者にすぎないと言ってもよい。かれの『文法論』と『音楽論』は、瀕死のラテン教養の幻影を踏み越え、物知り的知識と空疎な好奇心のなかに消え去ろうとするこれらの学問（自由学芸）を哲学をもって活性化しようとするものであるが、しかし両書の『要約』を作成した教師たちは、アウグスティヌスにとっては付帯的なものにすぎないことだけを取り上げているにすぎないからである。かれらは、自分たちの学問の原理だけを手際よくまとめ、その他は削除して、自分たちの教授に便利な『要約』として利用したということである。このような『要約』が編纂されたことは、アウグスティヌスの哲学的教養の試みが失敗したことを窺わせるものである。

3　『弁証論』（De dialectica）

他の提要については、完本の存在など問題にするまでもない。アウグスティヌスは、文法、音楽論以外の書には手を付けただけであった。しかしそれは未完（initia, principia）のまま、ある人々の間に広まっている（Retractationes: Se haberi ab aliquibus existimo）。したがって、それらの書で今なお残存するものがありえないことはない。

数学的諸学科に関する写本は、なにも残っていない。しかし弁証論と修辞学は違う。今日、『弁証論原論』（Principia dialecticae）という小著が存在し[63]、この写本の一部はアウグスティヌスのものとされている[64]。サン・モールのベネディクト会士たちは、『文法論』の場合と同じ理由をあげて[65]その正銘性を否定したが、しかし今日では一般に認められている[66]。実際、このアウグスティヌスの書は未完であるとはいえ、この小著の主要な特徴を説明するのに十分である。

（a）それが対話体であることは、わずかながら読み取ることができる。[67] それは、単なる書き方の問題で、アウグスティヌスは著作の目的からしてたしかにその形態を取り入れていたと思われる。

（b）ここでもまた「哲学志向」は表明されていないが、しかしこれも『音楽論』がそうであったように、あとで書き加えられ、対話の「はじめ」（initia）は、この学問の「原理」（principia）の説明に当てられていたはずである。

（c）この小著は、たしかに未完の書という印象を与える。読み返して見ると、著者はごく一般的ないくつかの定義をあげたあと、「ことば」（verbum）、「学習可能なもの」（discibile）、「言い方」（dictio）、「もの」（res）の四つを区別しているが、[68] そのあとは、第一の要素つまり「ことば」しか取り上げず、それも詳しい説明はない。かれはことばの説明を四つに分けたあと、[69] ふたつだけ（語源と意味）を取り上げ、そのあと、突如として説明は終わり、結論もない。

一方、『教師論』（De magistro）[70]、『キリスト教の教え』（De doctrina christiana）[71] といったアウグスティヌスの他の著作との接点はある。この小著は、アウグスティヌスが『弁証論』（De dialectica）の執筆のためにとっておいたメモか、あるいはある修辞学教師が作ったこうしたメモの要約であると考えても差し支えない。しかしこの仮説が真実に近いとしても、われわれが先に用いた同じ推論から見ると、それが立証されたというわけにはいかない。これらのメモはごくありきたりのもので、弁証論のごく一般的な定義と区分を取り上げているにすぎない。それは、ストア的起源をもつ定義と区分であり、[72] ずっと以前から日常化され学校教育に取り入れられていたものである。[73] しかもそれらは弁証論に関するごく初歩的な知識で、哲学者ではなくとも、大部分の修辞学教師がもつことのできたものである。

4　『修辞学』(De rhetorica)

修辞学についても、やはりアウグスティヌスの著作とされる[74]『修辞学原論』(Principia rhetoricae)という標題の小著がある[75]。これもまた、まったく未完といった風の小品で、弁論家の義務と目的(一―二章)、定説と仮説(三章)、内在的な七つの場(四章)、訴訟(causa)の四つの状態(五章)など、修辞学のごく一般的な原理を取り上げている。

この小著については、『弁証論原論』の場合と同じ論証が用いられてきた[76]。そのため、本書にはアウグスティヌスが手がけた『修辞学論』(De rhetorica)が反映されていると考えるものがいてもふしぎではない。しかし注意深く検討してみると、ここでは、そうした推測はかなり難しい[77]。この小著には、アウグスティヌス的なものはなにもない。それは、ヘルマゴラスのギリシア語の専門用語を得意げに並べ立てながらもラテン用語には自信のないラテンの修辞学教師が、ギリシア語の提要をほとんどそのまま引き写したものである。これは、アウグスティヌスの趣味から見て、またかれがギリシア語に無知であったことから見て、決してできなかったことである。したがって、この小著はアウグスティヌスの著作としては認められない。これは、これまでにあげた著作以上に平凡な作品で、古代の修辞学学校教育を受けた学生ならだれでも知っているはずのごく初歩的な概念だけを取り扱っている[78]。

D　『音楽論』（De musica）第六巻の二つの校訂版

『音楽論』六巻を順に読み進んでいくと、第六巻はそれ以前の巻と同じ著者の手になるものではないと思われるほど、文体が違うことに驚かされる。

たしかに、取り扱われる内容そのものから見てある程度の相違があるのは当然であり、また必要である。第六巻に入ると、韻律の説明から感覚の本性、音楽的「美」の本性に関する形而上学的検討に移る。大まかに言うと、文法から哲学に移る[79]。

しかし、それ以外にも違いがある。第六巻の文体はより哲学的であるだけでなく、あえて言うならより宗教的、聖職者的である。たとえば第二巻から第五巻において例文として引用される詩文は、カトゥッルス[80]、ホメロス[81]、ヴェルギリウス[82]といった異教徒の古典から、あるいはモール人と言われたテレンティウス[83]の提要から取られている。第六巻において唯一引用される詩文は、宗教的性格をもつアンブロシウスの詩文、「万物の創造主なる神よ」（Deus creatorum omnium）である[84]。

また最初の五巻には聖書の引用は見られないが、第六巻では多数、見出される[85]。

それにもまして決定的なことは、第六巻の文体がそれ以前の五巻のそれと釣り合わないばかりか、『音楽論』を書いたと言われるころのアウグスティヌスの精神状態とは調和しない概念が表明されていることである。アウグスティヌスは第一巻において、音楽は高貴で美しい知識であるとしているが[86]、第六巻ではそれは子どもじみた空虚なものであるとして、侮蔑的な表現をもって貶している[87]。因みに、ヒッポの老司教は『再考録』において自由学芸を過度に評価してはならないとしているが[88]、これは回心時の若い哲学者（アウグスティヌス）の態度と相反することを思い出してもらいたい。

また第六巻には、粗野な人々を躓かせてはならないこと、かれらにとって唯一の必要なことは愛であること、かれらの境遇は人間的教養に取り紛れている学識者のそれよりはるかに望ましいことを想起させるべきであるという、「聖職者時代」を特徴づけるもうひとつの思想が言われている[89]。

以上のことから見て、第六巻はそれ以前の五巻に引き続き書かれたものではないと結論すべきであろうか[90]。『再考録』ははっきりと、『音楽論』全六巻は、洗礼を受けてアフリカに戻ったあとそこで完成したと述べている。かれは、カッシキアクムからミラノに帰ってから書き始めていた[91]。とすれば、『音楽論』はかなり短い期間に書かれたことになる。考えられることは、第一巻から第五巻は三八七年春ミラノで書かれ、第六巻はアフリカで、早くて同年末あるいはそれほど遅れることなく書かれたということである。アウグスティヌスが、司祭叙階（三九一年春）のあとも『音楽論』に取り組んだとは考えにくいからである[92]。以上、指摘された事柄をくわしく位置づけて説明するには間隔が余りに短い。ただ、この間のアウグスティヌスの心理的変化がきわめて急速であったことは認めたい。とはいえ、われわれが『音楽論』第五巻で指摘したことが、「哲学者」時代のさいごの著作である『真の宗教』の「キリスト教的」な文体と対立することは間違いない。

私の考えでは、問題の解決は『司教メモリウスあての書簡』（Lettre à l'évêque Memorius）のなかにある。この司教はアウグスティヌスに対し『音楽論』を所望した。アウグスティヌスは全六巻を見出すことはできず、第六巻だけを送り、つぎのように伝えている。

「私は、たしかに「校訂された」第六巻を見つけました。他の巻の内容はこの巻のなかにすべて含まれています。あなたの愛に応えてすぐに送ります」[93]。

Emendatus（「校訂された」）という語は文法教師の用語で、明確な意味をもっている。それは、「再度、読み返し、修正された」という意味である[94]。したがって『音楽論』を完成しメモリウス司教に発送するまでの間に、アウグスティヌスは第六巻を読み返したということである。右に引用した書簡一〇一は、一般に四〇八年から四〇九年のものとされているが、三八七年から四〇八（四〇九）年というのはかなり長い期間で、その間に、先に指摘した心理的発展がほとんど完成されていた。したがって私は、この第六巻はアウグスティヌスが司教職の間に修正した第二版であると提案したい。

こうして見ると、現存するふたつの写本間にある対比は容易に説明がつく。アウグスティヌスは同じ書簡において、最初の五巻も修正しようとしたがより重要な用事に追われてできなかったと書いている[95]。もしできたとすれば、最初の部分を最終巻と調和させることは容易であったであろう。

以上のことを認めたとしても、この修正の内容を突き止め明確にすることはかなり困難なように思われる。しかし私はあえて、仮説を提案したい。それは、第六巻の第一章はあとに続く内容の理解に向けて読者を準備するいわば序文であるということである。ところで、他の五巻には序文はない。第一巻は冒頭から、読者を「律動的なもの」（**in medias res**）に導入する[96]。おそらく最終巻の冒頭で、著作の構想の変更を指摘する必要があったということであろう。しかし第二章のはじめの文章が、短いとはいえその役割を果たすものであり、それで十分であった[97]。そこで私は、第六巻の第一章は修正の際に書き加えられたものであると考えたい。

おそらく、この第一章は「聖職者的」心性の特徴をもっとも顕わに示している。この章を除くと、第六巻と他の五巻との調和がいっそう明白になる。そこには、「物体的なものから非物体的なものへ」（a corporeis ad incorporea）と上昇するアウグスティヌスの構想が、読み進むにつれて徐々にはっきりしてくる。かれは、神秘的なものよりも韻律を気にする教養人あてに本書を書きながら、早々と自分の意図を明かしてかれらを激怒させるよりも、徐々に階段を上がるようにしてかれらを導く必要があったのである。

この第一章以外のことについて、他に明確な提案は思い当たらない[98]。しかし第六巻の校訂に関する仮説は、先に提起されたささいな文学的問題を満足のいく仕方で解決してくれると思う。

再考録

すでに一三年も経った古い不出来な著作をそのままお目にかけることをご容赦願いたい[1]。しかし今回の出版は物的欠乏を考慮した上でのことで、これは技術革新という概念のもつ曖昧さに注目する好機でもあった。現代は機械技術の発明には誇るべきものがあるが、しかし経済的窮乏は活版印刷というすぐれた技術の衰退を招いている。

正直なところ、著者としてはこうした制約があることで気の休まるのを憶える。これほどの時間が経過したあと単なる細部の修正では不十分で、今すぐ全面的に書き直すべきかもしれない。しかしその計画をまえに、私が躊躇した気持ちは理解してもらえるであろう。とはいえ、私がここで一連の文面を修正し、必要最小限の内容を加筆していることは認めてほしい。私はしばしば、師と仰ぐアウグスティヌスの欠点を模倣していると非難されたが[2]、今度はかれの長所をまねることを許してもらいたい。私は以下、かれに倣い、「裁判官の厳しさをもって私の拙い著作を見直し、検閲者の筆をもって私の気に入らない点を指摘していきたい[3]」。

拙著に再考（retractatio）を加えるにあたって、批判者からは思ったほどの援助は得られなかった。博士論文の場合往々にしてそうであるが、初心者によるやや拙速な感じの拙著に対する大方の批判は余りにも好意的なものであった。まったく受身的な私の気持ちからすると、寄せられた批判は建設的な対話を著者に挑むというよりも本書のもたらす利点を要約して伝えるものであった[4]。

A　アウグスティヌス

1　アウグスティヌスの偉大さ

二重の標題が示唆しているように、[5]本書は、アウグスティヌス自身をより深く理解することと古代教養の終焉を明らかにすること、異なるものではあっても関連するこのふたつの問題に同時に答えようとするものである。私は、まず第一の点について（読者のなかには誤解したものもあるので）間接的、部分的にしか述べなかったこと、またたしかに不備であった点を補完しておきたい。

私は本書において、アウグスティヌスを時代の証人に仕立て、その時代について訊ねることによって、その思想と学芸をいわば滋養液のようにして包み込んでいた教養（私は先に「教養の浸透」（osmose culturelle）という名称を提唱した）が、かれの精神構造、知的態度にどのような影響をもたらしたかを明らかにしようとした。私は、アウグスティヌスの人物像を描き、その思想全体を伝えるような『アウグスティヌス伝』を書いた積りはない。本書は論文であり、学問の進歩に貢献しようと念ずる書である。論文にとって重要なことは、まとまったものを書こうという気遣いや文学的平衡の法則を犠牲にしながらも、繰言を避け、新規な要素を提示することである。すでに幾度となく掘り返された古代研究の分野に関する論文らしい論文は、多少ともアウグスティヌスの著書『八三の問題集』（De diversis quaestionibus）のような形式で提示されがちである。[6]

私はここで、アウグスティヌス自身を部分的にしかも外面に現われた態度から取り上げ、こうした視点に立つものとしてはかれのより個人的、独創的なものは除外せざるをえなかった。私の執筆意図を全うするためには

（はっきり断っておくが）、筆の向くままに深く分け入るというよりも、むしろ削除する努力がたえず必要であった。こうして算術の初歩、弁証論の形式に関する説明だけにとどめ、また個人的に私に多くの成果をもたらしてくれた『音楽論』に関する研究からも僅かしか取り入れえなかったことは残念に思っている。[7]

私は、アウグスティヌスの行動（behaviour）に関する外因的な分析とかれの才能の偉大さから受ける深い印象との対比については、十分説明したと思っていた（本書六二頁、第Ⅲ部第四章注（183）、三六九頁参照）。[8] そのため、読者のひとりがつぎのような抗議をしてくることなど考えても見なかった。かれによると、私は神学的思惟をほとんど認めない古い実証主義的（positivistes）教師たちによって教育された結果、『神の国』の著者を「人間性」（Humanité）を取り扱う大思想家のひとりと見なすようになっているというのである。

私は、拙著に対するギニュベール（Ch. Guignebert）の態度に驚いている。[9] かれは本書に賛辞を呈しながらも、そこから反アウグスティヌス的な要素を取り出して論文にまとめている。かれは、アウグスティヌスに不利に見えるような点だけを取り出し、それも時には偏見をもって私自身の説明をひどく歪曲し、[10] つぎのような判断を下すに至っている。

「とはいえ、私が正しく理解しているとするならば、マルーが公言するところによると（本書四三二頁参照）、アウグスティヌスは「史上最高の知性のひとつ」である。しかし私は、ひどく楽観的なこうした判断に両手をあげて賛成するわけにはいかない。というのは、この一介の「何でも屋」（本書三五〇頁参照）は、自分を形成しまたかれも利用したこの不毛で空疎な瀕死の教養をまえに、いったいどのような才能の閃きを示したというのだろうか。実は、かれはそこから逃げ出したのではなかろうか。マルーの書を読むかぎり、そうではないかという疑問をもつ[11]」。

おそらくアウグスティヌスの著作そのものを読むものは、だれもこうした疑問を抱くことはないであろう。したがって私は、これから本書を読むものに対し、拙著において私が書こうとした内容以外のものを探さないように、またヒッポの司教の才能について自分なりの意見をもとうと思うならば、本書を読むだけで決して満足することのないようにお願いしたい。「デカダン期の教養人」という考え方については後述するつもりであるし、最初の判断をひとつならず「撤回する」こともある。重大なことであるが、読者はアウグスティヌスの教養に欠如する点、不十分な点が実際に明らかになるにつれて、無邪気な百科全書的理想をもって教養とすべきではないという結論に達するはずである[12]。いかに偉大な人物でも、すべてを知り尽くしているわけではない。

2　アウグスティヌスの回心

明確にしなければならないもうひとつの点は、アウグスティヌスの回心である。私は、アルファリク（P. Alfaric）教授の逆説的な主張に対しては、かなり明確な態度を取ってきたつもりである。かれは、三八六年から三八七年におけるアウグスティヌスの思想にはキリスト教的特徴は見られないと主張する。かれによると、「アウグスティヌスの回心は、道徳的また知的に見て、新プラトン主義への回心であって福音への回心ではない[13]」。私は、この先賢に対する配慮から、また問題の複雑さを考慮して（本書序注（13）、第Ⅱ部第一章注（10）参照）、控え目に（先賢の誤謬を指摘せざるをえないことはまったく不快なことである）対応したつもりであった。かれは拙著を読んだあと、「かれ（アウグスティヌス）は三九一年にキリスト教徒になった……」という結論を自明のこととして引き出している。では、三八七年の復活祭以降のかれは何だったのだろうか。したがって私は、アルファリク教授の書を「野心的ではあるが、矛盾する論文であり」、「反論の小山を築かせて学問を遅滞させ、いずれ消え去るはずの論文」と見なさざるをえなかった（本書一一二頁参照）。

一三年まえからこの小山はますます増え続けているが[14]、それに対するもっとも的確な反証はアルファリク自身の沈黙である。かれの著作第一巻（一九一八年刊行）はそれほど注目されなかった。それは三巻から成るはずであるが、三〇年後の今日なお時間不足らしく第二巻は刊行されていない。かれはそこで、アウグスティヌスは一二年の歳月をかけて「新プラトン主義の哲学からより厳格なカトリックの信仰に移行したのであり、かれにとってキリスト教は新プラトン主義の実際的かつ大衆的な代替要素にすぎなかった」ことを説明するはずであった[15]。この遅滞にはわけがある。アウグスティヌスが受洗時にカトリック教徒でなかったとした場合、のちかれがカトリックになったことを確証するためには、かつてペギー（Ch. Péguy）が雄弁に告発したような精神の硬直さと方法の厳格さとの混同からくると思われる、疑惑の多い第一巻の否定的論証を取り消さざるをえないからである[16]。実際かれの論証は、意に反して改宗した同世代のキレネの司教シュネシオスの心理状態をアウグスティヌスのものに仕立てている。しかしキリストを「群集のプラトン」として見[17]、信仰箇条のうち気に入ったものだけを受け入れ[18]、心の底では哲学者としてとどまるという条件で、たとえ外的にはフィロミュトス（Philomythe）としてとどまりながらも真剣に司祭職を果たそうとしたのは、三八六年のアウグスティヌスではなく四一〇年頃のシュネシオスであった[19]。アルファリク教授は取り扱うべき主人公を間違えている。

もしかれの論旨を未だに支持するものがいるとしたら、かれらは、私に対するフェステュジエール（A. J. Festugière）の批判によってそれが補強されていると想像してはならない[20]。かれによると、カッシキアクムにいたころのアウグスティヌスが考えていた祈りと恩恵は（本書一四五―四八頁参照）、「宗教的特徴をもつものではあっても、特別にキリスト教的あるいはアウグスティヌス的特徴を帯びたものではなかった」ということである。

これに対して、私はつぎのように答えよう。まず、これらの難解な祈りと『ソリロキア』（Soliloquia）（一・一（2―6））にある祈りとは、語調は明らかに類似しているが、しかし後者には特別にキリスト教的特徴があることを忘れてはならない[21]。つぎに、とくに三八六年から三八七年の間のアウグスティヌスがキリスト教と宗教的理想を示す異教的形式のどれを取ろうかと迷ったか否かは問題にはならない。かれは受洗者名簿に名前を登録し、決定的な手続きをとっている。問題は、この手続きに意味があるとするならばその意味するところはなにかということである。アルファリクの見解によると、この決定はあれほど長く遅延されたものであり、根本的には無意味なことである。こうしたかれの主張に反論するためには「哲学者時代」の著作のなかに厳密に宗教的な特徴を見出す必要があり、またそれで十分である。もしそれが宗教的なものであるならば、かれはキリスト教徒である。

たしかに、「まず第一に、私があなた（神）を正しく求めるように計らいたまえ」ということば自体は[22]、それほど意味のあるものでないことは私も認める。しかし三八七年末以降の著作で、前もって反ペラギウス的態度を示すこの表現ほど、アウグスティヌスの心理的発展をはっきりと跡付けてくれるものはない（この表現は、セミ・ペラギウス主義と呼ばれるものの根本的主張と対立している）。

3　アウグスティヌスのギリシア語の知識

拙著の刊行後すぐに激しい議論の的となり、今日なおとくに明確な説明を求められているのは、アウグスティヌスのギリシア語の知識を取り扱う章である（本書三三―四一頁参照）。この問題に関する参考文献は枚挙にいとまがないが、つぎのような研究書をあげておこう。[23]

1 B. Altaner, Augustinus und die griechische Sprache, in Pisciculi (Mélanges Dölger), Antike und Christentum, Ergänzungsband, I, 1939, p.19-40.

2 Id., Augustinus und die christliche Patristik. 第二次世界大戦のため、第二巻は刊行されず、[24] 著者はその結論だけを要約している。Byzantinische Zeitschrift, 41 (1941), p.59.

3 I. Chevalier, S. Augustin et la pensée grecque, les relations trinitaires. Fribourg (Suisse), 1940, p.98-102 ; 118.

4 P. Courcelle, Les lettres grecques en Occident, de Macrobe à Cassiodore, Paris 1943 (2e éd. Paris 1948, p.137-194).

5 G. Bardy, La question des langues dans l'église ancienne, I, Paris 1948, p.196-202.[25]

議論はなお進行中ではあるが、まず確認しておきたいことは、問題とされる点はどちらかと言うと付随的なものであるということである。本質的なことについては学者たちの意見は一致していて、その基本的な点については一九〇六年アンガス（E. Angus）がつぎのようにまとめている。[26]

アウグスティヌスの著作から見ると、かれは、

——聖書ギリシア語については、限られてはいるが、実用的な知識をもっていた。

——教父のギリシア語については、ごく僅かの知識があった。

——古典ギリシア語については、どうやら役立つほどの知識はもたなかったようである。[27]

大体において、私も同じように理解している。それ以上の議論は、たいていこれをいくらか修正し明確にするにすぎない。

聖書ギリシア語の知識の問題について、クルセル（P. Courcelle）は年代誌を用いることによって[28]決定的な進展をもたらした[29]。私は先に、アウグスティヌスによるギリシア語の使用は、さまざまな聖書注解書によって異なることを指摘しておいた（本書三四六―四八頁参照）。クルセルは、聖書注解書でもギリシア語を用いないものあるいは僅かしか用いないもの（それもごく初歩的な仕方で）があり、年代から言うと四〇〇年ごろあるいはそれよりややあとの初期の注解書がそうであることを示してくれた。それ以後、ギリシア語の利用は「あるいは頻繁に、あるいは習慣的に」なる。たしかに四一五、六年以降、アウグスティヌスは満足できる程度の聖書ギリシア語を修得し利用している。

以上が確かな点である。つまり四〇〇年から四一五年の間に、アウグスティヌスがギリシア語に上達していったことは認めなければならない[30]。重要なことは、かれが理論を実践に移し、キリスト教的教養をめざす理想に近づけようとした努力を著作において確認することである（本書三三一頁以下参照）。かれがきわめて多忙な生活のなかでギリシア語の学習を再開し、その修得に成功したことは注目に値する。

しかしこうした発見の射程を誇張しすぎてはならない。四一六年から四一九年ごろにかけて、アウグスティヌスが「聖書ギリシア語について実用的な知識」（working knowledge of biblical Greek）を著しく深めていったとしても、まだギリシア語を完全には知らなかった。これを最初に確認したのはクルセルである[31]。私はこの点をいっそう強調したい。年代から言って『詩編注解』としてはさいごの著作で[32]、一般向けの説教ではない『詩編一一八編の注解』（Enarratio in Ps. 118）においてもなお、アウグスティヌスによるギリシア語の利用は不規則でためらいがちであり、このことには深い意味がある。[33] コモー（M. Comeau）は、『ヨハネによる福音書注解』について同じような指摘をしている（本書第Ⅲ部第四章（97）頁参照）[34]。通常アウグスティヌスはラテン語訳聖書を用いており、ギリシア語聖書を用いるとしてもそれは一貫したものではなく、また苦労なしとはせず、いつも成果を納めているわけでもない。かれは、テルトゥリアヌスとはまったく逆の態度をとっている。テルトゥリアヌスはつねにギリシア語聖書を手にし、ラテン語訳が眼前にあっても引用することばはすべて自分で訳しなおしていた。[35] したがってこうした激変は、二〇〇年から四〇〇年にかけてアフリカにおいてギリシア語が衰退していったことを思わせる。たしかにアウグスティヌスのギリシア語の知識の進歩は、アンリ（P. Henry）が明示したとおり客観的に確認されたことであるが、私はそれを軽く見がちであった（本書三九―四〇頁参照）。アウグスティヌスは、四一五年ごろ『神の国』の著述に利用するため再びプロティノスの『アエネイス』を取り上げ、ヴィクトリヌス訳のようなラテン語訳を借用する代わりにギリシア語本文から直接、翻訳し引用している。

　しかしクルセルは反発の衝動に駆られ、アンリーがとった含みのある主張とはやや逆のことを誇張して断定し[36]、「かれは四一五年『アエネイス』全部をギリシア語原文で読んだ」と述べている。[37] われわれは今なおヴィクトリヌスがどの部分まで『アエネイス』を訳出していたのか知らないが、しかしこれまでの説明には、アウグスティヌスが『アエネイス』のこれこれの部分をギリシア語原文だけで読んだという証拠は見当たらない。

　それはとにかく（ここには史料の僅かな空白があり、研究者は史料の沈黙するままに自由に仮説を立てることができる）、クルセルは綿密に検証したあとも、ギリシアの古典作家や教父に関するアウグスティヌスの知識について下した判断を大きく変えてはいない。[38] それはかなりかぎられた知識であり、しかも大部分はラテン語訳にもとづくものであったということである。[39] アウグスティヌスが原文を見るのは、たいてい聖書注解におけるように、翻訳の正確さを確認するためだけで、あえて自分の語学力をたよりにギリシア語文献に取り組むのは例外的である。[40]はっきりしているのは、短く、分かりやすい章句の場合である。たとえば、ラクタンティウスが訳文ではなくギリシア語で引用している『シビュラの神託』（Oracles Sibyllins）[41]の数行と、ヨセフスの『ユダヤ古代史』の一一巻から一四巻の要旨がそうである。[42]

もちろん、アウグスティヌスの努力と進歩が四一五、六年で止まったと考えてはならない。クルセルが指摘するように、[43]ペラギウス論争は、アウグスティヌスが改めてギリシア語文献に取り組む好機となった。しかし、それも誇張してはならない。かれがカッパドキア学派やクリュソストモスのホミリアをいくらか読んだとすれば（本書四一頁参照）、それは「まず」翻訳を読んだのであり、[44]バシリウスやクリュソストモスの説教をともに含むギリシア語写本を入手したとしても、[45]それは聖書の場合と同じように翻訳を確認するため、またいくつかの短文を訳し直すために利用したにすぎない。

老年期におけるアウグスティヌスの進歩はそれがいかに事実であったとはいえ、[46]状況を著しく変えるようなものではなかった。それはやはり、たいていは数行にわたる文章を簡単に確認したにすぎない。[47]ただ一度だけ、[48]まえもって翻訳を参照することなく著作全部に取り組んでいる。たとえば、かれは『異端論』（De haeredibus）（第一章から第五七章）において、それに対応するサラミスのエピファニウス（四世紀）の著作を直接に剽窃している。[49]しかし実を言うと、それはエピファニウスの『パナリオン』（Panarion）と呼ばれる大著ではなく、はるかに短く簡潔な『アナケファラエオシス』（Anacephalaeosis）という、無名の著者によるその要約である。アウグスティヌスはこの文献をほとんど行ごとに翻訳したが、それには苦労したようで、また誤謬なしとしない。[50]

以上の考察のあと、本書三八、四〇―四一頁におけるやや硬い表現に若干手を加えつつ、結論を出すことにしよう[51]。四一五／六年以降、アウグスティヌスは、ラテン語訳を原文と比較して確認し修正しうるだけのギリシア語の知識を身につけている。例外的ではあるが、前もって翻訳を参照することなく、ギリシア語文献を直接に翻訳することさえできた。しかしわれわれが確認できるのは、たいていはかなり短くしかもやさしい文献の場合だけである。かれは聖書についてはギリシア語文献に頼ったが（いつもまた規則的にそうしたわけではないが）、ギリシア語原文による確認や読書は一定のかぎられた作品を対象としている。全体的に見てまたその深さから言って、かれの教養がギリシア語原典の恩恵を受けるのは既存の翻訳によってであり、この翻訳をとおして、かれはギリシアの哲学的著作、教父たちの著作に取り組むことができたのであった（世俗的著作は、ほとんどかれの視野にはなかった）。プロティノスやポルフュリオスの思想がアウグスティヌスの思想にあれほど深い影響を及ぼすことができたのも、ラテン語で表明された新プラトン主義のおかげであった（ヴィクトリヌス、その他アンブロシウスの周辺にいたミラノの知識人による）。このように、アウグスティヌスによるギリシア教父たちの著作の読書はかぎられ、それも大部分は後になってからのもので、かれの神学に直接に示唆を与えることはなく、その最初の構成にも影響を与えていない。したがってアウグスティヌスの教養は全部ではないにしても、概してたしかにラテン語によるものであった。

4　アウグスティヌスは哲学者か神学者か

その他の項目については、これほど細かな修正は不要であろう。私は、アウグスティヌスの著作により深く接していくにつれ、かれの教養に関する自分の説明に自信をもつようになってきた。その教養には文学的教養、哲学的教養、厳密な意味でのキリスト教的教養がある。そしてキリスト教的教養としては、多少の違いはあるが、一方では、かれがカッシキアクムで定義したとおりの「知恵の探究」(studium sapientiae) があり、他方には『三位一体論』(一四・一・三) をもとに「知識」(scientia) と呼ぶことのできるものつまり信仰の要求に対応する形の教養、また聖書学習から発展し『キリスト教の教え』(第二章から第四章) を憲章とする教養がある。[52]

これらふたつの面を示すために少々安易な語の用い方をしたが、今ここでその語意をより専門的に明確にしておいた方がよいかもしれない。拙著を読んだ神学者たちは、私が用いた神学、哲学の概念に余り満足していないようである(本書六一―六二、一五〇―五三、一五一―五二、二八八頁以下、三〇二―〇四頁参照)。こうした用語は、拙著が書かれた時代を反映している。私が本書を書いたのは一九三二年から三六年にかけてであるが、この間、キリスト教哲学という概念の内容と整合性について、合理主義哲学者とキリスト教哲学者との間で、またキリスト教哲学者同士で大論争が戦わされていた。[53] 私は、論争の場に立ち入りつつある自分を意識しながらも、無邪気にもその射程外に身をおこうとした。それは、臆病なしかも幻想的な解決法であった。「ただ歴史学者としてのみとどまる」[54] ことは不可能ではないが容易なことではなく(本書四三二頁参照)、私は、一定の語彙を使用することによって、論争のどちらかに立たされたのであった。

私は、神学という用語を私なりに厳密な意味に用い、啓示の内容の確定、その価値づけと体系化、また不信仰と異端に対する教えの擁護[55]という意味に限定して用いた。もちろんその場合、理性的知識に関するすべてのこと、論証によって確立された真理、また厳密な意味での自然的能力を用いることによって人間理性が修めた成果は尊重してのことである。

当然、神学者は神学を歪曲するようなこうした定義を受け入れることはできない。この定義によると、神学はつまるところ理性のあらゆる努力に逆らう論証不可能な真理だけの検討に限定されるからである。[56] 神学者がなおこだわるならば、[57]私は喜んで、『三位一体論』の第一巻から第八巻だけでなく、さらに第九巻から第一五巻における **scientia** と **sapientia** を神学のきわめて総括的な概念に含めることにしよう。そうした全体のなかで、信仰の理解を求める人間理性の努力が発揮されることであろう。[58]

しかしこうした用語を使用するから言って、アウグスティヌス独自の立場を「理解する」という[59]厳密に歴史的な問題を忘れてはならない。たしかに、(新)トマス主義の見解からすると、アウグスティヌスの言う知識と知恵全体が神学に見出されると考えることもできる。[60]もちろん、両者のあれこれの側面の間に明確な一致あるいは対応を指摘するのは困難なことでない。[61]しかし注意して欲しいのは、アウグスティヌス思想のような組織化され統一された強力な思想をその構成要素に分解し、まったく異なる筋書きと精神をもつ学説の枠組みにはめ込もうとする努力は空しいことであり、失敗に終わるということである。アウグスティヌス神学、またより一般的に教父神学全体[62]と、あえてトマス・アクイナスとまでは言わないが、近代のトマス主義者たちの一般的な教えとの比較にはたしかに問題がある。この問題は、時として現代の宗教的良心を痛め付けるほどの激越とはいわないまでも、時にはそうした激情のうちに論じられているのではなかろうか。[63]

今日、一般に見受けられるようなトマス主義をもって形成された神学者がアウグスティヌスを前にして感じるような不満を分析する資格は私にはない。しかしこのトマス主義とアウグスティヌス的精神との間にある根本的な不調和は私にもわかるような気がする。気休めの安易なコンコルディスム(妥協)には警戒しよう。アウグスティヌスと同様トマス主義者も知識と知恵について語るが、[64]しかしこの二語は、両者にとりいかに異なる響きをもっていることか。神学における **habitus** の研究において、トマス主義者は「霊的生活は神学に寄与できることがあり、また寄与すべきである」と指摘する。[65]しかし同じ著者が同じ箇所で「恩恵の状態を失った神学者の神学に欠けるものは何か」と問うとき[66]、アウグスティヌスはそれを耳にして驚き、また不安を感じることであろう。たとえば、「愛なしに到達することのできる神学者の神[67]」と言うような区分を認めることができたであろうか。アウグスティヌスにとって「神学」と聖性、キリスト教的教養と霊的生活とのつながりはきわめて内的かつ緊密にして組織的で、かれは、たとえ形式的にせよこの両者を切り離すことには本能的に反発したことであろう。こうして見ると、アウグスティヌスの「神学」は、単に今日正規のものと考えられているような神学ではない。こうした神学には、ある種の専門的な方法上の説明が欠けている。たとえば、その知的活動に対するノエシス的（**noétique**）なあるいは認識論的（**epistémologique**）な観点からの正確な評価がなされていない[68]。こうした評価はたしかに別物であり、それを究極の独創的なものとして再確認するのは歴史家の役目である。宗教的思考の訓練に関するアウグスティヌスの教えには、別の観点から実現された方法の進歩によって排除されることのない独自の価値、真理がある。

アウグスティヌスの考えを正しく説明するためには、専門用語とは言わないまでも[69]、かれが自分の考えを表明するために用いた対照法的なリズムにまじめに注目するほうがよい（本書10「アウグスティヌスの教養と人格」参照）。アウグスティヌスの「神学」（この用語の使用に同意してもらえるならば）は、対立すると同時に相互補完する **scientia**（知識）と **sapientia**（知恵）の活動であると定義される。私は先に、『三位一体論』（一四・一・三）の一文をもって両者の区別を明らかにしたが、それは他の箇所にも見出される。この区別は、アウグスティヌスの思想においてはきわめて根本的なもので、ごく単純な文体や筋書きをもつ民衆向けの説教においても、ごく自然に表明されている。ここでは、つぎの一例だけにとどめるが[70]。

「信じることができるためには、まず理解する必要がある」と私に反論するものがいるが、それは正しい。しかし私は、預言者のことばを借りて、これに劣らず正しく答える。「むしろ理解するために信じよ」と。反対するものも私も、ともに正しい。「信じるために理解せよ」、「理解するために信じよ」。これ以上の説明はむだである。信仰をもつように努力せよ。説教する私のことばを理解するように努力せよ。神のみことばにおいて、信仰を理解するために信仰をもて[71]」。

「私のことばを信じるために理解せよ、神のみことばを理解するために信じよ」（**Intellige ut credas verbum meum, crede ut intelligas Verbum Dei**）。知識と知恵に関するこれ以上の明瞭かつ簡潔な説明はない。

5　アウグスティヌスは知恵者か神秘家か

したがって関連するこの知識と知恵について、個別に、またそれぞれの線に沿って理解を深めていくことにしよう。「知識」の概念については問題はない（本書三〇〇―〇四頁参照）。それは、信仰の内容を意識し、説明し、擁護する働きを指す。つまり「信じるために理解する」（intellige ut credas）ことである。これに対して、「知恵」の概念ははるかに微妙である。これは「知恵の探究」といった方がよいかもしれない。というのも、われわれの能力の範囲内にあるのは、それに到達するというよりもその探究に向けて歩み出すことだからである（現世におけるこの語の意味については本書一四五―四六、二九二頁参照）。私は先に、「知恵の探究」を説明するにあたって、「哲学的教養[72]」という表現を用いたが、これは現代の読者には誤解される恐れがある。こうした表現は、ヘレニズム・ローマ哲学全体は知恵の修得、至福をもたらす知識の把握に向けられていたことを記憶している人々だけが正しく把握しうる。

まず、アウグスティヌスの「知恵」を「信仰の前提要素」（praeambula fidei）の証明や、先述したような理性的確実性をもちうるかぎりの信仰の真理だけに限定してはならない。アウグスティヌスのいう「知恵」は、真理の探究であると同時にそれ以上のもので、真理を平和裡に所有し、瞑想しかつ観想し、生活においてそれに触れ、享受する（frui）ことである（本書一五二、二八九―九〇頁参照）。こうした「知恵」のもつ二面は、双方ともかなり早くから出てくる。特定の問題について厳密な証明を練り上げようとする哲学者の瞑想を伝える『ソリロキア』において、またこれと対照的な、二か月後のオスティアでの観想を伝える『告白』第九巻に出てくる。[73] ここでわれわれは、もしアウグスティヌスが聖職によって最初の召命から逸れなかったならば、どちらの活動様式を取ろうとしたのか質問してみたくなる。かれは、「キリスト教的哲学」という体系あるいは大全を徐々に構築し続けただろうか。あるいは、中世が気前よくかれに由来するとした霊的瞑想、高揚の選言集に多少似通ったものを残したであろうか。[74]

いつも多少、断定的になりがちなこうした仮定を追うよりも、むしろ知恵に関するアウグスティヌスの理想において思弁的な探究と観想生活とを結合する深い絆はどのようなものか、それを明確にした方がよいかもしれない。とすると、すぐにアウグスティヌスによる観想は神秘的性格のものであったかどうかという、いつも未解決のままに残されてきた難問に突き当たる。私は先にこの問題にふれたが、しかし問題の所在を指摘したにすぎなかった。[75] この問題はきわめて複雑で、これまでにも激論が戦わされてきた。それについては、一見したところどれも正確に見えるきわめて多様な判断が提示され、私は『告白』（九・一〇・二三―二五）の参照を勧めたが、果たしてどれが正しいのだろうか。詩人の情熱を込めた抒情詩的様式による一哲学者の瞑想と解釈するか、あるいは厳密に神秘的秩序における恩恵を前提とする観想と取るか、あるいはさらに「見神」（vision）、「恍惚」（extase）と解釈すべきであろうか。

これまでの熱い論争を、今ここで決着させようと言うのではない。私はせめて、この論争を解決に導く方向、方法を示唆できればと念じている。問題はまず厳密に歴史的秩序に属する。つまりこうした特異な思想を真正かつ全面的に理解することである。意義深い独創性に富むアウグスティヌスの経験を、まったく異なる経験をもとに作り上げた一連の概念と比較対照するだけで満足するものには、そうした理解は得られない。アウグスティヌスの内的歩みは十字架の聖ヨハネ、アビラの聖女テレジアなど近代の西方における古典的神秘神学の著述家が提示したものとは大きく異なるとはいえ、かれは正真正銘の神秘家であったかもしれない。こうした見方を排除してはならない。神秘の世界には、あれこれの恵まれた魂が辿りついた「住居」以外の「住居」がありうるからである。アウグスティヌスはおそらく、最高の恵みに満たされたしかし独創的に構築された「住居」にわれわれを導き入れてくれる。時として、哲学的瞑想と神秘的観想の間にはジレンマがあるとされているが、それはほぼ間違いである。もし正真正銘のアウグスティヌス的神秘思想があるとすれば（私としては、すすんでこれを認めるが）、それは哲学者の神秘思想でしかありえない。アウグスティヌスの経験は、厳密に哲学的な活動を超えはみ出すものであるが、しかしそれを前提とし受け入れている。

6　聖書における霊的意味

私はまた、その他多くの微妙な問題を余りにも性急に取り扱ってきた。今日、慙愧に耐えない章があるとすれば、それは、私があえて「聖書とデカダン期の教養」と名づけた章である（本書第Ⅲ部第五章参照）。この章は、ここ数年にわたって神学者間に戦わされた論争のひとつと間接的に関与している。それは、聖書の霊的意味の問題であり、とりわけこの問題に関する教父たちの教えのもつ本質的、例示的価値をどのように見るかということである。[76]

先に断っておいたように（本書第Ⅲ部第四章注（114）参照）、私はこの問題をそれ自体としてではなく「教養と関連をもつ限りにおいて」取り上げ、「寓意的」[77]注解に対するアウグスティヌス時代の一般的な考え方、心理状態を反映するものは何かを発見しようと考えた。これが私が意図した研究範囲であった。しかしごく些細な面で先の主題に関係することになり、慎重さを期したつもりであったが（本書第Ⅲ部第五章注（75）参照）、無関心なあるいは偏見をもつ性急な読者に対し聖書の利用に関するアウグスティヌスの教えを歪曲して伝える羽目に陥ったかもしれない。[78]

聖書に関するアウグスティヌスの思想については、私が取り上げた側面だけにかぎっても、これまで以上の考察があって当然である。アウグスティヌスは、現在、議論されているような霊的注解の正当性については答えていない。かれは、こうした聖書注解を教会の一般的慣行から取り入れたのであり、[79]それが問題視されることなど考えてもいない。かれは、神学的に見てより一段高い考え方をしている。かれは、「……（と言うことは）ふさわしかったのか」（utrum conveniat）というような質問をする。神は教会にご自分を啓示するにあたって、なぜこれほど多様な形式をとられたのであろうか（本書三八二頁参照）。測り知れない神の意志を直接に知ることなど論外であり、アウグスティヌスは人間的経験との類似をもとになんらかの理解を得ようとして、「適合の論証」を用いる当時の教養人たちの慣行を模倣し、ごく自然に推論している。

しかしこうしたアウグスティヌスの態度を、今日、時代遅れとされている「デカダン期」の考え方の単なる反映として見ることは、かれの推論の射程を著しく狭めることになるかもしれない。私がいま、本書を擱筆した一九三六年以上に強調したいのは、アウグスティヌスの教えは当時の偏見だけでなく、豊かな実り多い詩と象徴の概念、また被造物界の構成におけるその位置とを取り込んでいるということである。

もし聖書が、罪深い人類と救いの展開の聖なる歴史を記録するだけでなく、厳密に自然的ではあるが人間精神が誤解しかねない真理と同時に厳密に理解不可能な(80)神秘を照らす光を教会に啓示する単なる神託集でもなく、「また」、表象の形をもってこの同じ信仰の真理(81)を示唆する象徴の場でもあるとするならば、ためらうことなく神は「また」詩人でもあると結論すべきである(82)。神はご自分をわれわれに示すために、人間の理性と教養とが作り出した考え方のひとつである詩という表現法をも用いようとされたということである。

私は先に、この詩的表現法を「象徴という美しいヴェールをもって真理を隠す」術と定義し（本書二八五頁参照）、こうした考え方はダンテ、さらにはより広く中世の象徴主義によるものであるとしたが、それが永遠の意味をもつ教えであり人間精神に供せられた基本的な選択のひとつであることを忘れていた。私は、「近代的な」詩の概念をランボー流の詩的概念（得も言われぬ神秘を漠然と把握する）に限定するという間違いを犯した。現在の私は、モンドール（Dr. H. Mondor）に見られるような最近の評論に教えられ、アウグスティヌスは聖書に対しマラルメ流の詩の考え方をもつように勧めていると言いたい。

アウグスティヌスから見て、そこには神に不相応なものは何もない。かれによると、聖書のことばが多義的であることは啓示においてなんら問題にならず（本書第Ⅲ部第五章注（59）参照）、また、霊感を受けた聖書における比喩は宇宙の構造において象徴の果たす役割の特殊な一例にすぎず、いずれの場合も、ギリシア人が「人間愛的」とか「教育的」とか呼んだであろう唯一の同じ意志が被造物の内部に働いていることを表しているのである(83)。これまでにもしばしば指摘したように、象徴としての役割をもっているのは聖書に用いられていることばや比喩的表現だけではない。聖書に繰り広げられる創造にせよ、そこで語られている歴史にせよ、聖書が実在するものとして伝える種々の事柄も象徴としての働きをもっている。

たとえば神は、ただひとりの男アダムから全人類を出現させた。そのわけは（もちろん他の理由もあるが）、神は、いつの日かキリスト教徒がこの事実に思いを馳せることによって、多数のものの一致がどれほど造物主の意に沿うものであるかを理解するようになることを予見していたのである[84]。こうした象徴は、幾重にも分別することができる。アウグスティヌスはパウロの書簡の有名な箇所（「ガラテヤの信徒への手紙」四・二一以下）の注解において、地上のエルサレムつまりユダヤ教徒の歴史上の首都は、天上のエルサレムつまり神の国を「預言的に映し出す影であり喩えである」と説明している。一方パウロはハガルとサラを寓意的に解釈し、ハガルはエルサレムの比喩であり、さらにそのエルサレムは自由なエルサレムの比喩であると述べている[85]。

象徴と実在とがこのように絡み合うとするならば、信仰者は、霊感を受けた聖書以外にも至るところに、たとえば被造物の観察、人間の活動、ことばの構造にも象徴があることに気づくことであろう。アウグスティヌスは、**morior**（死ぬ）という動詞の過去分詞 **mortuus** は動詞ではなく「名詞」（「形容詞」という意味に解する）[86]の語尾をもっていても、それは人類の復活以前の死者は、あとで断罪される人々のように「終わりなく死につつある」（**sine fine morientes**）ということではなく、「死のなか」にあることを示唆していると解釈している[87]。

同様に、聖なる歴史だけでなく世俗の一般史にも霊的意味が含まれている。ロムルスはローマ建設にあたって「避難聖域」（**l'asile**）を設けたが、それによってローマは真の「罪の赦し」（**remissio peccatorum**）を得られる教会の前表となっている[88]。聖書の聖なる詩だけでなく、世俗の詩そのもの、たとえばアウグスティヌスが無視すべきであると考えたホメロスの詩も、順応的意味（sens accommodatice）に解釈できる。『アエネイス』の「終わりなき支配を授けるであろう」（一・二七九）という句は、ユピテルから真の神に、ローマの地上的永続性から真の永遠の生命の意味に転換されている[89]。

私はわざと、少々、人を躓かせるような目立ちやすい例をあげた。これを読む神学者は必ずや、現代の神学が明確に定義する聖書における霊感の概念をアウグスティヌスがいわば溶解させていることに躓くことであろう。アウグスティヌスにおいては霊感だけでなく奇跡の概念も、少なくとも一見したところ[90]、驚異的なもの、不思議なもの、新奇なものという概念のなかに溶解されているようである。たとえば、「驚異的なもの」（mirabilia）に溢れているこの被造物界では、「奇跡は日常的なもの」（miracula quotidiana）である。しかし私はここでこの問題を解明しようというのではなく、指摘するにとどめたい。

7　アウグスティヌス的教養の社会的側面

こうした説明不足のほかに、まったく説明していない点もあった。たとえば教養の問題に含まれる社会的要因については説明がない[91]。アウグスティヌスは貴族階層出身ではなく、したがって伝統的教養を保持するはずの者ではなかったことに留意すべきである[92]。かれは、親衛隊長官の子アンブロシウス、「ローマ軍隊長」（magister militum）の子クリュソストモスとは違い、またバシリウスとその兄弟たち、ナジアンズのグレゴリオス、あるいは富裕な教養人階層に属していたモプスエスティアのテオドロスとも違っていた。アウグスティヌスの父は、クリアーレス階級のしがない役人、市参事会の一員にすぎず、帝政末期の圧制的な国家管理体制のなかで無産階級に追い込まれていた。

この事実について、私は話のついでにふれただけで（本書八六頁参照）、その帰結については述べなかった。アウグスティヌスは、学校教育によって、[93]あるいは部分的には読書をとおして独学で教養を身につけたのであった（本書一九七頁参照）。かれは、フランスの作家バレス（Barrès）のころから謙譲心からあるいは侮蔑を込めて「奨学生」（boursier）と呼ばれるようになった学生たちに似通った境遇の学生であり、成り上がりの教養人である。かれがもっていた教養はかれが生まれ育った環境のなかにまえもって存在していたものではなく、苦労して自分で修得したものであった。かれが斬新な、客観的、批判的な目をもってこの教養を見ることができたわけはここにある。社会生活における必需品いわば社会に同化させる要素としての教養を子どものころから「浸透」（osmose）をもって身につけていた人々以上に、かれは自由にこの教養のもつ真価を判断できる立場にあった。

　したがってここには、かれを古典的理想から根源的に遠ざける社会的要因がある。私はそれを適切な表現をもって説明する代わりに叙情的に描写しておいた（本書二八五―八七頁参照）。こうした要因を全面的に説明するには、四一〇年のローマの陥落、キリスト教的理想の支配といった歴史上の体験も不十分である。そのためには、たとえばナジアンズのグレゴリオスとの対比により注目すべきであろう（本書第Ⅲ部第一章注（79）参照）。アウグスティヌスはあれほどの教育を受け高い学識と「教養」を身につけていたとはいえ、古代の伝統の継承という点ではグレゴリオスには及ばない。グレゴリオスは贖罪の精神から絶対的な沈黙に身を投じたあの有名な四旬節においてなお、[94]執筆を断つなどという考えは思い浮かばず、きざな表現をもってこの沈黙そのものを取り上げる学芸的書簡や、世俗の華とも言うべき魅力ある短い書簡を書き残している。[95]

8　アウグスティヌスのことばの問題

本書でふれなかったもうひとつの点は、ことばの問題である。私は、歴史学者としての教育は受けたが、言語学研究の成果を教養史に組み入れることには不慣れであった（本書七二―七三頁参照）。しかし、まえもって言語学的問題に関するアウグスティヌスの態度を確認せずして、どうして教養史におけるかれの立場を明確にできようか。

かれはたまたま、ふたつの伝統の遺産を統合する立場におかれていた。ひとつは古典の伝統であり、それは黄金時代の著者たちの書を学びまた模倣することによって言語の自然的発展に強く抵抗し、キケロからヴェルギリウスにかけて実現された決定的と思われる文学的ラテン語を、可能な限りそのまま保とうとしていた。一方、キリスト教徒、さらに聖職者であったアウグスティヌスは、キリスト教共同体において用いられたごく特殊なラテン語を取り入れざるをえなかった。

まず、「キリスト教徒のラテン語」の歴史つまりその起源、発展を正しく理解することから始めよう[96]。このラテン語は庶民の間に生まれた、もともとはまさに隠語であって、教養人の顰蹙を買うようなあらゆる種類の卑語を多く含んでいた[97]。それが、キリスト教の影響のもとに語彙も豊富になり（本書七二―七三頁参照）、ついには専門語としてごく自然に聖職者の間に使用されていった。現在の私としては、やや遅れて聖職に入ったアウグスティヌスが、自分のことばを教会の慣行（usus ecclesiasticus）あるいは聖書におけることばの用法（usus）に合わせようとした誠実な努力を高く評価したい[98]。これは、かれの霊的発展（本書二六九頁以下参照）と使徒職に対する全面的な献身がその教養にどれほど深い影響を及ぼしたかをよく示している[99]。

たしかに、このふたつの伝統を調整することは容易なことではなかった。教会は、自分の過去、固有の言語を放棄することはできず、かといって教養の伝統のなかに市民権を得ようという努力も投げ出すわけにはいかなかった。それによって教会は影響力を失いかねず、とりわけ貴重な思想と表現の手段を欠くおそれがあった。キリスト教的ラテン文学の歴史は、いずれ起こるはずのこの総合がいかに苦労して成し遂げられたかを如実に見せてくれる。ある時はミヌキウス・フェリクス、ラクタンティウスのような人々は可能なかぎり厳密な古典主義を維持しようと努め、またある時はテルトゥリアヌスのようなより革新的な著述家たちはキリスト教的言語に大幅な刷新の手を加えた。

ふたつの伝統の統合に成功したのがアウグスティヌスである[100]。かれは、先賢たちの努力とそれまでの時間的経過による熟成（以後、キリスト教社会はほとんどローマ帝国と共存することになる）に助けられ、教会ラテン語を以後用いられる形に定着させていった。このラテン語は、キリスト教徒が専門分野や表現において実現した豊かさを失うことなく、しかもなお古典ラテン語の基準にかなり近く、こうして古代伝統の本質的要素がキリスト教的人文主義に取り入れられることになったのである。

では、アウグスティヌスは取り扱う多様な内容とさまざまな聴衆に対応しつつ、なおどのようにして自分のことばの統一を維持することができたのか、それについてふれておこう[101]。かれはキリスト教徒や異教徒の知的エリートあてに書く場合と素朴な信徒向けの説教を作成する場合とでは書き方を変えている（ヒッポの単純な民衆に語る場合とカルタゴのような大都会のよりすぐれた聴衆に語る場合とでは文体を変えている[102]）。しかし使用することばは同じで、いつも古典にかなり近く、当時ロマンス語に向けて[103]大きく変化しつつあった[104]俗ラテン語の蛮風と、気取った文体を多用する教養人のもうひとつの蛮風に反対している。当時の教養人たちは卑俗な語や表現を避け美文調と信じ込んでいたものを取り入れることにこだわりながら、四世紀以降はラテン語を死語として取り扱い、学者ぶった意味のない文章をあえて書こうとしていた（本書四一六―一七頁参照）。これについては、未完であるとはいえ[105]、アフリカ教会の説教に対するアウグスティヌスの影響を取り扱うドン・ジャン・ルクレール（dom Jean Leclercq）の研究に注目してもらいたい。それによると、アフリカの教会の説教はアウグスティヌスの影響のもとに純粋なことば、簡明な洗練された文体に引き戻されたということである。

9　アウグスティヌスの真の思想

こうして見ると、アウグスティヌスの著述活動を当時の文明社会に関連づけることはその独創性を失わせるどころか、かえってかれ独自の功績を明確に教えてくれる。たしかに、ものの見方はしばしば微妙である。アウグスティヌスはどこまで社会の考え方に影響されているのか、どの時点でかれ独自の主張が見えてくるのか。先述したように、かれの奥深い思考も、論争相手に隙を見せはしないかという危惧、真の抵抗線を守るためそれ以上の立場を確保しようとする論法（**argumentatio a concesso**）などにより歪曲されることもある（本書三六三―六四頁参照）。しかしこうした歪み、誇張はどこまで及ぶのか。

少なくとも、いくつかの事例においてそれを特定することができる。アウグスティヌスは、同じ時期に異なる人々を相手に、異なる性格の著作をもって同じ主題を取り扱うことがある。こうした著作は、それぞれ独自の必要に応じて書かれたものであり、批評家はとくにその点に注目すべきである。しかしこれらの著作を比較し相互に修正し補完することによって、その集中する一点を特定することは可能であり、そこに著者の十全かつ真正な根源的思想を見出すことができる。こうして『詩編注解』が『神の国』の写しであり、補遺であることがわかる[106]。前者は、後者とほぼ同時期に書かれ[107]、同じ主題をそれぞれ別の形で別の見地から取り扱っている。こうした原理はその他の作品にもあてはまる。たとえばアウグスティヌスが教会の名において語り信徒の信仰を育成していく種々の説教をもとに、前ジャンセニスム的な信仰の過大評価を是正することができ、また挑戦的な調子で書かれた反ペラギウス論争の著作における恩恵論を正しく理解することができる(108)。

10　アウグスティヌスの教養と人格

こうして見ると、私が先にアウグスティヌスの教養について素描したことも、さらに多様な仕方で再度取り上げ掘り下げていくことができるかもしれない。しかし、それが教養史独自の分野から離れ、より内密なアウグスティヌスの個性的な才能の領域に踏み込んでいく場合、中止せざるをえなくなることもありうる(109)。

たしかに、このふたつの領域に一線を引くことは困難である。もし教養が私が定義したように（本書六―七頁参照）、精神生活の個人的な形態であるとするならば、この困難さは教養という概念の曖昧さから来ている。実際、教養の概念はふたつの対立する側面をもっている。ひとつは社会的側面である。各人の教養は、かれを取り巻く文化的環境と、そこから受けとる技術、慣例などあらゆる要素に依存している。他方、教養はひとりの個人が最高の発達段階に到達したときの状態である。こうした教養は、本人が受けあるいは与えられた教育以上に、まったく個人的な努力によってつまり自分の召命を意識し絶対者の要求に応えようとする魂の努力によって最終的な形をとる。しかしそれは、一方では集団が共有する精神的態度を反映している。つまり教養の内面は、個人の神秘の深奥に向けて開かれている。

この両面に属する分野をどのようにして識別できるだろうか。一方は精神生活の一般的な形式、枠組みとして、他方はこれに関する思想、教え、真理といった内容として区別すべきだろうか。しかし教養のような類のものを、容器と内容というように分けることができるだろうか。一例をあげよう。先述したように（前出の5「アウグスティヌスは知恵者か神秘家か」）、アウグスティヌスの著作を読むものはだれでも、対照法という考え方に出会い、なじんでいる。これはきわめて特徴的なアウグスティヌスの表現法であるが[110]、それを単に古典修辞学から借用した言い方として片付けてはならない（本書七三―七四頁参照）。そこにはことばだけでなく思想そのものを支配する根源的なリズムがあり、それはかれの精神構造そのものに結びついているように見える。エクラヌムのユリアヌスはここにはマニ教の残滓が見られるといったが、そうではない。そこには、生命、世界、あらゆる実在に対するかれの見方を二極的構造に仕立てる、より深奥な、先天的、個性的ななにかがある。

教養は単に、形態の問題ではない。それは教育あるいは予備訓練（exercitatio）によって記憶のなかに備蓄された知識だけでもない。われわれがある人物について、かれは真に教養があると言う場合、この価値判断はこうしたすべての知識を超えた判断であり、この人物がそれらの知識をひとつに統合するある種の精神的総合力をもっていることを意味している。そこには、その人物全体を全体的かつ根本的に理解することによってはじめて得られる核心的な真実がある。しかもこうした教養に対する判断は、結局はその人物の人格そのものに対する判断とひとつになる。

こうして見ると、たとえ私の研究がどれほど徹底したものであったとしても、やはり読者を満足させえないことは明らかである。しかし私がこの研究を不可能と思われる限界まで推し進めなかったのは、私の関心と探求がどちらかと言うと教養における集団的、社会的側面に向けられ、一人物の伝記というよりもむしろ、ある時代の歴史、より一般的な問題つまり「古代世界の終焉」という歴史の研究に寄与したいと念じているからである。

B　古代教養の終焉

11　代表者としてのアウグスティヌス

「再考」すべき点があるとすれば、まさにこの点である。私はとくにこの問題を追究してきたからである。これに対して私の書を批判するものは、むしろ本書をアウグスティヌスに関する書として見ている。おそらく本書がはじめて刊行されたころ、歴史家たちはまだ、個人の生活と社会との関係という文明におけるより複雑な問題にそれほど関心がなかったからであろう[111]。

しかしここで、私の研究の基本にかかわる問題が提起された[112]。それは、「この時代を代表するだけの価値のある一人物」（本書八頁）の教養をもって教養そのものの集団的な側面を究明できるか、ということである。ここで少々、私の立場を説明することにしよう。もし教養が、ある特定の時と場所に生きる一人物の精神生活における「個人的」形態であるとするならば、それを一個人の範囲内で検討するのは当然であり、もし事柄の根本を究めようとするならば、ある主要な人物の範囲内で検討するのが当然である。一般大衆に対するギャロップ式の世論調査はせいぜい教養に関する平均的な水準の特定には間に合うとしても、教養の本質そのものを探るためには役立たない。その時代の集団的理想におけるあらゆる潜在的要素を体現しうるのは、傑出した人物だけである。しかしここでは、歴史上の偉人の果たす役割について持ち出されるお定まりの諸問題には立ち入らない。天才は例外的、特異な人物ではあるが、しかしかれが形成される様式はその時代固有のものである。

当然、こうした教養の検討は注意深く進めていく必要があり（集団的側面から個人的側面へと視点を安易に変えてはならず）、私は然るべき配慮はしてきたつもりである。一九三六年以降ずっと、四世紀のキリスト教徒、異教徒双方の教養人たちと交り続けかれらの教養をより深く理解することによって、私はアウグスティヌスを代表的人物として選んだことが正しかったことを確信するようになった。たしかに教養一般についていうと、若干の細かな点は別として、本書の第Ⅰ部（「すぐれた弁論家にして博識の人」）の内容はほとんどそのまま、アウグスティヌス以外の同時代の著述家の著作をもとに繰り返すことができるように思う。

アンミアヌス・マルケリヌスの場合をもとに考えてみたい。かれは、アウグスティヌスとは正反対の人物である。かれはアフリカ人ではなくアンティオキアのシリア人であり、キリスト教徒ではなく、熱心ではないにしても誠実な異教徒であった。観想的魂の持ち主というよりむしろ活動家で、歴史家になった官吏であり、聖職者になった大学教師ではなかった。しかしかれは、（アウグスティヌスと）同じような基礎的、文学的、物知り的な教養の持ち主であった。また同じように、気取った技巧的な美文に興味をもっていた[113]。同じように詩人たちが引用する古典の書を読み漁り[114]、神話や歴史から取り出した例文（exempla）を用い[115]、同じように旺盛なしかし幼稚な好奇心をもち[116]、同じように「驚異的なもの」（mirabilia）を探し求めた[117]。

しかしアンミアヌスだけでなく、同時代のアウソニウス、シンマクス、さらにアンブロシウス、ヒエロニムス、パウリヌスのうちだれも、個々の側面についてアウグスティヌスほど豊かな資料を提供してくれるものはいない。セネカからボエティウスまでの人物で、アウグスティヌス以上にラテン哲学者の教養について教えてくれるものがいるだろうか。キリスト教的教養についても同様である。キリスト教的西方が成人の域に達するのは、ひとりアウグスティヌスによってである。

しかしこの三つの教養について私が提示した説明は（若干の人々によって無視されることもある）、いまなお価値があると思われるが、しかし西方の一般教養史に関する説明についてはそれほど自信がない。全面的な視野の転換が必要である[118]。

12　デカダンスの概念

要は、ギボン（Ed. Gibbon）以来、言い慣らされてきた古代文明の「衰退」、「凋落」という重大な問題の解決に貢献することである。私は、蛮族のローマ帝国への侵入、西方の占拠、古代社会の政治的、経済的組織の急激な崩壊という歴史上の事件にいわばほとんど触れることなしに、古代文明の問題をさまざまな見地から提示し説明してきた。

私の書を読むものは、古代の教養は、蛮族の侵入以前にまたあらゆる外寇とは無関係に「無の淵に流れ込む急流にいわば押し流されて」いることに気づく（本書四三〇頁参照）。またこの教養にはあらゆる点で、衰弱、老人性の硬化症が見られる（本書四三〇頁参照）。私の説明はこうした退化の過程を明示しようとするものである。しかしこの退化は同時に孵化であり、逆説的な言い方ではあるが、後続の中世教養に道を開く退化である。とはいえ崩壊の否定的特徴は明白で、「アウグスティヌスにおいてはたしかに何かが死滅しつつあり」（本書四三一頁参照）、一言で言うなら、かれは「デカダン期の教養人」である。

現在、私は、こうした判断は修正する必要があると思っている。一歩下がって見るとき、間違いの原因が何であったかがよくわかる。それはここで用いた概念を十分、吟味しなかったことである。私は、フランス人がやや軽蔑の意味を込めて帝政「末期」（Bas-Empire）と呼び、新古典主義的偏見から取り続けてきた敵対的な見方に反対しようとし、また反対したと考えていた（本書四頁参照）。しかし排除しようとしたその概念をなんらの制約もなしに再利用し、それをもとに研究し続けたことに十分気づいていなかった。その概念というのは、まずデカダンス（Décadence）の概念である。

本書の読者で、私がアウグスティヌスを「デカダン期の教養人」として取り扱うことに、概して驚くものはいなかった[119]。それは、かれらが私と同様、「デカダン期のローマ人」（Romains de la Décadence）という考え方に馴染んでいたからである。

> 私は、デカダンス末期の帝国であり、
> 白い膚の大男の蛮族が通り過ぎるのを眺め、
> ものぐさなアクロスティックの詩を作る[120]。

これは少なくとも一世紀前からフランス人の教養に見られる月並みな詩文であり[121]、みながごく自然にこれを受け入れている。しかし今こそこれにきびしい批判を加え、デカダンスの概念のもとに十把一絡げにした種々の要素を吟味しなおすべきである。果たしてアウグスティヌスはこのデカダンスの証人であろうか。

13　アウグスティヌスの文章力

恥を忍んで白状するが、私が述べたことで、はっきりと誤解にもとづいているものは排除しなければならない。私は、アウグスティヌスにおける修辞学、とくに弁論術における「配列」（dispositio）について、「アウグスティヌスは悪文を書く」（本書五九、六五、六六、七〇頁参照）と述べたが、今となっては、赤面せずしてそれを読み返すことはできない。これはまさに、無知蒙昧な思い上がった若造の判断であった。現代の学校において古代修辞学が教えられなくなって以来[122]、フランスの知識人はもはやこの基本的、専門的な学芸がなんであるかを知らず、古典の学習は危機的とは言わないまでも衰微している。もちろん私はこうした欠落を補うためできるだけのことはしたが（本書三八八頁参照）、一六年間にわたってこの繊細かつ複雑な修辞学を学びまた教え、人一倍、修辞学に秀で、自分と同じレベルの教養人のために著述したこの人物を評価するにあたって、通り一遍の考察をもって満足したとは汗顔の至りである。

私は、アウグスティヌスに見られる控え目な態度、熟慮の上での柔軟な対応、表現力を強めるためのことばの乱れをかれの無能、無頓着を示すものとして片付け、微妙な効果を生み出すための技法の精緻な操作をアウグスティヌスにおける蛮風、教養の衰退と受け止めていた。私は修辞学教師アウグスティヌスに対し「書き方を知らない」と批判したが、それは、ブラック（G. Braque）あるいはピカソ（P. Picasso）が遠近法に従ってギターを描くことができないと言い張るようなものであった。かれらはわれわれに劣らずこうした絵画の法則に精通していた。ただ、それはわれわれにとっては見馴れたものであり、マンテニャ（A. Mantegna）と同世代の人々が味わった描写の豊かさを意識させてくれない。今日のわれわれの麻痺した神経は、美術学校臭さを感じさせない予想外の効果、より新規な配合を求めている。

無邪気な私は、この巨匠に何を求めていたのであろうか。目的と区分を素直に明言し、前もって立てた筋書きに逐一従う無味乾燥な教科書的構文であろうか。それに応じることは、アウグスティヌスにとっていとも簡単なことであった。しかしそれはかれ自身にとり、またかれの著作の読者、聴衆にとって恥ずべきことであったように思われる。私は先に、『告白』、『三位一体論』、『神の国』といった傑作について、無謀にも、構文がよくないと批判したが、しかしこれらの書を頻繁に読み返すことによって、そこからより多くのことを学び、感動を新たにする一方であった。これらの書をよりよく検討し理解することによって、現代人によくありがちな、自分が知らないものは蔑視するという蛮人固有の驕りを脱ぎ捨て、安易な効果は避け、驚かせることによって魅了することを狙うアウグスティヌスの確かな技法を徐々に感じ取るようになっていった。

ここで再び、『三位一体論』を開いてみよう[123]。たしかに、第一巻から第八巻と、第九巻から第一五巻はそれぞれひとつのグループを形成しているが、しかし両者の間に対立するものは何もない[124]。また、前もって第二グループ（第九巻から第一五巻）に「きわめて特殊な方法」が用いられていることを示すものもない（本書六二頁参照）。第八巻第十章（八、一〇（一四））の「中継点への移行」に「驚く」ものもいるが、それは予備知識のないあるいは不注意な読者である。というのも、こうした方法がどのようなものか、アウグスティヌスはその最初の見本をすでに第六巻第十章（六、一〇（一二））において見せている[125]からである。かれは、芸術家である神が創造したすべてのもののなかに造物主自身（Deus Trinitas）の存在に固有の唯一性、美、秩序、一種の三一性を示す比喩、形跡があることを示している。それは、巻末においていわば意味のない脱線のようにして短く説明され[126]、主題に戻るためにすぐに放棄されているが[127]、実は、その後に来るものをそれとなく予示し、読者を準備させているのである。

アウグスティヌスは、控え目に演奏される低音（mezzavoce）をもって演奏の中心を占めるはずの主題を素描して見せる、巧みな音楽家のように振舞っている。聴衆はそれに気づかないが、しかしこの主題が再び現われオーケストラの前面に躍り出るとき、それに驚くどころか、すでに既知のものであることに気づき再確認する。

主題を先取りし[128]あるいは想起させる[129]「音楽様式による準備」については、多くの例がある。アウグスティヌスは、粗野な手法やはっきりとした区分を嫌う。たとえば、『神の国』の第二巻から第一〇巻が、形式上は「大掛かりな脱線（excursus）」（本書六四頁参照）のように見え、しかもそれは頻繁に見受けられるが[130]、果たしてそれは意図されたものではないと言えるだろうか。たとえば、『三位一体論』において取り上げる旧約聖書のテオファニー（神の顕現）という重要な「問題」（quaestio）の場合がそうである。かれは取り扱う内容を明確に予告しようと考え、また読者の関心を引きあるいは刺激するために有用であると判断する場合、たしかに意のままにそうすることができた。これを説明するため、私はきわめて複雑な「区分」を指摘しておいた（本書第Ⅰ部第三章注（93）参照）。そこでアウグスティヌスが取る方法は、これまでになく奇異なものである[131]。最初の二つの部分（「第一に」Primum……「つぎに」deinde）は、この筋書きに応じて入念に説明されているが、第三点に取り組む第四巻のはじめにはそれを想起させるものはなにもない。かれは第四巻で再出発するのであるが[132]、そこにおけるかれは先の約束事を忘れているようである。もちろんこれは外見だけのもので、問題は密かに解決に向けて準備され、機が熟したとき造作なく解決される[133]。しかしかれが第三巻のはじめにおいて、それ以前のことを筋書きと明確に関連づけることによって読者を刺激しようとしたと考えた場合[134]、その効果は弱められる。筋書きに立ち戻ることは手法を変えることになり、平凡な味気ないものに見えることであろう。アウグスティヌスは、スコラ神学を学ぶ学生のためではなく古代の教養人あてに書いているのである。

通常かれは、自分のプランについて何らかの説明を加えた方がよいと考えられる場合でも、それをほのめかすだけでわかる程度に軽く説明するだけである。これは、粗野な読者にとっては罠である。告白するが、残念ながら私も『神の国』第一巻の冒頭の文章を理解していなかった（本書第Ⅰ部第三章注（83）参照）。そこには、もちろん必要な繊細さをもって、この大著の二部分の主題がはっきりと明示されている。そこでアウグスティヌスはマルケリヌスへの献呈文を挿入しつつ、不定法命題のふたつの補語という間接的な形式で、「まず」第二部（第一一巻から二二巻）の内容を、つぎに第一部（第一巻から第一〇巻）の内容を提示する総括的な文章を入れている。かれがそこで意図したことをすべて徐々に見出すためには、きわめて濃密なこの一〇行を幾度となく読み返す必要がある。それを組織的に述べるため、かれは聖書の引用を四つ、あるいは最初の三語に含蓄されているものを含めると五つ取り入れていることを忘れてはならない。

「栄光に満ち溢れる神の国を[135]」、

——あるいはこの移り行く時のなかにあって「信仰によって生きつつ[136]」、

——あるいは神の国はこの永遠の座を、いま「忍耐して、待ち望んでいる[137]」。それは、「正義が裁きに変えられるまで[138]」、つまり

続いて与えられるさいごの勝利とまったき平和とのなかに完全に受け継ぐであろう時までであり（第一一巻—第二二巻）、愛する子、マルケリヌスよ、私はいま、着手するこの書物のなかで、この神の国（のふたつの姿）について論じ、その建設者よりも自分たちの神々の方を選び取るものたちに対抗して、これを弁護しようと企てた。

——これは実に大きな、労苦に満ちた仕事である。しかし「神は私の助けである[139]」。

私は例として、つぎの点を強調しておきたい。「詩編」八七、三の「神の国よ、あなたの栄光について人々は語る」という詩句全部が引用されるのは、第二巻巻末において[140]、それも通りすがりにあるいは偶然といった形で

なされている。ところで『神の国』という標題の意味を聖書と関連づけて説明するのになぜ第一一巻つまり第二部の書き出しを待たねばならないのだろうか。[141] アウグスティヌスは、それまで自分の控え目な態度が読者を困惑させていることに気付かなかったと考えるべきであろうか。むしろこうした標題の出し方がどれほど荘重かつ神秘的な偉大さをもつものであるかは、「神の国」という標題を含む詩句全体を銘句として引用する現代人のやりかたがいかに平凡であるかを考えて見るだけで十分明白である。

　かくも豊富な知識をもつこの偉大な著述家が、私が最初に考えていたデカダン期の修辞学教師とは異なるものであることを理解してもらうためには、以上あげた若干の説明で十分であろう。もちろん、歴史の理解とその価値判断とは別ものである。純粋主義の審美学者たちがアウグスティヌスの文体と修辞学を「デカダン的なもの」と決めつけようとすることは、私もよく承知している。アウグスティヌスはリュシアス（Lysias）でもキケロでもない。しかしかれのことばは、私がかつて解釈しようとしたような老年の硬化現象を示すものではなく、バロック様式の学芸の溢れんばかりの力強さをもつものとして理解されるべきである。

　アウグスティヌスの著作をはじめて目にする「現代フランス人がしばしば忍耐力を試される」ことが真実であり（本書五九頁参照）[142]、またわれわれから見て「アウグスティヌスが悪文を書く」としても、われわれはやはりドイツの大著述家についても同じようなことを言い、イギリス人については、かれらはまったく著述しないと言うのではなかろうか。そこには、真の教養人には似つかわしくない子どもじみた国粋主義的な見方がある。というのは、「アウグスティヌスの著作と長く取り組んでいくとき」、ヒッポの司教の文体はすべての偉大な言語達人の文体と同じく、ことばの天才とも呼ぶべきものと緊密に結びつくものがあることを徐々にわかるようになる。それぞれの文明語には、独自の特徴、制約、美がある。たしかに、ラテン語における「冗漫さ」（prolixus）は決して短所ではなくむしろ長所である（本書六七、七〇―七一頁参照）。それは、いわばゆっくり流れる大河の波に運ばれるようにして、逆流することなくしかも威力と偉大さを強く印象づけながら内容と文体の発展を保証しもたらすはずのものである。

さいごに、実際的な注意を付記することを許してもらいたい。アウグスティヌスの文体を正しく評価するためには、期待されているとおりの読み方をしなければならない。『神の国』を刊行する現代の出版社の態度ほど間違ったものはない[143]。かれらは、各巻を章に分け、それぞれの章に独自の標題をつけ区切ってしまっている。これらの標題はたしかに以前からのもので[144]、おそらくアウグスティヌス自身にまで遡る[145]。しかしもっとも古い写本を検討して見ると[146]、これらの「標題」（tituli）は、別に筆写されるかあるいは著作の冒頭における目次の標題として書かれ[147]、目次と本文との対応は本文に数字を付記することによって示され、こうして本文の一貫性が確保されている。これらの写本では[148]、各巻はひとつのまとまりを形成し、アウグスティヌス自身この著作を一体のものとして考えていることはたしかであり[149]、各巻は著作全体を念頭において読むべきである。

14　デカダンスに関する誤解

さらにいくつかの見解も誤っており、修正すべきである。私は往々にして、アウグスティヌスの教養と、古代全体とは言わないまでもヘレニズム・ローマ文化とに共通する特徴をデカダンスの徴候と見なしてきた[150]。しかし現在の私から見ると、古代の学校の「形式上」（formel）の特徴は（本書五二頁参照）、「硬直化」と同義に解釈してはならないように思われる。なぜなら、まずゴルギアスからプリスキアヌス（ビザンツの人々は差し置くとして）までの古代修辞学の教授はたえず技術の改良を重ねながらも、同一の本質を保持しつつ発展し続けているからである。たしかに、帝政末期の修辞学は細々とした要素を取り入れ現代人を狼狽させるが、これもまた「バロック的」であるとでも言っておこう。要は、これらの諸要素は内側から見た場合、決してデカダンスではなく進歩の途上にあったということである。

つぎに、文学的学芸に明確かつ永続的な規範を設定することは、デカダンスの現象というよりもむしろ古典主義に付きものである。そこにあるのは、美、真、善は理性によって永久に限定されたものであり、よりいっそう正確な仕方で理解するように努めるはずのものであるという考え方である。[151] 歴史の流れのなかで、今一度これらの特性に関する価値判断を見直すことも悪くはない。現代の審美学者は、ロマン主義革命の恩恵によって古典偏重という耐え難い束縛から解放されたことを喜んでもよい。

しかし、これらの偏見を他のものに振り向け、アウグスティヌスと当時の教養人たちが偉大な「古代」の忠実な弟子であったことを退化の徴候として判断してはならないであろう。かれらが娯楽的な詩や学芸的書簡といった副次的な文学作品を残したことに、なぜ驚くのだろうか（本書八五頁以下参照）。現在の私は、こうした社交的趣味がカトゥッルス（本書八五頁参照）やアレクサンドリア学派の教師たちよりはるか以前に遡ることを知っている。それは、ホメロスとは言わないまでも、テオグニスに至る正統なギリシアの伝統に根ざすものである。[152] こうして見ると、躓きのもとになるものは何もない。なぜ文学は、ロマン主義の魔術師たちが考えていたような崇高な祭司職を果たさなければならないのだろうか。音楽も同じかも知れない。真の「音楽」とは「頭を悩まして」聞くようなものではない。[153]

教養に見られる教科書的な特徴についても、同じようなことが言える（本書八二頁以下参照）。たしかに、こうした特徴は三世紀から五世紀の社会的変動によっていっそう濃厚になっていったが（前出の7「アウグスティヌス的教養の社会的側面」参照）、しかしその起源はきわめて古く、少なくとも教育の手段、教養の大衆化の要因として学校が出現する前六世紀に遡る[154]。それは、古代の古典主義ひいては古典主義全体と不可分なもののように思われる。私は先に、ヴォルシアヌスがその友人たちと修辞学や文法の専門的諸問題について語り合うさまについて述べたが、こうした趣味――それほど退廃したものではなかった[155]――には長い伝統がある。すでに、アウルス・ゲリウス、セネカ、キケロ、さらにはプラトンが同世代の人々と交わした対話がそうであった。しかしその意味を「理解する」ためには、それほど遠い世代に例を求めるまでもない。リシュリュー枢機卿時代の人々は、「単一の法則」（Règles des trois unités）について延々と論じ合っている。

15　ことばのもつ意味

つぎに、教養がひとつの「形態」であるとするならば、それは限定されたものであるということを忘れてはならない。つまり古代の人々のいう知恵には、現代のある人々がもつような百科全書的理想や、そこに含まれる「無限の醜悪なもの、無制限なもの」は認められない（本書一八六頁参照）。同じ人間が神であると同時にテーブルや洗面器であることはできない。アウグスティヌスはある型の教養を「選んだ」（choisi）のである（それが意識的であったか否かは重要ではない）。したがって、かれが自分で選んだもの以外の型の教養人ではなかったことを責めてはならない。たとえば言語の問題から言うと、私は、とくに文学的であったかれの教養がかれの思弁的思考の形式と表現の障害となっていることをあらまし指摘しておいた（本書一九三―九七頁参照）[156]。しかし私はそれに加えて、こうした見方をすることになったわけを明確に説明すべきであった[157]。その見方というのは、思考について可能なかぎり完全かつ専門的な説明を探究する哲学者たちの見方であり、かれらにとって理想的なことばは数学的諸学科によって得られるそれである。

再度、強調しておきたいが、「歴史家だけにとどまること」は難しい。歴史家といってもひとつの視点に立つことは、プラトンとイソクラテス、哲学者と文人たちとの古い論争において、そのどちらかに味方することになる。こうした対立は、ヒューマニズムにとっては本質的なものであり（本書一四四―四五頁参照）、私の同僚で友人であり、完璧なヒューマニストですぐれた教養人であるボアイヤンセ（P. Boyancé）がこれほど激しい反応を示したわけもここにある。私が代弁する哲学者たちへの批判に対して（本書一九三―九四頁参照）、かれは「アウグスティヌスが『専門の哲学者』であるという印象を与えないのは、必ずしもかれの弱点と見なすべきではない」と答え[158]、またストア学派においては普通、技法の厳密さという名目のもとにかれらの功績とされているものをあえて「術学的趣味」と決め付けている。

たしかに私はそのような指摘をした（本書一九六―九七頁参照）。しかしこれにはさらに説明を加えるべきであった。「幾何学的様式」（more geometrico）によることば（それは明確な定義の象徴にすぎない）を拒絶し、社会的実在としてのことば（古典、教会におけることば）を尊重することと、純粋な概念の水準にまで自己を高めることが不可能であることを表明することとは別のことである。これはまた、ある程度、（パスカルの言う）幾何学的精神に対する「繊細の精神」の勝利でもある[159]。ここには、含蓄的なしかし深遠なことばの哲学があるのではなかろうか。こうした考え方に立つと、あらゆる文明に共通の活動としてのことばは、その構造自体のなかに多くの貴重な価値、真理を内蔵しているのではなかろうか。だとすれば、それを覆すこと（否定すること）は、軽率なことではなかろうか。ことばの定義は自由であると宣言する論理学者のなんと無邪気なことか。「部族のことば」のもつ意味は、伝統的な知恵が集めたすべてのものを伝えてくれるのである。

たしかにアウグスティヌスは、この点についてかなり詳しく説明する。かれは、**declinari**（避ける、遠ざかる、動詞を活用させる）の意味に触れながら、**orior, ortus sum, morior, mortuus sum** といった例外的な活用をする動詞（形式所相動詞）から論証を引き出す（前出の6「聖書の霊的意味」参照）。

したがって、この語の意味するものが、[160] 事実として変化しえないように、[161]
動詞そのものも言語使用のなかで[162]
変化しえないのは、[163]
ふさわしいことである。

Convenienter itaque factum est
ut quemadmodum id quod significant (160), **non potest agendo** (161),
ita ipsum
verbum (**scil. morior**) **declinari loquendo** (162) **non possit** (163).

ここには、「デカダン期の教養人」にきわめて似つかわしいプレシオジテ（**Préciosité**）があるのだろうか。しかし「ことばのもつ意味」に対するこうした独創的な関心は、現代のごくまじめな思想家においても似たような役割を果たしていないだろうか。たとえば、ドイツのハイデッガー（**M. Heidegger**）、フランスのサルトル（**J. P. Sartre**）、あるいはポーラン（**J. Paulhan**）（またかれの側につくルージュモン（**D. de Rougemont**）その他多く）のような文芸評論家の場合がそうである。しかしわれわれは果たしてこれらの現代人をデカダン的であると考えるであろうか。しかしプレシオジテは、必ずしも退化の徴候ではない。それは一七世紀のイタリア、スペイン、フランス、イギリスにおいて見られたように、古典主義の再生期に決まって現われたことではなかろうか。それは連綿と続いた伝統ではないにせよ、人間精神の基本的なひとつの選択を表明するものであり、古代のヘラクレイトスまで遡ることができる。そこには、存在と生命の問題に対して真実の見解を見出そうとする哲学的解釈を見て取ることができるように思われる[164]。

16　古代科学の挫折

このように説明を進めることによって、「デカダン期の教養人」という場違いな誤解をもたらした雑駁な判断は徐々に是正されていく。私は熱心ではあるが近視眼的な好意を寄せるあまり、四世紀の教養を冷静に評価することができなかったのかもしれない。私は本書のはじめから（本書序注（1）参照）、「知的良心の持ち主」という幻想を除去しようとしながら、自分自身がその虜になってしまったのだろうか。そうではないと思いたい。たしかに現在もそうであるが、当時の私はアウグスティヌスの膨大な著作のもつ価値をすべて完全には把握していなかった。ホメロスも時には居眠りをする（「弘法にも筆の誤り」）。アウグスティヌスの精神状態を「理解しよう」と努力するからといって価値判断を避けてもよいというわけにはいかない。一例をあげると、われわれが今しがたしたように、アウグスティヌスの哲学的専門用語の不完全さとかれの教養における文学的基調とを関連づけることは、おそらく「説明する」ことにはなっても、正当化するものではない。哲学者は、注釈者が正確な射程を確実に把握するのを妨げるような曖昧な表現しかできないことを悔やみ続けることであろうし、それは当然のことである（本書一九五—九六頁参照）。

しかしわれわれはここで、アウグスティヌスの著作について正負の一覧表を書こうとしているのではなく、かれの著作が教養史について何を教えてくれるかを求めているのである。この点でも、アウグスティヌスの欠点をもとにこのころ癒し難いデカダンスがあったと性急に結論しないようにしよう。かれの失敗は、その世代の失敗というより古代全体の失敗でもありえたからである。

現代の人々がアウグスティヌス的教養の最大の負の要素として批判しがちな点は、現代固有の「教養」(culture)の最高の基準ではないにしてもその栄光を保証する、科学的精神と呼ばれるものが欠如していることである。先述したように(本書一二七頁参照)、デカルト以来われわれが言う意味での「科学」(science)をアウグスティヌスが知らなかったことはたしかである。さらに悪いことに、かれはすでに古代の人々が知っていたものも「もはや」知らなかった。ピュタゴラスからエウクレイデス、さらにアレクサンドリアのディオファントスといったギリシア人が発展させていった数学的諸学科についてほとんど知らなかった(本書一二六頁以下参照)。かれは、コスの学校の医者たちが見事に創始した[165]経験的方法が何であるかさえ知らなかった(本書一三二頁参照)。かれにとって科学とは文学による物知り的知識であり、歴史から不当に寄せ集めた「驚異的なもの」(mirabilia)の知識にすぎない(本書一三一―一三三頁参照)。

アウグスティヌスはたしかに、科学者が最大の軽蔑を込めて言ういわゆる純粋に「文科系の人」(littéraire)である。その点で、かれはその時代だけでなく古代全体を代表する際立った存在である。[166]こうした特徴は、プラトンの老年期以降、ギリシア教養に定着していたようである。プラトンの「失敗」(échec)は、文明全体の失敗であった。ローマ時代あるいはデカダン期だけでなく古代思想全体が、数学的諸学科をもとにした予備教育以上の教養を築き上げることも理性的な学問の理想をめざす教養を実現することもできず、あるいは実現することを拒否したのであった。

しかし私は今ここで、かれらの否定的な態度について説明し、その過程を明らかにしようというのではない[167]。ここでは、ヒューマニズム的要求と専門的かつ客観的つまり人間味のない「科学」の要求との軋轢を改めて取り上げ強調するだけでなく（本書一八六―八七頁参照）、知識としてつまり「真の」（理性的あるいは経験的）知識としてのギリシアの学問の挫折にも注目すべきであろう。ピュタゴラス型あるいはアリストテレス型といった性急な総括がどれほど不当で、誤ったものであったかを思い起こすべきである。

ギリシアの学者たちは、余りにも早くからまた性急にすべてを説明しようとし、巧みにそれを成し遂げたように見えた（本書一二九―三〇頁参照）。しかし実は、かれらもまたヒューマニストであった。かれらは、人間精神が避けて通ることのできないすべての疑問に答える必要に迫られながら、学問における個と全体との関係（自然学は、数学的諸学科による作業を前提とし、生物学は自然学による作業を前提とする）を確立するために必要な時間的余裕をもつことができなかった[168]。きわめて思索的な才知に富み多くのものを産み出したギリシア人は、余りに性急な探究（ἱστορία）をもって、不十分なあるいはきわめて複雑な経験的所与を蒐集して、余りに性急に偽りの学問を作り上げた。「デカダン期の自然学者」だけでなく（本書一三〇頁参照）、アリストテレス、エピクロス、クリュシッポスといったギリシアの哲学者たちが、余りに早くからすべてに答えを出していた。そのため私はここで、余りに早くからすべてに答えを出した体系的精神と空虚な思索の濫用に抗議するものとして、「驚異的なもの」の探究のもつまったく否定的、限定的ではあるが、その真の価値を改めて強調したい（本書一三〇頁参照）。

これまではたいてい、こうした哲学者たちによる拒絶、学問外への逃避は、痛ましいほどの迷走によってヘラスの数学者や生物学者たちが切り開いた正しい道から逸れ、現代科学がガリレイ（楽観的な人々はビュリダン、さらにはロージャー・ベーコンまで遡るが）とともに再出発するその日まで、手の施しようもないほどに道を踏み外した人間精神の不貞として考えられてきた。しかしわれわれは、現代人の考えに合わせて古代科学史を書いてはならない。古代の一学者がもっていた近代的知識あるいは仮説の水準をもとに、かれがどの程度の科学的精神をもっていたかを結論することはできない。その知識は、これを取り込んでいた教養の形式のなかに置きなおして評価すべきである。そうした場合、科学的学問を専門にした何人かは別にして、ほとんどの人の「科学的」知識は哲学的あるいは文学的文脈に包み込まれ、その射程は著しく狭められている。

たとえば、エピクロスの原子論と物質の非連続性に関する現代の原子論（数学的探究と経験的検証によって確認される用語をもって表明される仮説）との間には越えがたい溝がある。エピクロスの原子論はデモクリトスから借用したひとつの「理論」であり、かれはそこから自分の神学的、倫理的結論を導き出している。こうして一旦かれの形而上学的総合に統合されたこの理論は、人間精神を先導することはできず、また自然の力についていかなる正確な知識も効果的な支配力ももつことはなかった。

一方キケロは、天空の運動を地球の自転によって説明するピュタゴラス学派のシラクサのヒケタス（Hicetas）の説は知っていたが[169]、しかしそれはかれにとって、アキレウスはリュコメデスの娘たちの間でどのように呼ばれていたかということとまったく同じレベルの知識であった[170]。つまりそれは、単なる好奇心による物知り的な知識であり、かれの教養にとってはどうでもよいような要素であった。こうした知識は、天才ニコラウス・コペルニクスがその記憶をもとに大業を成し遂げるまで、古代、中世のすべての読者にとって不毛のままであった[171]。アウグスティヌスがキケロを通してこの説を知ったとしても、それがかれの教養に何か変化をもたらしたとは思われない。キケロがテオフラストスから出た伝統を受け売りしたのと同じく、アウグスティヌスもやはり、「シラクサのヒケタスは、天、太陽、月、星は、不動であり、ただ地球だけが軸の上を自転していると考えている」と繰り返しただけであった。キケロがそうであり、またたしかにテオフラストスがそうであったように、アウグスティヌスにおいてもそれは書籍による知識、学説史のなかの一要素にすぎず、整理カードを一枚、増やしただけに終わっている[172]。

したがって、アウグスティヌスが現代のわれわれの「科学的精神」とは正反対の考え方つまり自然学に関する学説をひとりの師あるいは書籍の権威に帰し、また必要に応じてそれを擁護する方法として計算あるいは経験に頼らず弁証論的論証を用いるのは（本書一二九―一三〇頁参照）、「デカダンス」――このデカダンスはとりわけキリスト教に責任があると考えるものも時にはいるが[173]――だけでなく、古代教養に深く根ざす伝統から受け継いだものである。

私は認識論の観点から見て、キリスト教的教養とくにアウグスティヌスの教養において質の退化、衰退があったとは思わない。かれは『ティマイオス』の宇宙発生論（実際、たしかに取り扱っている）よりも「創世記」のそれを選んだが、それによってかれは前理論的あるいは民俗学的特性をもつ世界観を取り入れ、科学的世界観を放棄したわけではない。かれは、現代のわれわれの概念とは異質のギリシア的、東方的（聖書による宇宙発生説は、今日よく知られているように、メソポタミア、シリアの古い文明のなかで形成された世界観を反映している）とも言うべき、「科学」の二形態のなかからひとつを選び取ったのである。このふたつは、方法論的には同じ価値を持っている。つまりアウグスティヌスは、ふたつの書籍、ふたつの権威のどれかを選ばざるをえなかったのであり[174]、こうした視点から見た教養には、たとえいわゆる東方的学問を単純にセム族の民俗学として見るにしても、そこには「大衆的な」要素はない[175]。原始の民俗学とアウグスティヌスとの間には、書記、ヘブライ文学などの丹精込めた活動が介在しているからである。要するに、こうした世界観がアウグスティヌスにまで到達したのは、書籍、知的手段をとおしてであったということである。

17　好奇心批判のあいまいな基準

以上、長々と説明したが、それは少なくともデカダンスの問題がどれほど複雑なものであるかを読者に理解してもらうためであった。当然のことであるが、「デカダン期の教養人」の症候を明確に示すためには、アウグスティヌスの教養における欠陥あるいは不足を指摘するだけでは足りない。あらゆる誤解を排除し、古代末期というより古代全体あるいは少なくともヘレニズム・ローマ期の特徴を考慮に入れるとしてもなお、この教養を曖昧なものにするきわめて不都合な側面がある。

　これらの側面のうち、退化の特徴をこれまで以上に明示するものがひとつあるとすれば、それは「空しい、滅びゆくはずの好奇心」（**vana sed peritura curiositas**）に対する根本的な断罪と（本書二八二―八三、一二一―一二三頁参照）「享受する」、「利用する」（**frui-uti**）という区別を体系的かつ厳密に応用することによって表明される、非実利的な思想に対する深い疑念である。つまり享受することが許されるのは神だけであり、知識をはじめ他の一切のものは手段としてのみ存在するもので、最高の善という目的に秩序づけられるべきであるということである（本書二七六―七八頁参照）。

　こうした狭隘な視点に立ったからこそ、、アウグスティヌスは古代の伝統においてもっとも健全で価値ある分野である数学的諸学科にそれ相応の価値判断を下すことができなかったのである（本書二八二―八三頁参照）。かれは、これらの諸学科をとおして、科学に対するわれわれの理想を十分に共有することができたかもしれないし、

『秩序論』において立てたかれの学習課程もより充実したものになっていたかもしれない（本書一九八頁以下参照）。また、シュネシオス（Synesios）のように、アストロラーベを造らせ[176]、正確な天体観測の仕方を学ぶこともできたかもしれない。

「唯一の必要事」（l'unique nécessaire）に対する執拗な気遣いが、どれほど精神の飛躍、知的大胆さ、思考の十全な開花、要するに教養の豊かさを危険に落し入れるか、それを知るためにはアウグスティヌスを同時代のギリシア人、たとえばニュッサのグレゴリオスと比較するだけで十分である。後者に見られるキリスト教的理想は、古典的伝統から継承した見事な思索的能力を抑制するどころかむしろ豊かな実を結ばせている。

こうした教養がアウグスティヌスの後継者で弟子であった、たとえばユリアヌス・ポメリウス、アルルのカエサリウスあるいは大グレゴリウス（かれらについては、半ば以上ゲルマン化された文化の背景に置きなおして、あとで検討する）において、どのようになったか、かれらにおいてアウグスティヌスの思想がますます狭く理解され人間味に乏しくなるのを見るにつけ、すでに師の顔に刻まれつつある同じしわ（時代おくれのしるし）をかれらにも認めないわけにはいかない。つまりすでにアウグスティヌスにおいて、厳密な意味での思索的精神の衰退が認められる。

今日、私にはその症候がいっそうはっきりと見えるようになったが、しかしこの事実をより明白に確認したからといって、私が先に「好奇心」（curiositas）の批判において指摘した肯定的な価値つまり信仰の要請に対する意識、古代の異教的教養に魅せられたサークルからの逃避、さらに学芸に対する唯美主義、趣味的愛好といった異教的教養の幻想と誤謬からの離脱にアウグスティヌスが努めたことを否定するわけにはいかない（本書二八三頁参照）。さらに、私はいまその歴史的意味をより鮮明にわかるような気がする。つまり古代の教養人たちにとって「教養という宗教」[177]がどのようなものであったかを思うとき、この教養が長期にわたって異教的文明のなかで形成されていく過程において身につけたすべての穢れを拭い去るため、キリスト教的魂にはどれほど厳しい知的苦行の期間が必要であったかがよくわかる[178]。

たしかに、この根深い功利主義はそれ自体としてはたしかに悪であったとはいえ、アウグスティヌスが生きてきた時代には決してデカダンスの要因を示すものではなく、むしろ健全さと、復興の始まりを示すものであった。実際、現代人の記憶のなかでヘレニズム・ローマ文明が長い間、浴びせられてきた浅薄な侮蔑と戦うべきであるが、しかしこの文明がその理想を封じ込めようとした限界を見逃してはならない。私がこの「視野の狭窄」についてすでに述べたように[179]、都市の古い全体主義的な理想、古い異教に対する信仰、こういったものが取り除かれたあと、地中海世界の人々の魂のなかには空白が残された。実は、われわれがそこに見るものはデカダンスではないにしても、少なくともヘレニズム期およびその後のローマ文明の長い開花期——ほぼ一千年にわたる——に経験したようなゆっくりとした衰弱、疲弊である。

この教養はローマに移入され、まだ市民的理想の存続するこの若い社会に溶け込むことによって、たしかに新たな若さをもつことになる。しかしローマ国家の繁栄、帝政による政治的安定は、やがて地中海世界全体をアレクサンドロス大王以降のギリシアが経験したような状況に連れ戻すことになった。ラテン世界もまた、同じ疲弊を経験することになる。これは単に、キケロ、小プリニウス、シンマクスが「相次ぐ衰退の途上に居並ぶ」（本書三—四頁参照）ように見える文学的視点から言うのではない。もしアウグスティヌスの教え、またより一般的にキリスト教信仰が求めるように、人間は超越的な目的に自己を従属させることによって完成されるように創られているとするならば、健全な教養とは、すべての精神的能力つまり古典ヒューマニズムが発展させることはできても十分に利用しえないまま浪費せざるをえなかったこの能力を、唯一の「目的」に従属させ捧げ尽くすことにある。古代教養にとってキリスト教の宗教的理想は、スキピオ時代の民族愛以上に[180]、この理想を実現するための原理を象徴するものであり、また新たなルネサンスの出発点となるものであった。

18　アウグスティヌスはデカダンスの人ではない

アウグスティヌスの教養に関する説明にはまだ曖昧な点も残るが、それは、ひとつの判断をもってかれの教養の全要素を等しく評価できないからであり、さらに（前出の15「ことばの意味」参照）、教養という名にふさわしい教養はすべて、限定され序列化された組織としての特徴をもっているためでもある。換言すると、同じひとつの精神のなかに、「進歩的な」要素とデカダン的な要素とが共存しうるということである。百科全書的知識を自負する偽教養だけが、好奇心とその成果を同等にもたらすと主張する（実際は、精神を苛立たせ、低俗な行動へと走らせるのが落ちであるが）。真の教養とは、ひとつの軸つまり核心となる願望を中心に精力的に組織され、厳密な視点に立ってその諸要素を選り分け機能させうる教養である。いつの時代でも、真の教養は過去の遺産に対しては斬新な反応を示す。それは、過去の教養を受身的に摂取するだけで満足せず、そぐわないものを選り分け除去する一方、除去されてきたものを取り入れる。アウグスティヌスの教養に見られる多くの欠陥、退化を示す要素が、実は、逆にもっとも現実的な、もっとも価値に富み、もっとも独創的な代償であることはすぐに見て取れる。

　私は先に、思弁的思考の水準から見たアウグスティヌスがニュッサのグレゴリオスにいかに劣っているかを力説した。この弱点は、とくに世界、宇宙に関する問題の検討において明白である。アウグスティヌスによる「創世記」の最初の数章の注解と、「人間の創造」に関するグレゴリオスの著作とを比較して見るとき、後者がいかに豊かなことか[181]。アウグスティヌスの注解においては、宇宙の問題は思弁そのものの対象としてではなく、ほとんどいつも護教の視点から取り扱われている。先に指摘したように（本書一八七頁参照）、アウグスティヌスの哲学には περὶ όσιου の場はない。かれの思考は、何よりもまず神に至る直接的手段としての人間の魂に向けられている（本書第Ⅱ部第一章注（85））。

ギリシアの古典芸術に関するかれの思考についても同じことが言える。双方とも人間に集中され、自然についてまじめに吟味する余裕はない。ギリシアの造形美術は人間の容姿を対象にしたが、アウグスティヌスはその内的実体を取り扱う。かれがとくに重視する人間と魂の問題を取り扱うとき、その思考は豊かさ、深みを増し、多くの成果を生む。かれ以前の学者で、人間の心の深淵についてこれほどの真実を語りえたものがだれかいただろうか。かれ以降、またかれのおかげで、人間の魂、人格、自我は新たな次元をもって語られ、それ以前には想像だにできなかった形而上学的な意味をもつようになったと言えないだろうか[182]。アウグスティヌスが、記憶、ことば、過去、罪などについて語るのを聞き、またかれの『告白』を読みながら、だれがあえてかれはデカダンスの人であったと言いうるだろうか。

教養におけるこうした複雑な構造は、教養の問題を静的に取り扱うのではなく時間とともに変化していくその姿に注目するとき、いっそう明白になる。すぐに気づくことは、こうした教養の変化は単に進歩あるいは退化という一本の線グラフで表すことはできないということである。それぞれの専門分野を示す入り組んだ何本もの線で表すべきである。そしてこうした線グラフは、それが描かれたと仮定して、ひどく錯綜したものになるに違いない。

実際、すべての専門分野がみな、同時に、同じ速さで発展していくわけではない。アウグスティヌスにおいて見られたように、数学的諸学科は消滅の途上にあったらしいのに対し、心理学（霊魂論）は見事な進歩を遂げている。研究の成果がより正確になるにつれ、線グラフの数はますます増えいっそう入り組んでくる。四世紀においては、物質にかかわる技術、厳密な意味での「技術」（techniques）は全般的に衰退していったと確言してもよいのではなかろうか。少なくともローマの歴史的建造物の調査に限るとしたら、建築学者はこれに同意してくれるであろう（マクセンティウスの円形劇場はコロセウムには及ばない）。しかしシリアあるいはコンスタンティノープルについては、おそらくこれとは異なる判断を下すであろう。それに比べて、同じころ予想外の発展を遂げ、多くの成果をもたらした技術もある。たとえば水車がある。それが普及することによって、人間は辛い日毎の労苦から解放された[183]。

まとまりのないこうした説明から結論を引き出すのは困難かもしれない。縺れた一束の糸から一本だけを抜き出すようにして、教養あるいは文明の特殊な側面のひとつを取り出し、それを時代の特徴と断定するのは独断的すぎる。しかしたいていはこうした手法が用いられている。われわれは、あるいは科学的精神の水準、あるいは社会正義、道徳的、政治的自由の水準をもって教養の状態を判断しがちであるが、それらは、まったく摑みどころのない定義をもたらすにすぎない。

こうしたことが正しくまた可能だと仮定しても、本書において私がしたように、アウグスティヌスと当時の教養が、「無の淵に流れ込む急流にいわば押し流されていった」と結論することはできないように思われる。たとえ、教養の積極的側面において失われるものが多く、それを描くグラフが下降線を辿るとしても、その線は消滅ではなく最低の水準に向かうはずである。

アウグスティヌスの教養に反映されている帝政末期の文明は、力強く発展しつつある文明である。そこには、上昇、下降といった幾多の変動が認められるが、しかしそれが「消滅しつつある」と先験的に（a priori）断定させるものは何もない。種々ためらったあと私が選んだ標題には、重大な誤解がある。アウグスティヌスは、われわれを古代教養の終焉に立ち合わせてくれるのではない。かれに見られる古代の教養は、枯渇しつつある教養ではなく、「すでに」まったく違った他のものに変容している。

19　ラテン世界におけるビザンツ風

今となって私は、なぜこうした間違いをしたのかよくわかる。古典教育によって形成され、古代から帝政末期の歴史を専攻する古典学者の私は、こうした変化を見逃していたわけではない。アウグスティヌスが見せてくれる世界は、多くの面で、たとえばトゥキュディデス、プラトン、キケロ、タキトゥスが描いてくれるものとはひどく異なっている。私は本書の「序」において批判した偏見に自分自身が影響され（本書三―四頁参照）、すべてこれらの新たな要素とこの文明の力強い活力を実際に表明する内的変革（変質）とを凋落のひとつの徴候――私はあとで不可避的な破滅の前兆として再度、取り上げた――として受け止めた。

言い訳をして済むことではないが、こうした誤解は、古典古代と変化し刷新された文明との間には革新的な対立、明白な断絶、急激な変化は見られなかったという事実を見落としたことから来ている。そこには可能なかぎり古い形態、伝統的な手法が維持されている。たとえばキリスト教は（古代ローマの）バシリカを自分の会堂とし、キリストは雄弁家の姿で描かれている[184]。説教は、古代の「問答形式による宗教・道徳的談義」（diatribe）を引き継いでいる。たしかに、帝政期の文明は古代の精神とは異なる新たな精神によって生かされている。しかし当初それは、シュペングラーの大胆なしかし実に意味深長な表現を借りると、[185]「仮像」（pseudomorphose）のヴェールを被り、不自然かつ不十分な活動を見せている。[186]

私は、たしかにそれに気づいていた（本書二九三頁参照）。アウグスティヌスは、キケロ、ヴェルギリウスをもって教育され、古典に含まれる博識を詰め込まれ、ラテン語を用いて執筆したとはいえ、しかしすでに古代人ではなかった。つまりかれの教養の素材は古代のものではあっても、その教養を育んだ精神はすでに古代のものではなかった。しかしこの事実を説明するため、アウグスティヌスはもはや「古代の人」ではなく「中世の人」であったと結論するだけでは不十分である。[187]

歴史の現実は、こうした浅薄な二分法よりもより含蓄のある判断を要求している。[188]アウグスティヌスはまだラテン中世には属さない。かれの教養には中世の教養を「前表する」多くの特徴が認められるとしても（本書第Ⅲ部第六章注（96）参照）、そこには必ずしも一方から他方への連続的なつながりはない。中世がアウグスティヌスから実際に受け取ったものの大部分は、直接に手渡されたものではなく、回収したものである。アウグスティヌスの教えのごくわずかのものが、民族大移動の災害に耐えて生き残った。毅然とした不断の努力をもってアウグスティヌスを再発見し、またゲルマン民族支配による混乱のなかで全面的に忘却されていたキケロやヴェルギリウスをも再発見したのは、カロリング・ルネサンスとそれに続く世代である。

たしかに、アウグスティヌスの教養は、後代の中世ラテン教養と共通する根本的な特徴をもっている。両者とも宗教的、キリスト教的着想によって支配されている。しかしキリスト教的教養とは言っても、それはひとつの類を形成する概念で、それにはビザンツの教養、シリアの教養、さらには西欧中世の教養など多くの種が含まれている。他方、形態学的に言うならば、アウグスティヌスの教養においてもっとも留意すべき点はそのキリスト教的性格であろうか。もし教養をまず精神的生活の「形態」と定義するならば、アウグスティヌスは、かれの教えを継ぐはるか後代の八世紀から九世紀あるいは一二、三世紀のキリスト教徒よりも、かれと同時代の異教徒にはるかに近い。私自身のこうした分析と、フェステュジエールが錬金術師たちについて進めていた分析とが同じ結論に達したことにひどく驚かされた[189]。つまりアウグスティヌスと同様、錬金術師においても、好奇心、学問その他すべてを救いと魂の進歩に秩序づける似たような宗教的教養の理想が見られ、またそこで根本的な価値をもっているのは祈り、恩恵、信仰の概念である。

したがって、たしかに帝政末期には異教徒、キリスト教徒双方に共通する教養の理想があり、そこでは、古典的伝統から取り入れた表現の素材や技法がしばしば似たような仕方で用いられている[190]。こうした教養はまだ中世的なものではないが[191]、かと言って古代のものでもない。表面的な考え方をするものが「仮像」によって騙されているまでである。

目に付きやすい造形美術を例にあげよう。ローマのミュゼ・ド・コンセルヴァトゥールには、コンスタンティウス二世の大きなブロンズ製の頭像がある[192]。この作品には、現人神として神格化され非人格的な存在となった皇帝の理想が表現され、また視覚によって意識化される不可見的な世界の実在、民衆の称賛を浴びながらかれらの上に君臨する皇帝の姿など、多くの独創的な価値が表明されているが、こうした作品をまえに、だれがそれを「芸術の衰退を示す作品」として受け留め、またこの「肖像」（portrait. このことばそのものが間違いのもとになる）をアウグストゥス時代の失敗作として片付けて満足するであろうか。またヴァティカン博物館にある赤色玲岩の石棺をまえにして、それを「平和の祭壇」（Ara Pacis）の浮き彫りとして見るだけで満足するものがいるだろうか。あるいは、ローマ時代のバシリカにある凱旋式のモザイクを、ヴィッラ・デイ・ミステリ（Villa dei Misteri）

のようなポンペイのフレスコ画と関連づけて判断するものがあろうか。否である。こうした帝政末期の芸術はたしかになにか新規のものではあるが、かと言って中世の芸術と同一視されるべきものでもない。同じような判断は、四世紀全体の文明、教養についてもあてはまる。

歴史研究は進歩し、これまで過去について用いてきた古代、中世、近代という図式の見直しを求めている。これらの用語は、今日ではたしかに時代後れになった研究方法を反映するもので、古典古代と近代の曙との間に長い闇しか見ようとしない無知と偏見を示すものである。現代は、中世を再認識し見直すようになった。人々は、中世の豊かさ、多様性（連続しながらも、明らかに異なるラテン中世、ビザンツ中世、アラブ中世として区別すべき二ないし三つの時代がある）を認めるようになっている。また古代とは言っても、そこには時間的連続性をもちながらも独立した呼称に値するかなり異質のふたつの様相があることも認識している。つまり古代都市の時代とヘレニズムの時代、つまり πόλις の文明と παιδεία の文明がそれである。[193] ところで、今ここで注目されるのは古代と中世との接点である。[194] そこには、中間期のもつ真の独創性（「仮像」に起因する現象の曖昧さはあるが）が見られるが、それはたしかに、帝政末期において「新たな宗教的感情」の雰囲気のなかで開花した文明である。[195]

それを表明する独自の用語として、新造語に寛大なドイツ語では spätantike という語が用いられてきた。私は今日、ライツェンシュタイン（Reitzenstein）が用いた表現に従って、アウグスティヌスは「古代人であり中世人である」（als antiker und mittelalterlicher Mensch）と見るのではなく、むしろ「古代末期の人として」（als spätantiker Mensch）見たい。フランス語はより保守的で、以前どおりの用語に縛られている。[196] Πόλις と παιδεία に同じように対応する用語を探すとなると、宗教的思想に強く支配されコンスタンティヌス以降キリスト教の支配下にあったこの時代は、Theopolis の時代と呼ぶことはできないだろうか。[197]

用語は見出せないとしても、その内容は認知されつつある。美術史家のあと文学史家、[198] 歴史学者は、コンスタンティヌス、テオドシウスの時代をルネサンスという用語で呼びならわしている。[199] 今日私が理解するかぎり、アアグスティヌスの教養はこうした意味合いをもっているように思われる。つまりアウグスティヌスの教養は、われわれを瀕死の世界というよりもむしろ飛躍的発展を遂げつつある組織に引き入れるもので、そこには急速な終末をもたらすものは何もないように見える。もしその発展が悲劇によって中断されなかったならば、この Theopolis の教養は、「ギリシア地方におけるビザンツ教養と同じ運命を辿るラテン版」になっていたことであろう（すでにそうではなかったろうか）。それは、ラテン中世の教養と同じく宗教的理想に奉仕しながらも、それとは違って古典の源泉とのつながりを保持し続ける宗教的、キリスト教的教養であったはずである。[200]「仮像」の現象は相変わらずその影響を与え続け、古代ははっきりした多くの遺産をとおして存続し、たとえば教育は文法だけでなく[201]修辞学の伝統をも保持し（本書四三一頁参照）、古典の学習は世代から世代へと切れ目なく受け継がれたことであろう。[202]

繰り返しになるが、こうした説明はまったくの想像によるものではなく、当然考えられる結論である。というのは、「ラテン世界におけるビザンツ風」とも言うべきこの Theopolis の教養は、すでに四世紀のキリスト教帝国のなかに存在し確立されていたものであり、アウグスティヌスが証言しているのはまさにこの帝国とその教養のことである。

こうした新たな見地から見た場合、以前の私の説明は、西方におけるギリシア語の忘却という外面的に見てひどく否定的な特徴をはじめとして、多くの点で手直しする必要がある。これについては、近代ヨーロッパ史との比較から教えられることが多い（本書四四頁参照）。つまり西方においてギリシア語が衰退したのは、帝政末期におけるラテン教養が大人の教養になりつつあったからである。当初ヘレニズム文化圏の一部にすぎなかった「ローマ文化」（romanitas）がやっと自立するに至ったということである。Theopolis の段階に到達してはじめて解放されたラテン文化の夢が（私の考えでは、ローマ文明を研究する歴史学者たちはその時期を早めがちであるが）、ついにほぼ実現されたのである。

こうした根本的な事実に伴い、翻訳文学が出現ないし少なくとも発展していく（本書四七頁参照）。Spätantike まで、ラテン語は十全な教養の手段ではなかった。科学、医学のほか、哲学においてもギリシア語がかなり用いられていた（フランスでも、デカルト、マルブランシュまで、哲学ではラテン語が用いられていたのと同じである）。医学は、四世紀以降、翻訳書のおかげでラテン化された。三世紀のプロティノスはイタリア本土においてギリシア語で教えていたが、アウグスティヌスのころ、新プラトン主義はヴィクトリヌス（翻訳者）のおかげでラテン語で学ばれるようになっている。

そこにアウグスティヌスが登場する。かれは、すでにヴァロが切り開いた道を辿りながら、哲学者の育成に不可欠な自由学芸の提要を西方に提供しようとしている（本書第Ⅱ部第二章注（18）参照）。その仕事は、かれよりははるかにすぐれた専門的知識をもつボエティウスに託され、二世紀後に結実することになる。キリスト教はまずギリシア文明の表現形式をとって普及した東方の宗教であり、こうした装いのもとに西方に導入されることによりラテン教養そのものの開発を遅らせたのであった。ラテン教会が完全に自立的な思想をもつようになるのは、アウグスティヌスによってである。言い古されたことではあるが、かれはラテン特有の神学的伝統の確立にあたって独自の貢献をなし独創性を発揮したのであり、その点は強調しておきたい。三位一体という重大な神秘について厳密に西方的な構想が打ちたてられ、それまで正統視されてきた東方教会のそれに対比しうるまでに発展するのは、アウグスティヌスの『三位一体論』以降のことである[203]。

しかしこうした西方における神学上の解放を、偉大な一人物の一著作、突発的なアウグスティヌスの才知に帰するのは重大な誤解であるように思われる。アウグスティヌスの才能が開花したのは、この天才が根を張る肥沃な土壌つまり典型的なラテン的精神構造がまえもって存在したからである。かれの著作は、おそくともテルトゥリアヌス以降に認められる伝統の延長線上にある。幾多の世代を経たあと、厳密にラテン的な感性と宗教的思考とが、はっきりとした形をとって現われるようになったということである。長期にわたるアリウス主義の危機と、そこでローマが東方に対して取った往々にして予想外の態度は[204]、アウグスティヌスよりはるか以前にラテン的神学の精神構造があったこと、一方ローマさらに西方全体がアンティオキアあるいはコンスタンティノープルと同じ雰囲気のなかで思考していなかったことをよく示している。

他方、アウグスティヌスは同世代の人々から孤立して存在していたわけではない。かれは、とりわけ最初のラテン的な異端であったペラギウス主義と戦い、西方神学の発展を証明した象徴的な人物でもあった。西方教会はこの異端が惹き起こした論争によって、同じころキリスト論の異端と戦っていた東方教会とは異なる路線に入ることになり、以後、幾世紀もの間、西方における神学、信心は、恩恵、個人の救霊、弁神論（théodicée）、功徳に関する諸問題になやみ、付きまとわれた。ジャンセニストの遺産を重く引きずるわれわれフランス人に対し、アウグスティヌスがエクラヌムのユリアヌスに対して挑んだ論争がどれほどの影響を残したかその重要性は強調するまでもない。

ラテン教会の解放と自立は、あらゆる分野に現われてくる。それは、政治思想に関する研究においてとりわけ明白である[205]。キリスト教帝国という理念についても人々は同一の考え方をもたず、また同一の実際的な結論を引き出すこともない。たとえばエウセビオス、シュネシオスの間に表明された、すでにビザンツ風とも呼びうるような帝国の伝統と、アンブロシウスの思想とはまことに対照的である。

20　四世紀ルネサンス

歴史学者は、たえずその分析の道具に手を加え、多面的に用いる必要がある。われわれはやっと帝政末期つまり **spätantike, Theopolis** 時代の文明の自立を確認したばかりであるが、それをどのように呼ぶかはとにかく、その自立を二分して考えなければならない。実際この自立には、時代は同じである程度まで相同ではあるが、しかしはっきりと区別されるふたつの相がある。つまりシュタイン（E. Stein）が frühbyzantinische と呼ぶビザンツ文明の初期の相に対して、西方ではアウグスティヌスが代表するラテンの spätantike がある。

　このふたつの相の比較はきわめて重要である。この比較をもってわれわれは「ラテン世界におけるビザンツ風」には急速なデカダンスあるいは早急な消滅を示すようなものはなにもないことがわかる。そこにはこれと相同のビザンツ文明に見られる以上の退化の徴候は認められない。

　先に見たように、ギリシア語の忘却はラテン文明の自立に伴う負の代償である。アウグスティヌスはギリシア語をよく知らなかったからこそ、東方の神学者たちが三位一体論の構想において用いた弁証法 ad intra を記憶に詰め込む必要もなく、独創的な理論を展開するにあたってその出発点に ὁ Θεός（父なる神）ではなく、Deus Trinitas（三位一体の神）をおくという自由な態度をとることができたのであった。

　また、これまでの論述における多くの根拠も見直すべきである。たとえば古典的伝統を尊重すること自体が必然的にデカダンスをもたらすとは思われない。「古代のあれこれの思想家によってすでに提示された解決を注釈するだけにとどめること」[206]は独創的な思考を損なうことになりうるとしても、必ずしも悪い結果をもたらすとはかぎらない。すでに三世紀のアレクサンドリアには、プラトンやアリストテレスの書を学校における教授風に注釈することに専念するすぐれた教師たちがいた。しかしこれによってプロティノスの才能は圧殺されず、アウグスティヌスの才能も「プロティノス的スコラ学」に隷属させられることもなかった。

たしかに、デカダンスは不可避的なものではなかった。私は、『キリスト教の教え』の執筆においてアウグスティヌスは「自分以下の知識しかないと思われる弟子に対して」（本書四三一頁参照）「退化した態度」を取っていると考えたが、それは間違いであった。かれは、ヴァンダル支配下のアフリカ、西ゴート支配下のプロヴァンスあるいはロンゴバルト支配下のイタリアにおけるかれの後継者たちが、実際にどのような条件のもとに、どのような蛮風化された背景のなかで活躍するのか、予想しえたであろうか。実践的な提要の編集は（「わずかなことのために苦労しなくてすむように」）（本書三二七頁参照）、それ自体、教育を進歩させるための手段であり、成人となったキリスト教的教養の特徴を示すものであった。これらの提要は、より多数の「キリスト教徒の知的指導者」の基礎教育を容易にするはずのものであり、それが危険なものになるのは、人々がそれに満足し、それを教養の手ほどきとしてではなく教養全体と見なすときである。

アウグスティヌス以後の暗い時代の影を、かれの時代に投影してはならない。実際、私はあえて言うならこの名高い「デカダンス」は急激に進行したものではないと強く意識している。それは、ゲルマンの侵攻と西ローマ帝国崩壊の余波として現われたものにすぎない。**Spätantike** の教養はいくつかの社会的構造と深いつながりをもち、教養の伝統とその固有の制度（学校など）は、この社会と、ローマ帝国という政治組織と連動していた。蛮族による征服は、この政治的、社会的構造の崩壊を惹き起こすことによって教養の崩壊をもたらしたのである。

しかしそれは反響であり、間接的な結果にすぎない。歴史上の事柄について「偶発」ということばをむやみに口にしてはならない。西方における帝国がどのようにして没落したのか[207]、この帝国はなぜこれほど脆弱で、その滅亡は不可避的なものであったのか、そのわけは軍事、政治、経済、社会の歴史のなかに探究し学び取るべきである。

帝政後期の教養がこうした基本的構造と連帯していたことを認めてはじめて、それが滅ぶべきものであり脆弱なあるいは見捨てられたものであったと見ることができる。この教養は、それ自体としてはまったく存続可能なものであり、ビザンツ以前の東方と同じく西方においても活力に富むものでありえたことを私は疑わない。われわれは、アウグスティヌスの精神構造を理解しようと努めることによってより深くかれの思想の核心に迫り、かれ自身が生きていたその時代を、かれと同じように体験することができる。かれが、あれほどの労苦を尽くしたこのキリスト教的ラテン教養の未来に疑念を抱くようなそれなりの理由をもっていたとは考えられない。

たしかにかれは、アラリクによるローマの掠奪という恐るべき知らせを受け、一時は他の人々と同様、動揺したが[208]、しかしかれの思考は「実際に掻き乱される」ことはなかった（本書二八六頁参照）。この大惨事（四一〇年）の直後に執筆された『神の国』を読んでもらいたい。そこには、大いなる希望が表明されている。第四巻を見るかぎり、四一五年にはすでに決定的な危機に瀕したものはなにもなく、すべては回復されるという考えが明白に述べられている。「たしかに、ローマ帝国は苦しめられた。しかしそれによって掻き乱されることはなかった。似たような試練はかつて何度も経験したことであり、今の時代に絶望してはならない。だれが神のみ心を知っているだろうか[209]」。

アウグスティヌスは、四三〇年八月二八日、ヴァンダル族に包囲され数週間後には陥落する運命にある司教座都市ヒッポで永眠した。これはまさに、ひとつの世界、またこれまで繰り返されてきたように、ひとつの教養の終末を象徴していたのだろうか。しかし「いつもそうであるが、ここでも時代の象徴を読み取るのは、そこから離れて立つ歴史家である」（本書一五頁参照）。アウグスティヌスは死の床にあってもなお、致命的な崩壊が起こることなど考えてもいなかった。ポシディウスによると、すでに神のみ側近くにいたかれのさいごの人間的関心は、自分の著作と、たえずかれの念頭にあったキリスト教的教養の行く末であった。かれは、「教会の図書室とそこにあるすべての本を後の人々のために注意深く保存するよう、たえず繰り返し命じた[210]」。

その他のことについて、かれは『再考録』においてつぎのように述べている。「（私の著作を）読むものは、ためになるような仕方で読んで欲しい。もしいくつかの誤りを（見つけたならば）、許す許さないにかかわらず、それに同意しないようにして欲しい。そのため、（私の）著作を読むものはだれでも、私の誤りではなく、むしろ進歩を模倣して欲しい[211]」。

訳者あとがき

本書は、Henri-Irénée Marrou, Saint Augustin et la fin de la culture antique（éd., E. de Boccard, 1938）の全訳である。この原典は一九三七年博士論文としてソルボンヌに受理され、のち一九四〇年には「碑文・文芸アカデミー」（Académie des Inscriptions et Belles Lettres）から Saintour 賞を与えられている。なお第二版（一九四九年）からは、多様な研究者の批判にこたえ、巻末に「再考録」（Retractationes）を加えている。これは、本文の内容を修正しあるいは読者の誤解を正すもので、それによって本書の内容はより豊かになり、その射程はより拡大されている。本書の最新版としては第五版（一九八三年）があるが、その内容は第二版とまったく同一であり、本訳書はこの第二版をもとに訳出されたものである。

著者アンリ・イレネ・マルーは、一九〇四年フランスはマルセーユ生まれの歴史学者である。かれは、「高等師範学校」（Ecole Normale Supérieure）を終えたあと、ローマのフランス学院の一員となり、のちナポリのフランス学院、またナンシー、カイロ、モンペリエ、リオンなどの諸大学でおもに古典文学と古代史を教え、最終的にはソルボンヌで「古代キリスト教史」の講座を担当している（一九四五—七五）。その業績は高く評価され、一九六七年、「碑文・文芸アカデミー」の会員に加えられ、一九七七年その会長に選出されている。その他、フランス内外の種々のアカデミーの会員として活躍、一九七七年四月パリ近郊で逝去している。

マルーの著作でもっともよく知られているのは、Histoire de l’éducation dans l’antiquité,（1ère éd., 1948）であろ

う。本書はイエガー（W. W. Jaeger）の『パイデイア』（Paideia）と比較するものもいるほどの名著で、一九八五年までに八か国語に翻訳され、邦訳としては横尾壮英、飯尾都人、岩村清太共訳『古代教育文化史』（一九八五年、岩波書店）がある。つぎに、『アウグスティヌスと古代教養の終焉』の要約とも言える Saint Augustin et l'augustinisme（A. M. La Bonnardière と共著）（coll. Maîtres spirituels vol. 2, 1955）があり、これも八か国語に訳され、邦訳としては長戸路信行訳『霊性の大家、聖アウグスティヌス、思想と生涯』（一九九四年、中央出版社）がある。また同じく歴史関係の著作としては、Nouvelle Histoire de l'Eglise（一九六三年以降刊行）のシリーズのなかの第二巻後半 De la persécution de Dioclétien à la mort de Grégoire le Grand, 303-604（1963）があり、それは上智大学中世思想研究所編訳・監修『キリスト教史』第二巻『教父時代』（昭和五五年、講談社）として邦訳されている。その他、本訳書でも頻繁に引用されている ΜΟΥΣΙΚΟΣ ΑΝΗΡ（Etudes sur les scènes de la vie itellectuelle figurant sur les monuments）, 1938；L'ambivalence du temps de l'histoire chez Saint Augustin（1950）, De la connaissance historique（1954）, Théologie de l'histoire（1968）がある。

　古代史研究者としては当然のことであるが、マルーは教父学にも造詣が深く、かれが Pantène（Pantainos）の書簡として考える Lettre àDiognète, Sources Chrétiennes（この叢書の刊行にはかれも深く関わっている）33 bis（1965）と、Clément d'Alexandrie, Pédagogue, t.1（1960）（Sources Chrétiennes 70）; t. 2（1965）（Mondésert との共訳）（Sources Chrétinnes 108）のほか、Patristique et humanisme（1976）（coll. Patristica Sorbonensia 所収。かれはこの叢書において主導的な役割を果たしている）がある。さらにかれは、音楽にも強い関心をもち、Henri Davenson の筆名で、Traité de la musique selon l'esprit de saint Augustin（1942）; Le livre des chansons（1944）, Les troubadours（1961）も著している。

その他マルーの生涯全般について、また古代史、中世史、キリスト教考古学、現代のキリスト教とくにカトリック、さらにフランスの政治等に関する幅広いかれの知的活動と主要な論文については、巻末の「文献一覧」のほか、J./M. Mayeur et alii, H.-I. Marrou, Crise de notre temps et réflexion chrétienne de 1930 à 1975, coll. Bibliothèque Beauchesne, Paris 1978 や、マルーの愛弟子であった P. Riché による Henri-Irénée Marrou, historien engagé, Cerf, Paris 2003 を参照されたい。

本書の表題は「アウグスティヌスと古代教養の終焉」となっているが、その内容を広くとるならば、本書は古代・中世ヨーロッパの文化・教養史と受け取ることもできる。一般に言われるように、近代ヨーロッパが古代文明、キリスト教、ゲルマンという三大要素の融合によって形成されたとするならば、そうした融合はいつ、どのようにして行われたのか、その一端を説明してくれるのが本書の内容である。

しかし著者は教養という語を狭義にとり、古代教養人の知的活動を支えていた基礎教養あるいは予備教養とも言いうる分野について、より具体的に言うならば、古代末期における七自由学芸（septem artes liberales）の内容とその変容を探ることを直接目標にしている。自由学芸は、普通、今日の高等教育における「教養課程」（liberal arts）の原点として知られているが、マルーは本書において、イソクラテス、プラトン以降のギリシア教養からはじめ、ラテン世界におけるその普及とラテン化の過程を略述しつつ、異教と神話に起源をもつこの自由学芸がどのようにしてそれとは対蹠的なキリスト教と融合し、西欧中世に移植可能なものになったかを中心に詳述する。こうした自由学芸史は一般教育史に通じるものであり、この点からの本書の理解のためには、先に挙げた同じマルーの代表的な著作『古代教育文化史』がきわめて有用である。

なおマルーは、こうした自由学芸の歴史を一般的、原則的に述べるのではなく、古代末期のギリシア・ローマの教養を身につけ、そのキリスト教化を図った教養人の代表としてアウグスティヌスをあげ、かれの業績をとおして具体的に明らかにしようとする。したがって当然のことであるが、本書はアウグスティヌスの「自由学芸論」の書でもある。

まずアウグスティヌスの生涯そのものが古代自由学芸の実態とその変容を体現している。かれは帝政末期のアフリカにおいて苦学しながら自由学芸を修めたあと、アフリカついでイタリアにおいて文法教師、修辞学教師として活躍し、さらに自由学芸の教科書の執筆も手掛けている。こうした古代教養の修得、教授においてかれが考えていたのは世俗における栄達であり、この点でもかれは古代の自由学芸観を継承していたのである。

とはいえ、アウグスティヌスはすでに修辞学学習の課程において哲学に目覚め、それに伴い、知恵、真理の探究の手段としての自由学芸観に移行したことはかれの「対話編」と『告白』に明らかである。その後かれは、新プラトン主義に導かれてキリスト教に入信し、司教、キリスト教的博士としてキリスト教徒の知的、霊的指導に尽くし、その立場から徐々に古代の自由学芸を聖書注解、神学、説教といったキリスト教的知的活動に応用し、積極的に取り入れていった。簡明な一例として、かれの『創世記逐語注解』を見てもらいたい。この書に見られる一語ごとの注解は、現代のわれわれにはいかにも幼稚な方法に見えるが、これは古代教養人による古典学習の手法に従ったまでである。

しかし自由学芸をキリスト教の教えに応用したのはアウグスティヌスが初めてではない。とくに初期キリスト教の指導者たちは異教、神話に起源をもつ古代教養がキリスト教と共存する可能性は否定しつつも自らの基礎教養はもたず、必要悪としてそれを容認し利用せざるをえなかった。その傾向は時代とともに進み、とくにアウグスティヌスに近い世代の教父たちは自由学芸を神の賜物として積極的に受容していった。

　こうした自由学芸に対する教父たちの態度をまえに、アウグスティヌスは、聖書と教父たちの伝統をもとに自由学芸とキリスト教の教えはともに神をその起源（あるいは啓示者、創設者）とし目的とすることを立証することによって、キリスト教と自由学芸双方を神の知恵つまり救いに至る同一の知的体系のなかに位置づけ、こうした原理をもとに積極的に異教的教養を摂取し、キリスト教的知的社会における自由学芸にいわば市民権を付与したのである。その原理を概説したのが、とくにかれの『秩序論』および『キリスト教の教え』である。

　一方、キリスト教会とアウグスティヌスが取り入れた古代教養はラテン化されたものであり、従って、キリスト教もそれを摂取することによりラテン化されたことを忘れてはならない。当初ローマ人はギリシア、ラテン両語の教育をもってギリシア文明を習得し、「ヘレニズム・ローマ文明」なるものを形成したが、ローマの政治的、社会的発展、またラテン民族の実利的性格などにより、とくにキケロ以降、ラテン語だけによるギリシア文明の模倣、翻訳が盛んになり、それまでヘレニズム文化圏の一部にすぎなかった「ローマ文化圏」がやっと自立するに至り、そうしたラテン化の中心的役割を果たしたのが自由学芸であった。

　こうしたキケロ以降におけるヘレニズム教養のラテン化の時代にキリスト教がローマに登場する。キリスト教は、ユダヤ教を母胎にヘレニズム世界に誕生し、それによって育成され普及した東方の宗教であり、そうした装いのもとに西方に導入された。しかしいま述べたようにローマにおけるギリシア文明そのものがラテン化の途上にあり、西方キリスト教が摂取したのは、結局はラテン化されたヘレニズム教養であった。

　こうしてキリスト教の典礼、説教がラテン語化されたほか、キリスト教の聖典そのものがラテン語訳され、その代表的なものがアウグスティヌスと同時代のヒエロニムスによるヴルガタ訳である。また言語とくに教養のラテン化は、ラテン的思想、ラテン的精神状態を創り出していく。幾多の世代を経たあと、厳密にラテン的な感性と宗教的思考とが、はっきりとした形をとって現われるようになる。たとえば長期にわたるアリウス主義の危機において西方ラテン教会が東方に対してとった往々にして予想外の態度は、アウグスティヌスよりはるか以前にラテン的神学の精神構造があったこと、またかれらが東方と同じ知的雰囲気のなかで思考していなかったことをよく示している。

さらにアウグスティヌス自身、最初のラテン的異端であったペラギウス主義と戦い、西方神学独自の発展を証明した象徴的な神学者であった。西方教会はこの異端が惹き起こした論争によって、同じころキリスト論の異端と戦っていた東方教会とは異なる路線に入り、以後、幾世紀もの間、西方における神学、信心は恩恵、個人の救霊などの諸問題に悩まされることになる。さらに、西方キリスト教が三位一体というキリスト教の根源的な神秘について厳密に独自の構想を打ち立て、それまで本流とされてきたギリシア神学とは根本的に異なる、しかもそれに対比しうるほどの神学が発展したのはアウグスティヌスの『三位一体論』以降のことである（本書五二三―二四頁参照）。

こうして、背教者ユリアヌスによって「ガリラヤ人」と揶揄され、蛮人と同一視されたキリスト教徒は確固たる文明、独自の基礎教養を持つことができ、一方、ヘレニズム・ローマ文明は、滅びゆくローマ帝国の確固たる組織力と教養とを身につけ活気に溢れるキリスト教会によって継承、同化され、中世以降の世界に伝達されることになったのである。

このように考えてくると、マルーならずとも、かれが当初掲げた「古代教養の終焉」という表題に疑念をもつ。かれは本論では、アウグスティヌス時代の古代教養はデカダンス（dé cadence）（衰退、凋落）にあったと考えたが、しかし「再考録」ではその考えを修正し、この古代教養の衰退は、キリスト教的文化・教養の発達に伴うものであり、中世キリスト教的教養への「変容」、「孵化」であったことを認め、「四世紀ルネサンス」ということばさえ用いている（本書四九四、五二五頁参照）。

以上、教養史を追うという立場から教養諸学科を中心に取り上げ、それらの諸学科が共通して果たす人間全体の「耕し」（culture）の機能つまり教養の概念を取り上げることを見落としていたが、それを補うものとしてマルーがまとめたアウグスティヌスのキリスト教的教養の概念をあげておこう。それによると、教養は単なる博識とは違う。教授あるいは予備訓練によって記憶に蓄積された実生活に間に合うだけの知識でもない。真の教養は、その知識の応用力つまり収集した知識をもとに新たな知的発展を遂げる知的能力の練磨をいう（とくに本書第Ⅱ部第五、六章参照）。しかもわれわれが収集した知識、鍛錬した知的能力は、支離滅裂に機能し人格破壊をもたらすような知識、能力ではなく、われわれの魂によって統一され秩序づけられ、その指示のもとに調和よく機能する知的活動をもたらすものでなければならない。アウグスティヌスによると、この魂の最高の関心は「神」と「自分」（魂）に関して正しい関係を樹立することにあり、従って真の教養は、このいわば人生の目的（それがいかなる形、概念のものであるにせよ、各自がそれとして意識しているもの）に向けて調和をもって段階的に秩序づけられ機能するものでなければならない。だからこそわれわれがある人物についてかれは教養があるという場合、この価値判断はかれが身につけた一切の知識を超えて、それらをひとつに統合する精神的総合力をもっていることを意味している。そこには、その人物全体を全体的かつ根本的に理解することによってはじめて得られる核心的な真実があり、教養に対する判断は、結局はその人物の人格そのものに対する判断とひとつになる（本書四九〇―九一頁参照）。

なお、本書のさいごに付記されている「文献一覧」について説明しておきたい。この「文献一覧」は二部に分かれている。「文献一覧Ⅰ」はフランス語原書に記載されているもので、そこには本書編纂に関連する一九三〇年代までの文献が集められている。しかしこの一覧は、著者マルーも言うように、関係する研究資料を網羅するというより代表的なものを含むにすぎず、それを補完するものとして、本文の注に含まれる多くの研究書、論文の参考をお勧めしたい。

一方、「文献一覧Ⅱ」は、ドイツ語訳 Lore Wirtu Poelchau; Willi Geerling, Augustinus und das Ende der antiken Bildung（1995）の訳者のひとり W. Geerling によって作成されたリストで、そこには一九五〇―一九六〇年代の文献が含まれ、さらに「補遺」として一九七〇―一九八〇年代の文献も追記されている。今後のアウグスティヌスおよび古代教養の研究に裨益するところが大きいことを考え、ほとんどそのまま転載させていただいた。ここで特別に注記し、心からお礼を申し上げたい。

さいごに、訳者が最初に本書を知ったのは今から三五年まえ、池端次郎広島大学名誉教授（現在）の紹介によってである。そのころ、アウグスティヌスの教育論を模索していた訳者に対し、教授はもっとも適切かつ権威ある研究として本書を示され、その後も多くの点でご鞭撻、ご指導を頂いた。本書は訳者のその後の研究にとって基本的な文献のひとつとなり、大いに啓発された。本書の翻訳と刊行が、いささかなりと教授に対するご恩返しとなれば幸いである。

また、知泉書館の小山光夫社長にはこれまでにも多大な恩を受けているが、とくに今回は予想以上の大部な書になったにもかかわらず、例のアカデミックな視点と理解をもって本書の出版を引き受けていただいた。深く感謝申し上げる。また社長の英断をフォローされ苦労されたであろう髙野文子氏にも心からお礼を申し上げる。

二〇〇八年四月

岩村清太

岩村 清太（いわむら・きよた）

広島大学大学院教育学研究科博士課程中退　大東文化大学名誉教授

〔主要著書〕『ヨーロッパ中世の自由学芸と教育』（知泉書館，2007年），『アウグスティヌスにおける教育』（創文社，2001年），『教育原理』（共著，協同出版，1982年），『西洋教育史』（池上書店，1983年），『教育思想史』（第2巻，共著，東洋館出版社，1984年），『西洋教育史』（共著，福村出版，1994年）

〔主要訳書〕P. リシェ著『ヨーロッパ成立期の学校教育と教養』（知泉書館，2002年），同『中世の生活文化誌』（東洋館出版社，1992年），同『中世における教育・文化』（同上，1988年），H. -I. マルー著『古代教育文化史』（共訳，岩波書店，1985年）

〔アウグスティヌスと古代教養の終焉〕　ISBN978-4-86285-033-1

2008年6月 5 日　第 1 刷印刷
2008年6月10日　第 1 刷発行

訳 者　岩 村 清 太
発行者　小 山 光 夫
製 版　野口ビリケン堂

発行所　〒113-0033　東京都文京区本郷1-13-2
電話 03（3814）6161　振替00120-6-117170
http://www.chisen.co.jp
株式会社　知 泉 書 館

Printed in Japan　印刷・製本／藤原印刷

アウグスティヌス著作索引

＊　マルーはアウグスティヌス著作の原文は Patrologia, series Latina（PL）を用いている。

＊　アウグスティヌス著作の邦訳は主として，『アウグスティヌス著作集』（教文館）と中沢宣夫訳『三位一体論』（東京大学出版会）を参考・引用した。

＊　原題に続く算用数字は執筆年代を示す。

「対話編」（Dialogues）　55, 67, 100, 115, 140, 194, 246, 248, 253, 254, 258, 262, 289, 290

『アカデミア派駁論』（Contra Academicos 386）　249, 250, 252, 254, 261, 262, 264, 294

『異教徒駁論』（Quaestiones contra Paganos）　60

『異端論』（De haeresibus 428）　474

『エンキリディオン』（Enchiridion 421）　309

『教えの手ほどき』（De catechizandis rudibus 400）　375, 387, 412

『音楽論』（De musica 386）　163, 189, 192, 200-02, 205, 207, 208, 211, 213-16, 218, 234, 236, 239, 242, 246, 248, 355, 450-52, 458-60, 462, 467

『カトリック教会の道徳とマニ教徒の道徳』（De moribus ecclesiae catholicae et de moribus Manichaeorum 388-89）　307

『神の国』（De civitate Dei 413-26）　15, 24, 39, 60, 61, 63, 64, 67, 75, 87, 93, 110-12, 115, 130, 286, 303, 309, 333, 361, 368, 369, 372, 467, 473, 489, 496-99, 501, 526

『神の直観』（De videndo Deo）　60

『教師論』（De magistro 388-90）　31, 191, 192, 233, 247, 248, 256, 413, 451, 461

『キリスト教の教え』（De doctrina christiana 396-427）　56, 64, 267, 273, 276, 294, 304, 306, 311, 314, 318, 320, 321, 324, 326-31, 334, 337, 339, 341, 348, 354, 358, 366, 375-77, 385, 393, 398, 399, 401, 405, 406, 410, 412, 414, 416, 418, 420, 422, 424, 425, 459, 476, 525

『寓意的意味による創世記注解』（De Genesi secundum allegoriam）　61

『結婚と情欲』（De nuptiis et concupiscentiis 419-20）　309

『告白』（Confessiones 397-400）　25, 34, 51, 61, 87, 137, 138, 156, 157, 162, 198, 199, 214, 220, 223, 242, 244, 266, 273, 391, 394, 396, 421, 480, 496, 515

『再考録』（Retractationes 427）　156, 157, 280, 288, 289, 450, 451, 463, 527

『三位一体論』（De Trinitate 398-416）　24, 37, 47, 61, 62, 67, 74, 141, 223, 254, 255, 257, 258, 261-64, 290, 292, 295, 297, 299, 303, 304, 355, 362, 443, 448, 476, 478, 496-98, 522

『司教メモリウスあての書簡』（Lettre à l'évêque Memorius）　462

『至福の生』（De beata vita 390）　191, 252, 256

『詩編注解』（Enarrationes in Psalmos 414-18）　346, 347, 445, 472, 489

『詩編118編の注解』（Enarratio in Ps.118）　472

『自由意志論』（De libero arbitrio 395）　162, 229, 307

『修辞学論』（De rhetorica）　460

『修辞学原論』（Principia rhetoricae）　460

『諸学科』（Disciplinarum libri）　183, 198, 199, 233, 289, 451

『真の宗教』（De vera religione 391）　223, 307, 464

『創世記逐語注解』（De Genesi ad litteram 401-15）　60, 303, 359

『創世記についてマニ教徒を駁す』（De Genesi contra Manichaeos 388-90）　61

『ソリロキア』（Soliloquia 388-90）　146, 147, 191, 230, 245, 252, 253, 470, 480

『魂の偉大』（De quantitate animae 388）　14, 136, 156, 157, 192, 209, 240, 246, 248

『魂の不滅』（De immortalitate animae 387）　253

『秩序論』（De ordine 386） 146, 153, 156-59, 163, 190, 191, 232, 252, 258, 280, 293-95, 326, 337, 384, 511
『罪の報いと赦し』（De peccatorum meritis 412） 309
『八三の問題集』（De diversis quaestionibus LXXXIII 397） 466
『美と適合』（De pulchro et apto 380） 138
『福音書記者の一致』（De consensu Evangelistarum） 59, 347, 367
『福音書の諸問題』（Quaestiones Evangeliorum） 347
『文法論』(De grammatica) 189, 233, 450-52, 458-60
『ペティリアヌスの書簡への反駁』（Contra litteras Petiliani 400-02） 401
『弁証論』（De dialectica） 458
『弁証論原論』（Principia dialecticae） 460
『マニ教徒駁論と創世記注解』（De Genesi contra Manichaeos 389） 307, 308
『モーセ五書の問題』（Quaestiones in Heptateuchum） 347
『ユリアヌスを駁す』（Contra Julianum 421） 67
『ヨハネによる福音書講解説教』（Tractatus in Joannis Evangelium 416） 58, 347, 472
『ヨブ記注記』(Adnotationes in Job) 347
『霊と文字』(De spiritu et littera 412) 309

その他の書名索引

『アエネイス』（Aeneis, ヴェルギリウスの）　111, 473, 484

『アエネイス註解』（In Vergilium commentarium ad Aeneida, セルヴィウスの）　30

『アクシオコス』（Axiochos, 偽プラトンの）　180

『アエスクラピオス』（Aesclapios, 著者不詳）　40

『アッティカの夜』（Noctes atticae, アウルス・ゲリウスの）　104, 125, 329

『アナケファラエオシス』（Anacephalaeosis, 著者不詳）　474

『イリアス』（Ilias, ホメロスの）　390

『韻律論』（De litteris, syllabis et metris, テレンティアヌス・マウルスの）　25

『韻律論の要約』（Epitome artis metricae, 著者不詳）　452-58

『エンネアデス』（Enneades, プロティノスの）　39

『黄金のロバ』（De asino aureo, アプレイウスの）　127

『大きさと重さ』（de mensuris et ponderibus, エピファニウスの）　328

『オデュッセイア』（Odyssea, ホメロスの）　390

『音楽教程』（De institutione musicae, ボエティウスの）　170

『音楽論』（Musique, テオンの）　201

『学芸』（Artes, ケルススの）　182

『カナの結婚』（Noces de Cana, 著者不詳）　417, 422

『神々の本性』（De natura deorum, キケロの）　290

『幾何学原論』（Elementa, エウクレイデスの）　201, 212

『記号』（De signis, キケロの）　32

『キュロスの教育』（Cyropaedia, クセノフォンの）　438

『教会史』（Historia ecclesiastica, エウセビオスの）　334

『九つの説教』（Neuf sermons, ナジアンズのグレゴリオスの）　41

『古代史』（Antiquitatum rerum humanarum et divinarum libri, ヴァロの）　110, 333

『国家』（Respublica, プラトンの）　176, 241

『サトゥルナリア』（Saturnalia, マクロビウスの）　83, 104, 125, 372, 390

『算術神学』（Theologumena arithmetica, ヤンブリコスの）　209, 356

『算術入門』（Arithmetica introductio, ニコマコスの）　201, 209

『算術論』（Arithmétique, テオンの）　201

『自省録』（Pensées, マルクス・アウレリウスの）　144

『シビュラの神託』（Oracles sibyllins）　40, 473

『10の単位について』（Sur la décade）　209

『諸学科』（Disciplinarum libri, ヴァロの）　98, 182

『新受洗者に対する説教』（Homélies aux Néophytes, ヨハンネス・クリュソストモスの）　36, 41

『聖書』（Bible, Ecriture Sainte）　36, 40, 59, 60, 62, 67, 89, 108, 117, 141, 196, 223, 256, 271, 280, 293, 299, 302, 304, 306, 307, 310-13, 315-17, 321-23, 327, 329, 334, 338-42, 345, 348, 349, 351-353, 358, 360, 362-64, 367-79, 381, 382, 384, 386-89, 393, 396, 399, 401, 405, 408, 410, 417-19, 425-27, 443, 446, 472, 473, 476, 482-86, 499, 505, 510

『旧約聖書』　345

「創世記」　60, 61, 122, 260, 332, 347, 354, 359, 367, 510, 514

「出エジプト記」　372

「レビ記」　277, 378

「民数記」　378

「申命記」　277, 378

「ヨシュア記」　378

「ヨブ記」　298, 342, 449

「詩編」　50, 340, 342, 347, 353, 354, 394, 395, 499
「預言書」　342
「イザヤ書」　444
「シラ書」　373
「知恵の書」　445
『新約聖書』　323, 342, 344-46, 352, 367, 374
「福音書」　59, 277, 317, 342, 367
「共観福音書」　59, 367
「マタイによる福音書」　347, 444
「ルカによる福音書」　308
「ヨハネによる福音書」　256
「使徒言行録」　57, 317, 396, 419
「パウロの書簡」　348
「ローマの信徒への手紙」　394, 395
「コリントの信徒への手紙 I」　278, 298, 300, 394, 445
「コリントの信徒への手紙 II」　60, 376, 378, 394, 395
「ガラテヤの信徒への手紙」　90, 354, 395, 484
「フィリピの信徒への手紙」　394
「テモテへの手紙 II」　378
『聖職者の教育』(De institutione clericorum, ラバヌス・マウルスの)　306
『聖・俗学教範』(De institutione sacrarum et saecularium litterarum, カッシオドルスの)　320
『セネカの哲学的著作における構文法』(La composition dans les ouvrages philosophiques de Sénèque, アルベルティニの)　69
『大文典』(Ars Major, ドナトゥスの)　21, 24
『断食について』(Homélie sur le jeûne, バシリウスの)　36
『地理辞典』(Dictionnaire géographique, ヴィビウス・セクェステルの)　116
『ティマイオス』(Thimaeus, プラトンの)　39, 511
『哲学』(De philosophia, ヴァロの)　115
『トゥスクルム荘対談集』(Tusculanae Disputationes, キケロの)　17
『トピカ』(Topica, キケロの)　408
『年代記』(Chronicon, エウセビオスの)　327, 328, 333
『農耕詩』(Georgica, ヴェルギリウスの)　391
『パイドロス』(Phaedo, プラトンの)　264
『発想論』(De inventione, キケロの)　50, 51, 84, 101, 408
『パナリオン』(Panarion, エピファニウスの)　474
『パルメニデス』(Parmenides, プラトンの)　264
『範疇論』(Categoriae, アリストテレスの)　39, 99, 432
『プロタゴラス』(Protagoras, プラトンの)　264
『ヘクサプラ』(Hexapla, オリゲネスの)　323, 329, 342, 345
『ギリシアの学問の利用について若者たちに与える』(Aux jeunes gens sur la manière de tirer profit des lettres helléniques, バシリウスの)　317
『弁論家』(Orator, キケロの)　50, 51, 84, 290, 408
『弁論家論』(De oratore, キケロの)　51, 290
『弁論家の教育』(De institutione oratoria, クインティリアヌスの)　416
『牧歌』(Eclogae, ヴェルギリウスの)　390, 391
『ホルテンシウス』(Hortensius, キケロの)　137, 138, 220
『娘の死について慰める』(Consolatio de morte filiae, キケロの)　57
『メノン』(Meno, プラトンの)　264
『メルクリウスと言語学の結婚』(De nuptiis Mercurii et Philologiae, カペラの)　329
『ユダヤ古代史』(Antiquités, ヨセフスの)　473
『要約』(Epitomata, ユスティヌスの)　329
『類推について』(De analogia, カエサルの)　84

人名索引

ア　行

アウグスティヌス（ヒッポの）Augustinus A. Hipponensis　4, 8-12, 15-17, 19-21, 23-27, 29, 30, 32-41, 43, 45-47, 49-52, 54-76, 78, 80-83, 85-95, 98, 99, 101, 104, 108-33, 137-66, 168-73, 175, 176, 182-84, 187, 189, 190, 192-264, 267-300, 302-16, 318-29, 331-56, 358-85, 387-90, 393, 394, 396, 398-433, 437, 441-44, 446, 448-52, 458-75, 477-90, 492-98, 500-04, 506, 507, 509-11, 513-18, 520-27

アウグストゥス帝 Augustus, G. J. C. Octavianus　16, 26, 31, 43, 366, 519

アウソニウス Ausonius, D. M.　10, 16, 138, 139, 285, 493

アウダクス Audax　25, 86

アウルス・ゲリウス Aulus Gellius　93, 94, 104, 126, 127, 437, 503

アエネアス Aeneas　32, 111

アガペトゥス教皇 Agapetus　320

アキレウス Achilleus　111, 509

アシニウス・ポリオ Asinius Pollio, G.　80

アステリオス（アマセアの）Asterios　404

アダム Adam　323, 372, 484

アッティリウス Attilius　215

アッティクス Atticus　26

アッピウス・クラウディウス・カエクス Appius Claudius Caecus　43

アデオダトゥス Adeodatus　31, 32, 191, 192, 195, 233, 247, 248

アナトリオス（ラオディケアの）Anatolios　174, 209

アニアヌス（ケレダの）Anianus　41

アニキウス・プロブス Anicius Probus　91, 92

アブラハム Abraham　323, 333, 368

アプレイウス Apuleius, L.　16, 17, 26, 39, 40, 47, 98, 120, 126, 133, 138, 143, 144, 197

アベラルドゥス Abaelardus　5, 145, 302

アメリオ Amerio, F.　215-18

アラリク Alaric　63, 526

アリスティッポス Aristippos　177

アリスティデス（アイリオスの）Aristeides　17

アリストテレス Aristoteles　4, 5, 39, 99, 120, 128, 142, 143, 161, 167-69, 172, 173, 175, 177-79, 184-86, 188, 193, 195, 197, 327, 359, 362, 432, 505, 525

アリスタルコス Aristarchos　176

アリストクセノス Aristoxenos　169, 170

アリピウス Alypiys　88, 89, 91, 99, 148, 249, 251

アルキメデス Archimedes　18

アルクイン Alcuin　171

アルケシラオス Arkesilaos　174

アルノビウス Arnobius　374

アルファリク Alfaric, P.　468-70

アルベルティニ Albertini, M.　69, 70

アレクサンドロス大王 Alexandros Magnus　513

アンガス Angus, E.　471

アンティオコス（プトレマイスの）Antiochos　404

アンティステネス Antistenes　389

アントニウス Antonius　312

アンドロニコス Andronikos　44

アンナエウス・コルヌートゥス Annaeus Cornutus　144

アンブロシウス Ambrosius　10, 16, 46, 91, 271, 286, 314, 334, 336, 419, 427, 463, 475, 485, 493, 523

アンリ Henry, P.　473

イエス Jésus　366, 368 → キリスト

イシス Isis　112

イシドルス（セビリャの）Isidorus　47, 75, 171, 330

イソクラテス Isokrates　19, 49, 78, 142, 143, 179, 316, 407, 430, 504

ヴァレリウス・マクシムス Valerius Maximus

100, 114
ヴァレンティニアヌス二世 Valentinianus II 80, 139
ヴァロ Varro, M. T. 27, 45, 86, 93, 94, 98, 110-12, 115, 120, 125, 158, 163, 182, 215, 333, 430, 522
ヴィクトール・ユゴー Victor Hugo 35
ヴィクトリヌス Victorinus, M. 16, 39, 40, 47, 182, 195, 215, 300, 308, 315, 473, 475, 522
ヴィトルヴィウス Vitruvius, P. M. 178, 182
ヴィビウス・セクェステル Vibius Sequester 116, 329
ヴィンディキアヌス Vindicianus 121
ヴェルギリウス（「文法教師」）Vergilius Grammaticus 417
ヴェルギリウス Vergilius, M. P. 23, 25-27, 31-33, 44, 51, 83, 89, 90, 104, 114, 116, 120, 124, 191, 233, 242, 275, 279, 322, 338, 340, 341, 374, 379, 389-93, 430, 463, 487, 518
ヴォルシアヌス Volusianus 82, 83, 87, 309, 387, 503
エヴォディウス Evodius 192, 195, 210, 212, 230, 248
エウクレイデス Eukleides 201-03, 206, 212, 213, 219, 226, 507
エウグラフィウス Eugraphius 27
エウセビオス（カエサリアの）Eusebius Caesariensis 41, 328, 333, 334, 368, 369, 523
エウトロピウス Eutropius 333
エウノミオス Eunomios 139
エウメニウス Eumenius 80
エバ Eva 60, 323, 372
エピクテトス Epiktetos 143
エピクロス Epikouros 188, 509
エピファニウス（サラミスの）Epiphanius 314, 328, 334, 474
エンニウス Ennius, Q. 26, 44, 84
エンノディウス Ennodius, M. F. 47, 53, 435
オヴィディウス Ovidius, N. P. 26, 116
オプタトゥス（ミレヴィスの）Optatus 315, 334, 336, 365
オリゲネス Origenes, A. 40, 41, 174, 284, 302, 314, 315, 320, 328, 329, 332, 335, 345, 350, 352, 356, 377, 388

カ　行

ガイウス Gaius 4
カエキリウス・Q・エピロタ Caecilius Q. Epirota 26
カエサル Caesar, G. J. 43, 84
カエサリウス（アルルの）Caesarius Arelatensis 512
カエシウス・バッスス Caesius Bassus 215
カッシアヌス Cssianus, J. 47
カッシオドルス Cassiodorus, F. M. A. 47, 48, 145, 171, 206, 320, 330, 452
カティリナ Catilina, L. S. 113
カトゥッルス Catullus, G. V. 26, 85, 462, 503
カトー Cato, M. P. 413
カペラ Capella, M. 98, 171, 183, 329, 330
カミッルス Camillus, M. F. 113
カリシウス Charisius, F. S. 21
ガリレイ Galilei, G. 508
カルキディウス Chalcidius 39, 47
カルネアデス Karneades 229
ガレノス Galenos 182
カント Kant, I. 195, 197
キケロ Cicero, M. T. 3, 5, 9, 16, 17, 19, 20, 25, 26, 32, 36, 38, 39, 43, 45, 50, 51, 57, 70-75, 79, 84, 89, 93-96, 99-103, 105, 109, 114, 115, 124, 137, 156, 178, 181, 191, 248, 279, 284, 290, 374, 392, 402, 407-12, 415, 416, 420, 422, 430, 431, 434, 437, 438, 441, 487, 500, 503, 509, 510, 513, 517, 518
ギニュベール Guignebert, Ch. 468
キプリアヌス Cyprianus, C. T. 315, 336, 342, 414, 419, 427
ギボン Gibbon, Ed. 494
キリスト Christ 60, 87, 294, 333, 354, 355, 366, 369, 386, 420, 445, 469, 523 → イエス
キンキンナトゥス Cincinnatus, T. Q. 113
クインティリアヌス Quintilianus, M. F. 20, 44, 96, 99, 102, 178, 416

偽クインティリアヌス Ps. Quintilianus 53
クセノフォン Xenophon 45, 438
クセノクラテス Xenokrates 115
クラウディアヌス Claudianus, C. 139
クラテス Krates 180
クリュシッポス Chrysippos 390, 508
クルセル Courcelle, P. 471-74
グレゴリウス（トゥールの）Gregorius Turonensis 417
グレゴリオス（ナジアンズの）Gregorios Nazianzenus 41, 286, 314, 335, 485, 486
グレゴリオス（ニュッサの）Gregorios Nyssenus 512, 514
グレゴリウス（大）Gregorius Magnus 512
クレスコニウス Cresconius 56, 336, 363, 401
クレメンス（アレクサンドリアの）Clemens Alexandrinus 284, 314, 320
ゲーテ Goethe, J. W. von 35
ケルスス Celsus, A. C. 45, 46, 120, 182
コペルニクス Copernicus, N. 509
コモー Comeau, M. 472
ゴルギアス Gorgias 73, 75, 422, 501
コルヌトゥス Cornutus, L. A. 46
コンスタンティヌス大帝 Constantinus Magnus, G. F. V. 3, 521

サ　行

サルスティウス Sallustius, C. G. 26, 45, 100
サルトル Sartre, J. P. 505
シドニウス・アポリナリス Sidonius Apollinaris 3, 86
ジュールダン Jourdain, M. 421
シュタイン Stein, E. 524
シュネシオス Synesios 143, 511, 523
シンプリキアヌス Simplicianus 91
シンマクス Symmachus, Q. A. 3, 10, 15-17, 46, 86, 138, 145, 284, 285, 493, 513
スエトニウス Suetonius, T. G. 94, 438
スキピオ・アフリカヌス Scipio Africanus, P. C. S. 42, 113, 514
ストバイオス Stobaios, I. 180
スラ Sulla, L. C. 18
セヴェリアヌス（ガバラの）Severianus 403
セヴェルス（ミレヴムの）Severus 88, 132
セクストゥス・エンピリクス Sextus Empiricus 174
セネカ Seneca（子）L. A. 26, 46, 57, 69, 70, 85, 94, 133, 143, 144, 150, 174, 175, 224, 231, 390, 438, 493, 503
セネカ Seneca（父）M. A. 53, 144
セルヴィウス Servius, M. H. 21, 27, 30, 31, 37, 341, 391
ソクラテス Sokrates 115, 180, 193, 264, 317
ソゾメノス Sozomenos, S. H. 317
ソリヌス Solinus, G. J. 117, 125

タ　行

タキトゥス Tacitus, C. 100, 438, 517
ダランベール d'Alembert, Ch. V. 183
ダルダヌス Dardanus 372
ダンテ Dante, A. 5, 385, 386, 481
テアゲネス（レギウムの）Theagenes 389
ディオゲネス・ラエルティオス Diogenes Laertios 177
ディオニュシオス・トラクス Dionysios Thrax 176, 177
ディオメデス Diomedes 21
ディオファントス（アレクサンドリアの）Diophantos 507
ディオスコロス Dioskoros 187, 276, 290, 291, 295
ティコニウス Tychonius 378
ティトゥス・リヴィウス Titus Livius 333
ディドロ Diderot, D. 183
ティベリウス帝 Tiberius, J. C. A. 182, 366
テオグニス Theognis 502
デオグラティアス（助祭）Deogratias 387
テオドシウス大帝 Theodosius I 3, 305, 521
テオドロス（モプスエスティアの）Theodorus

Mopsuestenus　485
テオフィロス（アンティオキアの）Theophilos　368
テオフラストス Theophrastos　509, 510
テオン（スミルナの）Theon　201, 203, 204, 206, 209
デカルト Descartes, R.　507, 522
テミスティオス Themistios　17
テミストクレス Themistokles　114
デモクリトス Demokritos　509
デルガー Dölger, F. J.　5
テルトゥリアヌス Tertullianus, Q. S. F.　16, 284, 305, 314, 316, 318, 335, 342, 392, 427, 473, 488, 523
テレジア（アビラの）Theresia　481
テレス Teles　180, 181
テレンティアヌス Terentianus Maurus　24, 215
テレンティウス Terentius, A. P.　25-27, 45, 111, 463
トゥキュディデス Thoukydides　45, 517
ドゥルキティウス Dulcitius　308
ドナトゥス Donatus A.　21, 22, 24, 27, 37, 341, 365, 374, 391, 431, 459
トマス・アクイナス Thomas Aquinas　195, 311, 386, 388, 477
トリゲティウス Trigetius　242, 250, 251, 261, 291
ドン・ジャン・ルクレール Dom Jean Leclercq　489

ナ　行

ニコマコス（ゲラサの）Nikomachos　201-04, 206, 209, 356
ネブリディウス Nebridius　187, 191
ネロ Nero, C. C. A. G.　438
ノア Noah　354, 372
ノニウス・マルケルス Nonius Marcellus　37

ハ　行

ハイデッガー Heidegger, M.　505
ハイネ Heine, H.　35
パウリヌス（ノラの）Paulinus　88, 89, 286, 336, 394, 396
パウロ（使徒）Paulus　57, 60, 298, 300, 354, 366, 375, 376, 378, 401, 419, 420, 427, 484
バシリウス Basilius　36, 41, 286, 314, 316, 317, 335, 441, 474, 485
パスカル Pascal, B.　57, 69, 383, 504
ハドリアヌス帝 Hadrianus, P. A.　127
パルメニアヌス Parmenianus　336
バレス Barrès, M.　486
ヒエリウス Hielius　138
ヒエロニムス Hieronymus　10, 16, 17, 36, 37, 40, 41, 46, 47, 88, 90, 92, 94, 270, 286, 287, 314-16, 318, 319, 328, 329, 333, 335, 336, 342, 344, 350, 352, 368, 374, 376, 391, 393, 396, 397, 493
ビオン Bion　180
ピカソ Picasso, P.　497
ヒッピアス Hippias　172, 184
ヒッポクラテス Hippokrates　121
ピュタゴラス Pythagoras　167, 169, 170, 226, 237, 356, 507, 508
ビュリダン Buridan, J.　508
ヒラリウス（ポワティエの）Hilarius　309, 315, 336
ピンダロス Pindaros　45
ファウストゥス（ミレヴムの）Faustus　139, 336
ファブリキウス Fabricius, L. G.　113
フィラストリウス Philastrius　334
フィラルギリウス Philargyrius　27
フィルミクス・マテルヌス Firmicus Maternus　284, 308
フィロストラトス Philostratos　182
フィロン（アレクサンドレイアの）Philon　174, 225, 231, 328, 352, 356
フィロン（ラリッサの）Philon　51
フェイディアス Pheidias　3

フェステュジエール Festugière, A. J. 436, 469, 519
フォルトゥナティウス Fortunatius 215
フォルトゥナトゥス Fortunatus 47
プトレマイオス Ptolemaios 18, 284
フュステル・ド・クーランジュ Fustel de Courange 5
プラエテクスタトゥス Praetextatus 145
ブラック Braque, G. 497
プラトン Platon 18, 39, 142, 143, 166-69, 172, 173, 175-77, 179, 180, 184, 185, 188, 197, 232, 241, 244, 264, 291, 316, 317, 389, 432, 442, 469, 503, 504, 507, 517, 525
フランク Frank, J. 433
プリスキアヌス（カエサリアの）Priscianus 501
プリニウス（小）Plinius, G. P. C. S. 3, 16, 80, 85, 513
プリニウス（大）Plinius, G. P. S. 45, 85, 117, 120, 125, 133
プリマシウス Primasius 320
フルゲンティウス（ルスパエの）Fulgentius, F. C. G. 391
ブルトゥス Brutus, M. J. 113
プロスペル Prosper, P. 309
プロティノス Plotinos 39, 40, 147, 149, 154, 191, 224, 230, 291, 432, 473, 475, 522, 525
プロティウス・ガッルス Plotius Gallus 50
フロルス Florus, L. A. 333
フロント Fronto 16, 144
ペギー Péguy, Ch. 469
ペティリアヌス Petilianus 336, 401
ペトルス・ダミアヌス Petrus Damianus 284
ペトロ（使徒）Petrus 366
ペラギウス Pelagius 92, 336
ヘラクレイデス（ポントスの）Herakleides 174, 177
ヘラクレイトス Herakleitos 506
ペリクレス Perikles 78
ペルシウス・フラックス Persius Flaccus 26, 111, 144
ベルナルドゥス（クレルヴォーの）Bernardus 145, 284
ヘルマゴラス Hermagoras 49, 461
ヘロドトス Herodotos 120
ボアイヤンセ Boyancé, P. 504
ボエティウス Boethius, A. M. T. S. 4, 47, 48, 145, 170, 195, 206, 207, 220, 493, 522
ボードレール Baudelaire, Ch. 35
ポーラン Paulhan, J. 505
ポシディウス Possidius 449, 527
ボシュエ Bossuet, J. B. 284
ボナヴェントゥラ Bonaventura 223, 311
ホノリウス帝 Honorius, F. 82
ホメロス Homeros 31, 33, 34, 44, 84, 322, 338, 380, 389, 390, 392, 462, 484, 502, 506
ホラティウス Horatius, F. Q. 26, 45
ポルフュリオス Porphyrios 40, 174, 224, 475
ポレモ Polemo 115

マ　行

マクシムス Maximus 88, 416
マクロビウス Macrobius, A. A. T. M. 46, 83, 104, 105, 108, 126, 127, 284, 390
マラルメ Mallarmé, S. 483
マリア Maria 366, 391
マリウス Marius, G. 18
マリウス・メルカトール Marius Mercator 47, 309
マルー Marrou, H.-I 467
マルクス Marx, F. 176
マルクス・アウレリウス Marcus Aurelius 46, 144, 150, 224
マルケリヌス Marcellinus, A. 82, 100, 309, 493, 498, 499
マルブランシュ Malebranche, N. 522
マンテニャ Mantegna, A. 496
ミヌキウス・フェリクス Minucius Felix, M. 487
ムソニウス・ルフス Musonius Rufus, G. 46
メナンドロス Menandros 45
モーセ Moyses 315, 317, 323, 357

モニカ Monica, Monnica　61, 141, 147, 148
モリエール Molière, J. B. Poquelin　284
モンソー Monceaux, P.　334
モンドール Mondor, Dr. H.　483

ヤ　行

ヤンブリコス Iamblichos　209, 356
ユヴェナリス Juvenalis, D. J.　26
ユスティニアヌス一世 Justinianus I　4
ユスティヌス Justinus, M. J.　113, 329
ユリアヌス（エクラヌムの）Julianus　36, 195, 336, 491, 523
ユリアヌス（背教者）Julianus, F. C.　143, 317
ユリアヌス・ポメリウス Julianus Pomerius　512
ユリウス・アフリカヌス Julius Africanus, S.　368
ヨセフス Josephus　473
ヨハネ（使徒）Johannes　352
ヨハンネス・クリュソストモス Johannes Chrysostomos　36, 41, 286, 314, 335, 474, 485

ラ　行

ライツェンシュタイン Reitzenstein, R.-M.　520
ラクタンティウス Lactantius, L. C. F.　16, 40, 174, 308, 315, 374, 473, 487
ラシーヌ Racine, J. B.　35
ラバヌス・マウルス Rabanus Maurus　306
ランボー Rimbaud, A. N.　483
リケンティウス Licentius　86, 89, 140, 147, 148, 242, 250, 251, 261, 274-76, 290, 291, 391
リシュリュー（枢機卿）Richelieu, A.　503
リバニオス Libanios　17
ルージュモン de Rougemont, D.　505
ルカヌス Lucanus, M. A.　26, 116, 144
ルクレティウス Lucretius, T. C.　84
ルフィヌス（アクイレイアの）Rufinus　41, 47, 113, 334, 335, 441
レグルス Regulus, M. A.　113
ロイター Reuter, A.　38
ロージャー・ベーコン Roger Bacon　311, 508
ロストフツェフ Rostovtseff, M.　5, 433
ロマニアヌス Romanianus　89, 307
ロムルス Romulus　109, 113, 484
ロンギニアヌス Longinianus　88

事 項 索 引

ア　行

アウグスティヌス主義（augustinisme）　148, 283-85
アカデミア学派（Académiciens）　139, 228, 249
アクイラ訳（Aquila, 聖書の）　346
アリウス派（Ariens）　304, 336, 404, 417, 523
アルカイック（archaïques）　105, 167
アレクサンドリア学派（Alexandrins）　388, 502
暗黒時代（âges obscurs）　350, 431
アンティオキア学派（école d'Antioche）　388
暗誦（recitatio）　27, 51, 53, 69
言い回し（tropes）　22, 24, 30, 352
イオニア学派（Ioniens）　172
医学（médecine）　46, 98, 99, 120-22, 182, 185, 522
医者（médecin）　46, 121, 129, 178, 185, 507
異教（paganisme）　63, 111, 269, 280, 289, 366, 470
異教的教養（culture païenne）　285, 306, 316, 356, 393, 512
異教徒（païens）　9, 15-17, 41, 60, 63, 64, 88, 279, 301, 304, 315, 319, 322, 358, 361, 364, 367, 391, 393, 416, 418, 421, 461, 488, 493, 519
異端（hérésie）　67, 92, 280, 336, 363, 365, 403, 523
逸話（anecdote）　104, 106, 111, 113-15, 354, 364, 365
一般教養（culture générale）　95, 99, 102, 142, 160, 178, 181, 182, 240, 285, 327
隠喩（metaphora）　6, 21, 22, 82, 83, 227, 351, 353, 396
韻律（métrique, rythme）　22-25, 30, 71, 72, 74, 75, 213-16, 218, 234, 235, 237, 246, 329, 396, 426, 450, 452, 463　→ リズム
ヴァンダル族（Vandale）　525, 526
ヴルガタ訳（Vulgate, 聖書の）　344, 345
エピクロス学派（Epicuriens）　173, 291, 390
エレア学派（Eléates）　227
円環的な学科（encycliques）　221, 225
演示弁論（éloquence épidictique）　50, 79, 80　→ 称賛演説
オリゲネス主義論争（querelle origéniste）　40, 335
音楽（musique）　80, 95, 96, 98, 111, 158, 159, 162-71, 175, 213, 215, 216, 219, 233, 234, 237, 238, 243, 296, 324, 326, 327, 355, 461

カ　行

懐疑主義（scepticisme）　139, 173, 228, 249
回心（conversion）　137, 139, 140, 142, 144, 145, 148, 219, 468
解説（enarratio）　27, 29, 30, 31, 91, 338-40, 419
科学（science）　7, 44, 45, 94, 125, 127-129, 133, 169, 185, 304, 313, 507, 508, 510, 511, 516, 522
学習課程（programme）　26, 96, 157, 158, 160, 170-72, 175, 176, 178, 179, 184, 220, 290, 317, 325, 371, 387, 406, 409, 427, 429, 511
学校（école）　21, 31, 44, 49, 51, 54, 70, 75, 97, 116, 140, 196, 197, 272, 314, 316-20, 338, 361, 406, 412, 421, 437, 525
学校教育（enseignement scolaire）　6, 19, 21, 27, 30, 33, 37, 43, 44, 47, 50-56, 58, 64, 69, 70, 71, 73, 76, 80, 81, 83-85, 96, 105, 109, 116, 124, 125, 144, 172, 179, 181, 182, 196, 268, 313, 318, 321, 325, 326, 331, 332, 339, 426, 430, 431, 437, 451, 485
学問（scientia, science）　17, 104, 127, 128, 130, 131, 154, 185, 186, 429
数（nombre）　207, 208, 235, 236, 238, 451
カッパドキア学派（Cappadociens）　474

カロリング・ルネサンス（Renaissance Carolingienne） 8, 171, 321, 431
観想（contemplation） 152, 244, 253, 255, 262, 270, 271, 292, 293, 297, 306, 447, 480
記憶（mémoire） 50, 56, 100, 104, 255, 515
幾何学（géométrie） 95, 96, 102, 159, 161, 166, 171, 175, 178, 209-11, 213, 219, 226, 227, 230, 246, 247, 296, 324, 326, 355, 450
議会弁論（éloquence délibérative） 50, 53, 78, 81
キニク学派（Cyniques） 173, 180, 389, 390, 418
記号（signe） 24, 196, 233, 234, 276
貴族（aristocratie） 42, 46, 85, 86, 91, 154, 179, 272, 426, 485
脚韻（pied, rythme） 25, 74, 215-17, 237, 416
教育（éducation, instruction） 6, 7, 17, 20, 42, 70, 96, 155, 180, 197, 281, 311, 436, 438, 440, 521
教育課程（programme） 317, 324, 326, 334, 337
教会（Eglise） 271, 317, 449, 484, 487, 527 → キリスト教
教科書（manuel） 21, 22, 43, 50, 75, 84, 104, 125, 172, 239, 451
教父（Pères） 10, 41, 57, 285, 286, 303, 307, 308, 312, 331, 335, 336, 338, 354, 356, 362, 389, 393, 408, 410, 418, 419, 471
教養（culture） 5-10, 17, 16, 18, 20, 32, 35, 43, 54, 77, 78, 80, 85, 86, 93, 105-07, 112, 115, 122, 139, 140, 142, 147, 150-56, 158-60, 178, 179, 186, 196, 220, 226, 227, 232, 240, 241, 243, 267, 315, 321, 325, 331, 370, 371, 387, 400, 403, 429, 433, 436-41, 475, 485-87, 490, 501, 502, 507, 509, 512, 514, 516, 518-21
教養人（cultivé, érudit, lettré） 5, 9, 16, 20, 25, 26, 32, 37, 57, 70, 75, 76, 78, 80, 81, 83, 87-89, 93, 94, 100, 103-05, 109, 113, 115, 120, 122, 126, 165, 175, 178, 220, 231, 271, 274, 279-83, 287, 313, 325, 350, 370, 381, 387, 389, 393, 504, 506
教養の浸透（osmose culturelle） 269, 325, 370, 422, 466
驚異的なもの（mirabilia） 117, 118, 123, 130-33, 186, 283, 360, 361, 364, 365, 372, 429, 485, 493, 507, 508
キリスト教（christianisme） 8, 55, 73, 87, 113, 146, 147, 149, 165, 268, 269, 273, 276, 279, 302, 310, 312-14, 316-18, 366, 368, 372, 387, 403, 413, 429, 469, 470, 510, 514, 517, 522
キリスト教的教育（éducation chrétienne） 316, 317, 325
キリスト教的教養（culture chrétienne） 9, 10, 267, 273, 276, 279, 282, 288, 296, 300, 302, 305, 310, 311, 316, 317, 324, 325, 330, 331, 334, 358, 370, 386, 392, 393, 398, 400, 403, 406, 417, 428, 443, 472, 475, 477, 493, 521, 527
キリスト教的知識人（intellectuel chrétien） 309, 311, 314, 316, 318, 324, 327-29, 376, 377 → 知識人
キリスト教的哲学（philosophie chrétienne） 148, 431, 476, 480
キリスト教的雄弁術（éloquence chrétienne） 375, 400-02, 406, 411-14, 417, 418, 420 → 説教
キリスト教徒（chrétiens） 9, 10, 16, 17, 88-91, 154, 285, 291, 304-06, 309, 311, 314, 315, 317-19, 322, 324, 327, 336, 338, 352, 359, 361, 367, 369, 381, 391-93, 399, 406, 410, 470, 484, 487, 493, 519, 525
ギリシア教父（Pères grecs） 40, 41, 335, 475
ギリシア語（grec） 33-47, 50, 104, 191, 323, 325, 328, 329, 331, 332, 335, 342, 343, 345, 347, 429, 435, 436, 440, 441, 462, 470-73, 522, 524
ギリシア語聖書（Bible grecque） 36, 323, 328, 344, 347, 348, 472
ギリシア人（Grecs） 17-19, 43-45, 183, 195, 315, 322, 352, 374, 290, 393, 436
寓意的解釈（exégèse, explication allégorique） 106, 351-54, 381-83, 386, 387, 389-91, 393
グノーシス主義（gnosticisme） 383
軍事学（art militaire） 42, 182, 185
芸術（arts） 7, 17, 221, 497, 520

結句（clausules）　74, 75, 414
ゲルマン侵入（invasions germaniques）　17, 518, 525
権威（auctoritas）　30, 87, 120, 154, 256, 300, 302
建築学（architecture）　98, 182, 185
コイネ（κοινη）　72, 172, 173
語彙集（dictionnaires, lexiques）　37, 125
語形論（morphologie）　30, 72, 191, 451
語源（étymologies）　56, 57, 104, 108-10, 124
好奇心（curiositas）　7, 60, 109, 126-28, 131, 186, 221-23, 225, 282, 371-73, 511, 512, 514
高等教育（hautes études）　318-20
「高度な教養」（politior humanitas）　44, 95, 181
構文（composition）　64, 67, 83
護教（apologétique）　122, 302, 304, 307, 323, 333, 337, 358-60, 364, 366, 375, 421, 515
古代（antiquité）　3, 8-10, 17, 48, 149, 171, 175, 220, 430, 502, 509, 518, 520, 521
古代教養（culture antique）　7-9, 12, 37, 42, 86, 172, 272, 286, 287, 312-14, 318, 322, 330, 426, 431, 432, 466, 492, 510, 514, 517
古代文化（civilisation antique）　3-5, 286, 297, 313, 318, 428, 432, 433
古代末期（Antiquité finissante, Spätantike）　4, 5, 8, 272, 325, 434, 520
古典（classiques）　22, 23, 26, 27, 30, 32, 33, 39, 41, 44, 45, 66, 72, 73, 97, 99-101, 103, 106, 109, 111, 114-16, 124, 125, 179, 196, 317, 325, 326, 332, 338, 375, 376, 389, 392, 393, 408, 411, 415, 418, 422, 463, 487, 488, 493, 518, 521
古典教養（cuture classique）　280, 312, 314, 318, 329, 517
古典古代（antiquité classique）　4, 324, 517, 520
古典主義（classicisme）　22, 52, 374, 392, 416, 503, 506, 513
「子どもの教育」（puerilis insitutio）　95, 98, 181
古ラテン語訳（Vetus Latina）　342

サ　行

三学（trivium）　190
算術（arithmétique）　95, 96, 102, 158, 159, 161, 171, 175, 178, 200, 202, 207, 209, 211, 219, 228, 234, 246, 324, 355, 450, 467
三位一体（Trinité）　62, 254-60, 263, 277, 362, 445, 497, 522
詩（poésie, poétiques, vers）　22, 76, 82-85, 177, 385
詩人（poète）　106, 157, 493
字義（sens littéral）　82, 339, 351, 382, 388
司教（évêque）　10, 88, 91, 138, 139, 141
司教学校（école épiscopale）　319
司祭学校（école presbytérale）　319
自然学（physica）　99, 104, 122, 129, 130, 177, 184, 185, 198, 291, 323, 325, 353, 358, 360, 367, 371, 510
写本（manuscrits, textes, codices）　28, 29, 84, 328, 342, 343, 345, 346, 349, 452, 459, 460, 474, 501
ジャンセニスト（Janséniste）　489, 523
自由学芸（disciplinae あるいは artes liberales, arts libéraux）　95, 97-99, 102, 108, 155-57, 159, 164, 171-73, 176, 178, 181, 182, 184, 187, 189, 190, 199, 220-25, 227-33, 239, 240, 242-44, 255, 262, 274, 280, 295, 325, 329, 383, 429, 439, 450, 522
自由人の教育（education libérale）　20, 95, 167, 176, 232, 318
修正（emendatio, correctio）　71-73, 84, 338, 341-48
修辞学（rhetorica, rhétorique）　16, 19, 26-28, 36, 38, 40, 49-51, 54-56, 58, 69, 71-76, 84, 87, 90, 95, 97, 98, 101, 103, 104, 138, 139, 143, 157, 159, 160, 171, 175, 177-79, 182, 189-92, 221, 241, 242, 290, 309, 320, 324-26, 328, 363, 373, 374, 376, 400, 406-11, 421, 431, 450, 460, 500, 503, 521
修辞学校（école du rhéteur）　54, 421, 462
修辞学教師（rhetor, rhéteur）　10, 20, 49, 50-55, 57-59, 70, 71, 74, 76, 82, 97, 99, 100,

114, 138-140, 143, 145, 197, 218-20, 297, 300, 317, 322, 336, 364, 376, 407-10, 418, 422, 427, 430, 431, 461, 462, 496
修道院学校（école monastique） 319
一二世紀ルネサンス（Renaissance du XIIe siècle） 145, 431
称賛演説（éloquence d'apparat） 79, 139, 403, 413 → 演示弁論
書簡（lettres） 86-92
序言（exorde） 58, 70
初等教育（éducation primaire） 20, 158, 180, 213, 319
神学（théologie） 15, 62, 64, 73, 89, 126, 254, 268, 289, 302, 308, 337, 358, 362, 363, 373, 421, 476, 477, 498, 523
神話（mythologie） 52, 101, 104, 106, 110-13, 124, 229, 274, 280, 329, 366, 493
信仰（foi） 62, 151, 268, 269, 285, 291, 293, 296, 300, 301, 303, 310, 313, 314, 319, 324, 358-60, 362, 367, 371, 373, 377, 378, 382, 385, 413, 419, 443, 519
新プラトン主義（néoplatonisme） 40, 139, 147, 187, 245, 268, 289, 356, 359, 468, 469, 475
人文主義（humanisme） 3, 186, 187, 285, 324, 431 → ヒューマニスト
シンマクス訳（Symmaque, 聖書の） 346
数意学（arithmologie） 207, 209, 226, 324, 351, 355, 356
数学的諸学科（disciplines mathématiques） 19, 95, 98, 102, 103, 108, 151, 157-59, 161, 175, 177-79, 184-86, 188, 196, 198, 200, 219, 222, 224-29, 232, 234, 239, 242, 245, 284, 289, 324, 325, 355, 429, 442, 460, 503, 507, 508, 511, 516
スコラ学（scolastique） 220, 363, 498, 525
ストア学派（Stoïciens） 128, 160, 173, 188, 193, 291, 390, 418, 461, 504
聖書記者（écrivains inspirés） 323, 324, 349, 367, 376, 381, 382, 418
聖職者（homme d'Eglise, clerc） 10, 16, 38, 87, 89, 91, 306
聖書注解（exégèse） 32, 62, 89, 122, 256, 289, 296, 302-06, 308, 315, 322-24, 326-29, 331-33, 337-339, 341-43, 347, 351, 352, 355, 358, 370, 371, 373, 377, 380, 383, 387-89, 393, 398, 399, 405, 421, 429, 444, 472, 475, 482
聖書用語索引（concordance） 38, 351
政治（politique） 42, 78, 79, 177
世俗（profane） 315, 316, 319-321, 325, 331, 370, 371, 375, 387, 391, 400, 403, 412
説教（sermons） 58, 68, 72, 74, 91, 289, 392, 398, 399, 403-06, 412-15, 417, 420, 421, 425, 478, 517 → キリスト教的雄弁術
説教者（orateur sacré） 58, 400, 405, 413, 415, 418, 419
説明（explanatio） 30, 31, 339, 340, 344-47
セム族（sémitique） 510
占星術（astrologie） 98, 121, 161, 199, 284, 323
ソクラテス学派（Socratiques） 177
俗人（laïque） 306-08
措辞（elocutio） 50, 55, 56, 71, 82
ソフィスト（Sophistes） 19, 49, 57, 60, 78, 105, 142, 172, 184, 286

タ・ナ 行

対話（dialogue） 153, 247, 451, 503
第二ソフィスト期（seconde sophistique） 18, 71, 79, 138, 396, 402, 403, 422
脱線（excursus） 60, 64, 65, 67, 70, 247, 252, 256, 257, 262
魂（anima, âme） 62, 140, 147, 151, 153, 157, 159, 160, 187, 227, 230, 236, 238, 240-48, 251, 252, 254, 255, 257-61, 263, 278, 294, 298, 300, 385, 434, 447, 515
鍛錬（exercitatio, exercere） 383, 384
知恵（sapientia, sagesse） 25, 137, 140, 141, 145-51, 154, 159, 185, 223, 244, 274, 288-97, 305, 358, 405, 429, 446, 448, 449, 475, 477, 479
知識（scientia, connaissance） 93, 103, 112, 140, 146, 154, 185, 297-300, 302, 358, 439, 440, 444
知識人（intellectuel） 16-19, 26, 87, 88, 91, 110, 122, 178, 300, 301, 429 → キリスト

教的知識人

知性（intelligence） 152, 255, 261, 296

地中海世界（monde méditerranéen） 8, 430, 514

地理（géographie） 99, 101, 108, 115, 116, 122, 124, 184, 323, 325, 328

中世（moyen âge） 3, 5, 8, 10, 42, 48, 75, 117, 118, 133, 145, 170-72, 175, 176, 182, 183, 220, 324, 330, 352, 354, 388, 428-31, 483, 509, 518, 520, 521

中世教養（culture（civilisation）médiévale） 4, 6, 8, 12, 171, 220, 319, 327, 386, 389, 429, 431, 432, 494, 518

中等教育（enseignement secondaire） 179, 180, 224, 319, 350

陳述（narratio） 58, 70

帝政期（Empire） 71, 79, 97-100, 113, 125, 126, 144, 209, 211, 272, 358, 398, 421

帝政末期（Bas-Empire） 131, 384, 517, 520

デカダンス（décadence） 3, 4, 9, 12, 16, 23, 27, 48, 76, 78, 81, 85, 89, 91, 94, 96, 97, 103, 105, 106, 114, 126, 127, 129-31, 220, 231, 232, 243, 271, 274, 279, 283, 286, 287, 308, 326-30, 341, 348, 350, 356, 364, 370, 372, 380, 381, 389, 397, 403, 407, 409, 410, 416, 422, 428, 430, 432, 434, 438, 468, 482, 494, 495, 500-02, 505, 506, 510, 511, 513, 514, 524, 525

哲学（philosophie） 19, 38, 43-45, 62, 86, 96, 98-100, 102, 108, 115, 122, 126, 130, 137, 140, 142-45, 148, 151, 152, 159, 160, 169, 171, 173, 176-78, 180-82, 184, 185, 187, 190, 193, 194, 197, 198, 218, 221, 223-28, 230-34, 240-42, 251, 254, 262, 272, 291, 295, 296, 309, 313, 324, 358, 429-31, 434, 448, 450, 452, 462, 469, 476, 504, 522

哲学者（philosophe） 16, 100, 122, 129-31, 138, 140, 141, 143, 145, 158, 166, 223, 470, 504

哲学的教養（culture philosophique） 142-44, 150, 152, 153, 184, 200, 221, 244, 288-90, 296, 305, 306, 331, 337, 359, 443, 459, 479

天文学（astronomia, astronomie） 95, 96, 98, 102, 159, 161, 162, 171, 175, 178, 198-200, 214, 219, 283, 284, 323, 324, 326, 355, 359

動物学（zoologie） 118, 120, 186, 354

都市立弁論講座（chaire municipale derhétorique） 15, 80

ドナトゥス派（Donatistes） 56, 272, 304, 308, 334, 336, 363, 365, 378, 401, 404, 426

トマス主義（thomisme） 276, 429, 477

七十人訳（Septante） 323, 344, 346, 347, 374, 449

西ゴート（wisigothique） 525

農学（agronomie） 42, 182, 185

ハ　行

配置（dispositio） 50, 56, 58, 59, 67, 82, 411

バカロレア（baccalauréat） 179, 184

博識（eruditio） 93, 94, 101, 104-06, 108-12, 115, 124-26, 128, 130, 137, 225, 440 → 物識的知識

博物学（histoire naturelle） 99, 115-17, 120, 122, 123, 184, 323, 325, 353, 354

発想（inventio） 50, 56, 58, 82, 411

反駁弁論（controversia） 53, 363, 403

蛮風（barbarie） 3, 410, 417, 496, 525

ビザンツ（byzantin） 183, 354, 517, 518, 520, 521, 523, 524, 526

百科全書（encyclopédie） 7, 120, 125, 128, 171, 172, 183-85, 187, 220, 232, 327, 503, 514

比喩（image, figure） 227, 254-56, 260, 323, 351, 353, 355, 377, 385, 386, 388, 416

ヒューマニスト（humaniste） 504, 507, 508 → 人文主義

ピュタゴラス学派（Pythagoriciens） 168, 169, 207, 355-57, 509

フランス語（français） 6, 7, 44, 126, 183

プラトン哲学（Platonisme） 232, 244, 291, 355, 430

文化・文明（civilisation） 4, 5, 8, 9, 15, 18, 43, 143, 168, 179, 304, 430, 513, 516, 522

文学（littérature） 7, 21, 25, 51, 75, 80, 81, 85, 100, 105-07, 111, 138, 140, 194, 224, 280, 303, 313, 335, 375, 391, 421

文学的教養（culture littéraire） 7, 10, 16,

26, 29, 32, 139, 160, 180, 188, 218, 219, 222, 232, 279, 281, 289, 291, 295, 321, 360, 429, 487
文芸書簡（lettre d'art） 85-88, 90, 284
文彩（figures de mots） 22, 24, 71, 73-75, 351, 376, 403, 414, 416, 422, 423, 425
文人（lettré） 87-89, 93, 94, 220, 282, 313, 505
文法（disciplina grammatical, grammaire） 16, 20, 21, 23, 24, 27, 28, 30, 33, 38, 49, 54, 56, 57, 72, 95, 97, 98, 104, 105, 157-60, 171, 175, 178, 179, 189-92, 213, 220, 229, 231, 233, 234, 242, 245, 247, 309, 320, 322, 323, 325, 328, 331, 332, 338, 341, 346, 350, 351, 362, 415, 426, 429, 460, 462, 503
文法学校（écoles de grammaire） 25, 26, 124, 328
文法教師（grammaticus, grammairien） 20-27, 30, 33, 37, 39, 45, 49, 52, 56, 70, 72, 76, 84, 97, 99-101, 105, 109, 114, 197, 215, 218-20, 223, 229, 234, 239, 246, 281, 317, 322, 326, 327, 331, 332, 338-40, 343, 350-52, 376, 379, 380, 390, 400, 401, 416, 424, 425, 430, 452, 459
ヘブライ語（hébreu） 323, 325, 327, 329, 331, 332, 341, 342, 344, 345, 352, 379, 380, 510
ペラギウス派（Pélagiens） 41, 304, 309, 335, 336, 361, 363, 470, 474, 489, 523
ヘレニズム（hellénisme） 18, 41, 42, 143, 150, 168, 179, 317, 352, 520, 522
ヘレニズム期（hellénistique） 19, 27, 95, 122, 169, 172, 173, 177-79, 181, 184, 185, 202, 223, 225, 232, 241, 350, 430, 513
弁証法（art dialectique） 193, 195, 258, 524
弁証論（dialectica, disciplina dialecticae, disputationis disciplina, dialectique） 56, 57, 62, 95, 96, 98, 108, 130, 142, 157, 159-61, 171, 175, 177-79, 189, 190, 192-94, 219, 220, 228, 229, 242, 245, 248, 250, 254, 261-64, 295, 324, 325, 328, 350, 358, 361, 363, 404, 429, 442, 450, 460, 461, 467, 510
弁論家（orator, orateur） 16, 18, 44, 49, 53, 58, 70, 78-81, 95, 96, 101-04, 114, 137, 156, 414, 461
弁論教師（rhetor, rhéteur） 16, 50, 113, 115, 138, 143, 145, 225, 257, 268, 400, 403
弁論術（art oratoire） 15, 16, 19, 20, 26, 43, 44, 49-51, 75, 76, 78-80, 82, 83, 93, 96, 102, 143, 157
法学（droit） 80, 96, 99, 182, 185, 326
法廷弁論（éloquence judiciaire） 50, 80
ホミリア（homélies） 335, 424, 474

マ　行

マニ教徒（Manichéens） 15, 149, 198, 199, 225, 236, 238, 244, 304, 307, 336, 363, 377, 491
瞑想（méditation） 152, 197, 295, 334
メガラ学派（Eristiques） 193
メロビング期（mérovingien） 311, 372
物知り的知識，物知り的な教養（curiositas, érudition） 56, 84, 103, 105, 181, 186, 221, 225, 239, 281, 282, 291, 329, 333, 338, 345, 351, 358, 361, 405, 429 →博識
問答談義（diatribe） 69, 70

ヤ　行

雄弁家（orator, orateur） 93, 400, 402, 403, 517
雄弁術（eloquentia, éloquence） 94, 140, 281, 282, 321, 374-76, 398, 400-02, 405-08, 412, 413
ユダヤ人（Juifs） 344, 352, 366, 380, 484
余談（digressions） 255-57, 262
予備教養（culture préparatoire） 6, 7, 20, 78, 81, 102, 153-55, 160, 171, 175, 181, 218, 224, 226, 262, 274, 311, 312, 314, 321, 322, 324-26, 328, 331, 337
予備訓練（exercitatio） 52, 262, 491
四学（quadrivium） 198, 442

ラ　行

ラテン語（latin） 22-24, 33, 36, 38-42, 44-47, 50, 71, 72, 85, 104, 109, 126, 208, 212, 216, 322, 323, 334, 342, 374, 379, 380, 398, 415, 417, 423-27, 429, 433, 434, 436, 437, 441, 475,

487, 488, 500, 521, 522, 526
ラテン教父（Pères de l'Eglise latine） 10, 40, 335, 388
ラテン教養（culture latine） 9, 17, 18, 45, 459, 521, 522
ラテン語訳聖書（traduction latine, Bible latine） 36, 40, 196, 327, 335, 341, 345, 347-49, 374, 376, 425, 426, 472, 473
ラテン人（Latins） 8, 10, 17, 19, 318, 322, 328, 404, 427, 436, 517
ラテン文学（lettres latines） 33, 44, 45, 427
リズム（rythmique） 75, 164, 170, 205, 207, 209, 213-18, 234-37, 243, 246 → 韻律
理性（ratio, raison） 62, 151, 153-55, 160, 188, 231, 242, 258, 259, 292, 300, 301, 384
倫理学（éthique） 177, 291
ルネサンス（Renaissance） 8, 20, 375, 431, 514, 521, 524
霊感（inspiration） 484, 485
歴史（histoire） 3, 4, 15, 23, 26, 44, 52, 61, 63, 96, 99-102, 104, 108, 110, 112-15, 142, 181, 187, 297, 299, 304, 323, 325, 327, 329, 331, 333, 358, 364, 366, 367, 369, 381, 493, 518
練習弁論（declamatio） 53, 57, 80, 82, 84
朗読（lectio） 27, 28, 338, 339
ローマ人（Romains） 17, 18, 42-44
ローマ帝国（Empire romain） 79, 525, 526
ロマンス語（langues romanes） 72, 488
論理学（logica） 161, 175, 177, 178, 184, 192, 195, 220, 229, 289, 291, 324, 358, 361-63

artes liberales 173
cultura 6, 7, 434, 435
disciplina 155, 157, 158, 173, 437-40, 442
doctrina 437-40
educatio 436, 437
eruditio 440
humanitas 437
litterae 440
sapientia 292, 441, 443-49, 476, 478
scientia 298-30, 441-44, 476, 478
Theopolis 520-22
ἐγκύκλιος παιδεία 95, 96, 173, 176-84, 187, 198, 224, 225, 231, 241, 262
παιδεία 435-38, 520

注

（書簡を含むラテン語の著作で，著者名のない
ものは，すべてアウグスティヌスのものである）

〈文献についての注意〉

CSEL：Corpus Scriptorum Ecclesiasticorum Latinorum, Academie de Vienne.

P. G.：Migne, Patrologiae Cursus completus, Series graeca.

P. L.：Migne, Patrologiae Cursus completus, Series latina.

P. W.：Pauly-Wissowa-(Kroll), Real-Encyclopädie der classischen Altertumswissenschaft.

その他，アウグスティヌスの『告白』には Confessions, éd. dé Labrille（coll. Bude）を用いた。また，アウグスティヌスの『説教』(Sermones）は，ごく一部は PL（t. XLVI-XLVII）にもあるが，本書では，dom Morin による校訂版 Sancti Augustini Sermones Post Maurinos reperti（Miscellanea Agostiniana, t. I, Roma, 1930）を用いた。

序

1）「まず」と言ったのは，もちろんこのような研究に没頭し，その時代の人や文物に深く長く交わっていくとき，やがて，それに魅力を感じ，固有の価値と重要性を認めるようになっていくからである。私自身，約10年間，こうした研究に取り組んだあと，真っ先に「デカダン期の教養人たち」に対し，寛容さ，同情，時には情熱さえ感じるようになった。それは専門家の視点から見た場合であるが，しかし十分な研究のあと，その主題を選んだものにとって慰めとならないような主題はない。しかし騙されてはならず，ニーチェが言った「良心的な知力をもつもの」(consciencieux de l'esprit: Gewissenhaften des Geistes）という皮肉をすぐに思い出すべきである。

2）こうした考え方は，中世はそれ自体としては「満足すべきものであり」，関心を引くに値するすぐれた文化形態を示すという確信にもとづいている。帝政後期のローマ芸術の特徴を明示しようとする研究（Riegl 以降，多くの歴史家が試みてきた）も，この芸術を継承するビザンツ芸術がわれわれにとって生きた現実ではなく，われわれが多大の評価を与える所産でなかったとするならば，それはほとんど無意味なことである。

また歴史研究の進歩に伴い，古代，中世といった伝統的な区分は取り払われたことを確認しておきたい。中世という語は，不適切なものになった。この語は，「ゴシック」や「ビザンツ」といった形容詞がこの暗黒時代に対する軽蔑を込めて用いられた時代には，当然の用語のように思われてきた。つまり中世は，古代からルネサンスへの長い過渡期にすぎなかった。

今日では，ノブゴロド（Novgorod）のイコンやシャルトルのステンド・グラスが，パルテノンあるいはシスティナ・チャペルのフレスコ画と同等の傑作であることに異議を唱えるものはだれもいない。とするならば，キリスト教的ヨーロッパの文明は，独自の権威をもつものとして注目されて当然である。「中世」の役割はむしろデカダン期の世紀に向けられている。ピレンヌ（H. Pirenne）の学説，あるいはドーソン（Chr. Dawson）のみごとな試論からひとつの思想が立ち現われる。それは，古典古代と中世とを分け

るのは，いわば突発的な破壊をもって時代を区切るゲルマン民族の侵入ではなく，むしろ長期にわたって自立して存在した過渡期を認めるべきであるということである。それは，3世紀の危機とディオクレティアヌスによる再興に始まり，8世紀末のカロリング・ルネサンスの到来とともに終わる。

3）とくに古代の人々は，これについて明確な概念はもたない。この概念を示す用語がかれらの間にどのようにして誕生したかについては，本書，433頁A以下を参照してもらいたい。

4）フランス語の culture は，ラテン語の cultura につながるもので（本書，434-35頁参照），それが学術用語としてフランス語に導入されたのは15世紀のことである（Bloch, Dictionnaire étymologique, s. v.）。しかしフランス語では，長い間，その意味，語形はともにラテン語の cultura を引き写したままで，17世紀に入っても，ラテン語の用法どおりに補語を伴って（たとえば，culture des arts, culture de l'esprit など），比喩的に用いられていた。18世紀になると，単独に用いられているが（Voltaire, Vauvenargues），それでもなお，今日，用いられているような意味とはかけ離れている。それ以降，culture の語が辿った歴史はまだよくわからない（Febvre, Civilisation, p.37-38 ; Tonnelat, ibid., p.61参照）。英語の culture の意味はフランス語のそれとほぼ同じで，その歴史もフランス語のそれに近いようである（Murray, s. v.）。ドイツ語の Kultur は18世紀にフランス語から借用されたものであるが，しかし独自の発展を辿り，今日では，多様な幅広い意味をもっている（Tonnelat, ibid., p.61-79参照）。

5）おそらくここには，大たいフランス語の civilisation と同義のドイツ語の Kultur の影響がある。しかしその確認は困難である。

6）それをもっともよく示す現象のひとつは，西方におけるギリシア語の忘却ということであろう。これについては，アウグスティヌスのギリシア語の知識について説明する際に検討することにする。本書，p.36-48頁参照。

7）この伝達の問題は，かなりよく知られている。Roger, D'Auson à Alcuin 参照。かれは，この問題全体を取り扱っているわけではないが，しかし満足すべき説明を与えている。これより小規模な研究としては，Norden, in Kultur der Gegenwart, I, 8, p.483-522がある。

8）実際，われわれが古代から継承したアウグスティヌス礼賛は，かれの聖性，徳，使徒活動に劣らず，少なくともかれの教養に対するものでもあった。神学的論争においてかれの敵手となったものは，かれに対する称賛に異議を唱えることはできても，かれの知力は認めざるをえなかった。こうしたアウグスティヌス礼賛の証言のうち重要なものは，Acta Sanctorum, août 6, 359E-362C に収録されている。こうした資料に加えて，多くの目ぼしい事実をあげておこう。たとえばアウグスティヌスの『再考録』（Retractationes）によると（1, 6, PL32, c.591 ; 1, 5, 1, c.653），人々は，かれのごく些細な作品や未完の草稿（Disciplinarum libri），単なる下書き（De immortalitate animae や下書きだけに終わった Soliloquia の第3巻），さらに，読書の際の注記を集めたもの（Adnotationes in Job），未完のうちに密かに流布された De Trinitate（Epist., 174, PL33, c.758）を奪い合うようにして求めた。その他のことについては，H.-I. Marrou, La technique de l'édition à l'époque patris-

tique, in Vigiliae Christianae, 3, 1949参照。また，アウグスティヌスの名声はラテン世界を超えて広まり，かれの若干の著作は，存命中に，ギリシア語に翻訳されていた（Possidius, Vita, 11, PL32, c.42）。それがどの著書かは不明である。しかし現存する翻訳は，13世紀のものである（Rackl, Augustin-Übersetzungen）。なお，アウグスティヌス直後の人々の間においてかれがいかに声望があったかについては，敵手のなかでもとくに悪意を抱いていたマルセーユの Gennadius の証言を見てもらいたい（De Scriptoribus ecclesiasticis, 38, PL58, c.1079-80）。

9） アンブロシウスの著作については Thamin, de Labriolle, Palanque のすぐれた研究があり，かれの教養についてすぐれた説明を与えてくれる。

10） この点については，Cavallera や Gorce の書が，十分，満足のいく説明を与えてくれる。

11） アウグスティヌスに関する文献は膨大で，その全部を精読したと豪語しうるものはだれもいないであろう。本書では，少なくとも基本的なものを取り上げたつもりであるが，その際，参考になったのは，Portalié（art. Augustin), Bardenhewer（Geschichte, 4, p.434-511), Schmaus（Trinitätslehre, p.ix-xxv), Gilson（Introduction, p.309-31），とくに Nebreda の Bibliographia Augustiana である。さいごのものは，もっとも詳しく，アウグスティヌスの没後1500年を記念して刊行されたものである（1930）。そのため，その年の記念事業として公刊された多くの研究を含んでいない。それを補うものとして，L'année philologique を参照してもらいたい。

12） 本書に近い内容をもつ研究としては，Ballerini, Il metodo di S. Agostino negli studi, Eggersdorfer, Der Augustinus als Pädagoge, Combès, S. Augustin et la culture classique, Taylor, Classical Heritage of the Middle Ages, Mediaeval Mind があるが，私の研究がその繰り返しでないことは，読者も認めてくれるであろう。

13） 寄せ集めの文献が必ずしもすべて役に立つわけではない。また平凡で無用な刊行物については言うまでもない。しかし同じひとつの問題について，長い間，議論が戦わされ重ねられたとしても必ずしもめぼしい成果は得られず，やがて停滞する。私はとくに，こうした「論争」のひとつに直面することになった。それは，アウグスティヌスの回心においてキリスト教と新プラトン主義はどのような役割をた果たしたのか，ということである。私はここで，この論争を蒸し返そうとは思わない。これほどの議論のあと，決着がついたと考えることもできる。しかし議論の評価については，それぞれの言い分はつねに残るであろう。したがって，私はこの流動的な分野に触れるたびに私なりの意見を手短に述べることにした。この問題については，キリスト教と新プラトン主義のどちらかの影響を強調する代表的な著作がある。一方では，Alfaric, Evolution intellectuelle de saint Augustin（1918）があり，それを受けて論ずる Boyer, Christianisme et néoplatonisme dans la formation de saint Augustin（1920）といった基本的なふたつの研究がある。それ以前の参考文献については，Popp, Augustins Entwicklungsgang; Gibbon-Montgomery, Confessions への Introduction）を見てもらいたい。これ以後も論争は続いたが，これについては本書の参考文献目録における，Ibero, Holl, Wundt, Nörregard, Reitzen-

stein（Augustin), Dörries, de Labriolle（Confessions), Guzzo, Zepf, Gros, Thimme, Fabo di Maria, Pincherle, Sparrow-Simpson, Butler（Western Mysticism, p.298, n.1), Franses, Comeau（Sensibilité), Mannucci, Arnou, Henry, Geffcken, Landsberg の研究を参照。

14）この点については，J. Guitton, Temps et éternité, p.xiis にすぐれた説明がある。

15）たとえば，Troeltsch, Augustin, die christliche Antike und der Mittelalter; Reitzenstein, Augustin als antiker und als mittelalterlicher Mensch（しかし，この両者の意見は，私には大胆すぎるように思われ，支持するわけにはいかない)。Eibl, Augustinus an der Wende von der Antike zum Mittelalter などを参照。

第Ⅰ部　すぐれた弁論家にして博識の人アウグスティヌス

第1章　文学的教養　文法

1）Confessiones, 5, 13（23）参照（これは384年秋のことで，アウグスティヌスは30歳になろうとしている）。

2）Boissier, La fin du paganisme, 2, p.181s, 310s のほか，Dill, Roman society in the last century of the Empire, p.14, 26, 121, 140; Glover Life and letters in the IVth century, p.148-70参照。

3）本書，第Ⅱ部と第Ⅲ部参照。

4）この教養に対しては，相対的なものではあったが，哲学者たちの反対があったことを忘れてはならない。本書，142-43頁参照。

5）5世紀のガリアにおけるシドニウス・アポリナリス，6世紀のイタリア人エンノディウス，フォルトゥナトゥスの教養も文学中心，修辞学中心であった。教養は，西方各地において同時に消滅していったようには思われない。イタリアにおける教養は，テオドリック大王の啓蒙的治世のお陰でユリアヌスによる惨禍まで存続し，イタリアにおける古代風の生活に止めを刺したのはロンゴバルト族の侵攻であった。Pirenne, De l'état de l'instruction des laïques à l'époque mérovingienne 参照。Pirenne の意見に対する私の批判は，拙著 Histoire de l'éducation, p.569-70, n.9にある。西方における古代教養の消滅の時代，地理については，Revue du Moyen-Age Latin, 4（1948）, p.7-12を参照。

6）Evolué（「進展した」）という語を使用するには，ためらいを感じる。この語は，自然界における生物が，ほとんど感知されないほどの変容をもって全面的に一新される過程を示す。ところが，教養の歴史を取り扱う歴史学者は教養における新たな要素の出現よりも先に，衰退の相にまず注目する。われわれは研究を深めることによって，教養の歴史において展開される変化と新しさ，そしてそれぞれの発生の過程を明らかにしていきたい（本書，103-07頁参照）。

7）この点でもっとも興味深い研究として，Gwynn, Roman education from Cicero to Quintilian がある。Gwynn はここで，ローマ人の教育内容が世代を経るにつれて変化し，かれらが教養として考えていたものとは異なる理想がどのようにして形成されるに至ったかを説明してくれる。なおかれのあとを受けて，クインティリアヌスからアウソニウスまでの歴史に関する研究が欲しいところである。それについては，部分的ではあるが Haarhoff, Schools of Gaul; Roger, D'Auson à Alcuin, etc...がある。

8）とくに，Alfaric, Evolution intellectuelle, p.18, 37-38, 65-70; Reitzenstein, Augustin als antiker...Mensch, p.32-33; Combès, Saint Augustin et la culture classique, p.3-4, 22-23, 69-71 etc...参照。

9）このころのギリシアの教養について総括的な説明を加えるものとして，Puech, Histoire de la littérature grecque chrétienne, III, p.9-41がある。

10）Boulanger, Aelius Aristide, p.38s. 参照。

11）もちろん言うまでもないが，「ラテン教養」の誕生について正確な年月を特定するのは困難であり，ほぼ無用である。ローマには教養ある人々が存在し（しかしそれは，まったくギリシア的な教養であった。本章，42-43頁参照），また厳密な意味での教養もあったが，しかしそれはスキピオ・アフリカヌスの世代以降のことである。

12）Gwynn, Roman education, p.11-58参照。

13）ローマ人は，独自の伝統的道徳の名において，ギリシアの青年たちがパラエストラで受けていたような体育を若者たちに与えることを拒んだ。Gwynn, op. cit., p.248, またp.17-21参照。

14）ローマの教養は，まず特定の社会階級つまり元老院階級の貴族，政治にたずさわる大地主階層のものであった。そのため，この教養では演示弁論よりも法廷弁論，議会弁論が重視され，農学，法学，軍事学などに対する関心が強かった。

15）Dilthey, Pädagogik, p.55. これに反対するものとして，Marrou, Histoire de l'éducation dans l'antiquité, p.329s を見てもらいたい。

16）Cicero, Tusculanae, 1, 2 (5). Horatius, Ars poetica, 325; Vergilius, Aeneis, 6, 847-53参照。

17）Grenier, Génie romain, p.237における判断は正しい。

18）私は，この空隙を埋めようと試みた。ヘレニズム期における古典教育一般については，Marrou, Histoire de l'éducation, p.131-336参照。

　われわれは，前5世紀から4世紀の古典期のギリシアの教養と教育についてはよく知っているが（Girard, Freeman などの著作を参照のこと），ヘレニズム期のそれについては，そうではない（たとえば Baumgarten-Poland-Wagner, Hellenistisch-Römische Kultur, p.57-63; Wenland, Hellenistich-Römische Kultur, p.73s 参照。第二ソフィスト期の起源に関する研究は，この点をいくらか明らかにしはじめているが，しかしそれも一部を取り上げているにすぎない（最近の研究として，Boulanger, Aelius Aristide は，先行研究を比較し，正そうとしている）。

19）こうした見解を示すものとして，Gwynn, Roman education, p.47s. 参照。

20）本書，6-7頁参照。

21）ローマの教育全般については，とくに Grassberger, Ussing などの古いものは別にして，つぎのような代表的な研究がある。Julien, Les professeurs de littérature dans l'ancienne Rome; Gwynn, Roman education from Cicero to Quintilian; Boissier, Fin du paganisme, 1, p.169-231; Pottier, Educatio; Leclercq, Ecoles; Friedländer, Sittengeschichte, 1, p.175s; Carcopino, Education romaine; Ziebarth, P. W. XX, 2a, I, c.763-68; Guillemin, Public, 2, p.68-81; Rauschen, Schulwesen; Cole, Later Roman Education; Haarhoff, Schools of Gaul; Müller, Studentenleben; Roger, D'Auson à Alcuin, p.1-31; de Labriolle, Littérature, p.8-11.

22）アウグスティヌスは，Varro と同じく，この初歩教育を litteratio（読み書き）と呼び，文法学習への準備として考えている。De ordine, 2, 12 (35), PL 32, c.1012. アウグスティヌスの少年期の思い出については，Confessiones, 1, 9 (14); Marrou, Histoire de l'éducation dans l'antiquité, p.359s 参照。

23）Marrou, Histoire de l'éducation, p.548, n.1，またヘレニズム期については，ibid.,

p.223, n.1参照。実際，帝政前期の文献によると，文法教師は，徐々に，原則として修辞学教師に属する分野に踏み込んでいっている（Suetonius, De grammaticis, 4; Quintilien, Institution oratoire, 2, 1, 1-6参照）。他方，アウグスティヌスのころは，これとは逆に，文学に関する厳密な「文法的」学習は修辞学教師の指導のもとに行われている。アウグスティヌス自身，カルタゴの都市立講座の修辞学教師でありながら（Confessiones, 6, 7（11），古典について説明している（ibid., 6, 7（12））。またカッシキアクムでは，若い弟子たちにヴェルギリウスを学ばせている（本書，第Ⅱ部第6章，注（5）参照）。395年，ローマの修辞学教師 Endelechius は，トラヤヌス・フォルムの schola で，アプレイウスの『変身物語』（Métamorphoses）を教えている（Vie intellectuelle, p.93-95における Marrou の論文を参照のこと）。

24） 補完的な学科の学習時期については，本書，95頁参照。

25） Soliloquia, 2, 11（19），PL 32, c.894; De ordine, 2, 12（36-37），ibid., c.1012参照。

26） Sergius, Explanatio in Artem Donati, Keil, 4, p.485, 1, 15-16: ars grammatica praecipue consistit in intellectu poetarum et in recte scribendi loquendique ratione. その他，上掲注（21）参照。Julien, p.201; Gwynn, p.92（Cicero），197-200（Quintilian）; Friedländer, p.176; Haarhoff, p.60-65; Leclercq, c.1746など参照。

27） アウグスティヌスは，Confessiones において古典学習について述べているが（上掲注（15）参照），文法にはふれていない。かれは，De utilitate credendi, 7（18），（PL 32, c.77.）において，文法の古典としてアスペル，コルヌトゥス，ドナトゥスをあげ，また韻律についてはテレンティウスをあげている。アウグスティヌス自身が教えていた文法については，かれの De grammatica が役に立つかもしれない。しかしその証言は絶対的に確実なものではなく，教えられることはなにもない（本書，451-62頁参照）。

28） Schanz, 4, 1, # 825-36; 4, 2 # 1100. かれの教授に関する要約的な説明については，Lambert, Grammaire latine を参照。

29） プリスキアヌスもいる。かれはこれよりややあとの人物で，ビザンツのアナスタシオス帝（在位491-518）の治下において，コンスタンティノープルでラテン語を教えていた（Schanz, 4, 2, # 1111）。もちろん，この時代の教師たちが他に抜きん出ていたのは，かれらの功績や独創性によるものではなく（かれらの文法書はすべて先賢の書から寄せ集めたものである），歴史の成り行きでそうなったまでである。これらの文法教師たちのあと，デカダンスは歩みを速め，やがて学校教育の伝統は中断される。当然のことであるが，かれらはそれ以前の教科書を忘れさせ，また自分たちの後継者はもちろん，競争相手もいなかった。

30） Keil, Grammatici latini, 4, p.399, 1, 3:

—— Tropus est dictio translata a propria significatione ad non propriam similitudinem, etc.

—— Sunt autem tropi tredecim : metaphora, catachresis, mesalypsis, metonomya, etc.

—— Metaphora est rerum verborum translatio.

—— Haec fit modis quatuor, ab animalibus ad animalia, etc.

31） De ordine, 2, 12（36），PL 32, c.1012参照。

32） Donatus の Ars Minor（Keil, 4, p.355-56）のような，あるいはアウグスティヌスのものとされる De grammatica（PL33, c.1385-408, Keil, 5, p.496s）といった文法提要の内容は，品詞だけを取り扱っている。

33） たとえば，Donatus, Ars Minor, in Keil, 4, p.355-56参照。

34） Ibid., p.359, 1, 35-37参照。

35） たとえば，Donatus, Ars（Major), Keil, 4, p.367-72参照。これら全体については，ディオメデスの文法書では，品詞の説明（第一巻）のあと，第二巻で説明されている（Keil, 1, p.420s)。

36） Donatus, Keil, 4, p.392-97参照。

37） Ibid., p.397s. 論理的文飾（figures de pensées）は，文法よりも修辞学に属する。しかし文法も時として，これを取り扱っている。たとえば，Charisius, 4, 5 (éd. Barwick, p.361s)。

38） それは，文法のなかに組み込まれていることもある。Charisius（éd. Barwick, p.375s; Diomedes（Keil, 1, p.473s）参照。アウグスティヌスは，それを musica に結び付けている。De ordine, 2, 14（39-40), PL32, c.1013-14; De musica, 2, 1 (1), PL32, c.1099-1100（これに対して，韻律は，文法に結び付けられている)。

39） De ordine, 2, 14 (40fin), c.1014参照。

40） ドナトゥスは，14種類の「ことばの誤り」(vitia）をあげている（op. cit., n.1)。「ことばの誤り」の訂正については，Marrou, Histoire de l'éducation, p.373, 552参照。

41） Lambert（Grammaire latine, p.205-06）は，この事実を指摘しているが，しかしその重要性には気付いていない。ドナトゥスは，不純正語法の例として，relliquias Danaum（Aen. 1, 30）を，また語法違反の例として，torvumque（正しくは，torve）repente clamat（Aen. 7, 399）をあげている（Ars Major, Keil, 4, p.392, 1, 11; p.393, 1, 20)。アウグスティヌスにも，こうした教授の影響が認められる（De ordine, 2, 4 (13), PL32, c.1000; Contra Faustum, 22, 25, PL42, c.417)。

42） アフリカ人ではヴィクトリヌス，カリシウス，ポンペイウスが（Schanz, 4, 1, # 829, 833; 4, 2, # 1102, 1111)，ギリシア人ではドシテウス，ルフィヌス（ibid., 4, 1, # 836; 4, 2, # 1104）が，ガリア人ではアグロエキウス，コンセンティウスがそうである（ibid., 4, 2, # 1103)。

43） それについては，あちこちに若干の示唆が見られるが，しかし稀である（Schanz. 4, 2, p.207 (Cledonius), 209 (Pompeius), 212 (Consentius)。

44） たとえばドナトゥスは，名詞の説明のなかで意味の度合いにふれながら比較級と最上級をあげ（Ars Minor, Keil, 4, p.355, 1, 12-14)，また，支配する格をもとに前置詞をまとめている（ibid., p.365)。プリスキアヌスは，文法書のさいごの二巻を統辞論にあてている (1, 17-18)。それは，かれがギリシア人を相手にラテン語を教えていたからではなかろうか。他方，プリスキアヌスの変則的な特徴をめぐる写本の反応については，Taylor, Mediaeval Mind, 2, p.124参照。カリシウスは，ラテン語の特殊語法を取り扱う巻において，統辞論について少しふれている (1, 5, éd. Barwick, p.381s)。ディオメデスは，

名詞の説明のなかの一章を統辞論にあてている（Keil, 1, p.310-20）。その他のものについては，Lambert, op. cit., p.181s 参照。

45） 本書，150-51頁参照。

46） Epist., 3, 5, PL33, c.66. そこでアウグスティヌスは fugitum の i が長音なのか短音なのか，知らない振りをしている。おそらく冗談であろうが，しかし知らなかったとも考えられる。

47） Augustinus, Epist., 101, 3, ibid., c.369; De doctrina christiana, 4, 10（24），PL34, c.99 fin. Monceaux, Les Africans, p.75-76; Nicolau, Cursus, p.74参照。

48） De musica, 2, 1（1），PL 32, c.1099参照。

49） Ibid.（cano の a を長音とするのが正しいか否かは，「歴史の番人」である文法が判断する）参照。

50） Ibid.（これら文法に関する問題において，すべてこれらの文章は，権威にもとづく文法と，理性にもとづく数学的学科としての音楽とを対比している。音楽については，本書，162頁以降を参照）。文法教師たちが用いた「権威」（auctoritas）という語については，Thesaurus linguae latinae, s. v. とくに sectio II, 3c, c.1223, 1. 69s参照。

51） その他の用例については，Alfaric, Evolution intellectuelle, p.47; 本書，191-92頁参照。

52） De doctrina christiana, 1, 1（1）-2（2），PL34, c.19; 2, 1（1-2），ibid., c.36-37 etc...

53） Id. 3, 3（6），ibid., c.67（percontatio, interrogatio）; De Trinitate, 5, 15（16），PL42, c.921（donum, donatum），etc...

54） Augustinus, De Genesi ad litteram, 1, 15（29），PL34, c.257; 6, 3（4），ibid., c.340; 12, 1840），ibid., c.469.

55） Confessiones, 3, 7（14）; 2, 26（33）; Epist. 166, 5（13），PL33, c.726.

56） De Trinitate, 9, 10（15）; PL42, c.968-69; 10, 1（2），ibid., c.972-74; 13, 1（4），ibid., c.1015-16; 15, 10（19），ibid., c.1071; De magistro; 本書，232-33頁参照。

57） Rotta, Filosofia del linguaggio nella patristica, p.89-90, 98, 104-06.

58） De Trinitate, 5, 7（8），c.915; 13, 10（14），c.1025; 15, 1（1），c.1057.

59） Ibid., 9, 15（16），c.1068-69; 7, 4（7），c.940.

60） De civitate Dei, 13, 11, 2, PL41, c.384（morior の過去分詞の語尾 -uus の説明）。

61） Augustinus, Epist., 260, PL33, c.1073-76. この書簡は，その文体から見て，またこれに対するアウグスティヌスの返信の文体から見て（Epist., 261），かれの老年期に受け取ったもののようである。

62） 委細不詳の人物であるが。Schanz, 4, 2, # 1183, c.1077.

63） “Expectat quos plena fides Christi de stipite pendens”. 七脚詩である。

64） Epist., 261, 4, PL 33, c.1077.

65） Confessiones, 1, 13（20-22），PL32, c.670; 1, 16（26），c.673（Terentius について），1, 17（27），p.23; 3, 4（7），c.685（Cicero について）。

66） Becker, Augustin, p.63-120; Alfaric, Evolution intellectuelle, p.18-20 etc.; Combès, Saint Augustin et la culture antique, p.1-26, 62-74; Comeau, Saint Augustin exégète, p.42-51. その

他，以下，個々の点については，その都度，参考文献をあげる。

67）注意しておきたいが，文法教師はこれらすべての著述家を取り上げたわけではない。キケロその他の散文家一般については修辞学教師が説明したが，しかしかれらは文法教師による説明のあとを受けて，かれと同じ方法で説明したにすぎない。したがって，ここで，すべての文法学習を「文法」としてまとめても差し支えないであろう。なお，文法教師の教授内容と修辞学教師のそれとの混同については，上掲注（23）参照。

68）Becker, p.63-73; Combès, p.19-20; Vasold, Augustinus quae hauserit ex Virgilio; Coffin, Influence of Vergil on saint Augustine ; Bassi, Sant'Agostino e Virgilio; Wijnrpersse, Vergilius bij Augustinus; Rodriguez, Alma virgiliana. K. H. Schelkle, Virgil in der Deutung Augustins, Tübinger Beiträge zur Altertumswissenschaft, 32, Stuttgart-Berlin, 1939; K. Nawratil, Die Geschichtsphilosophie der Aeneis, in Wiener Studien（Mélanges E. Hauler）, 1939, p.113-28; P. Keseling, Virgil bei Augustin, in Philologische Wochenschrift, 1942, c.383-84; id., Nochmals Virgil bei Augustin, ibid., 1944, c.95-96; J. Mesk, Verg. Ecl. IV, 62, bid., 1944, c.120参照。

69）Combès, p.21参照。

70）これは，ヒエロニムスの教師であったドナトゥスの文法書の注釈書において指摘されている。Schanz, p.1, # 832参照。

71）Alfaric, p.19; Combès, p.3, 18, 20; P. Keseling, Augustin und Ovid, in Philologische Wochenschrift, 1941, c.431-32参照。

72）Alfaric, p.37-38, 264-67; Combès, p.22-23, 24-25参照。Reitzenstein, は，これをするどく指摘している（Augustin, p.32-33, 40）。F. Solmsen, New fragments of Cicero's De republica（De civitate Dei, 19, 21）, in Classical Philology, 1940, p.423-24; F. Walter, Zu Cicero und Augustinus, in Philologische Wochenschrift, 1941, c.431-32参照。

73）Confessiones, 3, 4（7）, PL32, c.685. また Augustinus, Epist., 118, 1（3）, 5,（34）, PL33, c.433, 448-49も参照。

74）Combès, p.21-25. ここでは，文学的性格だけを取り上げた。アウグスティヌスの科学的知識については後述する。

75）しかしアプレイウスの著作が学校で学ばれていたのかについては，確信はない。アウグスティヌスは，おそらく後になって，哲学学習の過程においてそれを読んだのであろう（本書，第Ⅱ部第1章，注（42）参照）。

76）たしかにアウグスティヌスは，その他多くの歴史家を知っている。しかし，とくに De civitate Dei における歴史家の利用から見て，この大著を準備するときになってはじめて，これらの歴史家の書を読んだものと思われる（本書，112-15, 333-34頁参照）。これに対してサルスティウスはすでに De beata vita, 4, 31, PL32, c.974 において引用されており，またアウグスティヌス自身，この書を学校で学んだと述べている（De civitate Dei, 3, 17, 1, PL41, c.95）。A. Kurfess, Der Historiker Sallust in Augustins Gottesstaat, in Revue d'Histoire Ecclésiastique, 32, 1936, p.5-23; 275-302参照。

77）Julien, p.207-12; Leclercq, c.1747-48; Gwynn, p.153s, 197-200参照。

78）アウグスティヌスの文学的教養と，たとえばセネカのそれとの比較（Bourgery, Sénèque

prosateur, p.21-35; Albertini, Composition chez Sénèque, p.213-33），あるいはアウグスティヌスより年長のヒエロニムスのそれとの比較は興味深い（Schanz, 4, 1, p.432: Unterricht in Rom, Cavallera, Saint Jérôme, I, p.7-8参照）。

79） Suetonius, De grammaticis, 16.「その頃，カエサリウス・エピロタははじめてラテン語で討論し，またはじめてヴェルギリウスその他の新しい詩人たちの書を注釈しはじめた」。

80） Schanz, 4, 1, p.537-38; 4, 2, p.344参照。

81） Ibid., 2, 1, # 248; 4, 1, # 835; 2, 1, # 248, 2; 4, 1, # 832; 4, 2, # 1117. Philargyrius については，Funaioli, Esegesi Virgiliana antica を参照。

82） Persius の Lucanus, Juvenalis による Scholiae はこのころのものである。Schanz, 4, 2, p.344.

83） Verrinae については，Pseudo-Ausonius を参照（Schanz, 1, 2, # 146, 2）。De inventione については，マリウス・ヴィクトリヌス（ibid., 4, 1 # 830）と，グリッリウス（ibid., 4, 2, # 1122）の注釈書がある。マクロビウスとファヴォリヌス・エウォギウス（かれはアウグスティヌスの弟子で，のちカルタゴの修辞学教師になった（ibid., 4, 2, # 1123））による Somnium Scipionis の注釈書は，文法教授とは無関係である。

84） Julien, p.242-81; Tomas, Scoliastes de Virgile, p.206s 参照。

85） アウグスティヌスの思い出については，Confessiones, 1, 13 (20) : 1, 14参照。

86） 言うまでもないが，これについては，Birt の名著 Antike Buchwesen がある。Kenyon, Books and Readers も参照。

87） De doctrina christiana, 3, 2 (2) - 4 (8), PL34, c.65-68参照。ここでは，とくに聖書注解と関連づけて説明されている（本書，339頁参照）。

88） 同じような考え方をもとに，文法教師は，しばしば正銘性の問題を取り上げた（写本による伝達には，改竄や標題の盗作が簡単に行われた）。セルヴィウスが取り上げる Aeneis の標題，巻数と順序の問題については，後出の注（92）参照。G. Bardy, Faux et fraudes littéraires dans l'antiquité chrétienne, in Revue d'Histoire Ecclésiastique, 32, 1936, p.5-23, 275-302参照。

89） Augustinus, Expositio de Epist. ad Galatas, 52, PL35, c.2142（aemulatio と invidia の違いについて）; Sermo, 23, 8 (8), PL38, c.158（arrha と pignus との違いについて，また同じ語について Sermo, 156, 15 (16), ibid., c.858, 378, PL39, c.1673参照）。以上の説明には Roberti, Relazioni fra diritto romano et patristica, p.325, n.2を借用した。

90） たとえば，framea という語の説明には，種々の剣について用いられる通用語をあてている。Enarratio in Psalmum 149, 12, PL37, c.1955参照。

91） De doctrina christiana, 3, 3 (6), PL34, c.67（アウグスティヌスはここで，interrogatio と percontatio との違いを説明する）; De civitate Dei, 10, 1 (2), PL41, c.278においては，quidam latini eloquii magnus auctor として，Vergilius をあげる（Colonus の意味に関する説明を補強するために）。

92） Alfaric, Evolution intellectuelle, p.47, n.6; Comeau, Saint Augustin exégète, p.81; Roberti,

Relazioni fra diritto romano e patristica, 325, n.1. こうした例は枚挙にいとまがない。Remedium a medendo, i. e. medicando, servus a servando religio de religere, praesentia de prae sensibus, cuneus de coito in unum, couneus など（De civitate Dei, 19, 15, PL41, c.643; Contra Julianum Pelaginum, 3, 21（42）, PL44, c.723; De civitate Dei, 10, 1, 2, c.278; 10, 3, 2, c.280.）本書，37, 56, 109頁参照。

93） Servius, In Aeneaden, ed. Thilo, 1, p.1-5参照。

94） Vergilius の Eclogae や，Georgica に対するセルヴィウスの「導入」はいっそう簡潔である。テレンティウスに関するドナトゥスの「導入」も同じである。クラウディウス・ドナトゥスによる Aeneis の「解説」だけはかなり異なっている。その序文は，より詳しく，またまとまっている。そこには，アエネイアスの性格の描写もある。しかしそれは，きわめて特殊な考え方にもとづく，文法的というより修辞学的な注釈書である。著者は，この詩人（ヴェルギリウス）を完全な修辞学者（rhetor summus）として示そうとし，自分のヴェルギリウス研究を文法教師たちによる研究と対比している（p.4, l. 24以降参照）。

95） Ed. Thilo, 1, p.5s 参照。

96） De magistro, 2（3）-3（6）, PL32, c.1196-97参照。

97） 本書，340-41頁参照。

98） Confessiones, 1, 13（20）, PL32, c.670: Aeneae nescio cujus errores, librum cujusdam Ciceronis. 1, 14; 3, 4（7）: Philosopaster Tullius（De civitate Dei, 2, 27, PL41, c.76 poeta insignis illorum（Vergilius; ibid., 5, 12, 2, c.155）; ut quidam（Cicero: Epist., 137, 2（5）, PL 33, c.517など。これらの資料は，後者には，いかなる軽蔑的な皮肉はないと主張する。このふたつの表現を対比して見ると，第二の表現には軽蔑的な皮肉はないと主張する Tescari（Nota Augustiniana）に反対せざるをえない。こうしたかれの態度は，世俗の書の読書を禁じる「教会法」のせいであると思われる。Marrou, Histoire de l'éducation dans l'antiquité, p.424-25参照。

第2章　ギリシア語の知識

1） Jullien, p.200. Gwynn はキケロ（p.92）とクインティリアヌス（p.226-30）をもとに説明する。Leclercq, c.1746参照。

2） Confessiones, 1, 14（23）, PL32, c.671参照。

3） たとえば，キリスト教時代のローマのものであるが，7歳で死んだ子どもの墓碑銘がある（Musée de Thermes, CIL, 6, 33929）。こうした伝統は，古代文明が続くかぎり継続された。アウグスティヌスから1世紀後のルスパエのフルゲンティウス（467-532）もまた，ラテン語を学ぶまえに，ホメロス，メナンドロスをもとにギリシア語を学んでいる。（Ferrand de Carthage, Vita Fulgentii, 1, 4, éd. Lapeyre, p.11-12）

4） Clausen, A. Augustinus Sacrae Scripturae interpres, p.30-39; Reuter, Augustin und der katholische Orient. とくに p.170-80; Rottmanner, Zur Sprachenkenntnis des hl. Augustinus; Angus, Sources, p.236-76（これはもっとも正確な研究である）; Becker, Augustin, p.120-38;

Alfaric, Evolution, p.18-19; Combès, Saint Augustin et la culture classique, p.4-6; Salaville, La connaissance du grec chez saint Augustin; Henry, Plotin et l'Occident, p.133-37参照。

5）しかし種々の研究を注意深く読み返してみると，時として，研究者たちの意見には内容よりも表現の違いが目立つように思われる。他方，最近の研究者の意見は，ここで私が提示するものに似た方向をとっている（Salaville, Guilloux, loc. cit.; Schmaus, Trinitätslehre, p.9; Comeau, Saint Augustin exégète, p.36, 46-47参照）。これは，Angusが1906年からはっきりと言明している意見でもある（thèse IV, p.276）。

6）Contra litteras Petiliani, 2, 38（91）, PL43, c.292:...et ego quidem graecae linguae perparum assecutus sum, et prope nihil.

7）Combès（p.5）は，Alfaric（p.18, n.6）に反対であり，Angus も同様である（p.238-39）。De Trinitate, 3, prooem.（1）, PL43, c.868も引き合いに出されるが，これは，むしろアウグスティヌスというより西方の神学者たちがギリシア語に無知であったことと関係がある（Henry, p.134-35; Angus, p.238）。本書，46-47頁参照。

8）Clausen, p.30-39; Reuter, p.172-76とくに Angus, p.243-45; Becker, p.121-31は，アウグスティヌスが説明を加えているギリシア語を多数，取り上げている。

9）本書，346頁参照。しかしアウグスティヌスによるギリシア語の説明は，それほど詳しくはない。かれは，ギリシア語聖書における結句の説明をより学識のあるものにたずねることにしている。De doctrina christiana, 4, 20（40）, PL34, c.108参照。

10）Contra Julianum Pelagianum, 1, 6（22）, PL44, c.656; 1, 6（26）, c.658参照。

11）Ibid., 1, 5（18）, c.652参照。

12）ヒエロニムスについては，Hieronymus, Epist., 36, 1, 3; 40, 1, 2; 41, 3, 2, とくに Epist., 50, 1, 2などに見事な例が散見される。

13）De Trinitate, 12, 7（11）, PL 42, c.1004: quam vitam Graeci non ζωὴν, sed βίον vocant.

14）たとえばアウグスティヌスは，λατρεία という語を多用している。De civitate Dei, 5,15, PL 41, c.160; 6, praef., c.173; 7, 32, c.221; 10, 1, 2, c.278; 10, 1, 3, c.279; 10, 3, 2, c.280; 19, 17, c.646; Epist., 170, 2-3, PL33, c.749参照。

15）De civitate Dei, 19, 19, PL41, c.647; De magistro, 5（15）, PL32, c.1203; De consensu Evangelistarum, 1, 18（26）, PL34, c.1053など参照。

16）Confessiones, 3, 4（8）, PL32, c.686（本書，第Ⅱ部第1章，注（20）も参照）; De civitate Dei, 14, 20, PL41, c.428; Enarratio in Psalmum 118, 10, 6, PL37, c.1527参照。

17）これについては，後述する（本書，56, 109頁参照）。

18）アウグスティヌス自身，時として，それを証明してくれる。たとえばかれは De civitate Dei, 18, 5, PL41, c.563において，ヴァロの書に serapis（σορός + ῾Απις）の語源を見出したと述べているが，かれは，῾Απις の属格はラテン語のように Apis ではなく，῾Απιδος であることに気付いていない。

19）De musica, 1, 12（23）, PL32, c.1097; 3, 1（2）, c.1115; De civitate Dei, 8, 17, 1, PL41, c.242 ; 14, 9, 4, c.415参照。

20）ここでも，大体においてアウグスティヌスのギリシア語の知識は他者からの受け売り

である。とくに哲学用語は，キケロからの借用である。De civitate Dei, 14, 15, c.408のΠαθῆ : perturbationes は Cicero, Tusculanae, 4, 4 (10) から，ibid., 19, 4, 2, c.628の ὁρμή : appetitus は，Cicero, De finibus, 5, 6 (17) から来ているなど。

21) De consensu Evangelistarum, 1, 13 (20), PL34, c.1051; De civitate Dei, 12, 2, PL44, c.350; Enarratio in Psalmum 118, 9, 2, PL37, c.1523（同一の enarratio において6回，出てくる)。De civitate Dei, 16, 26, 2, c.506; 15, 23, 1, c.468; De diversis quaestionibus LXXXIII, 63, PL40, c.54; De civitate Dei, 10, 1, 3, c.279; Epist., 167, 3 (11), PL33, c.737（その他，Sermones には，多くの例がある。Mohrmann, Sondersprache, p.69s参照)。

22) Augustinische Studien, p.179参照。

23) しかしアウグスティヌスが De haeressibus において多用するエピファニウスの Panarion については，問題はそのまま残る。かれは，ギリシア語の本文を読んだのだろうか。この問題については，Angus, Sources, p.267-68; Epist., 222, 2, PL33, c.999参照。

24) Combès, Saint Augustin et la culture classique, p.12（ユリシスの犬について）; De quantitate animae, 26 (50), PL32, c.1064; 28 (54), c.1066; De musica, 1, 4 (8), c.1087. アウグスティヌスは一回だけ，はっきりとホメロスの名をあげている（Y, 302-05)。しかしそれは，ヴェルギリウスを注解するためである（De civitate Dei, 3, 2, PL41, c.80)。

25) アウグスティヌスとプラトンについては，Henry, Plotin et l'Occident（p.125-26）がふれている。

26) De civitate Dei, 13, 16, 2, PL41, c.388. アウグスティヌスは，ここで，引用に先立って，その資料となるものをあげる。

27) Combès, Saint Augustin et la culture classique, p.14, n.5; De consensu Evangelistarum, 1, 35 (51), PL34, c.1070参照。

28) Combès, p.14, n.6参照。

29) Sidonius Apollinaris, Epist., 2, 9, 5（Priscianus, Keil, 2, p.511, 520）参照。

30) Combès, p.14, n.7-9; De civitate Dei, 14, 8, 3; PL41, c.413; Cicero, Tusculanae, 3, 32 (77) 参照。

31) Confessiones, 4, 16 (28), PL32, c.704. アウグスティヌスはここで，アリストテレスの Περὶ ἑρμενείας のほかにキケロの Topica にも言及しているというものもいるが，それは疑わしい（Combès, p.14, n.11参照)。

32) Schanz, 4, 1, # 830参照。

33) Bömer, Lateinische Neuplatonismus, p.87-96参照。

34) De civitate Dei, 4, 2, PL41, c.113; Sermo, 242, 8 (8), PL38, c.1137（ここでアウグスティヌスは Περὶ κόσμον をプラトンの書であるとしている)。

35) Confessiones, 8, 2 (3), PL32, c.749参照。

36) Alfaric は，Grandgeorge や Bouillet に続いて，アウグスティヌスが読んだと思われるプロティノスの書のリストを作ろうとした（Evolution intellectuelle, p.375-76)。これに対して Theiler は，アウグスティヌスは，プロティノスの書ではなくポルフュリオスの書を読んでいると主張した。なぜならマリウス・ヴィクトリヌスはポルフュリオスの書

しか翻訳しなかったからであるという（Porphyrios und Augustin, とくに p.2-3)。しかし，Theiler の主張は，堅実な均整のとれた Henri の批判によって覆された（Henry, Plotin et l'Occident, とくに p.19-21, 46-47, 95, 210-22)。ヴィクトリヌスは，たしかに少なくとも一部を翻訳した。アウグスティヌスが学んだのはこの翻訳である。それには，少なくとも，「美について」(Enneades, 1, 6)，「三つの仮定」（ibid., 5, 1）が含まれていた（Henry, op. cit., p.104-24, 143-45)。

37） Henry, Plotin et l'Occident, p.122-30における両者の比較を見よ。

38） Ibid., p.107, 122-23（p.138); De civitate Dei, 9, 17=Enneades, 1, 6, 8, 16-27; De civitate Dei, 10, 14=Enneades, 3, 2, 18-19.

39） Henry は（op. cit., p.133-37, 222)，慎重に，仮説としてつぎのような提案をしている。「アウグスティヌスが386年にギリシア語を知らなかったとしても，415年になってまだ知らなかったと確言できようか」(Ibid., p.134)。これについては，Nicolau による書評を見よ（p.413)。

40） 本書，第Ⅲ部第2章，注(3) 参照。

41） Salaville（Connaissance du grec, p.393）は，アウグスティヌスは，391年から396年にかけて，ギリシア出身のヴァレリウス司教のもとでギリシア語を修得できたと推測する（Possidius, Vita, 5, PL 32, c.37参照)。こうした仮説は，興味深いものではあるが，根拠がない。そのころのアウグスティヌスは，より緊急な課題に追われていた（本書，338-39頁参照)。

42） もうひとつの答えも考えられる。ヒッポでのアウグスティヌスは，かれの指導のもとに知的活動に励む修道者に取り巻かれていた（Mellet, Itinéraire et idéal monastique, p.123-29)。これらの修道者のなかには，ギリシア語に通じ，アウグスティヌスが原典を修正するのを援助する修道者もいたのではなかろうか。当時のアフリカには多くのギリシア人がいた（Reuter, Augustinische Studien, p.180-81; Thieling, Der Hellenismus in Klein-Africa; Lapeyre, Fulgence de Ruspe, p.90-91)。De gestis Pelagii によると，ヒッポには Charus という東方出身の助祭がいた（32 (57), PL 44, c.352参照)。

43） Combès, p.17, n.4-9にある参考文献を見よ。また De consensu Evangelistarum, 1, 15 (23), PL 41, c.1052, 1, 23 (35), c.1058 も参照。

44） De civitate Dei, 19, 23, 1, PL 41, c.650参照。

45） Ibid., 8, 23-26, c.247-54; 8, 23, 1, c.247参照。

46） Ibid., 18, 23, 1, c.579-80参照。

47） Ibid., 18, 23, 2, c.580-81参照。アウグスティヌスは一度だけ，ヨセフスの書を引用している（Epist., 199, 9 (30), PL 33, c.916)。Ps. Hégésippe（Schanz, 4, 1, # 811）によるラテン語訳で読むこともできた。

48） Epist., 40, 6 (90), PL 33, c.158参照。

49） 本書，334頁参照。

50） しかしバシリウスの書はもたない。アウグスティヌスはまず，エクラヌムのユリアヌスによる引用を再録し（Contra Julianum, 1, 5 (16-17), PL 44, c.650-51)，つぎに，ふた

つの文章を翻訳している（Iibd., 1, 5 (18) = Basilius, Homilia de jejuniis, 1, 3, PG31, c.167A ; 1, 4, c.167B)。その場合，かれはギリシア語から翻訳したが，しかしその前に，だれのものか不明ではあるが，ラテン語訳を読んでいた。

51）アウグスティヌスは，ナジアンズのグレゴリオスとニュッサのグレゴリオスを混同している。つまりかれは，ギリシア教父たちにあまりなじみがなかったということである（Contra Julianum, 1, 5 (19), PL44, c.652)。

52）これは，Engelbrecht がルフィヌス の書の訳の刊行にあたって作成した用語索引を参照（CSEL, XXXVI, pars 1, p.288)。

53） Schanz, 4, 2, # 1204 , p.511（これは，正確には，アウグスティヌスの Contra Julianum, 1, 6 (21, 26), PL44, c.654, 658である)。

54）とはいえ，その重要性を誇張してはならない。ギリシア語の忘却は，互いに無関係に発達してきたふたつの地中海的教養のひとつの傾向にすぎない。これはひとつの徴候であって，決定要因ではない。それはキリスト教神学の歴史によく示されている。ラテン教会では，ギリシア関係の事柄を正規に取り扱うことを止めるはるか以前からテルトゥリアヌス，アンブロシウス，レオに至るまで，独自の神学的伝統を産み出している。ローマでは，アンティオキアあるいはアレクサンドリアとまったく同じような雰囲気をもって思考しているわけではない（たとえば，Reuter, Augustinische Studien, p.221s 参照)。

55）教養における関係は，いつもやや一方的なものである。東方との交流を押し進めていたのはラテン人であり，ギリシア人は，歴史家は別として，決してそれほどラテン人に興味をもたなかった。帝政期においてギリシア人がラテン語の学習に取り組んでいたのは，役人たちに必要な法学を学ぶためであった。Müller, Studentenleben, p.309における参考文献を見よ。

56） Farrington, Primum Gaius homo, p.5-7.

57）たしかに，これらの要素は，全面的に，その地方固有のものではない。共和政ローマの文明をよく理解するにつれ，ヘレニズムの影響がいっそう明らかになる。それは，間接的にはエトルリアをとおして，またより直接的にはクマエ，タレントゥム，シラクサなどを介して受けたものである（Grenier, Le génie romain, p.22-141; Bayet, Les origines de l'Hercule romain; Saeflund, Le mura republicane di Roma; Perret, La légende des origines de Rome etc.)。しかしその影響は，2世紀になるとすでに同化，吸収され，当時の修辞学の技法のようにギリシア文明の借り物ではなかった。

58）それは自然に広まっていった。Guillemin, Le public et la vie littéraire à Rome, I 参照。

59） Gwynn, Roman education, p.11-21参照。

60） Grenier, Le génie romain, p.319. こうした事実の分析については，かれの書の第二部全体（地中海世界の首都ローマ）を参照（p.139-78)。

61）かれについては，Grenier, op. cit., p.93-100参照。

62）キケロは Brutus において，ローマの雄弁家の系譜を描くことによって，ギリシアの影響とその同化の過程を明らかにしている。Cicero, Brutus 107（D. Brutus は138年の執

政官である）; Ibid., 81, 104, 114, 131, 167, 169, 173, 175, 205, 237, 247参照。

63） キケロは，自分の学生時代について，とくに Brutus, 304-16において語っている。修辞学の学習については Laurand, De M. T. C. studiis rhetoribus を，哲学の学習については Laurand, Cicéron, p.135-39を参照。

64） Laurand, Cicéron, p.103-04参照。

65） アラトゥスの Phenomena の翻訳は，かれの若いころの作品である（Laurand, op. cit., p.11-12）。また Pronostica（ibid., p.39）の翻訳と，Timaeus の一部の翻訳（Cuendet, Cicéron et saint Jérôme traducteur）がある。

66） Cicero, Brutus, 310, 315（キケロはギリシア語で演説している）. Plutarchus, Cicero, 24（これは，キケロがギリシア語で書いた書簡を集めたものである）.

67） Suetonius, Augustus, 89, 2参照。それによると，すでにアウグストゥスはギリシア語を流暢に話すことはできず，あえてギリシア語で書こうともしない。

68） この問題については，Gwynn が見事な研究を残しており，私はここでその結論を要約したまでである（Roman education, p.226-30参照）。

69） Gwynn, op. cit., p.227, 229参照。

70） こうした比較を続けると，たとえばローマでは読み書きの教授はまずギリシア語で始められた。フランスでも，長いことラテン語だけで教えられたのと似ている。フランス語を用いて読み書きを最初に教えたのは，Port-Royal の「小さな学校」（Petites écoles）であった（Sainte-Beuve, Port-Royal, III, p.511）。

71） 後述するように，修辞学においても同様であった（本書，50頁参照）。スエトニウスは，こうした教授における改革をカエキリウス・エピロタに帰している（本書，第Ⅰ部第1章，注（79）参照）。したがって，その年代はアウグストゥスのころということになる。

72） しかしセネカの文学的教養は，すでにギリシア語以上にラテン語によっている。ただ，かれの哲学的形成はまったくギリシア的である（Albertini, Composition chez Sénèque, p.213-15, 206-12）。哲学という点では，アプレイウスもまたギリシア語による教育を受けている。

73） 注目すべきことであるが，コルヌトゥスは，文法や修辞学の教科書はラテン語で書いたが，哲学関係の著作はギリシア語で書いている（Schanz, 2, 2, # 451; Von Arnim, P. W. I, c.2225, Annaeus no 5; de Labriolle, Littérature, p.61）。

74） Comes architrorum（君主の侍医）であったヴィンディキアヌスがラテン語で書いた医術書には，その若干の痕跡が残っている。かれはアフリカの前執政官で，アウグスティヌスの友人であった（Confessiones, 4, 3（5）, PL32, c.695; 7, 6（8）, c.737）。かれはとくにヒッポクラテスの書を翻訳している（Schanz, 4, 1, # 849）。同じく君主の侍医でアフリカ人であったかれの弟子テオドルス・プリスキアヌスは，Euporiston libri という提要をギリシア語で書き，自分でラテン語に翻訳している（Schanz, 4, 2, # 1127）。5世紀においてラテン語を用いるその他の医者については，Schanz, 4, 2, # 1127-131. 1133, とくにギリシア語著作の翻訳については，Ibid., # 1132（ソラヌスについて）, # 1134

（ヒッポクラテスについて），#1135（ディオスコリデスについて）参照。

75） Kroll, De Q. Aurelii Symmachii studiis graecis et latinis, p.98. シンマクスは，その書簡（Epist.4, 20）のなかで，息子がギリシア語を学び始めるので，自分も再びそれに取り組むと書いている（Seeck, p.104, l.35-36）。

76） かれの場合，たしかにその理由はごく簡単である。マクロビウスは（クラウディアヌスと同じく），ギリシア生まれではなかったろうか。かれは，はっきりと自分の母国語はラテン語ではない，と言っている（Saturnalia, praef., 11-16）。この問題については，とくにP. Courcelle, Les lettres grecques en Occident (2) がすぐれている。

77） かれは，アリストテレスのAnalyticaの注釈を残している（Schanz, 4, 1, # 824）。おそらくかれは，Categoriae ex Aristotele decerptae（誤ってアウグスティヌスのものとされている）の著者であろう（Schanz, 4, 2, # 414fin）。

78） Palanque, Saint Ambroise, p.6-12参照。

79） Hieronymus, Epist., 39, 1, 2; 108, 28, 2; Groce, Lectio divina, p.114-16参照。

80） Cicero, De oratore, 1, 155-56; Cuendet, Cicéron et saint Jérôme traducteur, p.382; Quintilianus, Institutio oratoria, 10, 5, 2-3; Plinius Junior, Epist., 7, 9, 2参照。時として信じられがちであるが，もしアンブロシウスがPs-Hegesipposのものとされているヨセフスの書の翻訳者であるとするならば，かれはまだ伝統的な練習に励んでいたことになる（Palanque, Saint Ambroise, p.406, 483参照）。

81） De Trinitate, 3, prooem. (1), PL42, c.868-69; Epist., 222, 2, PL33, c.999参照。アウグスティヌスは，Quodvultdeus（当時はカルタゴの助祭で，のち首座司教になる）がDe haeresibusを書くように求めたのに対し，サラミスのエピファニウスの書を勧めている。そして，ラテン語への翻訳がより容易であるという理由で，それをカルタゴに送ろうと提案している。

82） Schanz, 4, 1, # 968, 971, 974, 977, 980, 995. ヒエロニムスは，回心後はじめて実際にギリシア語を学んでいる。

83） Ibid., 4, 2, # 1191, 1205-207. カッシアヌスは翻訳者ではないが，しかしルフィヌス，ヒエロニムスと同様，ラテン人に東方の砂漠の教父たちの霊性を伝え，あるいはネストリウスの異端に対する警戒を勧めることによって，東方ギリシアとの交流に専念した西方人のひとりになっている。

84） エンノディウスは，二度，（教会関係の）使命を帯びてコンスタンティノープルに派遣されている（Duchesne, Histoire de l'Eglise, 4, 38-39）。しかし，これはかれがギリシア語に通じていたという証拠にはならない（Schanz, 4, 2, p.313は，そのように理解しているが）。ビザンツ皇帝の勅令伝達官であった大グレゴリウスは，ギリシア語を知らなかった（Johannes Diaconus, Vita sancti Gregorii, 4, 81, PL75, c.228-29）。フォルトゥナトゥスについては，Tardi, Fortunat, p.54-55参照。Tardiは，反対のことを力説しようとしているが，しかしフォルトゥナトゥスがギリシア語の初歩的なことばを知らなかったことは見え見えである。イシドルスについては，Brehaut, An encyclopedist of the dark ages, Isidor of Seville, p.35参照。

85） Schanz, 4, 2, # 1080

86） Ibid., # 1053; de Labriolle, Littérature, p.675-77

87） 中世前半における東西間の知識人の交流が遮断されたことを誇張してはならない。若干の接触はたえず維持され，ローマから見ると教皇座と東方教会との波乱に満ちた関係があり，またナポリ，南イタリアから見ると，ユスティニアヌスによる再征服からノルマンによる征服まで，ビザンツの支配あるいは少なくとも影響があった（Steinacker, Römische Kirche und griechischen Sprachkenntnisse des Frühmittelalters 参照）。

第3章　修　辞　学

1） Confessiones, 2, 3 (5), PL32, c.695; 3, 3 (6) - 4 (7) 参照。

2） 文学の教授（古典とくに散文による著作の説明）は修辞学教師の仕事であったが，しかしそれは文法教授の継続にすぎなかった。本書，第Ⅰ部第1章，注(23)，(37)，(69) 参照。

3） L.プロティウス・ガッルスは，前1世紀初期に最初のラテン修辞学の学校を開いた。これは，民主的着想のもとに創設されたもので（プロティウスは，マリウスの被保護者であった），貴族階層の反対にあった（この学校は，監察官の告示によって92年に閉鎖された）。Gwynn, Roman education, p.60-66; Carcopino, Histoire romaine, 2, 1, p.347. Rhetorica ad Herennium はこの学校から出たものらしい（Gwynn, op. cit., p.66-69）。

4） Stroux, Römische Rhetorik 参照。

5） スエトニウスによると，アウグストゥス治下において教えたQ. カエリウス・エピロタによりラテン修辞学は不動の地位を確保した（本書，第Ⅰ部第1章，注(79) 参照）。

6） Quintilianus, Institutio oratoria, 10, 1, 105-12参照。

7） しかしそれらの書は，とくに文飾（figures）の点で補完する必要があった。そのため，アクイラ・ロマヌス，ユリウス・ルフィニアヌスなどによる提要が書かれている(Schanz, 4, 1, # 837-38)。Progymnasmata については，エンポリウスのそれを見ること(ibid., 4, 2, # 1125)。

8） たとえば，クインティリアヌスがいる。アウグスティヌスはかれを知らなかったようである。Francey は両者を結び付けようとしているが，確証はない（Les idées littéraire de saint Augustin, p.39-41)。と言うのも，a） vir bonus dicendi peritus はありふれた表現であり，(Cicero, De oratore, 2, 28; Seneca Senior, Controversiae, 1, praef., 9)，b） 少なくとも明瞭さの必要性は，クインティリアヌスと同様，キケロも教えているからである (Cicero, De oratore, 3, 48-51)。

9） しかしながら，4世紀から5世紀にかけてクリウス，フォルトゥナティアヌス，スルピキウス・ヴィクトル，ユリウス・ヴィクトル，サティウス・セヴェリアヌスなどによる修辞学一般に関する種々の提要が著されている（Schanz, 4, 1, # 840-42; 4, 2, # 1124)。

10） De utilitate credendi, 7 (16), PL42, c.76; Confessiones, 3, 4 (7) 参照。

11） こうした説明の根拠は，De cura pro mortuis gerenda, 11 (13), PL40, c.602にある。そ

こでアウグスティヌスが語るところによると，カルタゴで修辞学教師になった弟子のエウロギウスは，夢に現われたアウグスティヌスに，翌日教授するはずの「キケロによる修辞学の書」（Rhetoricos Ciceronis libros）の難解な箇所について説明を求めたという。

12） 学校で教えられた修辞学の内容一般については，Volkmann-Hammer, Rhetorik der Griechen und Römer, あるいはより簡潔なキケロの Partitiones oratoriae（éd. Bornecque（coll. Budé）を見てもらいたい。

13） より詳しくは，本書，97頁；Marrou, Histoire de l'éducation, p.381 と n.35（p.555）も参照。

14） マリウス・ヴィクトリヌスやグリッリウスによるキケロの De inventione の注釈については先述したが（本書，第Ⅰ部第1章，注（83）），De oratore, Orator に関するこのころの注釈書は皆無である。中世における De inventione の人気は，その写本の多さによってわかる（Gwynn, Roman education, p.100; Laurand, Cicéron, p.13参照）。

15） こうした指摘をもって私は，最近，Guillemin（Pour l'étude de la critique littéraire antique）が，Alton, Literary Theory と Atkins, Literary ciriticism in Antiquity に認めた重要な問題に読者の注意を喚起したい。私が本書で取り扱うのは文学の教授であり、文学批判ではないので，この問題には立ち入らないことにする。

16） Confessiones, 1, 17（27），PL32, c.673参照。

17） これは，その精神よりも構成について言いうることであろう。そこには，世代によって異なる趣味，文学的方法が反映されているが，しかし実際の修辞学は，理論よりもはるかに柔軟で，また言われているほど画一的なものではなかった。

18） こうした主題の例題については，Enarratio in Psalmum 144, 7, PL37, c.1873（太陽，ばら，月桂樹の称賛）参照。

19） Progymnasmata に関する簡潔ですぐれた説明は，Jullien, Professeurs de littérature, p.293-331; Haarhoff, Schools of Gaul, p.68-78にある。

20） Confessiones, 1, 19（30），PL32, c.674; Marrou, Histoire de l'éducation, p.383（とくに Plinius Junior, Epist., 2, 18, 1）参照。

21） De ordine, 1, 10（30），PL32, c.991-92; De musica, 6, 1（1），c.1162参照。ギリシア地方については，Müller, Studentenleben, p.305（Libanios にもとづいている）参照。

22） アウグスティヌスは，この語をこうした意味にも用いている。Retractationes, 2, 6, 2, PL32, c.632（Confessiones, 4, 6（11），L32, c.697について）参照。

23） 最近，これらの用語について多くの論争が戦わされた（Gwynn, Roman education, p.159-68）。実を言うと，これらの用語は，かなり漠然としているように思われる。Suasoria は4世紀には使われなくなり，controversia は declamatio と同じく学校弁論を示す一般的な意味をもつようになっている（Marrou, Vie intellectuelle, p.94-95）。

24） Bornecque, Les controverses de Sénèque 参照。Ps-Quintilianus の練習弁論（declamationes）については，とくに Gwynn, op. cit., p.209-18を見よ。Declamationes majores はたしかに偽作であり，minores は Quintilianus のものかもしれない。Declamationes のいく

つかの主題 については，Suetonius, De grammaticis, 4参照。

25） Ennodius, Dictiones, 14-28参照。

26） プロティウス・ガッルスのラテン語による学校は例外的で，その教授内容には時事問題を主題として取り入れたが，そこには，教育よりも政治的思惑があった（本書，第Ⅰ部第3章，注（3）参照）。

27） これは，有名なアルルのファヴォリヌスが公然と述べた意見であったが（Aulus-Gellius, Noctes Atticae, 17, 12），しかしすでに古代において，良識の名の下にこの慣習に反対する声があがっていた。Petronius, Satiricon, 1, 3; Tacitus, Dialogus de oratoribus, 35, 4-5.

28） 修辞学教師は，散文による練習とは別に詩作を生徒たちに勧めた。カッシキアクムのころのアウグスティヌスは，Pyram et Thsibe を題材にした弟子リケンティウスの詩作に関心を寄せている（本書，第Ⅱ部第1章，注（17）参照）。

29） Confessiones, 3, 3（6），PL 32, c.685; Ibid., 1, 12（19）; 2, 3（5）参照。

30） つまり19歳から32歳まで（373-86年）。

31） Possidius, Vita Augustini, 1, PL32, c.35. アウグスティヌスは修辞学についてしか語っていないが，しかしその沈黙は，こうした証言とは矛盾しない。Alfaric, Evolution intellectuelle, p.22, n.2参照。

32） Confessiones, 4, 1（1），PL32, c.693; 4, 2（2），PL32, c.693; 4, 4（7）（タガステで），PL 32, c.696; 4, 7（12）; 5, 7（13）（カルタゴで），c.711; 5, 8（14），c.712; 5, 12（22）（ローマで），c.716; 5, 13（23），717 etc（ミラノで）。また聖職者時代の著作においても，かつての教職について言及している。Epist., 259, 4, PL33, c.1075; De doctrina christiana, 4, 1（2），PL34, c.89 etc 参照。

33） 誤解してはならない。アウグスティヌスは「講座を移動した」ことについてそれなりの理由をあげているが（カルタゴを去ったわけは学生たちの乱暴であり，ローマでは学生の謝礼の不払いがその理由であった），しかし教職の各段階は，実質的には「昇格」を示している。かれは，タガステのような小都市からカルタゴへ，それも私的教師ではなく都市立弁論講座の教師として就任したようである（Confessiones, 6, 7（11）における rhetoricam ibi professus, publica schola uterer. かれはその地で修辞学の教師として「公の学校」で教えていたことをこのように理解している）。またローマでは，「より良い収入」（majores quaestus），「またより高い地位」（majorque dignitas）を与えられている（ibid., 5, 8（14））。さらに，ミラノは西ローマ帝国の首都であり，そこでかれは宮廷への出入りを許されている。

34） アウグスティヌスはカルタゴでは「やじられた」が，しかしそれは，けっしてかれの教師としての評価が低かったからではない。古代の学生たちに見られた規律の弛緩は，いわばお決まりの悪ふざけであった（Müller, Studentenleben, p.306-13）。カルタゴ時代の弟子のひとりファヴォニウス・エウロギウスは，のち，カルタゴの都市立弁論講座の教師になっている。

35） Confessiones, 9, 4（7），PL32, c.766:... litteris iam quidem servientibus Tibi, sed adhuc superbiae scholam tanquam in pausatione anhelantibus.

36） これは，キケロの言う，ornate dicereであろう。

37） Laurand, Manuel, Ap.2, # 5-6におけるかれの意見は少々，楽観的すぎるかもしれない。

38） De doctrina christiana, 4, 31（64）, PL34, c.121. Descartes の Discours de la méthode の最初の文章を参照。

39） Cicero, De oratore, 2, 350-61参照。

40） 本書，30, 37, 109頁参照。

41） Contra Cresconium donatistam, 1, 13（16）, PL43, c.455.

42） Ibid., 1, 14（17）, c.456. ここでは，かれの論証の本筋だけをあげる。アウグスティヌスは得意気に技術的な部分を説明するが，それは文法教師 Cresconius をその専門分野においてやり込めるため，自分の知識を並べ立てているのである。

43） キケロは，Topica, 35-38において ἐτυμολογία を notatio と訳している。別の箇所では definitio と訳し（Topica, 26, 35），アウグスティヌスは，Contra Cresconium, 1, 1（2）, c. 447-48において（eloquentia と multiloquium について）それを用いている（1, 1（2））。

44） Cicero, Orator, 125-127（キケロは，取り扱う主題を一般化して θέσις とし，あるいはそれを拡大して αὔξησις としている）。

45） たとえば，結婚生活の短所を論証する場合がそうである。かれはそこで，典型的な学校弁論の主題を locus communis として利用している（Haarhoff, Schools of Gaul, p.78; de Labriolle, Littérature, p.488-90）。それはあとで，貞潔をたたえる著作に役立てられている（Hieronymus, Epist., 22（ad Eustochium），とくに# 22, 1-3. また，Tertullianus, Cyprianus, Damasus, Ambrosius, Hieronymus（Adversus Helpidium）も同様である。

46） De civitate Dei, 19, 4（2）s, PL41, c.628s 参照。

47） Ibid., 22, 22, 1-3, c.784-86参照。

48） Ibid., 13, 10, c.383における「死ぬべき人間の生は，生というよりも死と呼ばれるべきである」（vita mortalium mors potius quam vita dicenda est）という，この文章の注釈と資料については，Vivès, ad loc. 参照。この主題は，Montaigne も取り上げている（Essais, 1, 19）。

49） De civitate Dei, 22, 24, 1-5, c.788-92参照。

50） De doctrina christiana, 4, 4（6）, PL34, c.91参照。

51） Cicero, Partitiones oratoriae, 28-30; De oratore, 2, 315-16参照。

52） 第一の例は，Tractatus in Johannis Evangelium, 1, 1, PL35, c.1379; 111, 1, c.1925; 第二の例は，ibid., 6, 1, c.1425; 7, 1, c.1437にある。その他の例については，Comeau, La rhétorique de saint Augustin d'après les Tractatus in Johannem, p.34-36参照。

53） Cicero, Partitiones oratoriae, 31-32; De oratore, 2, 326-30. Schaefer, De rhetorum praeceptis quae ad narrationem pertinent.

54） De civitate Dei, 3, 13, PL41, c.88-89参照。

55） Ibid., 22, 8, 3-21, c.761-71. とくに，最初とさいごのものを参照のこと。さいごの物語は，ヒッポにいたアウグスティヌスの眼前で起こったふたつの奇跡を取り上げている（# 22, c.669-771）。この物語は，アウグスティヌスの求めに応じて奇跡を受けた本人が

書き，ヒッポの教会で正式に読み上げられたもので，文飾の手が加えられている。これらの物語は，たしかに「奇跡物語小本」（libelli miraculorum）を民衆に読み聞かせるという，アウグスティヌスも取り入れた典礼的慣習から来ている。（Sermo, 322, PL38, c.1443-45; Sermo, 320, c.1442; 321, c.1443 etc ...Delehaye, Les libelli miraculorum.）

56）アウグスティヌスの説教にも，こうした類の物語が多数ある。Sermo, 178, 7 (8), PL 28, c.964; Delfour, De narrationibus quae sunt in Sancti Augustini sermonibus, とくに p.31-52参照。

57） de Labriolle, Histoire, p.547（De civitate Dei について）; Comeau, Rhétorique, p.29-39（Sermo in Johannem について）参照。

58） De consensu Evangelistarum, 1, 7 (10), PL34, c.1047参照。

59） Ibid., 1, 7 (11) - 34 (52), c.1047-69参照。

60） Ibid., 1, 7 (11), c.1047; 34 (52), c.1069参照。Vogels は，私が指摘した二部分の対立を弱めようと試みているが，完全には成功していない（De consensu, p.2-3）。

61）アウグスティヌスは，なぜ，キリストは自分で本を書かなかったのかという反問からはじめる。そこから，誤ってキリストの書とされる偽典の検討に移り，かれに対する魔術師たちの非難を論破し，徐々に，キリストに反対する異教徒たちを追い詰めていく。

62） De Genesi ad litteram, 10, 1 (1), PL34, c.407-28.

63） Ibid., 10, c.407.

64） Ibid., 12, c.453-86参照。

65） Ibid., 12, 1 (1), c.453参照。

66） Epist., 92, 147. Possidius は，De videndo Deo ad Paulinam liber unus の標題をもつ著作として取り扱っている（Indiculum 10, (3), 20, Wilmart), 148, 162, PL33, c.318s., 622s., 704s参照。

67） de Labriolle による Confessiones 訳の序（p.ix）を見よ。

68） de Labriolle 版では，408頁のうち237頁がそうである。

69） Confessiones, 10, 3 (4), PL32, c.809-68参照。

70）モニカの死から Confessiones を著すまでの10年間についてアウグスティヌスが沈黙を守っているのは残念である。

71） Confessiones, libri 11-13, PL32, c.809-68.

72） Williger, Aufbau der Konfessionen（p.81, n.2）; Stiglmayr, Aufbau der Konfessiones. 最近の研究としては，とくに Landsberg, Conversion, p.31-38を参照。

73） Schmaus, Psychologische Trinitätslehre, p.5参照。

74）アウグスティヌスの見解にしたがって，哲学と神学とを明確に分け定義しようとする場合，きわめて慎重でなければならないことは読者も分かっているはずである。

75） De Trinitate, libri 1-8, PL42, c.819-60.

76） De Trinitate, libri 9-15, c.959-1099.

77） Gilson, Introduction à l'étude de saint Augustin, p.31-43参照。

78） 本書，254-55頁参照。

79） De Trinitate, 1, 2（4）, c.822参照。

80） Ibid., 8, 10（14）, c.960参照。

81） アウグスティヌス自身，この構想を提示している。Retractationes, 2, 43, PL32, c.647-48; De civitate Dei, 1, 36, PL41, c.46; 10, 35, 4, c.316; 11, 1（fine）, c.317；とくに，Lettre Lambot, in Revue Bénédictine, 1939, p.112, 1.10-22; Deferrari-Keeler, City of God, its plan and development, p.117-26参照。

82） アウグスティヌス自身，これを指摘している。Retractationes, 2, 43,（2）, PL32, c.648参照。

83） De civitate Dei, 1, praef., PL 41, c.13.

84） Ibid., 1, 35（fin）, c.46.

85） Ibid., 1, 36（initium）, c.46.

86） Ibid. commemoranda enim（= 1, 2-4）. Postremo adversus eos ...（=1, 5-10）.

87） アウグスティヌスはその終わりの文（10, 32, 4, c.316）を第1巻に結びつけている。

88） これについては，Deferrari-Keeler, City of God, p.127-36にすぐれた指摘がある。

89） たとえばDe civitate Deiにおいてかれは，第1部（本書，第I部第3章，注（83），（84））と第2部（短いがはっきりしている）の区分をあげている（10, 35, 4, c.316; 11, 1（fine）, c.317. また，ibid., 20, 30, 6, c.708（さいごの2巻のプラン）; 21, 22, c.735（21巻末のプラン）参照。

90） そこには，文法教師の教授方法が反映されている（本書，24頁参照）。

91） たとえば，Contra Julianum Pelagianum, 1, 1（3）, PL44, c.643（マニ教徒の非難に対する反論においてアウグスティヌスは，「私の反論を分けて……まず（prius）……そのあと（deinde）……第三に（tertio loco）……さいごに（postremo），というように分けて論を進めている」。

92） De Trinitate, 2, 7（13）, PL42, c.853（旧約聖書における神の顕現の問題をとりあげる）には，つぎのような複雑な区分がある。

Primum quaerendum est	Utrum Pater ...	
	an aliquando Pater ...	
	an sine ulla distinctione ...	
deinde	utrum ad hoc ...	
	an Angeli ...	
	an ut ipsum corpus...	
postremo videbimus	utrum ... mittebatur	
	an missus non sit ...	nisi cum ...
		vel cum ...（sive ... sive）

93） Contra Julianum Pelagianum（上掲注（91）参照）, 1, 2（4）, c.643.

—— primam itaque partem distributionis meae... adverte（1, 2, (4), c.643）

—— hoc enim me secundo loco disputationis meae demonstraturum esse promisi（1, 8 (36), c.666）

—— nunc jam mihi, aggrediendum est quod tertio loco posui dispositionis meae（2, 1 (1), c.671）.

さらに，De civitate Dei, 5, 26, 2, PL41, c.174; 6, praef., c.173（第1部の第1点から第2点への移行）参照。

94）ここでは，アウグスティヌスが De Trinitate においてあげた問題の立て方（上掲注(92)）を参照。かれは，第1部（primum）を取り扱った後，構想を想起させ，要点を繰り返し（ibid., 2, 18 (35), c.868），そして第2部のはじめに，二度それを想起させ（2, prooem. 3 ; 3, 1 (4), c.870），第2部（deinde）の終わりに再度，それを要約し，第3部(postremo）とさいごの部分の予告をする（3, 11 (27), c.886）。

95）たとえば De civitate Dei においてアウグスティヌスは，各巻のはじめに，その巻の内容，あるいは先の諸巻の内容を要約する（2, 2, PL41, c.47; 4, 2, c.112-13; 18, 1, c.559. De magistro, 7 (19-20), PL32, c.1205-207; De Trinitate, 14, 1 (3) - 2 (4), PL42, c.1037-38），とくに，15, 3 (5), c.1059-61（第1巻から14巻を要約する）参照。

96）たとえば De Trinitate, 14, 1 (3), c.1037参照。第13巻の論争で取り出される scientia の定義は，そこよりもここでよりはっきりと示されている（本書，299-300頁参照）。

97）たとえば，先にあげた Contra Julianum では（上掲注（91），(93)），アウグスティヌスは予告なしに（最初の3部では予告した）第3部から第4部に移行する（Contra Julianum, 2, 9 (31), c.694-95参照）。

98）これが，アウグスティヌスにおける難解さ，また時としてかれの思想を正確に把握することの困難さの主要な原因のひとつである（こうした曖昧さについては，本書，192-97頁参照）。

99）De Genesi ad litteram の第9巻は，全体的に見て（9, 3 (5) - 19 (36), PL34, c.395-408），1）女の創造と（3 (5) - 11 (19) + 13 (23) + 15 (26) s）; 2）アダムが動物に与えた名前（12 (20) 22 + 14 (24-25)）というふたつの主題をもっているが，それらは交錯している。

100） De Trinitate では，「コリントの信徒への手紙Ⅰ」1, 24 が投げかける難問を取り上げ（6, 1 (1-2), PL42, c.923-24），一旦は放棄し，あとになってふたたび取り上げる（7, 1 (1-2), c.931s）。

101） Deferrari-Keeler, City of God, p.127参照。

102） 簡単な例として，Quaestiones in Heptateuchum, 5, 46, PL 34, c.767-68参照。「申命記」(25, 5）に関する説明のなかで，アウグスティヌスはレヴィレート婚制度について注釈したあと，ヨセフのふたりの父親の問題と，「マタイによる福音書」2, 16と「ルカによる福音書」3, 28との調和の問題を長々と取り扱う。

103） これが，De Trinitate の若干の巻を理解困難にしている（たとえば，第4巻，第13巻，c.885-912, c.1013-36）。そこには一連の「脱線」があり，相互につながっている。読者は，提起された問題が途中で解決されていることにほとんど気づかずに読み終わる。

104) このことは，De civitate Dei において著しい。そこでアウグスティヌスはしばしば，内容の豊富さに圧倒され，それを制御し限定することもできずにいる様子が感じられる（De civitate Dei, 22, 8, 20, PL41, c.768）。

105) アウグスティヌスは，たとえば「山上の説教」の説明においてこの語を用いている（De consensu Evangelistarum, 2, 19 (43), PL44, c.1098）。

106) De Genesi ad litteram, 12, 1 (1), PL34, c.453. ここにおける「自由なゆったりとした説明」については，Balmus, Style, p.204-34参照。

107) Contra Cresconium donatistam, 1, 16 (20), PL43, c.457（ここにおける uberius et ornatius id est eloquentia は，dictio jejuna et inordinata と対立する（ibid., 1, 13 (16), c.455）。

108) 本書，242-64頁参照。

109) De doctrina christiana, 4, 20 (39), PL34, c.107. ここには，De civitate Dei（1, 16-28, PL 41, c.30-41）にあるような脱線があるように思われる。アウグスティヌスは，アラリクによるローマ劫奪の際，修道女たちが暴行されたという問題を取り上げる。かれはこの事実を踏まえ自分の主張を貫こうとしている（ibid., 6, 12, c.194; 7, praef., c.193）。これについては，Monceaux, Histoire, VII, p.264, n.1参照。

110) アウグスティヌスが，検討したり反論したりする文章を一句ごとに追うのはまれで，そのひとつの例がここにある（Contra Julianum, 1-2, PL44, c.643s.）。また Contra Faustum における構想の欠落については Monceaux, Le manichéen Faustus de Milève, in Mémoires de l'Académie des Inscr., 43, 1, Paris, 1933, p.28-43とくに p.38参照。

111) 本書，270-71, 289-90頁参照。

112) Deferrari, Augustine's method of composing sermons; Comeau, Rhétorique, p.39, 46参照。

113) とくに，De Trinitate, De civitate Dei がそうである。前者は16年，後者は13ないし14年もの年月をかけて書かれている（Schanz, 4, 2, p.420, 422; 415, 418; de Labriolle, Littérature, p.546）。

114) 何巻かずつまとめて，数回にわたって刊行されたということも考慮すべきである。De civitate Dei は，5ないし6回に分けて刊行されている。おそらくまず第1巻は単独で，あるいは第1巻から第3巻，つぎに第4巻と第5巻，第1巻から第10巻，さいごに全巻を出したと考えられる（Schanz, 4, 2, p.418; West, Angus, Sources, p.60-62）。De Trinitate については，第1巻から第12巻，第1巻から第15巻というように，少なくとも2回に分けて刊行されている（Schanz, ibid., p.421）。De doctrina christiana については，本書，第Ⅲ部第1章，注 (3) 参照。そのため，これらの書には，注釈者たちをひどくまごつかせる難解さがある。たとえば Gilson, Introduction, p.286, n.2参照。

115) Albertini, Composition, p.299-304参照。

116) Ibid., p.304-12参照。

117) Ibid., p.312-14参照。

118) Albertini によると，こうした欠点はプラトン，キケロ，ティトゥス・リヴィウスなど，古代のすべての著者に共通している。Ibid., p.314-15; 318-23参照。

119) Ibid., p.314-18参照。

120） こうした慣習は，修辞学教師セネカ以降，放棄されている（Controversiae, 1, praef., 21）。

121） Laurand, Manuel, 2, 24参照。

122） Cicero, Brutus, 50参照。

123） Cicero, De oratore, 3, 104-08; Orator, 44-49; 125-27など参照。

124） このことは，たとえば古代ローマの雄弁家たちに対するキケロの批判に示されている。Cicero, Brutus, 108, 109, 210, 228, 259とくに253, 258参照.

125） たとえば，Apuleius, Florides, 9, 7参照。

126） Puech, Histoire de la littérature grecque, 3, p.316参照。

127） Schmidt, Der Atticismus, 1, 192s, Boulanger, Aelius Aristide, p.104-08参照。

128） De oratore, 3, 149-70; Orator, 149-62; Partitiones oratoriae, 16参照。こうした勧告はすべて，ことばを個別に取り扱う学習に関するものである。より広い意味での修正については，De oratore, 3, 37-47参照。

129） 本書，23頁参照。

130） Colbert, Syntax, p.99-101（De civitate Dei について）; Arts, Syntax, p.126-27（Confessiones について）参照。

131） Régnier, Latinité, p.xii; 39-88; 149-56; Comeau, Rhétorique, p.12参照。

132） Régnier, p.1; Balmus, Style, p.67-68, 92-94, 315参照。

133） Régnier, p.vii; Balmus, p.33-82参照。

134） Régnier, p.5-11; Parsons, Vocabulary, 1re partie; Balmus, p.22-91, 272-77; Hrdlicka, Late latin vocabulary; Mohrmann, Sondersprache, p.231-36参照.

135） ここでは，Schrijnen（Charakteristik des Altchristichen Latein）が取り上げた問題全体ではなく，ただ，“Christianisme immédiats”だけを取り扱う。

136） Régnier, p.11-14; Balmus, p.83-92（passim）; Comeau, p.77s; Mohrmann, p.69-164参照。

137） 本書，424-26頁でより詳しく取り扱う。

138） 本書，第Ⅲ部第6章，注（94）参照。

139） Deferrari, Sermons, p.218.

140） De beata vita においてモニカは，caducarii（癲癇もち）という一般的な語を冗談めかして用いたが，アウグスティヌスはそれを意訳して，「私たちの間で一般にその名で呼ばれているのは癲癇の発作でひっくり返る人々のことである」と書き加えている（ibid., 2（16）, PL32, c.967）。その他，Sermo, 25, 3, 3, PL38, c.168; Quaestiones in Heptateuchum, 7, 56, PL34, c.824. Baxter, Colloquialisms in Saint Augustine, Archivum Latinitatis Medii Aevi（Bulletin Du Cange）, 3, 1927, p.32-33参照。

141） とくに，Cicero, De oratore, 3, 173-98; Orator, 3, 164-236参照。

142） Id., Orator, 3, 164-65参照。

143） Norden, Antike Kunstprosa, 2, p.621; Comeau, Rhétoriques, p.11-12, 45-50参照。

144） Comeau, Rhétorique, p.49.

145） Barry, Augustine orator, p.256; Comeau, op. cit., p.54-57; Régnier, Latinité, p.121; Norden, op. cit., 2, p.621.

146） たとえば，De Trinitate, 4, 2849, PL40, c.889; 4, 19（25）, c.905; 10, 9（12）, c.980 etc... 参照。De Genesi contra Manicheos のさいごの文章には，ἰσόκωλα ὁμοιοτέλευτα という表現が3回，含まれている（ibid., 2, 29（43）, PL34, c.220）。

147） Comeau は，Tractatus in Johannem をもとに，すぐれた研究書を出している（Rhétorique, p.61-65）。

148） De doctrina christiana, 4, 20（41）, PL34, c.109; Laurand, Théorie du cursus 参照。

149） Norden（Antike Kunstprosa, 2, p.948-49）から Di Capua（Ritmo prosaico in S. Agostino, p.629; p.644, n.1の参考書も参照）までの研究を参照。にも拘わらず，こうした研究もなお不十分である（Nicolau, REL, 1932, p.487s における書評も参照）。

150） Nicolau, Origines du cursus とかれが提示する参考文献を参照。

151） Régnier, Latinité, p.122-23; Nicolau, p.26-27; Balmus, p.314参照。

152） Bornecque, Clausules, p.379-84; Reynolds, Clausulae（とくに p.10-11）; Balmus, p.307-14; Di Capua, p.705-21参照。韻律による結句は皆無ではないが，Di Capua の集計によると，一割に満たない。

153） De civitate Dei の読者の精神状態は，アフリカの代理官 Macedonius の書簡によく示されている（Epist. 144, 2, PL33, c.666）。そこには，知識のほかに，雄弁術の魅力をたたえる facundiae jucunditatem がある。アウグスティヌスが結句に意を用いたのは，こうした人々のことを考えているからである。

154） Sermones については Barry, Augustine Orator, p.21-195参照。Confessiones と De civitate Dei については Balmus, p.109, 120-23, 244-71, 299-307を，書簡については Parsons, Vocabulary, part 2を参照。

155） Régnier, Latinité, p.116-18（Sermones）; Balmus, 292s（Confessiones, De civitate Dei について）; Comeau, p.66-69（Tractatus in Johannem について）; Mohrmann, Wortspiel（Sermones について）参照。

156） Confessiones 8, 12（29）, PL32, c.762における庭園での出来事を語るなかで，かれは，arripui（「ひったくって」）, aperui（「開いた」）（Harnack, Höhepunkte in Augustins Konfessionen: Reden und Aufsätze, Neue Folge, 3, p.90, n.3において指摘されている）を用いている。Confessiones, 7, 9（15）, c.762については，Henry, Plotin et l'Occident, p.98-99を参照。

157） Mohrmann, Wortspiel, p.43s 参照。私はここで，他の「文飾」（figures）について詳述するつもりはない。Contra Julianum Pelagianum, 3, 13（26）, PL 41, c.715; Contra Julianum には，他の論戦的な著作と同じく，多くのことばによる修辞技法が見られる（1, 4（12）, c.647; 1, 8（38）, c.667; 5, 2（5）, c.785 etc 参照）。

158） De civitate Dei, 3, 22, PL41, c.103-04; Epist. 34, 3, PL33, c.132. Tractatus in Johannem については，Comeau, Rhétorique, p.8-10を参照。

159） De civitate Dei, 2, 13, PL41, c.67; Comeau, op. cit., p.7-10参照。

160） Epist., 50, 118とくに，1（3），PL33, c.191, 433参照。Comeau, op. cit., p.17参照。

161） Comeau, Rhétorique, p.17参照。

162） Nietzche, Rhetorik, Gesammelte Werke, V（Munich, 1922），p.297-99; Harnak, Augustin, Reflexionen und Maximen, p.viii; de Labriolle, Introduction, p.xxxi; Balmus, Etude sur le style, p.236; Guitton, Le temps et l'éternité chez Plotin et saint Augustin, p.246-49参照。

163） 本書，405-06頁参照。

第4章　デカダン期の教養人

1） Seeck, Untergang der antiken Welt, 4, p.169参照。とくにp.168-204の章全体に，本章で取り扱う問題についてすぐれた歴史関係の説明がある。Stein, Spätrömisches Reich, 1, p.248-51も参照。

2） たとえば，Epist., 13, 8, 4（19），PL33, c.534; epist., 1（1），c.525参照。同じころ，ギリシア地方では，「もし雄弁術を失うとすれば，蛮族とわれわれを区別するものがほかに何かあるだろうか」と，リバニオスは叫んでいる（Epist., 369, 9, Foerster）。ギリシア人が蛮族に優り，教養人が無知なものに優るのは雄弁術においてである，というシチリアのディオドロスの有名なことばも残っている（1-2, 5-6）。帝政期の芸術では，教養の象徴として雄弁家が選ばれている。Marrou, Μουσικὸς Ἀνήρ, p.199-200, 209-30参照。

3） 本書，16-19頁参照。

4） Robin, Pensée grecque, p.158-59, 166-68参照。

5） これは専門語である。Cicero, Partitiones oratoriae, 10, 70; id., Topica, 91, etc. 参照。

6） Boulanger, Aelius Aristide, p.55-56, 341s参照.

7） これは演示弁論の場合のことで，キケロは決してそれを実践していない。それはかれから見ると，より低い類のものであった。Cicero, De oratore, 2, 341参照。

8） Marrou, Défense de Cicéron, in Revue Historique, CLXXXVII, 1936, p.51-73参照。

9） Seneca rhetor, Controversiae, IV, praef., 2参照。この事実の射程はしばしば強調されてきた。最近の研究としては，Bayet, Littérature latine, p.290参照。キケロは，専制政治（tyrannie）によって，真の雄弁術が終わったことを感じ取っていた（Brutus, 6-8; 22）。政治的活動から文学への移行については，Guillemin, Pline le Jeune, p.13-22（「栄光」の概念は純粋に文学的なものに変わる）参照。

10） それは，緩やかに推移した。クインティリアヌスやタキトゥスが人に知られるようになったのは，まず弁護士としてであった。小プリニウスは，用心深く，自分の口頭弁論を公開している。それが写本としては何も保存されていないという事実には，大きな意味がある。

11） 本書，54-55頁参照。

12） この「遊び」については，Lafaye, De poetarum et oratorum certaminibus apud veteres, p. 599; Boulanger, Aelius Aristide, p.28-37参照。

13） Confessiones, 4, 1（1），PL32, c.693; 4, 2（3），c.694; 4, 3（5），c.695. この事実は，アウグスティヌスがカルタゴで修辞学を教えていたころつまり374年から382年の間のこと

であるが，それ以上の年代の確定はできない。Alfaric, Evolution intellectuelle, p.250, n.4参照。

14) Confessiones, 6, 6 (9), PL32, c.723s; Contra litteras Petiliani, 3, 25 (30), PL43, c.372. このふたつの証言は，時として考えられているように（Nebreda は，Bibliographia augustiniana, p.2, nos 2-3において，ひとつは Valentinianus, もうひとつは Bauto に対する称賛演説としてふたつに分けているが，それは間違っている），矛盾するものではなく，むしろ相互補完する。第三の雄弁術の形式がある。それは公的朗唱である。これについてアウグスティヌスは何も説明してくれないが，しかしとくにシンマクスによると，この朗唱は，ずっともてはやされてきた（Symmachus, Epist., 1, 15, p.10（éd. Seeck））。

15) Boissier, Fin du Paganisme, I, p.224, n.1

16) Marouzeau, Style oral, p.147-48における指摘に注目せよ。

17) Marouzeau, ibid.（かれの参考文献に Balogh, Voces paginarum; Albertini, Composition dans Sénèque, p.317-18を加えよ）。こうした慣習は，アウグスティヌスのころも存続し，かれはそれを特異なこととして注目している。かれがアンブロシウスは普通，小声で読んでいたとわざわざ説明を加えているのは，そのためである。Confessiones, 6, 3 (3), PL32, c.720. 本書，第Ⅱ部第6章，注 (13) 参照。

18) Boulanger, Aelius Aristide, p.271. これは，学校教育における簡単な練習で，修辞学を学ぶ人々が熱心に取り組んだものである。 Albertini, L'empire romain, p.141参照。

19) Epist., 135, 1, PL33, c.513参照。

20) Seeck, p. clxxix, no. ix（Symmachus の著作の刊行）。その他，Caeionii 家の家系図（p. clxxv）参照。かれは，聖女（小）メラニアの叔父で，メラニアの母 Albina の兄弟である（本書，91頁）。

21) P.W., 14, 2, c.1445-46, no.23参照。

22) これは専門語であることを指摘しておきたい。

23) もちろんこれだけを取り扱うのではない。Epistola 135（1-2 ibid.）の続きによると，会話は哲学，そして（キリスト教的社会らしく）神学へと向かっている。

24) たとえば，Olybrius と Probinus ふたりの兄弟に献呈された Volusianus Mossius による選集（Schanz, 4, 1, # 842）がある。Severus Victor と Julius Severus の提要は，ひとつは親族に，もうひとつは友人にあてられている。しかしこれを贈られたものが，学生であったか教師であったか，それを推断させるものはなにもない（Schanz, 4, 1, # 841; 4, 2, # 1124）。

25) ヴォルシアヌスは comes primi ordinis であった（それは，395年のことであるが，当時，この肩書きは，まだ国立弁論講座の教師に対する名誉称号ではなかった。それが，称号として贈られるようになるのは，425年のテオドシウス帝の勅令以降のことである。ガリアの宰相（340-50）であったタティアヌスは，C. ユリウス・ヴィクトルが用いた『修辞学』（Ars rhetorica）を著したようである（Schanz, 4, 1, # 842. 日付については Palanque, Préfecture du Prétoire, p.25参照）。

26) ディオメデスの文法書は，たしかに文人であったと思われるアタナシウスという人

物に贈られている（Schanz, 4, 1, # 834, p.170）。韻律に関するセルヴィウスの小著は，402年にローマの市長であった（praefectus urbis）アルビヌスという人物に贈られ（ibid., # 836, p.176），アグロエキウスのDe orthographiaは，リヨンの司教エウケリウスに贈られている（Schanz, 4, 2, # 1100）。プリスキアヌスの『文典』（Institutio）は執政官であった貴族のユリアヌスに（Schanz, 4, 2, # 111, 2, p.224），ファヴォニウス・エウロギウスの注釈書はビザケナ州の執政官スウペリウスに贈られている。その他，高貴な人々も文法学習に打ち込んだ。マクロビウスは「著名人」（vir illustris）であり（Schanz, 4, 2, # 1092, p.190-91），ミラノにおけるアウグスティヌスの庇護者で，韻律の提要を残したマンリウス・テオドルスは399年の執政官であり（Schanz, 4, 2, # 1085），クラウディアヌスはその執政官職をたたえている（ibid., # 1009）。文法教師コンセンティウスは，ガロ・ロマンの貴族であった（Keil, Grammaici latini, 5, p.333-34）。

27） 本書，23-24頁参照。

28） しかしかれらのなかには，セルヴィウスというひとりの教師がいる（Saturnalia, 1, 2, 15, Eyssenhardt）。

29） Macrobius, Saturnalia, 6, 7-9; 5, 20-22参照。

30） Saturnalia, 第4巻全部と6, 6参照。

31） Ibid., 5, 2-19（ギリシア語の資料）; 6, 1-5（ラテン語の資料）.

32） それ以外に，もちろん物知り的な注解書もあるが，これについては後述する（本書，104頁参照）。

33） 本書，28-29頁参照。

34） これは，Jahn, Subscriptionen in der Handschriften römischer Klassikerに収録されている。その他，Haas, Reifferscheid, Programmes de Breslau; Schanz, 4, 2, p.272, 343; Wilmart, Tradition, p.271参照。

35） Marrou, Autour de la bibliothèque du pape Agapit, in Mélanges d'archélogie et d'histoire, p.34-42; id., Vie intellectuelle, p.93-97参照。

36） シンマクスの曾孫とマクロビウスの孫は，一緒に，ラベンナで『スキピオの夢』（Somnium Scipionis）の注釈書を修正している（Jahn, p.347; Wessner, P. W., 14, 1, c.170）。

37） とくに，protector domesticusであるトリフォニアヌスに注目したい。かれは，守備隊任務の余暇を利用してバルセロナではペルシウスの書を，また402年以降，トゥルーズではノニウス・マルケッルスの書を修正している（Jahn, p.332-34）。Vir clarissimus et comesであったコンスタンティヌスという人物は，カエサルの書を修正し（ibid., p.359），コンスタンティノープル宮廷の秘書であったテオドルスという人物は，526年から527年にかけてプリスキアヌスの文法書を筆写している（ibid., p.355）。

38） Comes consistorianusであったヘルペディウスという人物は，ラヴェンナでポンポニウス・メラとヴァレリウス・マクシムスの書を修正し，アカイア州の総督でpraefectus Augustalisになるゲンナディウスはマクロビウスの書を修正し，praefectus urbisであったニコマクス――おそらくかの有名なニコマクス・フラビアヌスの子であろう――はティトゥス・リヴィウスの書の最初の10巻を修正し，執政官アステリウス（494年）は，

ヴェルギリウスの Eclogae とセドゥリウスの書を修正し，執政官マヴォルティウス（527年）は，ホラティウスの Epodis とプルデンティウスの書を修正し，ビザンツのテオドシウス2世までがソリヌスの書を修正したとされている（Jahn, p.345, 330（Seeck, P.W., 7, 1, c.1173, n.4），335（Schanz, 4, 1, p.92），348-50, 353, 342参照）。

39）トルクァトゥス・ゲンナディウスによるマルティアリスの書の修正がそうである。かれは友人コンスタンティヌスのために私版本を準備した。

40）トリフォニアヌスによる修正がそうである。

41） L. アエリウス・スティロのような人々がそうである（Funaioli, Grammaticae romanae fragmenta, 1, p.51s）。

42） Gwynn, Roman education, p.100参照。

43） Cicero, Brutus, 305（前72年のことで，キケロは当時，34歳であった）; ibid., 321（前69-66年のことで，当時，Hortensius は，執政官，Praetor であった）参照。

44） Topica は，それよりおそく，前44年に書かれている。

45） この漸進的な展開については，Gwynn, op. cit., p.153-72, 220-21参照。

46） Seneca, Epist. 106, 12, ad Lucillum. Non vitae sed scholae discimus.

47） Bayet は，短いがしかし鋭い指摘をしている（Littérature latine, p.376, 446, 451, 550）。

48） 以降の内容については，Guillemin, Pline et la vie littéraire de son temps 参照。

49） Loyen, L'esprit précieux dans la société polie des Gaules au Ve siècle.

50）しかしアウソニウスの著作にも注目すべきである。（すぐれた）教師で，宰相でもあったかれは，私がここで説明する学校教育の衒学的な態度と社交的な饒舌という，デカダン期教育のもつ二面を併せ持っている。

51） Boissier, Fin du Paganisme, 2, p.181s 参照。

52）アウグスティヌスの定型の詩文で残っているものについては Schanz, 4, 2, # 1183参照。

53） Epist. 260, PL33, c.1076（本書，25頁参照）.

54）これは，それに答えるアウグスティヌスの Epist., 26とともに残っている。サン・モールのベネディクト会士たちは，間違って，それをアウグスティヌスの書簡のなかに数えている（Goldbacher, CSEL, XXXIV, p.85, # 3, PL33, c.104-06参照）。

55） Zelzner, De carmine Licentii ad Augustinum, Lévy, P. W., 13, 1, c.204-10. 3世紀から4世紀のギリシア教養に見られる社交的要因については，L. Robert, Hellenica, 4, Epigrammes du Bas-Empire, Paris, 1948, とくに p.109参照。

56） Epist., 109, PL33, c.418-19; 260（上掲注（53）参照）。

57） Epist., 135, c.512-13（これは，本書，82-83頁でも引用した）。とくに，引用した文章と，Goldbacher, in CSEL, XLIV, p.90を参照。また Dioscorus, Epist., 117, c.431も参照。

58） たとえば，Evodius, Epit. 117, c.431参照。

59） Epist., 152, 154, c.652, 665（154, 2, c.666は De civitate Dei の第1巻から第3巻について述べている）。

60） Epist., 230, c.1020s（# 4, c.1022は Confessiones について）参照。

61） Epist., 16, c.81参照。

62） Epist., 234, c.1030参照。

63） Epist., 110, c.419-21. これは，上掲注（56）で引用された書簡109に対する返事である。またそれほど重要ではないが，Epist., 261, c.1076-77も参照。

64） Epist., 153, 155, 231, c.659, 666, 1022，また Epist., 137, c.515（ヴォルシアヌスあての書簡）も参照。

65） 同じくヒエロニムスの文通の第一部（Epist., 1-14）も参照。

66） Epist., 1-15, 18-20, とくにネブリディウスとの文通3-14（そのなかの Epist., 5, 6, 8はネブリディウスからのものである）。

67） とくに，Epist., 3, c.63参照。

68） 序言を省くときは，その言い訳をする。Epist., 7, 1, c.68 ; 8, 1, c.71; 11, 1, c.75参照。

69） それまでは，交流はなかったようである。われわれが知る限り，俗人であったころのかれが交わった唯一の教養人は，399年の執政官で，時折，文法を教えていた Manlius Theodorus であった（上掲注（26）参照）。アウグスティヌスはかれに De beata vita を献呈している（1（1-6）, PL32, c.958-62）。アウグスティヌスは，のち，この献呈文の調子が社交的すぎたとして自分を責めている（本書，第Ⅲ部第2章，注（10）参照）。マンリウス・テオドルスの個性と，アウグスティヌスに対する影響については，P. Courcelle, Les lettres grecques en Occident（2）, p.121-28参照.

70） Epist., 24（アウグスティヌスの書簡集にある）, PL33, c.98. アウグスティヌスとパウリヌスとの関係については，P. Fabre, Saint Paulin de Nole et l'amitié chrétienne, Paris, 1949, p.236-43参照.

71） Epist., 25, c.101. 返事がなかったので，かれは再度書簡を出している。それが Epist., 30, c.120である。

72） Epist., 27（書簡25に対する返事）, 31（書簡30に対する返事）, c.107, 121参照。

73） Epist., 27, 4, c.109; 6, c.110（Epist., 32, c.125-29はパウリヌスからロマニアヌスにあてた書簡であるが，それはリケンティウスあての詩文で終わっている）.

74） とくに Epist., 42, 45, 80, c.159, 180, 273参照。

75） Epist., 28, 40, c.111, 154. アウグスティヌスがヒエロニムスと交わした書簡の日付については，今も議論されている。しかし両者の文通がどのようにして始まったかについては，意見は一致している。アリピウスは，聖地巡礼の途中ヒエロニムスに出会い，アウグスティヌスの挨拶を伝えた（Epist., 28, 1, c.111. 私はこれらの書簡をアウグスティヌスの書簡集から取り出して用いている）。これに対し，ヒエロニムスはアリピウスにアウグスティヌスへの返礼文を託した。この返礼文（現存しない。これを Epist., 39, c.154と混同してはならない）は，アウグスティヌスの手元には届かなかった。そのため，かれは自分の方からヒエロニムスあての最初の書簡（Epist., 28）を書き，そのあとヒエロニムスの先の返礼文を落手し，自分の書簡28が紛失したことがわかった。そこでかれは，第二の書簡（Epist., 50）を書き，最初の書簡の主題（使徒パウロの善意のうその問題）を取り上げたのであった。

76) Epist., 40, 1 (1), c.154参照。アウグスティヌスが受けた書簡の主題については，上掲注 (56) 参照。それは古典的なものであった（例えば，アウソニウスあてのシンマクスの書簡がそうである（Epist., 1, 14, Seeck, p.9)。

77) Epist., 40, 4 (7), c.157参照。

78) 文通の歴史全体についてはほかにも詳述するものがあるので，ここでは取り上げない。Schanz, 4, 2, p.457; Cavallera, Saint Jérôme, 2, p.47-50; Haitjema, Augustinus en Hieronymus; Schmid, Prolegomena (p.25-26), Goldbacher, CSEL, LVIII, p.13-52, passim; Oddone, La dottrina di Sant'Agostino sulla menzogna e la controversia con San Girolamo, San Agostino, p.270-80; de Vathaire, Relations de saint Augustin et saint Jérôme; De Bruyne, Correspondance entre Augustin et Jérôme 参照。

79) 書簡の行き違いについては，Epist., 67, 71（アウグスティヌスのもの），68, 72（ヒエロニムスのもの)，PL33, c.236, 2431, 237, 243. Gorce, Le port des lettres, p.193-247参照。

80) それは，Epist., 73, PL33, c.245-50のことである。

81) Epist., 73, 1 (1), c.245; 2 (4), c.247（ここでアウグスティヌスは，ヒエロニムスの後を受けて，Dares と Entellus の争い（Aeneis, 5, 362-483）を暗示している（Epist., 68, 2, c.238)。

82) Ibid., 3 (6), c.248参照。

83) Ibid., 1 (1), c.246; 3 (9), c.250参照。

84) Ibid., 2 (4), c.247参照。

85) したがって，こうした指摘は，Vaccari, Cuore e stile di Sant'Agostino nella Lettera 73とは矛盾しない。

86) Epist., 41, PL33, c.158参照。

87) Epist., 37, c.151参照。

88) Epist., 126, c.476のような商業文はいうまでもない。この書簡は，Pinianus を強制的にヒッポの聖職者にしようとした騒動を取り扱っている。Duchesne, Histoire de l'Eglise, 3, p.201-02参照。

89) プロバにあてた Epist., 130, c.494は，De orando Deo に関する論文である（Possidius, Indiculum, 10, 44, Wilmart)。アウグスティヌスはまた，かの女のために，De bono viduitatis（PL40, c.431）も書いた。これは著作と見なされているが，実はこれも書簡である（Possidius, Indiculum 10, 47)。アウグスティヌス自身（Retractationes において取り上げないところから見て)，書簡として見ている。

90) Epist., 131, c.507; Epist., 124, c.171（メラニアとその家族にあてて）参照。

91) Epist.,150, c.645参照。

92) ヒエロニムスの Epist., 130はベトレヘムで書かれている。

93) こうして，ペラギウスが書いた Epistola ad Demetriadem（PL33, c.1099の付録として収録されている）は，まさにかれの異端を開陳したものである。これに対するアウグスティヌスの反撃については，Epist. 188, c.848参照。

94) Duchesne, Histoire de l'Eglise, 3, p.200（かれはここで，ヒエロニムスとペラギウスと

の書簡を引用しているが，アウグスティヌスの書簡を忘れている。私も，同じ状況のなかで第四の人物（特定されていない）がデメトリアデスあてに書いた書簡（PL40, c.161-80）を忘れている。Gonsette, Les directeurs spirituels de Démétriade 参照。

95）この観点から見て，三人の書簡の比較は興味深い。ペラギウスは，自分の神学について述べるのを急ぐあまり，デメトリウスの名誉と富については簡単に触れるだけである。これに対し，周囲の人々をよく知るヒエロニムスは laudatio の主題を拡大し，気ままに並べ立てている。

第5章　博識とその起源

1） De quantitate animae, 33 (70), PL32, c.1075: homo eloquentissimus neque id tantum sed etiam doctissimus.

2） De civitate Dei, 22, 6, 1, PL41, c.757: unus e numero doctissimorum hominum idemque eloquentissimus omnium, M. Tullius Gicero.

3） Ibid., 9, 4, 2, c.259: A. Gellius vir elegantissimi eloquii et multae ac facundae scientiae.

4） Ibid., 6, 2, c.177参照。

5） アウグスティヌスの教養をたたえる文章，用語が，Epist., 134, 1, 1; Epist., 172, l, PL 33, c.753などに見られる。

6） Aulus Gellius, Noctes atticae, 19, 14. ここには，一方ではキケロとカエサルが，他方ではヴァロとニギディウス・フィグルスが比較されている。

7） スエトニウスは，Caligula, 53, 1においてカリグラの教養を取り上げている。

8） Cicero, De republica, 2, 10（アウグスティヌスは De civitate Dei, 22, 6, 1においてこれを引用している）においては，litterae atque doctrinae ということばで教養を表現している。

9） Confessiones, 7 (11), PL32, c.724参照。アリピウスは，タガステ時代からアウグスティヌスの道徳生活と学識に惹かれていた。上掲注 (5) 参照。

10） ここでも医者は除外されている。医者は医学者というより医術師である。

11） Seneca, Naturales quaestiones 参照。

12） これに関する主要な証言として，De oratore, 1, 5-20, 48, 59-60, 71-73, 75, 158-59, 165; 2, 5; 3, 57-90 (とくに76-80), 120-43; Orator, 113-20; Brutus, 151-54がある。この点に関する最良の説明は Gwynn, Roman education, p.79-122にある。

13） Gwynn, Roman education, p.82参照。

14） Cicero, De oratore, 2, 1参照。

15） Ibid., 3, 12参照。

16） Ibid., 1, 5, 72, 73; 3, 127; Brutus, 151. 私は，「自由学芸」（arts libéraux）という通常の表現を用いる。キケロの用語は固定していない。かれは，artes, artes liberales (ingenuae), bonae artes, artes libero dignae, doctrina, liberales doctrinae atque ingenuae, bonarum rerum disciplinae, eruditio libero digna という用語を用いている。

17） とくに Cicero, De oratore, 1, 187; 3, 127参照。

18） Cicero, Orator, 113, 115参照。

19） これは，のちの「四科」（quadrivium）である。キケロは，いつも四つの学科だけに限定しようとしているわけではない（上掲注（17）-（18））。しかしかれは，数学的諸学科の古典的な分類をよく知っていた（Partitiones oratoriae, 80）。

20） キケロによる哲学的教養の内容については，本書，155-59頁参照。

21） 本書，171-76頁参照。

22） Cicero, De oratore, 1, 18, 158-59; Orator, 120; Brutus, 322. Gwynn, Roman education, p.102-08; Laurand, Cicéron（vol. Complémentaire），p.313-15参照。

23） Id., De oratore, 1, 18, 48, 58, 159, 166-72, 193, 201; 3, 76-80, 143; Orator, 120; Gwynn, op. cit., p.108-11参照。

24） Cicero, De oratore, 1, 1, 9, 17, 53-57, 68-69; 3, 76-80, 143; Orator, 118-19; Gwynn, op. cit., p.112-19参照。

25） Quintilianus, Institutio oratoria, 1, 10, 1-48; Gwynn, Roman education, p.189-94（予備学習について）参照。

26） Institutio oratoria, 1, 10, 1.

27） Ibid., 10, 1, 20-30（学習すべき作家），31-34（歴史），35-36（哲学），12, 2, 1-28（哲学），12, 2, 29-31; 12, 3, 4（歴史），12, 3（法学），Gwynn, op. cit., p.218-26（supplementary studies）参照。

28） キケロの教養については，Laurand, Cicéron, p.103-12参照。

29） すでに，古代の人々が説明している。たとえば，Tacitus, Dialogus de oratoribus, 28-35（とくに30, 1-2）; Petronius, Satiricon, 1-5において。最近の研究として Gwynn, op. cit., p.123s, 242s; D'Alton, Roman literary theory, p.438-524参照。

30） 本書，第Ⅰ部第1章，注（23）参照。

31） Haarhoff, Schools of Gaul, p.60. しかし法学関係の資料は，géomètres（幾何学者）をあげ，それを文法教師，修辞学教師と同列においている（Ulpianus, Digestae, 50, 13, 1; Diocletianus, Editum Maximi, 7, 70）。しかし Codex Theodosianus, 14, 4, 3は，これら数学的諸学科の教師たちを建築家，技術者と一緒においている。そのため，それらの諸学科の教授は，学問的というより実践的なものであり，技術者とくに agrimensores（測量士）の教育をめざしていたものと考えたくなる（Marrou, Histoire de l'éducation, p.386-89）。初歩的な数え方を教える calculator は，初歩教育の教師である（Thesaurus linguae latinae, s. v.; Leclercq, Ecoles, c.1744参照）。

32） Quintilianus, Institutio oratoria, 1, 10, 1参照。

33） ここで，弁証論の場合を特別に取り上げておくべきである。弁証論は，（論証や反論の技術として）より直接的に日常生活に関連するものと考えられ，おそらく多少とも，修辞学教師の教授に関連づけられている。アウグスティヌスが時として，教養を文法，修辞学のふたつだけでなく，文法，修辞学，弁証論の三つに分けて説明するわけもそこにあるのだろう（De civitate Dei, 22, 5, PL41, c.755）。とはいえ，こうした弁証論の考え方は，論争の技術の法則だけを取り扱う退化した概念にすぎない（ラテン哲学者た

ちは，より高度な考え方をしている。本書，161頁参照)。アウグスティヌスのものとされる De dialectica は，こうした教授の見本を示すものかもしれない（本書，補遺，458-60頁参照)。

34） de Labriolle, Littérature, p.8-9参照。

35） Confessiones, 4, 16 (28), PL32, c.705. さらにアウグスティヌスは，「およそ20歳のころ」アリストテレスの『範疇論』を読んだという（ibid. 4, 16 (28), c.704)。アウグスティヌスが哲学的召命を自覚する年代については，本書，137-41頁参照。

36） 本書，49頁以降，82頁以降参照。

37） アラトゥスによるキケロ，ゲルマニクス，アヴィエヌスの著作の翻訳，マニリウスの Astronomia, フィルミクス・マテルヌスの Mathesis など（天文学と占星術との関係については，本書，161頁参照)。

38） 私は，ローマ帝政期の文人たちの視点から見ている。かれらが手にしていたもっとも古い提要は，ヴァロのそれである。ヴァロは監察官カトー以降の先賢の書にもとづいている（Jahn, Ueber römische Enzyklopädien)。

39） それは散逸している。その粗筋については，本書，第Ⅱ部第3章，注(65)参照。

40） De nuptiis Philologiae et Mercurii は410年から439年の間に書かれたようである（Schanz, 4, 2, p.169)。

41） Schanz, 3, p.113参照。これと意見を異にするものとして，Jahn（Ueber römische Enzyklopädien, p.283-87）がいる。

42） Schanz, 3, p.103-13（# 562-70), Vallette, Aplogie Florides の Introduction（coll. Budé), p. xiv-xviii 参照。

43） Historia, de Proverbiis, Quaestiones conviviales について。

44） Περὶ ἑρμενείας. これは論理学の提要であるが，しかし弁証論のなかに位置づけられていた。本書，160-61頁参照。

45） Arithmetica, Musica, Astronomica. Περὶ ἑρμενείας 以外のこれらの書はすべて散逸した。アウグスティヌスがそれらの書を知っていたとは思われない。

46） 少なくともこれが，皆が支持するはずの仮説である。本書，第Ⅱ部第4章，注(159)参照。

47） リケンティウスあての書簡における表現については，Augustinus, Epist., 26, 3, PL33, c.104参照。

48） Frieländer, Sittengeschichte, 1, p.187. 法学の学習は，帝政末期には，とくに東方のベイルート，コンスタンティノープル，アレクサンドレイアにおいて盛んであった（Laborde, Ecole de droit; Collinet, Histoire de l'école de Beyrouth 参照)。だからといって，Declareuil (Rome et l'organisation du droit, p.27-28）がしたように，西方には法学の学校は存在しなかったと結論してはならない。ローマは依然として，法学教授の中心で，西方各地だけでなく東方からも学生たちが集まっていた（Haarhoff, Schools of Gaul, p.83-94; Müller, Studentenleben, p.297-309)。372年から428年の間に編集された Frangmenta Vaticana は教授に用いられたものである（Schanz, 4, 1, # 843; Marrou, Histoire de l'éducation, p.386-89)。

49）少なくとも，東方においてそうであった。ローマでは，哲学の教授は断続的に，それもおそらく個人教授で行われていた（しかし Symmachus, Epist., 1, 78によると元老院から任命された教師 Priscianus がいた。しかしかれは，文法教師あるいは修辞学教師にすぎなかったようである）。アレクサンドレイアやアテネでは，哲学の主要な学派がそれぞれの講座を開設していた。アレクサンドレイアの学校は都市立で，アテネのそれ（Marcus-Aurelius, Dion-Cassius, 71, 31によると）は国家によって維持されていた。コンスタンティノープルでも，有名な425年の勅令によって組織された「大学」のなかに哲学講座があった（Codex Theodosianus, 14, 9, 3, 1）。Müller, Studentenleben, p.297; Schemmel, Hochschule von Athen, Konstantinopel, Alexandria.

50）たしかに法学は，すでに共和政期には「専門化」されていたが（Cicero, Brutus, 102, 151），しかし教養人ならだれでも，若干の法学知識を身につけていた。

51）Roberti は，アウグスティヌスの法学知識を高く評価しようとしている（Relazioni fra diritto romano e patristica, とくに p.325-26参照）。かれ以前のことについては，Monceaux, Afrique chrétienne, 3, p.91-92が取り上げているが，しかし大して成功していない。かれは，アウグスティヌスの法学知識は，テルトゥリアヌス，アンブロシウス，ヒエロニムスなどの法学知識には及ばないと認めている。実際，アウグスティヌスの著作で法学にふれる箇所はごく少ない。通りがかりに，法に関する格言を引用することもある（De civitate Dei, 4, 27, PL41, c.13; Enarratio in Psalmum 118, 11, 6, PL37, c.1531; Epist., 47, 5, PL33, c.187; 本書，第Ⅲ部第4章，注（156））。たしかに専門的ではないにしても，あれこれの有名な法文に言及しているが（Roberti, p.325, n.4），しかしそれは，かれが法学の深い知識をもっていたという証拠にはならない。同じような結論は，アウグスティヌスと当時の立法との関係に関する Matroye の研究（Martroye, Saint Augustin et la législation）からも間接的に引き出される。A. Pugliese, Sant'Agostino giudice, Contributo alla storia dell'episcopalis audientia, Studi dedicati alla memoria di Paolo Ubaldi（Publ. della Univ. catt. del Sacro Cuore, ser, v. 16）, Milano, 1937, p.263-69; F. Lardone, Roman Law in the works of St. Augustine, in Georgetown Law Journal, 21, 1933, p.435-51; A. Truyol Serra, Supuestos y conceptos fundamentales del pensamiento juridico de San Agustin, in Verdad y Vida, 2, 1944, p.308-36, 513-31; El derecho y estado en San Augustin, Estudios monograficos de derecho publico, 3, Madrid, 1944.

52）本書，120-21頁参照。

53）Confessiones, 6, 8（13）, PL32, c.726参照。

54）Ibid., 8, 6（13）, c.754参照。

55）本書，第Ⅱ部全体，とくに142-45頁参照。

56）Confessiones, 4, 16（28）, c.704に見られる用語（とこの段落）は，この書（Categoriae）がかれらにとって学問の大全であったことを示している。しかしそれは，かれらに貧相な哲学概念をもたせることになった。Categoriae は，Organon の入門書にすぎず，それだけで十全なものではなかった。アウグスティヌスが Categoriae を読んで満足できなかったわけはここにある。

57） 本書，第Ⅰ部第1章，注（23）参照。

58） Epist., 118, 3（21）, PL33, c.442参照。

59） Boulanger, Aelius Aristide, p.39参照。

60） Gwynn の意見がそうである（Roman education, p.102）。さらに，Haarhoff, Schools of Gaul, p.209-10とそこにある参考文献を見よ。クインティリアヌス，キケロにおいて，歴史は学校教育の学習内容には含まれず，より高度な教養に属していた（本書，96頁参照）。

61） たしかに，これはまず文飾であったが，（判例としての）「先例」という意味もあった。

62） Lichtfield, National exempla virtutis in Roman literature 参照。

63） この著作（Factorum ac dictionum memorabilium）の構想はよく知られている。それは，項目ごとに一連の例文を集めたものである（ローマの例，その他の例というように一般に二分されている）。まず，宗教的感情に関する例（1, 1, 1-159），つぎに宗教の軽視（1, 1, 16）などがあり，さいごに（9, 15），有名な詐称者が列挙されている。これはとくに，性格の特徴に関する説明である（3, 1-7, 3）。第1巻の序によると，この選集の目的は，与えられた主題のための例を探す苦労から雄弁家を解放することにある。

64） たとえば，Solinus（Schanz, 3, # 636）, Julius Obsequens（ibid., 4, 1, # 804）, Titus Livius による「奇跡物語」（Prodiges）の抜粋集もある。

65） F. Müller は，historia という語について，その理解の経緯についてすぐれた説明を与えてくれる（De historiae vocabulo atque notione）。

66） De ordine, 2, 12（37）, PL32, c.1012参照。

67） Ibid. 参照。アウグスティヌスは文法をことばに関する知識と定義し，文法の分野に文学を，さらに歴史を加えている。たしかに，historia は，ギリシア語の τὸ ἱστορικόν と同じく，「内容の注釈」を与えるものである。Marrou, Histoire de l'éducation, p.232, 371, 375, 377参照。

68） とくに，Cicero, De oratore, 1, 20-21; 1, 75-81; 1, 214s; 3, 74-75参照。

69） Ibid., 3, 86-89; 3, 56-58参照。

70） Ibid., 3, 87: ista discuntur facile, si et tantum sumas quantum opus sit.

71） Ibid., 1, 65-65（cf. 62）; 1, 69; 2, 37-38参照。

72） Ibid., 1, 48-57参照。

73） あとで確認する機会があると思うが，哲学者は雄弁家とは反対に，教養について，はるかにより豊かで健全な考え方をしている（本書，243頁参照）。

74） Quintilianus, Institutio oratoria, 1, 10, 36-37参照。

75） Ibid., 1, 10, 35参照。

76） Ibid., 1, 10, 36参照。

77） Ibid., 1, 10, 47-48参照。

78） キケロは数学的諸学科について，決してそれとして取り上げていない。かれから見ると，それは自由学芸の一般概念のなかに含まれている。本書，96頁参照。

79） そこには，この学習に費やす時間を最小限にとどめようという配慮がある。キケロ

は，700年の歴史をただ一巻にまとめ簡潔化しようとして，Atticusの提要を勧めている（Orator, 120）。ここに，帝政期を通じて編纂される多数の歴史概説書の起源がある。

80） Cicero, De oratore, 1, 68-69参照。

81） Id., Orator, 118; De oratore, 1, 56参照。

82） Id., De oratore, 3, 125; Rerum enim copia, verborum copiam gignit.

83） Macrobius, Saturnalia, 1, 24と第3巻全体（Vergiliusの宗教的知識を取り扱う）参照。

84） Ibid., 1, 5, 11参照。

85） Ibid., 1, 3; 1, 12-16参照。

86） Ibid., 1, 6. かれは，Praetextatusという人名にかこつけて，ローマの高位の公職者や貴族の子弟が着用していたtoga praetexta（若者の長衣）の起源について語っている（Saturnaliaなど）。

87） Ibid., 2, 8s; 7, 4参照。

88） Ibid., 1, 17-23; 5, 22参照。

89） Ibid., 2, 2-7（冗談や有名人のことば）参照。

90） Ibid., 7, 14（光の屈折と視覚の構造）参照。

91） Ibid., 7, 6; 7, 10参照。

92） Aulus-Gellius, Noctes atticae, 2, 21; Boissier, Fin du Paganisme, 1, p.210-11参照。

93） Ibid., 18, 2（18, 13参照）. たしかに，ここでマクロビウスは，アウルス・ゲリウスのNoctes atticaeを多用し（たとえば，1, 3=Noctes atticae, 2, 18; 1, 11=2, 18; 2, 2（15-17）=19, 11など），そこからSaturnaliaの最初の思想を取り出している。

94） スエトニウスは，取り扱う人物の歴史的なことば，引用，文学的示唆とその事情とを丹念に収集している。このことは二重に重要である。それは，かれの時代，またすでに帝政期を支配していた趣味を示しているからである。同じような傾向は，ギリシア地方でも見られた。Plutarchusの著作やバシリウスのLectures des poètesを参照。Puech, Littérature grecque chrétienne, 3, p.376（2, p.333参照）。

95） 本書，389-91頁参照。差しあたって，Fulgentius, Expositio Virgilianae continentiae（Schanz, 4, 2, # 1096）を見てもらいたい。

第6章　アウグスティヌスの博識

1） ヒエロニムスは除く。かれの著作をもとにしても，古代教養の大筋の内容は正確に描くことができるかもしれない。私が（かれの文通を精読することによって）気付いた限りでは，その内容全体は本書で取り上げるアウグスティヌスのそれと大差ない。

2） 本書，98頁とくに第Ⅱ部第1章，注（3），本書189-220頁参照。

3） 文法と修辞学については先に述べた。

4） 本書，331-36頁参照。

5） 自由学芸に関する諸書（De musicaを含むDisciplinarum libri）は別にして。しかしこれらの諸書は，本書，第Ⅱ部で取り上げる。

6） 本書，23-24頁（語形論，韻律について），30-31頁（語彙について）参照。

7） 本書，30, 37, 55頁参照。

8） De civitate Dei, 18, 21, PL41, c.578参照。

9） 実際，語源の説明のうち多くのものは学校教育で教えられたもので，直接に学校での教授を反映している。またあるものは教育関係の著作つまり著述家たちの注釈あるいは Nonius Marcellus の Compendiosa doctrina のような辞典から取り入れている。

10） アウグスティヌスが De civitate Dei 第4巻においてヴァロの書をもとに列挙するローマの神々の名前がそうである。たとえば De civitate Dei, 4, 8, PL41, c.118-19（Cloacina, Volupera, Lubentina, Vaticanus etc...）; 4, 11, c.203参照。同じ第4巻の第16章では（c.125），Murcia の語源は murcidus にあり，それは，Pomponius とか言うものに由来するとされているが，確認は困難である（Vivès, Opera の該当箇所の注を参照）。おそらく，すでにヴァロが引用していたものであろう。

11） その起源は古い。プラトンは，すでに語源を取り扱い楽しんでいる（とくに Cracylus を見よ）。

12） Ne quidnam の語源は，nequitia にあるとするのは（De vera religione, 2 (8), PL32, c.864），おそらくキケロの説明から来ている（Cicero, Tusculanae disputationes, 3, 8 (18). Alfaric, Evolution intellectuelle, p.430, n.3参照）。それはまた，ヴァロの De lingua latina（10, 5 (81)）によるものかもしれない。アウグスティヌスは単に，先人（veteres）による，としている。

13） たとえば，ars の語源は，ἀρετή にあるとされている（De civitate Dei, 4, 21, PL41, c.128）。それはすでに Donatus（Andria に関する Terentius の書の注釈において），Servius（ad Aen. 5, 705, commentaire à Donat, in Keil, Grammatici latini, 4, 405），Diomedes（Keil, 1, 421）その他の文法教師，さらに Cassiodorus（Institutiones, 2, PL70, c.1151），セビリャの Isidorus（Etymologiae, 1, 1, 2）が取り上げている。Mercurius, medius currens といった説明（De civitate Dei, 7, 14, PL41, c.205）は，Arnobius の Adversus nationes, 3, 32などと関連があるに違いない。

14） 本書，後出の注（16）参照。

15） Meillet, in O. Bloch, Dictionnaire étymologique de la langue française, 1, p.vii; Müller, De veterum imprimis Romanorum studiis etymologicis, Utrecht, 1910; Dietrich, De Ciceronis ratione etymologica, Iena, 1911参照。

16） Sesqui の語源については，De musica, 1, 10 (17), PL32, c.1093参照。（Unus） semisque のような語の語源は皆が知っていた（現代の学者も受け入れている：Ernout-Meillet, p.881）。にもかかわらず，アウグスティヌスは，かなりきまぐれな se absque というもうひとつの語源を提示する。しかしかれがどのようなことばで，それを対話者に納得させようとしているかを見て欲しい（Ibid., c.1093 fin）。プラトンの語源論は，すでにこうしたからくりを示している（Phaedrus, 231 b-c : ἵμερος の語源）。Robin, Notice de son édition de Platon, Phèdres, in Platon, Oeuvres complètes（coll. Budé), IV, 3, p.46参照。

17） とくに，1, 4, c.8s; 1, 6, 7を見よ。また1, 18も参照。

18） De civitate Dei におけるヴァロの引用については Schanz, 4, 2, p.418-19に多くの著作

が列挙されている。とくに，Angus, Source of the ten first books of Augustine's De civitate Dei 参照。

19）もちろん，かれはヴァロの著作について，すでに若干の知識をもっていたとも考えられる（De moribus... Manichaeorum, 2, 8 (12), PL32, c.1350）。

20） De civitate Dei, 6, 2-3, PL41, c.177-79参照。

21）古代末期に著された学校教科書には若干の神話の要約があり，教師や生徒たちはそこから教材の注釈に必要な知識を得ていた。ここでは，フルゲンティウスの書とMythographi Vaticani libri 3（Schanz, 4, 2, # 1095, 1118）をあげておこう。

22） Epist., 7, 2 (4), PL33, c.69参照。

23） Epist., 166, 2 (3), PL33, c.721参照。

24） Epist., 14, 2, c.79参照。

25） De civitate Dei, 19, 12, 2, PL41, c.638-39 ; 2, 7, c.53参照。

26）アウグスティヌスが読者の教養人たちの好みに合わせて，文飾をもって著作を美文調に整えようとしたのは，もちろん当時の読者の趣味を意識してのことかもしれないが。しかしこうした仮説は，それほど真実味はないように思われる。

27） De doctrina christiana, 2, 17 (27), PL34, c.49参照。

28）アウグスティヌスがヴァロのエウエメロス（evhémeriste）的観点を取り入れることによって，神々（死後，神化された王や英雄）の歴史は必然的に人類の歴史に取り入れられるようになり，同時に異教徒に対する攻撃手段ともなる。それぞれについてアウグスティヌスは関連する逸話あるいは論争を展開するが，しかしその内容を説明するだけで，論証には何の影響もない。

29） De civitate Dei, 18, 3, PL41, c.563参照。

30） Ibid., 18, 5, c.563-64参照。

31） Ibid., 18, 9, c.566-67参照。

32） Ibid., 18, 10, c.657（アレオパゴスについて）; 12, c.570（エリクトニオス王について）; 16, c.573（Tremiti 島のディオメデス神殿について）; 17, c.573-74（ウリクセス，リュカイウスについて）。

33）本書，364-69頁参照。

34）この内容については，本書，333-34頁参照。

35） De civitate Dei, 4, 6, PL42, c.116. ここでは，太祖からはじまる人間社会の発展を概観するにあたってJustinusの序文（1, 1）を借用している。

36） Ibid., 1, 15, c.28-30; 1, 24, c.37; 2, 23, c.70; 3, 18, 1, c.99; 3, 20, c.102; Epist., 125, 3, PL 33, c.475 etc 参照。

37） Epist., 104, 2 (6), PL33, c.390参照。もちろん，同じような例は枚挙にいとまがない。Regulus, Cincinnatus, Fabricius については De civitate Dei, 5, 18, 2, c.164; Fabricius, Fabius, Scipio, Regulus については Contra Julianum Pelagianum, 4, 3 (17), PL44, c.745を見よ。

38） De opere monachorum, 25 (32), PL40, c.572参照。

39） Contra Julianum, 4, 3 (26), PL44, c.751参照。

40） Epist., 138, 2 (10), PL33, c.529参照。

41） Epist., 167, 2 (7-8), c.736参照。

42） Epist., 118, 3 (13), c.438 : "rempublicam ex parva magnam facere". Epist., 231, 3, c.1023参照。

43） De quantitate animae, 21 (36), PL32, c.1056参照。

44） De civitate Dei, 1, 22, PL41, c.36参照。

45） De moribus ecclesiae catholicae..., 2, 8 (12), c.1350参照。すでにMiloの名前は，先の例には見出されない。

46） これらの事例はすでにあげたので今更取り上げるまでもないが，たとえば，Ambraciaのクレオンブロトス（Cléombrote）の逸話（上掲注(44)）はすでに，Cicero, Tusculanae, 1, 34 (84) にある。Thémistoclesの逸話の一部はキケロのPro Archia, 9 (20) とTusculanae, 1, 2 (4) にある。

47） たとえば，銀10リベラを所有したという贅沢のために監察官ファブリキウスによって追放されたコルネリウス・ルフィヌス（前290年と277年の執政官）の物語は（本書，113頁），Aulus-Gellius（4, 8), Valerius Maximus（2, 9, 4), Florus（1, 18, 22）に見られる。スキピオの娘の持参金については，Valerius Maximus, 4, 4, 10参照。アウグスティヌスが述べるとおりのレグルスの逸話は，ティトゥス・リヴィウス，エウトロピウスだけでなく，キケロ，ヴァレリウス・マクシムスの書にも出てくる。Angus, Sources, p.76参照。

48） De civitate Dei, 18, 19, PL41, c.576参照。

49） Ibid., 19, 1, 1, c.621（このあと，ヴァロの名前は頻出する）。

50） とくにIbid., 19, 1, c.623 ; 19, 2, c.625参照。

51） Ibid., 8, 2s, c.225s 参照。

52） ここで資料として用いられているのは，Tusculanae, 5, 7-11である（Diels, Doxographi graeci, p.173-74の説明による）。

53） De vera religione, 2 (2), PL31, c.123参照。

54） Epist., 144, 2, PL33, c.591; Contra Julianum Pelagianum, 1, 4 (12), PL44, c.647; 1, 8 (35), c.666. この古典的な逸話とアウグスティヌスの伝記における逸話との関係（Alypiusの回心）については，Confessiones, 6, 7 (12), PL32, 724; Mausbach, Ethik, 2, p.283-84参照。

55） クセノクラテスの逸話は，Valerius Maximus, 6, 9, Ext., 1, あるいはホラティウスの学習用の注釈書から来ているのかもしれない（Satyrae, 2, 3, 253-54)。この逸話のギリシア的伝統との関係については，Zeller, Philosophie der Griechen, 2, 1, p.994, n.1参照。

56） De doctrina christiana, 2, 29 (45), PL 34, c.56 ; c.28 (42-44) 参照。

57） De civitate Dei, 16, 17, PL4I, c.497参照。

58） De Genesi contra Manichaeos, 1, 15 (24), PL34, c.184 ; De Genesi ad litteram, 3, 2 (3), c.289 ; Quaestiones in Heptateuchum, 1, 9, c.550参照。

59） Vibius Sequester, 1, 5, s. v, Olympus.

60） Haarhoff, Schools of Gaul, p.66-67. 基本的資料は，Eumenius, Pro scholis, 20である。Schanz（4, 2, p.336）は，4, 5世紀に作成された大部分の小地図提要をこの地図の注釈と

器用に結びつけている。たとえば Honorius の Cosmographiae と Aethticus の Expositio mundi との比較がある。アヴィエヌスにおいては，地図は詩法の対象にすぎない。

61） Schanz, 4, 2, # 1059. 他にあげることのできる著作は，実際的な目的をもつもので，たとえば旅行者用（Schanz, 4, 1, # 812）あるいは役人用の（Notitia dignitatum, ibid., 4, 2, # 1064）「旅案内」（Itinéraires）である。しかし能書家フィロカルスが装飾した354年用の有名な暦に付されていた Notitia regionum, また Polemius Silvius によって聖エウケリウスに奉献された暦に付けられていた（Schanz, 4, 2, p.130）Enumeratio provinciarum と Notitia Galliarum は，教養人の物知り的な趣味のために書かれたものであろう。Philocalus（ibid., 4, 1, # 796）; Polemius Silvius（ibid., 4, 2, p.130）.

62） 本書，第Ⅰ部第6章，注（56）参照。

63） Enarratio in Psalmum 118, 26, 8, PL37, c.1579参照。

64） De civitate Dei, 21, 4, 3, PL41, c.713参照。

65） Ibid., 21, 4, 4, c.714 : quod cum primum vidi, vehementer inhorrui.

66） つぎの注（67）において取り上げた事実と比較せよ。また Plinius, Naturalis historia, 37, 59 n.4; Solinus, Polyhistor, 11, 35, 40; 47 extr. 参照。

67） De civitate Dei, 21, 4, 4, c.713参照。

68） De doctrina christiana, 2, 16（24）, PL34, c.47; De Genesi contra Manichaeos, 2, 10（14）, c.204参照。

69） De civitate Dei, 21, 5, 1, c.715参照。

70） Enarratio in Psalmum 91, 13, PL37, c.1179参照。

71） Enarratio in Psalmum 57, 20, PL36, c.686-90参照。

72） De nuptiis et concupiscentia, 1, 19（21）, PL44, c.426; Contra Julianum Pelagianum, 6, 7（21）, c.835; Epist., 194, 10（44）, PL33, c.890; Sermo 77, 8（22）, PL38, c.488参照。こうした事実は地中海地方の人々は容易に気付くものであり，したがって書籍によるものではないと主張するものもあるが，私には断定するだけの自信がない。聖パウロの「ローマの信徒への手紙」11, 24参照。

73） Enarratio in Psalmum 50, 12, PL36, c.689-90（肺の治療に用いられた）参照。

74） De moribus ecclesiae catholicae et Manichaeorum, 2, 8（12）, PL32, c.1350参照。

75） De civitate Dei, 21, 5, 1, c.715. これは，Solinus（38, 35）と Plinius（12, 23）にもある。

76） こうした比較については，Taylor, Mediaeval Mind, 1, p.75-77（かれは Lauchert, Physiologus, p.4s に依拠している）参照。

77） Enarratio in Psalmum 101, 7, 8, PL37, c.1298参照。

78） Enarratio in Psalmum 103, 3, 4, c.1360参照。

79） Ibid., 3, 17-18, c.1372-73 ; Adnotationes in Job, 39, 12-18, PL34, c.882参照。聖書記者は，駝鳥の行動について生き生きと率直に描写しているが，アウグスティヌスの知識はそれよりはるかに劣り，かれが駝鳥について知っていることは，「飛ばない」ということだけである。

80） De quantitate animae, 31（62）, PL32, c.1069参照。

81）De civitate Dei, 21, 4, 1, PL41, c.712参照。

82）De Genesi ad litteram, 3, 8 (12), PL34, c.284参照。

83）De civitate Dei, 1, 4, 1, PL41, c.712参照。

84）De Genesi ad litteram, 3, 9 (13), PL34, c.284（アウグスティヌスはここで，聖書と異教徒の書を参照している）。

85）Enarratio in Psalmum 91, 11, PL37, c.1178参照。

86）Adnotationes in Job, 39, 1, PL34, c.880（アウグスティヌスがあげるラテン語は tragelaphorum であるが，ヴルガタ訳聖書（「申命記」14, 5）では ibicum となっている）。

87）Enarratio in Psalmum 57, 7, PL36, c.679-80参照。蛇のその他の特徴については Ibid., 10, c.681-682; De doctrina christiana, 2, 16 (24), PL34, c.47参照。

88）De gestiis Pelagii, 6 (8), PL44, c.330 ; Tractatus in Johannem, 36, 5, PL35, c.1666. その他の特徴については，De moribus ecclesiae catholicae et Manichaeorum, 2, 16 (59), PL32, c.1366; De quantitate animae, 14 (24), c.1049参照。

89）Enarratio in Psalmum 102, 9, PL37, c.1323-24参照。

90）しかしここでも Enarratio in Psalmum 41, 2-4, PL34, c.465-66（鹿の習性，生態について。鹿は蛇を殺すが，それによって渇きをいっそう憶えるようになる。川をわたるとき，鹿は，角を先行する鹿の臀部にかける）をあげておこう。

91）De moribus...Manichaeorum, 2, 17 (63), PL32, c.1372（Vergilius, Gorgica, 4, 295-314をもとに）参照。

92）De civitate Dei, 21, 4, 1, PL41, c.715（Georgica, 3, 269-83をもとに）参照。

93）Soliloquia, 2, 8 (15), PL32, c.891

94）Herodotus, Historiae, 2, 689 ; Aristoteles, De generatione animalium, 516a24（Manquat, Aristote naturaliste, p.16, n.6, 38, 46-47による）。この物語はアウグスティヌスのころはよく知られていた。エクラヌムのユリアヌスもそれを用いている（Contra Julianum, 6, 6 (16), PL44, c.831）。

95）医術教師や宮廷侍医（archiatri）から成る ἰατροσοφισταί の制度については，Codex Theodosianus, 13, 3, 1-19参照。Archiatri は，主として一般の医者であったが，医術も教えていた（S. Reinach, Daremberg et Saglio, 3, 2, s. v. Medicus, p.1674B ; Wellmann, P. W., 2, c.464-65）。こうした教授は，ギリシア，ラテン双方の地方で活発に行われていた。4, 5世紀におけるラテン語による医術書（あるいは翻訳書）については，Schanz, 4, 1, p.201-04 ; 4, 2, p.272-302参照。

96）アウグスティヌスははっきりと，医術を学ぶものは少数であったと述べている（De anima et ejus origine, 4, 6 (7), PL44, c.528）。

97）キケロ，ましてクインティリアヌスは，医術を doctus orator の教育に加えることなど考えていない。

98）Varro の Disciplinae の一巻は医術にあてられている。Cornelius Celsus の Artes では，de medicina に8巻（複数）があてられ，これは現存している。プリニウスは『自然誌』の第7巻を人間の説明にあてている。アプレイウスは，Medicinalia を著したが，散逸し

てしまった（Priscien, in Keil, Grammatici latini, 2, p.203参照）。

99） Confessiones, 4, 3 (5), PL32, c.695。この人物については，Schanz, 4, 1, # 849参照。

100） アウグスティヌスは，ソラヌスをMedicinae auctor nobilissimusとして引用することがある（Contra Julianum Pelagianum, 5, 14 (51), PL44, c.813; Soranus, Gynaecia, 1, 39, 1; Corpus medicorum graecoum, VI, p.27）。Retractationesの修正によると，アウグスティヌスが原典を参照したことは明らかであるが（ibid., 2, 62, PL32, c.655），ギリシア語原典に頼ったというのは言い過ぎであろう。そのラテン語訳があったからである（Schanz, 4, 1, p.204; 4, 2 # 1132）。

101） De anima, 4, 6 (7), PL44, c.528参照。

102） De civitate Dei, 22, 24, 4, PL41, c.791参照。

103） De Genesi ad litteram, 3, 4 (6-7), PL34, c.281-83参照。

104） Ibid., 7, 13 (20), c.362参照。

105） Ibid., 7, 17 (23) -18 (24), c.364参照。

106） De quantitate animae, 22 (37), PL32, c.1057（睡眠について）; De libero arbitrio, 2, 7 (19), c.1351（呼吸について）; De anima, 4, 5 (6), PL44, c.527-28（主要な器官の本性と機能に関する古代の理論全般を要約する）。

107） De moribus...Manichaeroum, 2, 8 (12), PL32, c.1350（火傷を泥で治療する）; 2, 16 (39), c.1362（下剤としての油）; De libero arbitrio, 3, 8 (23), c.1282（若干の病気には冷水は危険），さらに上掲注(73)と(74)参照。

108） Soliloquia, 2, 19 (33), PL32, c.1054参照。

109） Ibid., 2, 18 (31), c.1052参照。

110） De civitate Dei, 14, 24, 2 ; PL41, c.432-33参照。

111） Contra Julianum Pelagianum, 3, 11 (22), PL44, c.712-13参照。

112） Soliloquia, 2, 18 (31), PL32, c.1053参照。

113） Contra Julianum Pelagianum, 6, 6 (16), PL44, c.832（事故で隻眼になったカルタゴの修辞学教師フンダニウスには，隻眼の子が生まれた）。De civitat Dei, 15, 26, 1, PL 41, c. 472（人体の調和についての考察）。

114） Ibid., 5, 14 (51), c.813; Quaestiones in Heptateuchum, 1, 93, PL34, c.572参照。

115） アウグスティヌスの著作における該当箇所はDuhem, Système du mondeに採録され，注釈されている（2, p.410-17, 431-94）。本書では，これを利用したし，読者にもその参照を勧めたい。宇宙論については，Alfaric, Evolution intellectuelle, p.235-37にある資料も参照すること。さらにEpist., 14, 2-3, PL33, c.79-80; De doctrina christiana, 2, 22 (34), PL 34, c.52も参照。

116） De quantitate animae, 1 (2), PL32, c.1036 ; 13 (22), c.1047-48 ; De immortalitate animae, 10 (17), c.1030 ; De Genesi ad litteram, 2, 1 (2) - 3 (6), PL34, c.263-65 ; 3, 3 (4-5), c.280-81 etc 参照。

117） Confessiones, 12, PL32, c.825-44 passim ; De Genesi ad litteram liber imperfectus, 3 (10) - 4 (13), PL34, c.223-25 ; 4, 17, c.226-27 ; De Genesi ad litteram, 1, 15 (29), c.257参照。

118) De civitate Dei, 12, 10-13, PL41, c.357-62参照。

119) De quantitate animae, 4 (6), PL32, c.1039; Enarratio in Psalmum 103, 1, 12, PL37, c.1346; De Genesi ad litteram, 2, 4 (7), PL34, c.266 ; De Genesi... liber imperfectus, 14 (46-7), c.184参照。

120) Enarratio in Psalmum 10, 3, PL 36, c.131-33 ; De Genesi ad litteram, 2, 15 (31), PL34, c.276 ; Epist. 55, 4 (6-7), PL33, c.207-08参照。

121) De civitate Dei, 16, 9, PL41, c.487参照。

122) 私は，こうした影響は少ないと考えたい。アウグスティヌスは，哲学を志向することにより自然学から遠ざかっているからである。本書，186-87頁参照。Duhem は，アウグスティヌスによる若干の理論，とくに第一資料の説明では新プラトン主義に依拠していると考えている（op. cit., p.438-43, 410-17）。

123) 本書，259-60頁参照。

124) De civitate Dei, 21, 7, 1, c.715（その資料となっているのは，やはり Solinus, 32と Plinius, 2, 228である）。

125) Ibid., 21, 7, 2, c.719. かれは，依拠する資料を正しく理解している。ここで言われている泉は，Gua（Isère）の St. Barthélemy の Fontaine Ardente のことである。そこでは，ガスが自然に噴出し燃えているのがかすかに見える。

126) Ibid., 13, 18, c.391参照。

127) Epist., 3, 3, PL 33, c.65（De quantitate animae, 14 (24), PL32, c.1048）参照。

128) De civitate Dei, 21, 4, 1-2, PL41, c.712-13参照。

129) Schanz, 3, # 362参照。

130) これら二書の著者たちは，それぞれの序文において，自分たちが読んだもので有用と思われる内容を選んで読者に提供すると断っている（Macrobius はその書を自分の子どもに贈っている）。

131) Aulus Gellius, Noctes atticae, praef. 参照。アウルス・ゲッリウスは，この序において，それ以前に刊行された似たような多くの選集をあげている。ケンソリヌスの De die natali（Schanz, 4, # 632）もそのひとつである。そのうち今日散逸しているものとして，スエトニウスの Prata（Schanz, # 534）やアプレイウスによる選集がある（本書，98頁）。

132) この語に関する説明として Thesaurus linguae latinae にある curiositas の項をあげておく。この語は，キケロにも1回，出ている（Ad Atticum, 2, 12, 2）。しかしそれが本格的に利用されるのは，アプレイウスや テルトゥリアヌス以降のことである。

133) この語についても，Thesaurus, s. v. 参照。具体的な用語としての形容詞は，抽象名詞よりもはるかに古い（すでにプラウトゥスでは2回，キケロでは28回も使用されている）。アウグスティヌスはとくに De doctrina christiana において，doctior vel curiosior という語を用いている（1, 17 (27), PL34, c.49: ここでは，博識と好奇心というふたつの概念のつながりが明白に示されている）。

134) De vera religione, 49 (94), PL34, c.164; 52 (101), c.167: et omnis illa quae appellatur curiositas, quid aliud quaerit quam de rerum cognitione laetitiam... アウグスティヌスは，

哲学，宗教の視点から curiositas を批判しているが，これについては本書，221-23, 282-83頁参照。

135） たとえば Spengler の「ファウスト的人間」（l'homme faustien）の理論，あるいは Samuel Pepys（1632-1703）の Journal におけるように，イギリス人が esprit curieux に見出す象徴としての価値を私は考えている。

136） Confessiones, 10, 8 (15), PL32, c.785 : "et eunt homines mirari alta montium, et ingentes fluctus maris, et latissimos lapsus fluminum, et Oceani ambitus, et gyrus siderum..."。ここには自然に対する感情があるというかもしれないが（De libero arbitrio, 2, 9 (27), PL32, c.1255），そこには curiositas の役割も大きい。

137） Tertullianus, Aplogetica, 5 : "omnium curiositatum explorator". Homo, Le Haut-Empire, p.479-80, 528-29参照。

138） 知識の一定の領域を取り扱う著作，提要においても博識と同じような方法が用いられている。そこで用いられているのも，いくらかよりよくまとめられた資料カードである。

139） 歴史家にとって百科全書の取り扱いは微妙であるが，これについては本書，182-88頁において取り上げる。

140） アウグスティヌスは，こうした趣味をもちながらもそれを抑えていく古代知識人のひとりである。この趣味がどこまで増長されうるかは，マクロビウス（Saturnalia, 7, 6-10）やアウルス・ゲッリウス（Noctes atticae, 14, 6）を参照してもらえば分かる。

141） こうした思想は，セネカ（たとえば Naturales quaestiones 7, 30-32）にも見られる。しかしそれは，すでにかれにおいて現実とは対応していない。かれの自然学は単なる物知り的知識にすぎず，その方法はすでにまったく文学的である。私はこれまで，数学的諸学科の分野にはふれずにきた。おそらく読者のなかには，この時代までに（後3世紀の Diophantos）実現された実際的な進歩があったと抗議するものもあろう。しかしこの進歩は，科学史にとって魅力的なものであるとはいえ，とくに西方における教養史を専攻するものには大して重要ではない。アウグスティヌスにおける数学的諸学科の知識を取り上げるなかで，こうした進歩がいかに無縁なものであったかを明らかにしよう（本書，198-220頁参照）。

142） たとえば，医学におけるアリストテレスの四元素の役割を見てもらいたい（本書，第Ⅰ部第6章，注(103)参照）。

143） De civitate Dei, 21, 7, 1, PL41, c.718. アウグスティヌスは「驚異的なもの」(mirabilia) を列挙し，「それは自然の力であり，それらの本性がそうなっているのであって，それは固有な自然本性の働きである」と述べ，さらに「他のものについては，これが本性であるという以外に他の理由は説明されない。たしかにそれは簡潔ではあるが，十分な答えであると私は思う」と付け加えている（c.719）。

144） たとえばセネカにおいても，それが見られる。Naturales quaestiones において，かれが用いる方法は，それぞれの問題について意見を表明した種々の権威を取り上げて比較し，経験よりも論証をより重視するような論争のあと，権威のどれかに有利な決着

をつけることである（Oltramare, Introduction des Questions naturelles, p. xvi-xx）。

145） There are more things in heaven and earth, Horatio,

Than are dreamt of in your philosophy.

ここでは，Bréhier, Philosophie de Plotin, p. xii を援用した。

146） とくに，De civitate Dei, 21, 4, 3, PL41, c.713 ; 21, 4, 4 (fin), c.714, とりわけ21, 8, 1, c.720を参照。

147） とくに，De civitate Dei, 21, 6, l, c.717参照。その他かれは，ソドムの果物について（本書，118頁参照），また Epiros の温泉についても確かな証人がいないと指摘している（ibid., 21, 7, 2, c.719）。しかしグルノーブルの温泉は確実であると述べている（本書，123頁参照）。

148） たとえば，石灰に関する逸話（本書，117頁参照）。

149） 本書，第Ⅰ部第6章，注（65）参照。

150） アウグスティヌスは，こうした証言の価値を確立しようと努めている。かれは，Severusの誠実さを保証し，当時アフリカの伯であった Bathanarius の体験にまつわる歴史的状況を明確に伝えている（De civitate Dei, 21, 4 (4) 参照）。

151） アウグスティヌスは，事実の観察と読書にもとづく記憶をもとに（De civitate Dei, 15, 9 ; 15, 23, 3)，単なる歴史家としてとどまり，理性的な理論にもとづく批判を控えることがある。たとえば「女性を犯す夢魔（incubus）」については，「この証言を否定することは適切ではないように思われる」というにとどめる（ibid., 15, 23, 1）。

第II部　知恵の探究

第1章　哲学への回心

1）それは，Confessiones（3, 4（7-8）），PL32, c.961とDe beata vita（1, 4）によると，373年のことである。すべての歴史学者はこのふたつの資料による証言を重視したが，それは正しい（たとえば，Alfaric, Evolution intellectuelle, p.65 ; de Labriolle, Littérature, p.530 ; Gilson, Introduction, p.1; Stroux, in Festschrift Reitzenstein, p.106-08 ; Claesen, Augustinus en Cicero's Hortensius）。アウグスティヌス自身，進んで，この出来事をかれの霊的変化の出発点としている（Confessiones, 6, 11（18），8, 7（17）; Soliloquia, 1, 10（17），PL32, c.878）。

2）この年代の確定については，Schanz, 4, 2, p.405, # θ と κ 参照。

3）これらの読書については，Alfaric, Evolution intellectuelle, p.230-35, 349, 374-76, 516-18 ; Comeau, Saint Augustin et la culture, p.8-11; Boyer, Christianisme et néo-platonisme, p.79-83参照。それは，二分できる。A）アウグスティヌスがキケロのHortensiusのあと読んだのはアリストテレスのCategoriae, プラトンのTimaeusとPhaedrus（本書，39頁参照），キケロの「哲学的対話編」（これがはるかに中心になっている。アウグスティヌスが哲学的知識をもっとも多く汲み取ったのはキケロの著作からである），ヴァロのDe philosophia, さらにセネカやアプレイウスの書，さいごに，自由学芸に関する種々の著作，とくにヴァロのそれである（本書，第II部第4章，注（159）参照）。B）一方かれは，回心の数か月前，プロティノスのEnneadesの一部を読んでいる（本書，39頁参照）。

4）この点に関するAlfaricの指摘は正しい（Evolution intellectuelle, p.69参照）。

5）Confessiones, 4, 13（20）-15（27）. こうした要約は，原書の執筆から17ないし18年後に記憶をもとに書かれたもので，この処女作に関する唯一の資料である（Epist., 138, 5, PL33, c.527; De civitate Dei, 22, 24, PL41, c.791.）。それにほとんど何も加える必要はない。Alfaric, Evolution intellectuelle, p.222-25; Svoboda, Esthétique, p.10-16参照。

6）Confessiones, 4, 14（21-23）. ローマにおけるアウグスティヌスの教授活動については，Marrou, Vie intellectulle, p.95-97参照。

7）Ibid., 5, 3（3）; 5, 6（10）. この出会いの日付ははっきりしている。当時アウグスティヌスは28歳であった。したがって，それは382年11月から383年11月の間のことであった。Boyer, Christianisme et néo-platonisme, p.46参照。

8）本書，第I部第4章，注（14）参照。

9）もちろん，こうしたすべての側面が同時に現われたとは言わない。私は，アウグスティヌスの哲学への回心が宗教的回心に先立つものであったことを忘れたわけではない。しかしここでは，その時間的前後関係は無視しても差し支えない。

10）宗教的側面については，異論の余地のない事実だけを指摘しておく。386年のアウグスティヌスが考えていたキリスト教が，多少とも新プラトン主義に染まったものであったということは議論されてもよい。それでもなお，それまでかれが拒んでいた受洗

をいつ決心したのか，その時期の問題は残る。この決定的な事実の射程を軽視することはできない（Alfaric, Evolution intellectuelle, p.viii, p.398とは違う意見であるが）。30歳にもなり，しかもアウグスティヌスほどの人物であれば，受洗が何を意味するかはよく弁えていたはずである。

11）ここでも，異論の余地のない事実だけを取り上げよう。そうすることで，Alfaric（op. cit., p.391-95）が悪戦苦闘している難問を避けることができる。Boyer, op. cit., p.152参照。

12）世俗的栄誉の放棄は，アウグスティヌスの禁欲的道徳の表れである。たとえばDe ordine, 2, 8（25）, PL32, c.1006参照。

13）ここには，もうひとつの議論の的となる問題がある。とくに，Alfaric（op. cit., p.394, 396, 397）とこれに反対するBoyer（op. cit., p.148-52）の意見を参照。アウグスティヌスの辞任において，健康上の理由と形而上学的理由とは，それぞれどれほどの場を占めていたのか。アウグスティヌスがミラノの市当局に辞表を提出したその日の精神状態を再確認することはおそらく困難であるが，しかしかれが辞任したこと，また一切の野望を放棄したこと，そして後日それを後悔しなかったことは確かである。

14）しばしば見落としがちなこの点については，Confessiones, 6, 11（19）を見よ。アウグスティヌスは，回心のまさにその時，かれが注意深く維持してきた影響力のある人々との交流をつてに「何か名誉ある地位」（aliquis honor）少なくとも「県知事」（praesidatus）は期待できた（Confessiones, 6, 11（19））。

15）Alfaric, Evolution intellectuelleのConversion intellectuelleの章において詳しく説明されている（p.372-82）。

16）「ほぼ」と言ったのは，二教養間の対立は絶対的なものではなかったし（本書，241頁），他方，いかなる心理的変化にも継続性があることも考慮すべきである。アウグスティヌスの最初の哲学的著作つまりカッシキアクムで書かれた「対話編」は，きわめて「文学的」な調子をとどめている（本書，第Ⅱ部第4章，注（33）参照）。

17）De ordine, 1, 3（6）, PL32, c.981; 1, 3（8）, c.982；1, 5（12）, c.984; Contra Academicos, 2, 4（10）, c.924; 3, 1（1）, c.934. リケンティウスは，長いこと善くない生徒で，詩作に興味をもったことはすでにかれにとっては進歩であった（De ordine, 1, 6（16）, c.985; 1, 7（20）, c.987）。

18）アウグスティヌスは，幸福の問題についてリケンティウスを仲間のトリゲティウスと議論させるが，それは，かれを詩作の魅力から引き離すためであった（Contra Academicos, 1, 4（10）, c.924）。アウグスティヌスは，ふたりに詩作よりも哲学を選ぶように呼びかけ（ibid., 3, 1（1）, c.934）, CiceroのHortensiusを読ませている（ibid., 3, 4（7）, c.937-38）。

19）De ordine, 1, 3（8）, c.982. リケンティウスが詩作に戻る意向を示すと，アウグスティヌスは声を荒げて非難する。

20）アウグスティヌスはけっしてこうした肩書きを用いなかったことに注目しよう（ただしDe Trinitate, 14, 1（2）, PL42, c.1037参照）。それはたしかに，キニク学派以来，こうした用語がややへつらいの感じを与えていたからであろう。しかしカッシキアクムの

「対話編」では，かれは喜んでphilosophiaという語を用いている（De beata vita, 1, 4, PL 32, c.961; De ordine, 1, 2（5）, c.980 ; 1, 6（15）, c.985; 1, 8（24）, c.989; 1, 11（31）, c.992, etc）。しかし後になって，それを用いるとしても慎重になり，たとえば，amor sapientiaeという表現に置き換えたりする（Confessiones, 3, 4（8）; De ordine, 1, 11（32）, PL32, c.993; De vera religione, 5（8）, PL34, c.126 ; A. Martin, S. Augustini philosophia, p.1）。これは，アウグスティヌス自身が振り返っているように（De moribus ecclesiae catholicae..., 1, 21（38）, PL32, c.1327），聖書では，philosophiaという語が悪い意味に用いられているからであった（「コロサイの信徒への手紙」2, 8 ;「コリントの信徒への手紙Ｉ」2, 1）。聖書におけるphilosophiaの射程については，Festugière, Idéal religieux, p.99, n.4参照。

21）今一度，断片的な説明で見落とされがちなものは，アウグスティヌスの変化における継続性である。いわゆる「哲学者時代」のアウグスティヌスの知的活動は哲学だけに向けられていたのではなく，とくにカッシキアクムの「対話編」以後の宗教的性格の著作に見られるように，すでに未来の「聖職者時代」を予告している。それらの書は本書，307頁において取り上げることにする。

22）これは，Possidius, Vita, 3, PL32, c.36における逸話から受ける印象である。Monceaux, Histoire, 3, p.79; Guzzo, Agostino, p.128; とくにMellet, Itinéraire et idéal monastique de saint Augustin, p.19-29参照。これに反対するものとしてSermo 355, 2, PL39, c.1569があげられるが，しかしこの文章はそれほど重要ではないと思われる。

23）ここにおける宗教的要素は無視できない。本書，145-48頁参照。

24）この年代についても，Schanz, 4, 2, p.405を参照。さいごの年代については，Morin, Date de l'ordination épiscopale de saint Augustin 参照。これについては，P. Fabre, Essai sur la chronologie de l'oeuvre de saint Paulin de Nole, Paris, 1948, p.10-12; 26-27; 39, さらにP. Courcelle, in Revue des Etudes Latines, 26, 1948, p.398におけるその書評も見よ。

25）本書，288-96頁参照。

26）本書，338-39頁参照。

27）カッシキアクムの「対話編」つまりContra Academicos, De beta vita, De ordine, Soliloquia, 受洗後の対話と著作，De immortalitate animae, Disciplinarum libri（De musica）, De quantitate animae, De libero arbitrio（ヒッポで完成された。Retractationes, 1, 9, 1, PL32, c.595）と，De magistro, De vera religioneを参照。なお，Diversae quaestiones LXXXIIIのいくつかは，このころのものである（Retractationes, 1, 26, c.624）。ここでは，哲学的射程をもつものを利用した。さいごに，Epist., 1-4, 7, 9-15も普通，このころのものとされている（Golbacher, CSEL, LVIII, p.12-13）。

28）本書，19, 78頁参照。

29）それぞれの対立については，一般的な見解を述べるにとどめておく。それ以上の正確さを求めることは，専門家たちが格闘している流動的な分野に踏み込むことになる。プラトンとイソクラテスとの関係については，最近の研究としては，Diès, Autour de Platon, p.402s（bibliographie, p.407, n.1; Mathieu-Brémond I, p.ix, 155-57; Méridier, Euthydème, p.133s; Diès, Introduction à la République, p.lvix ; Robin, Phèdre, p.xiis, clxis;

Flacelière, L'éloge d'Isocrate ; Marrou, Histoire de l'éducation, p.99, 109, 133, 135, 282, 288, 301参照。

30） Diès, Introduction à la République, p.lix 参照。

31） Contra Sophistas, 1。ここでイソクラテスが攻撃しているのは，プラトン学派かあるいはアンティステネスの弟子たちかは問わないことにする。

32） 第二ソフィスト期のギリシア修辞学者たちは，自分たちだけが哲学者の名にふさわしいと主張し続けている。Aelius Aristide, Discours platoniciens を参照。これについては，Boulanger, Aelius Aristide, p.210-65の研究がある。

33） 本書，99頁参照。

34） とくにかれの De oratore, 3, 35（141）を参照。

35） このさいごのふたりについては，Fitzgerald, Essays and hymns of Synesios, p.52が正しく説明している。

36）「知恵と修辞学の結合」については，Von Arnim, Dio von Prusa, p.73s ; Boulanger, Aelius Aristide, p.48-49 ; Albertini, Sénèque, p.73-74; Festugière, Idéal religieux, p.99, n.4参照。

37） これについては，Von Arnim, Sophistik und Rhetorik in ihrem Kampfte um die Jugensbildung と，かれの Dio von Prusa, p.4-114における序文，また ibid., p.150s; Wenland, Kultur, p.57s; Boulanger, Aelius Aristide, p.263-65; Dilthey, Pädagogik, p.33-52 ; A. D. Nock, De Salluste le philosophe の序言，p. xvii-xxvii も参照。

38） Gwynn, Roman education, p.173-79参照。

39） 共和政期にもすでに哲学者たちがいた。キケロの世代にはルクレティウスやニギドゥス・フィグルスがいた。キケロ自身，独創的な態度をとっている。かれは，あらゆることに対して折衷的で，哲学と修辞学のどれかを選ぶのではなく両者を結合しようとしている。Gwynn, op. cit, p.112-22参照。

40） ここでは，かれについて語るまえに，セクスティウス家の属するきわめて興味をそそる社会階層について述べるべきであろう。Zeller, Philosophie der Griechen, 1, 1-4, p.699s. ティベリウス帝のころの人物と思われる有名な文法教師 L. クラッシキウスの「回心」も参照のこと（Suetonius, De grammaticis, p.18）。これは，アウグスティヌスの辞職と比較して見る必要がある。

41） Probus Valerius, Vita Persii（かれの最初の著作で，Cartault 版による）c.4, c.5に注目せよ。私はここで，ラテン人だけについて述べるが，しかし Dion de Pruse の「回心」がギリシア地方に影響を及ぼさなかったとは考えにくい（von Arnin, Leben und Werke des Dio von Prusa ; François, Essai sur Dion Chrysostome, p.5-8参照）。

42） Marcus Aurelius, Pensées 1, 7, 2-8（かれは，ソフィスト，修辞学，文学から脱出し，エピクテトスの書を読むことができたのは，師ルスティクスの指導のおかげであったとしている。1, 17, 8でかれは，修辞学あるいは詩人にならなかったことを神々に感謝している）. 1, 17, 22も参照。

43） Gsell, I. L. A., 2115（この碑銘は破損しているが，しかしアプレイウスの名がはっき

りと出てきた)。「あのアフリカ人」の哲学をあまり軽視してはならない。アウグスティヌスはかれから多くのことを学び，かれがプラトンを知ったのもアプレイウスをとおしてである。De civitate Dei, 8, 12, PL41, c.237, Ibid., 8, 14, 2, c.238-39 Ibid., 18, 18, c.574; 8, 9, c.243 ; 4, 2, c.113 ; 8, 14, 2, c.238-39 ; 18, 18, c.574 ; 8, 9, c.243 ; Epist., 137, 4 (19), PL33, c.534参照。

44) カッシオドルスの Variae がそうである。かれの Institutiones は何よりもまず，アウグスティヌスの晩年に見られるような「聖職者の教養」を取り扱っている（他方，Institutiones に対する哲学の影響については，本書，第Ⅲ部第3章，注 (75) 参照)。

45) Gilson, Théologie mystique de saint Bernard, とくに，p.18-20参照。

46) ここでは，つぎのような研究書を勧めたい。Gilson, Introduction, p.1-11, 139-40; Boyer, Christianisme et néo-platonisme, p.94-95; id., Idée de Vérité dans la philosophie de saint Augustin, p.62, 63, 221s ; Eggersdorfer, Augustin als Pädagoge, p.42s. 私はかれらの教えを極端に単純化したかもしれない。アウグスティヌスは，De beata vita（PL32, c.959-76）全体をこのことにあてている。また「哲学者時代」の全著作においても，たえずこれに言及している。

47) 本書，441頁以降の B「アウグスティヌスの用語における Scientia と Sapientia」の項，とくに p.564以降の Sapientia の項参照。

48) Ibid., # 1. より正確には，神の子，キリストを指す。Ibid., & 2参照。

49) Ibid., # 5. Boyer, Idée de vérité, p.225-29. 最高善の所有は，理解によるだけでなく，愛による。アウグスティヌスの教えは単なる主知主義ではなく，théorétisme である (Gilson, Introduction, p.7-9)。アウグスティヌス主義のこうした側面は強調されて然るべきである。それは，教養の問題がそれだけの問題ではなく，他の多くの要素と関連があることをよく示している。知恵は教養を含むだけでなく，それを全面的に超えている。

50) Soliloquia, 1, 1 (3), PL32, c.870.

51) 私はここで，「……に向かって進む」(se mettre en marche) といい，「……に到達する」(atteindre) とは言わない（本書，445-49頁，Sapientia の項を参照)。アウグスティヌスは，完全な至福は死後はじめて達成されると，どの程度，主張しているのだろうか。この考えは，De beata vita の結論においてはっきりと明言されている (4 (35), PL32, c.976)。しかしそれ以前，若干の箇所では逆のことを表明しているようで，かれはそのことを Retractationes において批判し修正している (Retractationes, 1, 2, PL32, c.588)。また哲学者時代の著作には，曖昧な表現が見られる。Boyer, op. cit., p.238, n.3における参考文献を見よ。その他，Contra Academicos, 1, 4 (11), c.912（これはたしかに，リケンティウスの放言であるが)，さらに，おそらくDe magistro, 14 (46), c.1220においても同様である。ここには，古代の知恵とキリスト教とのあつれきが見られる。De beata vita の結論は，至福はこの世のものではないという，キリスト教信仰のきびしい要求をアウグスティヌスが意識しつつあったことを示している (De quantitate animae, 33 (76), c.1077参照)。しかしかれの考えは，まだ異教的な思考枠組みに捉われている。至福と知恵の定義の問題を devenir（に成る）ではなく，être（である）のレベルで見ると

き，それは現世において可能な理想として予想されている。Boyer, Idée de verité, p.237-39（死後の終点として），Cayré, Contemplation, p.44-47（地上における観想の限界），Butler, Western mysticism, p.35, # 1-2参照。

52） De ordine, 2, 7 (24) - 8 (25), PL32, c.1006. 私は主として，De ordine のこの箇所をもとに，Studium sapientiae の章を説明した。それはまた，Soliloquia の第一巻の章句をもとに書くこともできる（Alfaric, Evolution intellectuelle, p.432-38）。ここでも，祈り—道徳—学習という似たような歩みをたどることができる。De vera religione は，これとはやや異なる生活を描いている（39 (72) s, PL34, c.154s）。

53） De ordine, 2, 9 (26), PL32, c.1007; 2, 16 (44), c.1015.

54） 道徳的側面については，De ordine, 2, 8 (25)（本書，149-50頁），知的側面については，Ibid., 9 (26) -15 (43)（本書，151-54頁）参照。

55） De ordine, 2, 19 (51), c.1019 : qui bene vivit, bene orat, bene studet.

56） とくに Boyer, Christianisme et néo-platonisme, p.162-65,"Piété chrétienne à Cassiciacum"; de Labriolle, Confessions の訳における序言 p.xvi 参照。私の考えでは，Alfaric にとくに欠けているのは，カッシキアクムでの生活を描くにあたってこれらの章句を省いていることである。Alfaric, Evolution inellectuelle, p.397-99. また ibid. p.432, n.3 も参照。

57） De ordine, 1, 8 (22), c.987; 1, 8 (25), c.989参照.

58） Epist., 3, 4, PL33, c.65; De ordine, 1, 3 (6), PL32, c.981（ここでは，祈りというより孤独な瞑想である。かれは夜の大半をそれにあてている）; Soliloquia, 1, 14 (25), c.883参照。その他，祈りについては Epist. 4, 2, PL33, c.66 ; De magistro, 1 (2), PL32, c.1195; De libero arbitrio, 1, 6 (14), c.1228 も参照。

59） De ordine, 1, 10 (29), c.991; Soliloquia, 1, 14 (26), c.883参照。

60） リケンティウス が，都会風のモニカの気分を害するような大声で詩編79を歌ったという逸話はよく知られている。De ordine, 1, 8 (22), c.987-88.

61） De ordine, 2, 20 (52), c.1019参照。

62） アウグスティヌスは，ロマニアヌスが「哲学」に回心するように祈っている。Contra Academicos, 2, 1 (1), PL32, c.919参照。

63） Soliloquia, 1, 1 (2-6), c.869-72参照。

64） Alfaric, Evolution intellectuelle, p.432-33; Guitton, Temps et éternité, p.253-57（かれによると，このプロティノス主義は外面的な見かけにすぎない）。

65） とくに，以下のことばに注目すること。「全世界の造り主なる神よ，まず第一に，私が正しくあなたを求めるように計らいたまえ，つぎに，私の行いがあなたが聴き届けたもうに値するものであるように計らいたまえ。さいごに，あなたが自由にしてくださるよう計らいたまえ」(Soliloquia, 1, 2, c.869). その他，Ibid., 1, 2, c.870; 1, 3, c.871; 1, 5, c.872 ; 1, 6, c.872参照。さらに，Soliloquia には，ふたつの短い祈願がある。Ibid., 2, 1 (1), c.885 ; 2, 6 (9), c.889参照。

66） 同様な解釈をするものとして，Boyer, Idée de vérité, p.239-40がいる。Alfaric は，Soliloquia の祈りは「恩恵に関するアウグスティヌスの教えの大筋をきわめて明確に表

明している」という（Evolution intellectuelle, p.433, n.1）。

67） Cayré, Contemplation augustinienne, p.48-73には，これについてすぐれた説明がある。

68） De ordine, 2, 20（52）, PL32, c.1019 : “Oremus...non ut nobis divitiae vel honores vel hujuscemodi res fluxae...sed ut ea proveniant, quae nos bonos faciant ac beatos.”

69） Ibid., 参照。

70） Ibid., 1, 8（21）, c.987参照。

71） Ibid., 1, 8（23）, c.988（アウグスティヌスは，私が先に指摘した（上掲注（60））事件を暗示している）。

72） Ibid., 1, 10（28）, c.1008 ; 2, 10（29）. このあとアウグスティヌスは，アリピウスの意見を批判しているように見えるが，しかし注意深く読み返してみると，それはかれの悲観主義を批判しているにすぎない。アウグスティヌスはむしろ，対話のなかに恩恵が持ち出されることを喜んでいる。しかしこの恩恵は，かれによると，人が考えるよりも多くの人々に与えられている。Ibid., 2, 10（29）, c.1009 ; Contra Academicos, 3, 5（11）, c.940参照。さらに，アウグスティヌス以上にアウグスティヌス主義信奉者であったアリピウスは，真理の発見は恩恵なしにはありえないと言明する。以上に加えて，三つの証言をあげておこう。それは，前書ほど明白ではないが，祈りと恩恵の必要性を暗示する De quantitate animae, 8（13）, PL32, c.1042 ; 14（24）, c.1049 ; De libero arbitrio, 1, 2（4）, c.1224である。私はここでは，De vera religione は利用していない。この書の調子はきわめて宗教的で，すでに「聖職者時代」に向かっている。周知のように，この書はアウグスティヌスの司祭叙階以前に書かれた，さいごの著作である。

73） この表現の意味については，Gilson, Esprit de la philosophie médiévale, I, p.39 ; Gouhier, Digression, p.231参照。

74） この重要な内容については，Gilson, Introduction, p.31-43を参照してもらいたい（ただしそこでかれが注釈している哲学者時代の著作に加えて，Soliloquia, 1, 4（9）, PL32, c.874をあげよう）。さらに，本書，第Ⅱ部第6章，注（26）; De vera religione, 8（14）, PL34, c.129 ; 24（45）, c.141参照。

75） Eggersdorfer, Augustin als Pädagoge, p.51s ; Thimme, Augustins Entwicklung, p.44-54; Alfaric, Evolution inellectuelle, p.435-37; Boyer, Idée de vérité, p.229-35 ; Amerio, Il “De musica”, p.10参照。

76） De ordine, 2, 19（50-51）, PL32, c.1018-19.

77） Ibid., 2, 20（52）, c.1019 : Summa opera danda est optimis moribus. その他，Soliloquia, 1, 1（2）, c.870 ; 1, 6（12）, c.875 ; De moribus ecclesiae catholicae..., 1, 20（37）, c.1327 ; De vera religione, 3（3）, PL34, c.124 ; De diversis quaestionibus LXXXIII, q.12, PL50, c.14参照。

78） De ordine, 2, 8（25）, PL32, c.1006-07 : Ita vivendum est ut a venereis rebus, ab illecebris ventris et gutturis, ab immodesto corporis cultu et ornatu, ab inanibus negotiis ludorum, a torpore somni atque pigritiae...se abstineant. その他，Soliloquia（1, 9（16）-14（25）, c.877-83）は良心の究明について，また De vera religione（39（72）-42（79）, PL34, c.154-58）には肉欲の説明がある。

79) De ordine, 2, 8 (25), PL32, c.1007 :「信仰，希望，愛に支えられて，神を崇め，考え，求めなければならない」。

80) Ibid., 2, 8 (25), c.1006 :「名誉や権力への野心，称賛されたいという過度の欲望などから離れ，公共のことに携わることを欲せず，平和な生活を択ばなければならない」。

81) Soliloquia, 1, 9 (16), PL32, c.878 ; ibid., 1, 13 (22), c.881 ; Contra Academicos, 2, 2 (4), c.921 (otium philosophandi) ; De vera religione, 35 (65), PL34, c.151 (otium cogitationis) 参照。

82) もちろん，これは「哲学者時代」の著作だけについていえることである。「聖職者時代」の著作については，本書，293-303頁参照。前掲注 (81) にあげた章句のほかに，四つの枢要徳に関する若干の章句をあげるだけで十分であろう。De musica, 15 (49) -16 (55), PL32. c.1188 ; De moribus ecclesiae catholicae..., 1, 15 (25), c.1322 ; De diversis quaestionibus LXXXIII, q.31, PL40, c.20-21; ibid., q.33, c.22 (恐怖について)。

83) もちろん必要な制限つきではあるが，プロティノスも加えておこう。たしかにアウグスティヌスの思想に向けられる賛辞の大部分は，かれの思想にもあてはまる。すでに Enneades における人間の目的としての知恵，至福は，形而上学的探究にとって足枷ではなく，むしろ刺激剤である。しかしプロティノスは帝政期哲学のもつ道徳的雰囲気のなかに閉じこもったままである。かれはまた「良心の指導者」であり，とくに晩年の著作は，道徳的諸問題に重要な指針を与えてくれる。Bréhier, Introduction aux Ennéades, p.ix-xi 参照。

84) たとえば，Soliloquia, 1, 4 (10), PL32, c.874-75, また均整のとれた説明を加える Gilson, Introduction, p.8-10を参照。

85) De ordine, 2, 18 (47), PL32, c.1017; Soliloquia, 1, 2 (7), c.872 ; ibid., 2, 1 (1), c.885参照。

86) Cayré, Contemplation augustinienne, p.195-215には，すぐれた説明がある。

87) アウグスティヌスの観想の神秘的性格という難解な問題については軽くふれたにすぎない。これに関する最良の説明は，Butler, Western Mysticism (とくに，p.31, 46, 56, 144-45) にある。しかしかれは，アウグスティヌスをあまりに神秘主義に引き寄せすぎたのではなかろうか。Butler に対しては，De la Taille (Théories Mystiques, とくに p.319, 320) と Comeau, Saint Augustin exégète, p.388-89) が反対している。Comeau にとって，アウグスティヌスが説明する観想は，神秘的なものは何もなく，哲学的思索にすぎない。しかしこれもおそらく極端な解釈であろう。より調和の取れた，Watkin, Mysticism と Boyer, Contemplation d'Ostie, Augustin, c.1114-24にある説明の方を択びたい。

88) アウグスティヌスには，たしかに美学，芸術的美に関する理論がある (哲学者時代の著作に関する最近の研究としては，Svoboda, Esthétique, p.25-26, 92-93, 106-07がある)。しかしその役割についても見ておく必要がある。アウグスティヌスの美学は，芸術的経験を正当化し納得させるためのものではない。反対に，それを超越するのに役立つ。数にもとづく美を理解するこのピュタゴラス的美学は，芸術から科学へと移行するのに役立つ。またそれは，美的感覚のまことしやかな威光を魂の目から見て空しいものとし，理性的要素に還元していく。このことについては，音楽について述べる

際に，詳述することにする（本書，166, 236-39頁参照）。

89） De ordine, 2, 6（19）s, PL32, c.1003参照。

90） Ibid., 2, 7（23）, c.1005参照。

91） Ibid., 2, 7（24）, c.1006参照。

92） De ordine の構想の説明は，アウグスティヌス自身が Retractationes, 1, 3, 1, PL32, c.588においてまとめている。また Dyroff, De ordine には，より詳しい説明がある。

93） De ordine, 2, 5（15）, c.1001参照。

94） Ibid., 2, 16（44）-17（46）, c.1015-16参照。

95） Ibid., 1, 1（2）, c.979; 1, 2（4）, c.980参照。

96） たとえば，De ordine 固有の主題となっている宇宙を支配する摂理の秩序などの問題。

97） こうした一般化された説明は，アウグスティヌスもそれとなく認めている。De ordine, 2, 5（14）, c.1001参照。

98） Ibid., 2, 5（15）, c.1001; 2, 17（46）, c.1016参照。

99） Ordo studiorum sapientiae は Ibid., 2, 18（47）, c.1017に，ordo eruditionis は 2, 17（46）, c.1016に言われている。

100） Ibid., 2, 5（15）, c.1001-02参照。

101） Ibid., 2, 16（44 fin）, c.1015 ; 2, 17（45）, c.1015参照。

102） Enneades, 2, 9, 9-10; 2, 9, 14参照。

103） De ordine, 2, 5（15-16）, c.1001-1002 ; 2, 9（29）, c.1007-09 ; 2, 17（45-46）, c.1016.

104） Ibid., 2, 9（26）, c.1007. Credo ということばをもってアウグスティヌスは死後の神秘的変化に対する確信を表明しているが，しかしそれがどのようにして可能であるかについては，まだ理解していない。De Trinitate, 14, 7（9）, PL42, c.1043参照。

105） De ordine, 2, 5（15）, c.1001; De quantitate animae, 7（12）, PL32, c.1041-42参照。

第2章　学問の課程

1） その他の名称としては，Contra Academicos, 2, 3（8）, PL32, c.923: disciplinis necessariis; 2, 7（17）, c.937 : eruditio autem disciplinarum ; De ordine, 1, 7（20）, c.987 : eruditio dsciplinarum ; 1, 8（24） c.989 : disciplinis ; 2, 12（35）, c.1011: disciplinis ; 2, 16（14）, c.1015 : disciplinarum ordinem がある。

2） De ordine, 1, 8（24）, c.988 : eruditio disciplinarum liberalium. 時としてアウグスティヌスは，キケロのように用語を重ねて用いている。Ibid., 2, 9（26）, c.1007: disciplinis liberalibus atque optimis ; 2, 13（38）, c.1013: studiis liberalibus disciplinisque.

3） Ibid., 2, 5（5）, c.1001: disciplinis omnibus ; 2, 16（44）, c.1-15, c.1015: tot disciplinas，その他，artes illae omnes liberales といった表現もある（disciplinae と artes とが同義であることについては，Marrou, Doctrina et Disciplina, p.6-7参照）。

4） 本書，第Ⅰ部第5章，注（16）参照。

5） 比較を容易にするため，アウグスティヌスが第一のリストに取り入れた順序に合わ

せて，すべてのリストを作成することにした。この第一のリストだけが，体系的な配列の形をとっている。このリストのほか，Contra Academicos, 1, 7 (21), PL32, c.916（文法，音楽，幾何学）; Epist., 7, 2 (4), PL33, c.69（幾何学，音楽，算術）があるが，しかしそれはリスト全部を示すものではなく，disciplina の例として上げているにすぎない。

6) PL32, c.1011-15, 1017. 本書，153-54頁参照。これについて Alfaric はすぐれた説明を加えている（Evolution intellectuelle, p.442-48）。

7) PL 32, c.1000-01参照。

8) 死刑執行人や売春婦のような不名誉な職業も社会秩序に必要である。De ordine, 2, 4 (12), c.1000参照。

9) De quantitate animae, 4, 33 (72), PL32, c.1075. その全体的な説明は，Alfaric, Evolution intellectuelle, p.471-75; Cayré, Contemplation augustinienne, p.66-71; Gilson, Introduction, p.150-54参照。

10) 本書，166頁参照。

11) De quantitate animae, 4, 33 (72) 参照。

12) Ibid.,（ダンス，音楽，絵画，彫刻）。

13) Ibid.,（劇場）。

14) 数学的諸学科と訳したが，そこでは，算術，音楽，幾何学と続いていることから見て，「過去と未来に対する現在からの判断」を天文学と読み取ることは正しいと思う。

15) PL32, c.591参照。ここでのアウグスティヌスのことばは，Possidius, Indiculum, 10, 3-5 (Wilmart, p.175) によって補強されている。

16) それは，Disciplinarum libri であるが（本書，189-90頁参照），その残存する部分については，後述することにしよう（本書，449頁以下参照）。

17) 詳しい年月の確定は難しい。周知のように，Confessiones における物語は，必ずしも年代順に叙述されていない。アウグスティヌスは，この読書を，アリストテレスの Categoriae を読んだあとのこととしている（annos natus viginti つまり374年の夏の終わりか秋の初め）。自由学芸の学習は，ほぼ同じころのこととするのが真実に近い。つまり新米教師のアウグスティヌスが自分の教養に欠けたところを補おうとし，Hortensius の読書のもとに哲学を志向しはじめる「自学自習の時代」のことと考えうる。

18) Confessiones, 4, 16 (30) 参照。

19) De ordine, 2, 16 (44), c.1015参照。

20) Ibid., 2, 13 (35), c.1012参照。

21) Ibid., 2, 14 (41), c.1014 ; 2, 15 (43), c.1014参照。

22) Ibid., 2, 14 (41), c.1014参照。私と同じ理解をするものに，Dyroff, De ordine, p.40-41 がいる。

23) 数とその特性（真理，置換不可能，不変性）に関する認識は，数学的諸学科から得た主要な成果であったように思われる（Ibid., 5 (43), c.1014-15; 2, 18 (47), c.1017)。De ordine には，真のピュタゴラス主義，ピュタゴラス賛美がある（2, 20 (53-54), c.1020 ;

Retractationes, 1, 3 (3), c.589参照)。Vélez, Numero Augustiniano ; Schmitt, Methematik 参照。

24) その解決はつぎのように考えられる。後述するように（本書，第Ⅱ部第3章，注 (42)），自由学芸の数を七つに限定する中世のリストは，前1世紀から確立されている。哲学課程への自由学芸の導入は，アウグスティヌスのような哲学者においては，独創的な考え方から来る変則的なことである（本書，159-60頁参照）。それは，結果として，全体の数を八科目にする。神秘的な数である七を保持するためには，四つの数学的諸学科を三つに融合させる必要がある（アウグスティヌス以前にすでにフィロンやラクタンティウス，あるいはおそらくアナトリオスもそうしている。本書，174頁参照）。私は，ローマ時代における自由学芸の概念がどれほど折衷的なものであったかについては後述することにする（本書，181-82頁参照）。しかし自由学芸の数は七つであるべきであるという考え方は存続し，この数を維持するため，自由学芸に含まれる学科を恣意的に選択した変則的なリストもある（たとえば，ヴィクトリヌスやトラキアのディオニュシオスの注解，本書，第Ⅱ部第3章，注 (66) のリストがそうである)。

25) De ordine, 2, 18 (47), c.1017参照。

26) Ibid., 2, 16 (44), c.1015参照。

27) 哲学的「対話編」（一方では幸福，知恵について，他方では「真理」，懐疑主義の問題を取り扱う）において論じられ，「魂」(de anima) の範疇にほぼ含まれえない探究は，この初歩哲学に含めるべきであろう。

28) こうした特徴は，De ordine の説明を通してずっと明示されている（たとえば，2, 12 (35), c.1011s)。

29) 言うならば，「魂」に関する知識そのものが，まだ準備，予備学習の段階にある (ibid., 2, 18 (47))。

30) ここではとくに，De ordine における各学科の理論的説明の概要を利用した。

31) ギリシア論理学の混合主義的傾向については，Prantl, Geschichte der Logik im Abendland, I, p.578s参照。

32) こうした区別は，ドナトゥス論争においてはっきりと示されている（たとえば，Contra Cresconium, 1, 15 (19), PL43, c.457)。

33) Plantl, op. cit., I, p.535参照。現代語の意味での λογική は，ロードスのアンドロニコス　以降の，アリストテレスの注釈書に見られる。

34) De ordine, 2, 13 (38), PL32, c.1013とくに，Contra Cresconium, 1, 20 (25), PL43, c.49参照。

35) Contra Cresconium, 1, 13 (16), PL43, c.455; 2, 2 (3), c.469参照。また，De dialectica, 1 (PL32, c.1309) のはじめにある有名な “dialectica est bene disputandi scientia” という定義もある。たしかにこの定義の正銘性は絶対的に確実なものではないが（本書，458-59頁参照）。しかし似たような定義は，アウグスティヌスの他の著作にも見受けられる。たとえば，Soliloquia, 2, 11 (19), PL32, c.893fin 参照。

36) 本書，157-59頁にあげた資料を参照せよ。

37) 実際，数に関する理論的知識 ἀριθμητική と，計算という実際的知識 λογιστική との

区別は古典的なものである。Gow, History of Greek Mathematics, p.22 ; Cantor, Vorlesungen, 1, p.145 ; Rey, Jeunesse de la science grecque, p.214参照。両者を一体化したのは，プラトンの独創的な業績のひとつである（République, 521c-26c）；Robin, Pensée grecque, p.235参照。

38）アウグスティヌスははっきりとプラトンの系譜に立ち，幾何学における図形の物質的特徴ではなく，観念的特徴を強調する。最近の研究書としては，Diès, Introduction à la République, p.lxxxii.（参考文献は ibid., n.1）; Licentius, Carmen ad Augustinum（Epist., 26, 3, PL33, c.104）, v.11参照。

39） De ordine, 2, 15 (42), PL32, c.1014参照。

40） Duhem は，この区別の経緯について説明している（Système du monde, 2, p.59s, p.61, n.1では，かれ以前の研究書をあげている）。

41） Astronomia と astrologia の二語については Thesaurus linguae latinae, 2, 965-66, 968 ; P. W., 2, c.1802, 1829を参照。両語の対立の歴史については，Rey, Jeunesse de la science grecque, p.401-04を見よ。

42） こうした主張をするのは，もちろん私が最初ではない。Rey, op. cit., p.404参照。

43） 本書，上掲注 (39)（天文学について）のほか，De doctrina christiana, 2, 29 (46), PL 34, c.57 ; de Vreese, Augustinus en de Astrologie 参照。

44） これについては誤解がある。Huré, Saint Augustin musicien は，この誤解にもとづいている。アウグスティヌスの De musica は絶えず愛読されたが，ふたつの用語の価値が正しく認められるようになるのは，1929年，Edelstein, Musikanschauung Augustins（p.69-81）と Amerio, Il “De musica” di Sant’Agostino（p.52-63）の二研究が世に出てからである。このふたりは語の意味を正しく理解したが，しかし私から見ると，この概念のもつ歴史的重要性を示すことはできなかった。Pietzch, Klassifikation der Musik, p.4, n.2参照。Id., Musik im Bildungsideal もあるが，私は参照できなかった。

45） たしかに，古代の考え方は，長いこと哲学者や現代の理論家たちに影響を与えた (Laloy, Aristoxène, p.46)。しかしそれは形式的な名残りで，Leibnitz や Kant がもっていたような音楽的教養の無さをを証明しているにすぎない。今日なお，時として「音楽と数学的諸学科との間には秘められた深い関連がある」と繰り返されるのを聞く。しかしそれは，根も葉もない考えである。この点に関する霊的説明としては，Koechlin, in Revue musicale, mai 1931, p.424-39を参照。

46） De libero arbitrio, 2, 13 (35), PL32, c.1260 : mundi beatam vitam in cantu vocum et nervorum et tibiarum sibi constituunt, et cum ea sibi desunt, se miseros iudicant ; cum autem adsunt, efferuntur laetitia. その他，De magistro, 1 (1), c.1195参照。

47） Confessiones, 10, 30 (49-50) ; Ibid., 11, 28 (38) ; De Trinitate, 15, 7 (13), PL42, c.1067; Enarratio in Psalmum 32, 2 (8), PL34, c.283 ; Epist., 138, 1 (5), PL33, c.527参照。

48） Confessiones, 10, 6 (8) ; ibid., 10, 33 (50). なお，アウグスティヌスは，神秘的体験における甘美さを説明するために音楽を利用している。Enarratio in Psalmum 41, 9, PL36, c.470参照。

49）アウグスティヌスは，音楽芸術に決して musica という語を用いない。まれに musicus という形容詞は用いているが（De musica, 1, 5（7）, PL32, c.1087 ; De magistro, 1, 1, c.1195）。むしろかれは cantare, またこの動詞から派生する cantus, canticum, cantilena を用いる。Epist., 166, 5（13）, PL33, c.726においては，“musica id est scientia sensusve bene modulandi” において musica と言われているが，これは外見だけのものである（後出の注（91）における資料を見よ）。

50） De ordine, 2, 14（40）, PL32, c.1013-14参照。

51） De musica, 1, 2（2）-6（12）, c.1083-90 : musica est scientia bene modulandi.

52） Edelstein, Musikanschauung, p.69, n.5（かれは，E. Holzer, Varroniana, Progr. Ulm, 1890 に従っている）; Svoboda, Esthétique, p.67参照。

53） De musica, 1, 2（2-3）, c.1083-84; Edelstein, op. cit., p.69-72; Amerio, Il “De musica”, p.53-54参照。Modulari つまり規則的な運動はそれ自体の完全さをめざす。

54） De musica, 1, 3（4）, c.1085; Edelstein, op. cit., p.72-75 ; Amerio, op. cit., p.55：“bene” つまり状況に適合してという意味である。私は，Amerio とは反対に，むしろ Edelstein が言うように，ここで問題になっているのは道徳よりもむしろ表現であると考える。

55） De musica, 1, 4（5）- 6（12）, c.1085-1900 ; Edelstein, op. cit., p.75-91; Amerio, op. cit., p.55-63参照。

56） De musica, 1, 4（5）, c.1085.

57） Ibid., c.1085-86参照。

58） Ibid., 1, 4（6）- 5（10）, c.1086-89参照。

59） Ibid., 1, 6（11-12）, c.1089-90参照。アウグスティヌスの論証は，“multo esse praestantius, id proper quod aliquid facimus quam idipsum quod facimus（loc. cit., # 12）という公理にもとづいている。

60） Scientia の意味については，本書，441-44頁参照。

61） De musica, 1, 4（5）, PL32, c.1085. これは，無教養な歌手のことである。かれらは，自分が口ずさむ歌について，“de ipsis numeris（リズム），vel de intervallis acutarum graviumque vocum（音程の理論）を説明できない。これは序で示唆されただけのささいなことであるが，そこには，アウグスティヌスが De musica の著述において依拠した古典的な分類が認められる（本書，213頁参照）。

62）この語は新しく，1700年に Sauveur による造語である（Fuchs, in Brunot, Histoire de la langue française, 4, 1, 2, p.540）。古代の語としては，ἁρμονική, あるいは κανονική がそれにあたるであろう。

63） De musica, 1, 4（5）, PL32, c.1086参照。

64） Ibid., 1, 6（12）, c.1090 : Quam ob rem explica iam, si placet, tantam istam, quae iam vilis mihi videri non potest, disciplinam. Ibid., 1, 5（10）, c.1089参照。

65） Ibid., 1, 2（2）, c.1083 ; 1, 2（3）, c.1084 ; 1, 4（7）, c.1087; 1, 5（10）, c.1089.

66） Confessiones では反対のことが表明されている（本書，上掲注（47））。音楽は，聴覚の快楽として断罪されている。この説明は，三種の肉欲に関する説明のなかに出てく

る（「ヨハネの手紙Ⅰ」2, 16; Confessiones, 10, 30 (41) - 39 (64) 参照）。

67）たしかに例外がある。Friedländer は，音楽に対するローマ人社会の趣味に関する資料を集めている（Sittengeschichte, II, p.183s: Ibid., I, p.174s 参照。また Combarieu, Histoire de la musique, I, p.175-88にも要約がある）。

68）実際，アウグスティヌスが音楽を演奏したと推測させるものは何もない。かれは，それをいつも何か無関係なものとして取り扱っている。たとえば Epist., 9, 3, PL33, c.75 fin 参照。かれは，楽器の演奏を綱渡り芸人の曲芸と同じように考えている。

69）De musica, 1, 4 (7fin), PL32, c.1087. Ibid., 1, 5 (10)（上掲注 (64) にすでに引用したが，かれはそこで，演奏者のことを vilissimi animi と呼んでいる）; 1, 6 (11), c.1089 ; 1, 6 (12), c.1090. Contra Julianum Pelagianum, 4, 3 (18), PL44, c.746 ; De civitate Dei, 3, 21, PL41, c.102. Gérold, Les Pères de l'église et la musique, p.94-98参照。ギリシア教父たちは，音楽を断罪するにあたって，やはり道化師の低劣な芸と比較している。Gérold, Les Pères de l'église et la musique, p.94-98には，バシリウス，ヨハンネス・クリュソストモスのことばが収録されている。

70）De musica, 1, 4 (5), PL32, c.1085-86 ; 1, 5 (10), c.1089参照。

71）このさいごの点は，Amerio, Il "De musica", p.56においてよく説明されている。

72）上掲注 (38) 参照。

73）Rivaud が，Timaeus (35ss) の難解なことばを独創的に解釈し，それをもとに仮説を立てているが，それを認めるとすれば，プラトン自身，感覚的な音楽をいっそう軽視し，数学的所与からまったく a priori に取り出した調和（harmonique）に置き換えたことになる（Platon et la musique, とくに p.5-8参照）。

74）本書，第Ⅱ部第1章，注 (88) 参照。

75）芸術（art）という概念は19世紀に産み出されたきわめて近代的なものである（それを準備する「美術」(beaux arts という表現については，Brunot, Histoire de la langue française, 6, 1, 2, p.680-81参照）。

76）この点に関するきわめて重要なアウグスティヌスの章句（De quantitate animae, 23 (72), PL32, c.1074-75）は，すでに本書，157頁にあげておいた。また文法教師マリウス・ヴィクトリヌスの考えについては，Keil, Grammatici latini, 6, p.184; s. v. ars, section II, in Thesaurus linguae latinae, 2, c.659-67参照。ギリシア語の τέχνη についても似たような説明ができる。

77）アウグスティヌスは，この点を弟子によく理解させようとしている。弟子は，演奏者による演奏が鳥の囀りと同一視されたことに少々，反発している。鳥の囀りは本能によるだけのものであるのに対し，演奏にはある種の ars があるからである（De musica, 1, 4 (6), PL32, c.1086 ars = disciplina, ibid., 1, 4 (6) - 1, 5 (10), c.1086-89）。しかし教師アウグスティヌスは，弁証論をもって，この未確定の ars の概念を明確にしようとする。ここでこの語は，あるいは経験的な意味にとられ（模倣による ars は，無教養な人間あるいは動物ももつことのできる下級の ars である），あるいは純粋に合理的な活動に限定されるものとして受け取られ，それが ars である。そこで ars = disciplina

となる（ibid., 1, 4 (6) - 1, 5 (10), c.1086-1089）。

78） Frank, Mathematik, Musik und der griechische Geist にも，当初からこうした間違った見解がある。

79） Girard, Education athénienne, p.161-84 参照。

80） Laloy, Aristoxène, p.105, n.1 参照。

81） Ibid., p.85-87, 104 参照。

82） Ibid., p.49-76 参照。

83） Ibid., p.88-103 ; Abert, Die Lehre von Ethos et Musikanschauung des Mittelalters 参照。

84） Laloy, Aristoxène, p.105 参照。

85） 本書，162頁参照。

86） Laloy, op. cit., p.105 参照。

87） たしかに，ごく最近の研究者はプラトンとアリストテレスが当時の音楽の進歩に注目し，またよく通じていたと見ているようである（Gouhier, Digression, p.215 と，かれがあげる参考文献を見よ）。

88） ここでは，Laloy, Aristoxène をあげるだけで十分であろう。これは，まさに古典的な書で，この音楽家の徹底的な個別（人物）研究であるだけでなく，それ以前のギリシア音楽の発展について詳しく論ずる書でもある。

89） Ibid., p.281-84, 346-53 参照。

90） はっきり言って，知的予備教養にもとづく哲学を主張する哲学者のなかにはそうしたものもいた（本書，173頁）。しかしこれは，ほぼ一千年間の歴史を要約して見た場合のことであるが，少々，要約しすぎているかもしれない。音楽に対する愛着と評価はギリシア地方においては長いこと維持されていた。それが目に見えて減退していくのは，ヘレニズム期以降のことと思われる。

91） Aristide Quintilien, Sur la musique, 1, 4, p.5-6 は，μουσική の種々の定義をあげている。それはまず純粋科学として，Porphyre, Commentaire aux Harmonique de Ptolémée, I, p.191, Wallis 参照。最近の Duering 版はもちろん Porphyrios にもとづいている。

92） 若干のものは，気晴らしのため，心身の浄化のため，いくらか音楽を楽しんだ（音楽の魔術的効果はきわめて古くから信じられていた。Marrou, Μουσικὸς ἀνήρ, p.226-37 参照。

93） Goblot, De conjunctione musicae, p.56-62 参照。かれらは，音楽を算術，幾何学，天文学とともに数学的諸学科のなかに入れている。たとえば，Philon, De congressu, 11 参照。フィロンの音楽に対する考え方については，Gérold, Les Pères de l'église et la musique, p.59-65 に正確な説明がある。さらに，Théon de Smyre, Musique, 1, p.11; Dupuis, Arithmétique, 2, p.24 ; Nicomaque de Gerasa, in Photius, Bibliothèque, 187, PG 103, c.591-604 参照。

科学の学習に反発するエピクロス学派，懐疑主義者のような哲学者たちが感覚的音楽にふれているとしても，それは，合理主義者たちの μουσική を批判するためのもので，かれらの哲学において積極的な役割をもつものではない（たとえば，Philodème et Sextus Empiricus, Gérold, op. cit., p.56-57）。プロティヌスについて言うと（Gérold, op.

cit., p.66-69参照)，かれの立場はアウグスティヌスのそれに似ている。かれはアウグスティヌスと同じくきわめて繊細な感性をもち，芸術としての音楽の魅力を把握していた。またかれは，アウグスティヌスと同様，著述においても音楽を例や隠喩に取り入れている。しかしかれもまた，音楽の演奏は勧めない。

94) Musica mundana（宇宙の調和）と musica humana（人間における調和）の区分，また楽器の分類はよく知られている（Boethius, De institutione musica, 1, 2, p.187-88, Friedlein)。

95) Boethius, De institutione musica, 1, 34, p.223-25. この書は，アウグスティヌスの De musica と多くの類似点がある。Schrade（Die Stellung der Musik in der philosophie des Boethius）は，ボエティウスにとって音楽は数学的諸学科に属する。しかしこの考え方を正確に把握するためには，プラトン，アリストテレスとの比較よりも，ボエティウスがアウグスティヌスと同じように学んだヘレニズム期の学校教育の伝統と比較することが重要であると指摘しているが，それは正しい。

96) ボエティウスに加えて，マルティアヌス・カペラ（De nuptiis Mercurii, ed. Eyssenhardt, p.331-74），カッシオドルス（Institutiones, 2, 5, PL70, c.1208C-12D において音楽を手短に論じている）の役割をあげるべきである。

97) たとえば，Combarieu, Histoire de la musique, 1, p.221-41, “La théorie musicale au moyen âge” 参照。

第3章　七自由学芸，ἐγκύκλιος παιδεία 百科全書的知識

1) 「理論上」という条件づきであることに留意。なぜなら中世教養の内容は，すでに12世紀以降この枠組みをはみ出している（Paré-Brunet-Tremblay, Renaissance du XIIe siècle, p.9-102; Mâle, Art du XIIIe siècle, p.93-94)。また，種々の学問が教養において実際に果たした役割も，理論的に予想されていたこととはかなり異なっている（本書，220頁参照)。

2) とくに，アルクインがそうである。かれの Grammatica, prooem, PL CI, c.853D-54A（Manitius, Literatur im Mittelalter, I, p.280-83, 285）参照。

3) Isidorus, Etymologiae, 1, 1-3; 1, 2, 1-3; 3, 71, 41参照。

4) Cassiodorus, Institutiones の第2巻参照。

5) 本書，第Ⅰ部第5章，注（40）参照。

6) しかし私はあえて，いくつかの指摘をしておこう。マルティアヌス・カペラは，少なくとも一見したところ，アウグスティヌスとは無関係のように見える。これに対してカッシオドルスは，アウグスティヌスの著作を利用し引用している（Institutiones, 2, PL70, c.1151B, 1152C, 1212C; Ibid., 1, c.1136C-37A)。イシドルスは，用いた資料の名を明かさない（これについては，de Labriolle, Littérature, p.697, n.1参照)。しかしかれは，少なくともカッシオドルスを介して，またおそらく直接に，たしかにアウグスティヌスを用いている（Mariétan, Classification des sciences, p.88)。

7) これについては，Roger, L’enseignement des lettres classiques d’Auson à Alcuin, p.134-44; Paré-Brunet-Tremblay, Renaissance, p.182-85参照。

8) 実質的にはそうである。アウグスティヌス独自の見解において哲学は予備課程の七学芸とはっきりとは切り離されていないし，また中世の学習課程は9世紀初頭になってはじめて明確に確立されるからである。

このころになってはじめて，文学的諸学科を示す trivium（三学）と，数学的諸学科を示すquadrivium（四科）という呼称が正式に用いられるようになる（Rajna, Trivium e quadrivium, とくに p.10-35によると，scholies d'Horace（ホラティウスの注釈）のなかに初めて trivium という語が出てくる。Trivium はアルクインに由来するという説もあるが，それは確かなものではない）。しかしアルクインのものとする主張は（Paré-Brunet-Tremblay, Renaissance, p.182-85），私から見ればそれほど重要なことではない。要するにそれは用語の問題であり，ars と disciplina の区別はつねに明確で（Marrou, Doctrine et discipline 参照），それはアルクイン以前に知られていた。たとえば，カッシオドルス（Institutiones, 2, praef, PL70, c.1151 B-D., ibid., 2, 2 fin, c.1167B），カペラ（De nuptiis, 2, 138）の著作にも見られ，その原理（思想の実際的な表現と事物の認識）はアウグスティヌス自身によって明確に表明されている（De ordine, 2, 2, 16（44fin), PL32, c.1015)。このことはすでに，Mariétan が指摘している（Classification des sciences, p.57参照)。

9) ヒッピアス の博学ぶりを並べ立て，見事にその人物像を描いてくれたのはプラトンである。Hippias Minor, 366e-68e, Hippias Major, 285c-86a. しかしこうした資料は，代表者としてのヒッピアスの特徴をよく表示するものではあっても，Norden が思い込んだように，かれを「百科全書的伝統」の厳密な意味での創始者として仕立てるものではない（Antike Kunstprosa, 2, p.671)。

10) 実際，アウグスティヌスの哲学的学習の課程を直接にプラトンに結びつけるのは誤りであろう。七自由学芸の課程と，プラトンが『国家』において提示した課程（通常の自由教育つまり数学的諸学科と弁証論）との比較は不自然である。アウグスティヌスとすべての新プラトン主義者は，その教育課程をギリシアの折衷主義的伝統から受け入れている。しかしかれらは，たしかにプラトンの影響を受けつつ，しかし自分たちなりに検討し適用したのであり，こうしたかれらの態度は，多くの点でプラトンのそれと一致するとはいえ，プラトンとかれらとの間にはこの点での派生関係はない。

11) 後述するように，哲学のすべての学派がみな同じようにこの κοινή に吸収されたわけではない。

12) こうしたセネカの哲学的教養に関するすぐれた説明は，E. Albertini, La composition dans Sénèque, p.206-12, とくに p.209から取り入れた。

13) たとえば，アルケシラオス（本書，174頁の表 (2)），あるいはポルフュリオス（同所，(9)）がそうである。オリゲネス（表 (7)），ラクタンティウス（表 (10)）も参照。(新)ピュタゴラス学派もプラトン主義者に加えるべきである。Justin, Dialogque avec Tryphon, 2, 14参照。

14) たとえば，ヘラクレイデス（表 (1)），アナトリオス（表 (8)）もそうである。

15) たとえば，ポセイドニオス（Seneca, Epist. 88, 24）がそうである。フィロン（本書，174頁の表 (4)；Bousset, Schulbetrieb, p.106-10）も参照。こうしたことは，少なくとも

クリュシッポスの学派については真実である。Arnim, Stoicorum Veterum Fragmenta, 3, 738, 740。これに反対するものとして，ゼノンの Placita がある。Ibid., 1, 29参照。キオスのアリストンは，これに異を唱えている。Ibid., I, 349-450参照。

16）有名な警句 Παιδείαν δὲ πᾶσαν, μακάριε, φεῦγε, τὸ ἀκάτιον ἀράμενος（Usener, Epiucrea, fr.163）参照。アウグスティヌスはこうした見解を Contra Cresconium, 1, 13（16）, PL43, c.455において取り上げている。

17）たとえば，Ps-Cébès（本書171頁の表（3）参照）。Diatribe の主題は Oltramare, Diatribe romaine, p.44-45, nos.2-8に採録されている。

18）たとえば，本書，174頁の表（6）セクストゥス・エンピリクス参照。

19）Diogenes Laertios, 7, 32（Zenon）; Athenaios, 13, p.588a（Epicuros）.

20）Diogenes Laërtios, 6, 103（Menedemos）; 7, 129（Zenon）; Origenes, 本書，174頁の表（7）; Porphyrios, 同頁，表（9）参照。

21）Diogenes Laërtios, 2, 79（Aristippos）. また τεχναὶ（artes）ἐγκύκλιοι といった表現もある。Seneca, Epist., 88, 23; Schola Vaticana, Dionysios Thrachia, Hilgard, Grammatici graeci, 3, p.112, 1, 4と 16. さらに τεχναὶ λογικαί（rationales）, σεμναί（liberales）ということばもある。Galenos, Protreptikos, I , p.38, 39, Kühn 参照。

22）こうした研究が成果を結ぶためには，ごく広範な基礎にもとづくものでなければならない。私が知るかぎり，そうした研究はなされていない。Dyroff（De ordine, p.41-45）は，Marx, Prolegomena（自家版の Celsus）, p.ix に依拠し，Reinhardt（Poseidonios, p.49s）はセネカの証言（本書，前掲注（15））をあげることで満足し，それにもとづいて，自由学芸の課程はポセイドニオスに由来すると結論している。文献学者たちは，そろそろ「ポセイオニドスの神話」という幻惑を振り払うべきである。ここで論じている問題の場合，こうした研究方法が本質的な真実を見落とさせることは明らかである。つまりここで問題になっているのは，ポセイドニオスあるいは他のギリシアの哲学者のだれかに固有の考えを探すことではなく，かれらに共通する教えを求めることである。

23）ヘラクレイデス・ポンティコスはアリストテレスと，プラトンの後継者スペウシッポスに師事した。ここにあげた表は，厳密な哲学的著作は別にして，その他の書を整理し配列するために書かれた標題をあげたものである（Diogenes Laertios, 5, 86-88）。

24）ディオゲネス・ラエルティオス（4, 29-33）は，アルケシラオスの教養について説明している。それによると，かれが「文法」を学んだことは明らかである（かれの詩，ホメロス，ピンダロスに対する趣味から見ても＃30-31）。かれは数学的諸学科をアウトリュコス，音楽家クサントス（＃29）から，また幾何学者ヒッポニコス（＃32）からも学んでいる。

25）「ケベスの表」の作者は，前1世紀末（あるいは Uberweg, 1, p.525によると後1世紀初め）のキニク学派的傾向をもつストア学徒であるが，かれは παιδεία あるいは少なくとも当時の人々がそう呼んでいたものを示してくれる。しかしかれは，キニク学派と同じくそれを ψευδοπαιδεία として見ている。かれは c.13で ψευδοπαιδείας ἐρασταί を数え上げているが，それは詩人，修辞学者，弁証論学者，音楽学者，算術学者，幾何学者，

天文学者，κριτικοί（エピクロス学派），ペリパトス学派（この語については，本書，180頁参照）のことであり，さいごの語は詩人と文法を示している。

26）この表は，フィロンが自由学芸の例をあげる種々の資料から取り出してまとめたものである（De congressu eruditionis gratia, #11, 15-18, 74-76, 142, 155 etc; Bréhier, Idées de Philon, p.280-81; Bousset, Schulbetrieb, p.98-110参照）。もちろん，そこで例示されている自由学芸のリストはどれも完全なものではない。

27）セネカは，Epist., 88（#3-14）において，この表にあげた順で studia liberalia をあげ，哲学者の教養におけるその役割を検討している。

28）この表は，セクストゥス・エンピリクスの Contra Mathematicos と呼び馴らされている著作の構想そのものから取り出したものである。この書は，哲学者たちの教条主義と，かれらが哲学者形成の基盤におく科学とに反対するために書かれたものである。その構想は（伝統的順序に従うと）第1巻は文法学者に対して，第2巻は修辞学者に対して，第3巻は幾何学者に対して，第4巻は算術学者に対して，第5巻は「占星術者」に対して，第6巻は音楽学者に対して，第7-8巻は論理学者に対して，第9-10巻は自然学者に対して，第11巻は道学者に対する反論となっている。したがって，第1-6巻は教養諸科の学習を，第7-11巻は厳密な意味での哲学の三部分を取り扱っている。

29）オリゲネスは，Epist. ad Gregorium（Thaumaturgus), #1において，ギリシア哲学と ἐγκύκλια μαθήματα あるいは προπαιδεύματα をキリスト教信仰に役立てるよう弟子グレゴリウスに勧めている。かれによると，哲学者たちは幾何学などについて，それが哲学に役立つと教えているが，われわれは，哲学そのものがキリスト教に役立つと主張したい。

30）アレクサンドリアのアナトリオスは，ラオディケアの司教になるまえ，故郷の町でアリストテレス学派の哲学講座を開いていた。かれの生涯については Duchesne, Histoire de l'église, 1, p.489-90を，その活躍については Uberweg, 1, p.680-81を，かれの時代については Hieronymus, De viris, 73, PL23, c.719 ; Eusebios, Chronicon, a.279, Chr.（ed Helm, p.223, 1. 21-22）を，かれの教養について Eusebios, Historia Ecclesiastica, 7, 32, 6）を参照のこと。かれは παιδεία と同様 φιλοσοφία においてもすぐれ，学習課程の学科として上記の科目をあげているが，文法は省いている。文法は，ヒエロニムスの著作のなかには出ているが（op. cit.), 文法という文字は古書体学から見て判読困難である。しかしそれは問題ではない。アナトリオスほどの教養人が文法を知らなかったとは考えられないからである。

31）ポルフュリオスは，『哲学者列伝』(Vies des philosophes)（この書は散逸しているが，Tzetzes（Chiliades, 11, 532 ; Nauck, édition des Opuscla de Porphyrios, p.13）が上記の表を伝えている）のなかで，これらの ἐγκύκλια μαθήματα をあげている。私は三番目に，括弧をつけて弁証論をあげたが，それは，Tzetzes の資料では φιλοσοφίας とある。それについて F. Marx は，この φιλοσοφίας はここにあるはずのものでなく，韻律のために詩文のなかに挿入できない διαλεκτκῆς のかわりにここに置かれたまでであると考えている（Celsus, Prolegomena, p.x)。

32) ラクタンティウスは，Institutiones divinae, 3, 25, 1s で，当時の哲学者とくにプラトン学派の哲学者たちが哲学的学習の対象としていたものを数え上げている。そして#9-11では予備学習の科目をあげている。

33) Seneca, Epist, 88, 16-17; Diogenes Laertios, 7, 41参照。

34) Lactantius, op. cit., 3, 13, 4も参照。

35) この混乱については，本書，160-61頁参照。

36) Platon, Respublica, 7, 521c-31c. これはおそらく，ピュタゴラスまで遡る。Rey, Jeunesse de la science grecque, p.216-19参照。

37) プラトンやラクタンティウスが算術を省いたわけは，アウグスティヌスの場合と同じように説明できるかもしれない（本書，158-59頁参照）。つまり算術の学習は，他の三つの数学的諸学科のなかに含まれているということである。

38) エウセビオスは，アナトリオスの専門知識のなかに，μουσική をあげている。あるいは実際にかれの教養にはそれが欠けていたのかもしれない。あるいは時として当時の人々がしていたように，エウセビオスも音楽を数学の付帯科目と考えていたのかもしれない（Asclepius, In metaphysica, in Commentaria in Aristotelem graeca, IV, 2, p.17, 1. 1-2).

39) 私にとくに示唆を与えてくれたのは主として，つぎの研究である。Marx, Prolegomena（ed. Celsus, p.viii-xiii）; Gwynn, Roman education, p.86s ; Ritschl, Opuscula, 3, p.351-56 ; Rohde, Zu Aupleius, p.73, n.2 ; Norden, Antike Kunstprosa, 2, p.667-79 ; Appuhn, Trivium; Mariétan, Classification des sciences, p.57-62 ; Martin, Arts libéraux ; Willmann, Arts ; Roger, D'Auson à Alcuin, p.181 ; Dilthey, Pädagogik, p.52s ; Dyroff, De ordine, p.40-45. さらに，この仮説を修正するものとして，Marrou, Histoire de l'éducation, p.243-56とくに n.2（p.523）を参照。

40) 本書，166頁参照。

41) Platon, Respublica, 7, 522bs（Marx, Prolegomena, p.viii）参照。

42) Marx, ibid., p. x. こうして「起点」（terminus a quo）が決まり（ディオニシウスの伝記の年代については P. W., 5, c.977, n.134参照），「終点」（terminus ad quem）は七自由学芸の表をあげる（後出の注（65））ヴァロ（前116-27年：Schanz, 1, 2, #182）にあるとするならば，この表の出現は，かなりの正確さをもって前1世紀中葉ということになる。これは，ロードスにあったディオニュシオスの学校で考案されたに違いない。つまりこの表は，ギリシアの学校で親しまれていた七学科，アイスキュロス，ソフォクレス，アリスファネスなどがあげる主な七部分の表（これは自由学芸のように，三と四に分けられていた）と関連づけるべきである。

43) たとえばプラトンが Respublica のなかで，理想的な哲学者形成の基礎をなすものとして μουσική を特別視していることに注目してもらいたい（本書，241頁参照）。

44) Marx（Dyroff, op. cit., p.219, n.4）は，七自由学芸は，Theophrastos の弟子であるサモスの歴史家ドゥリスの著作の断片を伝えるポルフュリオス（Vie de Pythagore, 3）の書のなかに述べられていると考えた（frg.56, Müller, 23, Jacoby）。しかしこれは間違って

いると私は思う。H. Diels は，この難解な文章に別の解釈を与えており，その方が好ましいと思われる（Vorsokratiker, ch. 43, Simos, frg.2）。

45） Diogenes Laertios, 2, 79参照。つまりアリスティッポスは，ἐγκύκλια μαθήματα を学んだあと哲学をなおざりにする人々をペネロペイアの求婚者たちにたとえているが，こうして見ると，この説はヘレニズム的な色彩が濃い（本書，223-24頁参照）。たしかに，こうした考え方はアリスティッポスにまで遡る，それは否定しえない。

46） Ibid., 4, 10. クセノクラテスは，音楽，幾何学，天文学も知らずに自分の講義を受けようとする人に対し，「出て行け，お前は哲学を取り上げるための取っ手をもっていない」と答えたという。

47） Ibid., 5, 86-88. かれの証言は本書，174頁の表（1）ですでにあげておいた。これは確実なようである。それは，δόξα だけでなくヘラクレイデスの全著作の目録の分析にもとづいているからである。

48） Robin, Pensée grecque, p.416参照。この区分はすでにゼノンが取り入れていたもので（前300年ごろ），「これはたしかに，クセノクラテスおよび最初のアカデミア学徒に由来する」。Armin, Stoic, Vet. Frag., 2, 38（Sextus Empiricus）; 3, 37（Cicero）参照。

49） あるいは少なくとも哲学者として以後，それを教えることはない（本書，232頁参照）。他方，ἐγκύκλιος παιδεία には，哲学者たちが知ってはいても，決して教えなかったこれらの文学的学科が含まれている。

50） Xenocrates, in Diogenes Laertios（上掲注（46））と néo-pythagoricien de Justin（上掲注（13））参照。

51） 本書，95-96頁（とくに95頁の注（17））参照。

52） Vitruvius, De architectura, 1, 1（3-10）参照。

53） Galien, Sur ses propres écrits, 11-18, 19, p.48 Kühn ; かれの Εἰσαγωγὴ διαλεκτική（ed. Kalbfleisch, Teubner, 1896）参照。

54） こうした概念は，Suidas, Lexique, ed. Adler, 2, p.198, #133においてはっきりと表現されている。Οἱ δὲ ἀξιώματος ἀντιποιούμενοι τὴν ἐγκύκλιον ἐπαιδεύοντο παιδείαν.

55） セネカの書簡から見て，こうした比較はまったく正しいと言える（Epist., 88, 20）。自由学芸は，哲学つまり高等教育のためにある。ということは，自由学芸自体は第一段階の教育である。

56） この比較はさらに推し進めることができる。古代の人々もわれわれと同じく中等教育における過剰なカリキュラム，過度の学業といった似たような問題に悩まされている。かれらは，自由学芸によって代表される膨大な学習内容にいわば押しひしがれている。Vitruvius, De architectura, 1, 1（7）; Seneca, Epist., 88, 35; Lactantius, Institutiones divinae, 3, 25, 12 ; Augustinus, De ordine, 2, 16（44 fin）-2, 17（45）, PL32, c.1015参照。

57） Télès, Reliquiae, ed. Hense, p.49-51（Stobée, Florilège, 98, 72）; Axiochos, 366e-67a, Platon, Oeuvres（Coll. Budé）, 13, 3, 141. かれらは，私以前に，Girard, Educatio, p.473B で取り上げられている。Gwynn, Roman education, p.86は，第二しか知らない。Marrou, Histoire de l'éducation, p.243におけるささやかな研究成果も参照。

58) 子どもは学僕と教師の手に委ねられている（γραμματοδιδάσκαλος, Télès ; γραμματισταί, Axiochos）. テレスはまた音楽とデッサンの教師（ἁρμονικός, ζωγράφος）をあげている。私は，体育の教師（παιδοτρῖβης），さらに後代の軍事学の教師はここでは取り上げない。

59) テレスは算術教師と幾何学教師だけ，アクシオコスは幾何学者と κριτικός（この語は，ラテン語の grammaticus と同義である。Gudeman, P. W., s. v., II, 2, c.1912）だけをあげている。

60) Chevalier, Etude critique de l'Axiochos, p.106-15; Souilhé, Notice à l'éd. citée, p.135-36参照。

61) Hense 版の Télès, Prolegomena, p.cxxii, xxxvi 参照。

62) 本書，96-98頁参照。

63) この語は，オリゲネスの著作のなかに見られる（本書，上掲注（29））。Philon, De congressu eruditionis gratia, 9参照。

64) 本書，95頁参照。

65) Ritschl は，この散逸した著作の構想を再現しようと努めている（De M. Varronis disciplinarum libris）。かれによると，この書は9巻に分かれ，文法，弁証論，修辞学，幾何学，算術，天文学，音楽，医学，建築学の順に配置されていた（しかしこの順序はあまり確実なものではない。Marx, Prolegomena, p.xii によると，あるいは音楽はなかったかもしれない）。

66) ヴィトルヴィウスは文法（と歴史），デッサン，幾何学，哲学，音楽，医学，法学，天文学をあげ（上掲注（52）），ガレノスは医学，修辞学，音楽，幾何学，算術（と計算術），天文学，法学（そしてややためらいがちに）造形美術をあげ（Protrepticos, 14, I, p.38-39 Kühn），フィロストラトスは哲学，修辞学，詩学，音楽，幾何学，天文学，軍事学，医学，造形美術をあげ（Gymnastiques の初めに），ヴィクトリヌス（これはたしかに，マリウス・ヴクトリヌスである：Schanz, 4, 1, p.153）は，詩学，音楽，天文学，文法，修辞学，法学，哲学をあげ（Grammatici latini, 4, p.187, in Keil），Schola Vaticana におけるトラキアのディオニュシオスの項では，天文学，幾何学，音楽，哲学，医学，文法，修辞学が上げられている（Hilgard, Grammatici latini, 3, p.112）。

67) この年代と構想は，Marx, Prolegumena, p.xiv-xvii から取り入れた。不正確なリストについては，Ibid., p.xiii 参照。

68) 本書，242-45頁参照。

69) 百科全書主義はこれだけではない。中世の百科全書主義もある。自然学と「事物の本性」（de natura rerum）に関する一連の著作における百科全書主義はイシドルス（Etymologiae, 1, 11-17）に始まり，ラバヌス・マウルスなどに受け継がれていく。この両分野の区別はあまり注目されていないが（Brehault, Isidor of Seville, p.44は別として），私としては，本書においてこの点をいくらかでも明確にできればと念じている。こうした自然中心の「百科全書」は，古代の ἐγκύκλιος παιδεία ではなくプリニウスの Naturalis historiaにつながるものである。しかしこのプリニウスの書は（＃14, I, p.5, 3-5. Mayhoff

は誤解しているが），（古代の意味での）encyclopedia でも現代の意味での encyclopedia でもなく，むしろ哲学者たちのいう φυσική に結びつけるべきものである。

70） ギリシア人は，ἐγκύκλιος παιδεία しか知らなかったことを忘れてはならない。Ἐγκυκλιοπαιδεία という語形は，クインティリアヌスの書の写本にしか見られず（後出の注（72）参照），近代の刊行者は一致して，これは写字生の間違いであるとしている。この語は，近代になってほとんど同時に，英語（Elyott, 1531年ごろ）とフランス語（Rabelais, 1532年）に現われている。Bredley, in Murray, English Dictionary, 153s ; Bloch, Dictionnaire Etymologique, 1, 254b 参照。人文諸学科を取り扱う辞典に最初にこの名称を持ち込んだのは，フランドルの人文学者 Sterck de Ringelberg（Lucubrationes, vel potius absolutissima κυκλοπαιδεία, Bâle, 1541）であるように思われる。Cyclopaedia という語形は（英語ではいぜんとして，そのまま用いられている），ἐγκύκλιος とは関係なく，直接，κύκλος という語に結びつくもので，近代の概念が古代ギリシア語からの単なる借用ではないことを示している。それは，仮定の語源をもとにした造語ではないとしても，少なくとも，これを語源と想定して考案されたものである。私の知る限り，古典期あるいはビザンツ時代のギリシア人の著作には，この語は見当たらない。Moreau は，Nicetas Acominatos のラテン語訳において（Panoplie dogmatique, 4,4（PG, 139, c.1248C），たしかに Valentinus のグノーシス主義について），Cum graecarum dsiciplinarum orbem quem enkuklopaiedeian dicunt と書いているが，しかし，それを Paris, B. N. f. grec 1234, fo 69r, 1, 1 にあたって見ると，そこにはただ，καὶ ἐν Ἀλεξανδρεῖ τὴν ἑλληνικὴν παιδείαν μετιών... とあるだけである。

71） Littré, s.v. Encyclopédie. Littré は「一体性」と「全体性」の二面を並置しているが，D’Alembert は前者を（Discours préliminaire à l’Encyclopédie），Diderot は後者を強調した（Encyclo-pédie の項参照）。今となって，本質的なものと思われるのは Diderot の考え方である。英語では，当初からその点が指摘されている（Elyot 1538, Murray, op. cit. 参照）。

72） Estienne のギリシア語辞典，また Liddel-Scott-Jones のそれを参照。もっとも古い権威はヴィトルヴィウスで，かれはその著 De architectura（1, 1, 7）において，「Encyclios disciplina は，多くの肢体からひとつの体が構成されているようなものである」と述べている。Quintilianus は，Institutio oratoria（1, 10, 1）において，「ギリシア人たちが ἐγκύκλιος παιδεία と呼んでいるのは，学問の円環のことである」と説明している。この円環（orbis=cercle）というたとえを明確に理解するためには，ギリシア人のもとでは，プロクロスを待たねばならない（それも scholiaste によってニッサのグレゴリオスのものとして間接的に証言された年代不明の資料によるのみである）。Gaisford, Suidas, ed. Bernardy における注記（1, 2, c.91-92），さらに Tzetzes,（Chiliades, 11, 523）あるいは Zonaras（Lexique, p.600）によると，12世紀ということになる。

73） このように，ἐγκύκλιος は en circulation（通常の）を示し，そこから courrant（日常の），vulgaire（通俗の）の意味に（アリストテレスにおいては，τὰ ἐγκύκλια あるいは τὰ ἐγκύλια μαθήματα は πὰ ἐξωτερικά とほぼ同義である。Bonitz, Index aristotelicus, 214b, 40-42, 104b, 45s 参照。Gwynn, Roman education, p.86 は，ギリシアの ἐγκύκλιος παιδεία

にこのようなアリストテレス的用語の反映を見ようとしている），あるいは「定期的に繰り返し来るもの」，日常の，そこからして「毎日の」という意味に解されうる。

74） こうした学問全体という概念を示すため，ギリシア語には πολυμαθία という語があり，これはヘラクレイトス以来（frag. 40, Diels）哲学的用語となり，われわれが百科全書的傾向と呼ぶ，万物に対する飽くことのない好奇心をよく表している。また，この語は悪い意味に用いられやすい（これについては，本書，186-87頁でいう humanisme と encyclopédisme の対比を参照）。しかしこの語はまたよい意味にも使われ，ストラボン（3, 157）は，クラテス（Cratès）その他多くの人々がホメロスに由来するとする百科全書的な知識に当てはめている。

75） この重要な事実については先述した。本書，145-46頁参照。

76） Gilson, Commentaire au Discours de la Méthode, p.93-94参照。

77） たしかに，ガレノスはそのように理解している。かれは，Protreptikos において，若者たちに対し，知的活動に打ち込むためスポーツを差し控えるように勧めている。かれは種々の学問と技芸とを数え上げ，そのうちのひとつを選んで専攻するように勧めている（# 14, I, p.39 Kühn）。また「医者は哲学者でもあるべきである」という著作も書いている（ibid., 1, p.53-65, Kühn）。それによると，学問つまり医学は，それを徹底的に究めるならば，それ自体，十全な教養になる。これはきわめて現代的な調子をもつ興味深い考えではあるが，百科全書的理想とは相容れない。

78） Timaeus, 81es 参照。

79） あるいは，それはポセイドニオスかも知れない。かれの思考は，人間活動のあらゆる分野に及ぶ幅広い好奇心に突き動かされていたようである。これについては，Reinhardt の古典的な著作（Poseidonios, München, 1901），さらに簡単な著作では，Bréhier, Histoire de la philosophie, 1, p.406-07を参照。しかしかれの知的関心は，以後の哲学には見るべき影響は与えなかったようであり，かれの遺産を継承したのは博学者たちである。

80） 本書，125頁以降参照。

81） Epist., 11, 2, PL33, c.75 : “illa namque quae de hoc mundo quaeruntur nec satis ad beatam vitam obtinendam mihi videntur pertinere”.

82） Epist., 118, 3 (10-20), c.441. これが Contra Academicos の役割である。

83） Ibid., 3 (13-17), c.438-41参照。

84） Ibid., 3 (18), c.441参照。

85） Ibid., 3, 2, c.64 ; De ordine, 2, 16 (44), PL32, c.1015参照。

86） 本書，122-23頁参照。しかしかれがこれらの知識を「哲学者時代」に修得したと証明するものは何もない。

87） 幾何学の定義については本書，第Ⅱ部第2章，注 (38)。音楽の定義については，本書，162-66頁参照。Amerio は，理性的学問としての disciplina に関するアウグスティヌスの理解についてすぐれた説明を与えている（Il “De musica”, p.13-15）。その他，De Trinitate, 15, 9 (16), PL40, c.1069参照。アウグスティヌスは，数学的諸学科に頼らずし

てその理想を実現しようと努めている。つまりかれは，韻律のような技巧的な学問を合理的なものにしようとして，ひどく苦労している（本書，234頁参照）。

88）同じような理由から，アウグスティヌスは歴史についても同様に考えている。序でに付言すると，アウグスティヌスの哲学的教養は明らかに反歴史的である。

第4章　アウグスティヌスにおける自由学芸

1）本書，157頁参照。

2）本書，449-50頁参照。

3）アウグスティヌスの Disciplinarum libri については，本書，449-60頁参照。

4）De ordine, 1, 7 (18), PL32, c.986.（対照法も弁論術において果たすべき役割をもっている）。Ibid., 2, 4 (13), c.1000（種々の様式の弁論術）参照。

5）Ibid., 2, 13 (38), c.1013参照。

6）Ibid., 2, 12 (35-37), c.1011-13参照。Amerio は，文法のもつふたつの特徴をよく見抜いている（Il “De musica”, p.19）。

7）Alfaric（Evolution intellectuelle, p.444, n.3）と Amerio（op. cit., p.20）のふたりはこの章句の存在に気づいていたが，それを利用する機会を得ないままに終わっている。

8）本書，31頁参照。

9）De magistro, 4 (7), PL32, c.1199; 5, (13-16), c.1202-04 ; 9 (25), c.1209-10参照。

10）Ibid., 5 (13), c.1202参照。

11）De beata vita, 4 (30-32), c.974-75参照。

12）Soliloquia, 2, 5 (8), c.888-89参照。

13）Epist., 3, 5, PL33, c.66参照。

14）De ordine, 2, 4 (13), PL32, c.1000参照。

15）Plotinos, Enneades, 3, 2, 1, 16. 最近の研究としては，Svoboda, Esthétique, p.22-24を参照。

16）プロティノスとアウグスティヌスをつなぐ仲介者が明らかでないところから（ヴィクトリヌスか），プロティノスの書にだれが手を加えたのか，それを知ることは不可能である。それは仲介者のひとりであろうか，あるいはアウグスティヌス自身であろうか。

17）De ordine, 2, 5 (13), PL32, c.1001（「詭弁的な結論」も巧みな討論においては果たすべき役割がある）。

18）De quantitate animae, 2 (47), c.1062. また定義については De magistro, 13 (43), c.1219も参照。

19）De magistro, 4 (9), c.1200参照。

20）De musica, 1, 2 (2), c.1083-84参照。

21）だれもがその権威を認める Prantl, Geschichte der Logik, 1, p.665を参照のこと。

22）本書，363頁参照。

23）アウグスティヌスはアリストテレスの Categoriae を読んでいる（Confessiones, 4, 16,

(28), PL32, c.704 ; 本書，39頁参照)。アリストテレス学派の再生以降，すべての哲学学派は一致して，アリストテレスを論理学の師として仰いでいる（たとえば Bréhier, Histoire de la philosophie, 1, p.444参照)。

24）いくらかの確実性をもってアウグスティヌスのものとされている De dialectica は，ストア学派の用語法によっている（本書，460-61頁)。他方アウグスティヌスは，ストア学派による弁証論の重要性を強調している。たとえば Contra Cresconium, 1, 13 (15), PL43, c.455 ; 1, 14 (17), c.456 ; 1, 19 (24), c.459 ; Epist., 118, 3 (15), PL33, c.440参照。

25）Prantl, Geschichte der Logik, 1, p.578-616（ストア的論理学とアリストテレス的論理学の融合について説明している)。

26）Maritain, Saint Augustine and Saint Thomas, p.209（厳密な意味での形而上学ではないと言う），p.211, 212, 221参照。Guitton, Le temps et l'éternité, p.188（アウグスティヌスとアリストテレスとの比較は問題にならない。技法および正確さの点で，アウグスティヌスはつねに見習い弟子であった)。

27）この点では，カッシキアクムでのすべての「対話編」(Soliloquia を含めて）をとくに検討すべきである。その要約は，Boyer, Chrstianisme et néo-platonisme, appendice 2, p.205-25にある。本書，242頁以降も参照。

28）「対話編」全体がこうした見方を支持してくれる（本書，第Ⅱ部第6章，注 (40), (41) における章句を見よ)。また異端者の論駁における論争術については本書，363-64頁参照。

29）De magistro, 13 (43), PL32, c.1219; Contra Academicos, 2, 10 (24), c.930 fin ; De musica, 1, 3 (4 fin), c.1085参照。これは聖職者時代の著作においてしばしば取り上げられる主題である。本書，第Ⅱ部第1章，注 (62) 参照。

30）たとえば，Soliloquia, 2, 5 (8 fin), c.889. De magistro, 2 (3), c.196参照。ここでは，ことばは記号であると定義し，「ことばはあるものを意味する」という。では，nihil は記号ではないのか。その定義は間違ってはいないか。

31）たとえば Confessiones（10, 8 (12) s, PL32, c.784）において，記憶に関する形而上学的説明は，急にことばだけの屁理屈に走り，「忘却」ということばの記憶の問題に紛れ込んでいく（10, 16 (24-25), p.32, 789)。De doctrina christiana（1, 6 (6), PL34, c.21）では，ineffabile は「表現できない」を意味する。したがって，もし Deus est ineffabilis とするなら，神は存在しないことになる。De civiate Dei（6, 4, 1, PL41, c.180）では，ヴァロによる詭弁的な注解がある。こうした例は無数にある。Enarratio in Psalmum 118 (8, 4, PL37, c.1521-1522）では，concupivit desiderare というヘブライズムについて，アウグスティヌスは欲望することを欲望することの意味について自問する。De Genesi ad litteram, 4, 20 (37), PL34, c.310, etc... 参照。

32）本書，248-53頁参照。

33）アウグスティヌスはそれをつぎのように判断した（Confessiones, 9, 4 (7), PL32, c.766. 対話は「まだ学派の傲慢さを呼吸している」。審美主義の立場をとるアリピウスは，はっきりとキリスト教が持ち出されることに反対していた)。Boyer, Christianisme et

néo-platonisme, p.17; de Labriolle, Introduction aux Confessions, p.xv-xvi 参照。こうした対話はキケロを模倣したもので，より厳しくより学問的な様相をもって書かれるのちの対話と対照的である。Alfaric, Evolution intellectuelle, p.413-14 ; Fischer, De Augustini libro de dialectica, p.20参照。

34） De ordine, 2, 11 (31), PL32, c.992参照。

35） それにはわけがある。このころの西方には，哲学の専門家といったものはいない。アウグスティヌス自身がその証人である。Epist., 1, 1, PL33, c.61; 118, 3 (21), c.442参照。

36） さきに引用した資料のほか（上掲注 (18) - (20)），つぎのような章句がある。De doctrina christiana, 3, 44 (47), PL34, c.84（類と種について），De Trinitate, 5, 7 (8) - 8 (9), PL42, c.915-17（否定は賓位語の範疇を変えない）; Contra Julianum Pelagianum, 6, 6 (16), PL44, c.831-32（個々の肯定は，それに対応する一般的否定と矛盾しない）など。

37） Confessiones 4, 16 (28), PL32, c.704は，本書，第Ⅰ部第5章，注 (57) においても引用した。

38） たとえば，定義に関する理論（上掲注 (18)）と，アウグスティヌスが知っていた（あるいは知っていたらしい）マリウス・ヴィクトリヌスの Liber de definitionibus とを比較してもらいたい。Monceaux は，これについて手ごろな説明を加えている（Afrique chrétienne, 3, p.384-85）。

39） Julianus は，論理学の専門用語を好んで用いていたようである。かれはアリストテレスの Categoriae を援用し（Contra Julianum, 1, 4 (13), PL44, c.647 ; 2, 10 (37), c.700 ; 3, 2 (7), c.705），三段論法について（Ibid., 3, 7 (14-16), c.709-10），また類，種，相について論じている（Ibid., 3, 13 (26), c.715）。

40） ごく簡単な例をあげよう。アウグスティヌスは Soliloquia（2, 9 (16), PL32, c.892）において，近代の神学者が「悪辣なうそ」と「冗談のうそ」とを区別するように，fallax と mendax とを区別している。そしてつぎの行（ibid., 2, 10 (18), c.892）では，劇詩と fallacia の冗談——mendacia が予想されるときに——を取り上げるが，こうした類のことは枚挙に暇がない。Gilson, Introduction, p.53, n. 1; Butler, Western Mysticism, p.78, 83, n.1参照。そのあとに続くことについては，本書，441-49頁における scientia と sapientia の用語の説明を参照すること。また本書，第Ⅲ部第1章，注 (72)，(73) も参照。

41） もっとも明白な例は，De Trinitate, XII-XIII にある。そこでアウグスティヌスは，sapientia と scientia の定義にたえず手を加え，両者の対立だけを目立たせようとしている（本書，297-301頁参照）。あるいは De consensu Evangelistarum（1, 5 (8), PL34, c.1045-46）では，活動的徳と観想的徳とを対比する。観想的徳とは，地上での観想について言われているのか，天国での観想について言われているのか判別しがたい。そこでは対比だけが強調され，両者の関連は明確にされていない。

42） アウグスティヌスは，ことばのもつ恣意的な性格を明言する（たとえば De musica, 6, 9 (24), PL32, c.1176）。Alfaric, Evolution intellectuelle, p.47はこうした解釈には賛同しない。しかしことばの実際の使用においては，ことばの任意性のよさは忘れられているが，それはまた別のことである。

43）私が古典的性格あるいはアウグスティヌス的用語について述べていたのはこのことである（本書，72-73頁参照）。アウグスティヌスは，哲学あるいは神学においても，新造語に対しては俗語に劣らぬほどの警戒心をもっている（本書，第Ⅰ部第3章，注(140)）。たとえば，Salvatorというキリスト教の新造語に対するかれの指摘を見よ（De Trinitate, 13, 10 (14), PL42, c.1025）。

44）アウグスティヌスは，たとえばDe Trinitateにおいて，scientiaとsapientiaの対比を強調したあと（上掲注(41)），一般には両語が同義に使われていることに納得できず，はっきりとこれに反対している（De Trinitate, 13, 19 (24 fin), PL42, c.1034）。

45）より正確に言うならば，それは教会の慣習に合わせようとしている。Retractationes, 1, 2 (2 fin), PL32, c.586 ; 1, 3 (3), c.588-89 ; 1, 13, 2, c.603など参照。

46）Job, 18, 28a（七十人訳による）においてsapientiaをpietasの意味に用いることによって生ずる用語の混乱については，本書，第Ⅲ部第2章，注(41)参照。

47）たとえば，Blondel, Latent resources in saint Augustine's thought, p.322-24 ; Gilson, Introduction, p.294, 305-06参照。

48）ValletteによるAplogieとFloridesのIntroduction（coll. Budé）のp.ix参照。

49）本書，第Ⅰ部第5章，注(49)参照。

50）Lecat, Erreurs des mathématiciensもアウグスティヌスを取り扱っているようであるが，参照することはできなかった。

51）De Genesi ad litteram, 2, 5, (9), PL34, c.266（土星の公転周期は30年である）; De civitate Dei, 3, 15, 1, PL41, c.92（日食は太陰月の終わりに起こる）。また星の総数を書きとめたとされるクニデスのエウドクソスにもふれている（De civitate Dei, 16, 23, c.500）。Alfaric, Evolution intellectuelle, p.235, n.2も参照。

52）本書，122頁参照。

53）本書，157頁（自由学芸の第4の表：Retractationes, 1, 6）参照。Mariétanはこの欠落を否定しようとし，この表におけるphilosophiaという語は天文学を指すとしたが(Classification des sciences, p.56, n.6)，それは用語だけでなく，アウグスティヌスの教養全体に混乱を来たすことになり，認められない。他方，アウグスティヌスが若いころ学んだ自由学芸の教科書を数え上げるConfessiones, 4, 16 (30), PL32, c.705では，天文学は見当たらない（本書，157頁参照）。

54）Confessiones, 5, 3 (3-6), PL32, c.707参照。

55）Alfaric, Evolution, p.234-38参照。

56）漠然とした暗示から明確な文献を確定することは困難である。Alfaric (op. cit., p.234-35）とBoyer（Christianisme et néo-platonisme, p.45, n.3）は，アウグスティヌスによる読書を再現しようと努めている。それによると，ヴァロのDe astronomiaとアプレイウスによる同名の書（散逸），キケロのSomnium Scipionis, またキケロによるアラトスの書の訳を読んだことになる。

57）De diversis quaestionibus LXXXIII, qu.35, 1, PL40, c.28参照。

58）Confessiones, 4, 3 (5), PL32, c.695参照。

59） Ibid., 7, 6 (8), c.737. また上掲注 (58) についても Alfaric, Evolution, p.221における説明を見よ。

60） De immortalitate animae, 2 (2), PL32, c.1002; De libero arbitrio, 2, 8 (21), c.1252; 2, 12 (34), c.1259参照。

61） De musica, 1, 12 (20), PL32, c.1095参照。

62） Ibid., 1, 11 (18), c.1094参照。

63） De libero arbitrio, 2, 8 (23), c.1253 ; De civitate Dei, 12, 12, PL41, c.359-60; 12, 17, 1, c.366（無限の概念について）; 18, 23, 1, c.580 ; 20, 7, 2, c.668（立方体について）。これらの参照箇所のうち，最初の二か所は哲学的観点から見ると興味深い。しかしあとの二か所はごく初歩的なものである。

64） De musica, 1, 8 (14) -12 (26), c.1091-98 : 韻律，音楽，算術が示唆されている。

65） Ibid., 1, 8 (14) -10 (17), 1092-93 ; 1, 13 (27), c.1098参照。

66） Ibid., 1, 11 (18) - 12 (26), c.1094-98参照。

67） こうした総括的な解釈をするのは私が最初であろう。Edelstein（Musikanschauung Augustins, p.82-83）はこの難問をうまくかわし，簡単な説明で済ませている。Amerioは大胆に挑んでいるが（Il “De musica”, p.63-65），かれ自身正直に白状しているように，完全に成功したとは言えない（ibid., p.65, n.2）。

68） さいごの三つの提要は，ギリシアの算術論をもっともよく代表するものである（Tannery, Mémoires scientifiques, 7, p.27s）。アウグスティヌスのころ，これらの書はアテネの哲学講座における基本的な教科書であった (Schemmel, Hochschule von Athen, p.507-08)。

69） 参考までに，もっとも真実らしく思われるいくつかの仮説を上げておこう（Alfaric, Evolution intellectuelle, p.446, n.2 ; Svoboda, Esthétique, p.70-71）。アウグスティヌスはヴァロの Disciplinarrum libri に含まれる De arithmetica を読むことができたし，またおそらく，ニコマコスの提要の翻訳であるアプレイウスの De arithmetica も読んだことであろう（Cassiodorus, Institutiones, 2, 3, PL70, c.1208B 参照）。しかしこれらの書は散逸している。われわれがもっている唯一のラテン語の提要は6世紀のもので，ボエティウスの De arithmetica（ニコマコスの提要の翻案である）とそれを要約したカッシオドルスの Institutiones, 2, 4 (c.1204-08) がそれである。

70） De musica, 1, 7 (13 fin) - 8 (14), PL32, c.1091参照。

71） ニコマコスは数をそれ自体において考察したあと，当然のこととして，相等 (égalité)，不相等の関係について述べる。Introduction arithmetica, 1, 117, 1, p.44 Hoche; Boethius, Arithmetica, 1, 20 fin, p.45 ; Friedlein ; Cassiodorus, c.1205B 参照。

72） De musica, 1, 8 (14 fin), PL32, c.1042 ; Ibid., 1, 9 (15), c.1092; Ibid., 1, 11 (18), c.1094.

73） Euclides, Elementa, 19, definitio 1 : Μεγέθη σύμμετρα と ἀσύμμετρα. かれは，われわれが非理性的と呼ぶものを通約できないもの（ἀσύμμετρον）と呼んでいる（Gow, History of Greek Mathematics, p.79, n.1; Cantor, Vorlesungen, 1, p.254参照）。かれが理性的なもの，非理性的なもの（ῥηταί, ἄλογοι: 10, Définition 4）と呼ぶものに正確に対応する概念は近代数学にはない。

74）Euclides, Elementa, 7, definitio 2 ; Gow, op. cit., p.74, n.4 ; Cantor, op. cit., p.147 ; Rey, Jeunesse de la science grecque, p.192-95, 279-83参照。そこから古代の思想において単位の概念がすぐれた役割をもつようになる。アウグスティヌスの De ordine, 2, 18 (47), PL 32, c.1017（この文章がストア学派，プラトン学派の資料にもとづくことについては，Svoboda, Esthétique, p.41-41, また一般的に Boyer, Idée de vérité, p.75を参照）。

75）Epist., 3, 2, PL33, c.64参照。アウグスティヌスは，知性的な数と感覚的な数とを対比している。感覚的な数は，物質的な大きさである。かれは，無限の小ささを認めるが（アウグスティヌスにとって物質は無限に分割できる），無限の大きさは認めない（物質界には限界がある）。これに対して，知性的な数つまり算術の学科が取り扱う数は，無限の大きさは認めるが（級数には限界がない。本書，200頁参照），無限の小ささは認めない。それは，1以下に至ることはできない。De libero arbitrio, 2, 8 (23), PL 32, c.1253参照。

76）アウグスティヌスが，motus rationabiles のあらゆる種類の例をあげながら，あえて motus irratonabiles の例をあげないのは，それを象徴するものがないからである（Amerio, Il“De musica” p.65, n.2）。

77）De musica, 1, 9 (15), PL32, c.1092. Nikomachos, 1, 17, 1-3, p.44/Hoche ; Théon, Musique, 22, p.120/Dupuis ; Boethius, 1, 21, p.45/Friedlein ; Cassiodorus, c.1205参照。

78）De musica, 1, 9, (15-16), PL32, c.1092-93. アウグスティヌスの文章は，ここではかなり混乱している。Connumerati（通約的）を形成するふたつの範疇のひとつは当初から正確に定義されているが，sesquati（部分付加数）の定義は次々に手直しされている。アウグスティヌスはまず，ふたつの数の違いは，最大数の全体的な分割ということであり，またその最大数はその差異の倍数であるということになる。しかし他の箇所（Ibid., 1, 10 (17), c.1093）では，この定義を再度取り上げ，明確にしようとしている（6と8）。したがってかれは，最大の数だけでなく，ふたつの数は，その差異において重複すると考えている。実は，「とはいえアウグスティヌスは」，第二の条件は第一の条件に含まれてふたつの定義が結局はひとつになるとは「言っていない」。

ふたつの整数を a, b とするならば，

$a = p\ (a-b)$，p は全体＞1として，

$a-b = p\ (a-b) - b$ となり

$b = (p-1)\ (a-b)$ となる

したがって，b は a-b の差異の重複である。

79）De musica, 1, 10 (17), PL32, c.1093参照。

80）Nikomachos, 1, 17, 7s, p.45s/Hoche ; Théon, Musique, 22s, p.120s/Dupuis. それに対応するラテン語の用語については，Boethius, 1, 22s, p.46s/Friedlein ; Cassiodorus, c.1205Cs 参照。また Gow, Greek Mathematics, p.90も見よ。

81）Sequasti の a, b があるとして

定義すると，$a = p\ (a-b)$ となり，

したがって，$(p-1)\ a = pb$ となり，

$\frac{a}{b} = \frac{p}{(p-1)}$ として ἐπιμόριος / ὑπεπιμόριος の形の関係となり，

また逆に，ἐπιμόιος / ὑπεπιμόριος の二つの数を a, b として，

定義すると，$\frac{a}{b} = \frac{(m+1)}{m}$ となり，

したがって $ma = (m+1)b$ となる。

a をこの平等な二つの辺に加えると，

$(m+1)a = (m+1)b + a$ となり，

したがって，$a = (m+1)(a-b)$ つまり sequasti の特徴的な関係を示す。

82） 実際，アウグスティヌスは韻律の検討に移るにあたって，算術における用語を，適時，弟子に対して繰り返す。De musica, 2, 4 (4), PL32, c.1102 ; 2, 5 (6), c.1103 など参照。Amerio, Il "De musica", p.72-74 も見よ。

83） Rationabiles, connumerati の定義については上述したことを見てもらうことにして，アウグスティヌスはなぜ ἐπιμόριοι という古典的概念を sesquati の概念に置き換えたのであろうか，わからない。

84） Théon は，アウグスティヌスと同様，伝統において切り離されていた「注目すべき比率」を λόγοι ἀναλογίας と呼んでいるが，こうした用語はかなりずれている（ἀναλόγος は，Euclides では proportionnel という正確な意味をもっている。Elementa 7, definitio 20）。他方さいごの三つの比は，ἐπιμόριοι の範疇に入ると読者に信じ込ませかねないようなリストのあげ方をしているが，これは不自然である。Nikomachos もまた，五つの同等の比の説明や，またしばしばその他においても混乱している（たとえば奇数の配列において。Ibid., 1, 11-13）。

85） De musica, 1, 9, 15, PL32, c.1092参照。

86） 上掲注（77）参照

87） 本書，237-39頁参照。

88） Bréhier, Histoire de la philosophie, 1, p.53 ; Rey, Jeunesse de la science grecque, p.366-70, 375-78

89） De musica, 1, 11 (18) - 12 (26), PL32, c.1094-98 と，それについて説明する Alfaric（Evolution intellectuelle, p.446, n.2), Edelstein（Musikanschauung Augusins, p.83-86), Amerio（Il "De musica", p.66-69), Schmitt（Mathematik, p.362-63）参照。

90） De musica, 1, 12 (20), c.1095参照。

91） Ibid., 1, 12 (21), c.1096参照。アウグスティヌスは，数字の3を totus impar として定義しているが，これは，とくに Nikomachos が説明した奇数の分類を暗示している（Nikomachos, Introdutio arithmetica, 1, 11s）。

92） Ibid., 1, 12 (22), c.1096：Subtilius ista quaeruntur atque abstrusius in ea disciplina quae est de numeris.

93） Eodem loco. "et mirror, et amo, istam quam commendas unitatem".

94） Ibid., 1, 12 (23-26), c.1097-98参照。

95） Amerio は，アウグスティヌスが第2巻から第5巻において最初の四つの数の特性に

ついて加えた説明を集め，このように説明している（Il “De musica”, p.69）。De musica, 2, 3 (3), c.1103参照。

96）この書は散逸したが，フォティウスによるかなり詳しい注記によって，大体のことはわかる（Bibliothèque, cod. 187, PG 103, c.591-604）。

97）この著作については，Tannery による翻訳と注釈がある（Tannery, Mémoires scientifiques, p.3, p.12s）。

98） Tannery, op. cit., p.27参照。かれによると，この部分はもともと，Théon の書の一部をなしていたものではなく，ビザンツ人による加筆である。

99）たとえば，Nikomachos, Photius, op. cit., PG 103, c.496 a-b（3の数の完全さ），Anatolios, trad. Photius, op. cit. p.12（4と10の数），15（3の数），Théon, Arithmétique, 32 fin, p.76/Dupuis（3の数），Ps-Jamblique, Theologumena, p.14 de Falco（3の数），20（4の数），アウグスティヌスの教養に実際に用いられた資料は，ヴァロの De principiis numerorum（散逸しているが）であろう。A. Delatte, Etudes sur la littérature pythagoricienne（Bibl. de l'Ecole des Hautes Etudes, f.217), Paris, 1915, p.139-268 ; Marrou, Histoire de l'éducation, p.248-251参照。

100） この点については，寓意的注釈について述べる際にさらに詳しく説明される。本書，351-57頁参照。

101） Soliloquia, 1, 4 (9-10), PL32, c.874参照。

102） Eodem loco; De immortalitate animae, 7 (12), c.1027参照。

103） Epist., 14, 4, PL33, c.80参照。

104） De immortalitate animae, 4 (6), PL32, c.1024参照。

105） De ordine, 1, 2 (3), c.980参照。中心は，すべての線がそこに集まるところである。

106） De immortalitate animae, 1 (1), c.1021. 直径は，他の線よりも長い。

107） Soliloquia, 1, 4 (10), c.874; De civitate Dei, 13, 17, 2, PL41, c.390参照。

108） De diversis quaestionibus LXXXIII, qu.29, PL41, c.19参照。

109） De quantitate animae, 6 (10) - 12 (21), PL32, c.1041-47 ; Alfaric, Evolution intellectuelle, p.463 ; Svoboda, Esthétique, p.59-61参照。

110） 本書，230-31頁参照。

111） De civitate Dei, 11, 29, PL41, c.343参照。

112） De quantitate animae, 6 (10), c.1041参照。

113） Ibid., 6 (11), c.1041参照。

114） Ibid., 7 (11), c.1041: figuram interim voco, cum aliquod spatium linea lineisve concluditur.

115） Ibid., 8 (13), c.1042参照。

116） Ibid., 8 (13 fin), c.1043.

117） Ibid., 9 (14). アウグスティヌスには，菱形を示す専門語はない。

118） Ibid., 9 (15), c.1043-44参照。

119） Ibid., 10 (16), c.1044-45参照。

120） Ibid., 11 (17-18), c.1045-46参照。

121) Ibid., 12 (19-20, 21), c.1046-47参照。

122) 正三角形より菱形を上位に置くことになる aequalitas の概念は，まったく主観的なものである。アウグスティヌスがこれについて述べる道徳的考察はいかにも子どもじみている（かれは，正三角形では三つの角が平等であり，菱形にも似たような要素の対比があるとして，このふたつの図形の特性が公平に配分されていることに正義を見ようとしている。De quantitate animae, 9 (15), c.1043)。

123) こうした説明については，Svoboda, Esthétique, p.60-61を見よ。かれは，図形に関する審美的，道徳的考察の原点はストア学派にあるとしているが，しかしプラトン，アリストテレスもすでに円の美について語っている。実は，こうした傾向は，算術と同様，ピュタゴラス学派にまで遡る。古代思想は，これとはまったく無縁ではなかった。

124) De quantitate animae, 12 (21), c.1047参照。

125) Euclides, Elementa, 1, definitiones, 1, 2, 5, 6参照。

126) もちろん，アウグスティヌスがエウクレイデスの書そのものを所有していたとは言わない。ただ，エウクレイデスはギリシアの数学的伝統を代表するものである。アウグスティヌスの物知り的知識の直接的資料はなにか。Svoboda が言うように，ヴァロの De geometria であろうか（Svoboda, Esthétique, p.61)。他方アウグスティヌスは，命題を提示することはあってもそれを証明しようとはしない。ローマ人の間では，こうした証明はひどく軽んじられていたのではなかろうか（Tannery, Mémoires scientifiques, 2, p.478, 481; Gow, History of Greek mathematics, p.203参照)。

127) De musica の第1巻の二部分の内容については，本書，162-66, 200-09頁において説明した。

128) 第6巻は，本書，234-39頁で取り上げる。

129) Epist., 101, 3, PL33, c.369 ; Retractationes, 1, 6, PL32, c.591参照。

130) 哲学者時代の著作では Soliloquia, 2, 6 (12)（PL32, c.890）をあげるだけで十分である。かなり不明瞭なものではあるが，それ以後の著作では（たとえば，De Trinitate, 4, 2 (4), PL42, c.889）では一弦琴と調和（consonantia）が取り上げられている。この説明は正確ではあるが，初歩的なものである。

131) たとえば Confessiones, 3, 7 (14), PL32, 689 ; 11, 36 (33), c.822参照。しかしここでは，詩文における韻律だけにふれている。

132) Ibid., 4, 16 (30), PL32, c.705参照。

133) 最近の研究で，はるかに正確で基本的なものは，Amerio, Il "De musica" di S. Agostino である（とくに p.71-123では，第2巻から第5巻について詳述し，p.168-96ではアウグスティヌスの韻律論の資料について述べている)。Amerio は，かれ以前の Westphal (Metrik der Griechen, 1-2, p.129 ; Fragmente und Lehrsätze der griechischen. Rhytmiker, p.19), H. Weil（Etudes de littérature et de rythmique grecque, p.138s.), K. Wenig（O pramenech Augustinova spisu de musica）らの研究を利用し，成果を収めている。Edelstein は，第2巻から第5巻の説明には数頁をあてるだけである（Musikanschauung Augustins, p.87-91)。さらに Svoboda, Estétique, p.71-75も参照。

134） De musica, 2, 1 (1) - 8 (15), PL32, c.1099-1109参照。

135） Ibid., 2, 9 (16) -14 (26), c.1109-16. Rythmus は，同質の継続する律動の連結（同じ拍の脚からなる）であると定義されている（Ibid., 3, 1 (1), c.1115)。

136） Ibid., libri 3-4, c.1115-48. Metrum は，かなり不明瞭な概念であるが，ギリシア作詩法の μέτρον と混同してはならない。アウグスティヌスによると，metrum は終わりを知らせる特徴のある末尾（certo fine）をもつ，限定された（最大限32拍）rythmus の連結である（Ibid., 3, 1 (1), c.1115 ; 3, 9 (21), c.1128 ; 5, 1 (1), c.1147)。Metrum と詩とを区別するのは，metrum には「区切り」がないということである。アウグスティヌスは，この概念をかれ以前のラテン韻律学者から取り入れている。Amerio, Il "De musica", p.189-90; Nicolau, Cursus, p.92-93参照。

137） Ibid., liber 5, c.1147-1162参照。

138） ラテン人については，Schanz, 4, 1, # 825, 827, 829, 833-35; 4, 2, # 1085, 1104, 1105, 1112, 1114参照。

139） ここでは，Westphal, Metrik der Griechen, 1-2, p.129の判断に従った。

140） Amerio, op. cit., p.172-185（Well, op. cit.）参照。アウグスティヌスはヴァロ派の流れを汲むだけでなく，ヴァロ自身と依存関係にある。かれは，ヴァロの Disciplinarum libri のなかにあった De musica を直接に読んだのであろう。Amerio, op. cit., p.174, 176, 195 ; Svoboda, Esthétique, p.75参照。

141） Amerio, op. cit., p.40-45; 168, n.1; 195参照。

142） 私はここで，器楽のリズムに関するふたつの暗示だけをあげておく。De musica, 3, 2 (4), PL32, c.1114; 4, 14 (24), c.1141参照。

143） Ibid., 2, 1 (1), c.1099; 2, 2 (2), c.1101参照。

144） 第一点についてはAmerio, Il "De musica", p.87-89, 100-06, 192-94を，第二点については Ibid., p.76-80, 168-72参照。

145） De musica, 4, 1 (1), PL32, c.1128 ; 4, 2 (3), c.1130参照。

146） Ibid., 3, 7 (16 fin) -8 (19), c.1125-26; 4, 3 (4), c.1130; 4, 7 (8) -10 (11), c.1132-35; 4, 13 (16), c.1138参照。

147） Ibid., 4, 13 (16), c.1138参照。

148） Ibid., 4, 14 (19) -15 (29), c.1139-43参照。

149） Amerio, op. cit., p.193-94における資料を見よ。

150） De musica, 2, 9 (16), c.1109参照。

151） Ibid., 2, 14 (26), c.1114参照。

152） 上掲注 (148) 参照。

153） De musica, 5, 11 (24), c.1159参照。

154） 音楽学者のうち，この問題の複雑さをもっともよく把握しているのは，L. Laloy (Aristoxène, p.321-38) である。より簡単ではあるが，同じ意見をもつものに，Th. Reinach（Musique grecque, p.92-94, 114-16）と Emmanuel（Langue Musicale, 1, p.108-33）がいる。Lavignac（Encyclopédie de la musique, 1, p.380-81a）は，問題をあまりに簡単に片付け

ているように思われる。

155） De musica, 1, 7（13）-1, 8（14）, c.1091参照。

156） Ibid., 2, 10（18）, c.1110参照。

157） Ibid., 2, 11（20）, c.1111; 3, 4（8-10）, c.1119-21参照。周知のように，後代のラテン韻律学者による Arsis（上拍，弱拍）－Thesis（下拍，強拍）の概念の用法は，古典ギリシアの書のそれとは対立している。それについては，Nicolau, Cursus, p.49-54を参照。アウグスティヌスは，強拍について本質的な概念はもたず，両者の用法に反対している。

158）「休止」に関するきわめて初歩的な概念はあるが。

159） Confessiones, 4, 16（28, 30）, PL32, c.704. これらの教科書を突き止めようとした研究もある（上掲注（56），（69），（99），（126），（140））。論理学関係の書としては，アリストテレスの Categoriae 以外は明確な指摘は困難である。他の学問についてもっとも受け入れられている仮説は，アウグスティヌスはそれらの諸学をヴァロの Disciplinarum libri から学んだという説である。Svoboda（Esthétique, p.29-32, 40-42, 44-45, 58, 61, 67, 70-73, 75）は，かれ以前の研究者の論証を再び取り上げ，それを補完している。アウグスティヌスはまた，コルネリウス・ケルススの Artes（これを引用することもある。Alfaric, Evolution, p.230, n.2参照）あるいはアプレイウスの若干の著作を読んだのかもしれない（しかしその蓋然性は，はるかに少ない。本書，第Ⅱ部第1章，注（43）参照）。かれはアプレイウスの哲学的，文学的著作は引用しても，科学的著作は引用していない（本書，144頁参照）。

160） De Trinitate をあげよう。この大部な著作において，数学的諸学科が出てくるのはごくまれである。出てくるとしても，きわめて初歩的な内容しか取り扱われていない。目ぼしいものとしては，octave の説明だけである（上掲注（130））。重要な役割を果たす学科は，当然のことであるが，文法（本書，24頁）とくに弁証論で本質的な機能を発揮している（本書，254-64, 363-64頁参照）。

161） 本書，289頁参照。

162） もちろん，12世紀のシャルトルにおけるように，ある時期に，ある場所で数学的諸学科が学習されたことについては，改めて説明するまでもあるまい。Paré-Brunet-Tremblay, Renaissance du XIIe siècle, p.31-32, 106-08, 167, 194-97参照。

163） Grabmann は，すでに，アウグスティヌスにおける弁証論の重要性を強調し，そこにスコラ学派の前表を正しく見ている（Méthode, 1, p.126-29）。私は，それに加えて，中世思想家の知的形成においてそれに劣らぬ役割を果たした文法をあげるべきであると思う。

164） あるいは，問題となった「欠陥」は，外的環境（聖職叙階，学問の中断）のせいであると異議を差し挟むものがあるかもしれない。しかしその点でアウグスティヌスはいっそう代表的な人物である。重要なことであるが，かれは科学的教養の学習を喧伝したとしても，その効果があるなどとはほとんど考えていなかったからである。かれは，自分の学習課程の広大さに恐れをなし，課程全部の学習は不可欠であるとした主張から（本書，154, 156頁参照）一歩後退した態度を予見している。そしてやむをえな

い場合は，弁証論と算術という本質的なふたつの学科で満足すべきであることを認めるに至っている。しかしそれもまだ多すぎるというなら，弁証論か算術のいずれかひとつを学習するにとどめることにする。しかも後者を学ぶとしても，それはごくわずかな内容に限定され，単位の主要な特性を学ぶにすぎない（De ordine, 2, 18 (47), PL 32, c.1017参照）。

第5章　哲学志向の自由学芸（1）確実な論証

1）本書，140頁参照。

2）そのため，アウグスティヌスがその師ヴァロと対立していることは注目に値する。かれの科学的教養の諸要素はヴァロのものであるということは確からしいが（本書，第Ⅱ部第4章，注（17）参照），しかしその利用，方向づけは，この偉大な博学者とは無関係である。

3）De ordine, 2, 12 (37), PL32, c.1012. アウグスティヌスは，学習課程のなかに文法を位置づけるにあたって，そのなかに historia つまり文学的博識を取り入れている（本書，100-01頁参照）。

4）Ibid., 1, 8 (24), c.988 : eruditio disciplinarum liberalium modesta sane atque succincta.

5）Ibid., 2, 5 (14), c.1001 : talis enim eruditio, si ea moderate utitur, nam nihil ibi quam nimium formidandum est, ... philosophiae militem nutrit.

6）Curiosus（物好きな人）は，De ordine では文学中心の博学者について言われている（2, 12, (37), c.1012-1013）。また De vera religione では，哲学者ではなく天文学者について用いられている（29 (52), PL34, c.145）。さらに，正規の準備なしに形而上学に取り組むものについても言われている（De ordine, 2, 15 (42), PL32, c.1014, Ibid., 2, 5 (17), c.1002）。

7）Curiosus は，studiosus（学習者）とは対立する（De ordine, 1, 11 (31), c.992), ; また religiosus（宗教的な人，2, 5 (17), c.1002 ; 2, 15 (42), c.1014）とも対立し，さらに capax（能力のある人，De doctrina christiana, 2, prol., 1, PL34, c.1071）とも対立する。

8）De vera religione, 49 (94), PL32, c.164 ; De musica, 6, 13 (39), c.1184. アウグスティヌスによる好奇心の批判と芸術的体験に対する厳しい態度とは密接につながっている。この双方においてかれは，最高善ではない善に対する過度の愛着を断罪している。

9）De vera religione, 41 (78), PL34, c.157参照。

10）De quantitate animae, 19 (33), PL32, c.1054参照。

11）De vera religione, 29 (52), PL34, c.145参照。

12）本書，282-83頁参照。

13）De vera religione, 3 (4), c.125; 35 (65) -38 (71), c.164-65参照。かれは De moribus ecclesiae catholicae...,（1, 21 (38), PL32, c.1327）において，好奇心に対する批判と三つの情欲に対する聖書の断罪とを結びつけている。

14）これは，Opusculum de reductione artium ad theologiam（Opera, ed. De Quaracchi, V, p.317-25; Gilson, La philosophie de saint Bonaventure, p.41）というように，かれの著作の

標題である。

15) 本書，184頁参照。

16) Porphyrios, Vie de Platon, 14（Bréhier, Ennéades, 1, p.14）.

17) Marcus Aurelius, Pensée, 1, 17, 22（cf. 1, 17, 8）.

18) Seneca, Epist., 88, ad Lucilium.

19) しかし，両者の口調は異なっている。それは，Epistola 88の続きと De ordine の該当箇所（2, 7 (24s)）を読み返して見れば歴然としている。セネカは studia liberalia を受け入れながらも，たえずこれを批判している。これに対してアウグスティヌスは，これらの学習を制限しながらも，とくにその必要性と役割の重要性を強調する。こうしたアウグスティヌスの態度には，ふたつの理由があるように思われる。A) この対話においてかれは，弟子たちのほか，怠惰に流れがちなすべての若者を相手にしており，したがって，学習の成功に向けて励まさざるをえず，B) さらにかれは，セネカ，ルキリウス時代の人々とは異なり，学問を深く掘り下げることに興味のなかった当時のいわゆるデカダン期の人々に語りかけようとしているのである。そこには，欠けることはあっても行き過ぎることはありえなかった（これについては，本書，232頁において再び取り上げる）。

20) Epist., 88, 5-8; 36-41参照。

21) Ibid., 42-46参照。

22) Ibid., 1-17参照。

23) Ibid., 20, 31（本書，第Ⅱ部第3章，注 (55)）参照。

24) Ibid., 2 : non discere debemus sed didicisse. もちろんそこには，古代の学問に対する理想がいくらか残っていたことも考えられる。セネカのようなモラリストにとって，Naturales quaestiones を書くことは，physica に対する自学派の理論の重要性を是認し，自画自賛することであった。したがって，この著作のなかに利害を超越した探究への賛美があったとしても驚くことはない（1, praef. 4; 6, 4, 2）。しかし，そこにはまた空虚な好奇心の断罪もあり，それがセネカの本音であったと思われる（4, b, 13, 1）。また科学の説明を道徳哲学に役立てようという配慮が各頁に漲っている（ 3, praef., 5, 8; 2, 59, 1-2 ; 6, 32, 1 etc...）。

25) De congressu eruditionis gratia, 12, 19, 24, 72, 77, 140-57, 180. Bréhier, Idées de Philon, p.287-93参照。

26) Confessiones, 5, 3 (6) -5, 5 (9), PL32, c.708 ; Contra Faustum, 20, 9, PL42, c.375（Alfaric, Evolution intellectuelle, p.74, 95s 参照）.

27) Bréhier, Idées de Philon, 282-84参照。Philon が反対しているのは，近代の学者ではなく「ちまちまとした探究者」（ζητητικός, περίεργος）で，まさにアウグスティヌスが言う curiosus である。

28) De quantitate animae, 15 (25), PL32, c.1049: nam et exercet animum hoc genus disciplinarum ad subtiliora cernenda et affert argumenta nisi fallor certissima.

29) De ordine, 1, 2 (3), PL32, c.980 ; De quantitate animae, 16 (27-28), PL32, c.1-51参照。

30） De ordine, 2, 4 (12) - 5 (14), c.1000-01参照。

31） De immortalitate animae, 7 (12), PL32, c.1027参照。

32） Boyer, L'idée de vérité dans la philosophie de saint Augustin, とくに p.12-71; Gilson, Introduction, p.44-50参照。

33） それだけではないが，しかしとくにアウグスティヌスは Contra Academicos において，科学的真理だけに依拠することなく道徳的真理も引き合いに出しているが（De libero arbitrio, 2, 10 (28-29), PL32, c.1256-57），とくにデカルトの cogito に先駆ける，自我の存在に対する知的直観を援用する（De beata vita, 2 (7), c.963 ; Soliloquia, 2, 1 (1), c.885 ; De libero arbitrio, 2, 3 (7), c.1243)。この点については Gilson, Introduction, p.50, n.1参照。

34） Contra Academicos, 3, 11 (25), c.947; Confessiones, 6, 4 (6), PL32, c.722. De libero arbitrio, 2, 8 (20) s, c.1251 s; 2, 12 (33), c.1259参照。

35） Soliloquia, 1, 4 (9-10), c.874参照。

36） Contra Academicos, 3, 10 (23), c.946参照。最初の例は，自然学に関係するものとしてあげられている。しかしその真理は，アウグスティヌスがあとで認めるように（3, 13 (29), c.949), 弁証論に属する。

37） De ordine, 2, 13 (38), c.1013では，熱狂的な賛辞を加えている。

38） Soliloquia, 2, 11 (19-21), c.893-95参照。

39） De immortalitate animae, 4 (6), c.1021: quid enim tam aeternam quam circuli ratio. Ibid., 2 (2), c.1022 ; 1 (1), c.1021; 4 (6), c.1024参照。Soliloquia, 2, 19 (33), c.901-02においてアウグスティヌスは，学問一般の力を援用する。De libero arbitrio, 2, 8 (21), c.1252参照。

40） De libero arbitrio, 2, 8 (20) - 15 (39), c.1251-62. Gilson, は，これを綿密に説明している (Introduction, p.15-23)。

41） Plotinos, Enneades, 4, 7. de Labriolle, Journal des Savants, 1938, p.149参照。

42） Soliloquia, 2, 11 (19) - 19 (33), c.893-902; De immortalitate animae, 1 (1) - 6 (11), c.1021-27. Gilson, Introduction, p.65-70参照。

43） 本書，209-11頁（De quantitate animae, 6 (10) - 12 (21), PL32, c.1041-47）参照。

44） De quantitate animae, 3 (4), PL32, c.1037参照。

45） Ibid., 13 (22), c.1047 : A. Unquamne igitur oculis istis corporeis, vel tale punctum, vel talem lineam, vel talem latitudinem vidisti ? E. Omnino nunquam. Non enim sunt ista corporea. A. Atqui si corporea corporeis oculis mira quadam rerum cognatione cernuntur ; oportet animum quo videmus illa incorporalia, corporeum corpusve non esse.

46） 本書，160頁参照。

47） 東方も同じ状況におかれ，アテネの学校の新プラトン主義者たちは，論理学と数学的諸学科を教えていた。Proclus の教授については，Schemmel, Hochschule von Athen, p.507-09参照。

48） De musica, 6, 2 (2), PL32, c.1163 : ut a corporeis ad incorporalia transeamus. De vera religione, 29 (52), PL34, c.145 ; 32 (59) ; Retracationes, 1, 3, 1, PL32, c.588（De ordine について），ibid., 1, 6, c.591（Disciplinarum libri について), 1, 11, 1（De musica について）参照。

49）この問題については，本書，449-58頁参照。

50）本書，31-32頁参照。

51）より詳しい説明は，Gilson, Introduction, p.87-93, 99-100を見よ。

52）本書，234頁参照。

53）とくに，De musica, 2, 2 (2) - 2, 6 (13), PL32, c.1100-07（脚のさまざまな構成と便宜上のその名称について）; Ibid., 2, 8 (15), c.1108 ; 5, 7 (13-15), c.1153-55（詩文の分肢に関する合理的な説明）参照。

54）De musica の第6巻は，それ以前の巻と同時期に書かれたのかという問題があるが，これについては本書，462-64頁で取り上げる。

55）De musica, 6, 2 (2), c.1163参照。

56）第Ⅰ部については，Ibid., 6, 2 (2) - 8 (22), c.1173-76，第Ⅱ部については，Ibid., 6, 9 (23) - 17 (58), c.1176-93s も参照。

57）ここでも簡単な説明にとどめる。より詳しくは，つぎの研究書を見よ。Gilson, Introduction, p.75-86; Amerio, Il "De musica", p.125-41; Edelstein, Musikanschauung Augustins, p.92-103.

58）これについては Svoboda, Esthétique における説明を見てもらいたい。本書，第Ⅱ部第1章，注(88)参照。

59）こうした教えにプラトン的な特徴があることは言うまでもない。Rivaud, Platon et la musique, p.5-8参照。

60）より詳しい説明は，Amerio, op. cit., p.141-67; Edelstein, op. cit., p.103-18を参照せよ。

第6章　哲学志向の自由学芸（2）　魂の鍛錬

1）De quantitate animae, 15 (25), PL32, c.1049 : nam et exercet animum hoc genus disciplinarum ad subtiliora cernenda, ne luce illorum repercussus et eam sustinere non valens in easdem tenebras quas fugere cupiebat libenter refugiat.

2）本書，154頁参照。

3）本書，190-91頁参照。

4）本書，191-92, 233頁参照。

5）こうした言い方はアウグスティヌスのものである。本書，第Ⅱ部第1章，注(19)における De ordine, 1, 3 (8), PL32, c.982の引用を見よ。

6）Platon, Respublica, 2, 376e.

7）本書，142-44頁参照。

8）Confessiones, 9, 4 (7), PL32, c.768 ; Alfaric, Evolution intellectuelle, p.397.

9）本書，第Ⅱ部第1章，注(98)，(99)参照。ここでアウグスティヌスは，自由学芸全課程の学習の必要性を説く。

10）Contra Academicos, 1, 5 (15), PL32, c.914 ; 2, 4 (10), c.924 ; 3, 4 (9), c.938 ; De ordine, 1, 8 (26), c.989参照。

11）リケンティウスは，哲学に「回心」したばかりである（Contra Academicos, 2, 3 (8),

c.923）。哲学に魅せられたリケンティウスは，Pyrame と Thisbe をたたえる自作の詩文を放棄する意向を示し，これに対してアウグスティヌスは，自由学芸の有用性を理由にその学習を勧める。De ordine, 1, 8（23-24）, c.988 ; Contra Academicos, 3, 6（13）, c.940参照。

12） 本書，第Ⅱ部第5章，注（36），（37）参照。

13） これがアウグスティヌスがしたことである。De musica, 6, 10（26-27）, c.1177-79. かれは，はっきりと De musica の第2巻から第5巻の参照を勧める代わりに，韻律に関する自分の考えを要約して示す。

14） Retractationes, 1, 6, PL32, c.591 ; Epist., 101, 3, PL33, c.369.

15） Epist., 101, 3, c.369参照。

16） 上掲注（1）にあげた章句に加えて，De ordine, 1, 2（4）, PL32, c.980 :「それによって魂が純化され練磨される知識」（eruditio qua purgatur et excolitur animus）ということばもある。Ibid., 1, 8（24）, c.988参照。Soliloquia, 1, 13（23）, c.881-82では，とくに「（これらの眼は）まず訓練されなければならない」（ergo isti exercendi sunt prius）と言われている。

17） 本書，102-03頁参照。同じ批判は，ヴィトルヴィウスのような専門家にも向けられている。かれもまた，教養は有用な知識の修得にあるというような，きわめて狭い考え方をしている。そして伝統的な学習課程を正当化するのにひどく困っている。たとえば，音楽は大型投石器や攻城用兵器の製作に用いられ，弦によって生じる音はその張り具合を調べるのに役立つなどと言うにとどまっている（De architectura, 1, 1, 6）。Grenier, Génie Romain, p.236-37参照。

18） Platon, Respublica, 7, 524d, 521c; 532b-d; Plotinos, Enneades, 1, 3, 1. 最近の研究としては，Diès, Introduction à la République, p.lxxx s ; Rey, Jeunesse de la science grecque, p.119-20がある。

19） とくにセネカの場合がそうである。かれは，無用な知識の重荷の積み重ねとしての教養観に反対し（本書，224-25頁参照），魂の形相的準備という考え方を重視する（Quaestiones naturales, 3, praef. 18（24）。かれにはまた，bona mens という概念もある。もっともそれは知的というより道徳的なものではあるが（Gilson, Commentaire au Discours de la Méthode, p.93, 226, 参照）。

20） Soliloquia, 1, 6（12）, PL32, c.857; 1, 8（15）, c.877参照。

21） 新プラトン主義者たちが数学的諸学科に認めていた浄化 προκάθαρσίς の役割については，Bréhier, Marinos, p.227参照。

22） Confessiones, 3, 7（12）, PL32, c.688 ; 5, 10（19）, c.715 ; 7, 1（1）, c.733参照。

23） Contra Academicos, 1, 1（3）, PL32, c.907 ; 2, 2（4）, c.921.

24） 良心の究明については，Soliloquia, 1, 9（16）- 12（21）, c.877-81参照。

25） 「マタイによる福音書」7, 8 参照。これは Soliloquia, 1, 1（3）, c.871の祈りのなかに引用されている。

26） Ibid., 1, 4（9）, c.874. ここで言われていることに驚いてはならない。そこにはアカデミア学派の懐疑主義ではなく，すでにアウグスティヌスの「信仰絶対主義」（fidéisme）

が現われている。アウグスティヌスの思想は，以後かれが保持することになるひとつの枠のなかで展開されている。かれの祈りが証明しているように，かれは信仰をもっている。そしていま，理性をもって真理を見出そうと努める。かれにとって scire は，「理性的確実さをもって認識すること」である。本書，第Ⅲ部第6章，注（26）参照。

27） Ibid., 1, 13（22）, c.88参照。

28） 本書，200-09頁参照。

29） 本書，209-13参照。また哲学の利用については，230-31頁参照。

30） De quantitate animae, 15（25）, PL32, c.1049参照。

31） 本書，191頁参照。

32） De magistro, 7（19）, PL32, c.1205参照。

33） Ibid., 8（21）, c.1207: dabis igitur veniam, si praeludo tecum non ludendi gratia, sed exercendi vires et mentis aciem, quibus regionis illius, ubi beata vita est, calorem ac lucem non modo sustinere, verum etiam amare possimus...

34） これらの対話の史実性については，それに反対するものもいるが，問題はないと思われる。たとえば，R. Hirzl, Der Dialog, 2, p.376に反対するものとして，Ohlman, De sancti Augustini dialogis, p.8があり，さらに近年では，Gudeman, Sind die Dialoge Augustins historisch? がある。しかしかれもまた論破されている（R. Philippson, 同じ標題の研究書で）。アウグスティヌスは幾度となく，対話を記録した速記者に言及している（Contra Academicos, 1, 1（4）, PL32, c.908 ; 1, 5（15）, c.914 ; 2, 13（29）, c.933参照）。もちろん対話の記録は，語られたことをすべて，ことばどおりに再現したものではないが（De beata vita, 2, 15, c.67参照），「対話編」のなかに散在する手懸かりをもとに，カッシキアクムでの対話の日付，さらには時刻さえも確定することができる（Ohlman, op. cit., p.10-12 ; Knoll, CSEL, LXIII, p.2, n.1 ; van Haeringen, De Augustinis...rusticantis operibus, p.29 ; Alfaric, Evolution intellectuelle, p.400-06参照）。

35） Alfaricは，「対話編」の構成にはあまり注目せず，またその射程にも気づいていない（op. cit., p.276, n.2 ; 398, n.3）。

36） Contra Academicos, 3, 7（15）- 20（43）, PL32, c.941-58がそれである。

37） 正確には，教父全集のなかの52欄のうち21欄をあてている。

38） Ibid., 3, 7（15）参照。

39） Alfaric, Evolution intellectuelle, p.415-28に引用されている章句を見よ。Gilson, Introduction, p.45-49参照。

40） Contra Academicos, 1, 2（5）, PL32, c.908. そして「至福の生」（vita beata）は真理の所有を求めるのか，あるいはその努力だけで足りるのか，議論を始める。

41） Ibid., 1, 3（8）, c.910 ; 1, 4（12）, c.913 ; 1, 6（18）, c.915 ; 1, 8（22）, c.916参照。

42） Ibid., 1, 9（24）, c.918参照。

43） Ibid., 1, 9（24）, c.918参照。

44） Ibid., 1, 9（25）, c.918 : tractata enim res est pro suscepto negotio satis ; quae post pauca omnino posset verba finiri, nisi exercere vos vellem, nervosque vestros et studia, quae mihi

magna est cura, explorare...

45） Ibid., 2, 7（17）, c.927 : non ideo tamen tu causam tuam debes deserere, praesertim cum haec inter nos disputatio suscepta sit; exercendi tui causa et ad elimandum animum provocavi.

46） Ibid., 2, 9（22）, c.929 : non ego istam disputationem disputandi gratia susceptam volo ; satis quod cum istis adulescentibus praelusimus, ubi libenter nobiscum philosophia quasi jocata est... このことばはすでに，De magistro（上掲注（33）），Epist. 101, 3（上掲注（14））に出ている。アウグスティヌスはまた，それを De musica に応用している。

47） 第1部は De ordine, 1, 1（1）- 2, 7（23）, c.977-1005で，第2部は2, 7（24）- 20（54）, c.1006-20である。「教父全集」では，第1部は27欄半を占めるのに対し，第2部は15欄を占めている。

48） 本書，153頁参照。Retractationes（1, 3（1）, c.588）における説明は，こうした視点の転換を示している。

49） De beata vita, 4（26）, c.972参照。

50） Ibid., 2, 13（16）, c.966-67 ; 2, 3（19-20）, c.969 ; 4（24）, c.971 etc...

51） Ch. du Bos は，これらを Ecrits intimes（éd. la Pléiades）のなかに入れたが，それは間違っている。しかしそれは，felix culpa と言うべきかもしれない。かれの間違いのおかげで，今日，de Labriolle の見事な翻訳があるからである。

52） この比較を決定的なものにするのは，決して書かれなかった Soliloquia の第3巻の下書きを De immortalitate animae が表明していることである（Retractationes, 1, 5, 1, c.590）。

53） Soliloquia, 2, 14（25）, c.897 ; 2, 14（26）, c.897参照。

54） 本書，本書第Ⅱ部第5章，注（41）参照。

55） Soliloquia, 2, 20（34）, c.902 : hoc quaeris quod nisi mundissimus potest, et ad cujus rei visionem parum es exercitatus ; neque nunc per istos circuitus aliud quam exercitationem tuam, ut illud videre sis idoneus, operamur...

56） このことは，本書，63-64頁においてすでに指摘しておいた。

57） これについては，Schmaus, Psychologische Trinitätslehre が正確に説明している。より簡単な説明は，Gilson, Introduction, p.275-78, 281-92 ; Portalié, Augustin, c.2351-52にある。

58） De Trinitate, 8, 10（14）, PL42, c.960参照。

59） Ibid., 10, 11（17）, c.982参照。これは，アウグスティヌスが提示する第四の似像である。

60） Ibid., 14, 6（8）- 14, 12（15）, c.1042-48 ; 15, 20（39）, c.1088参照。

61） Ibid., 10, 11（17）, c.982（ingenium, doctrina, usus）.

62） Ibid., 10, 11（17）- 10, 12（19）, c.982-984参照。

63） Ibid., 11, 1（1）, c.983（vestigium, imago, effigies）; 11, 2（2）, c.985（res, visio, intentio animi）; 11, 11（18）, c.998（numerus, pondus, mensura）; 12, 5（5）, c.1000（homo, mulier, puer）; 14, 2（4）, c.1038（retentio, contemplatio, dilectio fidei temporalis）.

64） Ibid., 11, 3 (6), c.988 ; 12, 15 (25), c.1012 ; 13, 20 (26), c.1035参照。
65） Ibid., 14.
65） Ibid., 14, 6 (8), c.1042参照。
66） 本書，65-66頁参照。
67） De Trinitate, 11, 11 (18), c.998 ; 12, 1 (1), c.997参照。
68） Ibid., 12, 1 (1) - 3 (3), c.997-1000参照。
69） Ibid., 12, 5 (5), c.1000参照。
70） Ibid., 12, 6 (6), c.1001参照。
71） Ibid., 12, 6 (6-7), c.1001-02参照。
72） Ibid., 12, 7 (9-12), c.1003-12（それは，繰り返される。12, 13 (20-21), c.1009-10）参照。
73） Ibid., 12, 14 (22) - 12, 15 (25), c.1009-12参照。
74） Ibid., 13, 1 (1), c.1013参照。
75） Ibid., 13, 1 (2-4), c.1013-16参照。
76） Ibid., 13, 2 (5), c.1016参照。
77） Ibid., 13, 2 (5) - 13, 6 (9), c.1016-20参照。
78） Ibid., 13, 4 (7), c.1018参照。
79） Ibid., 13, 10 (13) - 13, 18 (23), c.1024-33参照。
80） Ibid., 13, 19 (24), c.1033-34参照。
81） Ibid., 13, 20 (26), c.1035参照。
82） Ibid., 14, 3 (4-5), c.1038-39 ; 14, 5 (7), c.1040-41など参照。
83） Ibid., 15, 17 (27) - 15, 20 (38), c.1080-1087; 15, 26 (45-47), c.1092-95参照。
84） より詳しく説明する必要があるかもしれない。学習の難渋さは，De Trinitate, 15, 10 (17), c.1069-70にも示されている。
85） 本書，59頁参照。
86） アウグスティヌスがDe Trinitateを終わるにあたって，しゃべりすぎた（multiloquium: ibid., 15, 28 (51), c.1098）と謝ったことを私は知らないわけではない。このことばは，「格言の書」10, 19（in multiloquium non effigies peccatum）から来るもので，したがってかれが謝っているのは読者に対してではなく神に対してで，かれはそこで，文学的立場ではなく神秘的立場に立っている。
87） こうしてかれは，信仰に関する余談に入っていく（上掲注(76)）。アウグスティヌスはそれが余談であることを認めながらも，必要であると考えている（De Trinitate, 15, 3 (4), c.1059 ; 15, 3 (5 : ad lib. 10), c.1060）。しかしたぶん聖霊に関する余談は別である（ibid., 15, 20 (39), c.1088）。
88） 本書，第II部第1章，注(85)参照。
89） De Trinitate, 15, 27 (50) - 28 (51), c.1096-98における結論と哲学的説明の部分（9, 1 (1), c.961）を見よ。
90） Ibid., 1, 1 (3), c.821 : Proinde substantiam Dei...intueri et plene nosse difficile est et ideo est necessaria purgatio mentis nostrae qua illud ineffabile ineffabiliter videri possit... さらに，1, 1

(1), c.819 :「(異端者は) 未熟にして邪悪な愛によって」(immaturo et perverso amore). Ibid., 1, 2 (4), c.822 :「最高に純化された魂をもって至高の善を観る」(summum bonum purissimis mentibus cernitur).

91) Ibid., 9, 12 (17), c.970 ; 10, 1 (1), c.971参照。

92) Ibid., 13, 20 (26), c.1035参照。

93) Ibid., 14, 7 (10), c.1044 (第11巻の要約) 参照。

94) Ibid., 15, 1 (1), c.1057 : volentes in rebus quae factae sunt ad cognoscendum eum a quo factae sunt exercere lectorem jam pervenimus ad ejus imaginem...

95) 本書，254-57頁参照。

96) De Trinitate, 15, 3 (5), c.1060 (第10巻の要約)。Ibid., 11, 1 (1), c.984も参照。

97) Ibid., 15, 3 (4), c.1059参照。

98) Ibid., 15, 3 (5), c.1059-61参照。

99) Ibid., 15, 6 (10), c.1063-64.

100) Ibid., 14, 3 (5), c.1039. 上掲注 (48) 参照。ここで読者は，De Trinitate には，教えの内容だけでなく，似像も「対話編」から取り入れていることに気づくであろう。たとえば，眼も眩むような光 (ibid., 15, 27 (50), c.1097参照)。上掲注 (20) 参照。

101) 「コリントの信徒への手紙Ⅰ」13, 12. アウグスティヌスは，De Trinitate, 15, 8 (14) - 9 (16), c.1067-69において，これに注釈を加えている。

102) 「創世記」1, 27 は，De Trinitate, 15, 6 (10), c.1064に引用されている。

103) Ibid., 9, 12 (17), c.970 : Quod nunc in mente humana utcumque investigare conamur, ut ex inferiore imagine, in qua nobis familialius natura ipsa nostra, quasi interrogata respondet, exercitatiorem mentis aciem ab illuminata creatura ad lumen incommutabile dirigamus. また13, 20 (26), c.1035 ; 14, 17 (10), c.1044 ; 15, 6 (10), c.1064も参照。

104) これは，プラトン的であると同時にプロティノス的でもある (Corte, La dialectique de Plotin, in Aristote et Platon, とくに，p.232-53, 275-76参照)。もちろん私は，この偉大な三賢による弁証論の考え方に実質的な違いがあることを知らないわけではない。しかしそれぞれの定義は学者たちにまかせておこう。かれらは，私と同じく，三賢の間に類似があることを示してくれるであろうし，今はそれで十分である。

第III部　キリスト教の教え

第1章　キリスト教的教養の始まり

1）アウグスティヌスはいろいろな著作で教養論の全体あるいは一部を取り扱っているが，本章では，De doctrina christiana, De Trinitate（XII-XIV）, De catechizandis rudibus, Epistola 26, ad Licentium, Epistola 118, ad Dioscorum などにおける教養論を見ることにしよう。

2）De doctrina christiana は聖職者のための単なる聖書注解，説教の提要なのか，あるいはキリスト教的学問，教養の問題を全般的に取り扱う書なのか。以下，私は後者の見解をとることにするが，これに反対するものとしては，Eggersdorfer, Augustin als Pädagoge, p.140（p.118には，種々の意見について参考文献がある），さらに Portalié, Augustin, c.2300, # 66 ; de Labriolle, Littérature, p.38; Moricca, Letteratura, 3, 1, p.454 ; Schanz, 4, 2, p.443がいる。

3）Schanz, 4, 2, p.446 ; de Labriolle, Littérature, p.555, n.2 参照。De doctrina は，二段階にわたって書き上げられている。第一段階は1, 1（1）から3, 25（35）までで，397年に中断されている。第二段階は残りの全部で，アウグスティヌスの死の3年前，427年に書かれている。de Bruyne,（Itala, p.301 s）と Courcelle（Les lettres grecques, p.149-50）は，第一段階の章句は第二段階の執筆時に全面的に手直しされたと述べているが，この意見に与するわけにはいかない。

4）手元にあるアウグスティヌス関係の研究書で，「聖職者時代」について満足すべき説明をしてくれるものはない。この研究の空隙を埋める必要があるが，それは簡単なことではない。最近になってすぐれた研究が公刊された。それは，F. van der Meer, Augustinus de Zielzorger, de praktijk van een kerkvader, Nimègue, 1949（2）（仏訳では，Saint Augustin, pasteur d'âme, Colmar-Paris, 1955）である。

5）その解明を試みたもののなかで，つぎの研究に注目したい。Comeau, Saint Augustin exégète du IVe Evangile, とくに p.368-69, p.407-10 ; id., Evolution de la sensibilité, pass. ; Eggersdorfer, Augustin als Pädagoge, p.97-107（「哲学者から神学者へ」）。

6）こうした心理的状況をもっともよく説明してくれているのは，Guitton であろう。「思想というものは，どれも，たとえ全面的に自立していると思われるものでも，少なくともその表現において，それが生じる土地という集合的精神的状況に関与している」（Le temps et l'éternité, p.97）。そして，「アウグスティヌスは，ふたつの共同体に所属していた。かれの魂（âme）はキリスト教的でありながら，その精神（esprit）はギリシア・ローマの学校で形成されていた。かれの魂が体験したものとかれの精神が提示するものとの間には，ずれのようなものがあった」（ibid., p.237）。

7）カッシキアクムでのアウグスティヌスは，選ばれたものが少数であることなど考えていなかった。のちペラギウス派は，かれに対し，救われるものは少ないと主張するが，アウグスティヌスはそれとは反対に，神の恩恵がどれほど多くの人に与えられて

いるかを理解していないとして，アリピウスを非難している（De ordine, 2, 10 (29), PL 32, c.1008-09)。「回心直後」の楽観主義における主観的側面については，de Labriolle, Introduction aux Confessions, p.xv 参照。かれが指摘した点については，多くの例文をあげることができる。Soliloquia, 1, 1 (1), c.869 ; 1, 4 (9), c.874 ; 1, 13 (23), c.882. また De ordine では，ロンバルディア地方の晩秋の景色について，短いとはいえ示唆に富む言及がある（ibid., 1, 3 (7), c.981 (1, 5 (13), c.984）など参照)。

8） 周知のように，ヒエロニムスはいかなる司牧にも就かないという条件のもとに司祭の聖位を受けたのであった。Cavallera, Saint Jérôme, 1, p.56参照。

9） 司祭叙階直後アウグスティヌスがヴァレリウス司教あてに書いた書簡を見てもらいたい。Epist., 21, 1, PL33, c.88参照。

10） こうした表現は，Epistola, 48（PL33, c.188）に出てくる。かれは，カプラリア島の修道者たちにあてたこの書簡のなかで，かれらの観想だけの生活と自分の困難に満ちた司牧活動とを対比している。

11） これは，同じ修道者たちに対することばである（Ibid., 2, c.188)。こうした章句は，Butler, Western Mysticism, p.236-40に収録されている。そのなかでもとくに，Contra Faustum Manichaeum, 22, 57-58, PL42, c.436-37 ; Sermon Frangipane, 2, 4（Morin, Sermones post Maurinos, p.193）参照。

12） Epist., 21, 3-6, c.88-89参照。

13） 誤解してはならない。アウグスティヌスの知名度，教区外における精神的影響，友人であったカルタゴのアウレリウスに対する指導がいかに大きかったとはいえ，かれは当時の社会において第一人者であったわけではない。Peteers, AB., 1931, p.496-97参照。

14） これは，Papini がとった見解である（Saint Augustin, p.258-60)。

15） Comeau, Saint Augustin exégète, p.368-69参照。

16） たとえば，Epist., 83, PL33, c.291s ; Sermo, 356, PL34, c.1574s などを見よ。

17） Epist., 59, PL33, c.226s; 209, c.953s; 210-11, c.957s. etc...

18） Confessiones, 1, 15 (24), PL32, c.671. De Trinitate, 3, prooem. 1, PL42, c.867参照。

19） Epist., 26, PL33, c.103-07. Balmus, in Mélanges Parvan, p.21-27. かれはやや異なる観点から，以下に取り上げることと一致した意見を述べている。

20） 本書, 140, 148, 242, 249-50頁参照。

21） カッシキアクム滞在は，386年から387年の冬のことであり，アウグスティヌスの Epist., 26は，394年のものらしい（Goldbacher, CSEL, LVIII, p.13)。リケンティウスの書簡は，それよりずっと以前のものであるはずがない。

22） Epist., 26 , PL 32, c.104-06. 本書，86-87頁参照。

23） Carmen ad Augustinum, v.139参照。

24） かれは，Varro（Carmen, v.1-24）の著書とアウグスティヌスの De musica をもとに，自由学芸を学ぼうとしている（ibid., v.150-51)。また自分の教師が書くものはすべて読もうとしている（ibid., v.145-150)。V.41には，Sapientia という語さえある。

25) Carmen ad Augustinum, v.2 ; 4 ; 23-24 ; 75など参照。

26) Ibid., v.52. この詩文は，アウグスティヌス自身が返事のなかで引用している（Epist., 26, 4, c.106）。

27) Epist., 26, 2, c.103参照。

28) Ibid., 4, c.106参照。

29) Ibid. Ecce jussum meum, da mihi te...da Domino meo te, qui omnium nostrum dominus est, qui tibi illud donavit ingenium.

30) Ibid., 6, c.107参照。

31) Epist., 118, PL33, c.432-49. この書簡は，410年のものだろう（Goldbacher, CSEL, LVIII, p.34）。

32) H. Bremond（Histoire littéraire du sentiment religieux, 3, p.194-96）参照。ここでBremondはイエズス会の人文主義にふれ，はるかによりアウグスティヌス的なオラトリオ会の人文主義と対比している。「われわれの学生は学業において正しい意向を保つようにつとめなければならない」とイエズス会は言う。しかしかれらの意向が一旦正され，然るべく刷新されたあとは，かれらは，ギリシア語，ラテン語をふたつのすぐれた言語としてのみ受け止める。私は最初，「イグナティウス的」（ignacienne）と書いたが，イエズス会員の読者から抗議を受けて，「イエズス会的」（jésuite）と書き換えた。しかしイグナティウスの霊性を正しく理解するならば，これほどアウグスティヌスに近いものはない。H. Bremondの研究を参照しつつ私が考えていたのは，イグナティウスの『霊操』（Exercices）ではなく，17世紀のイエズス会によって通俗化された人文主義であった。私の考えを正しく理解したものに，Th. Deman, Saint Augustin maître de culture chrétienne, in La Vie Spirituelle, 62, 1940, p.［167］と［184］がある。また「トマス的」（thomiste）と呼んだのは，トマス・アクイナス本人の態度ではなく，現代における通俗化されたかれの影響について言ったものである。

33) あるトマス主義者（たとえばJ. Maritain, Religion et culture, p.18-20）は，教養は「それ自体としては地上的事柄に属する。別言すると，特定の対象をもち……その内容は自然的秩序に属する。たしかに，それは究極目的に対する中間の目的のようにして，永遠の生命に従属していなければならない」。しかし教養は，人間的，地上的秩序に属するものを対象としている。こうした説明は，アウグスティヌスにとっては無縁なものである。かれは中間的，従属的目的については語らず，ただ，手段，道具，機械術について語るだけである。

34) De doctrina christiana, 1, 2 (2), PL34, c.19参照。

35) Ibid., 1, 3 (3), c.20参照。

36) Ibid., 1, 4 (4), c.20-21. ここでアウグスティヌスは，プロティノスの有名な喩え（Enneades, 1, 6, 8）をきわめて詩的な方法をもって説明する。

37) Ibid., 1, 5 (5), c.21-23. かれはここで，神に到達するための浄化の必要性（それは托身によって可能となった），キリストに対する信仰，教会における生活，秘跡とくに悔悛，永遠の生命と復活といった信仰の内容を簡単に列挙する（Ibid., 1, 10 (10) - 1, 21

(23-26))。

38) Ibid. 1, 5 (5), c.21; 1, 8 (8) - 9 (9), c.22-23 ; 1, 22 (20), c.26参照。

39) Ibid., 1, 22 (21), c.27: in illam dilectionem Dei, quae nullum a se rivulum duci extra patitur, cujus derivatione minuitur.

40) Ibid., 1, 23 (22) - 34 (38), c.27-34.

41) Ibid., 1, 22 (21), c.27.

42) De doctrina christiana 2, 7 (9-11), c.39-40. アウグスティヌスは，聖性に向かって歩む魂の発展について説明する。それには七段階があり，それぞれ聖霊の七つの賜物に対応している。教養全体を網羅する聖書学習は第三段階を構成し，scientia の賜物に相応する。こうして知的生活はまさに宗教的生活に統合され，その一段階を示す（Gilson, Introduction, p.151参照)。

43) Epist., 55, 21 (39), PL33, c.223.

44) Enarratio in Psalmum 118, 1, 2, PL37, c.1502-03 ; ibid., 29, 1, c.1585-86.

45) Scientia inflat, charitas vero aedificat. De Trinitate, 4, pooem. 1, PL42, c.887 ; 12, 11 (16), c.1007 ; Enarratio in Psalmum 142, 5, PL37, c.1848 ; Tractatus in Johannem, 27, 5, PL35, c.1617 ; Epist., 167, 3 (11), PL33, c.737-38 ; De civitate Dei, 9, 20, PL41, c.273; Sermones, 304, 6 (6), PL39, c.1566 ; 270, 4, PL38, c.1241.

46) Contra Cresconium donatistam, 1, 25 (30), PL43, c.461-62. Proinde et ista scientia, quamvis ad legem Dei pertineat, si in aliquo sine charitate fuerit, inflat et nocet. さらに De doctrina christiana, 2, 13 (20), PL34, c.44-45 ; 2, 41 (62), c.64 ; 3, 3, 37 (55), c.89-90; Epist., 147, PL33, c.597 ; Sermo, 117, 16-17, PL38, c.670-71 など参照。

47) アウグスティヌスが拒絶しているのは，文学的教養である。当時は，それだけが唯一，実践的な重要性をもつものであった。哲学的教養については，本書，第Ⅲ部第2章で取り上げるが，アウグスティヌスはそれをキリスト教的教養のなかに保持している。

48) これが，私が拙著 Μουσικὸς ἀνήρ で確立しようとしたことである。私の仮説の詳細について，また正当性については拙著を参照してもらうとして，ここではその要約にとどめた。とくに p.209-57参照。

49) とくに，De catechizandis rudibus, 9 (13), PL40, c.320.

50) Epist., 87, PL33, c.297 : quamquam non ibi salus animae constituta sit.

51) 本書，第Ⅰ部第1章，注 (98) 参照。

52) たとえば，Comeau, Rhétorique, p.vii-viii 参照。他の多くの教父たちの似たような表現にも疑惑の目を向けるものも多い。de Labriolle, Littérature, p.3 ; Puech, Histoire de la littérature grecque chrétienne, 3, p.36, 239-40, 255, 336, etc...。こうした批判に対する答えは後述する（本書，第Ⅲ部第3章，注 (9) のほか本書，第Ⅰ部第1章，注 (98) 参照)。

53) Retractationes, 1, 3, 2, PL32, c.588 : verum in his libris displicet mihi...quod multum tribui liberalibus disciplinis, quae multi sancti multum nesciunt ; quidam enim qui sciunt eas, sancti non sunt. この文章の後半によると，アウグスティヌスは一般教養に注目し，かつて De ordine において，学芸の知識はそれ自体が目的ではなく，哲学，神の探究に「制約さ

れる」(reductio artium) べきであると激しく非難したことを繰り返していないことがわかる(本書，221頁以降参照)。

54) Epist., 101, 2, PL32, c.368参照。

55) ここでは，de Labriolle, Littérature, p.15-39における説明を参照してもらえば十分である。

56) たとえば，Quaestiones Evangeliorum, 2, 33, PL35, c.1344-45 ; Confessiones, 1, 6 (25-26), PL32, c.622参照。

57) Confessiones, ibid. こうした批判は，とくに演劇に対するアウグスティヌスの激烈な非難に顕著に表れている(Confessiones, 3, 2 (2-4), PL32, c.683 ; De civitate Dei, 1, 31-32, PL41, c.44-45 ; 2, 8-9, c.53-55 ; Sermones, 88, 16 (17), PL38, c.548 ; 159, 2 (2), c.868 ; De catechizandis rudibus, 16 (25), PL40, c.329-30 ; De consensu Evangelistarum, 1, 33 (51), PL 34, c.1068参照)。

58) 実を言うと，この主題は参考までにここで取り上げるにすぎない。たしかにアウグスティヌスはつねに哲学者たちの誤謬を反駁し，警戒させた。かれは哲学と異端との関連を指摘することもある(たとえばEnarratio in Psalmum 8, 6, PL34, c.111 ; Epist., 118, 3 (21), PL33, c.442)。しかしこの主題は，ギリシア教父たち，エピファニアの護教家たち，あるいはテルトゥリアヌスにおいて果たした役割からは程遠い。それには，ふたつの理由がある。a) アウグスティヌスは哲学者であったし，後述するように，決して哲学者であることをやめない。しかもかれにとって哲学とは，まず新プラトン主義であり(De civitate Dei, 8, 4s, PL41, c.228s)，自分の回心は新プラトン主義のおかげであったことを決して忘れなかった。b) アウグスティヌスはデカダンス真っ盛りの時代のラテン人であり，哲学的危険は，当時の西方キリスト教にとってそれほど脅威となるものではなかった。

59) De catechizandis rudibus, 9 (13), PL40, c.320参照。

60) Confessiones, 1, 18 (28) - 1, 19 (30), PL32, c.673参照。

61) Ibid., 2, 2 (4) ; 2, 3 (5), c.677参照。

62) この主題はしばしば繰り返されている。たとえば，De consensu Evangelistarum, 2, 46 (97), PL34, c.1126-27 ; De Genesi ad litteram, 4, 5 (11), c.300 ; De Trinitate, 10, 7 (9), PL 42, c.978; 14, 11 (14), c.1047 ; 15, 15 (25), c.1079 ; Quaestiones in Heptateuchum, praef., PL 34, c.547 ; Contra Cresconium, 1, 13 (16), PL43, c.455 ; 2, 1 (2), c.468 ; 2, 2 (3), c.469 ; De civitate Dei, 9, 23, 1, PL41, c.275参照。さらに，Ballerini, Metodo, p.46-48も参照。思い起こしてもらいたいことは，アウグスティヌスはまさに文法教師で，いつもタイミングよくこの有益な原理を持ち出し，しばしば「名詞の問題」(quaestiones de nomine) に流されていく。

63) De doctrina christiana, 1, 2 (2), PL34, c.19-20 ; 2, 3 (4), c.37 ; De magistro, 1 (1) - 2 (3), PL32, c.1193-96 ; 7 (19), c.1205 ; De Trinitate, 13, 1 (4), PL42, c.1015-16 ; 15, 10 (19), c.1071参照。

64) Confessiones, 1, 13 (21-22), PL32, c.670参照。

65） De doctrina christiana, 2, 18（28）, PL34, c.49参照。

66） Ibid., 2, 25（39）, c.54参照。

67） Confessiones, 4, 10（15）- 4, 11（17）, PL32, c.699s 参照。

68） 本書，400-06頁参照。

69） De doctrina christiana, 4, 14（30-31）, PL34, c.102参照。

70） 本書，223頁参照。

71） Confessiones, 10, 35（54-57）, PL32, c.802参照。

72）「ヨハネの書簡Ⅰ」2, 15-17. それでもやはりアウグスティヌスは，concupiscentia oculorum を voluptas oculorum istorum carnis meae という字義にとっている（Confessiones, 10, 34（51-53）, PL32, c.800）。Bossuet は，より論理的に，この感覚的な情欲を肉の情欲に支配されている他の感覚に結び付けている（Traité de concupiscence, ch.8）。しかしアウグスティヌスは，複雑な用語を取り入れることに不都合は感じていない。

73） De Trinitate, 12, 8（13）- 12, 11（16）, PL42, c.1005-07 ; 10, 5（7）, c.977. ここでも，用語に注目しよう。De Trinitate では，好奇心は scientia に導く。その場合の scientia は悪い意味に用いられている（本書，298頁参照）。これに対して Confessiones では，scientia は良い意味に解され，好奇心は pseudo-scientia に至るだけである。Confessiones, 10, 35（54-57）; 13, 21（30）参照。

74） Confessiones, 10, 35（57）; 10, 35（55）.

75） Ibid., 5, 4（7）; 5, 4（7）- 5, 5（9）: beatus autem qui te scit, etiamsi illa nesciat. Qui vero et te et illa novit, non propter illa beatior. De Trinitate, 4, prooem., 1, PL32, c.885-87. こうしたアウグスティヌス主義の基本的な態度は，マニ教徒に対する論戦と，理性的知識には合致しない不正かつ無用なかれらの主張の反駁につながる。De moribus ecclesiae catholicae..., 1, 21（38）, PL32, c.1327 ; Contra Faustum, 20 , 9, PL42, c.375; Confessiones, 5, 3（6）; 5, 7（12）.

76） 現代に近いものとしては，トルストイの「芸術とはなにか」（Qu'est-ce que l'art）という声明書につながる。

77） もし厳密な意味での霊性史を書こうと思うならば，ヨーロッパの教養史と関連づけて書くべきであろう。歴史の各段階における非妥協的な精神態度は，人間的価値の過度の発展により宗教生活が脅かされた時代と多少とも重なっている。先述したように（本書，279頁），教父たちは，「宗教」としての古代の教養に反対している。たとえばペトルス・ダミアヌスやベルナルドゥスは，われわれが「12世紀ルネサンス」と呼ぶものに反対している（Paré-Brunet-Tremblay, p.180-82）。

78） マクロビウスはこの問題について，Saturnalia のさいごの章で長々と論じている（7, 16）。

79） ギリシア，ラテンの教父たちのうち伝統的教養に対しもっとも深い理解を示したのは，ナジアンズのグレゴリオスである。かれは，他のどの教父にもまさる熱意をもってこの伝統を支持したが（アウグスティヌスとは言わないまでも，グレゴリオスの友人であったバシリウスの態度と比較してもらいたい），しかしすべてを表示するもの，理

想を表示するものとしての古代の教養を断罪した。Guignet, Saint Grégoire de N. et la rhétorique, p.43-70参照。

80）テルトゥリアヌスを例にあげよう（Boissier, Fin du Paganisme, 1, p.259-304 ; Guignebert, Tertullien, p.417-89 ; de Labriolle, Histoire, p.82-86参照）。かれは，古代教養に対する西方最大の反対者であったが，しかし実際にそれを放棄していたならば，果たして De pallio を書いたであろうか。

81）アウグスティヌスは蛮族の侵攻を前にして，ヒエロニムスがその書簡において示したような混乱を表すことはまったくない（Epist., 123, 15-16 ; 126, 2 ; 127, 12-13 ; 128, 4-5 ; 130, 5, 3）。H. Davenson, in Le christianisme et la fin du monde antique, Lyon, 1943, p.25-46参照。

82）Gorce, Lectio divina, p.19-36 ; de Labriolle, Littérature, p.15-17 ; Le songe de saint Jérôme, Miscellanea Geronimiana, p.227-35参照。

83）かれは，それを内部から感じ取っていたのだろうか。厳密な神学教育を受けた著述家が，古代教養を知らずしてそれを軽蔑することほど悲劇的なことはないからである。たとえば，Lucifer de Cagliari あるいは Philastre de Brescia（de Labriolle, Littérature, p.336, 339）参照。

第2章　キリスト教的教養の大枠

1）この点に関する Eggersdorfer の説明ははなはだ不十分である（Augustin als Pädagoge, p.127）。かれは，説明の資料として De Trinitate は用いず，そのため De doctrina christiana と De ordine との関連を解明するまでには至っていない。

2）アウグスティヌスは427年，70歳になってはじめて Retractationes を書き終えている。Harnack, Retractationen, とくに p.1106-07参照。

3）Retractationes, prol., 3 ; 1, 1-13, PL32, c.585-605参照。

4）かれは，一度はミューズを女神として認めているように見えないだろうか（Retractationes, 1, 3, 3, c.588; De ordine, 1, 3 (6)）。あるいは当時の慣習にしたがって，「運命」(fortuna) を神の摂理として見ていたのではなかろうか (Retractationes, 1, 1 c.585 ; Contra Academicos, 1, 1 (1と7) ; Retractationes, 1, 2, c.585 ; De beata vita, passim ; Retractationes, 1, 3, 2, c.588 ; De ordine, 2, 9 (27) 参照)。

5）たとえば，かれは，De beata vita を献呈した教養人の貴族マンリウス・テオドルスに対し，少々過度な賛辞を呈したとして自分を責めている（Retractationes, 1, 2, c.588)。また Contra Academicos の若い著者（アウグスティヌス）は，危険と思われる対話者の論証について，見せ掛けのあるいは真実の謙虚さをもって語っているのではない。真理をまえにして，保つべき謙虚さなどない。アカデミア学派は，見事に論破され，アウグスティヌスは自分が仲介する真理について軽々しく話す必要はない。Retractationes, 1, 1, 4, c.587 ; Contra Academicos, 3, 20 (45). かれは，反対者が用いる文学的手段を認めない（Contra Cresconium, 1, 3 (4), PL43, c.449)。

6）アウグスティヌスが想像を逞しくして，プラトン的伝統と神話とを結びつけて編み

出したPhilocaliaとPhilosophiaの訓話は，以後のかれにとって，inepta...et insulsa...fibulaとしか思われない（Retractationes, 1, 1, 3, c.586 ; Contra Academicos, 2, 3 (5)）。

7） Retractationes, prolog., 3, c.586. カッシキアクム時代の「対話編」に対するRetractationesの判断に，さらにConfessiones, 9, 4 (7), PL32, c.766の判断を加えるべきである。さらにより古い判断としては（司祭叙階のころの）Epist., 27, 4, PL33, c.110がある。

8） アウグスティヌスは，魂の先在説を意味するように思われるプラトンの想起説に言及したことを批判する（Retractationes, 1, 1, 3, c.587 ; 1, 4, 4 c.590 ; 1, 8, 2, c.594）。この点に関するアウグスティヌスの思想の発展については，De Trinitate, 12, 15 (24), PL42, c.1011-12 ; Gilson, Introduction, p.94-97参照。かれはまた，現世における至福の実現を窺わせるような表現を批判する（Retractationes, 1, 1, c.588）。また，徳は祈りの結果であるよりもそれに先立つことを意味するような表現も同様に批判する（Ibid.,1, 3, 3, c.589; 1, 4, 2, ibid., etc.）。またピュタゴラス（Ibid., 1, 3, 3, c.589），プラトン（Ibid., 1, 1, 4 c.587）のような哲学者を手放しで称賛したことも後悔している。さらに，感覚的なものを軽視する章句がポルフュリオスにつながりかねないことを気にしている（Retractationes, 1, 4, 3, c.590 ; 1, 11, 2, c.601）。

9） かれは，それ自体として正しいものでも，聖書や教会著述家の言語に属さない表現を用いたことを後悔している（Retractatioens, 1, 1, 2 fin, c.586 ; 1, 3, 3, c.588-89; 1, 12, 2, c.603）。しばしばかれは，同じような反省を繰り返す。「もし私がこのように話したとすれば，それは私がまだ聖書を十分に知らなかったからであり」，「私は，聖書をより深く知っていたならば，こうした言い方はしなかったであろう」（Retractationes, 1, 3, 3, c. 589 ; 1, 5, 2, c.591 ; 1, 7, 2, c.592 ; 1, 14, 6, c.604）。

10） アウグスティヌスがDe ordineにおいて自由学芸に関心を寄せすぎたことを批判する文章の射程については，すでに説明しておいた（本書，第Ⅲ部第1章，注 (53)）。しかしDe ordine後には変化がある。厳密にキリスト教的な理想は聖性であり，すべての聖人は「哲学者」ではなかった。De ordineを書いたころのアウグスティヌスは，哲学者としての召命が教会内部において例外的であったことに，十分気づいていない。

11） Retractationis, prologus, 3, c.586 :...et leguntur（quae catechumenus scripsi）utiliter, si nonnullis ignoscatur...アウグスティヌスはたしかに同じ文章をもって，当初の主張が後続の著作において目に見えて進歩したことを指摘している。それは，継続的な進歩であり，同質的発展である。

12） かれの文通においてはずっと，「時間がない，仕事に追われている」といったことばがくり返されている。思想家，観想家であるアウグスティヌスが，司牧生活と活動を受け入れることによってどれほどの犠牲を払ったかがよく分かる。Epist., 40, 1 (1), PL33, c.154 ; 48, 1, c.188 ; 55, 1 (1), c.204 ; 55, 21 (38), c.222 ; 73, 2 (5), c.247 ; 98, 8, c.363 ; 101, 1, c.368 ; 110, 6, c.421 ; 118, 1 (2), c.432 ; 122, 1, c.470 ; 145, 1, c.592 ; 245, 1, c.1060 ; 258, 1, c.1071 ; 261, 1, c.1076参照。

13） Epist., 101, 3, c.369（De musicaの執筆中断について）:...sed posteaquam mihi curarum ecclesiasticarum sarcina imposita est, omnes illae deliciae fugere de manibus...

14）本書，254-64頁参照。

15）Epist., 26（本書，290-92頁参照）。

16）Epist., 117, PL33, c.131（アウグスティヌスの書簡集のなかにある）. アウグスティヌスの返信によると（Epist., 118と1 (2), c.431），ディオスコルスはギリシア出身の学生で（ibid., 2, (10), c.436-37），ローマつぎにカルタゴで学業を修めた（ibid., 2, (9), c.436）。

17）これがEpist., 118, c.432-49である。

18）Ibid., 2 (34), c.448-49参照。

19）Ibid., 3 (24), s, c.443s参照。

20）Ibid., 1 (4-6), c.433-34 ; 4 (27), c.445参照。

21）Ibid., とくに2 (11), c.437 ; 本書，274頁参照。

22）Ibid., 3 (13), s, c.438s参照。

23）Ibid., 3 (18-19), c.441 ; 本書，186-87頁参照。

24）Ibid., 3 (16-17), c.440 ; 3 (20), c.440-41 ; 3 (26-27), c.444-45 ; 5 (33), c.448. アウグスティヌスは，390年にDe vera religioneにおいてもこれと同じことを勧めている（4 (6-7), PL34, c.126）。

25）Epist., 118, 3 (22) - 4 (24), c.442 ; 2 (11), c.437参照。ここで言われているchristiana doctrinaは，「キリスト教的教養」ではなく，「キリスト教信仰の規則」を意味している。われわれはここにも，アウグスティヌスの用語における流動的な性格を見てとることができる。

26）上記のふたつの書簡に，Epist., 218（PL33, c.989-91 : キリスト教的知恵の修得の勧め）と，Epist., 155（c.666-72 : De beata vitaの主題について）を加えるべきである。

27）De sermone Domini in Monte, 1, 3 (10), PL34, c.234 :... sapientia id est contemplatio veritatis, pacificans totum hominem et suscipiens similitudinem Dei. 本書，446頁のSapientia 5参照。

28）Contra Epistulam Manichaei, 4 (5), PL42, c.175参照。

29）De consensu Evangelistarum, 1, 5 (8), PL34, c.1046参照。

30）Contra Faustum Manichaeum, 22, 52-58, PL43, c.432-37参照。

31）Butler, Western Mysticism, p.232-34 ; Cayré, Contemplation augustinienne, p.39-44参照。Sermones 103, 104, 169, 179, 255 ; De Trinitate, 1, 10 (20). しかしベネディクト会士（サン・モール）があげたSermo 104（一部は削除されている）は，完全な形のGuelferb 29（Morin, Sermones post Maurinos, p.543-49）に置き換えるべきである。

32）本書，447頁のSapientia 8参照。

33）この語に関する難問を今ここで解決しようとは思わないが，しかし指摘しておかねばならない。その難問とは，アウグスティヌスは哲学的観想とは別の観想の可能性を認めていたのか，ということである。かれは，「単純な人々」にも可能な，理性的というよりいっそう情意的，神秘的な観想を考えていたのだろうか。Butlerはそれを認めている（Western Mysticism, p.241-42. かれの論拠は，Epist., 120, 1, 4, PL33, c.454にある）。この問題は，先に言及した（本書，151-52頁）アウグスティヌスの「神秘主義」（mysti-

cisme）という一般的な問題につながるデリケートな問題で，あえて今ここで解決しようとは思わない。

34） De Trinitate, 15, 27 (49), PL42, c.1096 : Et certe cum inconcusse crediderint Scripturis Sanctis tanquam veracissimis testibus, agant orando et quaerendo et bene vivendo, et intelligant, id est, ut quantum videri potest, videatur mente quod tenetur fide. ここで言われている mens が明確な意味をもっていることは，繰り返すまでもないであろう。それは，「理性的魂の上級の部分であり，それをもってわれわれは理解されるものと神を把握する」(Gilson, Introduction, p.54, n. c)。また Contra Faustum, 22, 53, c.433（studium, fides, boni mores）も参照。

35） 他方ここでは，私が回心者の心理と呼んだもの，Confessiones の各頁に，また他の多くの著作において示される不完全さと罪に対する小心なまでの意識を引き合いに出す必要がある。たとえば，Epist., 22, 2 (7-8), PL33, c.91-93（delectatio oblatae laudis）参照。

36） Contra Faustum, 22, 52, PL42, c.433. 時として，アウグスティヌスは道徳的浄化の必要を強調するあまり，地上での生活のあらゆる努力はこれだけに向けられると言っているように見える（Enarratio in Psalmum 83, 11, PL37, c.1065-66 ; De consensu Evangelistarum, 1, 5 (8), PL34, c.1045-46)。しかしそれはかれが，より完全な観想生活に憧れる魂よりも活動的生活だけを送る普通の平均的な魂を考えているからである。

37） こうした修正は，先に指摘したことと矛盾するものではない（本書，150頁参照)。ヒッポでは，道徳はより目立った役割を果たしているが，その役割はあくまで実践的なもので，知的生活の領域には及ばず，アウグスティヌスの哲学的教養はやはりセネカの「道徳主義」と対立している。

38） De doctrina christiana, 1, 10 (10), c.23 : ... bono studio, bonisque moribus...

39） Ibid., 1, 11 (11) - 1, 21 (19), c.23 : Quod non possumus nisi ipsa sapientia tantae etiam nostrae infirmitati congruere dignatur...

40） Epist., 218, PL33, c.898-991. Epist., 155, c.666-73も参照。

41） アウグスティヌスはこの面を強調するあまり，sapientia と pietas を同一視している。Enchiridion, 1-3 (1), PL40, c.231-32 ; Epist., 167, 3, PL33, c.737 ; De civitate Dei, 14, 28, PL41, c.436 ; De Trinitate, 14, 1 (1), PL42, c.1035-36 ; 14, 12 (15), c.1048 ; De spiritu et littera, 11 (18), PL44, c.211参照。

これらの表現は，極端と思われるかもしれないが，a）しかしここでは，sapientia を「観想」,「神の幻視」（vision de Dieu）という意味にとってはならない。アウグスティヌスはここでも用語を固定化しようとしているのではない。Sapientia = pietas（あるいは cultus Dei）という同義語化は「ヨブ記」28, 28a（「七十人訳」）から来ている。b）これらの文言は，霊的な人々というより一般の信徒について言われたものである。たしかにかれらが手段を目的として受け止め，sapientia（＝至福直観 vision béatifiante）を得させる信心（pietas）を知恵として受け止めることは正しい。

42） 本書，218-20頁参照。

43) De ordine について述べる Retractationes, 1, 3, 2, PL 32, c.588を参照。これについては，すでに述べた（本書，第Ⅲ部第1章，注（50），（63），上掲注（10）参照）。アウグスティヌスが狙っているのは文学的教養あるいは物知り的教養だけで，科学的教養を神に至る手段として勧める De ordine の教えが排除されていると見るのは誤りである。アウグスティヌスがこの点について，決して考えを変えなかったことは，数学的諸学科の学習方法を指摘するDe doctrina christiana, 2, 38（57），PL34, c.61-62に明らかである。

44) 本書，254-64頁参照。

45) De Trinitate, 12, 14（23）- 12, 15（25），PL42, c.1010-12参照。

46) 本書，154頁参照。

47) これに関する決定的資料は Soliloquia, 1, 13（23），PL32, c.881である。したがって，信仰（admonitione）によって照らされた単純な人々は，対神徳の実践によって神に到達する。そのあと（ibid., c.881-82）アウグスティヌスは，かれらに対比して哲学的教養を必要とする知識人をあげる。したがって知恵つまり天国（語意は自明である）において享受する「知恵」（Sapientia）に至るにはふたつの道がある。これは Retractationes, 1, 4, 3, PL 32, c.590において修正されている。私は，アウグスティヌスにとってキリスト教はせいぜい民衆にとって有効な，哲学のより低いひとつの形態に過ぎないとする Alfaric（Evolution intellectuelle, p.525-26.「イエスは民衆のプラトンである」）に同意することはできない。アウグスティヌスは母モニカを深く尊敬し，その霊的生活の形態を軽視することはできない（De ordine, 1, 11（31），c.992-93 ; 2, 17（45），c.1015-16）。かれは，時としてむしろ哲学への召命を考えているようである。その召命は，危険かつ困難なしかし抗しがたいものである（De quantitate animae, 7（12），c.1041-42。また Soliloquia, 1, 13,（23）も参照）。これは，はっきりと実現され（周知のように，その思考が発展のさなかにあるこの時期において，いつも実現されたわけではないが），真の「知恵」は死後はじめて獲得されるものであり，したがって，哲学者の瞑想はまだそこまで到達していない。

48) そこには聖性はあるが，観想はない。ここでも私は，アウグスティヌスが，単純な人々の神秘的体験を認めていたか否かの問題は保留しておく。カッシキアクムにいたころのアウグスティヌスは，それが可能であるとは考えていないように思われる（De ordine, 2, 9（26），c.1007 ; De Trinitate, 14, 7（9），PL42, c.1043）。

49) De ordine, 2, 17（46），PL32, c.1016 : aut ordine illo eruditionis, aut nullo modo.

50) Schmaus, Trinitätslehre, p.285-91 ; Gilson, Introduction, p.140-49参照。両者による説明はきわめて有用で，いくつかの面を明らかにしてくれるが，しかしアウグスティヌスによるふたつの概念の区別に見られる流動性，複雑さは十分に解明されていない。

51) アウグスティヌスは，ratio を動物における精神的現象と対比して考えている。De Trinitate, 12, 8（13），PL42, c.1005参照。

52) Ibid., 12, 1（1）- 4（4），c.997-1000参照。

53) Ibid., 12, 12（17），c.1007 :...rerum temporalium atque mutabilium navandis vitae hujus actionibus necessaria. Ibid., 12, 3（3），c.999 ; 12, 4（4），c.1000 ; 12, 8（13），c.1005 ; 12, 11

(16), c.1007, さらに ibid., 12, 12 (17), c.1007 ; 13, 1 (1), c.1013 ; 1, 19 (24), c.1033 ; 13, 20 (25), c.1035 ; 13, 1 (3), c.1037 ; 15, 10 (17), c.1069; De diversis quaestionibus ad Simplicium, 2 (3), PL40, c.140参照。

54) 第14巻においてアウグスティヌスは内容を要約しながら scientia の内容全般にわたって説明する。それは，対比によって sapientia の定義を明確にするのに役立つ（De Trinitate, 14, 8 (11), c.1045)。

55) Scientia が悪い意味に解されるのは，聖書で「知識（scientia）は人を高ぶらせるが，愛は造り上げる」(「コリントの信徒への手紙 I」8, 1）と言われているからである。De Trinitate, 12, 11 (16), PL c.1007参照。聖書は，この語を偽りの知恵を示すために用いているのであり，アウグスティヌスが伝統的哲学用語にもとづいて，sapientia を良い意味に解釈することはまったく正しい（本書，445頁以下参照)。

56) Ibid., 12, 8 (13) - 12, 11 (16), c.1005-07. 本書，278頁参照。

57) Ibid., 12, 14 (21), c.1009 : ...hebet enim scientia modum suum bonum.

58) Ibid., 12, 12 (17), c.1007 : ...ut eam notitiam referat ad finem summi boni...

59) Ibid., 12, 14 (22), c.1007参照。

60) 「ヨブ記」28, 28b : abstinere autem a malis est scientia.

61) De Trinitate, 12, 14 (21-22), c.1009-10参照。かれは，Enarratio in Psalmum 135, 8, PL37, c.1760において，この視点に立っている。

62) De Trinitate, 12, 14 (22), c.1010は，道徳的側面の背後に知的側面が現われることを示している。

63) Ibid., 13, 1 (1), c.1013参照。

64) Ibid., 13, 1 (2), c.1014. アウグスティヌスは「ヨハネによる福音書」1, 1-14を引用し，創造されざるみことばに関するすべてのことは観想的 sapientia に属し，洗者ヨハネに関することは scientia に属するとしている。それ以後の説明は（ibid., 13, 1 (4), c.1015), みことばの啓示そのものに結びつけられる。第13巻の残りの部分は信仰の概念の説明にあて，結論において今一度，scientia と sapientia とをまとめて取り上げる（Ibid., 13, 19 (24), c.1034)。

65) Ibid., 14, 1 (3), c.1037. De doctrina christiana においても scientia は同じ意味に用いられている（本書，第Ⅲ部第4章，注 (42) 参照)。De sermone Domini in Monte, 1, 3 (10), PL34, c.1233参照。もちろん scientia は，アウグスティヌスの書では，そのほかにも多くの意味がある（本書，441-44頁参照)。

66) Confessiones, 8, 2 (5), PL32, c.751（verbis certis conceptis retentisque memoriter）では，その状況が具体的に説明されている。

67) こうした究明の努力は，sapientia の秩序におけるそれとはまったく別のものである。それは，瞑想によって永遠の事柄の幻視に到達しようとすることではなく，ただ，種々の教義，掟などが意味し含んでいるものを理解することである。

68) アウグスティヌスによる信仰の源泉については，Portalié, Augustin, c.2340-41 にアウグスティヌスのことばが採録されている。Battifol, Catholicisme, 1, p.21s 参照。

69) Scientiaと聖書学習が同一のものであることは，De doctrina christiana（2, 7 (10), c.39）において正式に表明されている（魂の上昇における七段階については，本書，第Ⅲ部第1章，注（42）参照)。Ibid., 2, 8 (12), c.40（ここでアウグスティヌスは七段階の説明を終えたあと，聖書注解の方法を再び続ける），さらにIbid., 2, 9 (14), c.42; 本書，第Ⅲ部第2章，注（80）（聖書にはすべてが含まれている）参照。Eggersdorfer, Augustin als Pädagoge, p.118s も同じ見解を取っている。

70) de Ghellinck, Mouvement théologique, p.9, 34, 66-67 : Dialectique et dogme, p.79s ; Chenu, Théologie comme science, p.34 ; Cottiaux, Théologie chez Abélard, p.269, n.2 ; Paré-Brunet-Tremblay, Renaissance du XIIe siècle, p.213-12参照。

71) たとえば，fiat lux（「光あれ」）ということばをめぐって天使にまで議論が及ぶ（De Genesi ad litteram, 2, 24 (41), PL34, c.313)。アダムの創造の説明を機に De anima（第7巻全部 c.355-72. それは，6, 29 (40), c.356において予告されている）の下書きが示される。女の創造は，結婚の神学へとつながる（ibid., 9, 3 (5) - 9, 11 (19), c.395-400)。Quaestioと注解との結びつきは，ついには形だけのものになっていく。こうして第10巻全体は，「創世記」がこの重大な問題にふれていないという口実のもとに，魂の起源に関する独自の著作になっている。同様の仕方で，De Genesi は神学ではなく，時間を越えた概念（4, 3 (7) - 4, 7 (13), c.299-301），根源的な理性に関する理論（5, 3 (5), c.322s ; 6, 5 (7), c.342s ; 7, 22 (32) s, c.366s）など，哲学の諸問題を取り上げている。

72) Enchiridion ad Laurentium, PL40, c.231-90 ; De fide et symbolo, c.181-96 ; De doctrina christiana, 1, 1 s, PL34, c.19-36参照。

73) Wilmart, Tradition, p.269参照。こうした思索的な目的は，アウグスティヌス自身が指摘している。De Trinitate, 1, 5 (8), PL42, c.825. ここで問題にされているのは神学だけで，著作の第二部を占める哲学的考察はまだ出てこない。

74) PL40, c.349s; De continentia, De bono conjugali...Contra mendacium などを見よ。

75) Duchesne, Histoire, 3, p.19には，短いが決め手になる指摘がある。アウグスティヌスはこの事実をはっきりと意識している。たとえば，De Genesi contra Manichaeos, 1 (2), PL34, c.173 ; De Trinitate, 1, 1 (1), PL42, c.821 ; 7, 4 (9), c.941, etc...参照。

76) ポッシディウスのようなアウグスティヌスと同時代の人にとっても，アウグスティヌスの知的活動は論争に終始していたように思われた（Vita 6-8, PL32, c.38-49)。そのため，ポッシディウスの Indiculum は，種々の論戦の連続である。しかしこうした見方は極端で，Indiculum 自体がそれをよく示している。論戦的なもの以外の著作を集めたさいごの項目（ad utilitatem omnium studiorum）は，それだけで項目の大半（635項目のうち475項目）を占めている。

77) 神学研究は護教的機能も果たす（Epist., 120, 1 (4), PL33, c.454)。

78) 一方では，哲学的教養の困難さを取り扱う哲学者時代の著作があり（本書，154頁)，他方，聖職者時代の資料にはつぎのような表現がある。Perpauci spirituales（Contra Epistulam Manichaei, 4 (5), PL42, c.175), perpaucos（De consensu Evangelistarum, 1, 5 (8), PL 34, c.1046), doctrina sapientiae a vulgi strepitu remotissima（Contra Faustum, 22, 56, PL42,

c.436), paucorum est（De Trinitate, 12, 14 (23), c.1010 etc...）

79） De Trinitate においてアウグスティヌスは，これらの専門教養については述べていない（「知的能力の善用」という表現の一般的な意味での scientia に含まれているのかもしれない。本書，第Ⅲ部第2章，注(57)，(58) 参照）。しかしそれは De doctrina christiana, 2, 25 (39) - 2, 26 (40), PL34, c.54-55では，望みうる限りの明晰さをもって表明されている（とくに ibid., 2, 39 (58), c.62参照）。

80） De doctrina christiana, 2, 42 (63), c.65-66参照。同じような考えは，ヒエロニムスも幾度となく表明している（Gorce, Lectio divina, p.221, n.1）。ここで改めて，古代キリスト教の信心において聖書の読書，瞑想が果たした役割にふれる必要はないであろう。ただ，Harnack, Ueber dem privaten Gebrauch d. Heiligen Schriften ; Gorce, op. cit., p.xii-xix ; p.63-80（ibid., p.11, n.5. Lectio divina の有用性に関するアウグスティヌスのことば）を参照。

81） Epist., 21, 3, PL33, c.88-99参照。

82） 古代キリスト教に限って言うと，回心直後から競って筆をとり教えを説いたアルノビウスやヴィクトリヌスを思い出してもらいたい。

83） アウグスティヌスがマニ教を喧伝したことについては，Alfaric, Evolution inellectuelle, p.221-22参照。

84） ここでは，Quaestiones diversae LXXXIII は取り上げないが，その執筆は396年まで続いている。そこには，聖書注解，キリスト教の教えに関する諸問題が蒐集されているが，それぞれの問題提起の年代を確定することは難しい。

85） De Genesi contra Manichaeos, 1, 1 (1), PL34, c.173参照。

86） De moribus ecclesiae catholicae..., 1, 26 (48) - 28 (56), PL32, c.1331-34参照。

87） 先述したように，聖職者になってからのアウグスティヌスは，自分が古典に精通していることを示そうとはしなかった（本書，第Ⅲ部第1章，注(51)＝第Ⅰ部第1章，注(98)）。司教になってからは，修辞学に関わり合うことを拒否した（本書，290頁参照）。

88） アウグスティヌスは，こうした考えを激しく非難している。Sermon Denis 17, 8 (Morin, Sermones post Maurinos, p.88参照)。

89） ここでは，ラテン人だけを取り上げる。ギリシア地方においても状況は同じであった。一例をあげると，タルソスのディオドロスは，聖職に入るずっと以前に，神学者として知られていた（Duchesne, Histoire ancienne de l'Eglise, 2, p.274, 601-02参照）。

90） ドナトゥス派に属し，しかしその頭領と仲違いしていたティコニウスは，その反抗的な精神，独立不羈の好みから見て，たしかに俗人であったように思われる。私は，俗人は正統派ではありえないというのではない。しかし俗人のなかにはいつも，聖職者（どの教会に属するにせよ）が拒否するような知的冒険，自由と，いわゆる軽薄さといったものがある。俗人は自分個人の名において考え発言するが，聖職者は所属する教会の連帯者であり，はるかに重い責任を負わされているからである。

91） Epist., 187, PL33, c.832-48. 同じ人物がヒエロニムスにも質問している（ヒエロニムスの文通のなかの Epist., 129, CSEL, LVI, p.162s）。

92） De octo Dulcitii quaestionibus, PL40, c.147-70; Retractationes, 2, 59, PL32, c.654. Dulcitius はたしかに俗人である（アウグスティヌスは，dilectissime fili と呼びかけている）。かれは，Retractationes, 2, 59, PL32, c.654に出てくる tibunus で notarius であったようである。

93） Enchiridion ad Laurentium, PL 40, c.231-90. この人物の職務については写本によって異なり特定は難しい。Mauristes の注記（c.229-30）を見よ。

94） Epist., 136（Marcellinus の書簡）, 138, 143, PL33, c.514-15, 525-35, 585-90参照。

95） De civitate Dei, 1, praef., PL41, c.13参照。

96） PL44, c.109-246参照。アウグスティヌスに De spiritu et littera を書かせたのは，De peccatorum meritis に関する Marcellinus の意見である（1, 1（1）, c.201）。

97） Epist., 135, 1, PL33, c.512-13 ; 本書，82-83頁参照。

98） Ibid., 1, c.513-14と，これに対するアウグスティヌスの返信 Epist., 137, c.515-25を参照。

99） Epist., 193, c.869-974. かれは俗人であった。Schanz, 4, 2, p.481, n.3参照。

100） Epist., 225（Prosper の）, c.1002-07参照。

101） Hilarius という名の人物が，ペラギウス主義についてアウグスティヌスと書簡を取り交わしているが，ここでは，マルセーユの Hilarius が考えられる。かれは俗人で，Epist., 226（PL33, c.1007-12）を書いている。アウグスティヌスはプロスペルとかれに De praedestionatione, De dono perseverantiae（PL44, c.959-92 ; 44, c.993-1034）を献呈している。かれは，アウグスティヌスが Epist., 178（PL33, c.772-74）を書き送った（ナルボンヌあるいはアルルの）司教 Hilarius とはたしかに別人である。おそらくもうひとりのHilarius であると考えることもできる。かれも俗人で，シラクサからアウグスティヌスに書簡を送り（Epist., 156 c.673-74），アウグスティヌスもこれに答えている（Epist., 157, c.674-93）。

102） PL44, c.413-14 ; Epist., 200, PL33, c.925-26参照。ここでは，思弁的な性格をもつ問題だけを取り上げた。俗人が，実践神学，良心の問題などについてアウグスティヌスに持ちかけた多くの相談は省いた。

第3章　キリスト教的知識人の形成

1） Qorân, 2, 103（99, 107）参照。M. J. Lagrange, Le judaïsme avant Jésus-Christ, Paris, 1931（2）, p.279, n.2参照。

2） Gilson, Esprit de la philosophie médiévale, 1, p.21-44のあとを受けて，私は拙著 Μουσικὸς ἀνήρ, p.269以降においてこの点を明らかにしようとした。

3） ヴェゾンの宗教会議が開催されたのは529年である。この会議の第一の規定によると，各小教区の司祭は何人かの若者を集め，教えなければならない（Maassen, p.56）。それは，蛮風の真っ只中にあって，キリスト教の伝道と実践に必要な最低限の知的教育を聖職者に与える必要があったためで，その教育は最低の水準にあり，教育内容はわずかなもので，その目的はまったく実践的なものであった。

4） ここで，ベネディクト会則に規定されていた lectio divina のもつ多用な意味に注目すべきである。これは，アウグスティヌスが言う doctrina christiana という表現と同じく（Herwegen,（Saint Benoît, p.150-56, 241, n.23）は，両者を正しく比較している），様々な解釈が可能である。Rancé や Mabillon の考えは Herwegen のそれとは異なる。

5） De doctrina christiana, prologus,（1）, PL34, c.15参照。

6） Ibid., prolog.（4-9）, c.17-20参照。

7） こうした説明は（断るまでもないと思うが），近代における広義の教養（知的生活の基本）と予備教養（精神形成に必要な学習課程）との区別にもとづいている。

8） アウグスティヌスの敵対者たちを動かしていたのは，たしかにこうした考え方である。かれらは，聖書学習において神の霊感だけに頼ろうとする神秘主義者で，古代の教養がそれとはなしにキリスト教徒の間に再導入され人々を惑わすことを恐れる，小心なキリスト教徒であった。Marrou, Histoire de l'éducation, p.423-24参照。

9） しかしこうした混乱にどれほどかかずらうとしても，近代の歴史学者たちにとって益するところはない。しばしばかれらはアウグスティヌスその他大方の教父たちが，一方では古代の教養を一括して断罪し，他方ではその利用を勧めるのを見て驚く（修辞学など）（本書， 第Ⅲ部第1章，注（52）参照）。しかしそこに矛盾はない。要は，ふたつの問題を混同しないことである。

10） その経緯は，幾度となく研究されてきた。ここではその要約で済ませ，より詳しいことは先賢の研究にゆずりたい。とくに，Boissier, Fin du Paganisme, l, p.233-55 ; Guignebert, Tertullien, p.477-80; Roger, D'Auson à Alcuin, p.131-43 ; Eggersdorfer, Augustin als Pädagoge, p.107s ; Leclercq, Ecole, c.1758-62; Schanz, 4, 2, p.316 ; de Labriolle, Histoire, p.15-39 ; Rand, Founders of the Middle Ages, c.1-2; Combès, Saint Augustin et la culture, p.87-111; Comeau, Rhétorique, p.vii-xiv ; Paré-Brunet-Tremblay, Renaissance du XIIe siècle, p.182-85 ; Bardy, L'Eglise et l'enseignement dans les trios premiers siècles ; id., au IVe siècle ; Boulanger, バシリウスの Aux jeunes gens への序，p.16-23参照。

11） こうした一致は，決してありえないであろう。極端に小心な考えの持ち主はつねに存在し，異教的起源をもつ諸要素を教養およびキリスト教的教育に取り入れることに反対する。言うまでもないことであるが，19世紀中葉のフランスではこの古い論争を蒸し返し，中等教育における古典教授を禁止しようとした。有名な Gaume 神父の運動については， de Labriolle, Littérature, p.17, n.5 ; Abbé Landroit, Recherches historiques sur les écoles littéraires du christianisme（1851）, Le véritable esprit de l'Eglise en présence des nouveaux systèmes dans l'enseignement des lettres（1854）参照。こうした論争は突如として，現代に息を吹き返したばかりである。R. Pernoud, Le Courrier du Témoignage Chrétien, 1948における一連の論文を参照。

12） Marrou, Histoire de l'éducation, p.457, n.15参照。

13） De doctrina christiana, 2, 11（16）s, PL34, c.42s. この重要な章句はまたあとで取り上げる。

14）「出エジプト記」3, 22 ; 12, 35-36. この聖書物語については，すでにオリゲネスが同

じような解釈をしている（Origenes, Epist., ad Gregorium, PG, 2, c.86-89）。この聖書の引用は，ナジアンズのグレゴリオスが取り上げ，バシリウスがこれに従っている（Vita Moysi, PG 44, c.360 A-C）。アウグスティヌスは Confessiones, 7, 9 (15), PL32, c.741 においてこうした解釈を取り入れ，自分と新プラトン主義との関係にあてはめている。この同じ章句の字義的注解もあるが（Gregorius Nyssenus, De diversis quaestionibus LXXXIII, qu.53, PL40, c.34s），それはこの物語の不道徳的な性格がキリスト教徒の良心に衝撃を与えたことを示している。こうした難点は，聖書の寓意的解釈をいっそう推進することになった。

15）「使徒言行録」7, 22. この同じ例は，すでにバシリウス（Aux jeunes gens, 3, p.44），イコニウムのアンフィロクス（Iambes à Seleucos, c.235-44, PG. 37, c.1529-93），ヒエロニムス（Epist., 70, 2, 1, CSEL, p.701）も取り上げている。

16） De doctrina christiana, 2, 40 (60-61), PL34, c.63 参照。

17） これは，Bardy が L'Eglise et l'enseignement au IVe siècle という論文で主張したこととは対立する。Bardy によると，Julianus の 勅令は，教会に対してキリスト教的教育の必要性に注目させることになる。こうしてバシリウス，クリュソストモス，ヒエロニムスは，アウグスティヌスと同じく，しかしかれ以前に，「教会にその責任を直視させた」のであった。しかし Bardy による正確で几帳面な説明は，むしろかれの主題とは逆のことを立証している。またかれの結論は，当初の主張ほど断定的ではなく，それほど明白でもない。Marrou, Histoire de l'éducation, p.426, n.14 参照。

18） Puech, Littérature grecque chrétienne, 3, p.277, 278 参照。

19） de Labriolle, Littérature, p.35.

20） Basilius, Aux jeunes gens, 1, p.41-42 (Boulenger) 参照。

21） たしかに，キリスト教原理の名のもとに多くの世俗的著作から選り出すべき内容を指示する小著はあった。しかしバシリウスは，まず「若者たち」に向かって語っているのであるから，かれが勧める「選択」は，若者自身が読んだもののなかから，理解し記憶すべきものを選り出すことである。バシリウスが，厳密に純化された詞華集にもとづくキリスト教的文学教育を考えていたとするならば，かれは若者たちではなく，ただ教師たちに向けて書いたことであろう。こうした解釈は，S. Giet, Les idées et l'action sociales de saint Basile, Paris, 1941, p.217-32 において取り上げられ，正当化されている。

22） Grisar, Roma alla fine del mondo antico, 1, p.45. とくに，Bardy, L'Eglise et l'enseignement といった論文，また最近のものでは，de Labriolle, in Fliche-Martin, Histoire de l'Eglise, 3, p.405 参照。

23） 多くのキリスト教関係の碑文に学校教師の名が含まれている（Diehl, ILCV, 717-23, 1519, 3393）。3世紀後半には，アンティオキアの「ギリシア」の学校で学頭であった Malchion というキリスト教司祭がいた（Eusebius, H. E. 7, 29. この文章の意味はかなり不明瞭であるが。Battifol, Etudes de liturgie..., p.93）。キリスト教に改宗したすべての修辞学教師が，アウグスティヌスのように教壇を去ったわけではなく，ラクタンティウ

スはその証人である。ユリアヌスの勅令のころ，著名な講座ではキリスト教徒の教師が教えていた。たとえばアテネの講座にはプロハエレシオスが，ローマのそれにはヴィクトリヌスがいた。これ以上，詳しいことは，Bardy, RSR, 1932, p.15-21 ; 1934, p.526-35を参照。

24） Julianus, Epist., 42, Epistulae leges, éd. Bidez-Cumont, no.61 c, p.70-73 ; Lettres, éd. Bidez, p.44-47 ; Boissier, Fin du Paganisme, 1, p.151-55 ; Bidez, Vie de Julien, p.263-64参照。

25） Socrate, H.E., 3, 16; Sozomène, H.E., 5, 18 ; Puech, Littérature grecque chrétienne, 3, p.635参照。

26） Bidez-Cumont, Epistulae, leges...p.74-75とBidez, Lettres, p.47に集録されている資料を見よ。それについては，Bardy, RSR., 1934, p.543-46に注釈がある。

27） それに関する重要な資料は，De idololatria, 10, CSEL, XX, p.39-41にある。Boissier, Fin du Paganisme, 1, p.234-35 ; Guignebert, Tertullien, p.471-77参照。

28） Hieronymus, Epist., 21, 13, 9, CSEL, LIV, p.123-24. 繰り返して言うが，これが一般的であった。特殊な例をあげると，ヒエロニムスは，厳密にキリスト教的な構想のもとに，初歩教育の課程を素描している。かれは，子どもたちが教科書として唯一手にする聖書（若干の教会の書とともに）の学習に，古代の学校の教育方法を適用している(Lettres 107, CSEL, LV, 290s. Gorce, Lectio divina, p.221-34における研究はすぐれている)。しかしこれはまったく例外的な事例である。ヒエロニムスの学習課程は，かれが指導していたきわめて霊的，禁欲的なローマ貴族の家庭に生まれた少女パウラのためであったからである（de Labriolle, Littérature, p.463-68)。したがってそれを一般化して，これがキリスト教的教育の学習内容であったと考えてはならない。ヒエロニムス自身，その実践が困難であることに気づいている（Lettres 107, 13, p.303 :この学習課程は，もし少女パウラが世俗にとどまるとしたら実践不可能であり，それを実行するためには，出来るだけ早くベトレヘムの修道院に送らねばならなかった)。ずっと後になって，もう一通の教育関係の書簡が書かれている（Lettres, 128, CSEL, LVI, p.156s)。それによると，経験を積んだヒエロニムスは幻想的な考えを放棄しているようである(Gorce, p.232)。しかしそれは幅広い考えにもとづいて試みられたわけではなく，口の悪いルフィヌスのことばを信じるとすれば，ベトレヘムの修道院に預けられた少年たちの教育においてヒエロニムスが教えた課程は，伝統的学校の教育内容と同じで，文法，ヴェルギリウス，喜劇，抒情詩，歴史であった（Rufinus, Aplogia, 2, 8, PL21, c.592 ; Cavallera, Saint Jérôme, 1, p.202, n.1)。

29） De doctrina christiana, 2, 19 (29), PL34, c.50s. 東方の修道院学校において並行して学ばれていた内容については，Marrou, Histoire de l'éducation, p.435-38参照。

30） De doctrina christianaの射程と影響については，Ghellinck, Mouvement théologique aux XIIe siècle, p.67-68 ; Gilson, Introduction, p.152, n.1 ; Paré-Brunet-Tremblay, Renaissance du XIIe siècle, p.213-14, 217-18参照。

31） 上掲注(27)参照。

32） せいぜい，Confessiones, 1, 17 (27), PL32, c.673を引き合いに出しておこう。アウグ

スティヌスは，空しい学業のために子ども時代を使い果たしたことを呪う一方，聖書が宣言する主への賛美のために（laudes tuae per scripturas sacras），その精神とことばを用いなかったことを後悔している。こうした願望から，ヒエロニムスが少女パウラのために立てた学習課程に似たようなものを予想することもできよう。しかしそれは願望であり，さらに言うなら，折にふれて吐露された無念さにすぎない。

33）これについては，Disciplina christiana に関する説教のなかに明白な証言がある（11（12），PL40, c.675-76）。キリスト教徒の児童が通う学校は，その方法，方針から見て，いぜんとしてまったく異教的なものであった。

34）本書，16-17頁参照。

35）これらの学校の起源について，最近，ガリアについては，Haarhoff, Schools of Gaul, p.175-261があり，また Roger, D'Auson à Alcuin, p.144-69（より短いが，しかしより多くの考証を含み，マルムーティエ，レランスなどの最初の修道院学校あるいは司教座教会付属学校の，厳密に知的な教授がどれほど低い状況にあったかを示してくれる）；Marrou, Histoire de l'éducation, p.416s. 参照。

36）2世紀後半から4世紀末まで，この学校はパンタイノス（180年頃活躍）以前に存在し，ディデュモス（398年没）がさいごの教師であった（Puech, Littérature grecque chrétienne, 2, p.327 ; 3, p.152）。Bardy によると，この比較を強調しすぎてはならず，おそらくこの学校は制度化された「学校」ではなかった（RSR, 1934, p.530-31）。

37）Duchesne, Histoire ancienne de l'Eglise, 3, p.392, 566-67 ; 4, p.310-11（bibliographie, p.310, n.1）参照。

38）Junilius, Instituta, praef., PL 68, c.15...ubi divina lex per magistros publicos, sicut apud nos in mundanis studiis grammatica et rhetorica, ordine ac regulariter traditur.（Junilius は，コンスタンティノープルの宮廷に滞在するアフリカ人で，プリマシウスからこの学校の存在を聞き，かれの求めに応じて，教科書として用いていた聖書に関する提要をラテン語に翻訳した。それが，かれの Instituta regularia divinae legis である）。

39）こうした試みと，それが残したもの（碑銘の文章，Clivus Scauri の図書館の遺跡，マルティアヌス・カペラの書の校訂）については Marrou, Autour de la bibliothèque du pape Agapit 参照。

40）これについては，まず Roger, D'Auson à Alcuin, p.202-402を見よ。これより簡潔なものとしては，Norden, Kultur des Gegenwart, 1, 8, p.514-17を参照。その他，Patzelt, Die karolingische Renaissance, p.9-31 ; Cappuyns, Jean Scot Erigène, p.16-29もある。

41）De doctrina christiana, 1, 1（1），PL34, c.19 : duae sunt res quibus nititur omnis tractatio Scripturarum : modus inveniendi quae intelligenda sunt etc. 私はここで，アウグスティヌスと同じく，厳密な意味での聖書注解以外のことは無視しようとした。しかし，実際の聖書注解は（本書，358頁以降参照），神学，論争，護教学とは分離しがたく，したがってこれらの諸学も聖書注解と同じ予備教養を必要とする。

42）De doctrina christiana, 4, 4（6），c.91.

43）De doctrina christiana は，この区分（上掲注（40））をもとに書かれている。第1，第

2，第3巻は聖書の学習にあてられ（あるいはむしろ第2，第3巻があてられている。第1巻の内容は，先述したように，専門分野から外れている），第4巻は雄弁術にあてられている（De doctrina christiana, 4, 1 (1) には，この区分が再度，言われている：de inveniendo prius, de proferendo postea disseremus）。

44） De doctrina christiana, prologus, 5, c.17. 以下の私の説明は，De doctrina christiana の複雑な構想を追うのではなく，むしろ内容の順序に従いつつその教えを要約することにする。

45） De doctrina christiana, prol., 4, c.17 ; 2, 26 (40), c.55. ここでアウグスティヌスは，読み書きとともに notae つまり速記記号の学習を勧めている。キリスト教の知的活動においては，当時の notarii がどれほど重要な役割を果たしていたかは言うまでもない。かれらは，大部分の説教，宗教会議の議事録，宗教的討論などを書き留めて保存した。これは，世俗の文明の専門知識を取り入れ活用した興味深い特殊な例である。というのは，notarii は帝政の行政において重要な役割を果たしていたからである。Marrou, Histoire de l'éducation, p.564-65, n.22参照。

46） De doctrina christiana, 3, 29 (40-41), c.80-81; 3, 35 (50), c.86; 3, 37 (56), c.88-89参照。

47） Ibid., 2, 11 (16), c.42-43 ; 2, 14 (21), c.45 ; 2, 16 (23), c.47参照。

48） Ibid., 2, 28 (42-44), c.55-56参照。

49） Ibid., 2, 16 (24), c.47-48 ; 2, 29 (45), c.56-57参照。

50） Ibid., 2, 29 (46), c.57参照。

51） Ibid., 2, 21 (32) - 2, 23 (36), c.51-53参照。

52） Ibid., 2, 30 (47), c.57参照。

53） Ibid., 2, 36 (54) - 2, 37 (55), c.60-61参照。

54） Ibid., 2, 31 (48) - 2, 35 (53), c.57-60 ; 2, 37 (55), c.61参照。

55） Ibid., 2, 38 (56), c.61 ; 2, 16 (26), c.48-49参照。

56） Ibid., 2, 16 (25), c.48 ; 2, 39 (59), c.62参照。

57） Ibid., 2, 40 (60), c.63参照。

58） Ibid., 2, 39 (58), c.63参照。これは，完結した学習課程であり，そこに明白に言明されていないものはすべて排除される。

59） Gilson, Introduction, p.152-54 ; Eggersdorfer, Augustin als Pädagoge, p.201s; de Labriolle, Littérature, p.38-39参照。

60） De doctrina christiana, 2, 19 (29) - 2, 39 (58), 50-61. アウグスティヌスは，世俗の学問（doctrinae）をつぎのように分類している。

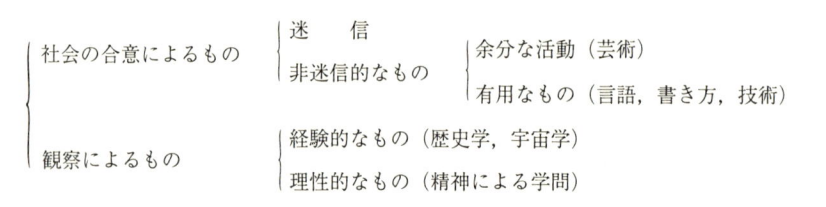

- 社会の合意によるもの
  - 迷　信
  - 非迷信的なもの
    - 余分な活動（芸術）
    - 有用なもの（言語，書き方，技術）
- 観察によるもの
  - 経験的なもの（歴史学，宇宙学）
  - 理性的なもの（精神による学問）

61）アウグスティヌスは，キリスト教徒が法学を学ぶことを暗黙のうちに認めている。しかしそれは，厳密な意味でのキリスト教的教養に関することばではなく，専門的教養，地上の都市における仕事への参加を規定することばで表明されている。本書，第Ⅲ部第2章，注（79）参照。

62）ここで誤解があってはならない。この学習課程に関する三つの説明のうち（2, 19（29）s, c.50s）第二の説明だけを取り上げると，アウグスティヌスはそこで，種々の学問をそれ自体として学習することを正当化しているという印象を受ける。しかしこの文章においてアウグスティヌスは，古代文明の種々の側面に対して取るべき態度について一般的に述べているのであって，De doctrina christina だけの問題を取り上げているのではない。そのためかれは，先に指摘したように，専門的知識の正当性について（上掲注参照），また studium sapientiae に向けて数学的諸学科を深く学習することの正当性について（ibid., 2, 38（57），本書，第Ⅲ部第2章，注（43））述べているのである。しかし幅広い射程をもつこの文章は，アウグスティヌスの考えを明示する他の二箇所の文章の間におかれている。その第一の文章（2, 11（16）s, c.42）は，聖書を理解するために必要な予備学習の正当性を示し，第二の文章（2, 39（58）s, c.62）は，それを要約し明確に説明する。

63）本書，97-98, 101-04頁参照。

64）本質的な違いは，De doctrina christiana が歴史と自然に関する知識を重視しているのに対し，De ordine はこれを排斥し理性的な学科だけを取り扱っていることである（これらの学科は，文法に次いでわずかに取り扱われるが，しかしそれは，カッシキアクムにおけるアウグスティヌスがまだ拒絶するまでには至っていない古典の学習に不可欠な，最低限の文学的物知り的知識だけである）。

65）中世は，双方の教授を同様に尊重し受け入れる。しかし中世の人々が，どの程度，キリスト教哲学者の教育と聖書注解者の教育との区別を意識していたのか，またこのふたつの伝統を混同していたのか，今ここでそれを検討し決着をつけるつもりはない。

66）De doctrina christiana, 2, 39（59）, c.62...ut non sit necesse christiano in multis propter pauca laborare.

67）Ibid.

68）De Boüard, Encyclopédies médiévales, p.292s参照。

69）De doctrina christiana, 2, 39（59）, c.62参照。しかしアウグスティヌスは，文法，修辞学については何も言わない。現代の教養の柱石を成すこの二学芸の学習の必要性についてはだれも異存はないからである。

70）アウグスティヌスもヒエロニムスの翻訳をとおして知っている。本書，第Ⅲ部第4章，注（12）参照。

71）De doctrina christiana, 2, 39（59）, c.62は，著者名をあげていない（quidam de nominibus hebraeis...fecerunt）。ここで用いられている複数形（quidam）には明確な意味がある。Comeau によると，Tractatus in Johannem にあるヘブライ語の名詞の注釈は，一部だけではあるが，ヒエロニムスの Liber de nominibus hebraïcis から取られている（PL23,

c.815-904 ; Schanz, 4, 1, # 986参照)。従ってヘブライ語を知らなかったアウグスティヌスは，この書だけを知っていたということである（Comeau, Saint Augustin exégète, p.121-27)。

72） De doctrina christiana, 2, 39 (59), c.62参照。

73） Liber de situ et nominum locorum hebraicorum（PL33, c.903-67 ; Eusebius, 3, 1, de l'édition de Berlin, Klostermann）については，Schanz, 4, 1, # 986 ; Puech, Littérature grecque chrétienne, 3, p.186-87参照。

74） PG43, c.237-94（これについては，Puech, op. cit., 3, p.664-65に簡便な，しかもきわめて明確な説明がある)。しかしギリシア語の資料は，シリア語訳（今日では，éd. J. E. Dean, Chicago 1935がある）によって補完されるべきである。

75） 本書，113-25頁参照。こうした好みは，あらゆる分野に示されている。法学については Fragmenta vaticana（cf. Schanz, 4, 1 # 843）に，神学についてはアウグスティヌスが信心深い俗人 Laurentius の求めに応じて書いた Enchiridion に見られる（本書，309頁参照)。

76）しかし両書とも，ここでアウグスティヌスが表明した願望（desiderata）を実現したものとはいえない。カッシオドルスの Institutiones は自由学芸だけに限られ，自然の学問については何も述べていない（これは哲学の影響あるいはデカダンによるものであろうか)。イシドルスの Etymologiae は De doctrina christiana の枠を超え，その内容は聖書の説明に有用な知識を提示するだけにとどまらない。

第4章　アウグスティヌスにおけるキリスト教的予備教養

1） Rottmanner, Spracherkenntnis, p.269s 参照。周知のように，教父たちのヘブライ語の知識は希薄であった（Elliot, Hebrew learning)。ギリシア教父でヘブライ語を学んだものはごくまれで，ラテン教父ではヒエロニムスだけであった。

2） アウグスティヌスは自らそれを認めている。De Genesi ad litteram, 1, 18 (36), PL34, c.260 ; Quaestiones in Heptateuchum, 5, 3, c.749. かれはある問題を自分では解決できず，ヘブライ語に精通したものにそれを委ねている。De Genesi ad litteram, 11, 2 (4), c.431参照。

3） たとえば，Locutiones in Heptateuchum, ad Gen., 8, 9, PL34, c.488 ; ad Exordium, 24, 10, c.512 ; Quaestiones in Heptateuchum, 7, 16, c.797-98 ; Tractatus in Johannem, 15, 27, PL35, c.1520（Contra litteras Petiliani, 2, 104 (239), PL43, c.341）; Sermo, 113, 2 (2), PL38, c.648参照。しかし果たしてアウグスティヌスはポエニ語とベルベル語とを区別していただろうか。Marrou, Histoire de l'éducation, p.558, n.6 ; W. H. C. Frend, A note on the Berber background in the life of Augustine（とくに Epist., 209, 2-5をもとに)，in Journal of Theologtical Studies, 43, 1942, p.188-91参照。

4） 本書，39-40頁参照。

5） Conta Faustum, 22, 56, PL42, c.435参照。

6） Quaestiones in Heptateuchum, 6, 21, PL34, c.787（De civitate Dei, 16, 24, 4, PL41, c.503）;

7, 8, c.795参照。

7） Ibid., 1, 4, c.549（「創世記」6, 15におけるノアの箱舟の大きさについて）。

8） エウセビオス=ヒエロニムスの手になる地理の提要以外には（本書，328頁参照。しかしアウグスティヌスはこの提要を利用したのであろうか），現代の聖書辞典の役割を果たすような体系的な選集は存在しなかった。アウグスティヌスは，先賢（たとえばアンブロシウス，ヒエロニムスなど）の聖書注解書に見られる知識を取り入れざるをえなかった。

9） Angus, Source のとくに p.49-50参照。De civitate Dei では，タキトゥスが三度，スエトニウスが一度，言及されている。Boyer, Saint Augustin et la culture, p.22, n.3, 4参照。

10） Francken, Fragmenta M.T. Varronis quae inveniuntur in libris Augustini De civitate Dei. もしかれが，この著作をすでに知り用いているとすれば，かれは De ordine（2, 14 (41), PL32, c.1014（Musae について））においてもそれを利用していると思われる。

11） かれはそれを引用している。De civitate Dei, 18, 2, 2, PL41, c.561 ; 18, 3, c.562 ; 18, 5, c.563 ; 18, 8, c.566 ; 18, 9, c.567 etc 参照。

12） これは複数の「年代記」(Chroniques）とふたりの著者の名前を引用している（De civitate Dei, 18, 8, c.566 ; 18, 10, c.568 ; 18, 31, c.587参照）。Ibid., 18, 25, c.582では，エウセビオスだけをあげている。そして18, 27, c.583では，著者名なしに，「年代記」をあげている。しかしふたつの文章を比較して見ると，アウグスティヌスがこの資料を手元におき，たえず利用していることは明らかである。かれはまた，時としてヨセフスも引用しているようである（たとえば De civitate Dei, 18, 45, c.606-07）。かれは，Epist., 199, 9 (30), PL33, c.916でも引用しているところから見て，ヨセフスを知っていたと思われる。

13） De haeresibus, 83, PL42, c.46参照。

14） Epist., 222, 2, PL33, c.999参照。

15） Monceaux, Histoire, 7, p.197, 205, 243-57. また Optatus については，ibid., 5, p.264s参照。

16） 少なくとも聖書学習に関するかぎりそうである。しかし第4巻ではキリスト教的雄弁術を目指して教父たちの著作の学習を勧めている。それはあくまで形式上のことであるが（本書，406頁参照）。

17） アウグスティヌスが用いたキリスト教的資料に関する研究は，かれが用いた古典に関する研究よりはるかに少ない。これについては，Boyer, Saint Augustin et la culture classique の分析がすぐれている。私としては，それぞれの教父の著作について「教父全集」の索引（PL46, c.43s）にあげる資料の参照をお勧めしたい。

18） 引用されている Index (c.480) における Origenes, Origeniani の項目に加えて，ad Orosium contra Prisicillianistas et Origenistas, 4 (4), PL42, c.671s を参照のこと。

19） De civitate Dei（11, 23, 1, PL41, c.336）においてアウグスティヌスは，たしかに περὶ 'Aρχῶν という語をあげている。たしかに，当時，この著作はルフィヌス訳が入手可能であったが，しかしアウグスティヌスがそれを実際に読んだのかははっきりしない。

20) 本書，41頁参照。

21) ペラギウス論争とは無縁な一通の書簡（この論争の初めのころ書かれている）には，Gregorius, sanctus episcopus Orientalis という人物のものとされる意見が述べられている（Epist., 148, 2 (10), PL33, c.626)。しかしこの人物は，Illiberis の Gregorius という西方の人物であると信じさせる確かな理由がある（Jülicher, P. W. 7, c.1865参照)。

22) Grabmann は，中世神学に対するアウグスティヌスの影響の研究において，aüssere Technik の名のもとに区別している（Geschichte der scholastischen Methode, 1, p.137-43)。

23) とくに De doctrina christiana, 2, 9 (14) - 2, 15 (22), PL34, c.42-46 ; 3, 2 (2) - 3, 4 (8), c.65-68において。Schneegans と Moirat の研究を見よ。

24) 順序は別にして。私は，アウグスティヌスによる区分（ibid., 2, 10 (15), c.42）に固執するのではなく，ごくふさわしいと思われるプランに従って，種々の規則をまとめなおしてみたい。アウグスティヌス自身，しばしば自分の区分を厳密に守っているわけではなく，その分，私も小心にならずにすむ。たとえば，かれはふたつの区分を設け（signa ignota et signa ambigua ; signa propria et signa translata)，signa ignota から説明をはじめるが（2, 11 (16), c.42)，それはやがて signa ambigua にまで広がる。かれもそれを認め，順序を思い出し，まず最初の説明を終わることにする（2, 14 (21), c.45)。

25) こうして見ると，護教的聖書注解はまた別のものである（本書，359頁以降）参照。それは，文法的解釈をもって取り出された聖書の字義がもとでキリスト教徒の良心に生じる諸問題（quaestiones）について，その解決を図るものである。

26) ここには，signa propria と signa translata とのアウグスティヌスによる区別の範囲が言われている（上掲注 (24) 参照)。こうした用語について，現代の神学者たち（たとえば，Zarb, in Revue thomiste, 1932, p.251-52）は，はっきりと聖書における意味を字義的意味と霊的意味に分け，さらに，前者を原義的語義固有の意味（語における直接的意味）と比喩的字義（métaphore のように，比喩（figures）の利用からくる）に分ける。アウグスティヌスもこうした区別を知っていたことは，証明するまでもない（Comeau, Saint Augustin exégète, p.103参照)。たしかに，あまり体系的ではないかれの思考においてしばしば流動的に用いられている。しかしここでは重要なことではない。私はただ，かれが De doctrina christiana において，こうした区別を用いていないことを強調しておきたい。この書は，聖書注解とその方法を具体的に取り扱うもので，聖書の霊感に関する理論的問題，種々の意味の価値にはふれていない。Signa propria は，私が初歩的注解というものから来るもので，聖書をその固有の字義的意味，オリゲネスが言う“sens somatique”に理解することである。Signa translata は，ことばの直接的意味に直接には含まれないものすべてを集めたものであり，従って，字義的比喩的意味と霊的あるいは寓意的意味を含んでいる（Moirat, Herméneutique, p.27-31, 44-45参照)。

27) このことはきわめて明白で，しばしば指摘されてきた。とくに Comeau, Saint Augustin exégète, p.80を見よ。「ヒッポの司教は，かつて世俗の書の注釈に用いた方法を聖書に応用した」(p.80)。「かつて文法を学びまた教えたこともあるかれは，しばしば福音書の注解においてかつての学習態度を見せている」(p.88)。先賢の研究にはこうした指摘

が多々あるが，私は，本書において，かれらが取り上げた「文法的注解」を広く理解し，補完しようと思う。

28）こうした応用においてまず気付くことは，古典解釈の結論となる judicium つまり審美的判断がないということである。また「修正」（emendatio）においても，先述したような（本書，29-30頁）文学的批判の要素はまったくない。聖書は人間が判断できるような学芸の書ではなく，神の霊感のもとに書かれた書であり，注解者は，謙遜と畏敬の念をもってそれに接すべきである（たとえば De doctrina christiana, 3, 4（62）, PL34, c.64参照）。

29） Ibid., 2, 9（14）, c.62参照。

30）その射程はもっぱら宗教的なものである。魂は，聖書に最初に接したときから啓示の核心にふれる。他方，学問的探究を伴わない日常の聖書とのふれあいつまり「聖書による瞑想」（lectio divina）は，聖体とともにキリスト教的信心の主要な糧をなす。

31）本書，24, 32頁参照。

32） Epist., 21, 3（391年に書かれた），PL33, 88参照。

33）このことは，Douais, Saint Augustin et la Bible, p.75にうまく説明されている。Epist., 22（392年）以降，アウグスティヌスは，引用する著者を変更し，ヴェルギリウスに代えて聖書を用いている。Balogh, Augustins Stil, p.363参照。

34） Vogels, Heilige Schrift bei Augustinus（p.413）によると，アウグスティヌスは旧約聖書から13,276回，新約聖書から29,540回，引用している。Lenfant, Biblia augustiana 参照。

35）本書，28頁参照。

36）たとえば Adnotationes in Job, ad 36, 32, PL34, c.687における Inmanibus は，in manibus と区切るべきか，あるいは一語（inmanis の複数与格の形）として読むべきか，ここでは一例だけに留めるが，その他，Comeau が Saint Augustin exégète, p.75-79において，Tractatus in Johannem から取り出している例を見よ。

37） Locutiones in Heptateuchum, 1, ad Gen., 2, 16, c.487 : ex omni ligno quod est in paradiso escae edes において，句読点は paradiso のあとにおくべきか，あるいは escae のあとにおくべきか。

38） De consensu Evangelistarum, 2, 69（134）, c.1142（「マタイによる福音書」12, 9の後半は，前半と同じようにキリストのことばととるべきか，あるいはユダヤ人たちの答えととるべきか。

39） De natura et gratia, 15（16）, PL44, c.254（「ヤコブの手紙」3, 8について）。ペラギウスはこの節を自説に合わせて疑問形に読み，アウグスティヌスは肯定形に読んだが，もちろんそれによって意味は異なる。

40） De doctrina christiana, 3, 2（2）, PL34, c.65-66 ; 3, 3（6）, c.67参照。

41）本書，28-31頁参照。

42） De doctrina christiana, 2, 11（16）, c.42 ; 2, 14（21）, c.45-46 ; 3, 4（8）, c.68.

43）ここでも，アウグスティヌスが用いた方法について二，三の見本をあげるにとどめ

たい。それは，Comeau, Saint Augustin exégète, p.81-91に見られるように，枚挙にいとまがない。しかもこの場合，Tractatus in Johannem だけから取り出した数である。

44） たとえば，Enarratio in Psalmum 118, 13, 2, PL37, c.1536 : respondebo exprobrantibus mihi verbum における verbum は，respondebo の補語なのか，あるいは exprobrantibus の補語なのか。

45） Quaestiones in Heptateuchum, 3, 9, PL34, c.678（holocarpoma, holocaustosis）; 3, 32, c.690（cidara: coiffure）; De Trinitate, 3, 7 (12), PL42, c.875（scyniphes ; musculae brevissimae）.

46） Enarratio in Psalmum 118, 4, 3, PL37, c.1510 : confitebor という語についてかれは，non est peccatorum confessio ista, sed laudis と言い，Ibid., 26, 1, c.1576-77で言われている judicium は判断する行為で，判断されたものではないと説明する。

47） Ibid., 27, 9, c.1582: exitus aquarum, i. e. effusio lacrymarum.

48） Retractationes, 2, 54, PL32, c.651（Locutiones in Heptateuchum）; Quaestiones in Heptateuchum, 3, 7, PL34, c.676 ; 4, 16, c.723参照。

49） De Trinitate, 15, 17 (27), PL42, c.1080. たとえば，Deus patientia mea は，「神は私の忍耐である（est）という意味ではなく，「……忍耐の泉である」という意味である。これは構文における特有語法である。その他，聖書用語としては，dies は tempus の意味にも用いられている（De consensu Evnagelistarum, 2, 41 (88), PL34, c.1120）。統辞法としては，古典ラテン語における中性と同じような仕方で単数女性形の代名詞が用いられている（Enarratio in Psalmum 118, 15, 8-9, PL37, c.1543-45）。Locutiones in Heptateuchum（PL36, c.485-546）においては，とくにヘブライ語，ギリシア語といった原語の idiomata（特有語法）を反映する聖書の「特有語法」が多く見られる（incipit, c.485）。その他，原文の確立，ラテン語の語法違反の修正，比喩などに関する注記もある。

50） アウグスティヌス自身，Locutiones（上掲注参照）のはじめに，こうした専門語をあげている。

51） 本書，23-24頁参照。

52） De consensu Evangelistarum, 3, 14 (47), PL34, c.1187（半過去の通常の意味について）。Enarratio in Psalmum 118, 9, 11, PL38, c.1522-23（maledicti qui declinant a mandatis tuis : ここでは declinant であって，declinaverunt ではない。従って，この呪いは人祖だけでなく，すべての罪人に向けられている）。

53） Quaestiones in Heptateuchum, 1, 35, c.557. Senior は，senex よりも年下のものについて言われる。

54） Enarratio in Psalmum 118, 29, PL37, c.1586（ここでは，tempestas という語について，Enneades 9, 19-20を引用している）。

55） Ibid., 1, 1, c.1502（Tanquam diceret... そして文章が続く）; 25, 7, c.1575（tanquam dicens...）; De Trinitate, 1, 9 (18), PL42, c.833 etc。... こうした傾向については，本書，29頁参照。

56） 本書，29-32頁参照。アウグスティヌスは，Enarrationes in Psalmos（PL36-37）とい

う大部な選集を刊行しているが，そこでは，「詩編」の文学形態，著者，歴史を取り扱う序文を付ける必要はないと考えている。たとえば「詩編」119の176節全体の注解においては（PL37, c.1495-1596），これらの詩編が律法の賛美という唯一の主題を取り扱うのに，なぜアルファベット順に配列されているのか，この「詩編」の特殊な性格については まったく説明していない。

57） Enarrationes in Psalmos を例にあげると，アウグスティヌスは，「詩編」1の1節について注釈し，そのあと，2節，3節と順に注釈していく（PL36, c.67s）。

58） たとえば，De Genesi ad litteram, 5, 1（1）, PL34, c.321がある。アウグスティヌスは「創世記」第1章を注釈しながら，地上の楽園に関する部分には，第二の創造の物語があることを念頭においていない。第2章4節を説明する段になって，この問題に突き当たり，そこに秘められた意図を探す。

59） De civitate Dei, 22, 18, PL41, c.779（「エフェソの信徒への手紙」4, 10-16について）；De peccatorum meritis, 1, 30（58）, PL44, c.143（「ヨハネによる福音書」3, 1-21について）参照。

60） かれは，現代人には戸惑いを感じさせるような技巧をもって，きわめて異なる性格，年代，目的をもつ聖書の各節を，その文脈から切り離して相互に比較し対比させ，相互の注釈に利用する。たとえば De Trinitate, 2, 15（26）, PL42, c.862では，「出エジプト記」，31, 18を「ルカによる福音書」11, 20と「使徒言行録」2, 1-4をもって説明し，De Genesi ad litteram, 3, 2（2）, PL34, c.279-80では，「創世記」の注釈において，「大洪水」による天地の崩壊について語っていると思われる「ペトロの手紙Ⅱ」3, 6に関する問題を取り込んでいる。

61） こうした考え方のもたらす若干の結果については後述する（本書，378-79頁参照）。

62） 本書，31頁参照。このまったく古代的（spätantike）な方法は，「分割」（divisio あるいは partitio）という中世の方法とは対立する。「分割」は逆に，著作の骨組みをはっきりとさせたあとはじめて章句を取り上げる（Dante が Vita Nuova のソネットを関係づけた小心なまでの区切り方を想起してもらいたい）。しかしこうした方法は，12世紀から13世紀つまり中世の教養が文法に依拠することをやめ弁証論の独占的な支配に入るころ，発展したものである（Paré-Brunet-Tremblay, Renaissance du XIIe siècle, p.119, 229）。

63） De doctrina christiana, 2, 11（16）- 2, 15（22）, PL34, c.42-46 ; 3, 4（8）, c.68参照。

64） とくにつぎの研究を参照のこと。Rönsch, Lateinische Bibelübersetzungen ; Douais, Saint Augustin et la Bible ; Burckitt, Old latin and Itala ; Monceaux, Histoire, 1, p.138-94 ; Mac-Intosh, Augustine's Genesis ; Capelle, Psautier latin ; Vogels, De consensu, p.19s. ; Billen, Heptateuch, さらに Dom de Bruyne の研究のなかでもとくに，Saint Augustin réviseur de la Bible ; Milne, Augustine's gospel, さらに Mohrmann, Sondersprache, p.61, n.2とそこに指摘されている諸研究を参照のこと。Itala の確認に関する，いまだに未解決の問題については，後出の注（104）にある参考書を見よ。

65） 本書，28-29頁参照。

66） Comeauは，アウグスティヌスの用語がきわめて不正確であると指摘しているが

(Saint Augustin exégète, p.55)，それは正しい。アウグスティヌスはたいてい同一翻訳のふたつの写本と，ふたつの異なる翻訳を伝える写本とを区別していないように思われる（しかしDe doctrina christiana, 2, 14 (21), PL34, c.46は別であるが)。

67）De doctrina christiana, 2, 12 (18), c.44.

68）しかしヒエロニムスの「ヘブライ語からの諸訳」(ex hebraeo）の刊行によって持ち出された論争において，時としてユダヤ人に頼っている。オエアの司教をめぐる厄介な出来事については，アウグスティヌスがヒエロニムス自身にからかい気味に語っている（Epist., 71, 3 (5), PL33, c.242-43)。しかしかれは，好意的なその判断を援用している。De civitate Dei, 18, 43, PL41, c.603. またアウグスティヌス自身，Rachaという語の意味をひとりのユダヤ人に尋ねている（De sermone Domini in monte, 1, 8 (23), PL34, c.1241)。Courcelle（Les lettres grecques 2, p.141）の判断は，E. J. Goodspeed, Problems of New Testament translation, Chicago, 1945, p.21-23に照らして修正すべきである。つまりracha（ῥαχᾶ）は，ヘブライ語ではなく，ギリシア語の ῥαχάς から来るもので，人を罵ることばとして用いられている（C. C. Edgar, A new group of Zenon Papyri, Manchester, 1934, p.2参照)。従って，この語のヘブライ的起源を受け入れることをためらったアウグスティヌスは大目に見てもよい。

69）オリゲネスによる「七十人訳」の校訂はいろいろな影響を与えたとはいえ，「七十人訳」そのものは，今日にいたるまで，ギリシア語を用いる諸教会の唯一の正典である。ヴルガタ訳以前に使用されたラテン語訳聖書も「七十人訳」にもとづいている（しかし「ダニエル書」はテオドティオンによる改訂版から翻訳されている。Monceaux, Histoire, 1, p.130s)。アウグスティヌスがこの翻訳になぜ抵抗することになったのか，その神学的背景については，de Labriolle, Histoire, p.478-81参照。

70）アウグスティヌスにおける態度の変化は，つぎのように考えることもできる（すでにBryune, in R. B., 1913, p.305sにおいて指摘されている)。最初の段階では，ヒエロニムス訳の正確さについて疑念を持ちがちである（403年ごろのEpist., 71, 2 (3) - 3 (5), PL 33, c.242-43と，394-95年のEpist., 28, 2 (2), c.112によると，この翻訳に対し先験的（a priori）な怖れを抱いている)。あとになってアウグスティヌスは，キリスト教発足当初，ユダヤ人が「七十人訳」に正しく訳出されていたキリスト教徒に加担するような預言を削除するため，ヘブライ語本文を修正したのではないかという疑念をもっている（405年ごろのEpist., 82, 5 (34-35), c.290-91)。ラビたちが反キリスト教的悪意をもったという仮説については，現代の注解者でもまじめに取り上げるものがいる（たとえばJ. Calès, Le livre des Psaumes, Paris, 1938, 2, p.347（Ps.110, 3について))。アウグスティヌスは，こうした仮説をたいていかれ以前の注解者の態度として述べ，はっきりと自分のものとして取り上げることはない（後出の注 (73) 参照)。しかしかれは，こうした考えをまったく放棄しえないまま，少なくとも理論的には「現用の」ヘブライ語訳，したがってヴルガタ訳の権威を認めたが，しかしこの二重の権威は，アウグスティヌスが霊感による書として認めた「七十人訳」のそれに取って代わるものではない。かれはアレクサンドレイアのユダヤ教徒と同じく（Philon, Vie de Moyse, 2, 6)

「七十人訳」の翻訳は預言的な意味もつ第二の啓示としての価値をもつと考えている（De civitate Dei, 18, 42-43, PL41, c.602-04, 420-26，とくに指摘された章句の終りを見よ。また「七十人訳」の霊感については（De consensu Evangelistarum, 2, 66 (128), PL34, c.1139 ; De doctrina christiana, 2, 15 (22), c.46 ; Quaestiones in Heptateuchum, 1, 169, c.595 ; De civitate Dei, 15, 14, 2, PL41, c.455 ; 15, 23, 6, c.470 ; 18, 42-45, c.606)。こうした理論は，われわれから見ると，きわめて特異なものであるが，72人の翻訳者が奇跡的に一致していたという伝説にもとづいており，アウグスティヌスは大して気にすることもなく，それを受け入れている。とくにこの二重の霊感という教えは，啓示の豊かさを減じてはならないという考えにもとづいている。この考えは，以下に取り上げる（本書，第Ⅲ部第5章，注(57)）定義の多様性という考え方に通ずるものであり，これと同じく，霊感に関するアウグスティヌスの見方に厳密に従って理解すべきである。

71）アウグスティヌスは突如として Quaestiones in Heptateuchum, 5, 20, PL34, c.758 において，ヴルガタ訳（ea interpretatio quae est ex hebraeo）を援用している。Bruyne, R. B., 1913, p.306-07参照。

72）たとえば，かれはヴルガタ訳は沈黙しているのに，「七十人訳」による付記の部分を取り入れている（Quaestione in Heptateuchum, 5, 54, c.772 ; 6, 19, c.784)。かれは，双方の読み方を同時に受け入れうることを示そうとしている（Ibid., 6, 15, c.783 ; 7, 16, c.797)。

73）De civitate Dei, 15, 10-11, PL41, c.448-50（マテュサレムの年齢の数え方について）。「七十人訳」の数字には問題がある（これは，マテュサレムの死を洪水のあとにおいている）。これに対して，ヴルガタ訳における数字はなんら問題はない。アウグスティヌスは，若干の問題については，長い議論のあとはじめてヘブライ語原文に従っている（Ibid., 15, 13, 3, c.454 ; 15, 14, 2, c.455)。

74）たとえば De Trinitate, 15, 19 (34), PL42, c.1084（詩編87, 19について）。とすると，アウグスティヌスはヘブライ語から訳した詩編集は後から知ったということになる。

75）とくに「創世記」の注解では，ヘブライ語聖書に依拠したならばたいていは避けられるはずの問題に手間取り，混乱している。たとえば「創世記」1, 20（ラテン語訳では，鳥は海水から出てきたと言われているようである）について，そうである。De Genesi contra Manichaeos, 1,15 (24), PL34, c.184 ; De Genesi liber imperfectus, 14 (44), c.237-38 ; 15 (49), c.239 ; De Genesi ad litteram, 3, 7 (9), c.282-83 ; 3, 10 (14), c.285参照。その他の箇所については，De Genesi ad litteram, 2, 15 (32), c.276（ヴルガタ訳はよりはっきりしている）; 5, 1 (3), c.321-322（ヴルガタ訳はそれほどはっきりしていない）; 5, 7 (21s), c.328（fons という語は，ヘブライ語では蒸気を意味する）; 8, 10 (23), c.381（ヘブライ語は多義構文法と関係がある）。ところで，アウグスティヌスは，少なくともこのさいごの著作はヴルガタ訳を参照しながら書いている。

76）Quaestiones in Heptateuchum, 5, 20, PL34, c.758 ; 7, 37, c.804 ; 7, 47, c.809参照。

77）たとえば De Genesi ad litteram, 1, 10 (36), PL34, c.260（シリア人の証言をあげている。「創世記」1, 2の superferebatur は，fovebat の意味がある）。De Genesi contra Manichaeos, 2, 13 (18), c.206（ヘブライ語では，男と女を示す語は，ラテン語の vir-virago のように，

同一語幹をもっている。そしてこの説明は，他者からの受け売りである（dicitur sic sonare)。実際，これは「創世記」2, 23の説明から来るもので，聖書注解者たちの常套句であったはずである)。

78） Locutiones in Heptateuchum, 1には，「創世記」4, 2 ; 4, 8 ; 7, 5 ; 8, 9 ; 8, 12 etc...PL34, c.487-88などに関する多くの例がある。しかしこうして見つけ出した特有語法の大部分は，直接あるいは間接にヘブライ語の知識をもとにしたものではない（「創世記」8, 9;「出エジプト記」24, 10には，ポエニ語が利用されている)。アウグスティヌスが徐々に若干の言い方の意味を理解するようになったのは，長期にわたる読書によって聖書の文体に実際に慣れ親しんだ（familiaritas）結果であるが，こうした経験主義的方法に限界があることはだれの目にも明らかである。

79） 後述するように（本書，379-80頁），アウグスティヌスが聖書において発見したと思い込んでいた多くの不明瞭さと神秘とは，ユダヤ的特有語法を知らなかったことから来ている。

80） De civitate Dei, 18, 43, PL41, c.603（LXX, Aquila, Symmachus, Theodotion による訳と，Quinta editio と呼ばれている訳の五つである)。

81） Ibid., 15, 23, 3, c.470; Quaestiones in Heptateucum, 4, 52, PL34, c.742-743参照。

82） たとえば Enarratio in Psalmum 118, 15, 5, PL37, c.1542 ; 17, 1 c.1547 ; 25, 6, c.1575 ; 32, 7, c.1595. しかし Enarratio in Ps118の選択は余りに特別で，おそらく多少の異論があろう。

83） Ibid., 10, 3, c.1526（vias meas, vias tuas). ギリシア語の写本は，大部分のラテン人の権威を補強するもので，第一の読み方を選ばせる。Ibid., 11, 6, c.1530-31 ; 13, 3, c.1537 ; 14, 2, c.1539 ; 15, 2, c.1542 ; 15, 8, c.1543 ; 19, 2, c.1554 ; 20, 1, c.1557-58 ; 24, 7, c.1568-69参照。

84） Ibid., 10, 4, c.1526; 22, 1, c.1562 ; 25, 1, c.1571 ; 26, 2, c.1577. アウグスティヌスが提示した翻訳は，しばしばきわめて微妙なものである（これについては，ややほめすぎの感じはするが，de Bruyne, Saint Augustin réviseur de la Bible, p.544-78にすぐれた説明がある。それによると，正確さ，明瞭さ，ラテン的特徴の三つの目的がある)。

85） Ibid., 29, 3, c.1588. ラテン語の immaturitas はギリシア語の ἐν ἀωρία によって説明されている。

86） Ibid., 15, 8, c.1543. ギリシア語では，代名詞 haec はラテン語訳で考えられがちなように lex には結びつかない。

87） Ibid., 4, 1, c.1509 ; 4, 5, c.1511 ; 16, 4, c.1546. Nimis は，ここでは，「余りに」ではなく，「多くの」という意味がある。ギリシア語では，ἄγαν ではなく，σφόδρα になっている。4, 5, c.1511; 16, 4, c.1546.

88） Ibid., 26, 3, c.1577-78. Calumnientur me（mihi の代わりに）という構文はギリシア語を透写したもので，特別の意味はない（29, 9, c.1588)。

89） Ibid., 17, 2-3, c.1584. Disciplina は，聖書ギリシア語の παιδεία の訳語で，per molestias eruditio, emendatoria tribulatio を示し，それは正しく，細かな考察であり，この古典語

がラテン語聖書，教父たちの用語になる変化の途上にあることを指摘するものである。Marrou, Doctrina et disciplina, # 12参照。

90） Angus, Sources, p.245-62参照。

91） Wilmart, Tradition, p.295参照。

92） われわれがEnarrationesから引き出した帰結は，アウグスティヌス自身，これを明示している（Epist., 261, 5, PL33, c.1077参照）。

93） しかしアウグスティヌスは，直接，ギリシア語をもとに研究するまでにはいかない（はっきり言って，かれにはその能力がなかった）。かれの読書の基本をなすのはラテン語の書であり，注意力が散漫になると原文の参照を止めている。たとえば，Enarratio in Psalmum 118, 28, 2, PL37, c.1583。ここでは，本文の「修正」は，ギリシア語なしに行われている。

94） いくつかの例をあげると，Quaestiones in Heptateuchum, 3, 3, PL34, c.674 ; 3, 15, c.600 ; 3, 25, c.686 ; 3, 35, c.691 ; 3, 38, c.694 ; 3, 51, c.699 ; 3, 53, c.700 ; 3, 66, c.706 などがある。また，Locutiones in Heptateuchum（ad Gen. 2, 9 ; 2, 16 ; 3, 1 ; 3, 17; 6, 6 : 6, 16 etc... c.486-87）などにおいても，ギリシア語が同じように多用されている（Billen, Heptaeuch, passim, とくに，p.23参照）。

95） とくに印象に残る重要な例だけをあげると，De Genesi ad litteram, 2, 15（32），c.277 ; 7, 1（2），c.356 ; 8, 10（19），c.380がある。

96） 読み方の曖昧さに関する論争がその何よりの証拠である（上掲注（36）における引用を見よ）。ギリシア語を一見しただけで，問題は解けたはずである。

97） これについては，Comeau, Saint Augustin exégète, p.58-69, p.54, n.2に正確な説明がある。福音書注解におけるギリシア語の援用については，Milne, Gospels, p.xv-xvi 参照。

98） たとえば，De consensu Evangelistarum, 2, 30（72），PL34, c.113 ; 3, 7（27），c.1174 ; 3, 24（65），c.1198参照。

99） それは，時として常用の翻訳を修正するため，また原文を確定するためである。Bruyne, Fragments de Freising と，idem, Saint Augustin réviseur, p.523-44参照。

100） たとえばContra duas epistolas Pelagianorum, 4, 4（7），PL44, c.614参照。ペラギウス派は，「ローマの信徒への手紙」5, 12におけるラテン語の曖昧さに付け込んで，それを自説に合わせて解釈していた。アウグスティヌスは，ギリシア語聖書を援用することによって，かれらの解釈を覆した。しかしそれ以前の著作においては，ギリシア語聖書を利用しなかったことによって，この問題をめぐって泥沼に落ち込んでいる（De peccatorum meritis, 1, 1（9），c.115）。

101） こうした印象を強めるもうひとつの事実がある。アウグスティヌスは，ギリシア語本文を引用するが，しかしその注釈には成果を挙げえないことがしばしばある。かれはギリシア語の意味を十分に理解できず，われわれから見れば当然と思われるような結論を引き出す確信がなかったと判断してもよい。たとえば Enarratio in Psalmum 118, 6, 4, PL37, c.1515 ; 14, 4, c.1540 ; 16, 3, c.1546 ; 28, 4, c.1584。それは，Tractatus in Johannem においても同様である。Comeau, Saint Augustin exégète, p.64-65参照。

102） De doctrina christiana, 2, 14 (21), PL34, c.45 : eaedem linguae si et otium et ingenium, ediscendae.

103） Ibid. 参照。

104） Ibid., 2, 13 (19), c.44. この少し後で，アウグスティヌスは，その字義（verborum tenacior）のために，Itala と呼ぶ（現存する写本によると）素性不詳の翻訳（interpretatio）を勧めている（ibid., 2, 15 (22), c.46）。この翻訳の確認ほど，長いむだな論議をかもした問題も少ない（最近の研究としては，de Labriolle, Littérature, p.556-57と，そこで Itala 関係の参考書としてあげられている Alès, Ambroggi, Balestri, Capelle, de Bruyne, Cavallera, Vaccari の研究も見よ）。私としては，かれらの立場に与しようとは思わない。それでもなお，読者が私のはっきりした態度を求めるならば，Vaccari が取り上げ擁護した仮説を取ることにしよう。それは，Aquila 訳をもって Itala 訳を修正し，この「訳」（interpretatio, De doctrina christiana, 2, 14 (27), c.46, にある）を，ラテン語でなく基本的なギリシア語訳のひとつとして受け止めるということである。私がとくにこの仮説に傾くのは，このラディカルな仮説は，アウグスティヌスはここ以外のどこでも取り上げず，またかれ以外のだれも取り上げないこの幻の Itala 訳から解放してくれるからである。

105） Ibid., 2, 12 (17), c.43 ; 3, 4 (8), c.68 ; 2, 14 (21), c.45-46. ここでアウグスティヌスは，たしかにこうした方法のもつ危険を感じている。つまり基本的な写本に連なる，すぐれた写本だけを考慮すべきである。しかし問題は，それをどのように見分け修正するかである。

106） たとえば Enarratio in Psalmum 119, 上掲注 (93) 参照。

107） Enarratio in Psalmum 118, 8, 1, PL37, c.1518 : πάροικος, inquilinus, advena, incola ; De Genesi ad litteram, 11, 2 (4), PL34, c.430-31 : serpens prudentissimus, sapientissimus, astutior（ここでアウグスティヌスは，自分では援用することのできないヘブライ語の微妙な意味を判別しようとしている）。

108） こうした見方は，Tractatus in Johannem におけるアウグスティヌスの注解方法を取り上げる Comeau（op. cit., p.55-58）の研究にもとづいている。かの女は，アウグスティヌスがギリシア語聖書をもとにラテン語訳の聖書を完全に校訂し刊行したという，故 Dom de Bruyne の仮説（とくに Saint Augustin réviseur de la Bible を見よ）に反対している。この仮説に対しては，すでに強い反論があった（Lagrange, Opinions, p.172-79 ; Douais, Saint Augustin et la Bible, p.354-55参照）。Epist., 261（上掲注 (92) に引用）はこうした校訂版に言及しているとする主張には無理がある。アウグスティヌスは，聖書を注解する過程で，本文を修正しただけである。後になって，写本 r (Freising の断片)，R (Verona の「詩編集」) のような写本に見られるこれらの修正を集め，そこから読み方を引き出したが，しかしこれらの文章を刊行したのはアウグスティヌスではない。Retractationes とポシディウスがそれにふれていないのが，何よりの証拠である。さらにこの仮説は，私が前章で明らかにしてきた方法における不安定，未熟さ，文書の頻繁な欠如など，多くの重要な事実を認めようとしない。

109） たとえば Epist., 169, 1 (3), PL33, c.631 ; 157, 3 (19), c.683-84 ; De civitate Dei, 20, 20, 3, PL41, c.689参照。

110） 「七十人訳」とヘブライ語による聖書の章句が併記されているわけは，ここにある (上掲注 (70) 参照)。

111） たとえば De Trinitate, 1, 6 (13), PL42, c.828（「フィリピの信徒への手紙」3, 3について)。かれは，多くのラテン語写本（plures codices latini）とほぼ一致するギリシア語写本（codices graeci）の態度にもとづいて，spiritu Deo（spiritui Dei の代わりに）という読み方を排除している。しかしかれは，これで反対者の口を封じるには不十分であると考えたようで，純粋に言語学的論拠だけで納得せず，間違った読み方をもとに結論を引き出そうとする注解者たちを沈黙させるような聖書の章句を探そうとしている。

112） たとえば福音書については，アウグスティヌスはヒエロニムス訳の聖書を所有し，またその卓越性を認識し（Epist., 71, 4 (6), PL33, c.243)，これをもとに De consensu Evangelistarum を書いている。かれはそこで，ギリシア語原典と比較する可能性があったとしても，ヒエロニムス訳だけをもとに書いたと思われるかもしれないが，決してそうではない。かれはきわめて不完全な古いラテン語訳を伝えるとしか思われない他の写本も参照している (Burckitt, Old latin and Itala, p.77)。たしかにかれは，最終的には後者の読み方を取り入れることはないが，それを参照している。これは，行き過ぎである。というのは，これらの写本は明らかに改竄されたもので，ギリシア語聖書による保証はないからである。De consensu Evangelistarum, 2, 14 (31), PL34, c.1093 ; 2, 30 (7), c.1112 ; 2, 51 (1131) 参照。また Tractatus in Johannem については，Comeau, Saint Augustin exégète, p.52-55参照。

113） 上掲注 (26) 参照。

114） ここでは，この問題は教養との関係においてのみ取り上げている。したがって，De doctrina christiana における固有の字義と比喩的意味との区別の規則は取り上げない (De doctrina christiana, 3, 5 (9) - 3, 24 (34), PL34, c.74-78)。ティコニウスの有名な規則（アウグスティヌスは，De doctrina chiristiana, 3, 30 (42) - 3, 37 (65), c.81-90で要約している）についても大してふれない。Monceaux は取り上げているが，その説明は余りに一般的で，今ここで私が問題にしていることには大して役に立たない（Histoire, 5, p.178-95)。

115） Ibid., 3, 26 (37), PL34, c.79参照。

116） Ibid., 3, 28 (39), c.80参照。しかしここで注意しておかねばならないことは，聖書においては，同じ比喩はいつも同じ意味をもたないということである（3, 25 (35), c.78-79)。アウグスティヌスはしばしばこうした方法をとる（たとえば Enarratio in Psalmum 119, 2, 2, PL37, c.1505-06における ambulare in viis Domini という表現のもつ比喩的字義，また ibid., 23, 1, c.1566-67におけるキリストの比喩としての lucerna や lumen のもつ寓意的意味がそうである)。そのため，かれは読者の注意を促し，詩編作者は，coagulatum ut lac をある時は善い意味に，ある時は悪い意味に用いているという（ibid., 17, 8, c.1550)。

117） De doctrina christiana, 3, 29 (40-41), PL34, c.80-81 ; De civitate Dei, 16, 21, PL41, c. 499 ; De Trinitate, 15, 9 (15-16), PL42, c.1068-69. アウグスティヌスは明らかに，比喩的字義注解と寓意的注解とを分離せず，双方に同じ方法を用いている。

118） たとえば，Quaestiones in Heptateuchum, 1, 117, PL34, c.578 ; 3, 2, c.674 ; 4, 14, c.722 ; 7, 3, c.793 ; 7, 18, c.800 ; Locutiones ad Genesim, 13, 1, c.89 ; 14, 13, c.490など参照。

119） Paré-Brunet-Tremblay, Renaissance du XIIe siècle, p.234, n.1; p.181（この方法は，カロリング・ルネサンスから12世紀中葉，思弁的文法が出現するまで続く）。

120） De doctrina chritiana, 2, 16 (23), PL34, c.46-47 ; 2, 9 (16), c.42-43には，ラテン語に翻訳されることなくヘブライ語のまま転記された Amen, Alleluia など，いくつかの語の説明がある。

121） Wutz, Onomastica sacra, p.13-29. こうした方法は，アウグスティヌスよりはるか以前にアレクサンドレイアにおいて実践されていた。たとえば「七十人訳」は，ヘブライ語の固有名詞の意味をギリシア語でももたせるためにしばしば翻訳している。たとえば「士師記」2, 1参照。アウグスティヌスの著作では，Quaestiones in Heptateuchum, 7, 12, PL34, c.790を，また Wutz, op. cit., 344-47も参照。

122） これについては，Comeau, Saint Augustin exégète, p.122参照。古典の影響を考慮しているとも考えられる（ibid., p.121-22)。たとえばホメロスの注解者たちによる語源的寓意的解釈がある。私は，しばしば墓碑銘に記されている，「その名にふさわしい」人物（καλώνυμοι, φερώνυμοι）という注記をあげておこう。そこには，名前の語源的意味に対応する身体的あるいは道徳的特徴が示されている。

123） Wutz, op. cit., p.30s 参照。

124） De civitate Dei からいくつか，例をあげよう。Ibid., 15, 17, PL41, c.460（Enos = homo ; Seth = resurrectio）; 15, 20, 4, c.465（Noema = voluptas）; 16, 4, c.482（Babylon = confusio）; 18, 41, 2, c.601; 16, 31, c.510（Isaac = risus）; 16, 39, c.518 ; 17, 4, 2, c.528 ; 17, 8, 2, c.601 ; 19, 11, c.637 ; 20, 11, c.676 ; その他，Tractatus in Johannem に見られる例については Comeau, Saint Augustin exégète, p.123-27を，またEnarrationes については，M. Pontet, L'exégèse de saint Augustin prédicateur, p.276-78と index spécial, p.589-91参照。

125） De doctrina christiana, 2, 16 (23), PL34, c.47参照。Wutz は，16の語と，新約聖書において翻訳されているふたつの短文をあげている。こうした見解は，聖書全体は神の霊感によるものであること，そこには意図されなかったもの，秘められた意味のないものは何もないという基本的な考え方につながるという（op. cit., p.331-36)。本書，378-79頁参照。

126） 本書，328頁参照。これに関する詳しい説明は，Wutz, Onomastica sacra, p.354s 参照。

127） De doctrina christiana, 2, 16 (23), PL34, c.46-47参照。

128） Ibid., 2, 16 (24-26), c.47-49. もちろん特別の教養なしに，ただ日常の経験をもとに理解できるような比喩もある（たとえば，Enarratio in Psalmum 57, 16, PL34, c.685-86では，地中海地方の急流の急激なしかし一時的な増水が，異端や世俗の苦難の比喩と

して述べられている)。

129) De doctrina christiana, 2, 29 (46), PL34, c.57参照。

130) Enarratio in Psalmum 103, 1, 12-13, PL37, c.1346-47参照。

131) Enarratio in Psalmum 10, PL36, c.131-33 ; Epist., 55, 5 (8), PL33, c.208参照。

132) De doctrina christiana, 2, 16 (24), PL34, c.47-48 ; 2, 29 (45), c.56-57参照。

133) 本書, 117-20頁参照。

134) Enarratio in Psalmum 92, 13, PL37, c.1179参照。

135) Enarratio in Psalmum 42, 2-4, PL36, c.465-66参照。

136) De civitate Dei, 15, 26, 1, PL41, c.472.

137) たとえばバシリウスとアンブロシウスの比較点については, Plassの論文を見よ。

138) 最近の研究としては, Boüard, Une nouvelle encyclopédie médiévale, in Compendium philosophiae, Paris, 1936参照。

139) 同じような主張は, Comeau, Saint Augustin exégète, p.115にある。

140) De doctrina christiana, 2, 16 (25-26), PL34, c.48-49 ; 3, 35 (51), c.86 (ティコニウスの第五の規則) 参照。

141) 本書, 207-09, 211-12頁参照。

142) De doctrina christiana, 2, 16 (26), c.48における説明に反して, 聖書とくに「詩編」にある楽器 (キタラ, プサルテリオン, ティンパニ, ラッパ) の寓意的注解は, 音楽ではなく, 文法 (機械術の用語として) に関連づけるのが本当である。こうした注解は, 特別に音楽関係の知識を促進するものではなく, 10弦のプサルテリオン, その反響箱など, 道具の形, 構造に関するありふれた概念を与えるだけである (Enarratio in Psalmum 32, 2, 1, 5, PL34, c.290 ; Enar. in Psalmum 42, 5, c.479 ; Enar. in Psalmum 56, 17, c.671-72 ; Enar. in Psalmum 70, 2, 11, c.900 etc)。

143) De Trinitate, 4, 2 (4), PL42, c.889参照。

144) Comeau, Saint Augustin exégète, p.127参照。

145) De consensu Evangelistarum, 1, 2 (3), PL34, c.1043 ; 2, 4 (8), c.1074-75 ; 2, 4 (12-13), c.1077 ; De Trinitate, 4, 4 (7) - 5 (9), PL42, c.892-94など参照。

146) 本書, 209頁参照。Comeau, p.128, n.1にある参考文献のほかに, Carcopino, Basilique pythagoricienne, p.165, 172, 248, 256 ; Rey, Jeunesse de la science grecque, p.366-70, 375-78参照。

147) たとえばイアンブリクスのものとされる著作 (Tannery, Science hellène, p.373) には, つぎのような相違が目立つ。アウグスティヌスは倫理的特性 (5 = 正義) を無視し, 身体的特性 (5 = 五要素) はキリスト教的特性である神学的特性 (5 = Nemesisではなく, モーセを示す) を引き出すための手段としてのみ取り上げる。他方, ピュタゴラス派は1から10までの数しか取り扱わないようであるが, キリスト教徒は, 聖書注解において, 聖書に見出されるそれ以上の数について注解するようになる。

148) Clausen, S. Augustinus interpres, p.226-29 ; Knappitsch, Zählensymbolik, p.44-46, とくにComeau, Saint Augustin exégète, p.19-140 (以下, この著作に見られない参考文献だけ

をあげる）。M. Pontet, L'exégèse de saint Augustin prédicateur, p.278-303, passim（index, p.607-08）; V. F. Hopper, Medieval number symbolism, its sources, meaning and influence on thought and expression, New York, 1938.

149） De consensu Evangelistarum, 2, 4 (13), PL34, c.1077.

150） 第三の様式は数意学の埒外にあり，むしろ多少の寓意をもとに聖書の種々の本文を集める「語句索引の方法」（méthode de concordance）と関連がある。たとえば，モーセが杖をもって二度，打ったことは十字架の縦，横の柱を象徴しているなど。

151） De civitate Dei, 20, 5 (3), PL41, c.663参照。

152） De consensu Evangelistarum, 2, 4 (9), PL34, c.1075 ; Comeau, op. cit., p.138-40（Epist., 55, 11 (31), PL33, c.219）参照。「ヨハネによる福音書」21, 11における奇跡的な漁で捕獲した魚の数153という数から引き出す途方もない結論がそうである。153 = 1+2+3+ .....+17, と 17 = 10+7，あるいは 153 = 50×3+3 et 50 = 7×7+1 !

153） De doctrina christiana, 2, 40 (60), PL34, c.63参照。

154） たしかにアウグスティヌスは，エクラヌムのユリアヌスが異教の哲学者たちを援用したことを非難しているが（Contra Julianum, 4, 3 (7), PL44, c.745 ; 4, 14 (72), c.774 ; 4, 15 (75), c.776），それはユリアヌスが鳴り物入りでこれを利用し，反対者をやり込めるためにはすべてが許されるという態度をとったからである。実は，アウグスティヌスはためらうことなくかれを真似て，キケロから徳の定義を借用し，De republica, Hortensius なども引用する（Ibid., 4, 3 (19), c.747 ; 4, 12 (60-61), c.767 ; 4, 14 (72), c.774）。

155） Rolland-Gosselin, Morale de saint Augustin, p.174-78（所有の問題についてストア学派の意見を援用する）; Mausbach, Ethik, 2, p.278-84参照。

156） Combès（Saint Augustin et la culture, p.29-32）は，それを試みたが，かれの集計はきわめて不完全である。参考までに言うと，アウグスティヌスは，ローマ法について知りえたことを同じように利用している。有名な「子どもの出産という目的」（liberorum procreandorum causa）は，かれの結婚神学において重要な（あるいは過度な）役割を果たしている（たとえば De nuptiis et concupiscentia, 1, 4 (5), PL44, c.416）。原罪の教えにおける自筆証書の概念もそうである（Contra Julianum, 1, 6 (26), c.658）。

157） Duhem, Système du monde, 2, p.410s, 431s. には，貴重な説明がある。

158） Enchiridion, 9 (3), PL40, c.235-36 ; 16 (5), c.239には，はっきりと明言されている。De doctrina christiana, 2, 29 (46), PL34, c.57では，聖書注解には天文学の研究は無用なものであると，断言する。他方，アウグスティヌスの哲学は自然学は取り扱わない（本書，186-88頁参照）。

159） De Genesi ad litteram からいくつかの例をあげておく。Ibid., 2, 9 (20), PL34, c.270 ; 2, 10 (23), c.271 ; 2, 15 (30), c.275-76 ; 2, 16 (33), c.277 ; 2, 18 (38), c.279 ; 3, 3 (4), c.280 ; 3, 8 (12), c.283 ; 3, 13 (18), c.277 ; 3, 13 (21), c.288 ; 3, 14 (22), c.288 etc. 参照。

160） 聖書に関する「質疑応答」（Quaestiones et responsiones）は，すでに真の文学形態をなすまでに発展しており，Bardy は最近，その歴史について，Littérature patristique des Quaestiones を著している。

161）　とくに，De Genesi liber imperfectus, 1 (1), PL34, c.219-21 ; De Genesi ad litteram, 1, 18 (37) s, c.260s ; 5, 8 (23), c.329 etc. 参照。

162）　Ibid., 1, 21 (41), c.262 ; 2, 1 (2) - 2, 5 (9), c.263-67 ; 2, 9 (20), c.270 ; 5, 8 (23), c.329 etc 参照。

163）　本書，123-33頁参照。

164）　De civitate Dei, 21, 3-21, 8, PL41, c.710-23.「驚異的なもの」（mirabilia）の自然学は自然を奇跡の連続に仕立てるもので，奇跡の正当性を確立するのに役立つ。Epist., 162, PL33, c.708参照。

165）　たとえばContra Julianum, 5, 14 (51), PL44, c.812-13 ; 6, 6 (15-16), c.831-32参照。

166）　De Trinitate, 5, 7 (8) - 5, 8 (9), PL42, c.915-17 ; Schmaus, Psychologische Trinitätslehre, p.136-44参照。

167）　Ibid., 7, 6 (11), c.943-45 ; 7, 4 (7-8), c.939-41参照。

168）　本書，220頁参照。

169）　残念ながら，ペラギウス論争については，マニ教との論争について述べるAlfaric（Evolution intellectuelle, p.232-72s），Monceaux（Histoire, 7, p.188s, とくにp.232-72）ほどのすぐれた指導書がない。ペラギウス派は，アウグスティヌスにとって手強い相手であった。ペラギウスあるいはエクラヌムのユリアヌスは，無邪気なアフリカ人であったミレヴィアのファウストゥスあるいはクレスコニウスとは異なり，巧みな弁証論者，老練な理論家，柔軟なまた狡猾な考え方の持ち主であった。これらの「きわめて強力な才能」（fortissima ingenia : De natura et gratia, 6 (6), PL44, c.250）は，かれをてこずらせ，またアウグスティヌスは一度ならず，自分の思考の明確化に努め，その方法を改めざるをえなかった。

170）　Contra Cresconium, 1, 6 (8) - 1, 20 (25), PL43, c.450-60 ; 1, 34 (40), c.466参照。

171）　本書，193-95頁参照。

172）　たとえば，Contra Julianum, 1, 8 (39), PL44, c.668 ; 3, 11 (21), c.712 ; 4, 10 (56), c.765 ; 3, 22 (46), c.810参照。

173）　たとえばペラギウスは，アンブロシウスを味方に付けようとしてかれを褒めちぎったが，アウグスティヌスは，ユリアヌスに反論するためアンブロシウスを引き合いに出すたびに，必ずかれと同じようにしている。Ibid., 1, 7 (30), c.661 ; 1, 7 (35), c.666 ; 1, 9 (44), c.671 ; 2, 5 (11), c.681 ; 2, 7 (21), c.688参照。

174）　たとえばアウグスティヌスは，かれをマニ教徒として非難するユリアヌスに反論するだけで満足せず，ユリアヌスこそマニ教徒に立ち戻るものであることを証明しようとする（Ibid., 1, 8 (36) - 1, 9 (45, c.666-72)。一旦，ひとつの見解を主張したかれは，それを放棄させようとするものがあると，べつの見解がすでに準備されていることを示そうとし，最初の見解の正確さについて読者が疑念を抱くことなどまったく考えていない。たとえば，De consensu Evangelistarum, 2, 2 (4), PL44, c.1072 ; 2, 3 (6), c.1073 ; 2, 3 (7), c.1074参照。かれは，こうした方法の効果についていささかの懸念ももたない（De Trinitate, 1, 3 (20fin), PL42, c.844）。

175） 本書，99-101頁参照。歴史の重要性を認知することは，scientia と studium sapientiae とを対立させることにもなる（本書，第Ⅱ部第3章，注（88）参照）。

176） それは，より硬い内容の著作にも見られる。たとえば，De Trinitate, 13, 3（6）, PL42, 42, c.1017。他の例については，本書，113-14頁参照。

177） De civitate Dei, 22, 8（1-23）, PL41, c.760-71 ; Stolz, Wunderkapiteln in XXII Buch der Civitas Dei 参照。

178） 本書，129-33頁参照。

179） こうした考察は，アウグスティヌスによる偽造（盗作）の現場を押さえることができるならば，無意味なものになるだろう。Reitzenstein はそれに成功したと考えていた（Augustin, p.61-62）。かれによると，De cura pro mortuis gerenda（17（21）, PL40, c.607-08）には，レオポリスのヨハネスの逸話があるが，アウグスティヌスは当の本人から直接に話を聞いたというひとりの証人から教えられたと信じ込んでいた。ところが，この逸話は，Historia monachorum では，ルフィヌスのものとされている（1, PL21, c.392-93）。Reitzenstein によると，文学的借用つまり信用するに足る証人を暗示するというやり方は，Mönchsaretalogie（修道院物語）の常套手段である。この意見は重要ではあるが，Contra mendacium の著者がどれほど真実にこだわるかを考えるとき，それは認め難い。De cura pro mortuis は，多少，小説風に書かれる「聖人伝」の文学形態とは何の関係もない。これは，ノラのパウリヌスのために，かれの求めに応じて書かれた神学関係の参考書である。さいごに，このふたつの資料を比較するとき，直接的借用に見られるはずの両者間の類似が見当たらない。同じような意見をもつものに Jülicher, Augustinus und die Topik der Aretalogie がいる。因みに，この書は先回って，Reitzenstein の研究に反論するものであるが，Reitzenstein はこの書を知っていた（ibid., p.60）。似たような論争については，de Labriolle, Choix d'écrits spirituels, p.79-82参照。

180） 本書，333-34頁参照。

181） De doctrina christiana, 2, 28（42-44）, PL34, c.55-56.

182） De consensu Evangelistarum, 1, 10（15-16）, c.1049. アウグスティヌスは，この模造品がローマで作製されたに違いないことを巧みに立証する。ローマの多くの記念建造物では，同じ日に祝われるペトロとパウロの人物像をキリストのそれと一緒に示している。

183） 私はここで，偉大さを感じさせるこの教えを，まったく不十分ではあるが，いくつかの点にまとめておきたい。しかしそれは，この教えを説明し注釈したすべての歴史学者たちに取って代わろうというのではない。アウグスティヌス思想のもついろいろな側面のなかで，これ以上，注目すべき研究対象となったものは少ない。しかしここですべての研究を列挙するわけにはいかない。最近のものとして，Guitton, Le temps et l'éternité chez Plotin et saint Augustin をあげておきたい。

184） Quaestiones in Heptateuchum, 1, 2 , PL34, c.548-49 ; 1, 25, c.553 ; 2, 47, c.610-12 ; 2, 70, c.620 ; De civitate Dei, 15, 10-11, PL41, c.448-50 ; 16, 10, 2, c.488-89, etc. 参照。

185） De consensu Evangelistarum, 2, 3（5）, PL34, c.1073 ; 2, 3（7fin）, c.1074 ; 3, 13（43）,

c.1184-85 ; 3, 13 (50fin), c.1189参照。

186) かれはすでに，De vera religione, 3 (3-4), c.124においてそれに気付いている。

187) De civitate Dei, 18, 2, 2-3, PL41, c.560-61参照。

188) Ibid., 18, 54, c.619-20参照。

189) こうした考え方は，まず迂回する形で（ユダヤ・キリスト教の伝統と古代との関係の説明において）現われる。こうした歴史の発見については，Duchesne, Histoire, 1, p.47 ; Puech, Littérature grecque chrétienne, 3, p.176s. 参照。

190) 残念ながら，イタリア語ではありふれたstoriaとstoriografiaとの区別，あるいはドイツ語のGeschichteとHistorieとの区別を示すようなことばはフランス語にはない。アウグスティヌスのような思想家，哲学者が関心をもつのは歴史（histoire）つまり人類の真実の過去である。かれにとって史料編纂の苦労，その緩慢な方法，しかもその成果における欠落，不確実さといったものは堪え難いことである。

191) 時として，とくにドイツにおいて（たとえばScholz, Glaube und Unglaube, p.139-53），De civitate Deiにおける教えが真の歴史哲学であったことに異議を唱えるものがいた。もちろん，GeschichtephilosophieをHerderやHegelのように定義するならば，歴史の原理にして目的である超越的な神によって支配されるアウグスティヌスの見解には，こうした概念はあてはまらない。そこには，解釈の問題がある。ドイツ語の用語を用いるとするならば，アウグスティヌスは哲学ではなく歴史神学を確立したと言うべきであろう（Padovani, Città di Dio, p.220）。

192) Gilson, Esprit de la philosophie médiévale, 2, p.181-201参照。

第5章　聖書とデカダン期の教養

1) 本書，359-60頁参照。

2) De Genesi ad litteram, 2, 15 (30-31), PL34, c.276参照。

3) Ibid., 6, 13 (23), c.348 ; De peccatorum meritis, 1, 37 (68), PL44, c.149-50参照。

4) Enarratio in Psalmum 118, 5, 2, PL37, c.1511-12 ; De Trinitate, 4, 3 (6), PL42, c.892 ; 12, 7 (10-12), c.1003-05参照。

5) この馬鹿げた伝説については，Cabrol (Leclercq) Dictionnaire d'Archéologie chrétienne, Alès (Kurth), Dictionnaire d'apologétiqueにおけるfemmeの項を見よ。

6) De civitate Dei, 15, 15, 1-2, PL41, c.456-57参照。

7) Ibid., 16, 7, c.485参照。

8) Ibid., 22, 12, 1-2, c.775-76参照。

9) Epist., 143, 1 (1), PL33, c.585参照。

10) Epist., 187, 7 (22), c.840参照。

11) De Genesi ad litteram, 2, 10 (23), PL34, c.272 ; Ibid., 3, 4 (6), c.281 ; De consensu Evangelistarum, 2, prol. (1), c.1071参照。

12) De civitate Dei, 15, 15, 2, PL41, c.457: ne obscura et non necessaria quaestio fatiget（アウグスティヌスは太祖たちの「遅すぎる思春期」(sera pubertas）の問題の検討は避け，家

系に関する解釈を提示する)。

13) 星の大きさの違いに関する簡単な検討の後に来る，明白な言明がそうである（De Genesi ad litteram, 2, 16 (34), PL36, c.277 ; cf. ibid., 1, 19 (39) - 1, 21 (41), c.261-62参照)。

14) De cura pro mortuis gerenda, 17 (21), PL40, c.608fin : altiora ne quaesieris. G. Simard, Philosophie de l'histoire, d'après la Cité de Dieu, in Revue de l'Université d'Ottawa, 7, 1937, p.441-48参照。

15) 本書，279頁参照。

16) これについては，de Labriolle, Littérature, p.22, 31-32 ; Gorce, Lectio divina, p.4-8を参照。

17) De catechizandis rudibus, 9 (13), PL40, c.320 : maxime autem isti docendi sunt Scripturas audire divinas ne sordeat eis solidum eloquium quia non est inflatum.

18) Confessiones, 3, 5 (9), PL32, c.686 ; Sermo, 51, 5 (6), PL38, c.336参照。

19) Hieronymus, Epist., 22, 30, 2 ; 53, 10, 1参照。

20) Adversus Nationes, 1, 45 ; 1, 58-59参照。

21) Institutiones divinae, 3, 1, 11 ; 5, 1, 15-18 ; 6, 21, 4-5参照。

22) de Labriolle, Littérature, p.65-71 ; C. Mohrmann, Les éléments vulgaires du latin des chrétiens, in Vigiliae Christianae, 2, 1948, p.89-101 ; 163-84をあげておく。

23) とくに Dupont, P. D. Huet, p.64, n.3に引用されている Vivès（De civitate Dei の著名な注釈者）の De veritate fidei christianae（Opera, Bâle, 1555）に注目。Vivès は，修辞学の tropes, figurae は，聖書記者たちも用いているというアウグスティヌスの主張を取り上げている。

24) Loc. cit.: ita esse praeponendas verbis sententias, ut praeponitur animus corpori. 上掲注 (17) 参照。

25) De doctrina christiana, 4, 6 (9) - 4, 7 (21), PL34, c.92-98参照。

26) この点の確認は重要である。これまでの研究では，この章句の射程は正しく理解されていないように思われる。アウグスティヌスは，聖書の例をもって雄弁術や修辞学の正当性を確立しようとしているわけではない。後述するように（本書，400-06頁)，かれは経験にもとづくのであって，権威には依拠していない（この点，ヨハンネス・クリュソストモスとは異なる。ヨハンネスは，パウロは雄弁であったという同様の考えをもとに，キリスト教の司牧者も同じく雄弁でなければならないことを論証しようとしている。De sacerdotio, 4, 6-7, PG48, c.668-70)。アウグスティヌスは，話のついでに，聖書はその例をもって雄弁家（説教者）の育成に役立つことを示そうとしているにすぎない（本書，417-18頁参照)。この章句は，ひとつの補注として，話の埒外で取り上げた護教的問題（quaestio）としてあげられている。かれは終わり近くになって三度にわたって，それを取り上げるわけを述べている。それは，教養人たちが万事にまさって高く評価する雄弁術を備えていないとして聖書を蔑むからである（De doctrina christiana, 4, 7 (14), c.96 ; 4, 7 (16), c.97 ; 4, 7 (21), c.98)。

27) Ibid., 4, 6 (9-10), c.93 ; 4, 7 (21), c.98参照。

28） Ibid., 4, 7 (11-20), c.93-98参照。

29） Comeau, Rhétorique, p.19, 93-94参照。

30） われわれは，アウグスティヌスが「アモス書」の一節 (6, 2) にある奇妙な響きをもつ地名に「純粋な詩文」があると指摘するとき，かれに賛成したくなる（Chalanne, Emath magna, et Geth Palestinorum（Ibid., 4, 7 (17), c.97)）。

31） 本書，363-64頁参照。

32） Ibid., 4, 20 (41), c.108-09. この章句は，M. Verheijen, Eloquentia Pedisequa, Nimègue, 1949, p.127-28において再検討されている。

33） Hieronymus, Chronicon Eusebii, praef., PL27, c.36 ; Job（ヘブライ語聖書による), praef., PL28, c.1081.（すでに Eusebius, Praeparatio evangelica, 11, 5, 5がある)。この論証が，世俗的詩文の学習と実践を正当化するために用いられるのは中世に入ってからである（Roger はこれに関する Aldhelm と Beda の文章を引用している：D'Auson à Alcuin, p.359, 447s 参照)。

34） De doctrina christiana, 3, 5 (9) - 3, 37 (56), PL34, c.68-90. しかしここにおけるかれの説明は，厳密には，寓意的聖書注解の理論を述べるものではない。それは，実践的観点に立つもので，「翻訳されたことばの曖昧さ」（verborum translatorum ambiguitates）を解決する方法を読者に示そうとしているにすぎない（verba translata の意味については，本書，第Ⅲ部第5章，注 (26) 参照)。

35） Ibid., 3, 10 (14), c.71 : quidquid in sermone divino neque ad morum honestatem, neque ad fidei veritatem proprie referri potest, figuratum est cognoscas.

36） とくに，Confessiones, 6, 3 (3) - 6, 4 (6), PL32, c.720-22参照。

37） 寓意的注解は，かれが De Genesi contra Manichaeos においてたえず用いる方法である。

38） この点については，De doctrina christiana では単にふれるだけで De Genesi ad litteram, 9, 12 (22), PL34, c.401において明白に説明している。字義通りにとると馬鹿げて見えるもの (stultum)，また宗教的に余計なもの (superfluum) は，寓意的に解釈すべきである。

39） De doctrina christiana, 2, 9 (14), PL34, c.42 ; De Genesi ad litteram, 1, 1 (1), c.247参照。

40） Speculum（quis ignorat), praef., PL34, c.887-89参照。アウグスティヌスによると，聖書には三つの役割がある。そこで言われていることは，

a） ut scirentur et crederentur（教義),

b） ut observarentur et fierent, vel prohibita ne fierent（道徳，Speculum は，この箇所の抜書きである),

c） それ以外のものはすべて sacramentorum verba である（ここで言う sacramenta は，アウグスティヌスにおいてたいていそうであるが，「霊的意味」という専門的意味をもつ)。

41） De doctrina christiana, 3, 30 (43), c.82では，ティコニウスの Liber Regularum のはじめを引用している。

42） たとえば Enarratio in Psalmum 118, 13, 2, PL37, c.1536 ; 23, 1, c.1566参照。アウグステ

ィヌスはverbumということばを見て，キリスト（Verbum）として理解する。しかしトーラをたたえるこの詩編では，単に律法を示す。Ibid., 9, 2（passim）では，アウグスティヌスは同じ詩編において，testimonia（モーセの律法をも示す）という語に出合い，それをギリシア語のμαρτύριαと訳し，そこに，キリスト教徒殉教者に関する預言を見ようとしている。こうした過度な意味づけは，時として，異端ぎりぎりの線にかれを立たせることもある。たとえば，かれはペラギウス論争において，「ローマの信徒への手紙」14, 23（omne quod non est ex fide peccatum est）を，教会に属さないものはみな救われないという冷徹な教えを裏付けるために用いている（De nuptiis et concupiscentia, 1, 4 (5), PL44, c.416 ; Contra Julianum, 4, 3 (24-33), c.750-56)。Ex fideという表現は，文脈（ここにはidolothytusが言われている）に置きなおしてみると，「深い確信から来るもの」という一般的な意味をもつにすぎない。

43）たとえばDe Genesi ad litteram, 3, 24 (36-3), PL34, c.295-96参照。アウグスティヌスは，人間は創造されたあと他の被造物の場合と同じく，なぜ，「これはきわめて良い」（Ecce bona valde）と言われなかったのか自問している。かれによると，この表現が省略されているのは堕罪の預言が予見されているからである。

44）新約聖書のラテン語も同じである。パウロの手紙がすでにギリシア語原文において難解な箇所があったとすれば，ラテン語訳ではなおのこと，不明瞭な箇所は数を増すことになる。

45）たとえばEnarratio in Psalmum 8, 10, PL36, c.113参照。アウグスティヌスは，対句法というヘブライ語の技法に気付かず，この節の二要素の間に分離と対立が秘められていると考えている（もうひとつの例については，本書，第Ⅱ部第4章，注 (31) 参照)。

46）Enarratio in Psalmum 14, 1, c.143. ラテン語で思考しているかれは，tabernaculumという語を見て，テントに関するベドウィンの比喩的考え方には思いつかず，「軍隊用のテント」と理解し，誤った方向に向かっていく。かれはまた，角は強さと気品を象徴するというアジア的比喩を理解していない（Quaestiones in Heptateuchum, 5, 57, PL34, c.776)。

47）Ps 119-133（ヴルガタ訳）の「都に上る歌」という副題にかれは戸惑い，これらの詩編の用途を知らないアウグスティヌスは，これらの副題をもとに内的上昇のことしか考えていない。Enarrationes in Psalmum 38, 2, PL36, c.413 ; in Psalmum 119, 1, PL37, c.1596 ; in Psalmum 120, c.1605, etc. 参照。

48）Enarratio in Psalmum 58, 1, 1, PL36, c.692参照。

49）こうして，「詩編」の副題については，すでに聖書の翻訳者も理解していない（Enarratio in Psalmum 80, 1, PL37, c.1033 ; Enarratio in Psalmum 8, 1, PL36, c.109, etc.（「創世記」15, 10. Enarratio in Psalmum 103, 3, 5, c.1362参照)。他方，アブラハムの生け贄について言われている「鳥は切り裂かなかった」（aves non divisit）というような表現は（「創世記」15, 10: Enar. in Ps.103, 3, 5, c.1362)，パレスティナにおける考古学的発掘による発見まで，説明不可能であった。R. de Vaux, in R. B. 56, 1949, p.24参照。

50）Quaestiones in Heptateuchum, 2, 90, PL34, c.629. たとえば「出エジプト記」23, 19にお

ける規定（「子山羊をその母の乳で煮てはならない」non coques agnum in lacte matris）は古代の法と関係があるが，それに預言的価値があることに変わりはない（イエスは罪なき幼子たちの虐殺を免れる）。Ibid., 4, 33, c.732-37にある赤毛の雌牛に対する儀式（「民数記」19, 1-10）は，新約を預言している。

51） Primo secundum historiam, deinde secundum prophetiam. アウグスティヌスは，それには強い確信をもっている。この原理はすでに De Genesi contra Manichaeos, 2, 2 (3), PL34, c.197に表明され，以後しばしば繰り返されている。De Genesi ad litteram, 4, 28 (45), c.315 ; 8, 1 (1) - 8, 5 (10), c.371-77 ; De civitate Dei, 15, 27, 1, PL41, c.473, etc. とくに，旧約聖書全体は，新約の前表にすぎない。De catechizandis rudibus, 3, 6, PL40, c.313 ; De doctrina christiana, 3, 22 (32), PL34, c.78.

52） たとえば De Genesi ad litteram, 9, 13 (23), PL34, c.402がある。神は，アダムの脇腹から女を取り出した。神は他の方法をとることもできたのに，なぜこの方法を用いたのか。アウグスティヌスはその意味を読み取ろうとする。似たような言明はノアの箱舟についても言われている（De civitate Dei, 15, 27, 1, PL41, c.473）。

53） たとえば De Trinitate, 4, 6 (20), PL42, c.895参照。すぐれた例は，ibid., 4, 5 (9), c.894にもある。ユダヤ人たちはイエスに言う。「神殿は建設するのに46年かかった」。これに対してイエスは答える。「この神殿を壊せ，私は3日でそれを建て直す云々」（「ヨハネによる福音書」2, 19-21）。こうした歴史上の事柄は文脈に置き直してみると，それ自体としては意味がない。しかしアウグスティヌスは，実際46年かかったのか信じることはできない。そこには神の計画があったのであり，かれは複雑な計算をもってこの数字を処女マリアの懐妊期間と関連づけている。

54） もちろん字義通りに解釈された明瞭な文章がないわけではない。これが重要な点である。後出の注（61）参照。

55） Enarratio in Psalmum 118, prooem. PL37, c.1501（Ps118について）。実際，アウグスティヌスがこの詩編から読み取る神秘はすべて，かれがヘブライ語聖書原文のもつ文学的特性を知らないことから来ている。詩編118は，アルファベット順の配列をもってトーラをたたえる詩編であるが，アウグスティヌスはそこで，いずれもモーセの律法を示す10の用語にそれぞれ異なる意味を見出そうとしている。しかしこれは無意味なことである。かれは，この詩編の内容は論理的に展開し発展していくと考えているが，しかし実際はそうした展開はまったく見られない。

56） De civitate Dei, 11, 19, PL41, c.331 ; Confessiones, 12, 31 (42), PL32, c.814.

57） 激論の対象となっているこの問題にはふれずにおこう（Moirat, Herméneutique, p.36-43 ; bibliographie, p.36, n.2 ; 27, n.1参照）。アウグスティヌスは実際に，聖書には複数の字義があると教えているのだろうか。学者の一致した意見はまだない。私は参照しえなかったが，Llamas, Multiplicitad があり，また Talon, Pluralité ; Zarb, Unité ou multiplicité を見てもらいたい。前者はこれを否定し，後者は肯定している。しかしかれらの解答をよく見ると，両者の間にあるのは「ニュアンス」の違いだけである（Talon, op. cit., p.10-11）。両者の相違はたしかに重要ではあるが，ここでは無視しても差し支えな

い。アウグスティヌスが，私が先に表明したことを教えていることにだれも異論はないからである。ここで基本的な資料として，つぎの著作をあげておく。De doctrina christiana, 3, 27 (38), PL34, c.80 ; De Genesi ad litteram, 1, 18 (37) - 1, 21 (41), c.261-62; Confessiones, 12, 25 (34) - 12, 32 (43) ; PL32, c.839.

58） Confessiones, 13, 24 (36-37), PL32, c.860. アウグスティヌスは同じ章句について，しばしば多くの比喩的解釈を下している。また，比喩的解釈をひとつあげたあとでも，ほかに同じような解釈が可能であることを指摘している。たとえば De doctrina christiana, 3, 40 (61), c.63参照。

59） De doctrina christiana , 3, 27 (38), c.80 ; Confessiones, 12, 31 (42), PL32, c.844における表現を見よ。こうした教えは，霊感に関するアウグスティヌスの見解からすれば，まったく問題はない。

60） De civitate Dei, 20, 21, 2, PL41, c.691参照。

61） この本質的な点については，とくに De doctrina christiana, 2, 6 (8fin), PL34, c.39 ; 3, 27 (38), c.80 ; Epist., 149, 3 (34), PL33, c.644を見よ。実際，啓示は「すべて」，いくつかのきわめて明瞭な理解しやすい文章で与えられている。したがって，もっとも利発な人々が神秘を汲みつくしえない聖書は，同時に，もっとも無知な信徒にとって理解しやすい書でもある。

62） 本書，243頁以降参照。

63） De doctrina christiana, 4, 6 (9fin), PL34, c.93 : in qua（obscuritate）proficere noster intellectus non solum inventione, verum etiam exercitatione deberet. Ibid., 3, 8（12fin), c.70参照。

64） Epist., 149, 3 (34), PL33, c.644 : exercitationis causa. Speculum（quis ignorat), PL34, c.889, 912; De diversis quaestionibus LXXXIII, 53, 2, PL40, c.36参照。

65） De consensu Evangelistarum, 3, 13 (48fin), PL34, c.1188 : ad elimandum pium intellectum. De doctrina christiana, 4, 8 (22), c.98参照。

66） Pensées, 1, 566 (Brunschwig), 575-78. こうした思想は，アウグスティヌス以上にアウグスティヌス的（ジャンセイニストの言う意味で）である。アウグスティヌスにとって，その意味はむしろ道徳的なもので，救霊予定という強迫観念とは関係ない。

67） De civitate Dei, 20, 21, 2, PL c.691 ; Enarratio in Psalmum 103, 3, 2, PL37, c.1358（claudere negligentibus) ; De doctrina christiana, 4, 8 (22), PL34, c.98（ut a mysteriis secludantur) ; 2, 6 (7), c.38（ad edomandam labore superbiam) ; Enarratio in Psalmum 146, 13fin, PL37, c.1908.

68） De doctrina christiana, 4, 8 (22), PL34, c.98 ; 2, 6 (7), c.38 ; Sermo 51, 5 (5), PL38, c.336 ; De civitate Dei, 17, 21 (2), PL41, c.556 ; De catechizandis rudibus, 9 (13), PL40, 320 ; De Trinitate, 15, 17 (27), PL42, c.1080参照。

69） Sermo 51, loc. cit. : quanto enim quisque honoratior est, tanto plura vela pendent in domo ejus. Vela faciunt honorem secreti.

70） De doctrina christiana, 2, 6 (7), PL34, c.38 : facile investigata plerumque vilescunt. Ibid., 2,

6 (8), c.39 ; Contra Julianum, 6, 7 (17), PL44, c.832参照。

71) Enarratio in Psalmum 103, 1, 17, PL37, c.1350 ; De moribus ecclesiae catholicae..., 1, 17 (39), PL32, c.1324; De civitate Dei, 17, 20, 2fin, PL41, c.556 ; De doctrina christiana, 4, 7 (15), PL34, c.96 ; Contra mendacium, 10 (24), PL40, c.534参照。

72) Epist., 137, 5 (18), PL33, c.524 ; De catechizandis rudibus, 9 (13), PL40, c.320参照。

73) De doctrina christiana, 2, 6 (7-8), PL34, c.38-39 : nunc tamen nemo ambigit et per similitudines libentius quaeque cognosci et cum aliqua difficultate quaesita multo gratius inveniri...

74) これについては Mandonnet, Dante le théologien, p.171, n.1を見よ。かれは，Nolhac, Revue des Deux Mondes, 1er Octobre, 1930, p.554-55を引用している。また，Baldwin, Medieval poetry, p.124, 203-05, 273-76も参照のこと。

75) つぎのような注解は，どのように判断すべきであろうか。人祖が罪を犯した後，神は，「夕方」，かれらに声をかけているが，この時刻は「真理の光から離れて逃げていた」(qui defecerant a luce veritatis : De Genesi ad litteram, 11, 33 (43), PL34, c.447) かれらにふさわしい時間帯であったからである。また「マタイによる福音書」は，王としてのキリストを強調する。したがって，その福音書を要約する（「マルコによる福音書」）も同様である。王は，いつも従者を従えているからである。「ルカによる福音書」はメシアの祭司的性格を言明する。従って，それはかれだけである。大祭司は，至聖所にひとりで入っていたからである。(「ヨハネによる福音書」）は，キリストの神性をもっともよく表明している。キリストの胸によりかかったヨハネは，キリストの存在の中心にあるものをより深く把握したからである（De consensu Evangelistarum, 1, 3 (6) - 1, 4 (7), c.1045)。

76) こうした結論に驚いてはならない。これは寓意的注解による宗教的内容，神学の歴史において果たすその役割の重要性を否定するものではない。正式かつ専門的視点から見たこうした結論は，象徴的詩学の範疇に属する。こうした視点は，逆に，近代のに人々には意外に思われる問題の多くの側面を説明するのに役立つであろう。たとえば，アウグスティヌス（とすべての教父たち）がもっとも幻想的な比喩的注解を提示するときの，確信に満ちた調子に驚かされる。とくにアウグスティヌスにおけるこうした教条主義は，「逐語的」(ad litteram) 注解において，聖書記者が意図する意味を求めようという，きわめて賢明な態度と対照をなしている。後者は純粋科学に関係があり，前者はよりはるかに自由な活動，あえて言うなら遊びの要素がある。

77) Enarrationes in Psalmum 90, 1, 6, PL37, c.1153 ; in Psalmum 103, 3, 20, c.1074 ; Epist., 55, 6 (11), PL33, c.209 etc...参照。

78) これほど中世的な着想をもつこれらの章句を読むとき，フランシスコ会の修道者ならば，Epist., 55, 7 (13), c.210について，こう言うかもしれない。太陽，月，海，地，鳥，魚，水，小麦，ぶどう酒，油，すべては信仰の神秘を祝う信心深い魂のために役立つ，と。

79) 私の視点を追認してくれるものは，現代の詩人たちが同じ脈絡を再発見し，教父た

ちと同じように神秘的宗教心と芸術的楽しみとを組み合わせて寓意的注解を見出し，同じ精神状態においてそれを実践しているという事実である。たとえばフランスではPaul Claudel（1936年に Figures et paraboles としてエッセーをまとめた），イギリスではかれより先に，Francis Thompson などがいる。

80） De catechizandis rudibus, loc. cit., n.75参照。de Labriolle（Histoire, p.554）は，この章句の射程をよく説明している。

81） Epist., 137, 5 (18), PL33, c.524 : magna oblectantur ingenia.

82） Ibid., 1 (3), c.516参照。

83） 私から見ると，これは，Boissier がより広くキリスト教文学の問題について犯したと思われる誤りである（たとえば，Fin du Paganisme, 2, p.177, 181参照）。教父たちが示した芸術的努力は，何よりもまず世俗の人々をキリスト教にひきつけるための手段であったという解釈は，私から見ると，余りに問題を単純化しているように思われる。世俗の人々に文学が必要であるという考え方は，M. Thiers や Falloux の時代にはやった「民衆には宗教が必要である」という表現と余りに似通っている。

84） たとえば Moirat, Herméneutique, p.32参照。

85） De doctrina christiana,（3, 10 (14) - 3, 24 (34), PL34, c.71-78）における比喩的意味に関する規則はきわめて制約的なもので，安易に比喩的解釈に流れてはならず，たいていは字義にとどめるべきであるということを示そうとしている。上掲注 (51) 参照。

86） Sermo 2, 6 (7), PL38, c.30参照。

87） Comeau（Saint Augustin exégète, p.24-25）にならい，アウグスティヌスの聖書注解を「ホミリア的」な聖書注解と「逐語的」(ad litteram)，「科学的」な聖書注解に二分することができる。後者には De Genesi ad litteram（liber imperfectus, libri XII），Locutiones et Quaestiones in Heptateuchum, De consensu Evangelistarum が含まれる。アウグスティヌスは，知的探究にはこうした秩序が必要であることにかなり早くから気付いていたようである (De Genesi contra Manichaeos, 2, 2 (3), PL34, c.197 ; De Genesi ad litteram, 8, 2 (5), c.373-74)。また De Genesi contra Manichaeos のほぼ直後の，393年に書かれた De Genesi ad litteram imperfectus について，Retractationes（1, 18, PL32, c.613）が指摘していることも参照。

88） アウグスティヌスにおける寓意的注解の役割について，今更，説明するまでもないであろうが，de Labriolle, Saint Ambroise, p.163-208と，id., Littérature, p.376-78参照。ヒエロニムスについても同様である。Gorce, Lectio divina, p.175-355参照。

89） ラテン人によるこうした文集について研究するのも面白い。とくにアウグスティヌスには，たとえばその用語から見て，アレクサンドリア学派とアンティオキア学派の影響が見られる (allegoria, historia, theoria などの用語の使用については，Von Dobschütz, Harnack-Ehrung, p.7-8参照)。

90） Comeau, Saint Augustin exégète, p.93-94, 103-09（Tractatus in Johannem について）。例は無数にある。Enarrationes in Psalmos, Sermones にも同様のことが認められる。Adnotationes in Job も，この点から見て興味深い。そこではたしかに，明確な意味を取り出そ

うと努めているが，しかしすぐに寓意的注解に流れている。たとえば「陶器の破片」について。字義的注解が目立つのは，De sermone Domini in monte である。そこでアウグスティヌスは，当初は字義的注解を与えているが，それでも「山」を寓意的に解釈している（De sermone Domini in monte, 1, 1 (2), c.1231）。M. Pontet, L'exégèse de saint Augustin prédicateur, Paris, 1946 passim 参照。

91） Thomas, Summa theologica, Ⅰ, 1, a. 9, ad 2 : in libros Boethii de Trinitate, q. 2, a. 4,（Mandonnet, Dante, p.175-76）参照。

92） 中世における象徴主義の役割については，Taylor, Mediaeval Mind, 2, p.42s 参照。

93） 寓意的注解に対する自分の好みについて，アウグスティヌスほどはっきりと説明する教父が他にいるかどうか究明して来なかったが，しかしここで問題にされている理論は，すでにアレクサンドレイアのクレメンスが取り上げている（Clemens Alexandrinus（Stromates, 7, 18, in Cadiou, Introduction à Origène, p.26）。それが，教父たちの locus communis であったとしても，私は驚かない。

94） de Labriolle, Saint Ambroise, p.164-65 ; Bréhier, Idées de Philon, p.37-44参照。私は，寓意的聖書注解の歴史を書こうとしているのではなく，ただ，それと教養との関係を探ろうとしているのであるから，ここでは意図的に，問題の宗教的側面（異教徒，またフィロン前後のユダヤ人のもとにおいて寓意的解釈が果たした護教的役割）は無視していく。

95） Bérard, Introduction à l'Odyssée, 2, p.315-16 ; Marrou, Histoire de l'éducation, p.36, 102, 235参照。

96） Platon, Respublica, 378d.（ここに Ion が暗示されているのか，疑わしい。Méridier 版における Notice, p.10-11 ; Xénophon, Banquet, 3, 5 (6) : Bréhier, Histoire, 1, p.271-73参照）。その場合の専門用語は ὑπόνοια であり，ἀλληγορία は帝政期になってはじめてホメロスの比喩的解釈に適用される（Plutarque, Lecture des poètes, 19e ; Héraclite, Allégories homériques, 2）。

97） Respublica, 10, 606e ; 3, 378d 参照。

98） Stern, Homerstudien der Stoïker 参照。

99） Seneca, Epist. ad Lucilium, 88, 5. もちろん寓意的解釈の仕方は学派によって異なる。ストア学派はむしろ自然学的解釈を利用し，キニク学派，新ピュタゴラス学派は道義的解釈を用いた（Bréhier, Idées de Philon, p.42-43）。

100） それが流布したことは，Ulysse, Sirène といったローマの石棺における主題に示されている（Marrou, Μουσικὸς ἀνήρ, n.224-34, p.172-77 ; P. Courcelle, Quelques symboles du néo-platonisme chrétien, in Revue des Etudes Anciennes, 46, 1948, p.73-93 ; L. Alfonsi, Vigiliae Christianae, 2, 1948, 86-88参照）。

101） Galdi, De antiqua Virgilium interpretandi ratione. それは，かなり後代になってから出現したようである。これも，たしかにギリシア語の衰退のひとつの結果である。つまりそれまでホメロスに求めていたものを，ヴェルギリウスに求めはじめたということである。

102） Saturnalia, 1, 24, 12 ; 24, 2 ; とくに1, 24, 13参照。

103） De utilitate credendi, 7 (17), PL42, c.77（この章句については，Stroux, Zeugnisse, IV 参照）。

104） De consensu Evangelistarum, 1, 23 (31), PL34, c.1056参照。

105） Schanz, 4, 2, p.349 ; Mountford-Schutz, Index, p.11, s.v. allegoria 参照。

106） Fulgentius の著作の歴史的重要性については，Liebeschütz, Fulgentius Metaforalis ; Mandonnet, Dante, p.171-74参照。

107） Confessiones, 3, 6 (11), PL32, c.687参照。

108） De ordine, 1, 8 (24), PL32, c.989 ; Contra Academicos, 3, 6 (13), c.940-41（プロテウスの寓話の寓意的解釈について）。

109） Lagrange, Le prétendu Messianisme de Virgile, p.552における史料と，Carcopino, Virgile et la IVe Eglogue, p.201-02参照。

110） Hieronymus, Epist., 53, 7, CSEL, 54, p.554参照。

111） Tertullianus, De praescriptione, 39, 3. ヴェルギリウスの断片的引用全般については Schanz, 2, 1, # 247参照。

112） キリスト教的著述家の断片的引用集のうち，もっとも有名なものは（しかしそれだけではないが），Proba のそれである。Schanz, 4, 1 # 857 ; de Labriolle, Littérature, p.430 参照。

113） ヒエロニムスは，こうしたふたつの試みを揶揄している。上掲注 (110) 参照。

114） それでもなおある程度まで，こうした同化の態度は支持できる。マクロビウスの社会におけるヴェルギリウス，あるいは背教者ユリアヌスの社会におけるホメロスの学習がどのような宗教的色彩を帯びていたかはよく知られている。

115） Gorce, Lectio divina, p.315-35 ; de Labriolle, Correspondance Ausone-Paulin, p.6-8参照。

116） Comeau, Rhétorique, p.48-50, 84-94における説明はすぐれている。Confessiones の文体に見られる聖書の影響については，M. Verheijen, Eloquentia Pedisequa, p.115-24, リズムについては，p.128, 134-41参照。

117） 神秘的性格をもつ精神的高揚が多数見られる Confessiones の第2部から引用したわけは，そのためである。同じ意味で De Trinitate のさいごを締めくくる感動的な文章に注目すること (15, 27 (50) - 15, 28 (51), PL42, c.1096-98)。

118） アウグスティヌスの文通の場合については Epist., 25, 3, PL33, c.102参照。

119） Hieronymus, Epist., 31, 2参照。これ以外の聖書をもとにした謎あて遊びの例については，Gorce, Lectio divina, p.327-33参照。

第6章 キリスト教的雄弁術

1） De doctrina christiana, 4, 1 (1), PL34, c.89. この問題はよく検討されているが，主要な先行研究は，以下，説明のなかで取り上げることにする。ただし Colincamp, Lezat, Sadous といった古い研究は大して用をなさない。Longhaye, Prédication, 1897 (2)，p.150-88も同様である。

2) 本書，81頁参照。

3) 上掲注参照。

4) たとえば De doctrina christiana, 4, 3 (4), c.90参照。アウグスティヌスは，話す訓練とともに，書いたり，口述したりする訓練を勧めている。

5) Ibid., 4, 9 (23), c.99参照。

6) Ibid., 4, 18 (37), c.106において言われている collocutio は，個人間の対話のことであるが，しかしその大部分は論争にあてられている (Ibid., 4, 10 (25), c.100 ; Sermo 23, 8 (8), PL38, c.158)。Tractatus は，ここでは聖書注解よりもむしろホミリアを指す (de Labriolle, Littérature, p.324, n.2.)。Epistulae longissimae という表現は著作を示唆し，献呈文だけが書簡体である。

7) De doctrina christiana, 4, 13 (29), c.102 (eloquentem ecclesiasticum) ; 4, 26 (57), c.1178 (同じ表現) ; 4, 16 (33), c.103 (in Ecclesia doctoris persona).

8) Comeau, Rhétorique, p.72における指摘は正しく，私はかの女以上にこの点を強調しておきたい (ただし，ibid., p.xv には反対である)。

9) いつもそうであるが，アウグスティヌスは文章の構成には無関心で，両者をはっきりとは区別せず，説明ではたえずこの両者にふれている。

10) Contra Cresconium Donatistam, 1, 1 (2), PL43, c.447-48 ; 1, 2 (3), ibid., ; 1, 13 (16), c.455 ; 4, 2 (2), c.547参照。

11) De doctrina christiana, 4, 2 (3), PL34, c.89-90 : Quis audeat dicere adversus mendacium in defensoribus suis inermem debere consistere veritatem ?

12) Ibid., 4, 5 (7), c.91; 4, 25 (55), c.116 ; De catechizandis rudibus, 3 (4), PL40, c.312 ; De Trinitate, 8, 3 (4), PL42, c.949参照。

13) De doctrina christiana, 4, 3 (4), c.90 ; 4, 5 (8), c.92参照。

14) Ibid., 4, 6 (9) - 4, 7 (21), c.92-98 ; Contra Cresconium, 1, 16 (20), PL43, c.457参照。

15) Ibid., 4, 5 (7), c.91-92 (= Cicero, De inventione, 1, 1) 参照。

16) Ibid., 4, 12 (27) - 4, 14 (31), c.101-02参照。

17) Ibid., 4, 10 (25) - 4, 11 (26), c.100-01参照。

18) Ibid., 4, 14 (30), c.102. 雄弁術の息の根を止めるために，どれほど雄弁術が用いられたことか。しかし問題は，雄弁術を排除することではなく，健全なものにすることである。

19) Ibid., 4, 14 (31), c.102 ; 4, 18 (37) - 19 (38), c.106 ; 4, 20 (42), c.109 ; 4, 25 (55) - 4, 26 (56), c.116-17参照。

20) Puech, Littérature grecque chrétienne, 3, p.561, 562, 567, 606s 参照。

21) 本書，417頁参照。

22) Epist., 44, 1 (1), PL33, c.174 : ceteri vero magis ad spectaculum quasi altercationis nostrae prope theatrica consuetudine, quam ad instructionem salutis christiana devotione convenerant.

23) De doctrina christiana, 4, 5 (7), PL34, c.91 : prodest audientibus etiamsi minus quam prodesset si et eloquenter posset dicere. Ibid., 4, 5 (8), c.92 ; 4, 28 (61), c.119参照。

24） Ibid., 4, 29 (62), c.119-20参照。

25） Ibid., 4, 1 (2) - 4, 3 (5), c.89-91; 4, 5 (8), c.92 ; 4, 21 (50), c.114参照。

26） とくに，Comeau, Rhétorique, p.18参照。

27） たとえばCicero, Contra Sophistas, 10, 17参照。読者は，もうひとつの比較を考えつくかもしれない。つまり修辞学に対する批判は，キニク学派（また懐疑派などのような，これに似通ったすべての学派）の教説における決まり文句であった。これは，道徳的，宗教的談義の主題のひとつで，Oltramareが Diatribe romaine, p.45, n.5において数え上げている。しかしアウグスティヌスの態度はこうした伝統に連なるものではない。かれは修辞学も雄弁術も批判せず，むしろその学習を勧めてさえいる。かれはただ，それなしに用が足りることを示そうとしているだけである。

28） これについては，Francey, Idées littéraires, p.42-47にすぐれた説明があり，それ以上，加えることはない。

29） デカダンスがそれ以上の歴史的影響を及ぼさなかったわけはここにある。原因が消滅するとき，アウグスティヌスの教えはもはや不要であるように思われる。古代修辞学の学習は，カロリング・ルネサンスにおいて再生する。たしかに，後になって中世の修辞学はこの道から逸れ，独自の性格をもつようになる（それは必ずしも進歩を意味しない。Ars dictaminisの技巧的な固定化した性格については，Paré-Brunet-Trembley, Renaissance du XIIe siècle, p.28-29, 157 ; Baldwin, Medieval rhetoric and poetry 参照）。しかし15, 16世紀における古代への復帰によって，キケロによる修辞学は再びもてはやされ，以後，数世紀にわたって教育の基本をなすことになる。J. de Ghellinck, L'essor de la littérature latine au XIIe siècle, II, p.54-68, 318-20 ; Th. M. Charland, Les "Artes praedicandi", contribution à l'histoire de la rhétorique au moyen âge 参照。

30） 本書，82-85頁，とくに第Ⅰ部第4章，注 (44) 参照。

31） De doctrina christiana, 4, 1 (2), c.89参照。

32） ふたつの勧告をあげるだけで十分であろう。ひとつは，過度の文飾に反対すること（4, 14 (31), c.102-103），もうひとつは，「韻律による終結文」のもつ利点を知ること（4, 20 (40-41), c.108-109 ; 4, 26 (56), c.117）である。また，パウロが修辞学の手法を用いたことを証言するアウグスティヌスの文章がある（Ibid., 4, 7 (11) s, c.93s)。しかしこれは護教的補注にすぎず，その手法の特徴は，それが論戦的に用いられていることによって説明される（本書，第Ⅲ部第5章，注 (26)）。しかしアウグスティヌスは，この方法を一般化し，聖書における修辞学的手法を体系的に学習するように勧めようとしているわけではない。なお，かれはべつの箇所でも，パウロの他の章句をより簡単に紹介している（Ibid., 4, 20 (40), c.108)。

33） これについては，多くの説明がなされており，今更，それを繰り返すまでもない。とくに，Eskridge, Influence of Cicero ; Zurek, De S. Augustini praeceptis rhetoricis, p.100-106 ; Francey, Idées littéraires, p.23-38 ; Baldwin, S. Augustine and the Rhetoric of Cicero ; Polheim, Reimposa, p.261-63 ; Comeau, Rhétorique, p.1-17, 30. Neumann, De Augustino Ciceroniano 参照。

34） こうした借用においてかれは，「ある雄弁家が言った……かれが言ったことは正しい」と述べている。De doctrina christiana, 4, 12 (27), c.101参照。

35） Ibid., id. 参照。

36） Ibid., 4, 17 (34) s, c.104s 参照.

37） De catechizandis rudibus のさいごに置かれた区分を見よ（2 (4fin), PL40, c.312)。しばしばそうであるが，アウグスティヌスはそれにこだわらず，第一点と同時に第二点を取り扱う。かれは第三点に移るまえにそのことに気付き，読者に断っている（Ibid., 10 (14), c.320)。

38） こうした論戦的な調子のなかに，私が一般に認められている視点に反対であることを見て取ってもらいたい。私以前に De doctrina christiana 第4巻を研究した学者たちは（上掲注 (33))，とくにこの第4巻とキケロ的伝統との接点を強調しようとしてそれだけに研究を振り向け，この巻に示されるアウグスティヌスの教えを少々，曲解するに至っている。私は，これまでの研究において誤っていると思われる点を正そうと考えた。そこでまず，Comeau, Rhétorique, p.xvi, xix, 1, 18-22などを参照してもらいたい。アウグスティヌスから見て，雄弁術の規則は「不可欠な」ものではない（Comeau, p.18)。アウグスティヌスは，聖書記者を世俗の教師と並置しようとしているのではなく，むしろ前者をもって後者を置き換えている（ibid., p.94)。したがって De doctrina christiana と De catechizandis rudibus の間には，真の対立はない（ibid., p.xix)。こうした視点から見ると，アウグスティヌスの態度はより一貫したものであり，理論と実践との間にあると考えられている対立はそれほど目立たなくなる。たしかに，両者間に対立はある（本書，421頁以降)，しかしそれを誇張してはならない。

39） De doctrina christiana, 4, 18 (37), c.106 : quibus liberamur ab aeternis malis, atque ad aeterna pervenimus bona ?

40） Contra Faustum Manichaeum, 32, 10, PL42, c.502参照。

41） たとえば，Sermones 23, 1 (1), PL38, c.155 ; 179, 2 (2), c.966-67 ; 179, 7 (7), c.970 ; Tractatus in Johannem, 57, 3-5, PL35, c.1791-792参照。

42） Enarratio in Psalmum 44, PL37, c.1837. ここでアウグスティヌスは，学校教育における学習内容の例としてこれらの主題をあげているのである。

43） De doctrina christiana, 4, 27 (59) - 4, 28 (61), PL34, c.118-19参照。

44） Sermo 179, 1 (1), PL38, c.966. アウグスティヌスは，洗礼の効果について，授洗者の権能とその個人的価値とを区別するように教えたが，ここでも説教者がたとえ不道徳な人物であっても，かれの教えを聞くべきであると繰り返す。「かれらは，モーセの教壇に立っているからである」（後出の注 (48))。Enarrationes in Psalmos, 36, 2, 20, PL36, c.395 ; 49, 23, c.580 ; Sermones, 75, 3, PL38, c.473 ; 101, 8 (10), c.610 ; 137, 11 (13), c.761 など参照。

45） 「知恵の書」7, 16 ; 本書，第Ⅲ部第6章，注 (43), (49) 参照。

46） Sermo 23, 1 (1), PL38, c.155. Tractatus in Johannem, in Comeau, Rhétorique, p.96, n.4.

47） Sermo 153, 1 (1), c.825. Sermo 152, 1 (1), c.820 ; Enarrationes in Psalmos, 67, 10, PL

36, c.817 ; 126, 2, PL37, c.1668 ; Tractatus in Johannem, 40, 5, PL35, c.1688-89. De civitate Dei, 15, 6, PL41, c.442 ; Sermon Guelferb, 19, 2（Morin, Sermones post Maurinos, p.503）参照。

48）De doctrina christiana, 4, 15 (32), PL34, c.103参照。

49）Ibid., 4, 30 (63), c.120. アウグスティヌスは説教をはじめるにあたって，神がかれを援けそのことばが実を結ぶよう，聴衆の祈りを求める（Sermones, 153, 1 (1), PL38, c.826 ; 179, 1 (1), c.966）。

50）De doctrina christiana, 4, 18 (34) - 4, 19 (38), PL34, c.104-07 ; 4, 22 (51) - 4, 26 (58), c.114-18. アウグスティヌスは，やや建て前のようなこの勧告の射程を誇張しない。聴衆を動かすためには，必ずしも感情，文体の限りを尽くす必要はない。飾り立てた文体による賛辞，非難は聴衆を魅了するだけのように見えても，かれらの心と行動を変えることもできる。さらに，文飾なしの直截な文体による教えは十分であり，時として，真理そのものが真理であることによって効力をもつ（ibid., 4, 24 (54), c.116; 4, 12 (28), c.101）。

51）Ibid., 4, 14 (31), c.102-03 ; 2, 31 (48), c.58; 4, 19 (38), c.106; 4, 20 (42), c.109参照。

52）Ibid., 4, 26 (56), c.117参照。

53）Confessiones, 5, 6 (10) ; PL32, c.710参照。

54）De doctrina christiana, 4, 8 (22) - 4, 11 (26), c.98-100 ; 2, 13 (19-20), c.44-45; 3, 3 (7), c.68参照。

55）とくに，Comeau, Rhétorique, p.3-4, 11-12参照。また明瞭さについては，Cicero, De oratore, 3, 48-51も参照。

56）指摘するまでもないが，アウグスティヌスがキケロを援用するとは言っても，その理由は異なる。アウグスティヌスとキケロはともに「誇示的な」雄弁に反対して戦う。しかしキケロは共和政ローマのフォルムに集まったまじめな人々のことを思い，アウグスティヌスは教会において教えられる真理の超自然性を考えている。

57）それは，アウグスティヌスの書簡集のなかにある（Epist., 16, 1, PL33, c.81）。かれの書簡は，「教養人の」文体の見本として見ることができる。

58）Gregorius Turonensis, Historia Francorum, praef. prima（この歴史書，またその他の似たような使用の射程については，de Labriolle, Littérature, p.681-84参照）。

59）Roger, D'Auson à Alcuin, p.110-26 ; Rochus, Virgile de Toulouse と，Tardi の訳書，Epitomae de Virgile de Toulouse（たとえば，c.13, p.110-11）を参照。Tardi は，ヘブライ神話説（kabbale）の影響を見ているが，それはおそらく正しいと思われる（ibid., p.22-24）。

60）Wilmart, Journal of Theological Studies, 1917, p.289s.（この説教は，4世紀後半のものである。Schanz, 4, 1, # 907参照）。

61）それは，Wilmart により Revue Bénédictine, 1930, p.5s ; 1931, p.160s において公刊されている。

62）Ibid., 1931, p.164参照。

63） 本書，46-47頁参照。

64） Comeau, Rhétorique, p.26-28, 38-45（道徳的，宗教的談義の「類」との比較が提案されているが，それほど説得力のあるものではない。そこには，こうした談義の役割が誇張されているという感じがする。たしかに，その範囲を特定することは難しい。道徳的，宗教的談義は，ソネットのように固定し限定されたものではない）。

65） De doctrina christiana, 4, 20 (39-44), c.107-10（聖書からの例）; 4, 21 (45-50), c.111-14（キプリアヌスとアンブロシウスの著作からの例）。

66） Ibid., 4, 8 (22), c.98参照。

67） 強いて，古代の文学形態をもとにホミリアを定義するとすれば，それはかつての文法教師による章句の説明につながる。Comeau（Rhétorique, p.75-76 ; cf. p.xix, 39, 73-74）による，こうした巧みな指摘は，私が明らかにしようとした根本的な事実を補強するものである（本書，399頁参照）。つまりキリスト教的，アウグスティヌス的教養は，修辞学教師よりも文法教師に負うところが大きい。

68）「使徒言行録」17, 18でアテネ人はパウロのことを σπερμολόγος と呼んだが，アウグスティヌスは seminator verborum, ヴルガタ訳は seminiverbius と表現している。

69） Sermo 150, 1（1）, PL 38, c.808 : verba Dei seminamur.

70） 私が利用することのできた研究は（本書，71-77頁），とくに Norden, Comeau, Balmus のもので，さらに Balogh, Augustins alter und neuer Stil がある。

71） 本書，55-76頁参照。

72） こうした判断は，Comeau, Rhétorique, p.58-59に収録されている。

73） Ibid., p.4, 21など参照。

74） とくに Norden, Antike Kunstprosa, p.623参照。

75） Ibid., p.621; ibid., p.586s 参照.

76） 本書，417頁参照。

77） 上掲注（51）参照。

78） De doctrina christiana, 4, 14 (31), c.102-03. アウグスティヌスは，避けるべき過度な文飾による文体の例として，とくにキプリアヌスの文章をあげている。

79） Comeau, op. cit., p.60における指摘は正しい。

80） いつの時代の民間伝承でもそうであるが，ラテン語を話すアフリカの大衆の文体からほの見えてくることから言えば，アウグスティヌスの社会においてもたしかにそうであったと，ほぼ確信をもって保証できる（Norden, op. cit., p.626-31（Volkstümliche Prosa in Afrika）参照）。

81） 本書，414-15頁参照。

82） 本書，73頁参照。

83） たとえば，Comeau, Saint Augustin exégète, p.80 ; id., Rhétorique, p.11-12 ; 82-84参照。

84） Enarratio in Psalmum 36, 6, PL36, c.386参照。

85） Tractatus in Johannem, 2, 14, PL35, c.1394-95参照。

86） Enarratio in Psalmum 123, 8, PL37, c.1644-45 : saepe enim verba non latina dico ut vos

intelligatis.

87） Enarrationes in Psalmum 50, 19, PL36, c.597 ; in Psalmum 138, 20, PL37, c.1796 ; De civitate Dei, 17, 4, 4, PL41, c.529参照。

88） たとえば，Comeau, Rhétorique, p.12がある。「かれは大胆にも，聖書の最初の翻訳者（の不純正語法）を許容する」（この表現はやや不正確であるが。後出の注（94）参照）。

89） De doctrina christiana とトゥールのグレゴリウスの Historia Francorum とを比較して言うと，後者によると，ある聖職者はラテン語の知識が不十分であったため自分の間違いさえ分からなかったという。

90） De Genesi contra Manichaeos, 1, 1（1）, PL34, c.173 : non ornato politoque sermone... loquendi consuetudinem.

91） Retractationes, 1, 20, PL32, c.617 : ipsius humillimi vulgus et omnino imperitorum atque idiotarum...ne me necessitas metrica ad aliqua verba quae vulgo minus sunt usitata compelleret.

92） De doctrina christiana, 2, 13（20）, c.45に引用されている例がそうである。De catechizandis rudibus, 9（13）, PL40, c.320参照。

93） その他全部の例文がそうである。上掲注（54），（84）-（87）参照。

94） アウグスティヌスは手にした聖書訳のうち，明瞭で文字通りのものはそのままにしながらも，可能な限り，より正確なものに修正しようとした（Saint Augustin réviseur de la Bible, p.557-63に集録された例を見よ）。私が知る限り，ただ一度だけ，それ以前の訳文の不正確さを認容する代わりに自分なりに訳しなおしている（上掲注（84）参照。そこでアウグスティヌスは，不明瞭な形式所相動詞の feneratur の代わりに能動詞 fenerat を造り出している）。

95） Comeau, Saint Augustin exégète, p.368-69 ; 407-09参照。さらに，アウグスティヌスが素朴な人々の宗教としてのキリスト教と少数の貴族階層の所有する世俗的教養とを対比する De civitate Dei, 18, 41, 1, PL41, c.600 ; 22, 5, c.755-56など参照。

96） とくに Comeau, Rhétorique, p.71-98参照。

97） 本書，396-97頁参照。

98） たとえば Nordenは，「新文体」（nouveau style）の支持者のなかにアウグスティヌスを加えている（Antike Kunstprosa, p.621）。

結　論

1） 以上，検討された類似点が，どの程度まで直接的親子関係，影響あるいは単なる類似によって説明されうるかという微妙な問題は差し置いて，ただ「前表」（préfiguration）という概念をあげておこう。

2） 当然のことであるが，とくに中世初期，カロリング・ルネサンスの初期において，またアリストテレスの学問が伝えられ弁証論的方法が支配する以前の12世紀初めにおいてそうである。

補　遺

1）　たとえば，アウグスティヌスが数え上げる地上の善のなかに教養関係の事柄がどれほどの場を占めているかを見てもらいたい。De civitate Dei, 22, 24, 3, PL41, c.789-90参照。

2）「私がもっている僅かな知識も，それは文芸の教養（la culture des belles-lettres）のおかげである」(Patru, in Littré, s. v.)。

3）　墓碑銘における cultura は，その墓の「管理」について言われている。C. I. L. 6, 9625, l. 7-8参照。

4）　Cicero, Trusclanae, 2, 5 (13). 邦訳は，木村健治・岩谷智訳『トゥスクルム荘対談集』，『キケロー全集』12，岩波書店，2002年，109-10頁を利用させていただいた。

5）　たとえば，Valerius Maximus, 8, 7, ext.6参照。

6）　たとえば，Gregorius Turonensis, Historia Francorum, praef.: Decedente, immo potius pereunte ab urbibus Gallicanis liberalium cultura litterarum（「ガリアの諸都市から自由学芸の教養が衰え，いやむしろ滅びてしまった」。兼岩正夫・臺幸夫訳注『トゥールのグレゴリウス歴史10巻（フランク史）I』東海大学出版会，1975年，3頁）。

7）　Thesaurus, s. v., 4, c.1323, l. 29s に集録されている資料を見よ。もちろん私はここで，礼拝するという意味での colere を取り上げるつもりはない。

8）　Cicero, Partitiones oratoriae, 91の “genus hominum...malo cultu...corruptum”（「悪い習性によって堕落した類の人」）という表現は，それから数行あとに取り上げる homines bene institutos（「よく教育された人々」）と対比して言われている。

9）　Cicero, De oratore, 2, 160 : qui hoc solum（artem dicendi）colendum ducebat（これ（弁論術）だけに専心するように指導した）; id., Brutus, 315 : studiumque philosophiae...cultum (「哲学の学習と専心」).

　後述するように，ギリシア語の παιδεία の語群に属する語は，相似にもとづく比喩によって精神的教養を示すためにも用いられている。こうしてこの語の示す植物の栽培に要する手入れは人間の育成に適用されている。たとえば，テオフラストスは，παιδεία を果樹について用いている（De causis plantarum, 3, 7, 4)。またギリシア人は，魂あるいは精神の「手入れをする」，「世話をする」というように，われわれと似た比喩的表現を用いている。たとえば θεραπεύειν, επιμελεῖσθαι : Isokrates, Contre Sophistes, 292d ; Platon, Lachès, 186a ; id., Euthydème, 275a ; Ps. Platon, Définitions, 416, s. v. παιδεία.

10）　たとえば，Cicero, Pro Archia, 12 :（nisi animos nostros doctrina excolamus :「われわれは学問をもってわれわれの精神を養い育てる（鍛える）」; Augustinus, Contra Academicos, 3, 4 (7), PL32, c.938（istarum dsiciplinarum, quibus excoluntur animi :「魂が養い育てられるあの学問」)。しかしギリシア人は時として，魂について「農事関係の」比喩を用い，それは Gregorius Thaumaturgus の Panégyrique d’Origène, 7, PG10, c.1073Bs において詳しく説明されている。この主題は，W. Jäger, Paideia, 1, p.463（éd. Italienne）によると，前5世紀のソフィストにまで遡る。Plutarchus, De liberis educandis, p.2B 参照。

11）もちろん，時としてこれと異なる場合もある。たとえばプラトンは μουσική を用い

（Respublica, 3, 398b-d），イソクラテスは φιλοσοφία を用いているようである（Antidosis, 181）。

12） 子どもは，女性の手元で過ごす5歳頃まで，つまり知的教育が始まるまでは，τρεφώμένος と呼ばれている。

13） この場合，παιδεία は，いわば原因に対する結果のようにして παίδευσις と対立する。Ps. Platon, Definitions, 416, παίδευσις, παιδείας παράδοσις 参照。しかし παιδείας παράδοσις を παιδεία の意味に用いることもある。

14） Festugière, L'idéal religieux des Grecs et l'Evangile, p.17-41参照。

15） これは，厳密には，新生児，乳呑児について言われている。Plautus, Casina, v.44; Plinius, Naturalis historia, 37, 162 ; Quintilianus, Institutio oratoria, 1, 21.

16） 私は educatio の知的要素を明白に述べる資料をただひとつだけ知っている。それはずっと後代のもので，四世紀後半の碑銘である。そこでは，Arlenius とかいう人物について，つぎのように言われている（3-4行）。Honesta vita, moribus adque（sic） littteris educatus（「正しい生活を送り，道徳と学問をもって教育された」Notizie dei Scavi, 1903, p.576 ; Römische Mitteilungen, 1904, p.148）.

17） この用語に関する多くの研究のなかで，de Labriolle, Pour l'histoire du mot humanité をあげておく。

18） これは，現代人の間でもてはやされる Humanisme という用語に近い。

19） Aulus Gellius, Noctes atticae, 13, 16参照。

20） Doctrina は docere（教える）から，disciplina は discere（学ぶ）から来る。両語は同じ語根をもつ。古代の人々は，両語の親族性を意識していた。Varro, De lingua latina, 6, 62参照。現代の言語学者は，ヴァロと同じ考え方をしている。しかしより詳細に知ることはできない。MM. Ernout et Meillet, Dictionnaire étymologique, s.v. disco.

21） Marrou, Doctrina et disciplina dans la langue des Pères de l'Eglise. 私はそこで，古典ラテン語における両語の主要な意味について検討した。M. Chenu, Notes de lexicographie philosophique médiévale, Disciplina, in Revue des Sc. Philos. et Théol., 25, 1936, p.686-92 ; V. Morel, Disciplina, le mot et l'idée représentée par lui dans les oeuvres de Tertullien, in Revue d'Hist. Ecclés., 40, 1944-45, p.5-46参照。

22） Disciplina の若干の用法は除く（たとえば，軍規，規則，権威，公共の秩序）。それらは，ここでは問題にならない。上記の拙論，#4参照。

23） たとえばキケロは，definitio の語は，余りに教科書的であるとして，それを使用しないように勧めている（De oratore, 2, 109参照）。

24） 本書，81-85頁参照。

25） Cicero, Brutus, 112参照。

26） Cicero, Nero, 7参照。

27） Tacitus, Dialogus de oratoribus, 34, 1参照。

28） Tacitus, Annales, 15, 52, 3で言われている disciplina C. Cassii は，明らかに L. Silanus がカッシウスから受けた教育を指す。しかし Silanus は，成年に達しているので，それ

はこの教育の成果を意味することになる。従って，「かれの教師カッシウスの授業から得た教養」というように理解すべきである。Id., Dialogus de oratoribus, 30, 2 で言われている disciplina は，古代の雄弁家たちが「受けた形成」（formation）（trad. Bornecque）であり，かれらの精神を形成し豊かにするのに貢献したすべてのこと，つまりかれらの教養のことである。その証拠に，タキトゥスが続いてあげる例を見てもらいたい（Ibid., 30, 3）。かれはそこで，キケロが Brutus において自分が学習のために過ごした年月について語り（Brutus, 313-19），ローマ雄弁術の第一人者が身につけていたすべての知識，教養全体を並べ立てたという話を引き合いに出している。disciplina のこの新しい意味は，ローマ帝政期のラテン語に固有のものであるらしく，キケロには見当たらないように思う。タキトゥス以前のものとしては，Vitruvius, De architectura, 1, 1, 3をあげることができる。

29）Cicero, De oratore, 2, 1参照。ここでキケロは，その兄弟クイントゥスに対し，ふたりが若いころ「学問」（doctrina = étude）に注いだ情熱（それは周囲のものを驚かせた）について語っている。

30）Ibid., 3, 85 : “me autem Catule fateor...tantum tribuisse doctrinae temporis quantum mihi puerilis aetas, forenses ferias concesserent”.「私は子どものころ，また裁判や公務が暇なときにしか，学問，精神の教養に励むことはできなかった」。

31）この移行は，ごく自然に表明されているが，その意味は，時としてやや混乱している。前注に引用した De oratore 3, 85は，他のふたつの節に囲まれ（# 84fin, # 86はじめ），そこで doctrina という同じ語は，学問ではなく知識の意味に取られている。

32）これらの用語の結合あるいは対立を示す例は多数ある。Cicero, De oratore, 1, 15 ; 1, 22 ; 2, 2 ; 3, 50 ; 3, 77 ; Brutus, 205 etc ; Rhetorica ad Herennium 3, 16（28-29）; 21（34）参照。

33）Cicero, Brutus, 44. “Pericles...primus adhibuit doctrinam（dicendi）”. J. Martha の訳によると，（Pericles...fut le premier qui appliqua à l'éloquence une méhode savante）.「ペリクレスは，雄弁術に知的な方法を適用した最初の人であった」（éd. Budé, p.15）。

34）ある場合には，やはり savoir（知識，学識，学問），science（学問，科学，学識，教育），culture（教養，知識）のどれか，決めかねる。Cicero, De oratore, 1, 85 ; De finibus, 1, 13a ; Brutus, 332 ; De oratore, 2, 2 ; Tusculanae disputationes 3, 69. 以上にあげた文章では，いずれも doctrina の語が用いられているが，それは，それぞれ学識あるいは学問の意味をもっている。

他方，culture つまりきわめて広範にわたる知識の蒐集という一般的な教養の意味は，よりはっきりと指摘されているようである。キケロは，De oratore, 1, 5において，その兄弟クイントゥスに語りかけながら doctrina を用いているが，これは明らかに，キケロのより哲学的な精神に求められる「学術的な知識」（connaisssance savante）のことであるが，しかし一方，「すぐれた一般的な教養」（cette noble culture générale）と訳した M. E. Courbaud（1, p.9）の訳文も納得がいく。

Cicero, Academia priora, 2, 1（1）で言われている doctrina つまり教養の内容は，その続きで説明されているように（2, 4-5），ギリシアとラテンの文学と哲学である。それは，

精神の天性的資質（ingenium）と学習（studium）というふたつの要素から成り立っている。この意味は，時としてきわめて明白である。ここでは，とくにPro Archia 6, (12)をあげておこう。これはたしかに，有用性と審美のふたつの側面から見た教養である（精神を耕すものとは，比喩として言われている）。Tusculanae, 5, 66では，Musaeはhumanitas（教養）とdoctrina（学識）を併せ持つとされている。またPro Flacco, 62では，humanitas, doctrina, religioはアテネから全世界に広まったと考えられている（Athenienses unde humanitas, doctrina, religio...in omnes terras distributae putantur.）; Hieronymus, Epist., 71, 5, 3参照。

35）複数形のartesも同義に用いられることがある。Marrou, Doctrina et disciplina dans la langue des Pères de l'Eglise, p.5参照。

36）たとえば，Cicero, De oratore, 1, 11で言われているqui, harum artium liberalissimis studiis sint doctrinisque versati「もっとも自由人にふさわしいさまざまな学術の研鑽と研究」は，文脈（ibid., 1, 9-10）から見て，哲学，数学的諸学科を含み，一知識だけでなく，「体系的探究によって得られる知識全体」つまり「教養」を指すと考えられる。Ibid., 1, 13では，「至高の力をもつ弁論術が創出され完成される」のは，「あらゆる学術」（omnes doctrinae）によってであるといわれる。アウグスティヌスもDe civitate Dei, 18, 9., PL41, c.567において，同様に，「アテネはliberales doctrinaeの母にして乳母である」という表現には，全体として理解される教養の概念が込められており，それは「哲学者」と結び付けられることにより，いっそうそうした概念を強めている（Cicero, De oratore, 3, 137）。それに続く文章は，ここで取り扱われている知識だけでなく，知的活動，教養のすべての側面（Pisistratos, Periklesといった七賢の文学的，哲学的活動など）であることを示している。同じことは，Cicero, Brutus, 173によると，L. Marcius PhilippusはGraecis doctrinis institutusと言われている。これは，たしかにMarthaとともに，「ギリシア人の学問」とも訳しうるが，また「ギリシアの教養」と言うこともできる。Suetonius, Augustus, 89でも，Graecarum quidem disciplinarumを学んだとあるが，その知識もギリシアの教養と理解するのが妥当である。後になると，たとえばTertullianus, De anima 20では，doctrinae, disciplinae, artesの三つの語は，教養という意味でまとまっている。

37）時として，institutionesという語もある。たとえば，Cicero, De natura deorum, 1, 4で言われているGraecis institutionibus eruditiは，たしかに，Graecis disciplinis institutus（Brutus, 173）と同義で，「ギリシア的教養をもって育成された」という意味である。

38）アウグスティヌスはConfessionesにおいて，「母（モニカ）は，仕来りとなっているこれらの学問（usitata illa studia doctrinae）が神に至るため何かの助けになるだろうと考えていた」と述べているが，de Labriolleは，usitata illa studia doctrinaeをcette culture traditionnelle（伝統的な教養）と訳している（Confessiones, 2, 3 (8), PL32, c.678). Cicero, Definibus, 1, 26におけるstudiaも学業（études）とも教養（culture）とも解しうる。

39）Laurand, Manuel, Ap. 1, 3における指摘は正しい。Litteraeがscienceの意味に用いられている例として，Cicero, Tusculanae, 5, 105がある。そこでかれが用いてotio litteratoは，

学業のための余暇，教養のための余暇（loisirs studieux, loisirs cultivés）の意味である。

40） たとえばキケロはこの語を humanitas あるいは doctrina と関連づけているが，このことは大きな意味をもっている。Cicero, Ad Atticum, 9, 10, 2では，litterae と doctrina は並置されている。Pro Archia, 2 (3) では，studia humanitatis et litterarum（人間的教養と文学の学習）と並置されている。

41） Quintilianus, Institutio oratoria, 2, 3, 10では，「eruditio は家庭よりも学校で行う方が有利である」と言われており，ここでは eruditio は知識教育という訳語もあてはまる。

42） Cicero, De oratore, 1, 1では，instructio, cultura, doctrina, eruditio は同じ意味にまとめられている。Id., Tusculanae disputationes, 1, 2, 4によると，ギリシア人から見た最高の教養は，弦楽器と声楽による音楽であった。

43） その他にもある。しかしそれらは，あれこれの教説の説明に関連づけられている（たとえば，アウグスティヌスにおける sapientia, scientia の場合のように）。教養人（ギリシア語では，ό πεπαιδεύμενος）についてラテン人は，それぞれ異なるニュアンスを込めて，doctus, erudius, litteratus, studiosus, politus などと呼んでいた。

44） Cicero, Pro Caelio, 22, 5. ここでキケロは，Lucceius を紹介し，その教養をたたえている。

45） Homiliae Sancti Basilii, 5, 5（Rufinus の訳にもとづいている。ギリシア語原文では，12, 5）。

46） ここでは，それぞれの意味について，全部ではなく，一，二の例をあげるにとどめた。

47） この項目については，Cayré, Contemplation Augustinienne, p.52-63a ; id., La notion de sagesse d'après saint Augustin, in L'Année Théologique, 4, 1943, p.453-56参照。

48） Diels, Doxographi Graeci, p.273 ; Schmaus, Psychologische Trinitätslehre, p.286参照。

49） Edition Wilmart（Miscellanea agostiniana , 1, p.175）. Dom Wilmart によると，ポシディウスの Indiculumは，アウグスティヌス自身が作成し Retractationes に使用した Indiculum と関係があると考えさせるだけの深い理由がある（ibid., p.158-59参照）。

50） サン・モールのベネディクト会士たちが知っているのはこれだけである。De grammatica liber, PL32, c.1385-1408. その再版は，Keil, Regulae Aurelii Augustini, in Grammatici latini, 5, p.490s にある。

51） これは，A. Mai, Ars Sancti Augustini, in Nova Patrum bibliotheca, 1, 2, p.167s. において刊行され，C. F. Weber, Aur. Augustini ars grammatica breviata として再版されている。

52） このふたつの論証は，すでにサン・モールの修道者たちが提示したものである。PL 32, c.1385-86参照。

53） それはとくに，Keil, Grammatici latini, 5, p.494s に見られる。

54） Alfaricはかれらに従っている（Evolution intellectuelle, p.410, n.9）。また Amerio もかれらと同意見のようである（Il "De musica", p.4-5）。

55） Bäbler, Beiträge zur einer Geschichte der lateiner Grammatik in Mittelalter, p.18参照。

56） この仮説はまず短い校訂版のために立てられたものである（Crecelius, Augustini De

dicaletica, p.3 ; Weber, ed. cit., p.4)。Keil はそれを他のふたつの資料にもあてはめた（op. cit., p.490-91)。かれのあとを受けて，Huemer, der Grammatiker Augustinus ; Rottmanner, Historisches Jahrbuch, 1898, p.894 もかれに倣っている。

57）それは，たとえば「長い校訂版」，c.4の observabis (PL32, c.1389) ; 14fin : audisti... debes (c.1398) ; 16 fin : memineris (c.1399) ; 26 :...serva (c.1407) などのことばに示されている。

58）Cassiodorus, Institutiones, 2, 1, PL72, c.1152（Keil, op. cit., p.215, n.1）参照。

59）A. Mai は，それを Codex Vaticanus latinus 4929のなかに発見し，Epitome artis metricae という標題をつけて刊行した（Scriptorum veterum nova collectio, 3, 3, p.116-34)。これについては，Du Rieu, Schedae Vaticanae, p.216-20における解釈も見よ。

60）要約者は，アウグスティヌスの著作から逐語的に引き写さない場合でも，さいごの表現は De musica から借用している（ただしその意味を変えて)。

61）たとえば，Epitome, 2 = De musica, 1, 8 (14), c.1091 ; 3 = 1, 9 (15), c.1092など。要約者は，その原資料の順序にそのまま従っている。ただ一章だけ内容の順序を変えている（Epitome, 16 = De musica, 5, 3 (4), c.1149 + 5, 3 (3), c.1148; Epitome, 21 = 5, 12 (25-26), c.1159-61)。

62）これが，Keil, Grammatici latini, 5, p.492による判断である。

63）PL32, c.1409-20. これは Crecelius, Aur. Augustini De dialectica liber として再版されている。

64）Berne 363, 548の写本がある。これに反して，写本 Darmstadt 166は，これを修辞学教師 C. Chirius Fortunatus のものであるとし，その名のもとにまず刊行されたのであった（Bâle, 1558)。

65）PL32, c.1385-96参照。Alfaric はかれらに従っている（Evolution intellectuelle, p.410, n.9)。

66）Crecelius, op. cit. ; Prantl, Geschichte der Logik, 1, p.665 ; Hagen, Jahrbuch für klassical Philologie, 1872, p.157 ; Thimme, Augustins Entwicklung, p.10, n.1 ; Reitzenstein, Joannes Mauropus von Euchaita, p.76 ; Fischer, De Augustini libro qui est De dialectica, p.8参照。

67）たとえば，# 6, PL32, c.1412; ad te jam pertinet... ; accipies... ; 10, c.1416 ; tu judicabis というように，対話の相手を示す単数二人称の形が用いられている。

68）# 5, c.1410参照。

69）# 6, c.1411参照。

70）Thimme, Augustins Entwicklung, p.10, n.1参照。

71）Principia dialecticae, 8, c.1414では，語の意味の探求における疑問点として不明瞭さと曖昧さのふたつをあげているが，De doctrina christiana（2, 10 (15), PL34, c.42）における聖書注解の方法は，同じ考えにもとづいている。

72）これは，Fischer, op. cit., p.32-36, 52において証明されている。

73）これらの要素は，たぶんヴァロの De grammatica よりも（Reitzenstein, op. cit.）むしろ De dialectica から借用している（Fischer, op. cit., p.47-54)。しかしそれらは，ギリシ

アの学校教科書の翻訳にすぎないように思われる（Prantl, Geschichte der Logik, 1, 579）。それは，アプレイウスの περὶ ἡρμενείας にも見出される（Fischer, op. cit., p.26-27）。

74）これは，Codex Bernensis 363にある。

75）PL32, c.1439-1448. これは，Halm, Rhetores latini minores, によって再版されている（p.135s.）。

76）Crecelius, op. cit. ; Reuter, Kirchengeschichte Studien（これは H. Reuter に献呈されている），p.321. Zurek（De Santi Augustini praeceptis rhetoricis, p.69）は，これにはそれほど賛成ではない。

77）これがサン・モールの修道者と Alfaric（op. cit., p.576, n.3）の意見であった。

78）アルクインは，もうひとつの小著，Categoria decem ex Aristotele deceptae（PL32, c.1419-40）をアウグスティヌスの著作であるとしているが，この仮説は，皆が否定している。Schanz, 4, 2, p.414fin. 参照。

79）本書，234-39頁参照。

80）De musica, 5, 4（5），PL32, c.1149参照。

81）Ibid., 4, 13（18），c.1139 ; 4, 14（20），c.1139 ; 4, 17（35-36），c.1146参照。

82）Ibid., 5, 3（3），c.1148参照。

83）Ibid., 2, 11（21），c.1111 ; 4, 16（30-31），c.1144参照。

84）Ibid., 6, 2（2），c.1163参照。

85）Ibid., 6, 4（7），c.1167 ; 6, 5（14），c.1170-71 ; 6, 11（29），c.1179 ; 6, 11（23），c.1181; 6, 13（40），c.1184-85 ; 6, 14（44），c.1186参照。

86）本書，164-66頁参照。音楽は最高の形の活動であるという要請にもとづく学問であることを立証するために，アウグスティヌスはこの論証を用いている。

87）De musica, 6, 1（1），c.1163-64, とくに pueriliter, nugacitatem, vilem viam, puerilia などの用語が見られる。

88）Retractationes, 1, 3, 2, PL32, c.588（De ordine について）: “in his libris displicet mihi quod multum tribui liberalibus disciplinis.”「これらの書において，自由学芸にあまりに重きをおいたことは，気に入らない」。

89）De musica, 6, 1（1），c.1164 ; 6, 17（59），c.1193-94参照。

90）Edelstein はこうした立場をとり（Musikanschuung Augustins, p.123, n.45），Svoboda もこれに従っている（Esthétique, p.75-76）。Alfaric, Evolution intellectuelle, p.410-11参照。これに反対して Amerio は構文の一致，一体性を主張する（Il “De musica”, p.36-38）。

91）Retractationes, 1, 6, c.591参照。

92）Epist., 101, 1, PL33, c.368 ; 3, c.369参照。

93）Ibid., 4, c.369 ; Sextum sane librum quem emendatum reperi, ubi est omnis fructus caeterorum, non distuli mittere Charitati tuae.

94）本書，28-29頁参照。Marrou, Vie intellectuelle, p.95参照。

95）Epist., 101, 1, c.368参照。

96）De musica, 1, 1（1），PL32, c.1081 : Modus qui pes est ? “Pyrrhichius.” Quot temporum est ?

etc...「modusの脚は……ピリキウスです……何拍か」，など。

97） Ibid., 6, 2 (2), c.1163参照。

98） おそらく結論（ibid., 6, 17 (59), c.1193-94）を除いて。これはおそらく再版時に付加されたものであろう。

再考録

1） 実は，本書の原稿は1936年11月20日にナポリで書き終えている。

2） たとえばアイルランドのイエズス会が発行するStudiesは，「マルーは，アウグスティヌスと同じく，余談の楽しみに抵抗できないでいる」と述べている（28, 1939, p.515）。

3） Augustinus, Retractationes, prol. 1, PL32, c.583参照。

4） しかし例外を指摘するのは私の義務であり，喜びでもある。A. J. Festugière, とP. Boyancéふたりが，前者はRevue des Etudes Grecques（52, 1939, p.235-40）において，後者はRevue des Etudes Anciennes（47, 1945, p.142-48, passim, p.148-52）と本書の書評（P. Courcelleの論文に付記されている）において私と始めた対話はこのようなものであった。また故人となられたMarc Blochによる覚え書を読み返すことによって教えられることも多かった（Annales d' Histoire Sociale, 1, 1939, p.185-87）。不幸にして（かれ自身，認めているように），かれはこの時代とここで検討される諸問題には不慣れで，自分の意見を専門的に的確なものにするだけの正確な知識を欠いていた。

5） これについては，本書の序，11-12頁で明らかにした。

6） たとえば，自由学芸の起源を取り扱う章（本書，第I部第3章）は，まったくの補注である。そこで取り扱われる主題は，アウグスティヌスと古代教養の終焉というよりも，むしろヘレニズム・ローマ教養史に関するものである（これは，拙著，Histoire de l'éducation dans l'antiquité, Paris, 1948, p.243-45に再録されている）。

7） Marrou, Traité de la Musique selon l'esprit de saint Augustinという小論がそれを証明している。なおこの論文は（Henri Davensonの筆名で）Cahiers du Rhône, 1942に発表されている。

8） こうした参考箇所を示す頁は，第一版の頁数を示す。

9） かれの論考は，遺作として，つぎのような学術誌に同時に掲載された。Revue Historique（188-89 (1940), p.403-13 ; Saint Augustin et la fin du monde antique, à propos d'un ouvrage récent）; Revue de l'Histoire des Religions（122 (1940), p.25-41 ; La culture antique et saint Augustin, à propos d'un livre récent）。この二論文の標題には僅かなことばの置き換えがあるだけである。

10） かれは，たとえばR. H. Rのart. cit., p.29において，つぎのように書いている。「かれの修辞学は，まったく学校教師の路線に従うもので，非現実的で，型にはまったものである」（p.52）。しかし私は，Nietzscheと同じく，形式的美の源泉としての古典修辞学の審美的価値を強調した（本書，76頁参照）（これは同じ意味で，しかしより明白に拙著Histoire de l'éducation, p.281-82において取り上げた）。またGuignebertは，同じR. H. R. art. cit., p.37では，「かれはやはり修辞学教師であり，それには手のつけようがな

い」(p.540) と書き，この頁では，ほぼ逆のことを述べているように見える。さらにかれは「厳密には存在しない学問―Marrou は，それについて逆のことを納得させようとはしない―は，より価値があるとも思われない博識に通じる」とも書いているが (p.30)，しかし私は，哲学者たちの自然学への反発として，curiositas, mirabilia に見られる積極的な価値を強調したのである（本書，130-32頁参照)。さらにGuigenebert は (p.31)，「Marrou はラテンに関する自分の知識をキリスト教的領域において見事に展開した (remarquablement étendue) と考えているが，あまり納得がいかない。この「見事に」(remarquablement) ということばは正確に定義されるべきである」と批判しているが，私としては，421-22頁においてそのとおりにしたつもりである。しかし Guignebert は，否定的な証言だけを取り上げ，「教父たちに関するアウグスティヌスの知識は，それほどのものとは思われない」という，それ以前の頁（本書，334-35頁参照）だけを引用する (R. H. R. p.35)。かつて師事し今日なお敬意をもって追想する先賢に対し，無粋な論争を挑まざるをえないことは慙愧に耐えない。かれは，同じ論文において (p.34) 私の判断をかれなりに解釈し，「従って私 (Guignebert) は，結局は，Marrou は私の認識とそれほどかけ離れていないという印象をもっている」と言い切り，p.39あるいは p.41でも同様のことを述べている。私は，「沈黙は同意のしるし」と取られては困るので，あえて抗議せざるをえなかった。

11） R. H. R. art. cit. p.36.

12） この点は，私の論文の主査 M. Emile Bréhier も論文審査の過程で指摘してくれた。

13） Alfaric, L'évolution intellectuelle de saint Augustin, 1. Du Manichéisme au Néoplatonisme, Paris, 1918, p.399. これは，アウグスティヌスの回心における厳密に宗教的側面を排除するもので，まことに奇妙な表現である。

14） M. P. Garvey, Saint Augustine, Christian or neoplatonist? From his retreat at Cassiciacum until his ordination at Hippo, Diss. Milwaukee, 1939 ; U. Moricca, La conversione di S. Agostino, in Il Mondo Classico, 1941, p.232-53. より多くの成果をあげていると思われるのは，P. Courcelle の研究である。かれは，Confessiones における証言について説明すると同時にそれを確認し（いくつかの細かい点で）修正している。Courcelle, Les premières Confessions de saint Augustin, in Revue des Etudes Latines, 21-22, 1943-1944, p.155-74 ; Plotin et saint Ambroise, in Revue de Philologie, de Littérature et d'Histoire Ancienne, 24, 1950, p.27-56参照。われわれが，アウグスティヌスが交わったミラノの社会についてより詳しく知るようになったのは，Courcelle のおかげである。こうした知識によって，われわれが考えていたキリスト教と新プラトン主義との対立が解消されていった。両者の綜合ないし共生は，アンブロシウスは言うまでもなく，Manlius Theodorus あるいは Simplicianus のような人物には正常なことと思われていたのである。P. Courcelle, Les lettres grecques en Occident, de Macrobe à Cassiodore, 2e éd., Paris, 1948, p.122-28, 164-2, 169-7参照。

アウグスティヌスと新プラトン主義については，一般的なものではあるが，つぎのような研究を参照すること。J. Ritter, Mundus Intelligigibilis, eine Untersuchung zur Aufnahme und Unwandlung der neuplantonischen, Ontologie bei Augustinus, Francfort, 1937 ; B. Switalski,

Neoplatonizm a etyka Sw. Augustyna, Varsovie, 938 ; J. Wytzes, Bemerkungen zu dem neuplatonischen Einfluss in Augustins De Genesi ad litteram, in Zeitschrift f. d. neatest. Wiss., 1940, p.137-51 ; S. Caramella, I Neoplatonici nelle Confessioni di S. Agostino, in Nuovo Didaskaleion (Catagne), 1, 1947, p.49-54. またべつの視点に立つ研究として，M. Gercken, Inhalt und Aufgabe in den Jugendschriften Augustins, Osnabrück, 1939 ; R. Cadiou, Notes sur la première théologie de saint Augustin, in Recherches de Sciences Religieuses, 27, 1937, p.597-614がある。

15） Alfaric, op. cit., p.viii.

16） Ch. V. Langlois は，Babut による Saint Martin について，「かれ（Babut）は，聖マルティヌスがいわば疑り深い，いやな田舎者であったことを明らかにした」と述べているが（L'argent, éd. Minor, p.78 ; とくに L'argent suite, p.114-15），これは思慮に欠けている。

17） Alfaric, op. cit., p.525; Synesios, Ep. 105, PG66, c.1488A 参照。「大衆と哲学者の間に何か共通するものがあろうか。神的な問題に関する真理は秘めておくべきである。群集（πλῆθος）は他のものを必要としているからである」。

18） Synesios は，魂の先在説を放棄すること，世の終りと体の復活を認めることを拒否した。Ibid, c.1485B 参照。

19） Ibid., c.1488A : δυναίμην ἄν ἱερᾶσθαι, τὰ μὲν οἴκοι φιλοσοφῶν, τὰ δ᾽ ἔξω φιλομυθῶν.

20） Revue des Etudes Grecques, 52, 1939, p.327-28参照。

21） 信，望，愛 : Soliloquia, 1, 1 (3), PL32, c.870 ; 1, 1 (5), c.872. また多くの聖書の引用がある。たとえば，ibid., 1, 1 (3), c.871には「コリントの信徒への手紙 I」15, 54 ;「マタイによる福音書」7, 8 ;「ヨハネによる福音書」6, 35 ; 16, 8 ;「ガラテヤの信徒への手紙」4, 9が引用されているが，Alfaric はこれらの引用を無視している（Op. cit., p.398-5）。J. Finaert, L'évolution littéraire de saint Augustin, thèse de Paris, 1939, p.40-42では，387-88年におけるアウグスティヌスの著作における「キリスト教」関係の用語が取り扱われている。

22） Soliloquia, 1, 1 (2), c.869 : Praesta mihi primum ut bene te rogem.

23） 私は，本書，42-48頁で取り上げた Oubli du grec en Occident et le début du Moyen Age という論文が引き起こした論争については，ここではふれない。Revue du Moyen Age Latin に近いうちに掲載される論文において再論するつもりである。

24） B. Altaner, in Miscellanea G. Mercati, 1 (Studi et Testi, 121), p.520-14. この論文はもともと，1942年に Bonn で刊行されるはずであった（Byz. Zeitschrift, loc. cit.）。

25） 参考までにあげておく（これは Courcelle の研究と拙論とがこの問題の解明に寄与した点を説明するにすぎない）。

26） かれの研究は，標題以上に価値があるにもかかわらず，本国においては十分な評価を得られなかった。The sources of the first ten books of St Augustine's De civitate Dei（thèse de Princeton), 3e partie, Augustine's knowledge of Greek, p.236-76参照。

27） Op. cit., p.276 ; 本書，第 I 部第2章，注 (5) 参照。

28） 実際，アウグスティヌスの著作の年代については比較的はっきりとわかっている。

それについてはPortalié, Schanz, Nebreda, de Labriolleが集めた資料があり，それは，現在，G. Bardy（Histoire, Paris, 1947, 2, tableau 8）によって第三版として出されている。それについては，Goldbacher（CSEL, 58：書簡について），Kunzelmann（Miscellanea Agostiana, Rome, 2, p.417-520：説教について），Huyben,（Miscellanea Augustiana, Rotterdam, p.265-74：Tract. in Job について），これらを照合し補完するものとして，S. Zarb, Chronologia operum S. Augustini secundum ordinem Retractationum digesta, Rome, 1934, in Angelicum, 10, 1933, p.50-110（Tract. in Joh.）, 12, 1935, p.52-81；245-61；13, 1936, p.93-108, 252-82；14, 1937, p.516-37；15, 1938, p.382-408；16, 1939, p.267-95；17, 1940, p.263-94；24, 197, p.46-69, 265-84；25, 1948, p.37-44（Enar. in Psalm.）がある。

29） P. Courcelle, Les lettres grecques..., p.139-52参照。

30） 不明瞭なままに残されているのは，アウグスティヌスがギリシア語の修得に用いた方法である。エラスムスは，ギリシア出身の老司教ヴァレリウスが配下の司祭，ついで補佐司教になった（本書，第Ⅰ部第2章，注（41）参照）アウグスティヌスに教えたと推測したが，P. Courcelle は，年代記をもとにこの仮説を排除している（Valerius は396年に没したが，このころのアウグスティヌスは，まだギリシア語を知らなかった）。私が本書，第Ⅰ部第2章，注（42）で提案した仮説は，Altaner（Pisciculi, p.35）がなんと言おうと，Reuter が De Trinitate, 5, 8（10）について犯した誤解とは無関係であり，私のあと，それを取り入れたものもいる（Chevalier, p.100；Bardy, p.201-05；B. Pruche, in Revue des Sc. Phil. et Théol. 32, 1948, p.211-16）。この仮説は，こうして次々に受け入れられることにより，確実な既成事実として受け止められかねない。従って Altaner とともに，これは今のところまったくの仮説にすぎないことを指摘しておきたい。たしかに，ヒッポにはギリシア人がいたが（Altaner, Pisciculi, p.24；Augustinus, Sermo 180, 5, 5；45, 5），しかし司教座修道院の聖職者のなかにギリシア人がいたか，それは分からない。序でに指摘しておきたいが，われわれはアウグスティヌスのことはよく知っているが，しかしかれのことしか分からない。かれは身近にいる人々，たとえば秘書，速記者，図書係についてはほとんど何も語ってくれない（Possidius はなおさらである）。われわれは，エウセビオスがオリゲネスの仕事場について述べたような説明が欲しいところである。Hist. Eccl., 6, 23, 2参照。

31） Les lettres grecques.... p.150-51参照。

32） Zarb は，それを418年のはじめにおいている（Angelicum, 12, 1935, p.79-81参照）。

33） 本書，第Ⅲ部第4章，注（93），（101）を見よ（とくに，注（93）に注目すること。これはきわめて重要である。Courcelle, op. cit., p.150参照）。

34） 実際，Courcelle, p.151における反論は受け入れ難い。アウグスティヌスが民衆に対する説教において哲学的知識を並べ立てなかったのは，ごく当然のことである。しかしそのことから，かれが説教の準備においてギリシア語聖書の正確な内容を確認しなかったため福音書記者の考えを誤解しても当然であるということにはならない。

35） de Labriolle, Hist. de la litt. lat. chr. 1, p.71参照。

36） いずれにせよ，Courcelle は，こうした指摘を補完してくれた。Courcelle, Les lettres

grecques, p.162-63，また p.163-67も参照。回心時のアウグスティヌスは，Plotinos の著作ほか，Porphyrios の De regressu animae を Victorinus のラテン語訳で知っていた。

37) Ibid., p.161. P. Henry, Plotin et l'Occident, p.133s. における表現ははるかにより慎重である。とくに p.136においてそうである。「ヒッポの司教は，プロティノスの著作を原語で読むだけの十分なギリシア語の知識があった。従って，かれがそうしたということはありうることであり，さらに言うなら，そうしたのかも知れない」。p.137においても同様である。P. Henry は，アウグスティヌスの聖書注解書におけるギリシア語の知識をもとに論じている。ところで先ほど確認したように，かれが聖書ギリシア語に習熟していたということには，若干の保留なしとはしない。聖書ギリシア語の知識は果たして，プロティノスの不明瞭な散文を直接に読みうるほどのものであったと納得させてくれるだろうか。Courcelle もそれには難点を感じている。「いずれにせよ，アウグスティヌスがこの難解な書の読書に大いに難渋したに違いないことは言うまでもない」（Les lettres grecques, p.162-1）。

38) Ibid., p.153-82, 183-93参照。

39) 先にあげた私のリスト（本書，39-41頁）から Chalcidius の Timée と Apuleius の Phédon は削除すべきである。哲学史の初歩的教本としては，せいぜい，ラテン語に訳された Cels(in)us のそれだけであろう。

40) 私は，今となっては，このことは「決して」なかったとは言うまい（本書，38頁参照）。また本書，第Ⅲ部第4章，注(93)の括弧内のことも修正すること。

41) P. Courcelle, op. cit., p.178（従って，本書，第Ⅰ部第2章，注(47)も修正すること）。しかし De civitate Dei, 18, 23, 1（本書，40頁；Courcelle, p.177-78）に引用されている Oracles（神託）については，P. Courcelle の意見には反対である。アウグスティヌスが，自分について第一人称で語る文章の用語をもとに（quidam latinis et stantibus versibus est interpretatus），かれがその翻訳者であるという仮説には真実味がない。

42) P. Courcelle, Les lettres grecques, p.184 ; De civitate Dei, 18, 45, 2-3, PL41, c.606-07参照。

43) P. Courcelle, op. cit., p.151参照。

44) アウグスティヌスが知っていたバシリウスの翻訳は（本書，第Ⅰ部第2章，注(50)），これまでに，B. Altaner, Eustathius, der lateinische Uebersetzer der Hexamaeron-Homilien Basilius der Grossen, in Zeitschrift f. d. neut.. Wiss. 39, 1940, p.161-70において確認されている。

45) Courcelle, op. cit., p.190参照。

46) Ibid., p.151-52参照。

47) Ibid., p.181-82において Courcelle は，本書，第Ⅰ部第6章，注(100)における私の不用意な注記を訂正し，アウグスティヌスは医師 Soranus の Gynaecia（『産婆術』）における逸話をギリシア語原文をもって確認した（Retract., 2, 62）ことを明らかにしている。しかし Courcelle はここでも，アウグスティヌスは「生涯のさいごに……あらゆる種類のギリシア語の著作を澱みなく読んでいた」と結論しているが，これは言いすぎである。かつて curiositas を敵視したアウグスティヌスが，ペラギウス論争のいざこざのな

かで，『産婆術』を端から端まで読み通すだけの時間があったとは考えられない。この論争の雰囲気，またアウグスティヌスの攻撃的な著作のなかにあくまで誤謬を見つけ出そうとする敵対者の態度を考えるとき，友人にせよ敵対者にせよ，Contra Julianumの読者のだれかが，Soranus の引用における単純なミスを指摘し（5, 14, 51），その原文の箇所を知らせるものがありそうなものである。

48）それが，428年，アウグスティヌスの晩年であったことは注目すべきである。

49）G. Bardy, Le “De haeresibus” et ses sources, in Miscellanea Agostiniano, 2, p.397-416, とくに p.399-404 ; I. Chevalier, Les relations trinitaires, p.118参照。従って，本書，第Ⅰ部第3章，注(23)は訂正すべきである。

50）P. Courcelle, op. cit., p.152, 193, 194 ; また，G. Bardy, art. cité, p.404において問題にされている箇所も参照。

51）この結論と Courcelle, op. cit., p.194とを比較することは有用であり，私は自分の視点をごくわずか修正したが，これは許容してもらえるものと期待する。

52）私はとくに，de Labriolle（Journal des Savants, 1938, p.149-50）に対し，この著作は単なる聖職者用の聖書注解とホミリアの提要ではなく，高度なキリスト教的教養の標準を明示する書でもあることを主張したい。私は，それを立証する有効な証明は先にあげておいたと考えている。「哲学者としての」召命が排除されてからは，これ以外の正当なキリスト教的教養はなく（本書，296-301頁参照），この教養は，アウグスティヌスの頃は聖職者以外のキリスト教徒のエリートたちの間にも広まっていた（本書，305-09頁参照）。ただ雄弁術だけは，教会の教師（説教者）に保留されていたが（本書，399頁参照），しかし De doctrina christiana 第4巻は，ホミリアのほかに文学的表現全体を取り扱っている（p.506）。

53）この論争の歴史と内容については，A. Renard, La querelle sur la possibilité de la philosophie chrétienne, essai documentaire et critique, thèse complémentaire de Lille, Paris, 1941参照。

54）Gilson の弟子たちの間に流行っていた用語を取り上げた（本書，第Ⅱ部第1章，注(73)参照）。

55）私は，De Trinitate の最初の8巻における論戦的な側面は十分に強調していない（本書，61-63頁）。これら8巻を一語で明示するとすれば，神学よりも護教と言った方がよかろう。アウグスティヌスは，厳密に言って，三位一体の教義を説明しているのではない。この書は，400年から418年の間つまりニケア公会議（325年）とコンスタンティノープル公会議（381年）にかけて行われた神学的考察からずっとあとになって書かれたものである。そこでかれは，教会の一致した教えを教義として受け入れ（かれの信仰宣言は De Trinitate, 1, 4 (7), PL42, c.824にある），従って，アウグスティヌスはかつての敵対者に対し（I. Chevalier によると，アウグスティヌスは，この頃まだ，論争相手となるはずの生のアリウス派には出会っていない。Les relations trinitaires, p.28-34），あるいは聖書の本文から離れて，聖書注解によって持ち出される難問をまえにこの教義を擁護しただけであった。

56）Th. Deman, Composantes de la théologie, in Revue des Sc. Phil. et Théol. 28, 1939, p.418.

「必要な論証は与えたからと言ってこれらの真理を神学から除外することは，神学の成果をいわば無視することになる……」。

57） 私の用語は，pia interpretatio の対象となりうる。Deman, op. cit., p.420-21.「アウグスティヌス自身が自覚しているかれ独自の立場は，今日よく流布しているキリスト教哲学ということばでよく示されるであろう」。

58） ここでは，今日のカトリック神学者が自分たちの使命を表明していると考える（第一）ヴァティカン公会議の De fide に関する第4決議の用語を用いた。Denzinger-Bannwart, 1796（I. Chevalier による引用）。Chevalier は，Th. Deman と同じく私の表現に反対し，その立場を表明する注において，これを利用している（Les relations trinitaires, p.38）。

59） ここでは，Dilthey から R. Aron に至る歴史理論家が verstehen という語にもたせる意味にとる。

60） ここで私は，Deman, art. cité, p.419における表現を取り入れる。Chevalier, op. cit., p.36 ; M. J. Congar, in Dictionn. de Théol. Cath., art. Théologie, c.351参照。

61） たとえば，scientia と sapientia を対句的に定義するアウグスティヌスによる区分の仕方は，トマス主義者による区分に影響を与え，やや粗雑ではあるが，現代のかれの弟子たちにも見られる。しかしそれは，トマスおよび同時代の人々の間では重要な役割を果たした。Ratio Superior と Ratio Inferior については，M. D. Chenu, in Rev. des Sc. Phil. et Théol. 29, 1940, p.84-89参照。

62） これは，余り性急に単純化してはならない。アウグスティヌスの立場と古代キリスト教に出現する種々の傾向を比較することは意味のないことではなかろう。そこにもまた，種々の総合として再結集する似たような「流派」=勢力が見られる。しかしたとえば，アウグスティヌスの「神学」（scientia と sapientia からなる）と，Photicé の Diadoque のようなものの θεολογία の複雑な概念との対話を始めることもできよう。Cent Chapitres (coll. Sources Chrétiennes, 5), Paris, 1943, p.36-40参照。

63） たとえば，H. Urs von Balthasar, Théologie et Sainteté, in Dieu Vivant, 12, 1948, p.17-31（Wort und Wahrheit, 1938年のフランス語訳）参照。

64） Thomas Aquinas, Summa Theologica, 1a, q. 1, art. 2e と t6参照。

65） M. J. Congar, art. cité, c.489 ; Deman, art. cité, p.432参照。

66） Congar, ibid. 参照。

67） J. Maritain, Distinguer pour unir ou les degrés du savoir, Paris, 1940, p.590参照。

68） Deman, art. cité, p.420参照。

69） 再度，強調しておきたいが（本書，195-96頁参照），アウグスティヌスには厳密な意味での専門用語，はっきりと決まった術語といったものはない。かれの著作においては，ある語が時に応じてもつ種々の意味をまとめてその一覧表を作ることができるし，また作るべきである。私はたとえば，scientia と sapientia について，本書でそれを試みた（本書，441-49頁参照）。F. Cayréは，sapientia に関する研究に再び取り組んでいる（L'Année Théologiques, 1943, p.433-56）。しかしこうした仕事は必然的に期待はずれに終

わる。私が13種類の語義としたものを，P. Cayré は31として受け留めている。より厳密に検討するなら，それ以上のものが見出されるであろう。それは，sapientia という語の意味の数は，13とか31あるいは x ではないということである。この語は一定数の文章に出てくるとはいえ，それを取り囲む文脈によって語意が異なるからである。

70）アウグスティヌスは多くの説教において，「イザヤ書」7, 9の「信じなければ，あなたがたは確かにされない（理解しないであろう）」（nisi credideritis non intelligetis）ということばを繰り返すが，ここであげたのは，そのなかのひとつである。それほど，この一節はかれにとって重要であった（Congar, art. Théologie, c.351 ; Serm. Guelferb, 11, 4（3），éd. Morin, Serm. post Maurinos rep., p.476参照）。

71）Sermo 43, 7（9），PL38, c.258.

72）古代思想全体とは言わない。アウグスティヌス自身，それを指摘している（De civitate Dei, 8, 2, PL41, c.225）。Cicero によると，「哲学」という語は，Pytagoras によって導入されたものである。かれは，「知恵者」（sapiens）という語には恐縮し，自分を「知恵の探究者あるいは愛好者」（studiosum vel amatorem sapientiae）と呼ぶことで満足したようである（Tusculanae, 5, 3（8））。

73）これは，明らかに逃れようもない曲折を経て，よりよく言うならば，10年にわたる推敲のあと転記されたものである（L. Massignon, L'expérience mystique et les modes de stylisation littéraire, in Le Roseau d'Or, 20（Chroniques, IV），Paris, 1924, p.141-76 ; R. Aron, Essai sur la théorie de l'histoire dans l'Allemagne contemporaine, Paris, 1938, p.76）。

74）F. Cavallera, Augustin（Apocryphes attribués à saint），in Dictionn. de Spiritualité, 1, c.1132-34, no.9（Manuale），11（Meditationes），16（Soliloquia）参照。

75）本書，第Ⅱ部第1章，注（87）では，それ以前の研究をあげ，参照してもらうことにした。私はそのとき，すでに E. Hendrikx, Augustin Verhältnis zur Mystik, Wurzburg, 1936（否定的な立場をとる）を知っていなければならなかった。この分野における研究はいぜんとして盛んである。P. Henry, La vision d'Ostie. Sa place dans la vie et l'oeuvre de S. Augustin, Paris, 1938（かれは，反対に，しかしはっきりと，神秘的解釈に味方している）。この研究については，賛否こもごも多くの意見がある。あるものはかれの結論を受け入れている（J. Lebreton, Sainte Monique et saint Augustin. La vision d'Ostie, in Recherches de Sc. Rel., 28, 1938, p.457-72 ; F. Cayré, La vision d'Ostie, in La Vie Spirituelle, 60, 1939, suppl.[23] - [38]）。しかし反対の立場を取るものもいる（F. Cavallera, La contemplation d'Ostie, in Revue d'Asc. et de Myst., 20, 1939, p.181-96）。もうひとりのアウグスティヌスでもあるかのように振舞う Hendrikx ほどラディカルではないが，H. Heim（Der Enthusiasmus in den Konfessionen des hl. Augustinus, Wurzburg, 1941）もまた，アウグスティヌスの高揚に対する神秘的解釈には反対している。A. Mandouze もこの問題について研究し，成果の発表を予定している。それを待つ間，Id., S. Augustin et son Dieu. Les sens et la perception mystique, in La Vie Spirituelle, 60, 1939, p.44-60. J. Maréchal, Etudes sur la psychologie des mystiques, 2, Bruxelles, 1937, p.145-89参照。

76）1936年当時の私は，それまで何人かのフランシスコ会厳格主義者（まだ沈黙を守っ

ているが）や詩人しか関心をもたなかったひとつの問題が，これほどまでに取りざたされるとは思いもつかなかった。そのころ，P. Claudel はこれらの聖書注解関係の最初の文集を発表したばかりで，以後それは数を増していった。かれの Introduction au Livre de Ruth de l'abbé Tardif de Moidrey という声明書は，1938年夏，私の論文の発表後に刊行されている。それは，この問題が引き起こした，また現に引き起こしつつある膨大な文献の精査を促した（論争はまだ終わっていない）。予告されている研究書のうち，とくに J. Daniélou, Les origines de l'exégèse typologique（印刷中）に期待したい。これは，J. Coppens, Les harmonies des deux Testaments, in Nouvelle Revue Théologique, 70, 1948, p.794-810 ; 71, 1949, p.3-38, 337-65, 477-96といった一連の研究の一角をなすものである。私は，P. Claudel と J. Steinmann との間の仲裁者として，この論争に関与する機会を得た（La Vie Intellectuelle, 16, 1948, p.23-32, Dans la plénitude de la Foi 参照）。

77）この語を，「霊感を受けた意味の確立」（たいていは，字義の確立であるが）だけに用いようとする現代のカトリック神学者の傾向には抵抗した方がよい。私は exégèse という語を，語源と古代の用法に即してごく広く「文章の説明」として受け留める。

78）私は，これほど権威ある聖書注解者，神学者である P. A. Dubarle をして，「偉大な博士のこうした考え方――これだけではないが――は，デカダン期のやり方を神に帰するようなものである」と言わせたことを残念に思う（Rev. des Sc. Philos. et Théol., 31, 1947, p.71, n.1 参照）。

79）アウグスティヌスは，モプスエスティアのテオドロスをほぼ知らなかった（かれは一度だけ，Contra Julianum op. imperf, 3, 111, PL45, c.1295において暗示されている）。またとくに理論，実践双方において，西方の伝統と対立するテオドロスの聖書注解法も知らなかった。R. Devreesse, Essai sur Théodore de Mopsueste, in Studi e Testi, 141, Vatican, 1948, p.53-93（とくに，詩編の「神秘的な」標題に対する霊感の否定，アウグスティヌスをして節から節へ，キリストから教会へ，聖人から罪人へと移行させる「人称の変化」の否定，全般的な文脈，思想のつながりとはお構いなしに，文章を独立した節に分けることの拒否について）。

80）E. Gilson が説明するとおりの，Thomas による revelabile と revelatum との区別を利用することが許されるならば（Le Thomisme, 4e éd. p.23 参照）。

81）これまで以上に（本書，383頁）私が強調したいのは，ここには，グノーシス的な，あるいはヘブライ神学的な神秘性の形跡はないということである。霊的聖書注解は，素朴な信徒の信仰のあずかり知らぬ新たな神秘を導入するものではない。

82）私は，この語に躓いた何人もの神学者に出会ったが，それはおそらく，かれらが受けた世俗的教養において，「詩」（poésie）という語をまじめに受けとめる手段を与えられなかったためであろう。かれらには改めて Summa Theologica, 1a, qu.1, art.9 を読んでもらいたい（本書，第Ⅲ部第5章，注（91）参照）。Thomas はそこで，聖書はなぜ，厳密に詩的な表現法である隠喩を用いるのを善しとしたかを真剣に説明している。私が「神は詩人で（も）ある」（Dieu est aussi poète）と言うとき，それは，聖書における神は詩人としてだけでなく，教師，博士，立法者などとしても語っているという意味を

込めていることを理解してもらいたい。

83) この視点（本書，385頁において少々ふれておいたが）は，M. Pontet, L'exégèse de saint Augustin prédicateur, Paris, 1946, p.181において，見事に展開されている。かれは，「一種の神的あそびという概念」を説明して，つぎのように述べている。「それは，宇宙と同様，聖書においてもそうである。聖書の文章構成は，ぎっしりと詰まった内容を含み，異様で，論理的ではなく，こっけいでさえある。しかし，それらはみな意図されたものである。時として，笑みをたたえつつ，全能の力がそこに働いているのである（ludens in ore Scripturarum)」。

84) De civitate Dei, 12, 22, PL41, c.373参照。

85) Ibid., 15, 2, c.438-39参照。

86) 古代の文法教師（トラキアのディオニシウスからプリスキアヌスまで）は，形容詞を名詞のなかに入れている。

87) De civitate Dei, 13, 11, 2, PL41, c.385. Orior は，ortus sum となるが，morior の過去分詞は mortuus となり，それは，語尾から見て，形容詞 fatuus, arduus, conspicuus を思わせる。

88) Ibid., 1, 34, c.45 ; 2, 29, 1, c.77 ; 5, 17, 2, c.161参照。

89) Ibid., 2, 29, 1, c.77参照。

90) これらのことは，検討すればするほど複雑になる。P. De Vooght, La notion philosophique du miracle chez saint Augustin, dans le De Trinitate et le De Gensi ad litteram, in Recherches de Théol. Anc. et Méd., 10, 1938, p.317-43 ; Les miracles dans la vie de saint Augustin, ibid., 2, 1939, p.5-16 ; La théologie du miracle selon saint Augustin, ibid., p.197-222参照。

91) この主題に関する M. Bloch の指摘は正しい（Annales d'Histoire Sociale, 1, 1939, p.185参照)。

92) 私は拙著，Histoire de l'éducation dans l'antiquité において，古代の教養は本質的に貴族的であったことを強調した。これは，その起源に由来する際立った特徴であり，決して変化することはなかった（passim, p.489の aristocratique という語の見出しを見よ)。

93) かれの場合は取り立てて例外的なことではない（たしかに特有なものではあるが)。「235年以降，ローマ世界において相次いで起こった大混乱により，貴族階層の人口は減少と増加を繰り返すことにより，家庭伝統の重要性を減少させ，教育の第一の役割は，教養の保持者としての学校，知的向上の道具としての書籍に移っていった」（Ibid., p.411)。学校における教科書による教育は，「成りあがり者の隠れ蓑」である。パンノニア出身の無教養な Valentinianus という成り上がり者に頼まれて，Ausonius が育てた Gratianus の例を思い出してもらいたい。その当然の結果として，教養においても学校教育の特徴が際立つようになっていく（Ibid., p.90-94)。

94) 日付は不確かである。P. Gallay, La vie de saint Grégoire de Nazianze, 1938, p.233は，それを，引退後の384年から390年の間においている。

95) Gregoirius Nazianzenus, Epist. 107-19, PG37, c.208A-213C 参照。

96）ここでは，ネイメーヘン学派の研究を見れば十分であろう。とくに，Chr. Mohrmann は，論文 Die altchristliche Sondersprache in den Sermones des hl. Augustin の公刊後も研究を続け，それを二書にまとめて近く刊行する予定である。私は，かれの好意によって，その結論だけをここで取り上げたが，その刊行までは，Introduction au latin des chrétiens ; Syntaxe des Sermons de saint Augustin のほか，Les éléments vulgaires du latin des chrétiens, in Vigiliae Christianae, 2, 1948, p.176-84 を参照すること。

97）19歳のアウグスティヌスのような学校を出たばかりの若い教養人が，ラテン語聖書を最初に手にした時の反発は，容易に説明がつく。Confessiones, 3, 5 (9) : PL32, c.686 参照。

98）たとえば，De civitate Dei, 10, 21, PL41, c.299（これは奇妙な文章で，かれはそこで，「殉教者」を示すために古典的な heros（これはまだ，ギリシア語の借用であることを感じさせる）という語を使用できないことに不満をもっている）。それは，「はるかにより優雅な」（multo elegantius）ことばであるが，「教会の慣用語法」（ecclesiastica loquendi consuetudo）は，それに我慢ならないであろう。Ibid., 9, 19, c.272（「聖書が語っているように」(sicut Scriptura loquitur) ; 13, 11, c.385参照）。また Retractationes では，哲学者時代の著作における用語を（本書，第Ⅱ部第4章，注 (45)，第Ⅲ部第2章，注 (9)），こうした風に修正している。Retract.1, 1, 2 ; 1, 3, 2 ; 1, 13, 2参照。

99）アウグスティヌスははっきりと，言語における規範の遵守は民衆の理解を助けると言う。De civitate Dei, 10, 23, PL41, c.300参照。

100）ここでも，Chr. Mohrmann, Les éléments vulgaires du latin des chrétiens, in Vigiliae Christianae, 2, 1948, とくにアウグスティヌスを取り上げる。p.176-84を参照。

101）J. Finaert, L'évolution littéraire de saint Augustin, Paris, 1939における取り扱い方は，まだ簡潔すぎる（しかし p.19-38では，本書，425頁での私の指摘を発展させ，正当化している）。明確かつ示唆に富む研究は，M. Verheijen, Eloquentia Pedisequa, observations sur le style des Confessions de saint Augustin（coll. Latinitatis Christianorum Primaeva, fasc. 10), Nimègue, 1949である。

102）M. Pontet, L'exégèse de saint Augustin prédicateur, p.77-93参照。

103）アフリカにおけるロマンス語の運命については，近く刊行される tablettes Albertini によって明らかになるであろう。これは，これまでほとんど発表されたことのないヴァンダル期の資料で，Leschi, Perrat, Courois, Saumagne によって公刊されるはずである。

104）しかしたとえば F. Lot, A quelle époque a - t - on cessé de parler latin ? in Archivum Latinitatis Medii Aevi（Bulletin du Cange), 6, 1931, p.97-159のように誇張してはならない。かれによると，アウグスティヌスのラテン語は，アンブロシウスの讃歌（hymnus）と同じく，素朴な民衆にはすでに理解不可能であったらしい。こうした仮説は，明白なしかも一致した逆の意見から見て，支持できるものではない。聞くところによると，Lot は，H. F. Müller の説の影響を受け，自説を放棄したようである。しかしその Müller の意見もまた逆の方向に行き過ぎている。

105）J. Leclercq, Prédication et rhétorique au temps de saint Augustin, in Revue Bénédictine, 57,

1947, p.117-31 ; Deux sermons inédits de saint Fulgence, ibid., 56, 1945-1946, p.93-107 ; Les inédits africains de l'homiliaire de Fleury, ibid., 58, 1948, p.53-72. これらの研究は，4世紀から6世紀のアフリカにおける説教の歴史研究を準備するものである。Ephemerides Liturgicae, 60, 1946, p.8-9参照。

106）これは，M. Pontet, L'exégèse de saint Augustin prédicateur, p.387s. がもたらした功績のひとつである。

107）Enarrationes in Psalmos は，392年から418年にかけて書かれ，De civitate Dei は，412年から426年にかけて書かれている。

108）1936年当時，私は，「ペラギウス論争について……マニ教，ドナトゥス論争に関するような史料を持ち合わせない」ことに不満を感じていたが（本書，第Ⅲ部第4章，注（169）参照），今日では，G. De Plinval, Pélage, ses écrits, sa vie et sa réforme, Lausanne, 1943 ; Essai sur le style et la langue de Pélage, Fribourg（Suisse）, 1947のおかげで，この不満は解消された。ペラギウスの訴えは確実に取り上げられているが，これに対するアウグスティヌスの答えは対置しておくべきであったかもしれない。

109）私はここで P. Boyancé との対話を再録しておく（Revue des Etudes des Anciennes, 47, 1945, p.143-44参照）。

110）J. Finaert, L'évolution littéraire de saint Augustin, p.101-12参照。

111）注目すべきことであるが，culture という語が，Vocabulaire technique et critique de la philosophie に取り入れられたのは，A. Lalande による Nouveau Supplément（4e éd. Paris 1932）においてである（今日では，5e éd. Paris 1947, p.191b-92a）。なおこの項目は，Première Semaine Internationale de Synthèse（Paris, 1930）における L. Febvre と E. Tonnelat の報告の要約にすぎない。そこでこの主題は Civilisation と Kultur の概念の説明のなかで，間接的に取り扱われているにすぎない。

112）たとえば，M. Bloch, in Annales d'Histoire Sociale, 1, 1939, p.185参照。

113）Ammianus の言語については多くの研究があり，それは，たとえばI. B. Pighi, Ammiani Marcellini Rerum Gestarum capita selecta（Bibliotheca Neocomensis, 2）, Neuchâtel-Paris, 1948, p. xiv-xv に列挙されている。

114）Ammianus, 22, 8, etc...参照。

115）Ammianus, 24, 4, 5 ; 26, 6, 19-20 ; 30, 1, 22-23参照。

116）従って，これらの補注は教養と関わるものであるが，たえず話の筋を中断する。それは，Pighi, op. cit., p.xxiv-xxx において明示されている。

117）Ammianus, 18, 3, 9（鶩鳥は，タウロス山を越えるとき，鳴き声を発して鷹に襲われることのないように，小石を嘴にくわえる）。その他多数あり，選択に困るほどである。エジプトに関する22, 15（#15-20 ; 鰐について，#29 ; 決して陰を作らないピラミッドについて），あるいはササン王朝の地理における23, 6（#16 あるいは 37 : 石油について，#67, シナの木から生ずる絹について，#85-88 ; 露によって宿る真珠についてなど）。

118）教養人の審美的召命と哲学者のそれとのどちらを選ぶかは，古典的伝統にとってよ

り本質的なものであるように思われる。知恵と修辞学との結び付きがどのようなものであったにせよ，選択はたしかに根本的なものである。たとえばアウグスティヌスは「バウト称賛演説」（Panégyrique de Bauton）から Contra Academicos の作成に移っている。私は本書，142-45頁の説明を，拙著 Histoire de l'éducation, pass.（p.99, 109, 133, 282, 288, 301, 571）に要約し採録した。

119） 唯一の例外は Chr. Courtois で，私はかれの洞察力をたたえたい。しかし残念ながら，かれがあげる理由は最終的な判断として受け取られるほど価値があるとは思われない（Revue Africaine, 84, p.267参照）。

120） まず Le Chat Noir（26 mai, 1883）に掲載され，のち，Jadis et Naguère に転載されたこのソネット Langueurs, à Georges Courteline は，Verlaine が，「デカダン派」（Décadents）という語の祖であるとされる理由のひとつである。この語はまず詩人たちを指すもので，のち Moréas はかれらを Symbolistes と呼んだ。Verlaine は，おそらく Gibbon を読んだことはなかったが，ここでは Ausonius を頭においている。

121） ここで，その歴史を全部，語るつもりはない。ただ，1846年の展示会に出展された Couture の有名な絵 Romains de la Décadence をあげるにとどめよう。これは今見ると，たしかに時代遅れの「仕掛け」ではあるが，しかし当時は，傑作としてもてはやされ，それについて多くの紹介がなされた。このことに関するすぐれた研究として，J. Seznec, The Romans of the Decadence and their historical significance, in Gazette des Beaux-Arts, 24, 1943, p.221-32がある。そのさいごには（p.382），アメリカ人の特派員 A. Neumeyer の「あとがき」がある。実は，Couture は Ingres の弟子で，裸婦や肉感的な姿態を描くことに興味をもっていた。しかし1840年代の厳格主義の態度をとることにより「精神的深遠さ」と歴史に対する真実さを身につけている。

122） 1885年ごろの公立中等教育においてそれが実施された。Marrou, Histoire de l'éducation, p.272参照。

123） ここで Confessiones の筋書きを再び取り上げるつもりはない。ただ，それに関するすぐれた研究として，M. Verheijen, Eloquentia Pedisequa, p.46-50をあげておく。

124）「何もない」(Rien)。私は，妄想にもとづく非難からアウグスティヌスを守ろうとするあまり，De Trinitate, 1, 2 (4) で示された区分のなかに全体のプランがあると考えた（本書，第I部第3章，注 (79) 参照)。しかしこの区分は，第一部の再区分を持ち込んでいるにすぎない。「次に」(deinde) は，第二部 (9-15巻) を予告するのではなく，Eunomius とその一派（istis garrulis ratiocinatoribus という表現で示されている）にあてられた5-8巻に導くにすぎない。

125） PL42, c.932参照。

126） これ自体は付随的なもので，神のペルソナに関するヒラリウスの文章の注釈を補完するものである（De Trinitate, 6, 10 (11), c.931-32参照)。

127） Ibid., 7, 1 (1), c.931参照。

128） たとえば，De civitate Dei においてかれは，永劫回帰説（ニーチェ）に対する反論を専門的に取り扱うまえに (12, 10-20, c.357-72)，簡単に素描している（De civitate Dei,

11, 4, 2, PL41, c.319-20参照)。当然のことであるが，著作の冒頭では多くの内容が前もって説明されている。こうして第1巻では，後述される主題がたえず言及される。たとえば，1, 3 (無能な神々)，1, 5 (異教徒の徳)，1, 32 (遊びのもつ不道徳的な要素) など。同様に，2, 7は第6巻から第10巻を，2, 11は第9巻と第10巻を，2, 21は19, 22-25を，2, 22は第3巻を先取りしているなど。

129) 結論における要約は，しばしば，こうした想起の機会になる。たとえば第12巻の結論 (c.26-27 ; ibid., c.375-76) がそうである。そこでは，当の第12巻を要約するだけでなく，それ以前に取り扱った主題を再び取り上げる。たとえば10, 29, 2におけるポルフュリオスに対する論戦がそうである (omne corpus fugiendum)。それは拡大されて，第9巻 (悪魔を礼拝しないこと) にまで言及することになる。第27章では，その要約 (人間の創造主なる神) は女の創造の叙述を先取りし，また De civitate Dei の全体的主題の想起につながっている。第12巻の終わりは，相次いで立ち現われる絡み合う主題をもつ「ストレット」(strette) となっている。

130) さらに，De civitate Dei 第2巻では，「新たな序論」(novum exordium) を設け内容を要約しているが，それは実際は第3巻 (2, deinceps itaque dicere institui...) の内容を予告している。そしてこの第2巻に固有の主題そのものは，何の前置きもなしに第3巻のはじめに (primo...) 取り扱われている。

131) De Trinitate, 2, 7 (13) - 4, 21 (32), PL42, c.853-912参照。

132) Ibid., prooem., 1, c.885参照。

133) Ibid., 4, 19 (25), c.905参照。

134) Ibid., 3, 1 (4), c.870参照。

135) 「詩編」86 (vulg), 3.

136) 「ハバクク書」2, 4参照。

137) 「ローマの信徒への手紙」8, 25参照。

138) 「詩編」93, 15参照。

139) 同書，61, 9参照。

140) De civitate Dei, 2, 21, 4, c.60参照。

141) Ibid., 11, 1, c.315参照。

142) これは，17世紀のフランス人にはそうではなかったであろう。散文に対するフランス人の考え方は，Voltaire 以降，まったく違うものになった。

143) 私は，この問題を詳細に取り上げたことがある。La division en chapitres des livres de “La Cité de Dieu”, in Mélanges J. de Ghellinck, I, Gembloux, 1951, p.235-49参照。

144) 私は，B. Dombart, Zur Textgeschichte der Civitas Dei Augustins seit dem Enstehen der ersten Drucke, in Texte und Untersuchungen, 32 (III. R., t. 2), 2, a. Leipzig, 1908, p.52-56の意見には反対である。A. Kalb, Dombart- Kalb, ed Teubner, 1, p. xii 参照。

145) Saint Augustin, Lettre Lambot, in Revue Bénédictine, 51, 1939, p.113, 1. 42-43参照。

146) 写本 Veronensis 28 (5世紀の写本。しかしそこに含まれる目次は10世紀に付記されたものである)，Lugdunensis 607 (6ないし7世紀の写本。ここには目次はない)；

Corbeiensis（Paris, BN. F. lat. 12214（冒頭にある目次は，Retract. の注記では本文と切り離されている；6-7世紀）。

147） ラテン語では，breviculus（Lettre Lambot), canon（ms. C. fo 1er, 12 Vo）となっている。

148） この幸運な資料について言うと，その伝承はきわめて古く，ほとんどその著者にまで遡る。写本 V はたしかに5世紀のもの（おそらく5世紀初頭のものであろう）。（A. Wilmart, La tradition des grands ouvrages de saint Augustin, in Miscellanea Agostiniana, 2, p.290, n.349 ; E. A. Lowe, Codices Latini Antiquiores, 4, Oxford, 1947, p.25, n.491）。

149） それは，序論と結論を見れば分かる。大部分の序論と結論はきわめてはっきりと記されている。De doctrina christiana のような教育的提要だけは例外であろう。そのため，4, 31 (64) におけるような指示があるのであり，この点についてたしかに私は間違っている（本書，56頁参照）。

150） ここには，拙著 Histoire de l'éducation dans l'antiquité の準備として積み重ねた多くの研究の成果がある。またそこには現代の歴史学者たちがヘレニズム期について長いこと抱いてきた蔑視に対する不満も表明しておいた（Ibid., p.141）。ところで，この中心的な接点（転換期）を知らないところから，ギリシア古典主義の歴史とローマ時代の歴史とを関連づけることは不可能である。

151） 本書，22頁と52頁参照。とくに Histoire de l'éducation, pass.（索引の s. v. classicisme, p.589参照）。

152） Ibid., p.31, 62, 75, 98, 156, 400参照。

153） H. Davenson, Traité de la Musique selon l'esprit de saint Augustin, p.141-46参照。

154） Histoire de l'éducation, p.72-73 ; 76-77参照。

155） Ibid., p.271参照。

156） これは，あるいは要約しすぎたかもしれず，de Labriolle は，私の説明に満足していない。Id., in Journal des Savants, 1938, p.151-53参照。

157） たとえば，A. Piganiol は，アウグスティヌスについて，「かれの方法は，かれの賛美者に対してさえ，あるいは『戸惑い』を，あるいは『当然の驚き』を示唆する」（本書，193頁を暗示している）と述べたが，こうした誤解は避けるべきである。Id., L'empire chrétien（G. Glotz, Histoire générale, Histoire romaine, 4, 2), p.233参照。

158） Revue des Etudes Anciennes, 47, 1945, p.146.

159） イソクラテスを擁護したことについては，拙著，Histoire de l'éducation, p.134-35を参照のこと（Parole, Verbe は教養のすぐれた道具であり，多様な事実を直感的に把握し，人間をとおしてその事実そのものに働きかける手段である）。

160） つまり「死ぬこと」(mourir)。

161） 実際，人間は死を「変化させたり」(décliner) 避けたりすることはできない。

162） Morior は，orior 型の他の形式所相動詞のような変化（decliné=conjugué）はしない。

163） 先に引用した De civitate Dei, 13, 11, 2, PL41, c.385参照。

164） 私はすでに，A. Loyen, Sidoine Apollinaire et l'esprit précieux en Gaule aux derniers

jours de l' Empire（Paris, 1943）の論文を機会に，C. E. Magny, Précieux Giraudouz, Paris, 1945（Revue du Moyen Age Latin, 1, 1945, p.203-04）に含まれる「プレシオジテの形而上学」について，歴史学者たちの注意を喚起しておいた。

165） この主題については，近く L. Bourgey, Observation et expérience chez les médecins de la collection hippocratique が刊行され，参照可能になる。

166） まったく不十分なものではあるが，このことばの意味については Marrou, Histoire de l'éducation, p.119-20（哲学者の偉大さと孤独），p.133-35（イソクラテス対プラトン），p.305-06（科学的ではなく，文学的なヒューマニズム）を参照してもらいたい。

167） Ibid., p.243-56参照。たとえば，私は，つぎのような奇妙な事実を強調した。つまり天文学はたしかにヘレニズム期教育においてもてはやされた唯一の科学的学科であったが，しかし実際には，その学習はアラトスの詩文の文学的注釈に限られ，しかもこの詩文そのものがきわめて文学的なものであった（本書，202-03頁参照）。

168） 私はここで，中断されていた A. J. Festugière との対話を再び取り上げている（Revue des Etudes Grecques, 52, 1939, p.237参照）。

169） Cicero, Acad. pr.2, 39（123）. H. Diels, Fragmente der Vorsokratiker, ＃ 50参照。

170） Suetonius, Tiberius, c.70, 5参照。

171） N. Copernie, De revolutionibus coelestium, Nuremberg, 1543, p.iii-iv 参照。

172） ここでは，自然学の場合を考えている。アウグスティヌスの教養に大いに欠けている数学的諸学科の場合については，本書，再考録17「好奇心批判のあいまいな基準」参照。

173） たとえば，A. Piganiol, L'empire chrétien , p.390参照。

174） アウグスティヌスによると，それはプラトンという人間の権威と神の権威のどちらかを選択することである。「創世記」とは言っても，厳密に天文学あるいは自然学に属する内容にまで啓示を拡げようとはだれも思わないであろう。しかしそれは問題ではない。つまり Timaeus と「創世記」との間に見られる対立は，現代人が科学と宗教との関係において経験したような類のものではない。これは，対立する二つの権威，しかも権威としての両者のあつれきである。私が知る限り，これは Timaeus が，新プラトン主義者があれほどの畏敬をもって受け入れていた「現象を救う」ように思われたからではない。Marrou, Histoire de l'éducation, p.116, n.117参照。

175） こうした熟考の結果，私は故人となった Marc Bloch があれほど熱心に「学者たちの宗教に対する大衆的な表現の圧力」を求めて進むように勧告してくれた路線は袋小路にたどり着くと考えるようになった（M. Bloch, Annales d'Histoire Sociale, 1, 1939, p.186参照）。もちろんまったく異なる視点（科学的視点のほかに神学的，霊的視点），アウグスティヌスに対する大衆的な信心の強い影響，キリスト教的共同体の生活のなかに具現された宗教的体験（それは体系化されて，教会の規律となる）といった要素もある。それを最初に意識したのが，かれである。かれにとって mos populi Dei（神の民の慣習）はきわめて豊かな神学の場である（たとえば子どもの洗礼，ペラギウス論争を打ち破る力強い論証として)。ここには，かれに対するこうした影響と，かれが教会活

動という広大な流れのなかに身をおきキリスト教的民と深く交わったという事実との結合から来る，アウグスティヌス思想の興味深い分野がある（本書，271-72頁参照）。

176） Synesios, Ad Paeonium, Opuscula（éd. Terzaghi, Rome, 1944), p.132-42 ; Epist. 153, PG 46, c.1557 A. この道具の正確な機能については，P. Tannery, Recherches sur l'histoire de l'astronomie ancienne, Paris, 1893, p.50s 参照。

177） Marrou, Histoire de l'éducation, p.145-47参照。

178） 私は，アウグスティヌスとすべての初期教父たちが厳しく批判した音楽（芸術として）の視点については，先に説明した（本書，164-66頁参照）。7世紀になってはじめて，音楽への嫌疑は晴れ始める。とくにシナイの禁欲的社会において。Jean Climaque, Scala Paradisi, 25, PG 88, c.893 A), in Traité de la musique selon l'esprit de saint Augustin, p.103s 参照。

179） Marrou, Histoire de l'éducaton, p.307-08参照。

180） 文明に関する限り，ローマの美徳（vertu）はキリスト教と同等の活力をもつ。そのためアウグスティヌスはそれに親しみを感じ，De civitate Dei 第2巻の巻末において，そのキリスト教化のために熱弁を振るっている（De civitate Dei, 2, 29, PL 41, c.77-78)。

181） PG 44, c.125 A-256 C. 今日では，J. Laplace, in Coll. Sources Chrétiennes, 6, Paris, 1944の訳があり，その研究は容易になった。

182） この視点は，G. Misch, Die Geschichte der Autobiographie, 1, Altertum, Leipzig, 1097, p.402-40によって準備されたもので，P. L. Landsberg は，これを用いている。かれの研究は，遺作として，Augustin philosophe, contribution à l'histoire de son esprit の標題で近く刊行されるはずである。現存するすぐれた研究としては，Les sens spirituels chez saint Augustin（聖書ではなく，かれ自身において），in Dieu Vivant, fasc. 11, Paris, 1948, p.83-105を参照。

183） A. Piganiol, L'empire chrétien, p.390参照。

184） より古いキリスト教芸術の問題については，F. van der Meer, Christus' oudste Gewaad, Utrecht, 1949がある。

185） Spengler, Le déclin de l'Occident, trad. fr. 1, 1, p.324.「この古代の殻の妄想を捨てるとき，……流行後れの慣行のなかから帝政期の若い東方人が姿を現わす」(p.325, 334など)。Spengler が，すでに帝政前期について認めさせようとしていたことを，私は帝政後期について考えている（周知のように，かれは紀元最初の1千年をただひとつの「教養」にまとめ，仰々しく「アラブ文明」と呼ぶ。Spengler という，この大道化師，偽預言者が犯した最悪の間違いは，その鋭い直観力と深く結びついている)。

186） Pseudomorphose, Miner（Larousse du XXe siècle, s.v.).

187） Reitzenstein, Augustin als antiker und mittelalterlicher Mensch の平凡な講演の標題に私は大いに魅せられ，それをここで再びあげておく（本書，序，注 (15) 参照)。

188） 余りに大まかなまとめ方は避けるべきである。たとえば，J. M. Nielsen, Der letze antike, der erste moderne Mensc, in Unitas, 77, 1937-38, p.67-72参照。

189） A. J. Festugière 自身， Revue des Etudes Grecques, 52, 1939, p.235-40における書評に

おいて両者の分析を比較している。

190） キリスト教徒から見ると，異教的教養とキリスト教的教養との間には超えがたい溝がある。前者は誤謬（偽りの神々の礼拝）にもとづき，後者は「真理」（神）にもとづいている。とはいえ，形態学的に見て両者は同一のものと考えて差し支えない。ヘルメス思想による祈りは，キリスト教的祈祷集のなかに挿入されることもありえたと理解されている。要はそれを真の神に捧げるまでのことである（Corp. Herm. I（Poimandres), 31-32 dans P. Berlin 9794, éd. Nock-Festugière, 1, p.17-19 ; p.xxxvii 参照)。

191） たしかに，後の中世教養の起源は4世紀にまで遡る。しかしそれが誕生するのは，教養の大きな流れのそとで，人里離れた環境にあった修道院学校においてである。私は，当時の一般的雰囲気とは完全に遮断されたこうした環境での誕生について，Histoire de l'éducation, p.435s において述べた。

192） R. Delbrück, Spätantike Kaiserporträts（H. Lietmann-G. Rodenwaldt, Studien zur spätantiker Kunstgeschichte, 8), Berlin-Leipzig, 1933, pl.52-54 ; p.139-44.

193） 後者の定義については，Histoire de l'éducation, p.139-47, La civiliation de la paideia（「教養の文明」）参照。

194） 好意をもって注意深く読むものは，ここには，すでに本書，序　注(2) において控え目に述べた考えがあることに気付くであろう。しかしこの時代は Dark Ages ではなく，Spätantike と呼ぶべきである。この点については，R. C. Collingwood, The idea of history, Oxford, 1949, p.218-19における考察を見てもらいたい（歴史学者たちが暗黒時代（Ages obscures）と呼ぶのは，その時代を理解するだけの能力がかれらに欠けているからである)。

195） こうした便利な概念を導入することは有用であると思われる。古典古代の古い多神教に続いてヘレニズム期に現われたのは無宗教（少なくとも相対的な意味においてではあるが）の時代であった。キリスト教の世紀が近づくにつれて（東方，とくにセム的影響のもとに）宗教的感覚のもとに存在について新たな考え方が現われ，それは帝政後期には支配的となる。

196） イタリア人は，tardo-antico あるいは tardo-romano と呼ぼうとしたが，大して成功していないように見える。

197） 西方人で，言語上の便利さを考えて，De civitate Dei という標題をギリシア語式に引き写したのは私がはじめてではない。すでにアウグスティヌスの存命中，かれの書に親しんだ宰相 Dardanus（本書，308頁）は，かれが隠退していたアルプス地方のわび住まいを Theopolis と呼んでいる（CIL, t. XII, no 1524, 1, 6)。F. Chatillon, Locus cui nomen Theopoli est. Essai sur Dardanus, préfet du prétoire des Gaules au Ve siècle, correspondant de saint Jérôme et de saint Augustin, et sur sa fondation de Theopolis, Gap, 1943.

198） J. Bayet, Littérature latine, Paris, 1934, p.665s：「コンスタンティノ・テオドシウス・ルネサンス」(La Renaissance constantino-théodosienne)。

199） A. Piganiol, L'empire chrétien, p.421：「ローマがデカダンスに陥ったというのは間違いである……など」。

200）とはいえ，純粋に異教的な伝統は，古典ヒューマニズムの存続によって残存していた。ビザンツにおけるネオ・パガニスムの再生については，Marrou, Histoire de l'éducation, p.499参照。

201） Donatus は，暗黒の蛮族時代においても，いぜんとして西方の人々の教師であり続けた。かれは，Spätantike とラテン中世をつなぐ稀有な接点のひとつである（衰退，忘却，再生といったお決まりの区切りの代わりに）。

202） 丁度，12世紀においても，テサロニケのエウスタティオスがいぜんとして古代の注釈者の精神にそってホメロスを理解していたことから分かるように，人々は，ヴェルギリウスを理解していたようである。

203） きわめて個性的なアウグスティヌスの三位一体の神学と，ギリシア的伝統により近いアンブロシウスあるいはノラのパウリヌスのそれとの比較はきわめて重要である（これについては，P. Fabre, Saint Paulin de Nole et l'amitié chrétienne, Paris, 1949, p.58-66のすぐれた研究がある）。

204） たとえば，サベリウス主義に同調するような Marcellinus de Ancyra の態度，またバシリウスの周囲に集まっていた「新・正統派」に対する警戒心，さらにアポリナリス派の Vitalis のような疑わしい人物に対する余りに好意的な理解などがそうである。

205） 当座の研究書として，C. N. Cochrane, Christianity and classical culture（ローマ帝国の政治的理想），a study of thought and action from Augustus to Augustine, New-York, 1944 (2)。しかし著者は，ビザンツ皇帝が並行して抱いていた理想を知らないところから，その説明を正しく位置づけえないでいる（Marrou による書評，The Review of Politics, 9, 1947, p.247-52参照）。

206） A. J. Festugière, Revue des Etudes Grecques, 52, 1939, p.235における書評をあげておこう。

207） 真の問題は，つぎの点にある。なぜ西方は蛮族の攻撃に屈し，東方はこれに抵抗しその害を避けえたのか，ということである。

208） たとえば，ヒエロニムスの苦悶の声（p.351-1）に対して答えるアウグスティヌスの説教（De excidio Urbis, PL40, c.716-24）を見てもらいたい。

209） De civitate Dei, 4, 7, PL41, c.117.

210） Possidius, Vita, 31, PL 32, c.64参照。かれは，これがアウグスティヌスのさいごのことばであったとは言っていない。しかしこの文章はアウグスティヌスの遺言ともなることばの説明のなかにおかれている。

211） Retractationes, prol. 3, c.586.

文 献 一 覧 I

1　アウグスティヌス没後1500年記念論文集

Ⅰ. Aurelius Augustinus. Die Festschrift des Görresgesellschaft zum 1500. Todestage des heiliger Augustinus. Hrsg. von M. Grabmann und J. Mausbach, Köln, 1930.

Ⅱ. S. Agostio. Pubblicazione commemorativa del XV centenario della sua morte. Rivista di filosofia neo-scolastica, supplemento speciale al vol. XXIII（Genraio 1931）, Milano, 1931.

Ⅲ. Saint Augustin. Cahier de la Nouvelle Journée, no.17, Paris, 1930.

Ⅳ. Miscellanea Agostiniana, testi e studi pubblicati a cura del ordine eremitano di S. Agostino nel XV centenario della morte del santo dottore, 2 vol., Roma, 1930.

V. Miscellanea Augustiniana, Rotterdam, 1930.

Ⅵ. A Monument to St. Augustine, essays on his age, life and thought., London, 1930.

2　アウグスティヌスの業績とその背景に関する研究

Abert, H., 1）Die Lehre vom Ethos in der griechischen Musik, Leipzig, 1899.

2）Die Musikanschauung des Mittelalters und ihre Grundlagen, Leipzig, 1905.

Albertini, E., 1）La composition dans les ouvrages philosophiques de Sénèque, Paris, 1923.

2）L'empire romain, in Halphen et Sagnac, Peuples et civilisations, Histoire gémérale IV, Paris, 1929.

Alès, A. d', Itala, in Recherches de science religieuse, 1921, p.214-19.

Alfaric, P., 1）L'éolution intellectuelle de saint Augustin, I. Du Manichéisme au néo-platonisme（第一巻のみ刊行）Paris, 1918.

2）Recension de Boyer, Christianisme et néo-platonisme, in Revue historique, t. CXXXVⅢ（1921-1922）, p.108.

Alton, J.-F. d', Roman literary theory and criticism. A study in tendencies, London, 1931.

Ambroggi, P. de, 1）L'Itala di S. Agostino in Scuola Cattolica, 57, 1929, p.114-21.

2）L'Itala, versione latina o greca? in Scuola Cattolica, 57, 1929, p.443-51.

Ameringer, T. E., The stylistic Influence of the Second Sophistic on the panegyrical sermons of S. John Chrysostomus, Patristic Studies（Cathoric University of America）, V, Washington, 1921.

Amerio, F., Il "de Musica" di S. Agostino, Turin, s, d, 1929（Didaskaleion, 1929, p.1-196）.

Angus, S., The sources of the first ten books of St. Augustine's de Civitate Dei, Princeton, 1906.

Appuhn, A., Das Trivium und Quadrivium in Theorie und Praxis, I. Das Trivium, Erlangen, 1900.

Arnim, H. vor., 1）Leben und Werke des Dio von Prusa, Berlin, 1890.

2）Stoicorum Veterum Fragmenta, t. I-IV, Editio stereotypa editionis primae. Stuttgart（B. G. Teubner）, 1968.

Arnou, R., Art. Platonisme des Pères, in Vacant-Mangenot-Amann, Dictionnaire de Théologie catholique, t. XII c2258-2392.

Arts, M. R., The Syntax of the Confessions of St. Augustine（Patristic Studies, XIV）Washington, 1927.

Atkins, J. W., H. Literary Criticism in Antiquity, a sketch of its development, 2 vol., Cambridge, 1934.

Baebler, J.-J., Beiträge zu einer Geschichte der lateinischen Grammatik im Mittelalter, Halle, 1885.

Baldwin, C. S., 1）St. Augustine and the Rhetoric of Cicero, in Proceedings of the classical Association, 22, 1925, p.24-46.

2）Medieval Rhetoric and Poetic（to 1400）interpreted from representative works, New York, 1928.

Balestri, G., Di un celebre passo in de Doctrina Christiana del S. P. Agostino, Firenze, 1927.

Ballerini, P., II metodo di S. Agostino negli Studi, Roma, 1757, in-34）（この稀覯本はローマのBiblioteca Angelica と Biblioteca Vaticana にある）.

Balmus, C. I., 1）Etude sur le style de saint Augustin dans les confessions et la Cité de Dieu, Paris, 1930.

2）La lettre de saint Augustin à Licentius（Ep. 26）, in Memoria Lui Vasile Parvan, Bucarest, 1934, p.21-27.

Balogh, I., 1）Augustins "alter und neuer Sti", in Die Antike, 3（1927）, p.351-67.

2）Voces Paginarum, Beiträge zur Geschichte des lauten Lesens und Schreibens, in Philologus, 82, 1926, p.84-109, 202-40.

Bardenhewer, O., Geschichte der altkirchlichen Literatur, t. IV: Das fünfte Jahrhundert. 1. und 2. Aufl. Freiburg i. Br. 1924.

Bardy, G., 1）Le de Haeresibus et ses sources, in Miscellanea Agostiniana（=IV）, t. II, p.397-417.

2）La littérature patristique des Quaestiones et Responsiones sur l'Ecriture sainte, in Revue Biblique, 1932, p.210ss., 341ss., 515ss. ; 1933, 14ss., 211ss., 328ss.

3）L'église et l'enseignement dans les trois premiers siècles, in Revue des sciences religieuses（Strasbourg）, 1932, p.1-28.

4）L'église et l'enseignement au quatrième siècle, ibid. 1934, p.525-49 ; 1935, p.1-27.

5）Saint Augustin, l'homme et Loeuvre, Paris, 1940.

Barry, M. J., Saint Augustine the Orator. A study of the rhetorical qualities of St. Augustine's Sermones ad populum, in Patristic Studies VI, Washington, 1924.

Bassi, D., Sant'Agostino e Virgilio, in Annali dell' Istruzione Media 6, 1930, p.420-31.

Bate, H. H., Some technical terms of greek exegesis : ἀλληγορία, θεωρία, τροπκός in Journal of theological Studies, 24（1923）, p.59-66.

Batiffol, P., 1) Etudes de liturgie et d'archléolpogie chrétienne, Paris, 1919.

2) Le catholicisme de saint Augustin, 2 vol., Paris, 1920.

Baumgarten, F., Poland, F., Wagner, R., Die Hellenistisch-Römische Kultur, Leipzig, 1913.

Baxter, J. H., Colloquialisms in Saint Augustine, in Archivum Latintatis Medii Aevi（Bulletin Du Cange）3, 1927, p.32s.

Bayet, J., 1) Les origines de l'Hercule Romain, Paris, 1926.

2) Littérature latine, histoire; pages choisies traduites et commentées, Paris, 1934.

Becker, H., Augustin, Studien zu seiner geistigen Entwicklung, Leipzig, 1908.

Bérard, V., Introduction à l'Odyssée, t. II. Le Poème représenté, le Poème édité, Paris, 1924.

Berthelot, A., Introduction et Commentaire à son édition de Festus Avienus, Ora Maritima, Paris, 1934.

Bidez, J., 1) Vie de Porphyre, le philosophe néo-platonicien. Gand. 1913.

2) Edition de l'Empereur Julien, Oeuvres complètes, 1, 2, Lettres et Fragments（collection"Budé"）, Paris, 1924.

3) Lavie de l'Empereur Julien, Paris, 1930.

Billen, A. V., The old Latin texts of the Heptateuch, Cambridge, 1927.

Blasic, P., De opere exegetico S. Augustini, in Bogoslov Smotra 18（1930）, p.415-29.

Blondel, M., 1) Latent Resources in St. Augustine's Thought, in Monument to St. Augustine（=VI）, p.319-53.

2) La fécondité toujours renouvelée de la pensée augustinienne, in Saint Augustin（=III）, p.3-20. Cf. Revue Néo-scolastique, 1930, p.261-73 ; Revue de Métaphysique et de morale, 1930, p.423-69.

Bloch, O., Wartburg, W. von, Dictionnaire étymologique de la langue française, 2 vol., Paris, 1932.

Boissier, G., La fin du Paganisme, études sur les dernières luttes en Occident au IVe siècle, 2 vol., Paris, 1898^{3}.

Boemer, F., Der lateinische Neuplatonismus und Neupythagoreismus und Claudianus Mamertus in Sprache und Philosophie, Leipzig, 1936.

Bornecque, H., 1) Les clausules métriques latines, Lille, 1907.

2) Introduction à sa traduction de Sénèque le Rhéteur, Controverses et Suasoires, 2 vol., Paris, 1932^{2}.

Boüard, M. de, 1) Encyclopédies Médiévales. Sur la "connaissance de la nature et du monde" au moyen-âge, in Revue des Questions Historiques, 1930, p.258-304.

2) Une nouvelle encyclopédie médiévale, le Compendium Philosophiae, Paris, 1936.

Bouillet, M. F., Traduction de Plotin, Les Ennéades, 3 vol., Paris, 1857-61.

Boulanger, A., Aelius Aristide et la sophistique dans la province d'Asie au IIe siècle de notre ère, Paris, 1923.

Boulenger, F., Introduction à son édition de St. Basile, Aux jeunes gens sur la manière de tirer profit des lettres helléniques（Collection, "Budé"）, Paris, 1935.

Bourgery, A., Sénèque prosateur. Etudes littéraires et grammaticales sur la prose de Sénèque le philosophe, Paris, 1922.

Bousset, W., Jüdisch-christlicher Schulbetrieb in Alexandria und Rom. Literarische Untersuchungen zu Philo und Clemens von Alexandria, Justin und Irenäus, Göttingen, 1914.

Boyer, C., 1) L'idée de vérité dans la philosophie de saint Augustin, Paris, 1920.

2) Christianisme et néo-platonisme dans la formation de saint Augustin, Paris, 1920.

3) La contemplation d'Ostie, in Saint Augustin (=III), p.137-61.

4) Article Augustin (Saint), I, in Villert, M., Cavallera, F., De Guibert, J., Dictionnaire de Spiritualité ascétique et mystique, Doctrine et Histoire t. I, 4. Paris, 1935, c.1101-130.

Brehaut, E., An encyclopedist of the dark Ages, Isidor of Seville, New York, 1912.

Bréhier, E., 1) Introduction à son édition de Plotin, Ennéades (collection "Budé"), t. I, Paris, 1924, p.i-xlv.

2) Les idées philosophiques et religieuses de Pilon d'Alexandrie, Paris, 1925^2.

3) Histoire de la philosophie t. I, Antiquité et Moyen-Age, Paris s. d. (1926-27).

4) La philosophie de Plotin, Paris, s.d. (1928).

5) compte rendu de Schissel von Fleschenberg, Marionos von Neapolis) in Revue d'Histoire de la Philosophie, 1929, p.226-27.

Brunner, J. N., Der heilige Hieronymus und die Mädchenerziehung auf Grund seiner Briefe an Laeta und Gaudentius, München, 1910.

Bruyne, D. de, 1) L'Itala de saint Augustin, in Revue Bénédictine, 1913, p.294-314.

2) Les fragments de Freising (épitres de saint Paul et épitres catholiques), Collectanea Biblica Latina 5, Rome, 1921.

3) Encore l'Itala de saint Augustin, in Revue d'Histoire Ecclésiastique, 1927, p.779-85.

4) (Recensions critiques de publications relatives à la question de l'Itala) in Bulletin d'Ancienne Litterature Chretiénne Latine, 2, nos 102-04 (supplément à la Revue Bénédictine, 1930, p.[30] - [31]).

5) Saint Augustin reviseur de la Bible, in Miscellanea Agostiniana (= IV) t. II, p.521-606.

6) Les citations bibliques dans le de Civitate Dei, in Revue Biblique, 1932, p.550-60.

7) La correspondance échangée entre Augustin et Jérôme, in Zeitschrift für die Neutestamentliche Wissenschaft, 1932, p.233-48.

8) Notes sur le psautier de saint Augustin, in Revue Bénédictine, 1933, p.20-28.

Burckitt, F. C., The Old Latin and the Itala, Texts and Studies, IV/3, Cambridge, 1896.

Bury, J. B., History of the later Roman Empire from the death of Theodosius I to the death of Justinian, 2 vol., London, 1923^2.

Butler, C., Western Mysticism. The teaching of St. Augustine, Gregory and Bernard on contemplation and contemplative life. Neglected chapters of the history of religion, London, 1927^2.

Cantor, M., Vorlesungen über Geschichte der Mathematik, t. I, Leipzig, 1907^3.

Capelle, B., 1) Le texte du Psautier latin en Afrique, in Collectanea Biblica Latina 4, Rome, 1913.

2) (Recension critique de publications relatives à la question de l'Itala) in Bulletin d'Ancienne Littérature Chrétienne Latine, 1, nos. 666s. (Supplément à la Revue Bénédictine, 1928, p. [265] - [266]).

Cappuyns, M., Jean Scot Erigène, sa vie, son oeuvre, sa pensée, Louvain-Paris, 1933.

Capua, F. di, Il ritmo prosaico in S. Agostino, in Miscellanea Agostiniana (= IV) t. II, p.607-764.

Carcopino, J., 1) Etudes Romaines, (I), La Basilique pythagoricienne de la Porte Majeure, Paris, 1926, In-16.

2) L'Education Romaine, in Bulletin de la Société française de pédagogie, no.27, mars 1928, p.15-19.

3) Virgile et le mystère de la IVe Eclogue, Paris, 1930.

4) La République Romaine de 133 à 44 avant J.-C, Histoire Romaine, t. II (en deux parties, la première avec G. Bloch), G. Glotz, Histoire générale, I, Histoire Ancienne, troisième partie, Paris, 1935.

Cardamone, R., Della Musica di Sant'Agostino libri sei, tradotti e anottati, Firenze, 1878.

Casamassa, A., Il Pensiero di Sant'Agostino nel 396-97, Roma, 1919.

Cavallera, F., 1) Saint Jérôme, sa vie et son oeuvre, 2 vol., Paris-Louvain, 1922.

2) Encore l'Itala de saint Augustin, in Bulletin de Littérature ecclésiastique 29, 1928, p.119-36.

Cayré, F., 1) La contemplation augustnienne. Principes de la spiritualité de Saint Augustin, Paris, 1927.

2) Initiation à la philosopie de saint Augustin, t. I, Paris, 1947.

Chenu, M. D., La théologie comme science au XIIIe siècle. Genèse de la doctrine de saint Thomas, in Archives d'Histoire doctrinale et littéraire du Moyen Age 2, 1927, p.31-71.

Chevalier, J., Etude critique du dialogue pseudo-platonicien l'Axiochos sur la mort et l'immortalité de l'âme, Paris, s. d. (1915).

Christopher, J. P., S. Aureli Augustini Hipponensis Episcopi De Catechizandis Rudibus liber unus, translated with an introduction and commentary, in Patristic Studies, VIII, Washington, 1926.

Claesen, A., Augustinus en Cicero's Hortensius, in Miscellanea Augustiniana (=V), p.391-417.

Clausen, N., Aurelius Augustinus sacrae Scripturae interpres, Copenhagen, 1827.

Coffin, H. C., The influence of Vergil on St. Jerome and on St. Augustine, in Classical Weekly, 17, 1924, p.170-75.

Colbert, M. C.,The Syntax of the De Civitate Dei of St. Augustine, in Patristic Studies, IV, Washington, 1923.

Colincamp, F., Etude critique sur la méthode oratoire dans saint Augustin, Paris, 1848.

Collinet, P., Histoire de l'Ecole de droit de Beyrouth, Paris, 1925.

Cole, P. R., Later Roman Education in Ausonius, Capella and the Theodosian Code, New York, 1909.

Combarieu, J., Histoire de la musique, t. I, Paris, 19I3.

Combès, G., Saint Augustin et la culture classique, Paris, 1927.

Comeau, M., 1) Saint Augustin exégète du IVe Evangile, Paris, 1930.
2) La Rhétorique de saint Augustin d'après les Tractatus in Johannem, Paris, 1930.
3) L'évolution de la sensibilité de saint Augustin, in Saint Augustin (= III), p.23-51.
Corte, M. de, Aristote et Plotin, Paris, 1935.
Cottiaux, J., La conception de la théiologie chez Abélard, in Revue d'Histoire Ecclésiastique 28, 1932, p.263 et suiv.
Crecelius, W., Aur. Augusiini de dialectica liber, (Programme) Elberfeld, 1857.
Cuendet, G., Cicéron et saint Jérôme traducteurs, in Revue des études latines, 1933, p.380-400.
Cunningham (W.), St. Austin and his place in the history of Christian thought, London, 1886.

Dantu, C., L'éducation d'après Platon, Paris, 1907.
Declareuil, J., Rome et l'organisation du droit (L'évolution de l'Humanité, synthèse collective dirigée par H. Berr, t. XIX), Paris, 1924.
Deferrari, R. J., St. Augustine's method of composing and delivering sermons, in American Journal of Philology, 1922, p.97-123, 193-219.
Deferrari, R. J. et Keeler, M. J., St. Augustine's City of God. Its plan and development, in American Journal of Philology, 1929, p.109-37.
Defourny, M., Aristote et l'éducation, in Annales de l'Institut supérieur de philosophie (de Louvain), IV, 1920, p.1-176.
Delehaye, H., Les premiers "Libelli miraculorum", in Analecta Bollandiana, 1910, p.427-34.
Delfour, L. C., De narrationibus, quae sunt in sancti Augustini sermonibus, Paris, 1892.
Den Eynde, D. van, Les normes de l'enseignement chrétien dans la littérature patristique des trois premiers siècles, Paris-Gembloux, 1933.
Denk, J., Burckitts these Itala Augustini = Vulgata Hieronymi, in Biblische Zeitschrift, VI, p.225ss.
Diehl, E., Inscriptiones Latinae christianae veteres, 3 vol., Berlin, 1925ss.
Diels, H., 1) Doxographi Graeci, Berlin—Leipzig 1929^{2}, Berlin, 1958^{3}.
2) Die Fragmente der Vorsokratiker, Berlin, 1922-34^{4+5} (jetzt: 6. verbesserte Auflage, hrsg. von Walther Kranz. Weidmannsche Verlagsbuchhandlung, I, 1951; II+III, 1952). Berlin 1960/61^{10}.
Diès, A., 1) Autour de Platon, Essais de critique et d'histoire, 2 vol., Paris, 1927.
2) (Introduction à Chambry E., édition de la République), in Platon, Oeuvres complètes (Collection "Budé"), t. VI, p.vcxxxviii, Paris, 1932.
Dietrich, P., De Ciceronis ratione etymologica, (Diss.), Jena, 1911.
Dill, S., Roman society in the last century of the Western Empire, London, 1898.
Dilthey, W., Pädagogik, Geschichte und Grundlinien des Systems, in Gesammelte Schriften, Berlin-Leipzig, 1934.
Dobschütz, E. von, Vom vierfachen Schriftsinn. Die Geschichte einer Theorie, in Harnack-Ehrung, Leipzig, 1921, p.1-13.
Doerries, H., Das Verhältnis des Neuplatonischen und Christlichen in Augustins De Vera Religione,

in Zeitschrift für die Neutestamentliche Wissenschaft 33,（1924）, p.64-102.

Douais, C., Saint Augustin et la Bible, in Revue Biblique, 1893, p.62-81, 351-77; 1894, p.110-35, 410-32.

Draeseke, J., Zur Frage nach Quellen von Augustins Kenntnis der griechischen Philosophie, Theologische Studien und Kritiken, t. LXXXIX（1916）, p.541-62.

Duchesne, L., Histoire ancienne de l'église, t. I, Paris, 1923^{3}, t. II, Paris, 1910^{4}, III, Paris, 1929^{5}; t. IV（L'Eglise au VIe siècle）, Paris, 1925.

Duhem, P., Le système du Monde. Histoire des doctrines cosmologiques de Platon à Copernic, t. II, Paris, 1914.

Dupront, A. P. D., Huet et l'Exégèse comparatiste au XVIIe siècle, Paris, 1930.

Dyroff, A., Über Form und Begriffsgehalt der augustinischen Schrift De ordine, in Aurelius Augustinus（= I）, p.15-62.

Edelstein, H., Die Musikanschauung Augustins nach seiner Schrift De musica, Ohlau, 1929.

Eggersdorfer, F. X., Der heilige Augustinus als Pädagoge und seine Bedeutung für die Geschichte der Bildung, in Straßburger Theologische Studien 8/3-4, Freiburg i. Br., 1907.

Eibl, H., Augustinus an der Wende von der Antike zum Mittelalter, in. Miscellanea Augustiniana（= V）, p.450-62.

Elliot, G. S., Hebrew learning among the Fathers, in Smith and Wace, Dictionary of christian Biography, t. II, p.851-72.

Emmanuel, M., Grèce（Art. Gréco-Romain）, in A. Lavignac, Encvclopédie de la Musique, Première partie, Histoire de la musique t. I, Antiquité, Moyen Age, p.377-537.

Eskridge, J. B., The influence of Cicero upon Augustine in the development of his oratorical theory for the training of the ecclesiastical orator., Menasha, 1912.

Fabo de Maria, La Juventud de S. Augustin ante la critica moderna., Madrid, 1929.

Farrington, B., Primum Graius Homo. An anthology of Latin translations from Ennius to Livy, with an introductory essay and running commentary, Cambridge, 1927.

Febvre, L., Civilisation, évolution d'un mot et d'une groupe d'iées, in Civilisation, le mot et l'idée（Première semaine internationale de synthèse, deuxième fascicule）, Paris, 1930.

Festugière, A.-J., L'idéal religieux des Grecs et l'Evangile, Paris, 1932.

Fischer, B., De Augustini disciplinarum libro, qui est de dialectica（Diss）, Jena, 1912.

Fitzgerald, A., The essays and Hymns of Synesios of Cyrene, translated by, Oxford, 1930.

Flagelière, R., L'éloge d'Isocrate à la fin du Phèdre, in Revue des Etudes Grecques, 46, 1933, p.224-32.

Fleury, E., Hellénisme et christianisme. Saint Grégoire de Nazianze et son temps, Paris, 1930.

Francey, T., Les idées littéraires de saint Augustin deans le De doctrina christiana. Saarbrücken, s. d.（1920）.

Francken, C.-H. J., Fragmenta M. Ter. Varronis, quae inveniuntur in libris Augustini De civitate Dei, Leiden, 1836.

François, L., Essai sur Dion Chrysostome, Paris, 1921.

Frank, E., Mathematik und Musik und der griechische Geist, in Logos, Internationale Zeitschrift für Philosophie der Kultur, IX, 1920-21, p.222-59.

Franses, D., Controversen over Augustinus' Belijdenissen, in Studia Catholica (Roermond), VI, 1930, p.344-61.

Freeman, K. J., Schools of Hellas, London, 1912^2.

Friedländer, L., Darstellungen aus der Sittengeschichte Roms in der Zeit von Augustus bis zum Ausgang der Antonine, 9. neu bearb. und verm. Aufl., besorgt von Georg Wissowa. 4 Bände, Verlag von S. Hirzel Leinzig, 1919-21.

Fuchs, M., La langue des sciences (au XVIIIe siècle), in Brunot, F., Histoire de la langue française, t. VI, 1, 2., Paris, 1930, p.523-675.

Funaioli, G., Esegesi Virgiliana antica. Prolegomeni alia alla edizione di G. Filargirio e di T. Gallo, Mailand (Vita e Pensiero), 1930 (Pubbl. della Universita Cattolica del S. Cuore, Ser. IV, in Scienze Filologiche, IX).

Galdi, M., De antiqua Virgilium interpretandi ratione, in Mouseion, III, 1930, p.21-32, 71-102.

Gardeil, A., Art. Dons du Saint-Esprit, in Vacant-Mangenot-Amann, Dictionnaire de théologie Catholique, t. IV, c.1728-81.

Geffcken, J., Augustins Tolle-Lege-Erlebnis, in Archiv für Religionswissenschaft, 1934, p.1-13.

Gérold, T., Les Pères de l'Église et la musique, Paris, 1931.

Ghellinck, J. de, 1) Dialectique et Dogme aux X-XIIe siècles, in Beiträge zur Geschichte der Philosophie des Mittelalters, Supplementband I, 1913, p.79-99.

2) Le mouvement théologique au XIIe siècle, Paris, 1914.

Gibbs, J., Montgomery, W., Introduction à leur édition de The Confessions of Augustine. Cambridge, 1908.

Gilson, E., 1) La philosophie de saint Bonaventure, Paris, 1924.

2) (Edition et Commentaire de) Descartes, Discours de la Méthode, Paris, 1925.

3) Introduction à l'étude de saint Augustin, Paris, 1929, 1943^2.

4) L'esprit de la philosophie médiévale, deux séries, Paris, 1932.

5) La théologie mystique de saint Bernard, Paris, 1934.

Girard, P., 1) L'éducation athénienne, Paris, 1891^2.

2) Art. Educatio, Grèce, in Daremberg-Saglio-Pottier, Dictionnaire des Antiquités Grecques et Romaines, t. II, I, p.462ss.

Glover, T. R., Life and Letters in the fourth century, Cambridge, 1901.

Goblot, E., De musicae apud veteres cum philosophia conijunctione, Paris, 1898.

Gonsette, M., Les directeurs spirituels de Démétriade, in Nouvelle Revue Théologique 60, 1933,

p.783-801.

Gorce, D., 1）La lectio divina des origines du cénobitisme à saint Benoît et Cassiodore, I（nur seul paru）, Saint Jérôme et la lecture sacrée dans le milieu ascétique romain., Paris-Wépion, 1925.

2）Les voyages, l'hospitalité et le port des lettres dans le monde chrétien des IVe et Ve siècles, Paris, 1925.

Gouhier, H., Digression sur la philosophie à propos de la philosophie chrétienne, in Recherches philosophiques, t. III（1933-1934）, p.211-36.

Gow, J., A short history of Greek Mathematics, Cambridge, 1884.

Grabmann, M., Die Geschichte der scholastischen Methode, 2 Bände. Freiburg i. Br. 1909.

Grabmann, M.-Mausbach, J., Aurelius, 上掲の「アウグスティヌス没後1500年記念論文集 1」参照。

Grandgeorge, L., Saint Augustin et le néo-platonisme., Paris, 1896.

Grassberger, L., Erziehung und Unterricht im Klassischen Alterthum, 4 Bande. Würzburg, 1864-81.

Grenier, A., Le génie romain dans la religion, la pensée et l'art（L'évolution de l'humanité, t. XVII）, Paris, 1925.

Grisar, H., Roma alla fine del mondo antico, traduction italienne de la première partie de Geschichte Roms und der Päpste im Mittelalter, nouvelle édition par A. Bartoli, Rome, 1930.

Gros, H., La valeur documentaire des confessions de saint Augustin, Paris, 1928.

Gsell, S., Inscriptions latines de l'Algérie, t. I（seul paru）, Paris, 1922.

Gudeman, A., Sind die Dialoge Augustins historisch? in Silvae Monacenses, Festschrift des phil.-hist. Vereins der l'Université de Mnichen, 1926, p.16-27.

Guignebert, C., Tertullien, étude sur ses sentiments à l'égard de l'empire et de la société civile, Paris, 1901.

Glignet, M., Saint Grégoire de Nazianze et la rhétorique, Paris, 1911.

Guillemin, A. M., 1）Pline et la vie littéraire de son temps, Paris, 1929.

2）Le public et la vie littéraire à Rome, I Au temps de la République（Revue des Etudes Latines, 1934, p. 52-71, 329-343）, II D'Auguste auxAntonins（ibid., 1936, p.65-89）.

3）Pour l'étude de la critique littéraire antique（ibid., 1935, p.40-43）.

Guilloux, P., Saint Augustin savait-il le grec? in Revue d'Histoire ecclésiastique, 21, 1925, p.79-83.

Guitton, J., Le Temps et l'Eternité chez Plotin et saint Augustin, Paris, 1933.

Guzzo, A., Agostino dal Contra Academicos al De Vera Religione, Firenze, 1925.

Gwynn, A., Roman Education, from Cicero to Quintilian, Oxford, 1926.

Haarhoff, T., Schools of Gaul. A study of pagan and christian education in the last century of the Western Empire, Oxford, 1920.

Haas, F., De latinorum codicum subscriptionibus（Programme）, Breslau, 1860（この貴重な小本はヴァチカン図書館にある）.

Haeringen, J.-H. van, De Augustini ante baptismum rusticantis operibus, Groningen, 1917.

Hagen, H., Zur Kritik und Erklärung der Dialektik des Augustinus, in Jahrbuch für klassische Philologie 105, 1872, 157ss.

Haitjema, T.-L., De Briefwisseling tusschen Augustinus en Hieronymus, in Theologie der Gegenwart, t. XXXVI, p.159-98.

Halm, C., Rhetores Latini Minores, Leipzig, 1863.

Harnack, A. von, 1) Augustins Confessiones, in Reden und Aufsätze, t. I, Gießen, 1904, p.51-79.

2) Die Retraktationen Augustins, in Sitzungsberichte der Königlichen Akademie der Wissenschaften de Berlin, 1905, p.1096ss.

3) Über den privaten Gebrauch der heiligen Schriften in der alten Kirche, in Beiträge zur Einleitung in das Neue Testament, t. V, Leipzig, 1912.

4) Die Höhepunkte in Augustins Konfessionen, in Reden und Aufsätze, t. III, Gießen, 1916, p.67-99.

5) Augustin, Reflexionen und Maximen, aus seinen Werken, gesammelt und übersetzt, Tübingen, 1922.

Henry, P., Plotin et l'Occident, Louvain, 1934.

Hense, O., Prolegomena zu seiner son Ausgabe von de Télès, Reliquiae, Tübingen, 1909.

Herescu, N. I., Aurelius Augustinus, in Bibliographie de la littérature latine, Paris, 1943 §676-81, p.395-410 (不完全ではあるが).

Herwegen, I., Saint Benoît (仏語訳), Paris s. d. (1935).

Hirzel, R., Der Dialog, t. II, Leipzig, 1895.

Holl, K., Augustins innere Entwicklung, in Abhandlungen der Preußischen Akademie der Wissenschaften, phil.-hist. Klasse, 1922.

Homo, L., Le Haut-Empire, in G. Glotz, Histoire générale, histoire ancienne, 3e partie, Histoire romaine, t. III, Paris, 1933.

Hrdlicka, C.-I., A study of the late latin vocabulary and on the prepositions and demonstrative pronouns in the Confessions of St. Augustine, in Patristic Studies, XXXI, Washington, 1931.

Huemer, J., Der Grammatiker Augustinus, in Zeitschrift fur die Öterreichischen Gymnasien, 1886, p.256ss.

Huré, J., Saint Augustin musicien, Paris, 1924.

Ibero, J. M., La conversion de San Agustiny el camino a la conversion par la fé catolica, in Razon y Fé. Juni 1921, p.164-85.

Jakoby, F., Die Fragmente der Griechischen Historiker, 3 vol., Berlin (Weidmannsche Buchhandlung), 1926-1930.

Jahn, O., 1) Über römische Enzyklopädien, in Berichte über die Verhandlungen der Kgl. Sächsischen Gesellschaft der Wissenschaften zu Leipzig, philol. hist. Classe, t. III, fasc. 4, 1850, p.263-

87.

2) Über die Subscriptionen in den Handschriften römischer Classiker, ibid., t. III, fasc. 5, 1851, p.327-72.

Jansen, J., Saint Augustin et la rhétorique sacrée, in Nouvelle Revue Thélogique, 1930, p.282-97.

Juelicher, A., Augustinus und die Topik der Aretalogie, in Hermes, 1919, p.94-103.

Jullien, E., Les professeurs de littérature dans l'ancienne Rome et leur enseignement depuis l'origine l'origine jusqu'à la mort d'August, Paris, 1885.

Keil, H., Grammatici Latini, 7 Bände, Leipzig, 1857-1830, Neudruck 1961, Georg Olms Verlags-buchhandlung Hildesheim (= GL).

Kenyon, F.-G., Books and readers in ancient Greece and Rome, Oxford, 1932.

Knappitsch, A., St. Augustins Zahlensymbolik., Graz, 1905.

Koechlin, R., Musique et Mathématique, in Revue Musicale, 1931, I, p.424.

Kuebler, B., Art. Rechtsschulen, in Pauly-Wissowa, I, A, c. 380-394.

Kurth, G., Art. Femmes (âme des), in d'Alès, Dictionnaire apologétique de la foi catholique, t. I, c.1897-1898.

Kroll, W., De Q. Aurelii Symmachi studiis graecis et latinis, (in Breslauer philologische Abhandlungen, 6, 2) p.1ss.

Laborde, L., Les écoles de droit dans l'Empire d'Orient, Bordeaux, 1912.

Labriolle, P. de., 1) Saint Ambroise, Paris, 1908^{2}.

2) La correspondance d'Ausone et de Paulin de Nole, Paris, 1910.

3) Le songe de saint Jérôme, in Miscellanea Geronimiana, Rome, 1920, p.227-35.

4) Histoire de la littérature latine chrétienne, Paris, 1924^{2}.

5) Dans quelle mesure les Confessions de saint Augustin sont-elles véridiques? in Revue des Cours et Conférences 26 (1924-1925), p.661-70.

6) Introduction à son édition des Confessions de saint Augustin (Collection "Budé") t. I,. p.v-xxxi, Paris, 1925, 1933^{2}.

7) Pour l'histoire du mot "humanité", in Les humanités, classe de Lettres, 1931-1932, Sp.421-27, 478-84.

8) Choix d'Ecrits spirituels de saint Augustin. Traduction nouvelle avec une Introduction sur l'âme de saint Augustin, Paris, 1932.

9) La réaction païenne, étude sur la polémique antichrétienne du Ier au VIe siècle, Paris, 1934.

Labriolle, P. de, Palanque, J.-R. et Bardy, G., De la paix constantinienne à la mort de Théodose, in Fliche, A., Martin, V., Histoire de l'Eglise t. III, Paris, 1936.

Lafaye, G., De poetarum et oratorum certaminibus apud veteres, Paris, 1883.

Lagrange, M. J., 1) Le prétendu messianisme de Virgile, in Revue Biblique, 1922, p.552-72.

2) De quelques opinions sur l'ancien psautier latin, in Revue Biblique, 1932/2, p.161-86.

Laloy, L., Aristoxène de Tarente et la musique de l'Antiquité, Paris, 1904.

Lambert, C., La grammaire latine selon les grammairiens latins du IVe et du Ve siècle, in Revue Bourguignonne publiée par l'Université de Dijon, t. XVIII, no.1-2, Dijon, 1908.

Landsberg, P. S., La conversion de saint Augustin, in La Vie Spirituelle, Ascétique, t. XLVIII, 1936, supplément, (31) - (56).

Lapeyre, G., Saint Fulgence de Ruspe, Paris, 1929.

La Taille, de, Théories Mystiques. A propos d'un livre récent (= Butler, Western Mysticism^{2}), in Recherches de Science Religieuse 18, 1928, p.297-325.

Lauchert, F., Geschichte des Physiologus, Strasbourg, 1889.

Laurand, L., 1) De M. Tullii Ciceronis studiis rhetoricis, Paris, 1907.

2) La théorie du cursus dans saint Augustin, in Recherches de Sciences Religieuses 4, 1913, p.569-71.

3) Manuel des études grecques et latines, 3 vol., Paris, 1930-32^{4}.

4) Cicéron, Vie et oeuvres..., Paris, 1935^{2} Volume complémentaire, Questions diverses, Paris, 1934.

Lecat, M., Erreurs des mathématiciens des origines à nos jours, Bruxelles-Löwen, 1935.

Leclercq, H., 1) Art. Ecole, in Cabrol, F., Leclercq. H., Dictionnaire d'Archéologie chrétienne et de liturgie, t. IV, c.1730-1883.

2) Art. Femme XIX (âme des femmes), ibid., V, c.1349-53.

Lenain de Tillemont, S., Mémoires pour servir à l'histoire ecclésiastique des six premiers siècles, t. XIII, Paris, 1702.

Lenfant, D., Biblia Augustiniana sive collectio et explicatio omnium locorum Sacrae Scripturae, quae sparsim reperiuntur in omnibus sancti Augustini operibus, ordine biblico., Paris, 1661.

Lezat, A., De oratore christiano apud S. Augustinum disquisitio, Paris, 1871.

Lichtfield, A.-W., National Exempla virtutis in Roman literature, in Harvard Studies in classical philology, 1914, p.1-71.

Liebeschuetz, H., Fulgentius Metaforalis. Ein Beitrag zur Geschichte der antiken Mythologie im Mittelalter: in Studien der Bibliothek Warburg, IV, Berlin-Leipzig, 1926.

Llamas, J., San Agustin y la multiplicitad de sentidos literales en la Escritura, in Religion y Cultura, 1931, XV, p.238-74.

Longhaye, G., La prédication, grands maîtres et grandes lois, Paris, 1897^{2}.

Lot, F., La fin du monde antique et le début du moyen-âge (L'évolution de l'humanité, t.XXXI), Paris, 1927.

Loyen, A., L'esprit précieux dans la société polie des Gaules au Ve siècle, in Revues des Etudes Latines, 1932, p.114-26.

Maasen, F., Concilia Aevi Merovingici, in Monumenta Germaniae Historica, Legum sectio III, Concilia I, Hannovrer, 1903.

MacIntosh, J. S., A study of Augustine's versions of Genesis, Chicago, 1912.

Mai, A., 1) Scriptorum veterum Nova collectio e codicibus Vaticanis, III/pars 3, Rome, 1828.
2) Nova Patrum Bibliotheca I/2, Rome, 1852.

Male, E., L'art religieux au XIIIe siècle en France, Paris, 1922 (再版).

Mandonnet, P., Dante le théologien. Introduction à l'intelligence de la vie, des oeuvres et de l'art de Dante Alighieri, Paris, 1935.

Manitius, M., Geschichte der lateinischen Literatur im Mittelalter, I. Teil, Von von Justinian bis zur Mitte des 10. Jahrhunderts, in Müller (I. von), Handbuch des klassischen Altertums, IX/2, München, 1911.

Mannucci, U., La conversione di S. Agostino e la critica recente, in Miscellanea Agostiniana (= IV), t. II, p.23-47.

Manquat, M., Aristote naturaliste (Cahiers de philosophie de la nature, V), Paris, 1932.

Mariétan, J., Le problème de la classification des sciences d'Aristote à saint Thomas, Paris-Saint Maurice, 1901.

Maritajn, J., 1) St. Augustine and St. Thomas, in Monument to St. Augustine (=VI), p.199-223.
2) Religion et culture, Paris, 1930.

Marouzeau, J., Le style oral latin, in Revue des Etudes Latines, 1932, p.147-86.

Marrou, H.-I., 1) Autour de la bibliothèque du pape Agapit, in Mélanges d'Archéologie et d'histoire publiés par l'Ecole françise de Rome, 48, 1931, p.124-69.
2) La vie intellectuelle au Forum de Trajan et au Forum d'Auguste, ibid., 49,1932, p.93-110.
3) Doctrina et disciplina dans la langue des Pères de l'Eglise, in Archivum Latinitatis Medii Aevi (Bulletin Du Cange), IX, 1934, p.5-35.
4) Défense de Cicéron, in Revue Historique, t. CLXXXVII, 1936, p.51-73.
5) ΜΟΥΣΙΚΟΣ ΑΝΗΡ, Etude sur les scènes de la vie intellectuelle figurant sur les monuments funéraires romains, Grenoble 1938.

Martin, A., Sancti Augustini Philosophia., Paris, 1863 (初版は1656年).

Martin, R. M., Art. Arts libéraux (sept), in Baudrillart-Richard-Rouzies, Dictionnaire d'histoire et de géographie ecclésiastiques, t. IV, c.327-845.

Martroye, F., Saint Augustin et la législation, in Bulletin de la Société des Antiquaires de France, 1915, p.166ss. 223ss.; 1917, p.101, 210ss.; 1918, p.l08ss., 165ss.; 1919, p.107ss.

Marx, F., Prolegomena à son édition de Celsus, Quae supersunt, in Corpus Medicorum Latinorum, t. I, Leipzig, 1915, p.v-cxiv.

Mathieu, G., Brémond, E. Édition d'Isokcrates, Discours, t. I (Collection "Budé"), Paris, 1928.

Mausbach, J., Die Ethik des heiligen Augustinus, 2 vol., Freiburgi. Br. 1909 (1929年の第2版は参照できなかった).

Meer, F., van der Augustinus de zielzorger, de praktijk van eenkerkvader, Nimègue, 1949^2. 仏語訳は Saint Augustin Pasteur d'âmes, Colmar-Paris, 1955.

Mellet, M., L'itinéraire et l'idéal monastiques de St. Augustin, Paris, 1934.

Méridier, L., 1) L'influence de la seconde sophistique sur l'oeuvre de Grégoire de Nysse, Rennes,

1906.

2）Notice â son édition de Platon, Ion, in Platon, Oeuvres complètes（collection, "Budé"）, t. VI, Paris, 1931, p.7-28.

3）Notice â son édition de Platon, Euthydemos, ibid., p.109-42.

Milne, C. H., A reconstruction of the old latin text or texts of the Gospels used by Augustine, in Aberdeen University Studies n°.101, Cambridge, 1926.

Mohrmann, Chr., 1）Die altchristliche Sondersprache in den Sermones des hl. Augustine, in Latinitas Christianorum Primaeva, III, Nimègue 1932.

2）（W. Suess, Studien zur lateinischen Bibel: I. Augustins Locutiones, Tartu, 1932）, in Revue des Etudes Latines, 1933, p.519-21.

3）Das Wortspiel in den Augustinischen Sermones, in Mnemosyne, Bibliotheca Classica Batava, 1935, I, p.33-61.

Moirat, E. Notion augustinienne de l'Herméneutique, Clermont-Ferrand, 1906.

Monceaux, P., 1）Les Africains. Les Païens, Paris, 1894.

2）Histoire littéraire de l'Afrique chrétienne depuis les origines jusqu'à l'invasion arabe, 7 vol., Paris, 1901-23.

Montgomery, W. St. Augustine. Aspects of his life and thought., London, 1914.

Morin, G., 1）Date de l'ordination épiscopate de saint Augustin, in Revue Bénédictine, 1928, p.366-67.

2）Sancti Augustini Sermones post Maurinos reperti, in Miscellanea Agostiniana（= IV）, t. I.

Mountford, J. F., Schultz, J. T., Index rerum et nominum in scholiis Servii et Aelii Donati tractatorum（Cornell studies in classical philology, vol. XXIII）, Ithaca（N. Y.）, 1930.

Moricca, U., Storia della letteratura latina cristiana t. III; La letteratura dei secoli V e VI, da Agostino a Gregorio Magno, parte 1.,Teil. Turin, 1932.

Müller, A., Studentenleben im IV Jahrhundert n. Chr., in Philologus Philologus 69, 1910, p.292-317.

Müller, F., Fragmenta Historicorum Graecorum（Collection Didot）, t. II, Paris, 1848.

Müller, F., 1）De veterum imprimis Romanorum studiis etymologicis,（Diss.）, Utrecht, 1910.

2）De "historiae" vocabulo atque notione, in Mnemosvne Mnemosyne, 1926, p.234-57.

Nebreda, E., Bibliographia Augustiniana, seu operum collectio, quae divi Augustini vitam et doctrinam quadantenus exponunt., Rome, 1928.

Neumann, W., De Augustino Ciceroniano,（Diss.）, Königsberg, 1923.

Nicolau, M.-G., 1）L'origine du "cursu" rythmique et les débuts de l'accent d'intensité en latin, Paris, 1930.

2）（Di Capua, Ritmo prosaico の書評）, in Revue des Etudes latines, 1932, p.487-89.

3）（Henry, Plotin et l'Occident の書評）, in Revue des Etudes Latines, 1935, p.410-14.

Nietzsche. F., Rhetorik（Darstellung der antiken Rhetorik）, in Gesammelte Werke, t. V, München（Musarion Verlag）, 1922, p.297ss.

Norden, E., 1) Die Antike Kunstprosa. Vom VI Jahrhundert v. Chr. bis in die Zeit der Renaissance, 2 Bände, Leipzig, 1923[2].

2) Die lateinische Literatur im Übergang vom Altertum zum Mittelalter, in P. Hinnenberg, Die Kultur der Gegenwart I/8, Berlin-Leipzig, 1974[3], p.483-522.

Noerregard, J., Augustins Bekehrung, Tübingen, 1923 (1920年のオランダ語版の独訳).

Oddone, S.-J., La dottrina di Sant'Agostino sulla menzogna e la controversia con San Girolamo, in S. Agostino (= II), p.264-85.

Ohlmann, D., De S. Augustini dialogis in Cassiciaco scriptis, Strasbourg, 1897.

Oltramare, A., Les origines de la diatribe romaine, Genève, 1926.

Oltramare, P., Einleitung zu seiner Ausgabe von Seneca, Naturales Quaestiones (Collection "Budé"), t. I, Paris, 1929, p.v-xxxxiii.

Padovani, U.-A., La Citta di Dio di Sant'Agostino: teologia e non filosofia della storia, in S. Agostino (= II), p.220-63.

Palanque, J.-R., 1) Saint Ambroise et l'empire romain. Contribution à l'histoire des rapports de l'Eglise et de l'Etat à la fin du IVe siècle, Paris, 1933.

2) Essai sur la préfecture du prétoire du Bas-Empire, Paris, 1933.

Papini, G., Saint Augustin (仏語訳), Paris, 1930.

Paré, G., Brunet, A., Tremblay, P., La renaissance du XIIe siècle, les écoles et l'enseignement. Refonte complète de l'ouvrage de G. Robert (1909), Paris-Ottawa, 1933.

Parsons, W.-A., Study of the vocabulary and rhetoric of the letters of saint Augustine, in Patristic Studies, III, Washington, 1923.

Patzelt, E., Die karolingische Renaissance, Wien, 1924.

Peeters, P., (Rezension von U. Moricca, Sant'Agostino, Turin, 1930), in Analecta Bollandiana, 1931, p.426-27.

Perret, J., Pour une étude de l' "idée de Rom". La légende des origines de Rome, in Revue des Etudes Latines, 1932, p.50-54.

Philippson, R., Sind die Dialoge Augustins historisch? in Rheinisches Museum für Philologie, 1931, p.144-50.

Pierce, E.-D., A roman man of letters, Gaius Asinius Pollio, New York, 1922.

Pietzsch, G., 1) Die Klassification der Musik von Boëthius bis Ugolino von Orvieto, Halle, 1929.

2) Die Musik im Erziehungs-und Bildungsideal des ausgehenden Altertums und frühen Mittelalters, Halle, 1932.

Pincherle, A., 1) Il Decennio di preparazione di sant'Agostino (386-396) I (= Agostino fino al De Vera Religione), in Ricerche Religiose 1930, p.15-38; II (= Agostino dal De Vera Religione al Contra Adimantium), ibid., 1931, p.30-52; III, ibid., 1932, p.118-143; IV, ibid., p.399-423; V, in Religio, 1934 p.215-49.

2) Intorno all'Itala interpretatio di sant'Agostino, in Studi e Materiali di Storia delle Religioni (Bologna), VI, 1930, p.273-81.

Pirenne, H., De l'éat de l'instruction des laïques à l'époque mérovingienne, in Revue Bénédictine, 1934, p.164-77.

Polheim, K., Die lateinische Reimprosa, Berlin, 1925.

Pontet, M., L'exégèse de saint Augustin prédicateur, Paris, 1946 (thèse de Lyon).

Popp, J., St. Augustins Entwicklungsgang und Persönlichkeit, München, 1908.

Pottier, E., Art. Educatio (Rome), in Daremberg-Saglio-Pottier, Dictionnaire des Antiquités Grecques et Romaines, t. II, I, p.477bss.

Portalié, E., Art. Augustin (saint), in Vacant-Mangenot-Amann, Dictionnaire de Théologie Catholique, t. I, c.2258-2472.

Prantl, C., Geschichte der Logik im Abendlande, t. I, Leipzig, 1927 (初版は1855).

Puech, A., Histoire de la littérature grecque chrétienne, t. II, Paris, 1928; t. III, Paris, 1930.

Quasten, J., Musik und Gesang in der Kultur der heidnischen Antike und christlichen Frühzeit (Liturgiegeschichtliche Quellen und Forschungen XXV), Münster, 1930.

Quentin, H., La prétendue Itala de saint Augustin, in Revue Biblique 36, 1927, p.216-25.

Rackl, M., Die griechischen Augustin-Übersetzungen, in Miscellanea Ehrle, t. I (= Studi e Testi [der Vatikanischen Bibliothek], t. XXXVII), Rome, 1924, p.1-38.

Rajna, P., Le denominazioni Trivium e Quadrivium, in Studi Medievali, I, 1928, p.4-36.

Rand, E.-K., The Founders of the middle Ages, Cambridge, 1928.

Rauschen, G., Das griechisch-römische Schulwesen zur Zeit des ausgehenden Heidentums, Bonn, 1901.

Reeves, J.-B., St. Augustine and Humanism, in Monument to St. Augustine (=VI), p.123-51.

Régnier, A., De la latinité des sermons de saint Augustin, Paris, 1886.

Reifferscheid, A., De latinorum codicum subscriptionibus (Programme), Breslau, 1872-73 (ヴァティカン図書館所蔵).

Reinach, T., La musique grecque, Paris, 1926.

Reinhardt, K., Poseidonios, München, 1921.

Reitzenstein, R.-M., 1) Terentius Varro und Johannes Mauropus von Euchaita. Eine Studie zur Geschichte der Sprachwissenschaft, Leipzig, 1901.

2) Augustin als antiker und als mittelalterlicher Mensch, in Vorträge der Bibliothek Warburg, I, 1922-1923, Leipzig, 1934, p.24-65.

Reuter, A., Zu dem augustinischen Fragment De Arte Rhetorica, in Kirchengeschichtiiche Studien, H. Reuter zum 70 Geburtstag gewidmet, Leipzig, 1890, p.321ss.

Reuter, H., Augustin und der katholische Orient, in Augustinische Studien IV, Gotha, 1887.

Rey, A., La science dans l'Antiquité, II. La jeunesse de ia la science grecque (L'Evolution de

l'humanité, série complémentaire), Paris, 1933.

Reymond, A., Histoire des sciences exactes et naturelles dans l'Antiquité gréo-latine, Paris, 1924.

Reynolds, G., The clausulae in the De Civitate Dei of St. Augustine, in Patristic Studies, VII, Washington, 1924.

Riegl, A., Die spätrömische Kunstindustrie nach den Funden in Österreich-Ungarn, 2 Bände, Wien, 1901.

Rieu, G.-N., du. Schedae Vaticanae, Leiden, 1860.

Rimaud, J., Le maître intérieur, in Saint Augustin (= III), p.55-69.

Ritschl, F.-W., De M. Varronis disciplinarum libris (Programme), Bonn, 1845 (= Opuscula Philologica, t. III, Leipzig, 1877, p.352-402).

Rivaud, A., 1) Notiz zu seiner Ausgabe von Timaios, in Platon, Oeuvres complètes (Collection "Budé"), t. X, Paris, 1925, p.1-123.

2) Etudes platoniciennes, II: Platon et la musique, in Revue d'histoire de la philosophie, 1929, p.1-30.

Roberti, M., Contributo allo studio delle reiazioni relazioni fra diritto romano e patristica tratto dall'esame delle fonti agostiniane, in S. Agostino (= II) p.305-66.

Robin, L., 1) La Pensée Grecque (L'Evolution de I'Humanité t.XIII), Paris, 1928.

2) (Phaidros への序言), in Platon, Oeuvres complètes (Collection "Budé" t. IV, 3, Paris, 1933, p.i-clxxxv.

Rochus, L., Virgile de Toulouse, in Revue Belge de Philologie, t. X, p.495-504.

Rodriguez, C., El alma Virgiliana de San Agustin, Escorial, 1931.

Roger, M., L'enseignement des Lettres classiques d'Ausone à Alcuin, introduction à l'histoire des écoles carolingiennes, Paris, 1905.

Roland-Gosselin, B., La morale de saint Augustin, Paris, 1925.

Rolfes, E., Hat Augustin Plato nicht gelesen? in Divus Thomas, V, 1918, p.17-39.

Roensch, H., Die lateinischen Bibelübersetzungen im christlichen Afrika zur Zeit des Augustinus, in Zeitschrift für die historische Theologie, 1867, p.606ss.; 1870, p.91ss.

Rotta, P., La filosofia del linguaggio nella patristica e nella scolastica, Turin, 1909.

Rottmanner, O., 1) Zur Sprachenkenntnis des hl. Augustinus, in Theologische Quartalschrift, t. LXXVII, 1895, p.268-76.

2) (C. Wolfsgruber, Augustin. Paderborn 1898の書評), in Historisches Jahrbuch der Görres-Gesellschaft, 1898, p.892ss.

Rueting, W., Untersuchungen über Augustins Quaestiones und Locutiones in Heptateuchum (Forschungen zur christlichen Literatur-und Dogmengeschichte, XIII/3. u. 4), Paderborn, 1916.

Sadous, A. S., Augustini de Doctrina Christiana libri expenduntur, seu de rhetorica apud Christianos disquisitio, Paris, 1847.

Saeflund, G., Le mura republicane di Roma, in Saggio di Archeologia Romana, Lund, 1932.

Salaville, S., La connaissance du grec chez saint Augustin, in Echos d'Orient, 1922, p.387-93.

Schaefer, A., De rhetorum praeceptis, quae ad narrationem pertinent. (Diss.), Freiburg i. Br. 1921.

Schanz, M., Hosius, C., Geschichte der römischen Literatur bis zum Gesetzgebungswerk des Kaisers Justinian. Vierte neubearbeitete Auflage. (Handbuch der Altertumswissenschaft, begründet von Iwan von Müller, hrsg. von Walter Otto. Achte Abteilung. Erster Teil) Vier Teile, VIII 1-4. 2 Verlag C. H. Beck, München 1966-1971 (Nachdruck der früheren Auflagen von 1920-27).

Schemmel, F., 1) Die Hochschule von Konstantinopel im IV Jahrhundert, in Neue Jahrbücher für das klassische Altertum, Deutsche Literatur, Geschichte und Pädagogik, 22, 1908, p.147-68.

2) Die Hochschule von Athen im IV und V Jahrhundert, ibid., p.494-513.

3) Die Hochschule von Alexandria im IV und V Jahrhundert, ibid., 24, 1909, p. 438-57.

4) Die Hochschule von Konstantinopel vom V. bis IX. Jahrhundert (Programm), Berlin, 1912.

Schissel von Fleschenberg, O., Marinos von Neapolis und die neuplatonischen Tugendgrade, Athen, 1928.

Schmaus, M., Die psychologische Trinitätslehre des Heiligen Augustinus., Münster, 1927.

Schmid, J., Prolegomena, zu seiner Ausgabe von SS. Hieronymi et Aur. Augustini Epistulae mutuae, Prolegomena (Florilegium Patristicum XXII), Bonn, 1930.

Schmidt, W., Der Attizismus in seinen Hauptvertretern, 4 Bde, Stuttgart, 1887-96.

Schmitt, A., Mathematik und Zahlenmystik, in Aurelius Augustinus (= I), p.353-66.

Schneegans, S., Appréciation de St. Augustin d'après ses travaux sur l'herméneutique sacrée, Strasbourg, 1848.

Scholz, H., Glaube und Unglaube in der Weltgeschichte, Leipzig, 1912.

Schrade, L., Die Stellung der Musik in der Philosophie des Boethius, in Archiv für Geschichte der Philosophie, XLI, 1932, p.360-400.

Schrijnen, J., Charakteristik des altchristlichen Latein, Nijmegen, 1932.

Seeck, O., Geschichte des Untergangs der antiken Welt, t. IV, Berlin, 1911, Wissenschaftliche Buchgesellschaft Darmstadt. Unveränderter reprografischer Nachdruck der 2. Auflage, Stuttgart, 1922.

Simone, L., de. Il „maestro interior" di S. Agostino e l'„anamnesi" platonica, in Giornale critico della Filosofia italiana 10, 1929, p.275-76.

Smith, J.-R., Augustine as an exegete, in Bibliotheca Sacra 61, 1904, p.318ss.

Souilhé, J., Axiochos への序言, in Platon, Oeuvres complètes (Collection "Budé") XIII, 3 (Dialogues Apocryphes), Paris, 1930. p.117-36.

Sparrow-Simpson, W.-J., St. Augustine's Conversion. An outline of his development to the time of his ordination, London, 1930.

Spengel, L., Isokrates und Platon, in Abhandlungen der philos.-philol. Classe der Königl.-Bayrischen Akademie der Wissenschaften, t. VII, I, 1853, p.729-69.

Stein, E., Geschichte des spätrömischen Reiches, t. I: Vom römischen zum byzantinischen Staate (284-476 n. Chr.), Wien, 1928.

Steinacker, H., Die römische Kirche und die griechischen Sprachkenntnisse des Frühmittelalters , in Festschrift Gomperz, Wien, 1902, p.324-41.

Stern, J., Homerstudien der Stoiker, Lonarch, 1893.

Stiglmayr, J., Zum Aufbau der Confessiones des hl. Augustirr Augustin, in Scholastik 7, 1932, p.387-403.

Stolz, A., Zu den Wunderkapiteln im XXII. Buch der Civitas Dei, in Theologie und Glaube, 1926, p.843-55.

Stroux, J., 1）Römische Rhetorik, in Verhandlung der Versammlung deutscher Philologen, LV, p.28.

2）Augustinus und Ciceros Hortensius, in Festschrift für Richard Reitzenstein, Berlin-Leipzig, 1931, p.106-18.

3）Augustinus und Ciceros Hortensius nach dem Zeugnis des Manichäers Secundinus, in Sitzungsbericht der Bayerischen Akademie der Wissenschaften, 1930, p.9.

4）Vier Zeugnisse zur römischen Literaturgeschichte der Kaiserzeit IV, in Philologus t. LXXXVI, 1931, p.363-68.

Svoboda, K., L'esthétique de saint Augustin et ses sources, Paris-Brno, 1933.

Talon, F., St. Augustin a-t-il réellement enseigné la pluralité des sens littéraux dans l'Ecriture? in Recherches de Science Religieuse, 1921, p.1-28.

Tannery, P., 1）Pour l'histoire de la science hellène, de Thalés à Empédocle, Paris, 1887.

2）Mémoires scientifiques, publiés par Herberg et Zeuthen, t. II, Sciences exactes dans l'Antiquité, Paris 1912; t. III, ibid., Paris, 1915; t. VII, Philosophie ancienne, Paris, 1925.

Tardi, D., 1）Fortunat. Etude sur un dernier représentant de la poésie latine dans la Gaule mérovingienne, Paris, 1928.

2）Les Epitomae de Virgile de Toulouse. Essai de traduction critique avec une bibliographie, une introduction et des notes, Paris, 1928.

Taylor, H. O., 1）The classical heritage of the middle Ages, London, 1911[3].

2）The mediaeval Mind. A history of the development of thought and emotion in the middle Ages, 2 vol., London, 1914[2].

Tescari, O., Nota Augustiniana, in Convivium, 1933, p.414-21.

Teuffel, W.-S., Kroll, W., Skutsch, F., Geschichte der römischen Literatur, 3 vol., Leipzig-Berlin, 1913-1920[6-7].

Theiler, W., Porphyrios und Augustin, in Schriften der Königsberger Gelehrtengesellschaft 10/1, Halle, 1933.

Thieling, W., Der Hellenismus in Kleinafrika. Der griechische Kultureinfluß in den römischen Provinzen Nordwestafrikas, Berlin-Leipzig, 1911.

Thimme, W., 1）Augustins geistige Entwicklung in den ersten Jahren nach seiner Bekehrung（386-91）, Berlin, 1908.

2）Augustins Selbstbildnis in den Konfessionen. Eine religionspsychologische Studie, Gütersloh,

1929.

Thomas, E., Scoliastes de Virgile. Essai sur Servius et son commentaire sur Virgile, Paris, 1879.

Tonnelat, E., Art. Kultur. Histoire du mot, évolution du sens, in Civilisation, le mot et l'idée（前出の Febvre, L. 参照）, p.61-73.

Troeltsch, E., Augustin, die christliche Antike und das Mittelalter im Anschluß an die Schrift de Civitate Dei（Historische Bibliothek, XXXVI）, München, 1915.

Ueberweg, F., Praechter, K. Grundriß der Geschichte der Philosophie. I. Teil, Das Altertum, Berlin 1920^{11}.

Ussing, J.-L. Darstellung des Erziehungs- und Unterrichtswesens bei den Griechen und Römern（オランダ語原文から独訳）, Altona, 1870.

Vaccari, A., 1）Alle Origini della Volgata, I, Itala e Volgata, in Civiltà Cattolica, 1915, 4, p.21ff.

2）L'ltala di S. Agostino, ibid., 1916, p.77ss.

3）Una Itala fenice negli scritti di S. Agostino, ibid., 1929, p.108ss.

4）Cuore e stile di S. Agostino nella Lettera 73, in Miscellanea Agostiniana（= IV）, t. II, p.353-58.

Vallette, P., Apuleius への序文, in Apologie et Florides（Collection "Budé"）, Paris, 1924, p.v-xxxviii.

Vasold, J., Augustinus quae hauserit ex Vergilio, 2 Teile., München, 1907-1908.

Vathaire, J., de. Les relations de S. Augustin et S. Jérôme, in Miscellanea Augustiniana（= V）, p.484-99.

Vega, A.-C., El helenismo de san Agustin. Llegó san Agostin a dominar el griego? in Religion y Cultura, 1928, 2, p.34-35.

Velez, P.-M., El Numero agustiniano, in Religion y Cultura 15, p.139-96. 私はこの研究を Resümee der Bibliographie zum Nachle-ben der Antike, Bibliothek Warburgl. London, 1934, 40, nº. 136.をとおして知った。

Verwiebe, W., Welt und Zeit bei Augustin, in Forschungen zur Geschichte der Philosophie und der Pädagogik, V, 3, Leipzig, 1933.

Vivès, L., Opera. Basel, 1555.

Vogels, H.-J., 1）St. Augustins Schrift De Consensu Evangelistarum, in Biblische Studien 13, 5, Freiburg im Breisgau, 1908.

2）Die Heilige Schrift bei Augustinus, in Aurelius Augustinus（= I）, p.411-21.

Volkmann, R., Hammer, C. Rhetorik der Griechen und Römer, in I. von Müller, Handbuch der klassischen Altertumswissenschaft, Bd. II, III, München, 1901^{3}.

Vreese, L. C. P., de. Augustinus en de Astrologie, Maastricht, 1933. 私がこの書を知ったのは Philologische Wochenschrift, 1934 p.455ss. における書評によってである。

Weber, C.-F., Aur. Augustini ars grammatica breviata., Marburg, 1861.

Weil, H., Etudes de littérature et de rythmique grecques, Paris, 1902.

Wendland, P., Die hellenistisch-römische Kultur in ihren Beziehungen zu Judentum und Christentum, in Handbuch zum Neuen Testament I/2, Tübingen, 1912[2-3].

Wenig, K., Opramenech Augustinova spisu De Musica, in Listy filologicke 33, 1906, p.1ss. 私はこの書を Amerio, の „Il De musica“ と Svoboda の Esthétique を通して知った。

Westphal, R., 1）Die Fragmente und die Lehrsätze der griechischen Rhythmiker, Leipzig, 1861.

2）Griechische Rhythmik und Harmonik, in Rossbach, A., Westphal, R., Metrik der Griechen, t. I, Leipzig, 1867.

Wijnpersse, W., van de, Vergilius bij Augustinus, in Studia Catholica 7, 1930-1931, p.132-40.

Williger, E., Der Aufbau der Konfessionen Augustins, in Zeitschrift für die Neutestamentliche Wissenschaft 28, 1929, p.81-106.

Willmann, O., Art. Arts, The seven liberal, in The Catholic Encyclopaedia, t. I, p.1760-65.

Wilmart, A., 1）Le De Lazaro de Potamius, in Journal of Theological Studies 19, 1918, p.289-304.

2）Un sermon Africain sur les Noces de Cana, in Revue Bénédictine, 1930, p.5-18; 1931, p.160-64.

3）Possidius への序文，in Operum S. Augustini Elenchus, in Miscellanea Agostiniana（= IV）t. II, p.149-60.

4）La tradition des grands ouvrages de saint Augustin, ibid., t. II, p.257-315.

Wundt, M., Ein Wendepunkt in Augustins Entwicklung, in Zeitschrift fur die Neutestamentliche Wissenschaft, 1922, p.53-64.

Wutz, F., Onomastica Sacra. Untersuchungen zum Liber interpretationis nominum hebraicorum des hl. Hieronymus, I. Quellen und System der Onomastika, Leipzig, 1914.

Zarb, S., Unité ou multiplicité des sens littéraux dans la Bible, in Revue Thomiste, 1932, p.251-300.

Zeller, E., Die Philosophie der Griechen in ihrer geschichtlichen Entwicklung dargestellt, III/1-2, Berlin, 1909-1913[4].

Zelzner, M., De Carmine Licentii ad Augustinum. Arnsberg, 1915.

Zepf, M., Augustins Confessiones, Tübingen, 1926.

Zurek, J., De S. Aurelii Augustini praeceptis rhetoricis, in Dissertationes philologae Vindobonenses, 8, 2, p.69-110, Wien-Leipzig, 1905.

文 献 一 覧 II

（Willi Geerlingsによる）

1 論 文 集

Andresen, C., Bibliographia Augustiniana, Darmstadt（Wissenschaftliche Buchgesellschaft）1973[2].

Bavel, T. J. van, Répertoire Bibliographique de Saint Augustin（1950-1960）= Instrumenta Patristica 3, Steenbrugge 1963.

Fortlaufende Bibliographie, in der Revue des Etudes Augustiniennes, 1（1955）ff.

2 研 究 誌

Analecta Augustiniana, Rom 1（1905）ff.

Augustiniana, Tijdschrift voor de studie van Sint Augustinus en de Augustijnenorde, Leuven 1（1951）ff.

Augustinus, Revista trimestral publicada por los Padres Agustinos recoletos, Madrid 1（1956）ff.

L'Année théologique augustiniennes, Paris1-14（1940-1954）.

Revue des Etudes Augustiniennes, Paris 1（1955）ff.

Recherches Augustiniennes, Paris 1（1958）ff = Suppl. zur Revue.

Ciudad de Dios, Revista trimestral publicada por el Real Monasterio de San Lorenzo de El Escorial, Madrid 1（1952）ff.

Augustinianum, Rom 1（1960）ff.

3 論 文

Adam, K., Die geistige Entwicklung des heiligen Augustinus. Rede, gehalten bei der Augustinus-gedenkfeier der Katholisch-theologischen Fakultät der Universität Tübingen am 4. Mai 1930（Libelli 14）, Darmstadt, 1954[3].

Alfonsi, L., 1）Augustin und die antike Schule, in Der altsprachliche Unterricht 17, 1974, 5-16.

2）Sant'Agostino: "De beata vita" c. 4, in Rivista di Filologia e di Istruzione Classica 36, 1958, p.249-54.

3）Sant'Agostino e i metodi educativi dell'antichità, in Studi Romani 19, 1971, p.253-56.

Allard, G.-H., 1）Arts libéraux et langage chez saint Augustin, in Arts libéraux et Philosophie au Moyen-Age. Actes du Quatrième Congrès International de Philosophie Médiévale, Université de Montréal, Canada, 1967, p.481-92.

2）L'articulation du sens et du signe dans le De doctrina christiana de s. Augustin, in Studia Patristica 14 = Texte und Untersuchungen 117, Berlin, 1976, p.377-88.

Altaner, B., 1）Augustinus und die griechische Sprache: Antike und Christentum. Erg.-Bd. 1: Pisciculi, Münster i.W., 1939, p.19-40.

2）In der Studierstube des heiligen Augustinus. Beiträge zur Kenntnis seines schriftstellerischen Schaffens: Amt und Sendung. Beiträge zu seelsorglichen und religiösen Fragen. Hrsg. von E. Kleineidam, O. Kuss, E. Puzik, Freiburg i. Br. 1950, p.378-431.

3）Augustinus und Origenes. Eine quellenkritische Untersuchung, in Historisches Jahrbuch 70, 1951, p.15-41.

4）Augustins Methode der Quellenbenützung. Sein Studium der Väterliteratur, in Sacris Erudiri 4, 1952, p.5-17.

5）Augustinus und die griechische Patristik. Eine Einführung und Nachlese zu den quellenkritischen Untersuchungen, in Revue Bénédictine 62,1952, p.201-15.

6）Der Einfluß und das Fortleben der griechischen Literatur im Abendland vom Ende des 4. bis in die zweite Hälfte des 6. Jahrhunderts, in Theologische Revue 48, 1952, p.41-50.

7）Augustinus und die biblischen Onomastica, in Münchener Theologische Zeitschrift 4, 1953, p .34-36.

8）Kleine patristische Schriften, hrsg. von G. Glockmann（Texte und Untersuchungen 83）, Berlin, 1967.

Alvarez Campos, S., La primera enciclopedia de la cultura occidental, in Augustinus 2, 1957, p.529-74.

Alvarez Turienzo, S., S. Augustin escritor. La renovación de un lenguaje, in La Ciudad de Dios 70, 1954, p.233-55.

Amerio, F., S. Agostino e la musica, in Humanitas 9, 1954, p.1050-58.

Andresen, C., 1）Gedanken zum philosophischen Bildungshorizont vor und nach Cassiciacum（C. Acad. 2, 6, 14f.; 3, 17-19, 37-42）, in Augustinus 13,1968, p.77-98.

2）（Hrsg.）, Zum Augustin-Gespräch der Gegenwart I（Wege der Forschung 5）, Darmstadt（Wissenschaftl. Buchgesellschaft）, 1975^{2}. -Zum Augustin-Gespräch der Gegenwart II: Augustin-biblischer Theologe, Sozialethiker und Lehrer der Erbsünde（Wege der Forschung 327）. Darmstadt, 1981.

3）（Hrsg.）, Die Gnosis（Die Bibliothek der Alten Welt）. Zürich. Bd. I: Zeugnisse der Kirchenväter, 1979^{2}. Bd. II: Koptische und mandäische Quellen. 1970. Bd. III: Der Manichäismus, 1980.

4）（Hrsg.）, Christlicher Platonismus. Die theologischen Schriften des Marius Victorinus（Die Bibliothek der Alten Welt）. Übers. von P. Hadot und U. Brenke, Zürich（Artemis）, 1967.

Armstrong, A. H., St. Augustin and Platonism, Villanova, 1967.

Arnaldi, F., Sant'Agostino nella storia della cultura antica, in Augustiniana. Napoli a S. Agostino nel XVI centenario della nascita（Neapel 1955）, p .37-44.

Auerbach, E., Literatursprache und Publikum in der lateinischen Spätantike und im Mittelalter,

Bern, 1958.
Augustinus Magister, Congrès international augustinien, 3 Bände, Paris, 1954.
Ayers, R. H., 1) Language Theory and Analysis in Augustine, in Scottish Journal of Theology 29, 1976, p.1-12.
2) Language, Logic und Reason in the Church Fathers. A Studv of Tertullian, Augustine and Aquinas, Hildesheim 1979.
Aymard, A.-Auboyer, J., Rome et son empire: Histoire générale des civilizations, Paris, 1954.

Baguette, Chr., Une période stoïcienne dans l'évolution de s. Augustin, in Revue des Etudes Augustiniennes 16, 1970, p.47-77.
Barclay, W., Educational Ideals in the Ancient World, London, 1961[2].
Bardy, G., 1) La conversion au christianisme durant les premiers siècles, Paris, 1949.
2) "Philosophie" et "philosophe" dans le vocabulaire chrétien des premiers siècles, in Revue d'ascétique et mystique 25, 1949, p.97-108.
3) Les méthodes de travail de Saint Augustin, in Augustinus Magister I, p.19-29, Paris, 1954.
Barck, C., Origins of the Medieval World, Stanford/California, 1958.
Barwick, K., 1) Augustins Schrift: De rhetorica und Hermagoras von Temnos, in Philologus 105, 1961, p.97-110.
2) Zur Rekonstruktion der Rhetorik des Hermagoras von Temnos, in Philologus 109, 1965, p.186-218.
3) Flavii Sosopatri Charisii Artis Grammaticae Libri V..., Leipzig (Teubner), 1964.
Basavoff, V., Survivances des représentations religieuses de la Rome païenne chez Tertullien et chez S.Augustin, in L'Antiquité Classique 19, 1950, p.403-05.
Becker, C., Les conditions matérielles de la lecture de Cicéron par saint Augustin, in Revue des Etudes Latines 36, 1958, 48f.
Beer, Th., Der fröhliche Wechsel und Streit. Grundzüge der Theologie Martin Luthers, Göttingen (Vandenhoeck u. Ruprecht), 1980.
Bellissima, G., Sant'Agostino grammatico, in Augustinus Magister I, 35-42, Paris. 1954.
Belotti, G., L'educazione in S. Agostino, Bergamo, 1964.
Bergenthal, F., Die Not der "Seinsvergessenheit" und das Gestaltgesetz der kommenden Bildung. Eine augustinische Besinnung, in Vierteljahresschrift für wiss. Pädagogik 32, 1956, p.264-83.
Berlinger, R., Le temps et l'homme chez saint Augustin. Temps et temporalité dans la pensée augustinienne, in L'Année Théologique Augustinienne 13, 1953, p.260-79.
Berzins, M., Die Auseinandersetzung Augustins mit Ciceros De republica. Freiburg i. Br. 1950 (maschinengeschrieben).
Beyenka, M. M., Consolation in Saint Augustine, in Patristic Studies 83, Washington, 1950.
Bischoff, B., Die lateinischen Übersetzungen und Bearbeitungen aus den "Oracula Sibyllina", in Mélanges Joseph De Ghellingk, T. I, Antiquité. Museum Lessianum, Section historique 13,

Gembloux, 1951, p.121-47.

Blanco Garcia, V., La lengua latina en las obras de San Agustin. Lección inaugural 1959-I960, Universidad de Zaragoza, 1959.

Blond, J. M. le, Les conversions de Saint Augustin（Théologie 17）, Paris. 1950.

Blumenberg, H., 1）Augustins Anteil an der Geschichte des Begriffs der theoretischen Neugierde, in Revue des Etudes Augustiniennes 7（1961）, p.35-/0.

2）Curiositas und veritas. Zur Ideengeschichte von Conf. 10, 35, in Studia Patristica 6 = Texte und Untersuchungen 81, Berlin, 1962, p.294-302.

3）Licht als Metapher der Wahrheit. Im Vorfeld der philosophischen Begriffsbildung, in Studium generale 10, 1957, p.432-47.

Blumenkranz, B., Raban Maur et Saint Augustin: compilation ou adaptation? A propos du latin biblique, in Revue du Moyen Age Latin 7, 1951, p.97-110.

Bolgar, R. R., The Classical Heritage and its Beneficiaries, Cambridge, 1954.

Bonner, G., Vera lux illa est quae illuminat: the christian humanism of Augustine, in Studies in Church History 14, London. 1977, p.23-50.

Bopp, L., Immergültiges aus St. Augustinus' Erziehungsdenken, in Vierteljahresschrift für wiss. Pädagogik 36, 1960, p.261-80.

Bowen, J., A History of Western Education I. The Ancient World, London, 1961^{2}.

Boyancé, P., Les méthodes de l'histoire littéraire. Cicéron et son oeuvre philosophique, in Revues des Etudes Latines 14, 1936, p.288-309.

Boyer, Ch., Christianisme et Néo-platonisme dans la formation de saint Augustin, Nouvelle édition revue, Rome, 1953.

Bréhier, E., Chrisippe et l'ancien Stoïcisme, Paris, 1951^{2}.

Brennan, J., A Study of the Clausulae in the Sermons of St. Augustine. Diss. Cath. University of America, Washington, 1947.

Brezzi, P., L'idea di Roma nell'Alto Medio Evo, in Studi Romani 7, 1959, p.511-23.

Brink, C. O., Theophrastus and Zeno on nature in Morale Theory, in Phronesis 1, 1956, p.123-45.

Brown, P., 1）Augustine of Hippo, a biography. London（Faber and Faber）. Deutsche Ausgabe: Übersetzt, bearbeitet und herausgegeben von Johannes Bernhard. Leipzig（St. Benno Vlg.）o. J. / Frankfurt（Societäts Vlg.）1973.

2）Religion and society in the Age of St. Augustine, London, 1972.

Bruckmayr, A., Studie zu St. Augustins Traktat Contra Cresconium, in Festschrift zum 400 jährigen Bestande des öffentlichen Obergymnasiums der Benediktiner zu Kremsmünster, hrsg. vom Professorenkollegium, Wels, 1949, p.201-19.

Bruwaene, M. van den, La théologie de Cicéron, Louvain, 1937.

Bushman, Rita Marie, St. Augustine's Metaphysics and Stoic Doctrine, in The New Scholasticism 26, 1952, p.283-304.

Campenhausen, H. von, Augustin als Kind und Überwinder seiner Zeit, in Die Welt als Geschichte 13, 1953, p.1-11.
Capanaga, V., 1) San Agustin (Clásicos Labor 11), Barcelona-Madrid, 1951.
2) San Agustin y el humanismo clácico, in Augustinus 3, 1958, p.369-73.
3) El espiritu geométrico y el espíritu de finura en San Agustin, in El Espacio, Zaragoza, Institución "Fernando el Catolico" de la Excma. Diputación Provincial de Zaragoza 1959, p.217-26.
Caplan, H., Of Eloquence: Studies in Ancient and Medieval Rhetoric, ed. by King, H. North, London, 1970.
Capua, F. di, 1) Osservazioni sulla lettura e sulla preghiera ad alta voce presso gli antichi, in Rendiconti della Accademia di Archeologia, Lettere e Belle Arti di Napoli 28, 1953, 59-99.
2) S. Agostino poeta: Augustiniana. Napoli a S. Agostino nel XVI centenario della nascita (Napoli 1955), p.111-20.
3) Il ritmo prosaico in S. Agostino: Scritti minori; (a cura di A. Quacquarelli), Vol. 1, Roma-Paris-Tournai-New York 1959, p.139-52.
4) Le clausole in S. Agostino con tre sillabe atone fra i due accenti, ebd. Vol. 1, 1959, p.414-18.
5) Saluti ed auguri agostiniani, ebd. Vol. 2, 1959, 131-138.
6) S. Agostino e le questioni linguistiche nella lotta fra cristianesimo e paganesimo, ebd. Vol. 2, p.139-43.
Cardauns, B., M. Terentius Varro Antiquitates Rerum divinarum I u. II, Wiesbaden (Fr. Steiner), 1976.
Casado, F., El repudio de la filosofia antigua en la "Ciudad de Dios", in La Ciudad de Dios 167, 1956, p. 67-93.
Castelanos, N. A., El problema educativo y escolar del siglo IV en las "Confessiones", in Augustinus 5, 1960, p.521-36.
Caturelli, A., La doctrina agustiniana sobre el maestro y su desarollo en Santo Tomas de Aquino, in Publicaciones del Instituto de Metafisica e Historia de los Sistemas Metafisicos, Serie B 6, Cordoba, 1954.
Cayré, F., 1) Mystique et Sagesse dans les Confessions de saint Augustin, in Recherches de Science Religieuse 39, 1951, p.443-60.
2) Le Mysticisme de la Sagesse dans les Confessions et le De Trinitate de saint Augustin, in L'Année Théologique Augustinienne 13, 1953, p.347-63.
3) La contemplation augustinienne. Principes de spiritualité et de théologie, Nouv. éd revue et completée (Bibliotèque Augustinienne), Bruges-Paris, 1954.
4) La contemplation augustinienne. Principes de la spiritualité de Saint Augustin, Paris, 1954².
Chaix-Ruy, J., Saint Augustin. Temps et histoire, Paris, 1956.
Chatillon, F., Les méthodes de travail de saint Augustin, in Revue du Moyen Age Latin 10, 1954, p.181-84.

Chevalier, J. S., Augustin et la pensée grecque. Les relations trinitaires, Fribourg, 1940.

Chirat, H., Augustin et la patristique grecque（Compte rendu de la séance du 17 décembre 1954. Groupe strasbourgeois）, in Revue des Etudes Latines 33, 1955, p.76-77.

Cilento, V., Lo spirito poetico e la novità dell' opera agostiniana: Augustiniana. Napoli a S. Agostino nel XVI centenario della nascita（Napoli 1955）, p.141-58.

Clark, M. T., Augustine, Philosopher of Freedom. A Study in Comparative Philosophy, New York-Tournai-Rome-Paris（Desclée）, in 1958.

Clarke, Th. E., Rhetoric at Rome. A historical survey, London, 1953.

Cochrane, Ch. N., Christianity and Classical Culture. A Study of Thought and Action from Augustus to Augustine, New York, 1957^3.

Collaert, J., Saint Augustin grammairien dans le "De magistro", in Revue des Etudes Augustiniennes 17, 1971, p.279-92.

Corte, F. della, Varrone, il terzo gran lume romano, Genova（Pubblicazioni dell'Istituto Universitano di Magistero）, 1954.

Costas, O., Influential Factors in the Rhetoric of St. Augustine, in Foundations, A Baptist Journal of History and Theology 16, 1973, p.208-21.

Courcelle, P., 1）Les lettres grecques en Occident, de Macrobe à Cassiodore, Paris, 1943, 1948^2.

2）Plotin et saint Ambroise, in Revue de Philologie, de Littérature et d'Histoire Anciennes 24, 1950, p.29-56.

3）Recherches sur les Confessions de S. Augustin, Paris, 1950.

4）La littérature latine d'époque patristique, direction et recherches, in Actes du premier Congrès de la Fédération［août -septembre 1950］, Paris, 1951, p.287-307.

5）Saint Augustin, lecteur des Satires de Perse, in Revue des Sciences Religieuses 27, 1953, p.40-46.

6）Litiges sur la lecture des ,"Libri Platonicorum" par saint Augustin, in Augustiniana 4, 1954, p.225-39.

7）Les exégèses chrétiennes de la quatrième Eclogue, in Revue des Etudes Anciennes 59, 1957, p.294-319.

8）Connais-toi, toi-même. De Socrate à S. Bernard, I/II, Paris, 1974/1975.

Couvée, P. J., Vita beata en vita aeterna. Een onderzoek naar de onrwikkeling van het begrep "vita beata" naast en tegenover, "vita aeterna" bij Lactantius, Ambrosius en Augustinus, onder invloed der Romeinsche Stoa, Baarn, 1947.

Covi, E., La pedagogia familiare agostiniana, in Laurentianum 17, 1976, p.43-59.

Cress, D. A., Hierius and St. Augustine's Account of the lost De Pulchro et Apto, in Augustinian Studies 7, 1976, p.153-63.

Cunningham, M. P., "Enarratio" of Horace Odes 1, 9, in Classical Philology 52, 1957, p.98-102.

Curtius, E. R., Europäische Literatur und lateinisches Mittelalter, Bern-München, 1967^6.

Cushman, R. E., Greek and Christian Views of Time, in The Journal of Religion 33, 1953, p.254-65.

Deane, H. A., The Political and Social Ideas of St. Augustine, New York-London, 1963.

Deman, Th., Héritage antique et innovation chrétienne dans le "De moribus Ecclesiae catholicae", in Augustinus Magister II, Paris, 1954, p.713-26.

Dempf, A., Geistesgeschichte der altchristlichen Kultur, Stuttgart, 1964.

Diaz y Diaz, M. C., Datos sobre la lengua latina en San Agustín, in Augustinus Magister III, Paris, 1955, p.365-70.

Diesner, H.J., Studien zur Gesellschaftslehre und sozialen Haltung Augustins, Halle, 1954.

Dörrie, H., 1) Das Gebäude spätantiker Bildung mit seinen religiösen Zügen: H. Frohnes / U. W . Knorr, Kirchengeschichte als Missionsgeschichte. I. Die Alte Kirche, München, 1974, p.247-61.

2) Spätantike Metaphysik als Theologie, in ebd. p.262-82.

3) Ziel der Bildung-Wege der Bildung. Kritische Erörterung von Cicero bis Augustin, Innsbruck, 1972.

Doignon, J., Problèmes textuels et modèles littéraires dans le livre I du De Ordine de saint Augustin, in Revue des Etudes Augustiniennes 24, 1978, p.71-86.

Doyle, G. W., Augustine's sermonic Method, in The Westminster Theological Journal 39, 1977, p.213-38.

Duchrow, U., 1) Sprachverständnis und biblisches Hören bei Augustin, in Hermeneutische Untersuchungen zur Theologie 5, Tübingen, 1965.

2) Zum Prolog von Augustins De doctrina Christiana, in Vigiliae Christianae 17, 1963, p.165-72.

Duhem, P., Le système du monde. Histoire des doctrines cosmologiques de Platon à Copernic, Tome 2, Paris, 1954.

Dutoit, E., 1) Augustin et le dialogue du "De beata vita", in Museum Helveticum 6, 1949, p.33-48.

2) Saint Augustin et Cicéron, in Nova et Vetera 35, 1960, p.55-63.

Edsman, C.-M., Ignis divinus. Le feu comme moyen de rajeunissement et d'immortalité: contes, légendes, mythes et rites, Lund, 1949.

Ellspermann, G.-L., The attitude of The Early Christian Latin Writers towards Pagan Literature an Learning (Patristic Studies 82), Washington, 1949.

Erdt, W., Christentum und heidnisch-antike Bildung bei Paulin von Nola (Beitr. zur Klass. Philologie 82), Meisenheim am Glan, 1976.

Femiano, S. B., Riflessioni critiche sulla conversione di S. Agostino, Napoli-Roma, 1951.

Finaert, J., 1) L'évolution littéraire de Saint Augustin, Paris, 1939.

2) Saint Augustin rhéteur, Paris, 1939.

Finale Montalbano, L., Sulla conoscenza del greco di S. Agostino, in Humanitas 6, 1951, p.1095-1097.

Flasch, K., Augustin. Einführung in sein Denken (Reclam UB 9962), Stuttgart, 1980.

Forster, K., Eine frühmittelalterliche Interpretation der augustinischen Stillehre, in Mittellateinisches Jahrbuch 4, 1967, p.61-71.

Fortin, E. L., Augustine and the problem of Christian Rhetoric, in Augustinian Studies 5, 1974, p.85-100.

Frank, E., Saint Augustine and Greek Thought: Wissen, Wollen, Glauben. Gesammelte Aufsätze zur Philosophiegeschichte und Existentialphilosophie. Knowledge, Will and Belief. Collected Essays, edited by L. Edelstein, Zürich-Stuttgart, 1955, p.161-76.

Frank, K. S., Frühes Mönchtum im Abendland. I. Lebensformen, Zürich (Artemis), 1975.

Fuchs, H., 1) Augustin und der antike Friedensgedanke. Untersuchungen zum neunzehnten Buch der Civitas Dei, Berlin-Zürich, 1965^2 (Weidmannsche Verlagsbuchhandlung).

2) Enkyklios Paideia: Reallexikon für Antike und Christentum V, p.365-98.

Fuchs, H., Muller, H.-P., Aurelius Augustinus: Selbstgespräche über Gott und die Unsterblichkeit der Seele (Soliloquia. De immortalitate animae). Lateinisch und deutsch. Gestaltung des lat. Textes von H. Fuchs. Einführung, Übertragung, Erläuterungen und Anmerkungen von H.-P. Müller (Die Bibliothek der Alten Welt. Reihe Antike und Christentum), Zürich, 1954 (Artemis Vlg.).

Fugier, H., Le style imaginé des Confessions, in Revue des Etudes Latines 32,1954, p.53-55,

García Jiménez, J., La Retórica de San Agustin y su patrimonio clásico, in La Ciudad de Dios 71, 1955, p.11-32.

García, T, M., Ideas Pedagogicas de San Agustin: Noverim 1, 1955, p.56-64.

García, V. B., La lengua latina en las obras de san Agustín., Saragossa, 1959.

Gawlick, G., Cicero in der Patristik (Studia Patristica 9), Berlin, 1966.

Gercken, J., Inhalt und Aufgabe der Philosophie in den Jugendschriften Augustins, Osnabrück, 1939.

Gigon, O., Die antike Kultur und das Christentum, Gütersloh, 1969^2.

Gonella, G., La funzione del maestro e la verità interiore nella dottrina di S. Agostmo, S. Agostino e le grandi della filosofia contemporanea 383-89. Tolentino, 1956.

González, J. I., San Agustín y la crisis de la cultura Antigua, in Universidad de Antioquia 30, 1954, p.594-602.

Grilli, A., Il problema della vita contemplativa nel mondo grecoromano, Università di Milano, Facoltà di Lettere e Filosofia. Serie I: Filologia e Letterature Classiche, Milano-Roma, 1953.

Guardini, R., Die Bekehrung des Aurelius Augustinus. Der innere Vorgang in seinen Bekenntnissen, München, 1950^2.

Gundermann, H., 1) Ciceronianische Sprache in Augustins De ordine unter Berücksichtigung von Contra Academicos und De beata vita. Diss., Salzburg, 1968.

2) Literarische und philosophische Tradition im ersten Tagesgespräch von Augustinus "De ordine", in Recherches Augustiniennes 9, 1973, p.183-226.

Hadot, P., Porphyre et Victorine, 2 Bde, Paris, 1968.

Hagendahl, H., 1) Methods of citation in postclassical Latin prose, in Eranos 45,1947, p.114-28.

2) Zu Augustins Beurteilung von Rom in De civitate Dei, in Wiener Studien 79, 1966, p.509-16.

3) Augustine and the Latin Classics, Vol. I: Testimonia, Vol. II: Augustine's Attitude (Studia Graeca et Latina Gothoburgensia 20/1-2), Göteborg, 1967.

Hager, F. P., Zur Bedeutung der griechischen Philosophie für die christliche Wahrheit und Bildung bei Tertullian und Augustinus, in Antike und Abendland 24 (1978), p.76-84.

Hand, V., Augustin und das klassische römische Selbstversändnis (Hamburger philol. Studien 13), Hamburg, 1970.

Hausleiter, J., Zur Herkunft der fruitio dei. Eine Ergänzung zum Aufsatz von Rudolf Lorenz in der ZKG 1952/53: Zeitschrift für Kirchengeschichte 70, 1959, p.292.

Hayden, D., Notes on Aristotelian dialectic in theological method, in The Thomist 20, 1957, p.383-418.

Hendrikx, E., 1) Augustins Verhältnis zur Mystik (Cassiciacum I), Würzburg, 1936.

2) Astrologie, Waarzeggerij en Parapsychologie bij Augustinus, in Augustiniana 4, 1954, p.325-52.

3) Platonisches und biblisches Denken bei Augustinus, in Augustinus Magister I., Paris, 1954, p.285-92.

4) Augustinus en het Imperium Romanum, in Annalen van het Thijmgenoot schap 44, 1956, p.95-110.

Herzog-Hauser, G., Zum Problem der imitatio in der lateinischen Literature, in Wiener Studien 44, 1949, p.124-34.

Hill, E., St. Augustine as a preacher, in Blackfriars 35, 1954, p.463-71.

Hiltbrunner, O., Latina Graeca. Semasiologische Studien über lateinische Wörter im Hinblick auf ihr Verhältnis zu griechischen Vorbildern,. Bern, 1958.

Höck, G., Augustin und die antike Tugendlehre, in Kerygma und Dogma 6, 1967, p.104-30.

Hoffmann, M., Der Dialog bei den christlichen Schriftstellern der ersten vier Jahrhunderte, Berlin, 1966.

Holl, A., Augustins Bergpredigtexegese nach seinem Frühwerk, "De sermone Domini in monte" libri duò, Wien, 1960.

Holte, R., Béatitude et sagesse. Saint Augustin et le problème de la fin de l'homme dans la philosophie ancienne, Paris-Worcester (Mass.), 1962.

Hout, M. van den, Augustinus' visie op de cultuur van zijn tijd: Bij het zestiende eeuwfest van de geboorte van St. Augustinus, Culemborg, 1954, p.25-36.

Howie, G., Educational Theory and Practice in St. Augustine, London, 1969.

Huddlestun, B., St. Augustine and Aristotle on Time and History, in Studies in Philosophy and the History of Philosophy 6 (1973), p.279-91.

Istace, G., Le livre ler du "De doctrina christiana" de saint Augustin. Organisation synthétique et méthode mise en oeuvre, in Ephemerides Theologicae Lovanienses 32, 1956, p.289-330.

Ivánka, E. von, 1) Römische Ideologie in der "Civitas Dei", in Augustinus Magister III., Paris, 1955, p.411-17.

2) Plato Christianus. Übernahme und Umgestaltung des Platonismus durch die Väter, Einsiedeln, 1964.

Jaeger, W., 1) Paideia. Die Formung des griechischen Menschen, 3 Bände, Berlin, 1959[4], bes. 3, p.105-254.

2) Paideia Christi: Humanistische Reden und Vorträge. Berlin (Walter de Gruyter), 1960[2]. p.250-65.

3) Die asketisch-mystische Theologie des Gregor von Nyssa, ebd, p.266-86.

4) The Greek Ideas of Immortality, ebd., p.287-99.

5) Humanism and Theology, ebd., 300-334. Deutsch: Humanismus und Theologie, Heidelberg (F. H. Kerle), 1960: Thomas im Gespräch 3.

6) Two rediscovered works of ancient Christian literature: Gregory of Nyssa and Macarius, in Harvard Institute for Classical Studies, Leiden (E. J. Brill), 1965.

7) Von Affen und wahren Christen. Varia Variorum, Festgabe für Karl Reinhardt, Münster und Köln, 1952, p.161-68; auch in Werner Jaeger, Scripta Minora II 429-439, Rom, 1960 (Edizioni di Storia e Letteratura, Via Lancellotti, 18).

8) Das frühe Christentum und die griechische Bildung. Übersetzt von W. Eltester, Berlin (W. de Gruyter), 1963.

Jenkins, C., Augustine's classical quotations in his letters, in Journal of Theological Studies 39, 1938, p.69-66.

Johann, H., Th. (Hrsg.), Erziehung und Bildung in der heidnischen und christlichen Antike (Wege der Forschung 377), Darmstadt, 1976.

Johnson, W. R., Isocrates Flowering: The Rhetoric of Augustine, in Philosophy and Rhetoric 9, 1976, p.217-31.

Joseph-Arthur (Ordensschwester), 1) L'art dans saint Augustin, 2 Bde, Paris, 1945.

2) El estilo de San Augustín en las "Confessiones". El vocabulario y la frase. Movimiento y colorido, in Augustinus 2, 1957, p.31-48. und 3, 1958, p.503-28.

Jürgens, H., Pompa diaboli. Die lateinischen Kirchenväter und das antike Theater (Tübinger Beiträge zur Altertumswissenschaft 46), Stuttgart, 1972.

Katô, T., "Melodia interior" Sur le traité "De pulchro et apto", in Revue des Etudes Augustiniennes 16, 1970, p.229-40.

Keenan, M.-E., Classical writers in the letters of Augustin in The Classical Journal 32, 1936, p.35-37.

Keseling, P., Augustin und Quintilian, in Augustinus Magister I, Paris, 1954, p.201-04.
Kevane, E., 1) Augustine and Isokrates, in The American Ecclesiastical Review 149, 1963, p.301-21.
2) Augustine the Educator. A study in the Fundamentals of Christian Formation, Westminster (Md), 1964.
3) Literaturverzeichnis, in The American Ecclesiastical Review 157, 1965, p.217-32.
4) De doctrina christiana. A Treatise on Christian Education, in Recherches Augustiniennes 4, Paris, 1966, p.97-133.
5) Paideia and anti-paideia. The prooemium of St. Augustine's De Doctrina Christiana, in Augustinian Studies 1, 1970, p.153-80.
6) Translatio imperii. Augustine's De Doctrina Christiana and the classical paideia, in Studia Patristica 14 = Texte und Untersuchungen 117, Berlin, 1976, p.446-60.
Knauer, G. N., 1) Psalmenzitate in Augustins Konfessionen, Göttingen, 1955.
2) Peregrinatio animae. Zur Frage der Einheit der augustinischen Konfessionen, in Hermes 85, 1957, p.216-48.
Kötting, B., Christentum und heidnische Opposition in Rom am Ende des 4 Jahrhunderts, Münster, 1961.
Kopperschmidt, J., Rhetorik und Theodizee. Studien zur hermeneutischen Funktionalität bei Augustin, in Kerygma und Dogma 17, 1971, p.273-91.
Kuhn, H., Die Bekenntnisse des hl. Augustin als literarisches Werk, in Stimmen der Zeit 181, 1968, p.223-38.
Kurfess, A., 1) Augustinus und die Tiburtinische Sibylle, in Theologische Quartalschrift 131, 1951, p.458-63.
2) Sibyllinische Weissagungen. Urtext und Übersetzung, München (Ernst Heimeran Verlag), 1951.
3) Alte lateinische Sibyllinenverse, in Theologische Quartalschrift 133, 1953, p.80-96.
4) Vergils vierte Ekloge bei Hieronymus und Augustinus. "Iam nova progenies caelo demittitur alto", in christlicher Deutung, in Sacris Erudiri 6, 1954, p.5-13.

Labriolle, P. de, Histoire de la littérature latine chrétienne, vol. 1, Paris, 1947[3].
Laistner, M. L. W., 1) Pagan schools and christian teachers: Liber Floridus. Mittellateinische Studien Paul Lehmann zum 65. Geburtstag gewidmet, Erzabtei St. Ottilien, 1950, p.47-61.
2) Christianity and Pagan Culture in the later Roman Empire, together with an English Translation of John Chrysostom's "Address on Vainglory and the Right Way for Parents to bring up their Children", Ithaca-New York, 1951.
3) The Western Church and Astrology during the Early Middle Ages: The intellectual heritage of the Early Middle Ages. Selected Essays by M. L. W. Laistner edited by Chester G. Starr, Ithaca-New York, 1957, p.57-82.

Lamotte, J., Saint Augustin et la réaction païenne après 410. Mémoire de Licence. Faculté de Philosophie et Lettres. Philologie classique. Université de Liège, 1957.

Láscaris Comneno, C., San Agustin educator, in Rivista de Filosofia 14, 1955, p.132-34.

Latron, P. M., L'héritage de la tradition rhétorique classique et la perspective chrétienne dans le De Doctrina de saint Augustin, (Diss. Sorbonne), Paris, 1971.

Laufs, J., Der Friedensgedanke bei Augustin. Untersuchungen zum 19. Buch des Werkes De Civitate Dei, in Hermes, Heft 27, Wiesbaden, 1973.

Lods, M., Questions augustiniennes: Dans quelle mesure saint Augustin est-il platonicien? in Eglise et Théologie 23, 1960, p.21-36.

Löfstedt, E., 1) Reminiscence and Imitation. Some Problems in Latin Literature, in Eranos 47, 1949, p.148-64.

2) Late Latin. Instituttet for sammenlignende Kulturforskning, Seria A, in Forelesninger 25., Oslo-London-Wiesbaden-Paris-Cambridge (Mass.), 1959.

Loewenich, W. von, Menschsein und Christsein bei Augustin: Von Augustin zu Luther. Beiträge zur Kirchengeschichte, Witten 1959, p.9-43.

Löwith, K., Weltgeschichte und Heilsgeschehen. Die theologischen Voraussetzungen der Geschichtsphilosophie. Aus dem Englischen übersetzt von H. Kesting, Zürich, 1953, 1955^2.

Lof, L. J. van der, De invloed van Marius Victorinus Rhetor op Augustinus, in Nederlands Theologisch Tijdschrift 5, 1950-1951, p.287-307.

Lohse, B., 1) Mönchtum und Reformation, Göttingen (Vandenhoeck u. Ruprecht), 1963, p.63-85.

2) Die Bedeutung Augustins für den jungen Luther, in Kerygma und Dogma 11 1965, p.116-35.

Lorenz, R., 1) Die Herkunft des augustinischen "frui Deo", in Zeitschrift für Kirchengeschichte 64, 1952-1953, p.34-60 und p.359-60.

2) Die Wissenschaftslehre Augustins, ebd., 1955-1956, p.29-60 und p.213-51.

Luca, G. de, La romanità di sant'Agostino, in Studi Romani 10, 1962, p.256-68.

Madec, G., 1) L'Hortensius de Cicéron dans les livres XIII-XIV du De Trinitate, in Revue des Etudes Augustiniennes 15, 1969, p.167-73.

2) Analyse du De Magistro, in Revue des Etudes Augustiniennes 21, 1975 p.63-71.

3) Verus philosophus est amator dei. S. Ambroise et S. Augustin et la philosophie, in Revue des Sciences Philosophiques et Théologiques 61, 1977, p.549-62.

Maier, F. G., Augustin und das antike Rom (Tübinger Beiträge zur Altertumswissenschaft 39), Stuttgart-Köln, 1956.

Mandouze, A., S. Augustin ou le rhéteur cánonize, in Bulletin de l'Association Guillaume Budé. 4e série, no 2, 1955, p.37-41.

Mariani, U., S. Agostino oratore e scrittore, in Augustiniana, Napoli a S. Agostino nel XVI centenario della nascita, Napoli 1955, p.121-40.

Markus, R. A., 1) Paganism, Christianity and the Latin Classics in the fourth century, in J. W. Binn (Ed.), Latin Literature of the fourth century, London, 1974, p.1-21.

2) Saeculum, History and Society in the Theology of St. Augustine, Cambridge, 1970.

Marrou, H.-I., 1) Histoire de l'éducation dans l'antiquité (= HE), éditions du Seuil, Paris, 1948.

2) L'ambivalence du temps de l'histoire chez Saint Augustin: Inst. d'Etudes Médiévales (Montréal), J. Vrin (Paris), 1950, Conférence Albert-le-Grand.

3) A Diognète (Introduction, édition critique, traduction et commentaire), Paris, éditions du Cerf, 1951 (Sources chrétiennes 33).

4) De la connaissance historique, Paris, éditions du Seuil, 1954 (Collection Esprit), / Über die historische Erkenntnis. Welches ist der richtige Gebrauch der Vernunft, wenn sie sich historisch betätigt? Aus dem Franzötischen von Charlotte Beumann. Hrsg. von Helmut Beumann. Karl Alber, Freiburg/München 1973. (Wissenschaftliche Buchgesellschaft, Darmstadt). Unter dem Pseudonym.

5) Henri Davenson, Fondements d'une culture chrétienne, Paris, Bloud et Gay, 1934, Cahiers de la Nouvelle Journée, n°. 27.

6) Traité de la musique selon l'espri de Saint Augustin, La Baconnière (Neuchâtel), éd. du Seuil, Pars, 1942, Les Cahiers du Rhône.

7) Le livre des chansons ou introduction à la connaissance de la chanson populaire française. La Baconnière (Neuchâtel), ed. du Seuil, Paris, 1944, Les Cahiers du Rhône.

8) Les arts libéraux dans l'Antiquité classique, in Arts libéraux et Philosophie au Moyen Age, p.5-27.

9) La théologie de l'histoire. Rapport et discussion, in Augustinus Magister III., Paris, 1955, p.193-212.

10) De Philostrate à saint Augustin, in Revue des Etudes Augustiniennes 11, 1965, p.223-28.

11) Patristique et humanisme. Mélanges, in Patristica Sorbonensia 9, Paris, 1976.

12) Décadence romaine ou antiquité tardive? [IIIe-IVe siècle], Paris, 1977.

Martínez Morán, F., Algunas ideas virgilianas en "La Ciudad de Dios" de San Augustín, Archivo Agustiniano 44, 1950, p.413-26.

Mathon, G., 1) Quand faut-il placer le retour d'Augustin à la foi catholique?, in Revue des Etudes Augustiniennes 1, 1955, p.107-27.

2) Conversion et conversations augustiniennes, in L'Information Littéraire 7, 1955, p.108-14.

Mayer, C. P., 1) Die Zeichen in der geistigen Entwicklung und in der Theologie Augustins (Cassiciacum 24/1-2), Würzburg, 1969/1974.

2) Res per signa. Der Grundgedanke des Prologs in Augustins Schrift De doctrina christiana und das Problem seiner Datierung, in Revue des Etudes Augustiniennes 20, 1974, p.100-12.

3) Der gebildete Christ. Fundamente und Ziele christlicher Gelehrsamkeit nach dem hl. Augustinus, in Theologie und Philosophie 52, 1977, p.272-79.

Maxsein, A., Grundzüge der Erziehertätigkeit nach der Lehre des heiligen Augustinus, in Kathol.

Frauenbildung 56, 1955, p.737-51.

McCool, G. A., The Ambrosian Origin of St. Augustine's Theology of the Image of God in Man, in Theological Studies 20,1959, p.62-81.

McNew, L. D., The Relation of Cicero's Rhetoric to Augustine, in Research Studies of the State College of Washington 26, 1957, p.5-13.

Meulenbroeck, J., 1) Metriek en Rhythmiek in Augustins Cassiciacum-Dialogen. Diss. Nijmegen, 1942.

2) The historical character of Augustine's Cassiciacum Dialogues, in Mnemosyne 13, 1947, p.203-09.

Meyer-Bear, K., Psychologic and Ontologic Ideas in Augustine's "De Musica", in The Journal of Aesthetics and Art Criticism 11, 1952-1953, p.224-30.

Michel, A., Culture et sagesse: aspects de la tradition classique de Cicéron à Hugues de Saint Victor: Mélanges de philosophie, de littérature et d'histoire ancienne offerts à Pierre Boyancé, Rome, 1974, p.513-28.

Misch, G., Augustins "Bekenntnisse": Geschichte der Autobiographie Bd. 1: Das Altertum, 2. Hälfte, Bern, ^{3}1949/50, p.637-78.

Mohrmann, Chr., 1) Comment saint Augustins' est familiarisé avec le latin des chrétiens, in Augustinus Magister I,. Paris, 1954, p.111-16.

2) Saint Augustin prédicateur, in La Maison-Dieu 39, 1954, p.83-96.

3) Augustinus als schrijver (Rede uitgesproken ter gelegenheid van de Augustinusherdenking op 25 Oktober 1954 in der Aula der Rijksuniversiteit te Utrecht), in Jaarboek Rijksuniversiteit Utrecht, 1954-1955, p.51-59.

4) Latin vulgaire, latin des chrétiens; latin médiéval, Paris 1955, 1959^{2}.

5) Problèmes philologiques et littéraires. Rapport et discussion, in Augustinus Magister III, Paris, 1955, p.27-50.

6) Problèmes stylistiques dans la littérature latine chrétienne, in Vigiliae Christianae 9, 1955, p.222-46.

7) Linguistic Problems in the Early Christian Church, in Vigiliae Christianae 11, 1957, p.11-36.

8) Considerazioni sulle "Confessioni" di Sant'Agostino. I. Le "Confessioni" come opera letteraria. II. Le "Confessioni" come documento autobiographico. III. La lingua e lo stile delle "Confessioni", in Convivium 25, 1957, p.257-67; 27, 1959, p.1-11 und p.129-39.

9) Etudes sur le latin des Chrétiens, Rome, 1958. Darin besonders p.299-321, 323-49 und 351-70.

10) Observations sur les "Confessions" de saint Augustin, in Revue des Sciences Religieuses 33, 1959, p.360-71.

11) Les relations entre culture profane et culture chrétienne aux premiers siècles de notre ère, in Revista portuguesa de filologia 12, 1962, p.1-16.

Mourant, J. A., 1) Augustine and the Academics, in Recherches Augustiniennes, 4. vol., Paris,

1966, p.67-96.

2) The Emergency of a Christian Philosophy in the Dialogues of Augustine, in Augustinian Studies 1, 1970, p.69-88.

Moutsopoulos, E., La musique dans l'oeuvre de Platon. Bibliothèque de Philosophie Contemporaine, Paris, 1959.

Musurillo, H., History and Symbol. A Study of Form in Early Christian Literature, in Theological Studies 18, 1957, p.357-86.

Muys, A. P., Het betoog in Augustinus' Contra Academicos III, vii, 15-xx, 43, in Wetenschapplijke bijdragen door leerlingen van Dr. D. H. Th. Vollenhoven aangeboden ter gelegenheid van zijn 25 jarig hoogleraarschap aan de Vrije Universiteit, Franeker 1951, p.120-27.

Napoli, G. di, S. Agostino e il problema della cultura, in Euntes docete 11, 1958, p.340-57.

Noordenbos, O., Plan en Gericht: Augustinus (Gastmaal der Eeuwen. Taferelen uit de Cultuurgeschiedenis van Europa 18), Arnhem 1952.

Nuchelmans, G., Philologia et son mariage avec Mercure jusqu'à la fin du XIIe siècle, in Latomus 16, 1957, p.84-107.

Nygren, A., Die Konfessionen Augustins. Ihr Sinn und ihr literarischer Aufbau: Augustin und Luther. Zwei Studien über den Sinn der augustinischen Theologie, Berlin, 1958, p.9-21.

Oberman, H. A., Contra vanam curiositatem. Ein Kapitel der Theologie zwischen Seelenwinkel und Weltall (Theologische Studien 113), Zürich, 1974.

O'Connell, R. J., 1) Saint Augustine's Early Theory of Man, A. D. 386-391, Cambridge/Mass., 1968.

2) Saint Augustine's Confessions, the Odyssey of Soul, Cambridge/Mass., 1969.

3) Art and Christian Intelligence in St. Augustine, Cambridge/Mass., 1978.

Oddone, G. S., S. Agostino oratore. L'ideale del "christianus orator" e le scelte stilistiche della predicazione agostiniana. Diss, Turin, 1970 (Masch.).

O'Meara, J. J., 1) St. Augustine, Against the Academics. Translated and annotated by John J. O'Meara (Ancient Christian Writers 12), Westminster (Maryland), 1951.

2) The Historicity of the Early Dialogues of Saint Augustine, in Vigiliae Christianae 5, 1951, p.150-78.

3) The Young Augustine. The Growth of St. Augustine's Mind up to his Conversion, London-New York-Toronto, 1954.

4) Augustine and Neo-Platonism, in Recherches Augustiniennes (= Supplement zur Revue des Etudes Augustiniennes) 1, 1958, p.91-111.

5) Porphyry's Philosophy from Oracles in Augustine, Paris, 1959.

6) Augustine the Artist and the Aeneid, in Mélanges offerts à Mademoiselle Christine Mohrmann, Utrecht-Anvers, 1963, p.252-61.

Opelt, I., Doctrina und doctrina Christiana, in Der Altsprachliche Unterricht 9, 1966, p.5-22.

Orban, M., Réhabilitation de la parole dans le De oratore de Cicéron, in Antiquité classique 19, 1950, p.27-44.

Oroz, J., 1) Hacia una retórica cristiana. San Agustíny Cicerón, in Augustinus 7, 1962, p.77-88.

2) La retórica agustiniana, clasicismo y Cristianismo, in Studia Patristica 6, Berlin 1962, p.484-95.

3) La retórica en los Sermones de San Agustín. Colección Augustinus 7, Madrid, 1963.

4) San Agustín y cultura clásica, in Augustinus 8, 1963, p.5-20.

5) San Agustín y la cultura clásica, in Helmantica 14, 1963, p.79-166.

Oroz de la Consolación, J., Introduction a una "Theologia" augustino-varroniana, vista desde la "Ciudad de Dios", in La Ciudad de Dios 167, 1955, p.459-73.

Oroz Reta, J., 1) Contra Academicos de San Agustín. Estudio literario, in Helmantica 6, 1955, p.131-49.

2) Augustinus rhetor et orator. Estudio sobre la retóirica de los Sermones de San Agustín. Tesis de doctorado en la Facultad de Filosofiay Letras de la Universidad de Salamanca 1956 (maschinengeschrieben).

3) El "De Doctrina Christiana" o la retórica Cristiana, in Estudios Clasicos 3, 1956, p.452-59.

4) Seneca y San Agustin. Influencia o coincidencia?, in Augustinus 10, 1965, p.95-325.

5) Los dialogos des Cassiciaco. Algunas observaciones estilisticas, in Augustinus 13, 1968, p.327-44.

Osana, J., "Musica Perennis", in Ciencia y Fé 10, 1954, p.49-71.

Outler, A. C., Augustine and the Transvaluation of the Classical Tradition, in The Classical Journal 54, 1958/1959, p.213-20.

Paschoud, F., Roma aeterna. Etudes sur le patriotisme romain dans l'Occident latin à l'époque des grandes invasions (Bibliotheca Helvetica Romana VII), Institut Suisse de Rome, 1967.

Pavan, M., Agostino emulo di Sallustio, in Studi Romani 8, 1960, p.637-46.

Pegis, A. C., The second Conversion of St. Augustine: K. Bosl (Hrsg.), Gesellschaft-Kultur-Literatur. Rezeption und Originalität im Wachsen einer europäischen Literatur und Geistigkeit (Monographien zur Geschichte des Mittelalters 11), Stuttgart, 1975, p.79-93.

Pellegrino, M., 1) Attegiamenti stilistici nelle ,"Confessioni" di Sant'Agostino, in Humanitas 9, 1954, p.1040-49.

2) Le problème des sources. Rapport et discussion, in Augustinus Magister III, Paris, 1955, p.51-63.

3) Aspectos pedagógicos en las Confessiones de San Augustín, in Augustinus 5, 1960, p.53-64.

4) S. Agostino Oratore, Torino, 1961.

Pépin, J., 1) La "théologie tripartite" de Varron. Essai de reconstitution et recherche des sources, in Revue des Etudes Augustiniennes 2, 1956, p.265-94.

2) Univers dionysien et univers augustinien, in Recherches de Philosophie 2, 1956, p.179-224.

3) Saint Augustin et la fonction protreptique de l'allégorie, in Revue des Etudes Augustiniennes 4, 1958 = Recherches Augustiniennes 1, 1958, p.243-86.

4) Critica agustiniana de la teologia de Varrón, in Augustinus 4, 1959, p.155-87.

5) Rapports sur les conférences de l'année scolaire 1963-1964. Textes et doctrines de la fin de l'Antiquité. Annuaire 1964-1965 de L'Ecole pratique des Hautes Etudes, IVe section, Sciences historiques et philologiques, Nr. 97, Paris, 1964.

6) Saint Augustin et la dialectique. Recherches sur le dialogue "De dialectica" et le traité "Contra Cresconium", ebd., Annuaire 105, 1972/73, p.297; 106, 1973/74, p.297-98.

7) Saint Augustin et la dialectique. The Saint Augustine Lecture 1971, Villanova, 1976.

Perl, C. J., Augustinus und die Musik, in Augustinus Magister III, Paris, 1955, p.439-52.

Peter, H., Historicorum Romanorum Reliquiae..., vol. I und II, Stuttgart (B. G. Teubner), 1967[2].

Pétré, H., Caritas. Etude sur le vocabulaire latin de la charité chrétienne, Louvain, 1948.

Peusch, E., Cicero und die Civitas Dei. Eine philologisch-ideologische Untersuchung, Diss., Mainz, 1957.

Pieszczoch, S., L'actualité des idées fondamentales sur l'exégèse continues dans le "De doctrina christiana" de S. Augustin, in Studia Patristica 14 = Texte und Untersuchungen 117, Berlin, 1976, p.377-88.

Pinborg, J., 1) Das Sprachdenken der Stoa und Augustins Dialektik, in Classica et Mediaevalia 23, 1962, p.148-77.

2) Augustine, De dialectica. Translated and notes by B. Darel Jackson, Dordrecht-Boston, 1976.

Pincherle, A., 1) Sulla composizione del "De Doctrina Christiana" di S. Agostino, in Storiografia e Storia. Studi in onore di Eugenio Dupré Theseider, Rom, 1974, II, p.541-59.

2) S. Agostino, tra il "De Doctrina Christiana" e le "Confessioni", in Archeologia classica 25/26, 1973/74, p.555-74.

Plinval, G. de, 1) La technique du dialogue chez saint Augustin et saint Jerôme: Actes du premier Congrès de la Féderation internationale des Associations d'études classiques [août-septembre 1950], Paris, 1951, p.308-11.

2) La dialectique d'Augustin, in Recherches et Débats 8, 1954, p.219-38.

3) Pour connaîre la pensée de saint Augustin, Paris, 1954.

Pöschl, V., Augustinus und die römische Geschichtsauffassung, in Augustinus Magister II, Paris, 1954, p.957-63.

Pohlenz, M., Die Stoa. Geschichte einer geistigen Bewegung. Bd, 1. Göttingen, 1959[3].

Postma, E. B. J., Augustinus' De beata vita, Amsterdam, 1946.

Prete, S., Ars rhetorica e cultura cristiana nel de doctrina christiana di Agostino, in Divus Thomas 73, 1970, p.59-68.

Quacquarelli, A., 1) "Inventio" ed "elocutio" nella retorica cristiana antica, in Vetera Christianorum 9, 1972, p.191-218.

2) Scuola e cultura dei primi secoli cristiani, Brescia, 1974.

Ratzinger, J., Volk und Haus Gottes in Augustins Lehre von der Kirche (Münchener Theologische Studien II/7), München, 1954.

Reardon, B. M. G., The relation of Philosophy to Faith in the Teaching of St. Augustine (Studia Patristica II = Texte und Untersuchungen 64), Berlin, 1957, p.288-94.

Reeves, Fr. J.-B., St. Augustine and Humanism: Martin Cyril d'Arcy and others, Saint Augustine, New York-London, 1957[3].

Rieck, J., De Magistro and Augustine's Illumination Theory, in Reality 12, 1964, p.95-115.

Rief, J., Der Ordo-Begriff des jungen Augustinus, Paderborn, 1962.

Ripanti, G., 1) L'allegoria o l'intellectus figuratus nel "De doctrina christiana", in Revue des Etudes Augustiniennes 18, 1972, p.219-32.

2) II problema della comprensione nell' ermeneutica agostiniana, in Revue des Etudes Augustiniennes 20, 1974, p.88-99.

Roszály, Fr. L., Hellenic Elements in the Dialogues of Saint Augustine, in The Classical Bulletin 32, 1955-1956, p.29-31.

Ruch, M., 1) L'Hortensius de Cicéron, histoire et reconstitution. Collection d'Etudes Anciennes, Paris, 1958.

2) Nationalisme culturel et culture internationale dans la pensée de Cicéron, in Revue des Études Latines 36, 1958, p.187-204.

3) "Consulares philosoph" chez Cicéron et chez saint Augustin, in Revue des Etudes Augustiniennes 5, 1959, p.99-102.

4) Le préambule dans les oeuvres philosophiques de Cicéron. Essai sur la genese et l'art du dialogue (Publications de la Faculté des Lettres de Strasbourg 136), Paris, 1959.

Rüther, Th., Die sittliche Forderung der Apatheia in den beiden ersten christlichen Jahrhunderten und bei Klemens von Aiexandrien. Ein Beitrag zur Geschichte des christlichen Vollkommenheitsbegriffes, Freiburg i. Br., 1949.

Ruhbach, G., Bildung in der Aken Kirche. Das Eindringen des Christentums in die gebildete Welt: H. Frohnes/U. W. Knorr, Kirchengeschichte als Missionsgeschichte. I: Die Alte Kirche, München, 1974, p.293-310.

Russel, R. P., Cicero's Hortensius and the Problem of Riches in Saint Augustine, in Augustinian Studies 7, 1976, p.59-68.

Saddington, D. B., The Education of an Ideal Man. The Views of Plato, Cicero, Augustine, in Akroterion 15, 1970, p.5-16.

Scharnagl, A., Aurelius Augustinus',"De Musica". Zur 1600sten Wiederkehr seines Geburtstages

am 13. November, in Musica 8, 1954, p.481-83.

Schelkle, K.-H., Virgil in der Deutung Augustins（Tübinger Beiträge zur Altertumswissenschaft 32）, Stuttgart, 1939.

Schmid, W., Il problema della valutazione di Cicerone nelle Confessioni di S. Agostino: Maia NS 15, 1963, p.211-18.

Schmidt-Dengler, W., 1）Stilistische Studien zum Aufbau der Konfessionen Augustins, Diss. phil., Wien, 1965.

2）Der rhetorische Aufbau des achten Buches der Konfessionen des hl. Augustinus, in Revue des Etudes Augustiniennes 15, 1969, 195-208.

Schmitz, P., Humanismus oder Humanitätsglaube? Versuch einer begrifflichen Klärung: Festschrift zur 350. Jahrfeier des Kaiser-Karl-Gymnasiums Aachen 1951, p.71-101.

Scholz, G., Conversio mentis als Bildungsprinzip, Diss., Wien, 1972.

Sciacca, M. F., Saint Augustin et le néoplatonisme. La possibilité d'une philosophie chrétienne, Louvain-Paris, 1956.

Semple, W. H., Augustinus Rhetor. A Study, from the ,"Confessions" of St. Augustine's secular career in education, in The Journal of Ecclesiastical History 1, 1950, p.135-50.

Sieben, H. J., Die "res" der Bibel. Eine Analyse von Augustinus, De Doctrina Christiana I-III, in Revue des Etudes Augustiniennes 21, 1975, p.72-90.

Simon, P., Aurelius Augustinus. Sein geistiges Profil, Paderborn, 1954.

Simon, W., Claudiani panegyricus de consulatu Manlii Theodori（Carm. 16 und 17）, Eingeleitet, herausgegeben, übersetzt und erklärt. Verlag Richard Seitz, Berlin, 1975.

Sirridge, M., Augustine: Every word is a name, in The New Scholasticism 50, 1976, p.183-92.

Sizoo, A., 1）Het oude Christendom en zijn verhouding tot de antieke cultuur, Amsterdam-Paris, 1952.

2）Christenen in de antieke Wereld, Kampen, 1953.

3）Augustinus' bekeringsverhaal als narratio, in Augustiniana 4, 1954, p.240-57.

4）Augustinus op de grens der oude en der nieuwe wereld: Augustinus. Redevoeringen. der Vrije Universiteit, Kampen, 1954, p.3-21.

Sodano, A. R., L'interpretazione ciceroniana di "Timeo 41 A7-B6" nelle citazioni testuali di Sant'Agostino, in Revue des Etudes Augustiniennes ll, 1965, p.15-24.

Solignac, A., 1）Réminiscences plotiniennes et porphyriennes dans le début du "De ordine" de saint Augustin, in Archives de Philosophie 20, 1957, p.446-65.

2）Doxographie et manuels dans la formation philosophique de saint Augustin, in Recherches Augustiniennes（Supplement zur Revue des Etudes Augustiennes）1, 1958, p.113-48.

Squire, A., The cosmic Dance. Reflections on the "De musica" of St. Augustine, in Blackfriars 35, 1954, p.477-84.

Steffen, Chr., Augustins Schrift De doctrina christiana. Untersuchungen zum Aufbau, zum Begriffsinhalt und zur Bedeutung der Beredsamkeit, Kiel, 1964.

Stelzenberger, J., Die Beziehungen der frühchristlichen Sittenlehre zur Ethik der Stoa. Eine moralgeschichtliche Studie, München, 1933.

Stempel, H.-A., Die heidnische Religion in der Theologie Augustins, Heidelberg, 1964（maschinengeschrieben）.

Stockmeier, P., Glaube und Religion in der frühen Kirche, Freiburg, 1973.

Straub, Johannes, 1）Regeneratio imperii, Darmstadt, 1972（Wiss. Buchges.）, p.271-95.

2）Die geschichtliche Stunde des hl. Augustinus, in La Ciudad de Dios 167, 1955, p.571-87.

Straume-Zimmer, L., Hortensius（Europäische Hochschulschriften 15）, Bern, 1976.

Svoboda, K., La estética de San Augustín y sus fuentes. Versión y prólogo de Luis Rey Altuna（Coleccion "Augustinus" 1）, Madrid, 1958.

Taubes. J., Dialectic and Analogy, in The Journal of Religion 34, 1954, p.111-19.

Tescari, O., Se effectivamente S. Agostino habbia disistimato Cicerone: Atti del I Congresso internazionale di Studi Ciceroniani, 2 Bde, Roma, 1961.

Testard, M., 1）Note sur "De Civitate Dei" XXII, 24. Exemple de réminiscences cicéroniennes de Saint Augustin, in Augustinus Magister I., Paris, 1954, p.193-200.

2）Les conditions matérielles de la lecture de Cicéron par saint Augustin（Compte rendu de la séance du samedi 10 mai 1958）, in Revue des Etudes Latines 36, 1958, p.48-49.

3）Saint Augustin et Cicéron, I: Cicéron dans la formation et dans l'oeuvre de Saint Augustin, II: Répertoire des texts, Paris, 1958.

Theiler, W., 1）Forschungen zum Neuplatonismus（Quellen und Studien zur Geschichte der Philosophie 10）, Berlin, 1966.

2）Die Vorbereitung des Neuplatonismus, Berlin-Zürich, 1964（Weidmannsche Verlagsbuchhandlung）.

Thompson, B., Patristic Use of the Sibylline Oracles, in The Review of Religion 16, 1951-1952, p.115-36.

Thonnard, Fr.-J., Mon poids, c'est mon amour, in La Vie Augustinienne, 2e série 1, 1953, p.11-14.

Thraede, K., 1）Christliche Romideologie und theologische Romkritik in Augustins De civitate Dei: Verpflichtung der Antike, hrsg. von P. Neukam（Dialog Schule-Wissenschaft, Klassische Sprache und Literatur 12）, München, 1979, p.117-59.

2）Das antike Rom in Augustins De civitate Dei. Recht und Grenzen eines verjährten Themas, in Jahrbuch für Antike und Christentum 20（1977）, p.90-148.

Ton, J. del, De loquendi genere grandi sancti Augustini, in Latinitas 11, 1963, p.245-54.

Tosatti, Q., S. Agostino e lo Stato romano, in Studi Romani 3, 1955, p.532-47.

Traina, A., Seneca e Agostino（Un problema aperto）, in Rivista di Cultura classica e medioevale 19（1977）（fasc. 1-3: Miscellanea di studi in memoria di Marino Barchiesi, II）, p.751-67.

Trapé, A., Varro et Augustinus praecipui humanitatis cultores, in Latinitas 23（1975）, p.13-24.

Trudel, J.-P., Saint Augustin, humaniste. Etude sur la place de saint Augustin dans l'histoire de la

culture classique, Trois-Rivières (Québec), 1954.

Vaccari, A., Scritti di Erudizione e di Filologia, vol. II: Per la Storia del testo e dell'esegesi Biblica (Roma 1958) 211-18: Cuore e stile di S.Agostino nella Lettera 73; p.245-57: I versi di S. Agostino.

Valente, M., L'éthique stoïcienne chez Cicéron. Paris, 1956.

Valentin, P., Un "protreptique" conservé de l'Antiquité: le "Contra Academicos" de saint Augustin, in Revue des Sciences Religieuses 43, 1969, p.1-26, 97-117.

Valk, H. L. W. van der, On the Edition of Books in the Antiquity, in Vigiliae Christianae 11, 1957, p.1-10.

Vaz de Carvalho, J., Dependerà S. Agostino de Paulo Orósio?, in Revista Portuguesa de Filosofia 11, 1955, p.142-53.

Verbeke, G., 1) L'évolution de la doctrine du Pneuma, du stoïcisme à Saint Augustin, Paris, 1945.
2) Augustin et le stoïcisme, Recherches Augustiniennes (Supplement zur Revue des Etudes Augustiniennes) 1, 1958, p.67-89.

Verheijen, M., Eloquentia Pedisequa. Observations sur le style des Confessions de saint Augustin (Latinitas Christianorum primaeva 10), Nijmegen, 1949.

Verheijen, L. M. J., Le de doctrina christiana de saint Augustin. Un manuel d'herméneutique et d'expression chrénienne avec, en II, 19, 29-42, 63, une "charte fondamentale pour une culture chrétienne", in Augustiniana 24, 1974, p.10-20.

Villa, G., Osservazioni sulla cultura greca di S. Agostino in relazione alia conoscenza del greco in Occidente, in Bollettino Storico Agostiniano 28, 1952, p.19-21.

Vischer, L., Die Rechtfertigung der Schriftstellerei in der Alten Kirche, in Theologische Zeitschrift 12, 1956, p.320-36.

Voss, B. R., Der Dialog in der frühchristlichen Literatur, in Studia et testimonia antiqua 9, München, 1970.

Wagenvoort, H., Roman Dynamism. Studies in Ancient Roman Thought, Language and Custom, Oxford, 1947.

Wald, L., La terminologie sémiologique dans l'oeuvre d'Aurelius Augustinus, in L. Fischer (Hrsg.), Actes de la XIIe conférence internationale d'études classiques, Amsterdam, 1975, p.89-96.

Waszink, J. H., 1) Der Platonismus und die altchristliche Gedankenwelt: Recherches sur la tradition Platonicienne (Fondation Hardt), Vandoeuvres-Genève, 1957, p.139-179.
2) Zum Studium griechischer Einflüsse in der Lateinischen Literatur, in Antike und Abendland 9, 1960, p.109-22.

Weigel, G.,Probleme der römischen Pädagogik. Eine Unterrichtseinheit für die Oberstufe, in Der altsprachliche Unterricht 15, 1972,p.59-85.

Weismann, W., Kirche und Schauspiele. Die Schauspiele im Urteil der lateinischen Kirchenväter unter besonderer Berücksichtigung von Augustinus（Cassiciacum 27）, Würzburg, 1972.

Wendolsky, R., Virtus und Sapientia beim frühen Augustin. Diss., Salzburg, 1966.

Wiedmann, F., Lernen als Erinnerung. Eine Interpretation von Augustinus Conf. X 10-13, in Vierteljahrsschrift für wiss. Pädagogik 40, 1960, p.180-87.

Wienbruch, U., "Signum", "significatio" und "illuminatio" bei Augustin: Der Begriff der Repraesentatio im Mittelalter. Stellvertretung, Symbol, Zeichen, Bild. Hrsg. A. Zimmermann., in Miscellanea mediaevalia 8, Berlin, 1971, p.76-93.

Wifstrand, A., Die alte Kirche und die griechische Bildung. Bern-München, 1967.

Wlosok, A., Laktanz und die philosophische Gnosis, Heidelberg（C. Winter）, 1960.

Young, A. M., Some Aspects of St. Augustine's literary Aesthetics, studied chiefly in De doctrina christiana, in Harvard Theological Review 62, 1969, p.289-99.

Zumkeller, A., Das Mönchtum des hl. Augustinus（Cassiciacum 11）, Würzburg 1968[2].

4 補遺

Angeleri, C., Lo stile nelle "Confessioni" di S. Agostino, in Studi in onore di Alberto Chiari, Brescia, 1973, p.89-108.

Aviles, B. M., Algunos problemas fundamentales del De doctrina christiana, in Augustinus 20, 1975, p.83-106.

Babcock, R. C., Augustine's "De Genesi ad iitteram" and Horace's "Satire" 1, 2, in Revue des Etudes Augustiniennes 33（1987）, p.265-68.

Baltes, M., Platonisches Gedankengut im Brief des Evodius an Augustinus（Ep. 158）, in Vigiliae Christianae 40（1986）, p.251-60.

Baratin, M., Les origines stoïciennes de la théorie augustinienne du signe, in Revue des Etudes Latines 59（1981［1982］）, p.260-68.

Bardy, G., 1）Le De Haeresibus et ses sources, in Miscellanea Agostiniana II, p.397-417.

2）La littérature patristique des Quaestiones et Responsiones sur l'Ecriture sainte, in Revue Biblique（1932）, p.2l0ff; p.341ff; p.515ff;（1933）, p.14ff; p.211ff; p.328ff.

3）L'église et l'enseignement dans les trois premiers siècles, in Revue des Sciences Religieuses（1932）, p.1-28.

4）L'église et l'enseignement au quatrième siècle, in Revue des Sciences Religieuses（1934）, p.525-49;（1935）, p.1-27.

Ders., Tractatus, tractare, in Recherches des Sciences Religieuses 33, Paris, 1946, p.211-35.

Bartelink, G. J. M., Augustin und die lateinische Umgangssprache, in Mnemosyne 35（1982）,

p.283-89.

Bavel, T. J. van, The Influence of Cicero's Ideal of Friendship on Augustine, in Augustiniana Traiectina, Paris, 1987, p.59-72.

Beatrice, P. F., Quosdam platonicorum libros. The Platonic Readings of Augustine in Milan, in Vigiliae Christianae 43 (1989), p.248-81.

Beierwaltes, W., Deus est veritas. Zur Rezeption des griechischen Wahrheitsbegriffes in der frühchristlichen Theologie: Pietas. Festschrift B. Kötting, hrsg. von E. Dassmann / K.S. Frank (Jahrbuch für Antike und Christentum, Erg.-Bd. 8), Münster,1980, p.15-29.

Ders., Zu Augustins Metaphysik der Sprache, in Augustinian Studies 2, 1971, p.179-95.

Benett, C., The conversion of Vergil: The Aeneid in Augustine's Confessions, in Revue des Etudes Augustiniennes 34 (1988), p.47-69.

Blain, J., The Theory of Language and Discourse in the Confessions of St. Augustine, McGill University, Diss. Nov. 1982.

Blasquez, N., 1) Introducción a la filosofía de S. Augustin, Madrid, 1984.

2) San Augustín, intérprete de la filosofía griega, in Augustinus 30 (1985), p.315-39.

Boeft, J. den / Ooort, J. van, Augustiniana Tracèctina. Communications présentées au Colloque International d'Utrecht 1986, Paris, 1987.

Bogan, M. I., The Vocabulary and Style of the Soliloquies and Dialogues of St. Augustine (Patristic Studies 42), Cleveland, 1984.

Booth, E. G. T., St. Augustine's De Trinitate and Aristotelian and Neo-Platonist Noetic, in Studia Patristica 16 (1985), p.487-90.

Borsche, T., Macht und Ohnmacht der Wörter. Bemerkungen zu Augustins "De Magistro", in Sprachphilosophie in Antike und Mittelalter (Bochumer Studien zur Philosophie 3), Amsterdam, 1983, p.121-61.

Bourke, V. J., Wisdom from St. Augustine, Houston, 1984.

Burda, A., Zwei Urväter der Kybernetik in der Musik, Augustinus und A. Kirchner, in Musica Antiqua 6 (1982), p.115-30.

Byckov, V.V., 1) L'esthétique d'Aurelius Augustinus, Moskau, 1984.

2) Les traditions antiques dans l'esthétique du jeune Augustin: La tradition dans l'histoire de la culture, Moskau, 1978, p.85-104.

Cagnetta, M., Il Sallustio di Agostino: Quaderni di storia 22 (1985), p.151-60.

Campion, E., Defences of Classical Learning in St. Augustine's, De Doctrina Christiana "and Erasmus's, Antibarbari", in History of European Ideas 4 (1983), p.467-72.

Campodonico, A., Salvezza e verità. Saggio su Agostino (Ricerche Studi e Strumenti Filosofia 1), Genua, 1989.

Capanaga, V., La mayéutica en Sócrates y en San Augustin, in Mayéutica 2 (1976), p.225-28.

Carbonero, O., De tribus locis Horatianis ab Augustino retractatis, in Vox Latina 26 (1990),

p.267-69.

Cavalla, R., Ancora sulla concezione agostiniana della sapienza, in Verifiche 6 (1977), p.390-400.

Cetvernin, V. A., Die Transformation der altgriechischen rechtspolitischen Ideen im christlichen Denken des Frühmittelalters; Problems of Legal Philosophy, Moskau 1987, p.143-56.

Chesnut, G. F., The Pattern of the Past. Augustine's Debate with Eusebius and Sallust: Our Common History as Christians. Essays in Honor of Albert C. Outler, hrsg. von J. Deschner, L. T. Howe, K. Penzel, New York, 1975, 69-95.

Christes, J., Christliche und heidnisch-römische Gerechtigkeit in Augustins Werk., "De civitate Dei", in Rheinisches Museum 123 (1980), p.163-77.

Cid Luna, P., Algunos rasgos sintactico-estilisticos del "De catechizandis rudibus", in Augustinus 34 n? 135-36 (1989), p.337-46.

Colish, M.L., The Stoic Tradition from Antiquity to the Early Middle Ages, in "Studies in the History of Christian Thought", Bd. 2, Leiden, 1985, p.34-35.

Congresso internazionale su S. Agostino nel XVI centenario della conversione, Roma, 15-20 settembre 1986 = Studia Ephemeridis Augustinianum 24-26, Roma, 1987.

Courcelle, P., Lecteurs païens et lecteurs chrétiens de l'Enéide. 1. Les témoignages littéraires. 2. Les manuscrits illustrés de l'Enéide du Xe au XVe siècle (Mémoires de l'Académie des Inscriptions et Belles Lettres, nouvelle série 4), Paris, 1984.

Cousins, E. H., "Intravi in intima mea". Augustine and Neoplatonism, in Archivio di Filosofia 51 (1983), p.281-92.

Cristian, M., Summe esse atque summe vivere id ipsum est (Conf. I,6,10). II tempo vissuto. Seneca e Agostino, o. Ort 1979.

Currie, H. M., Saint Augustine and Virgil, in Proceedings of the Virgil Society 14 (1974-1975), p.6-16.

De Capitani, F., Platone, Plotine, Porfirio e Sant' Agostino sull' immortalità dell'anima intesa come vita, in Rivista di Filosofia neo-scolastica (1984), p.230-44.

Deluis, P., San Agustín gramático en el De consensu evangelistarum, in Estudio Agustiniano 26 (1991), p.3-78.

Deproost, P.-A., Etude comparative du De Re publica de Cicéron et du De civitate Dei de saint Augustin. Civitas-Virtus-Iustitia, Louvain, 1979.

Di Lorenzo, R.D., Ciceronianism and Augustine's Conception of Philosophy, in Augustinian Studies 13 (1982), p.171-76.

Dihle, A., Die griechische und lateinische Literatur der Kaiserzeit. Von Augustus bis Iustinian, München, 1989.

Djuth, M., Stoicism and Augustine's Doctrine of Human Freedom after 396: Collectanea Augustiniana, Augustine-Second Founder of the Faith, hrsg. von Joseph C. Schnaubelt / Frederick Van

Fleteren, New York, 1990, p.387-401.

Doignon, J., 1）Problèmes textuels et modèles littéraires dans le livre I du De Ordine de saint Augustin, in Revue des Etudes Augustiniennes 24（1978）, p.71-86.

2）Augustin et la culture: Augustin, Le message de la foi, Paris, 1982, p.7, 33-47.

3）Clichés cicéroniens dans la polémique de julien d'Eclane avec Augustin, in Rheinisches Museum NF 125（1982）, p.89-95.

4）Clichés cicéroniens et sénéquiens dans le "contra Academicos" de Saint Augustin: les égarements de la vie, le gouffre des passions, l'âme rendue à elle-même: Hommage à Henry Bardon, in Latomus 187（1985）, p.139-46.

5）Grandeur et décadence de l'Eruditio aux yeux d'Augustin du De ordine au De musica, in Interiorità e intenzionalità in S. Agostino. Atti del I° e II° Seminario internazionale de Centre di Studi Agostiniani di Perugia, a cura di Luigi Alici（Studia Ephemeridis Augustinianum 32）, Rom, 1990, p.21-33.

6）L'apologue de Philocalie et de Philosophie chez saint Augustin（c. Acad. 2, 3, 7）, in Revue des Etudes Augustiniennes 30（1984）, p.100-06.

7）L'enseignement de l'Hortensius "de Cicéron sur les richesses devant la conscience d'Augustin. Jusqu'aux "Confessions", in L'Antiquité classique 51（1982）, p.193-206.

8）La "praxis" de l'"admonitio" dans les Dialogues de Cassiciacum de saint Augustin, in Vetera Christianorum 23（1986）, p.21-37.

9）La problématique cicéronienne du protreptique du "De libero arbitrio" II, 35 de saint Augustin, in Latomus 40（1981）, p.807-17.

10）La raison et l'usage. Une "synkrisis" d'inspiration cicéronienne dans le De libero arbitrio de saint Augustin, in Wiener Studien 96（1983）, p.181-88.

11）Le bien de Scipion et du bélier: formule du "De republica" ou extrait augustinien du "De finibus" de Cicéron?, in Würzburger Jahrbücher 7（1981）, p.117-23.

12）Le symbolisme des Sirènes dans les premiers Dialogues de saint Augustin: La mythologie, Clef de lecture du monde classique. Hommage à R. Chevalier, Tours 1986, p.113-20.

13）Les images virgiliennes d'Apollon et le vrai Soleil d'Augustin à Cassiciacum: Présence de Virgile. Actes du Colloque des 9, 11 et 12 déc. 1976, hrsg. von R. Chevalier（= Cesarodunum, XIIIbis, numéro spécial）, Tours 1978, p.175-83.

14）Pivots et tensions de l'éthique cicéronienne dans la "Cité de Dieu" de saint Augustin, in Latomus 43（1984）, p.813-28.

15）Thème de l'éhique politique de Cicéron dans la lettre 15 d'Augustin sur la gestion des affaires de ce monde, in Orpheus 6（1985）, p.36-43.

16）Un adage du De finibus de Cicéron passé inaperçu dans le Contra Iulianum d'Augustin, in Wiener Studien 14（1980）, p.152-57.

17）Une analyse de style sénéquien de la versalité chez Augustin（Epist 48）, in Mélanges T. J. van Bavel, Augustiniana 40-41（1990）, p.189-92.

Döpp, S., 1）Mündlichkeit und Augustinus' Confessiones: Strukturen der Mündlichkeit in der römischen Literatur, hrsg. von Gregor Vogt-Spira, Tübingen, 1990 p.271-84.

2）Weisheit und Beredsamkeit. Gedanken zu ihrer Relation bei Cicero, Quintilian und Augustinus: Information aus der Vergangenheit, hrsg. von P. Neukam（Dialog Schule-Wissenschaft, Klass. Spr. und Lit. 16）, München, 1982, p.37-63.

Doull, J. A., Qué es la sapientia augustiniana?, in Augustinus 36. 140-42（1991）, p.81-88.

Eborowicz, V., La structure et le style des écrits de saint Augustin contre les Sémipélagiens: Überlieferungsgeschichtliche Untersuchungen, hrsg. von Franz Paschke（Texte und Untersuchungen 125）, Berlin, 1981, p.167-71.

Englisch, B., Die Artes liberales im frühen Mittelalter（5.-9. Jh.）, in Sudhoffs Archiv. Beiheft 33, Stuttgart, 1994.

Erler, M., Augustinus' Gesprächsstrategie in seinen antimanichäischen Disputationen: Strukturen der Mündlichkeit in der römischen Literatur, hrsg. von Gregor Vogt-Spira, Tübingen, 1990.

Estrada Barbier Bernardo, La "Eneid" en los dos primeros libros del "De Civitate Dei" de San Augustin, in Thesaurus 45（1990）, p.63-78.

Evangelion, C., Porphyry's Criticism of Christianity and The Problem of Augustine's Platonism, in Dionysius 13（1989）, p.51-70.

Eynde, D. Van Den, Les normes de l'enseignement chrétien dans la littérature patristique des trois premiers siècles, Paris / Gembloux, 1933.

Feldmann, E., Konvergenz von Strukturen? Ciceros Hortensius und Plotins Enneaden im Denken Augustins. Ein Beitrag zu Strukturen augustinischer Theologie I: Congresso internazionale su S. Agostino nel XVI centenario della conversione, Roma, 15-20 settembre 1986, Rom, 1987, p.315-30.

Ferretti, S., Il giudizio di Sant' Agostino sulla Nuova Accademia tra scetticismo ed esoterismo, in Filosofia 41（1990）, p.155-83.

Flood, E. T., Augustine and the Classical Tradition of Rhetoric, in History of Education 11（1982）, p.237-50.

Fontaine, J., Genres et style dans les "Confessions" de saint Augustin, in L'Information littéraire 42（1990）, p.13-20.

Frank, K. S., Augustinus. Sapienter et eloquenter dicere: Strukturen der Mündlichkeit in der römischen Literatur, hrsg. von Gregor Vogt-Spira, Tübingen, 1990, p.257-69.

Gadamer, H.G., Denken als Erlösung. Plotin zwischen Platon und Augustinus, in Archivio di Filosofia（1980）, p.171-80.

Gaudemet, J., Le droit romain dans la littérature chrétienne occidentale du IIIe au Ve siècle（Ius Romanum Medii Aevi, Pars I, 3, b）, Mailand, 1978.

Geerlings, W., 1) Zur Frage des Nachwirkens des Manichäismus in der Theologie Augustins, in ZKTh 93 (1971), p.45-60.

2) Der manichäische "Jesus patibilis" in der Theologie Augustins, in ThQ 152 (1972), p.124-31.

3) Sapientia und Sapientia Dei bei Augustinus: Philosophisch-Theologische Grenzfragen. Festschrift für R.Schaeffler, hrsg. von J. Kirchberg und J. Müther, Essen, 1986, p.45-50.

4) Römisches Recht und Gnadentheologie. Eine typologische Skizze. Homo Spiritalis. Festgabe für Luc Verheijen zu seinem 70. Geburtstag, hrsg. von C. Mayer, Würzburg, 1987, p.357-77.

5) Bekehrung durch Belehrung. Zur 1600. Jahrfeier der Bekehrung Augustins, in ThQ 167 (1987), p.195-208.

6) Jesaja 7, 9b bei Augustinus. Die Geschichte eines fruchtbaren Mißverständnisses, in Wissenschaft und Weisheit 50 (1987), p.5-12.

7) Die Belehrung eines Heiden. Augustins Brief über Christus an Volusianus: Collectanea Augustiniana: Mélanges TJ. van Bavel, hrsg. von B. Bruning, M. Lamberigts, J. van Houtem, Leuven, 1990, p.451-68.

8) Die "theologia mythica" des M. Terentius Varro. Mythos. Erzählende Weltdeutung im Spannungsfeld von Ritual, Geschichte und Rationalität (Bochumer Altertumswissenschaftliches Colloquium), Bochum, 1990, p.205-21.

Gersch, S., Middle Platonism and Neoplatonism. The Latin Tradition (Publications in Medieval Studies 23/1-2), 2 Bde., Notre Dame (Indiana), 1986.

Giovanni, A. di, Metafisica del Dio-Amore nel "De doctrina Christiana", in Augustinianum 6, 1966, p.294-300.

Gnilka, C., 1) Usus iustus. Ein Grundbegriff der Kirchenväter im Umgang mit der antiken Kultur, in Archiv für Begriffsgeschichte 24 (1980), p.34-76.

2) XPHSIS. Die Methode der Kirchenväter im Umgang mit der Antiken Kultur I. Der Begriff des "rechten Gebrauchs", Basel / Stuttgart, 1984.

Gonçalves, J. C., Pédagogie et langage chez saint Augustin: Sprache und Erkenntnis im Mittelalter, Miscellanea medievalia 13/1-2, Berlin/New York 1981, vol. II, p.557-60.

Grallicet, E., Sallustius, nobilitate veritatis historicus (August. De civ, Dei I, 5), in Civiltà classica e cristiana 6 (1985), p.309-30.

Grønkjaer, N., Agostino e la retorica romana, in Analecta Rornana Instituti Danici 14 (1985), p.149-61.

Hadot, I., 1) Arts libéraux et philosophie dans la pensée antique, Paris, 1984.

2) Erziehung und Bildung bei Augustin: Internationales Symposion über den Stand der Augustinus-Forschung, hg. von Cornelius Mayer / Karl Heinz Chelius (Cassiacum Bd. XXXIX/1: Res et Signa, Gießener Augustinus Studien Bd. 1), Würzburg, 1989, p.99-130.

Hadot, P., Porphyre et Victorine, 2 Bde, Paris, 1968.

Hagendahl, H., Von Tertullian zu Cassiodor. Die profane literarische Tradition in dem lateinischen christlichen Schrifttum（Studia Graeca et Latina Gothoburgensia 44）, Göteborg, 1983.

Hager, F. P., 1）Remarques sur l'importance de la philosophie grecque pour la vérité chrétienne selon Tertullien et saint Augustin, in Diotima 7（1979）, p.97-100.

2）Zur Bedeutung der griechischen Philosophie für die christliche Wahrheit und Bildung bei Tertullian und Augustinus, in Antike und Abendland 24（1978）, p.76-81.

Hala, J. P., Signum et Res. Wordplay and Christian Rhetoric: Michigan Academician. Papers of the Michigan Academy of Science, Arts and Letters 16（1984）, p.315-28

Hensellek, W., 1）Beobachtungen zur Sprache von Augustins "De utilitate credendi", in Anzeiger der phil.-hist. Klasse der österreichischen Akademie der Wissenschaften 115（1978）（Nr. 2）, p.16-41.

2）Sprachstudien an Augustins "De vera religione"（Österreichische Akademie der Wissenschaften, philosophisch-historische Klasse, Sitzungsberichte 376. Band）, Wien, 1981.

Hess, W., Logik und platonische Philosophie bei Augustin. Bausteine zu einer Interpretation von "De doctrina christiana" 2（117-27）, Jahresbericht des Bismarck-Gymnasiums, Karlsruhe, 1970/71, p.39-68.

Honstetter, R., Exemplum zwischen Rhetorik und Literatur. Zur gattungsgeschichtlichen Sonderstellung von Valerius Maximus und Augustinus, Konstanz, 1981.

House, D. K., San Augustín y el platonismo de Virgilio, in Augustinus 31（1986）, 131-37.

Hubner, W., Die "praetoria memoriae" im 10. Buch der "Confessiones".Vergilisches bei Augustin, in Revue des Etudes Augustiniennes 27（1981）, p.245-63.

Ignor, A., Aurelius Augustinus: Adomeit, K., Antike Denker über den Staat. Eine Einführung in die politische Philosophie, Heidelberg, 1982, p.169-203.

Ijsseling, S., Rhetorik und Philosophie Eine historisch-systematische Einführung（Problemata 108）, Stuttgart / Bad Cannstatt, 1988.

Jackson, M. G., St. A., Confessions V, 4,7 and its Classical Background I: Congresso internazionale sub Agostino nel XVI centenario della conversione, Roma 15-20 settembre 1986, Rom, 1987, p.413-17.

Kirwan, C., Augustine. The Arguments of the Philosophers, London / New York, 1989.

La Taille, de, Théories Mystiques. A propos d'un livre révent（Butler, Western Mysticism[2]）, in Recherches de Science Religieuse 18（1928）, p.297-325.

Lancel, S., La fin et la survie de la latinité en Afrique du Nord. Etat des questions, in Revue des Etudes Latines 69（1981）, p.269-97.

Landizi, G., Un frammento di Varrone Reatino di Agostino（quant, anim. 19）: Miscellanea clas-

sico-medievale, Quaderni predipartimento di civiltà classica e del medioevo 2 (1979), p.119-25.

Lanzaro, S., Presenza classica e cristiana in S. Agostino alla luce del De doctrina christiana, Neapel, 1974.

Longosz, S., Quid Augustinus de antiquo dramati theatrali senserit?: Swiety Augustyn w 1600 rocznice chrztu -Vox Patrum 146 (1988), p.369-94.

Lorenz, W., Zum Verhältnis von Neuplatonismus und Christentum. Eine Studie zu Augustins Schrift De vera religione und seinen Confessiones, Diss., Leipzig, 1983.

Louth, A., Augustine on Language, in Literature and Theology 3 (1989), p.151-58.

Lowe, J.V., Platonic Recollection and Augustinian Memory, Diss., Wisconsin-Madison, 1986.

Luke, K., St. Augustine the Orator, in The Living World 92 (1986), p.326-47.

MacDonald, Scott, Augustine's Christian-Platonist Account of Goodness, in New Scholasticism 63 (1989), p.485-504.

Madec, G., 1) "Platonism" des Pères, in Catholicisme, Hier, Aujourd'hui, Demain. Encyclopédie publiée sous la direction du centre interdisciplinaire des Facultés catholiques de Lille 11 (1986), p.491-507.

2) Augustin et le néoplatonisme, in Revue de l'Institut Catholique de Paris 19 (1986), p.41-52.

3) Bonheur, philosophie et religion selon saint Augustin: Penser la religion, Paris, 1991, p.53-69.

4) Une réaction critique. Rhétorique et doctrine chez Augustin. John Chrysostome et Augustine. Actes du Colloque de Chautilly, ed. par Ch. Kannengiesser, Theol. hist. 35, Paris, 1975.

Mader, J., Zur Theorie des Dialogs bei Augustinus: Wahrheit und Wirklichkeit (1983), p.51-68.

Magass, W., Rhetorica, I. Reden mit Vernunft. Aristoteles, Cicero, Augustinus (Problematica 1 16), Stuttgart, 1987.

Mandouze, A., Quelques principes de "linguistique augustinienne" dans le De magistro. Forma futuri, Studi in onore di M. Pellegrino, Torino, 1975, p.789-95.

Mann, W. E., Immutability and Predication. What Aristotle taught Philo and Augustine, in International Journal for Philosophy of Religion 22 (1987), p.21-39.

Mara, M.G., La conversione di S. Agostino e la fine del mondo antico: Conversione e Storia, Palermo, 1987.

Marcos Casquero, M., Cultura clasica y christianesimo, in Augustinus 34 no 135-36 (1989), p.399-402.

Marin, M., 1) Pendula exspectatio. Uni topos stoico nei Padri latini, in Vetera Christianorum 25 (1988), p.407-11.

2) Agostino e la leggenda di Diomede in Apulia (civ XVIII, 16 e 18), in Vetera Christianorum 15 (1978), p.263-93.

3）Retorica ed esegesi in Sant'Agostino: L'umanesimo di Sant'Agostino. Atti del Congresso Internazonale Bari, 28-30 ottobre 1986, a cura di Matteo Fabris, Bari, 1988, p.215-33.

Markus, R. A., From Augustine to Gregory the Great. History and Christianity in Late Antiquity. Variorum Reprints, London, 1983.

Martin, R., Apulée, Virgile, Augustin. Reflexions nouvelles sur la structure des Confessions, in Revue des Etudes Latines 68（1990）, p.136-50.

Mason Sutherland, C., Love as Rhetorical Principle. The Relationship between Content and Style in the Rhetoric of St. Augustine: Maynell, H. A.（Hrsg.）, Grace, Politics and Desire. Essays on Augustine, Calgary, 1990, p.139-54.

Mastandrea, P., Aristoteleus mos in Cicerone e in Sant'Agostino: Ommagio a Piero Trewes, Padua Editrice Antenore, p.227-35.

Matthews, A. W., 1）The development of St. Augustine from Neoplatonism to Christianity, 386-391 A. D., Washington, 1980.

2）El neoplatonismo como solucion agustiniana al problema del mal, in Augustinus 27（1982）, p.339-55.

Mayer, C., 1）"Pietas" und "vera pietas quae caritas est". Zwei Kernfragen der Auseinandersetzung Augustins mit der heidnischen Antike: Augustiniana Traiectina, hrsg. von J. den Boeft /J. van Oort, Paris, 1987, p.119-36.

2）Prinzipien der Hermeneutik Augustins und daraus sich ergebende Probleme, in Forum Katholische Theologie 1（1985）, p.197-211.

Mayer, C./ Chelius, K. H., Internationales Symposion über den Stand der Augustinusforschung, Würzburg, 1989.

Mazzuco, C., Agostino, i classici e la prefazione del De civitate Dei, in Sigma 13/2-3（1980）, p.3-17.

McMahon, R., Autobiography as Text-Work. Augustine's Refiguring of Genesis 3 and Ovid's Narcissus in his Conversion Account: Exemplaria. A Journal of Theory in Medieval and Renaissance Studies 1（1989）, p.337-67.

Milanese, G., Tradizione varroniana e traduzioni grammaticali nei libri II-V del De musica di Agostino, in Aevum 2（1989）, p.273-97.

Miscellanea di Studi Agostiniani in onore di P. Agostino Trapè = Augustinianum 25（1985）.

Mondin, B., Il pensiero di Agostino. Filosofia, teologia, cultura, Roma, 1988.

Morandini, M., Agostinismo e cultura tardo-antica, in Humanitas 43（1988）, p.284-87.

Murphy, J. J., La retorica nel medioevo. Una storia delle teorie retoriche da S. Agostino al Rinascimento, Neapel, 1983.

Mue, O. B., Les figures de l'intériorité dans la pensée antique depuis les origins jusqu'à saint Augustin, Bordeaux, 1980.

Niarkos, C. G., Aristotelian and Plotinian Influences on St. Augustine's View of Time: "philosophia" 15-16（1985-86）, p.33-351.

O'Brien, D., "Pondus meum amor meus". Saint Augustin et Jamblique, in Revue de l'Histoire des Religions 198 (1981), p.423-28.

O'Connell, R. J., Saint Augustine's Platonism. The Saint Augustine Lecture 1981, Villanova, 1984.

O'Donnell, J. J., Augustine's Classical Readings, in Recherches Augustiniennes 15 (1980), p.144-75.

O'Meara, John, Virgil and Augustine. The Aeneid in the Confessions, in Maynooth Review 13 (1988), p.36-43.

Opelt, I., 1) Doctrina und doctrina christiana, in Der Altsprachliche Unterricht 9 (1966), p.5-22.

2) Seneca bei Augustinus I: Congresso internazionale su S. Agostino nel XVI centenario della conversione, Roma 15-20 settembre 1986, Rom, 1987, p.363-70.

3) Das Bild des Sokrates in der christlichen lateinischen Literatur: Platonismus und Christentum. Festschrift für Heinrich Dörrie, hrsg. von H.-D. Blume / F. Mann (Jahrbuch für Antike und Christentum, Ergänzungsband 10), 1983, p.192-207.

4) Materialien zur Nachwirkung von Augustins Schrift "De doctrina christiana", in Jahrbuch für Antike und Christentum 17, 1974, p.64-73.

Oroz, J., 1) Contra Academicos de San Agustin. Estudio literario, in Helmantica 6 (1955), p.131-49.

2) Augustinus rhetor et orator. Estudio sobre la retórica de los Sermones de San Agustin. Tesis de doctorado en la Facultad de Filosofia y Letras de la Universidad de Salamanca 1956 (masch.).

3) El "De Doctrina Christiana" o la retórica cristiana, in Estudios Clásicos 3 (1956), p.452-59.

4) Seneca y San Agustín. Influencia o coincidencia?, in Augustinus 10 (1965), p.295-325.

5) Los dialogos des Cassiciaco. Algunas observaciones estilisticas, in Augustinus 13 (1968), p.327-44.

6) Apuleyo y san Augustín. Precisiones a un pasaje, in Estudios Clásicos 26 (1984), p.411-14.

7) El lenguaje en los primeros escritos de San Augustin, in La Ciudad de Dios 202 (1989), p.111-24.

8) La influencia de Ovidio en San Augustín: San Augustén en el XVI centenario de su conversión 386/387-1987, in La Ciudad de Dios 200 (1987), p.639-47.

9) San Augustín. Cultura clásica y christianesimo (Bibliotheca Salmanticensis. Estudios 110), Salamanca, 1988.

10) Une polémique augustinienne contre Cicéron. Du fatalisme à la prescience divine, in Augustinian Studies 12 (1981), p.19-41.

Osborne, C., Topography in the "Timaeus". Plato and Augustine on Mankind's place in the Natural World, in Proceedings of the Cambridge Philological Society 214 (1988), p.104-14.

Padovani, U.-A., La Citta di Dio di Sant'Agostino: teologia e non filosofia della storia: S. Agostino, p.220-63.

Pages, G.H., Estética y retórica en san Agustín, in Annales de Historia Antigua y Medieval 21-22 (1980-81), p.271-78.

Pannenberg, W., Christentum und Platonismus. Die kritische Platonrezeption Augustins in ihrer Bedeutung für das gegenwärtige christliche Denken, in Zeitschrift für Kirchengeschichte 96 (1985), p.147-61.

Parvis, P., The Teaching of the Fathers. Augustine and the Craft of Teaching, in Clergy 67 (1982), p.364-65.

Pegueroles, J., San Augustin. Un platonismo cristiano (Biblioteca Universitaria de Filosofia 5), Barcelona, 1985.

Perret, J., Aux origines de l'hymnodie latine. L'apport de la civilisation romaine, in La Maison-Dieu 173 (1988), p.41-60.

Pfligersdorffer, G., Philokalie und Gottesliebe. Eine vergleichende Annäherung von Platon und Augustinus: Signum Pietatis. Festgabe für Cornelius Petrus Mayer, hg. von Adolar Zumkeller, Würzburg, 1989, p.233-49.

Pirioni, P., Porfirio e i cristiani, Diss., Università Cattolica del Sacro Cuore, 1983-1984.

Pizzani, U., Schema agostiniano e schema varroniano della disciplina grammaticale: Studi su Varrone, sulla retorica, storiografia e poesia latina. Scritti in onore di Benedetto Riposati: Rieti, Centro di Studi Varroniani, Mailand, 1979, p.397-411.

Poque, S., L'éloquence d'un rhéteur devenu évêque. Augustin d'Hippone, prédicateur chrédien: Association Guillaume Budé, Actes du XIe Congrès, Pont à-Mousson, 21 août-2 sept. 1983, Paris, 1985, p.129-31.

Pregliasco, M., Un epilogo della classicita. Agostino, De civitate Dei X, 32, in Sigma 13/2-3 (1980), p.19-28.

Press, G.A., "Doctrina" in Augustine's "De doctrina christiana", in Philosophy and Rhetoric 17 (1984), p.98-120.

Prestel, P., Die Rezeption der ciceronianischen Rhetorik durch Augustinus in "de doctrina christiana", in Studien zur klassischen Philologie 69, Frankfurt, 1992.

Primmer, A., Gebändigte Mündlichkeit. Zum Prosarhythmus von Cicero bis Augustinus: Strukturen der Mündlichkeit in der römischen Literatur, hrsg. von Gregor Vogt-Spira, Tübingen, 1990, p.19-50.

Quacquarelli, A., 1) La elocutio di S. Agostino nelle riflessioni di Cassiodoro: Miscellanea di Studi Agostiniani in onore di P. Agostino Trapè, Roma 1985, 385-403 (Sapientia et eloquentia. Studi per il 70 genetliaco di Antonio Quacquarelli a cura dell' Istituto di Letteratura Christiana Antica dell' Universita di Bari, Bari, 1988, p.177-98).

2) Le scienze e la numerologia in S. Agostino, in Vetera Christianorum 25 (1988), p.359-79.

3) La elocutio di S. Agostino nelle riflessioni di Cassiodoro, in Vetera Christianorum 25 (1988), p.177-98.

4) Reazioni pagane e trasformazione della cultura (fine IV secolo d. C.) (Quaderni di "Vetera Christianorum" 19), Bari, 1986.

Quadlbauer, F., Zur Nachwirkung und Wandlung des ciceronischen Rednerideals, in "Ars retorica" antica e nuova (Pubblicazioni dell'Istituto di filologia classica dell'Università di Genova 83), Genua, 1983, p.77-116.

Radici Colace, P., Moneta, linguaggio e pensiero nei Padri della Chiesa tra tradizione pagana ed esegesi biblica, in Augustinianum 30 (1990), p.405-21.

Ray, R. D., Christian Conscience and Pagan Rhetoric. Augustine's Treatise on Lying, in Studia Patristica 22, hrsg. von E. A. Livingstone, Leuven, 1989, p.321-25.

Regen, F., Zu Augustins Darstellung des Platonismus am Anfang des 8. Buches der Civitas Dei: Platonismus und Christentum. Festschrift für Heinrich Dörrie, hrsg. von H.-D. Blume / F. Mann (Jahrbuch für Antike und Christentum, Ergänzungsband 10), 1983, p.208-27.

Rist, J. M., Platonism and its Christian Heritage, London, 1985.

Ritter, A. M., Platonismus und Christentum in der Spätantike, in Theologische Rundschau 49 (1984), p.31-56.

Rosa, F., Appunti sulla presenza di Terenzio nell'opera di S. Agostino: Teatro e publico nell'antichità, a cura di L. de Finis, Trento, 1987, p.114-31.

Rougé, J., Saint Augustin et la mer-rhétorique et réalité, in Cahiers d'histoire 27 (1982), p.45-46.

Rudebusch, G., Aristotelian Predication. Augustine and the Trinity, in The Thomist 53 (1989), p.587-98.

Ruef, H., Augustin über Semiotik und Sprache. Sprachtheoretische Analysen zu Augustins Schrift "De Dialectica", mit einer deutschen Übersetzung, Bern, 1981.

Sallmann, K., Augustinus' Rettung der Musik und die antike Mimesistheorie: ΕΡΜΗΝΕΥΜΑΤΑ. Festschrift fur Hadwig Horner zum 60ten Geburtstag, hrsg. von Herbert Eisenberger, Heidelberg, 1990, p.81-92.

Schindler, A., Augustin und die römischen Historiker: Augustiniana Traiectina, hrsg. von J. den Boeft /J. van Oort, Paris, 1987, p.153-68.

Schnaubelt, J. C./Van Fleteren, P., Collectanea Augustiniana. Augustine "Second Founder of the Faith", New York, 1990.

Shumate, N. J., The Augustinian Pursuit of False Values as a Conversion Motif in Apuleius' "Metamorphoses", in Phoenix 42 (1988), p.35-60.

Simpson, D., Epicureanism in the Confessions of St. Augustine, in Augustinian Studies 16 (1985), p.39-48.

Solignac, A., Philon d'Alexandrie. II. Influence sur les Pères de l'Eglise, in Dictionnaire de spiritualité 12, 1366-74.

Spence, S., Rhetorics of Reason and Desire. Vergil, Augustine and the troubadours, Ithaca/London, 1988.

Springer, C. P. E., Augustine on Vergil. The poet as Mendax Vates, in Studia Patristica 22, hrsg. von E. A. Livingstone, Leuven, 1989, p.337-43.

Stiglmayr, E., Der Wissenschaftsbegriff in der christlichen Philosophie I: Augustinus. Verpflichtung zur Wahrheit (Studia culturalia 4), 1979.

Sweeney, Leo, Was St. Augustine a Neoplatonist or a Christian? Old Question, New Approach: Collectanea Augustiniana, Augustine-Second Founder of the Faith, hrsg. von Joseph C. Schnaubelt / Frederick Van Fleteren, New York u. a. 1990, p.403-20.

Teske, R. J., Platonic Reminiscence and Memory of the Present in St. Augustine, in The New Scholasticism 58 (1984), p.220-35.

Tibiletti, C., Un tema stoico in Seneca e in S. Agostino, in Augustinianum 22 (1982), p.585-93.

Tozzi, I., L'eredità varroniana in sant'Agostino in ordine alle disciplinae liberales: Rendiconti dell' Istituto Lombardo, Classe di Lettre, Scienze morali e storiche 10 (1976), p.281-91.

Trelvar, J. L., Cicero and Augustine. The Ideal Society, in Augustinianum 28 (1988), p.565-90.

Una, Juarez, Augustín, Hermeneútica de las ideas. De Platón a Ockham pasando par Filón y San Augustín, in La Ciudad de Dios 202 (1989), p.173-230.

Valgiglio, E., Sant'Agostino e Cicerone: Fede e Sapere nella conversione di Agostino, Genua, 1986, p.43-70.

Wankenne, L.-J., La langue de la correspondance de saint Augustin, in Revue Bénédictine 94 (1984), p.102-53.

Waszink, J. H., Sull'influsso di Sallustio nella teoria della storia di Agostino I: Congresso internazionale su S. Agostino nel XVI centenario della conversione, Roma, 15-20 settembre 1986, Roma, 1987.

Watson, G., 1) Crime and Punishment in Augustine and the Philosophical Tradition, in Maynooth Review 8 (1983), p.32-43.

2) St. Augustine's Theory of Language, in Maynooth Review 6 (1982), p.4-20.

Wehrli, F., Zum Problem des Platonismus in der christlichen Antike, in Mus. Helveticum 42 (1985), p.183-90.

Weissengruber, F., Zu Augustins Definition des Staates, in Römisch-historische Mitteilungen 22 (1980), p.15-36

Zoltai, Denes, Sui rapporti della teoria e della practica dell' arte nella patristica e in s. Agostino, in Schede Medievali 10 (1986), p.56-65.